Anne Röthel

Körperliche Selbstbestimmung

Anne Röthel

Körperliche Selbstbestimmung

Dogmen, Diskurse, Deutungen

Klostermann

Bibliographische Information der Deutschen Nationalbibliothek

Die Deutsche Nationalbibliothek verzeichnet diese Publikation in der Deutschen Nationalbibliographie; detaillierte bibliographische Daten sind im Internet über *http://dnb.dnb.de* abrufbar.

1. Auflage 2024

Gedruckt auf alterungsbeständigem Papier ⊗ ISO 9706
Satz und Umschlaggestaltung: mittelstadt 21, Vogtsburg-Burkheim
Umschlagabbildung: Oskar Schlemmer (1888–1943), Bauhaustreppe, 1932, Öl auf Leinwand (Quelle: JJs / Alamy Stock Foto)
Druck und Bindung: docupoint GmbH, Barleben
Printed in Germany
ISSN 2193-2964
ISBN 978-3-465-04642-4

Inhaltsverzeichnis

Vorwort

Damit aus einer Frage schließlich ein Buch werden kann, müssen viele glückliche Umstände zusammenkommen. Es beginnt beim Offensichtlichsten, bei Zeit und Raum. Es braucht Mittel und Muße. Aber zumeist braucht es noch viel mehr: Freunde, die an die eigenen Fähigkeiten glauben, Wegbegleiter, die den Sinn von Wissenschaft wachhalten, und nicht zuletzt das Verständnis derjenigen Menschen, die ihr Leben mit einem teilen.

Die Deutsche Forschungsgemeinschaft hat mir durch die Bewilligung der Vertretungsmittel nicht nur den nötigen zeitlichen Freiraum gegeben, sondern war zugleich Bestärkung und Ansporn, das Projekt auch wirklich anzugehen, ungeachtet der Pandemie. Umso dankbarer bin ich, dass Johanna Croon-Gestefeld dennoch im Jahr 2021 die Last der Lehrstuhlvertretung an der Bucerius Law School auf sich genommen hat, unter denkbar widrigsten Bedingungen. Ihr gilt mein besonderer Dank.

Alexandra Braun hat mich darin bestärkt, mich an einem Buch zu versuchen, das zwar vom Recht handelt, sich aber nicht nur an die Rechtswissenschaft richtet. Christian Bumke hat sich höchst geduldig vieles Ungeordnete angehört, was mir mitunter durch den Kopf ging und mich bei der Ordnung meiner Gedanken mit all seiner Freundschaft begleitet. Bettina Heiderhoff war nicht nur eine enthusiastische Leserin, sondern auch eine feinsinnige Beobachterin meiner Gemütszustände. Und wenn ich am Schluss des Buches das Dilemma jeder Sorgebeziehung angemessen erfasst haben sollte, verdanke ich ihr diesen Realitätssinn.

Als ich mit den Recherchen zu dem Buch begann, war die Buchausleihe ein mühevolles Unterfangen. Ohne die vielen helfenden Hände im Lehrstuhlteam an der Bucerius Law School wäre der Anfang ein anderer gewesen. Leonard Jaritz und Raimund Reck, Franziska Schöche und Cathleen Woelcke, Kim Ducho, Veronika Martini und Eliana Korn, Leonard Pauli und Marlene Letsch haben beständig dazu beigetragen, dass auch abseitige Literatur aus den zunächst geschlossenen Bibliotheken auf wundersame Weise auf meinen Schreibtisch fand.

Das Unterfangen wäre einsamer gewesen, wenn sich das Lehrstuhlteam an der Bucerius Law School und zuletzt die Arbeitsgruppe am Max-Planck-Institut das Projekt nicht so zu eigen gemacht hätten. Ich kann dankbar sein für so viel konstruktive Kritik und tatkräftige Unterstützung. Sophia Schamberg und Philipp Poitiers haben die Anfänge begleitet. Lara Bucholski hat meine Neugierde für die Entwicklung des Entmündigungsrechts geteilt. Ohne Luise von Kügelgen gäbe es weder ein Literaturverzeichnis, noch könnte ich Genaueres zur Zusammensetzung der Spruchkörper sagen, die das Recht auf körperliche Selbstbestimmung im

Behandlungsverhältnis begründeten und verteidigten. Annika Diemke hat die Verfertigung meiner Gedanken von der Idee bis zu den letzten Fragen der Covergestaltung nicht nur mit größter Akkuratesse, Sprachgefühl und ästhetischer Sicherheit, sondern gleichermaßen enthusiastisch wie empathisch begleitet. Ihrem Ethos und ihrem Esprit verdanke ich mehr, als hier Platz hätte. Als der Text auch die an Robert Musil geschulte Lektüre durch Felix Aiwanger überstanden hatte, rückten meine Ziele näher. Schließlich gilt mein Dank den Werkstattgesprächen und Seminaren, die die Entstehung begleiteten. Wem das Schreiben leicht von der Hand geht, weiß, dass man mitunter erst im Gespräch erfährt, wie weit ein leicht dahin geschriebener Gedanke wirklich trägt.

Am Max-Planck-Institut hat Johanna Detering es dankenswerterweise übernommen, aus meinen Skizzen die satzfertigen Graphiken zu erstellen. Annika Diemke und Anke Schild haben die Fahnen mit unermüdlicher Sorgfalt gelesen, als es mir an Geduld genauso wie an Abstand fehlte. Ein besonderes Glück auf den letzten Metern war schließlich der persönliche Kontakt zu Vittorio Klostermann und die verlagsseitig geteilte Einsatzfreude für schön gestaltete Bücher.

Mein Mann Heinz-Jürgen Klöpper hat die Entstehung mit seinem Ingenieursverstand in vielen fruchtbaren Gesprächen und fortdauernder Geduld begleitet. Als er immer wieder nachfragte, ob es nicht gut wäre, auch Ergebnisse zu haben, die sich abbilden ließen, versuchte ich mich daran. Und als ich ihm endlich eine Version meiner Einleitung aushändigen konnte, die für ihn verständlich war, wusste ich, dass mein Anliegen zu lesbarer Form gefunden hat.

Hamburg, im August 2024

Erstes Kapitel: Worum es in diesem Buch geht

I. Anlass und Anliegen

Dieses Buch studiert die Entwicklung des Rechts auf körperliche Selbstbestimmung von Kindern, Entmündigten bzw. Betreuten und Patientinnen im Verhältnis zu Eltern, Vormündern bzw. Betreuern und Ärzten. Anlass war die Beobachtung, dass körperliche Selbstbestimmung rechtlich unterschiedlich verstanden wird, je nachdem, um welche Personen und Verhältnisse es geht. Dies war zunächst überraschend. Ist körperliche Selbstbestimmung also gar kein allgemeines und gleiches Recht, wie es gemeinhin heißt, sondern ein abstufbares, schattiertes, graduelles, verhältnismäßiges Recht? Tatsächlich werden die hier unternommenen Studien an unzähligen Beispielen zeigen, wie sich Krankheit und Kindheit, Alter und Anderssein auf das rechtliche Verständnis von körperlicher Selbstbestimmung auswirken. Es gibt eine lange Tradition des Messens mit verschiedenem Maß. Körperliche Selbstbestimmung hat eine zumeist übersehene Ungleichheitsdimension. Zwar stellt sich das Recht heute historisch einmalig hinter körperliche Selbstbestimmung. Wir kennen ein Recht auf Krankheit und ein Recht auf selbstbestimmtes Sterben, und auch der Selbstbestimmungswunsch schwangerer Frauen hat seinen Ort im deutschen Recht gefunden. Körperliche Integrität und Autonomie zählen zu den Grundwerten unserer Rechtsordnung.[1] Der Schutz körperlicher Integrität bildet ein zentrales Motiv für die Entstehung von Staaten und Rechtsordnungen. Auch wir stehen in dieser Tradition. Das Grundgesetz verspricht und verteidigt den Schutz der körperlichen Unversehrtheit und Selbstbestimmung.[2] Körperliche Selbstbestimmung gilt zweifellos als Menschenrecht. Aber es ist kein gleiches Recht aller Menschen. Manches gehört inzwischen der Vergangenheit an. Nach langen und schwierigen Debatten bedeutet es für die rechtliche Bewertung einer Vergewaltigung keinen Unterschied mehr, ob es sich bei dem Opfer um die Ehefrau oder um eine Fremde handelt. Unserer Zeit gelten Ehe und Geschlecht nicht mehr als Legitimation für unterschiedliche Rechtsansprüche auf körperliche Selbstbestimmung. Doch sind auch dem gegenwärtigen Recht Schattierungen mitgegeben. Nach wie vor gibt es Personengruppen,

1 Exemplarisch *Schwarte/Wulf* (2003); *van der Walt/Menke* (2007).

2 Zuletzt Bundesverfassungsgericht, Urteil vom 26. Februar 2020, 2 BvR 2347/15 u. a., BVerfGE 153, 182–310 (259 ff.) – Suizidhilfe; systematisch *Hermes* (1987).

die dem Recht im Hinblick auf körperliche Selbstbestimmung »besonders« sind. Für Kinder und Betreute ist körperliche Selbstbestimmung ein anderes Recht als für »normale« Erwachsene. Diese überraschende Einsicht gab Anlass zu den hier versammelten Studien.

Die Studien analysieren *exemplarisch* die *Entwicklung* der rechtlichen Vorstellungen von körperlicher Selbstbestimmung für drei Personengruppen: für Patienten, Kinder und Entmündigte bzw. wie sie seit 1992 heißen: Betreute. Die Auswahl beruht darauf, dass bislang keine vergleichende Untersuchung dazu vorliegt, wie sich Kindsein, Krankheit und Anderssein auf die rechtlichen Dogmen auswirken. Während die Bedeutung von Geschlecht und Intimität für körperliche Selbstbestimmung im Rechtszusammenhang inzwischen dicht aufgearbeitet ist, bildeten Kinder und Betreute über lange Zeit eine weitgehend unerforschte und geradezu übersehene Personengruppe. Anders liegen die Dinge mit Blick auf Patienten. Es empfahl sich daher, die Gruppe der Patienten aus analytischen Gründen einzubeziehen. Auf diese Weise ließen sich Referenzpunkte gewinnen, um die Rechtsentwicklung für Kinder und Betreute lesen und theoretisch deuten zu können.

Die Untersuchungen beginnen an der Wende zum 20. Jahrhundert und reichen bis in die Gegenwart. Das Buch erläutert, worin sich rechtliche Bewertungsunterschiede bei der Identifikation von Gewalt und körperlichem Zwang äußerten, wie sie legitimiert wurden und wodurch ihre Legitimation brüchig wurde. Die Studien zeichnen u. a. nach, mit welchen Argumenten Entscheidungsvorrechte für Ärzte eingefordert wurden, warum ein elterliches Züchtigungsrecht über lange Zeit richtig erschien, weshalb Jugendliche nicht ohne Zustimmung ihrer Eltern in eine medizinische Behandlung einwilligen können und unter welchen veränderlichen Voraussetzungen Zwangsbehandlungen als rechtmäßig gelten.

Manches davon gehört inzwischen der Vergangenheit an. Seit der Wende zum 20. Jahrhundert haben sich die rechtlichen Grundannahmen über die körperliche Selbstbestimmung von Kindern, Entmündigten und Patientinnen weitgehend gedreht. Inzwischen sind Körperstrafen verboten und Zwangsbehandlungen nur in engen, gerichtlich kontrollierten Grenzen zulässig. Eltern, Ärzte und Vormünder haben nicht mehr »freie Hand«, wie sie ihre Kinder erziehen, Patienten behandeln oder für ihre Mündel Sorge tragen. Die Rechtsidee von körperlicher Selbstbestimmung ist auch auf die Menschen zugelaufen, die über lange Zeit nicht wirklich mitgemeint waren, wenn es um körperliche Selbstbestimmung ging: kranke und gebrechliche Menschen, besonders junge und besonders alte Menschen, »Sieche« und »Irre«, unvernünftige und wahnsinnige Menschen. Das Recht unterscheidet zwar nach wie vor zwischen Kindern und Erwachsenen, es knüpft an Gesundheit und Krankheit an und kennt Vernünftige und Unvernünftige. Aber das Recht schaut inzwischen aufmerksamer hin, wenn es um körperliche Selbstbestimmung im Verhältnis zu Eltern, Betreuern und Ärztinnen geht. Die jüngere Geschichte körperlicher Selbstbestimmung lässt sich also als Inklusions- und Emanzipationsgeschichte erzählen. Sie handelt davon, wie körperliche Selbstbestimmung zunehmend auch ein Recht von Kindern, Betreuten und Patienten geworden ist und wie Kinder, Betreute und Patienten aus körperlichen Fremdbestimmungsverhältnissen befreit wurden.

Das Buch verfolgt zwei *Anliegen.* Erstens geht es darum, die bislang zumeist übersehenen Ungleichheitsdimensionen von körperlicher Selbstbestimmung sichtbar zu machen und präzise auszumessen. Tatsächlich hat die Ausklammerung und Verbesonderung von Kindern, Kranken und Entmündigten bzw. Betreuten im Hinblick auf die körperliche Selbstbestimmung bislang kaum je interessiert. Sie ist John Stuart Mill so wenig aufgefallen wie den Gegenwartsstimmen der Paternalismuskritik.[3] Den Studien geht es aber nicht nur um die Vergangenheit. Sie komplettieren zugleich unser Wissen vom gegenwärtigen Recht und werden ans Licht bringen, worin sich die Verallgemeinerung vollenden ließe.

Zweitens geht es darum, die Rechtsentwicklung auf den drei Feldern »Behandlung«, »elterliche Sorge« und »Erwachsenenschutz« zu rekonstruieren und zu analysieren. Es interessieren Gemeinsamkeiten, Muster und Ähnlichkeiten im Hinblick auf Akteure, Auslöser, Argumente und Antagonismen. War die Verallgemeinerung körperlicher Selbstbestimmung mehr ein Werk der Rechtsprechung oder von sozialen Bewegungen und politischer Gesetzgebung? Welche Rolle spielte die Rechtswissenschaft, welche das Grundgesetz? Wie wurden Abstufungen von körperlicher Selbstbestimmung begründet, und wann bzw. warum funktionierten manche Argumente nicht mehr?

Zum Ertrag der Studien gehört zunächst der Nachweis, dass für alle drei studierten Personengruppen im Verlauf des 20. Jahrhunderts eine *Verallgemeinerung* des Rechts auf körperliche Selbstbestimmung stattgefunden hat. Diese Rechtsverschiebung lässt sich zugleich lesen als *Inklusion* von Patientinnen, Kindern und Entmündigten bzw. Betreuten sowie als *Emanzipation* aus ärztlicher, elterlicher und vormundschaftlicher Fremdbestimmung. Diese Zugewinne sind außerdem beschreibbar als *Personalisierung* und *Juridifizierung.* Die Verallgemeinerung von körperlicher Selbstbestimmung bedeutete eine Hinwendung des Bürgerlichen Rechts zur physischen Person; diese Entwicklung wiederum vollzog sich über expliziteres, dichteres und gerichtlich enger kontrolliertes Recht. Die Einzelanalysen belegen allerdings auch, dass sich die körperliche Selbstbestimmung von Patienten, Kindern und Entmündigten bzw. Betreuten *asynchron* entwickelte. Die Felder reagierten unterschiedlich auf die historischen Großereignisse des 20. Jahrhunderts und ihre undogmatischen Kräfte. Eine Erklärung liegt in der

3 Siehe einerseits *Mill* (1859) 173; andererseits aus deutschen Gegenwartsdebatten *Gutmann* (2006) 190 Fn. 3: »Es ist im Folgenden also nicht die Rede von Schutznormen in Bezug auf Kinder, bewusstlose, betrunkene, geisteskranke oder demente Menschen«; ähnlich *von der Pfordten* (2010) 312–315; *Hillgruber* (1992) 121–125. Differenzierend *Wapler* (2015) 359 ff.

politischen Uneindeutigkeit von körperlicher Selbstbestimmung, weil sich darin liberale, linke und konservative Positionen »überkreuzen«. Auch in der Rechtsprechung formte sich keine einheitliche Haltung zu körperlicher Selbstbestimmung; je nach Vorverständnis war sie mal Verfechterin, mal Antagonistin (Kap. 3 I.). Dagegen ergibt der Rechtsdiskurs ein einheitlicheres Bild: Er war im Wesentlichen Kritikdiskurs, der sich in bemerkenswerter und auffälliger Gleichförmigkeit auf strukturähnliche axiomatische Annahmen zu den Betroffenen (z. B. »alle Geisteskranken sind willensunfähig«), wirkungsähnliche normative Quellen (Natur, Sitte, Ethos) und Rechtsvorstellungen stützte (»illegitimes Eindringen« des Rechts, »heilsamer Zwang«, »Sonderfall«, »dafür ist das Grundgesetz nicht gemacht« etc.), um Verallgemeinerungsforderungen für körperliche Selbstbestimmung zurückzuweisen.

Zum Ertrag der Studien gehören außerdem Einsichten über das Zusammenspiel von bestimmten dogmatisch charakterisierbaren Entwicklungs*phasen* mit jeweils spezifischen Rechtsstrukturen (Kap. 3 II.). Die Verallgemeinerung von körperlicher Selbstbestimmung führte von patriarchalen Verständnissen über paternalistische Verständnisse zu einer Phase partizipativer Verständnisse und wird langfristig auf ein postkategoriales Verständnis zulaufen. Charakteristisch für jede dieser Phasen sind unterschiedliche Vorstellungen von Behandlung, Sorge und Erwachsenenschutz, z. B. im Hinblick auf ihr Rechtsideal (Fremdsorge – Fürsorge – Selbstsorge), die leitenden Paradigmen (Vertrauen – Wissen – Wollen), die Bezeichnung der Betroffenen (kategorisierend – pauschalierend – individualisierend) und vor allem die Art der Regulierung (Generalklausel – explizite Eingriffsschwellen; Missbrauchskontrolle – Inhaltskontrolle). Eine weitere Einsicht besteht darin, dass jedes Verständnis von körperlicher Selbstbestimmung auf ein anderes Dilemma zuläuft (Kap. 3 IV.). Sonst wären die Verhandlungen über die Verallgemeinerung von körperlicher Selbstbestimmung nicht so kontrovers verlaufen, und sonst hätten sich im Verlauf des letzten Jahrhunderts leichthin einheitlichere Rechtsstandpunkte herausgebildet. Für patriarchale Verständnisse ist Vertrauen das prägende Paradigma. Doch eröffnet Vertrauen Raum für Macht. Darin besteht das Dilemma patriarchaler Verständnisse. Genauso ringen paternalistische Verständnisse mit dem Widerstreit von Wissen und Irrtum. Partizipative Verständnisse stehen vor dem Dilemma, wie sie den Konflikt auflösen zwischen dem gegenwärtigen Willen und der Idee einer möglichst offenen Zukunft, und postkategoriale Verständnisse müssen sich der Frage stellen, wie es gelingen kann, körperliche Selbstbestimmung so allgemein wie möglich zu fassen und dennoch besondere Bedürfnislagen nicht unsichtbar zu machen, stehen also vor dem Dilemma von Verallgemeinerung und Unsichtbarkeit.

Die Studien werden im Großen und Ganzen die Erzählung von der Aufstiegsbewegung der Moderne in Richtung »mehr Selbstbestimmung« bestätigen. Aber sie dienen vor allem dazu, die Leerstellen und Lücken der herkömmlichen Erzählung zu füllen. Denn die vermeintlich glatten Erzählungen geraten ins Stocken und verstummen, wenn es darum geht zu entziffern, *wie* und gegen *welche Widerstände* das Erreichte erreicht wurde. Was hilft die Vorstellung von der untergründigen, großen, idealen Aufwärtsbewegung in Richtung körperlicher Selbstbestimmung, wenn wir nur schwer benennen können, wie es dazu gekommen ist? Wie können wir unsere Gegenwart realistisch einschätzen, ohne ein näheres Bild davon zu haben, welchen Ereignissen und Kräfteformationen sich frühere Umorientierungen verdankten? In diesen Fragen werden die Fortschrittserzählungen überschlägig. Manches klingt mystisch, anderes nach anonymer Automatik. Wäre es richtig, dass menschliche Existenz »emanzipative Existenz«[4] ist, so fragt man sich, woher eigentlich immer wieder neue Handlungszwänge kommen, die dann durch immer wieder neue Emanzipationsbewegungen zu überwinden sind. Auch die Vorstellung, als wäre ein heimliches »Programm« (Jürgen Habermas) am Werk, eine untergründige, selbsttätige »Gesellschaftsmechanik« (Norbert Elias),[5] ein objektiv-intentionaler Zusammenhang (Axel Honneth)[6] in Richtung mehr Selbstbestimmung, hält nicht allen Nachfragen stand. Liegt darin nicht ein fundamentaler Widerspruch, dass wir den Emanzipationspfad hiernach gar nicht von selbst gegangen sind, sondern in heimlicher Logik letztlich geführt von fremder Hand? Dann müsste die Menschheit ein fügsames, passives Medium sein. Aber wenn es so wäre, fragte Simone de Beauvoir, »wie könnte der Mensch dann überhaupt handeln?«[7] Auch gilt der Moderne das Recht als gestaltbares, kontingentes Menschenwerk. Warum sollten wir uns also damit begnügen, den zurückgelegten Weg leichthin im allgemeinen Lauf einer nicht näher durchschauten Entwicklungsmechanik aufgehen zu lassen?

Es gibt einen letzten Grund, warum ich den großen Erzählungen nicht vorbehaltlos vertraue. Wir können an uns selber spüren, dass die Erzählungen vom gesellschaftlichen Fortschreiten in Selbstbestimmung etwas Wohltuendes haben: Sie sind wie Seelenbalsam, wenn man an der Gegenwart verzweifeln möchte, sie vermitteln Optimismus und Zukunftsglauben. Durch ihre groß angelegte Perspektive sind sie geradezu immun gegen Widerlegungen: »Ein nach vorne gerichteter zukunftsoptimistischer Blick betrachtet das aussterbende schlechte Alte mit Ungeduld und ohne echtes Interesse«, so erklärte sich Hans Joas die Wirkmächtigkeit des »Traums von der gewaltfreien Moderne«.[8] Müssten nicht schon die jüngsten europäischen Erfahrungen aus Pandemie und Krieg lehren, dass kör-

4 *Greiffenhagen* (1973a) 48.

5 *Elias* (1939/1997a) 323–347.

6 *Honneth* (1992) 256–273.

7 *de Beauvoir* (1944/2020) 50: « Seulement l'idée de l'évolution suppose une continuité humaine ; pour qu'un acte se prolonge dans le temps comme des ondes dans l'éther, il faudrait que l'humanité soit un milieu docile, passif ; mais alors comment se ferait-il que l'homme agisse ? »

8 *Joas* (1994) 311.

perliche Selbstbestimmung stets gefährdet ist und dass Gewalt, auch physische Gewalt, eine »Kontinuität in der Moderne«[9] bildet? Bereits der Rückblick auf das 20. Jahrhundert zeigt, dass wir uns vor Vereinfachungen hüten müssen. Es ist vulkanisches Gestein, auf dem der rechtliche Schutz körperlicher Selbstbestimmung ruht, und ein unheilvolles Amalgam aus Umständen und Kräften kann immer wieder große Teile von dem, was vermeintlich vor allen Zeitläufen in Sicherheit gebracht schien, anfechten und zunichtemachen (»*Kipp*punkt«, Kap. 3 II.5.). Dennoch werden auch unsere derzeitigen Erfahrungen der großen Positiverzählung von der fortschreitenden Selbstbestimmung vermutlich nichts anhaben können. Denn darin liegt genau die Eigentümlichkeit von großen Erzählungen:[10] dass es ihnen gelingt, gegenläufige Entwicklungen als bloße Episoden auszuweisen, als Ausnahmen von der Regel, als Nachwehen oder letzte Abwärme, als kurzfristige Einschübe, die den Meta-Trend intakt lassen. Die großen Erzählungen verführen zum Träumen und senken die Bereitschaft, Signale für Widersprechendes überhaupt aufzunehmen. Im Glauben an die Mechanik der selbstbestimmungsorientierten Moderne gerät Gegenläufiges zur bloßen Phase, zur vergänglichen Übergangsperiode. Wie sonst hätte Norbert Elias, ein aus Deutschland vertriebener Jude, im Jahr 1936 im Exil zu der Überzeugung kommen können, dass Gesellschaften im Zivilisationsprozess auf physische Gewaltfreiheit und Pazifizierung gleichsam zwangsläufig zustreben?[11]

Die hier versammelten Studien werden zwar die große Richtung bestätigen: dass körperliche Selbstbestimmung seit der Wende zum 20. Jahrhundert zu einem allgemeineren Recht geworden ist. Aber die Studien werden zugleich ans Licht bringen, dass hier keine selbsttätige untergründige Mechanik am Werk war und auch kein ursprünglicher Wesenszug menschlichen Strebens, sondern dass wir es mit dem Ringen konkreter Koalitionen und Kräfteformationen zu tun haben, die zu bestimmten Zeitpunkten und aus benennbaren Motivationen reformierend oder konservierend in rechtliche Debatten und damit in den Entstehungszusammenhang des Rechts eingegriffen haben: »Konkrete Personen und Gruppen sind die Bestimmer von Wirklichkeit«, betonten schon Peter L. Berger und Thomas Luckmann und mahnten an, sich ernsthaft für das »Wer?« zu interessieren.[12] In den nachfolgenden Studien wird dann auch ein etwas anderes Bild von den Entwicklungsprozessen entstehen: Es ähnelt mehr einer von Abbruchkanten und Einkerbungen zerklüfteten Küstenlinie als einer großen Wellenbewegung, die in harmonischem Bogen allmählich ausläuft. Die Studien belegen den Optimismus der Moderne und ihrer großen Erzählung von Selbstbestimmung, aber in

9 *Lindenberger/Lüdtke* (1995); *Baberowski* (2018).
10 Zur Beharrungskraft von Leiterzählungen *Croon-Gestefeld* (2022) 73 ff.
11 *Elias* (1939/1997a) 448 f.
12 *Berger/Luckmann* (1969/1977) 124–138.

ihren Nahaufnahmen verweigern sie sich der Vorstellung, dass die Entwicklung auch nur annähernd ein Selbstgänger war. Wir werden einer wechselvollen und immer wieder gefährdeten Entwicklung gewahr werden, werden Stillstände und Sprünge aufzeichnen, Brüchen und Biegungen nachgehen, Hürden und Hindernisse identifizieren.

II. Gegenstand und Gliederung

Gegenstand der nachfolgenden Studien ist die *Entwicklung* des Rechts auf körperliche Selbstbestimmung von Patientinnen (Kap. 2 I.), Kindern (Kap. 2 II.) und entmündigten bzw. betreuten Erwachsenen (Kap. 2 III.) im Verhältnis zu Ärztinnen, Eltern und Vormündern bzw. Betreuerinnen. Im Schwerpunkt geht es dabei um Privatrecht. Denn die Rechtsstellung von Patienten im Verhältnis zu ihren behandelnden Ärztinnen, von Kindern im Verhältnis zu ihren Eltern und von entmündigten bzw. betreuten Erwachsenen im Verhältnis zu ihren Vormündern, Pflegern bzw. Betreuerinnen ist im deutschen Recht überwiegend dem Privatrecht zugeordnet. Behandlung, Sorge und Betreuung sind heute im Bürgerlichen Gesetzbuch geregelt. Doch ist körperliche Selbstbestimmung keine rein privatrechtliche Angelegenheit: Die Rechtmäßigkeit ärztlichen Handelns wird auch durch Strafnormen bestimmt, und das gegenwärtige Verständnis von körperlicher Selbstbestimmung ist zugleich vom Verfassungsrecht geprägt (Kap. 2 I.3.1., II.3.2., III.3.2.). Gegenstand der Untersuchung ist also nicht speziell die Entwicklung eines privatrechtlichen Rechts auf körperliche Selbstbestimmung, sondern die veränderliche Gestalt, die körperliche Selbstbestimmung in bestimmten, gemeinhin dem Privatrecht zugeordneten Rechtsverhältnissen angenommen hat.

Die Studien sind in weiten Teilen chronologisch angelegt. Die Beobachtungen beginnen an der Wende zum 20. Jahrhundert. Sie setzen mit dem Inkrafttreten des Bürgerlichen Gesetzbuchs ein, verfolgen jeweils *Ausgangspunkte*, *Aufbrüche* und *Konsolidierungen* nach und enden in der Gegenwart der 2020er Jahre. Die chronologischen Rekonstruktionen werden ergänzt durch Abschnitte, die nicht chronologisch aufgebaut sind, sondern in denen die Dogmenverschiebungen aus zwei für den Rechtszusammenhang ungewöhnlichen Blickrichtungen analysiert werden, hier bezeichnet als *Gegendiskurse* und *Deutungen*. Die vergleichende Analyse der Gegendiskurse wird ans Licht bringen, dass die Rechtsentwicklung auf allen drei Feldern vom Rechtsdiskurs in wiederkehrenden Aussagenformationen und Argumentationsmustern zurückgewiesen und bekämpft wurde (Kap. 2 I.4., II.4., III.4.). Die Untersuchungen schließen jeweils mit *Deutungen* des geltenden Rechts. Hier geht es nicht um die innerrechtlichen Argumente und Sprachbilder des Rechtsdiskurses, sondern um Wahrnehmungen, Interpretationen und

Konfrontationen der Rechtsentwicklung aus und mit außerrechtlichen Perspektiven. Hintergrund ist die Beobachtung, dass die hier nachverfolgten Rechtsentwicklungen gerade deshalb so kontrovers aufgenommen wurden, weil ihre gesellschaftliche und ihre wissenschaftliche Bewertung uneindeutig war. Außerdem geht es hier um Konfrontationen der Rechtsentwicklung mit den Realitäten und Entfaltungsbedingungen für körperliche Selbstbestimmung. Hier interessieren Selbstzeugnisse und wissenschaftliche Konzepte, soziale Normen und gesellschaftliche Narrative, Befunde zur Rechtspraxis und Einsichten zu rechtssystematischen Fernwirkungen (Kap. 2 I.5., II.5., III.5.). Die Analysen werden Zusammenhänge aufzeigen zwischen den dogmatischen Entwicklungsphasen und fundamentalen Dilemmata (Kap. 3 II., IV.) und schließlich freilegen, worin die Rechtsentwicklung unvollendet ist.

Die Untersuchung ist auf das deutsche Recht beschränkt. Dies mag in einer Zeit der Internationalisierung von Recht und Rechtswissenschaft und angesichts vielfältiger Migrationsbewegungen erklärungsbedürftig sein. Doch hat dieser Zuschnitt seinen Grund darin, dass die Betrachtungen im Jahr 1900 und damit zu einer Zeit einsetzen, als Behandlung, Sorge und Erwachsenenschutz ganz selbstverständlich als nationale Angelegenheiten galten. Im Grunde hat sich daran bis heute nicht viel geändert. Mir sind im Zusammenhang mit der Abschaffung des elterlichen Züchtigungsrechts zwar immer wieder Verweise auf ausländische Rechtsentwicklungen begegnet, doch wurde daraus kein tragender Gesprächsfaden. Auch die Debatten über die Reichweite der ärztlichen Aufklärungspflicht oder über die Zulässigkeit von Zwangsbehandlungen wurden und werden wesentlich bezogen auf deutsche Verhältnisse geführt. Daher war die Grundannahme, dass rechtsvergleichende Analysen, die ohnehin nur punktuell leistbar gewesen wären, keinen sicheren Ertrag für das Verständnis der deutschen Rechtsentwicklung versprochen hätten. Aber ausgehend von dem hier abgeleiteten Entwicklungsmodell (Kap. 3 II.) werden sich zielführend bearbeitbare rechtsvergleichende Untersuchungen konzipieren lassen. Weniger verzeihlich ist eine andere Beschränkung, die sich im Verlauf der Untersuchung ergab. Die Rechtsentwicklung in der DDR konnte ich nur punktuell einfangen (etwa Kap. 2 I.3., II.4.3., III.3.3.1.). Ich bin mir schmerzlich bewusst, dass darin ein Versäumnis und zugleich eine vergebene Chance liegt. Denn das Wenige, was ich dazu erschließen konnte, deutet auf bemerkenswerte Unterschiede und Zeitsprünge hin, die es noch zu analysieren gilt.

Ein letzter Hinweis zur Terminologie. Die Studien bearbeiten die Entwicklung des Rechts auf körperliche Selbstbestimmung. *Körperliche Selbstbestimmung* wird dabei für das Anliegen dieser Untersuchung weit verstanden. Es geht sowohl um körperliche Integrität (Schutz vor Verletzungen) als auch um körperliche Autonomie (Schutz vor Fremdbestimmung). Zwar ist es im Rechtszusammenhang geläufig, zwischen körperlicher Integrität und körperlicher Autonomie zu unterscheiden. Dadurch werden Integrität und Autonomie einander gegenübergestellt: Integrität als Bestandsschutz des objektiven, gegebenen Körpers, Autonomie als Beachtlichkeit von Körperwünschen und Maßgeblichkeit subjektiven Leibseins. Bei dieser Gegenüberstellung geht allerdings verloren, dass eine Ohrfeige nicht nur die äußerliche, physisch verstandene körperliche Integrität verletzt, sondern auch den Wunsch, nicht geschlagen zu werden. Daher hat sich das Recht inzwischen von der dogmatischen Unterscheidung zwischen Integrität und Autonomie in Bezug auf den Körper gelöst. Denn es hat sich durchgesetzt, in Bezug auf den Körper Autonomie über die Integrität mit zu schützen. Die in Artikel 2 Absatz 2 des Grundgesetzes garantierte körperliche Unversehrtheit wird heute zugleich als Gewährleistung der Selbstbestimmung über den eigenen Körper verstanden.[13] Außerdem muss man, wenn man zwischen Integrität und Autonomie unterscheiden will, auch sicher angeben können (und wollen), was eigentlich Integrität, also »den« menschlichen Körper ausmacht, und in welchen Fällen es einzig um Körperwünsche geht.[14] Allerdings befinden sich die Vorstellungen über »den« menschlichen Körper in fortwährendem Wandel von kulturellen Praxen, gesellschaftlichen Normen, technischen Möglichkeiten und wissenschaftlichen Einsichten. Anthropologie, Körpersoziologie, Leib- und Sozialphilosophie, Medizingeschichte, Bioethik, Disability Studies etc. beobachten seit Langem die Veränderlichkeit von Körperidealen, Körpernormen und Körperpraktiken und interessieren sich für die Entstehungszusammenhänge und Veränderungskräfte.[15] Dies spricht dafür, den Untersuchungsgegenstand nicht auf Integrität oder Autonomie festzulegen, sondern mit dem Begriff der körperlichen Selbstbestimmung das gesamte Feld auszumessen. Daher wird »körperliche Selbstbestimmung« hier abweichend von der herkömmlichen Terminologie als Oberbegriff für körperliche Integrität *und* Autonomie gewählt, um Ungleichheitsdimensionen sowohl im Hinblick auf besondere Bewertungen von Integritätsverletzungen als auch im Hinblick auf besondere Entscheidungszuständigkeiten zu analysieren.

13 Erstmals Sondervotum zu Bundesverfassungsgericht, Beschluss vom 25. Juli 1979, 2 BvR 878/74, BVerfGE 52, 131–187 (173 f.); inzwischen ständige Rechtsprechung, siehe nur Bundesverfassungsgericht, Beschluss vom 23. März 2011, 2 BvR 882/09, BVerfGE 128, 282–322 (300); dazu noch unten Kap. 2 I.3.1.

14 Vgl. *Röthel* (2019).

15 Exemplarisch *Ach/Pollmann* (2006); *Schlich/Wiesemann* (2001); *Schroer* (2005); *Sarrazin* (2001); *M. Lorenz* (2000); *Villa* (2008); *Alloa u. a.* (2012); *Röcke* (2021); *Lutz u. a.* (2003); zum Forschungsstand der Disability Studies etwa *Waldschmidt* (2022).

III. Vom Wert körperlicher Selbstbestimmung

Dieses Buch ist aus der Perspektive geschrieben, dass körperliche Selbstbestimmung einen elementaren Wert bezeichnet und vom Recht so allgemein und weitreichend wie nur irgend möglich verwirklicht werden sollte. Warum bestehe ich auf dieser positiven Bewertung von körperlicher Selbstbestimmung?

1. *Weil der Körper unser ungleiches Schicksal ist*

Die erste Erklärung lautet: weil Körperlichkeit auf eine bestimmte, nämlich ungleiche und schicksalhafte Weise zu unserer menschlichen Lebensform gehört. Unsere Körper sind unser ungleiches Schicksal, und eine Art, die Ungleichheit dieses Schicksals zu lindern, besteht in der Gewährleistung von körperlicher Selbstbestimmung, so allgemein und weitreichend wie möglich.

Wir leben in bestimmten Körpern, die uns Erfahrungen ermöglichen, Zumutungen auferlegen und schließlich unsere Lebenszeit begrenzen. Als körperliche Wesen werden wir altern und einmal sterben, haben wir Hunger und Durst, fürchten wir Schmerz und Gewalt, suchen wir Nähe und Genuss. Unser Körper ist unser gemeinsames Schicksal – aber er ist nicht unser gleiches Schicksal. Denn wir werden in unterschiedliche Körper geboren, und ein großer Teil der Lebensklugheit besteht darin, sich mit dem gegebenen Körper zu arrangieren. Und wir wissen, dass unsere Körper uns verletzlich machen. Die Vorstellung, angeschossen, misshandelt, überfahren, geschlagen oder sonst verletzt zu werden, bereitet den meisten Angst. Körperlicher Schmerz, die Aussicht auf vorstellbaren Schmerz und die Erinnerung an erfahrenen Schmerz machen deutlich, dass es um *uns* geht, wenn andere unserem Körper Gewalt antun.[16] Denn wir spüren im Schmerz, genauso wie in Hunger, Durst oder Müdigkeit, ganz unmittelbar etwas »von uns«. Ähnlich tief in uns eingelassen sind Gefühle von Ohnmacht und Missachtet-Sein, wenn Eltern, Kirchen oder staatliches Recht über unseren Körper (mit-)bestimmen. Körperliche Fremdbestimmung hinterlässt Spuren, die an uns sichtbar bleiben und sich in uns einschreiben, manchmal nur vorübergehend, manchmal dauerhaft, mal nur für uns wahrnehmbar, mal für andere. Unser Körper ist nicht bloß eine äußere Hülle, die uns für andere identifizierbar macht, sondern selbst Träger und Ausdruck von Biographie, Individualität und Identität: »Die Person bildet sich in ihrem und durch ihren Leib«, erläutert der Philosoph Thomas Fuchs[17] in der Tradition der Leibphilosophie nach Hermann Schmitz.[18] Ihm gilt der Leib als

16 Hier nach *Böhme* (2008) 156; die Grundlagen finden sich bei *Schmitz* (1965) § 43 sowie §§ 56 ff.
17 *T. Fuchs* (2020) 183–185.
18 *Schmitz* (1965).

der »universale Resonanzboden, wo alles Betroffensein des Menschen seinen Sitz hat«.[19] Darum also treten die meisten so leidenschaftlich für körperliche Selbstbestimmung ein: weil unsere körperlichen Erfahrungen etwas mit unserer persönlichen Weise zu tun haben, in der Welt zu sein, also unserer »Weltbeziehung« (Hartmut Rosa). Der Körper tritt »nicht zwischen Selbst und Welt, sondern er ist der konstituierende Ausgangspunkt für beide.«[20] Mit körperlicher Selbstbestimmung verteidigen wir nicht nur ein Leben ohne Angst vor Schmerz, sondern die Möglichkeit von einem Leben in Freiheit, Identität und Würde.[21] Auch für das Bundesverfassungsgericht ist körperliche Selbstbestimmung eine Forderung, die sich unmittelbar aus dem Menschsein ergibt. Denn nur dann, wenn der Mensch über seine eigene körperliche Existenz nach eigenen Maßstäben bestimmen kann, bleibt er »als selbstverantwortliche Persönlichkeit, als Subjekt anerkannt«.[22]

Allerdings können wir uns den Körper, in den wir hineingeboren werden, nicht selbst aussuchen, und kein Recht der Welt wird je Gebrechen, Veranlagungen, Unfälle, Krankheiten oder Infektionen verhindern können oder uns auch nur das Schicksal des Alterns abnehmen. Um es nochmals in Erinnerung zu rufen: Der Körper ist unser gemeinsames, aber nicht unser gleiches Schicksal. Dasselbe Dilemma begegnet im Hinblick auf körperliche Selbstbestimmung. Über den eigenen Körper selbst bestimmen zu können, wird kaum je dasselbe bedeuten: nicht nur weil sich die Selbstbestimmungswünsche voneinander unterscheiden, sondern auch weil die Körper, auf die sich die Selbstbestimmung bezieht, unterschiedlich sind. Zwar kann das Recht dieses fundamentale Gerechtigkeitsproblem, das sich uns mit unserer Körperlichkeit stellt, nicht lösen. Aber das Recht kann die Chancen darauf beeinflussen, in körperlicher Selbstbestimmung zu leben.

2. *Weil der Körper nicht vollständig aufklärlich ist*

Außerdem bestehe ich auf der rückhaltlos positiven Bewertung von körperlicher Selbstbestimmung, weil Selbstbestimmung den Ausweg aus mehreren Wissensproblemen bietet.

Das erste Wissensproblem betrifft die geläufigen Kategorien, mit denen das Recht herkömmlich Abstufungen, Schattierungen und Gradierungen in Bezug auf körperliche Selbstbestimmung vornimmt, insbesondere die Kategorien Alter, Krankheit und Behinderung. Wir müssen in Rechnung stellen, dass diese Kate-

19 *Schmitz* (1990) 116.

20 *Rosa* (2019) 144–151.

21 Zur Identitätsbedeutung von Leib und Körper *Gugutzer* (2001) 126 ff.; siehe auch *Pollmann* (2018): Integrität als »Ganzheit« und »Unversehrtheit« im weiteren Sinne.

22 Bundesverfassungsgericht, Urteil vom 26. Februar 2020, 2 BvR 2347/15 u.a., BVerfGE 153, 182–310 (264) – Suizidhilfe.

gorien zu einem Anteil, über dessen Ausmaß wir genauso unsicher wie unwissend sind, gesellschaftlich »konstruiert« sind und also vom Recht (mit-)hergestellt werden.[23] Heute wissen wir, dass nicht alle Unterschiede, die Gesellschaften an die Unterscheidung »Frau« und »Mann« geknüpft haben, auf biologischen Tatsachen beruhen. Daher wäre es genauso unbedarft, Krankheit, Kindheit, Behinderung, Alter, Gebrechlichkeit, Psychotik etc. ohne Weiteres als universelle, nicht-kontingente Kategorien zu übernehmen. Allerdings lässt sich über das Ausmaß der Gesellschaftlichkeit dieser Kategorien kein Einvernehmen herstellen. Dies lehren die Debatten, die sich im Anschluss an Simone de Beauvoirs Diktum « On ne naît pas femme: on le devient »[24] entfaltet haben. Seitdem wird unterschieden zwischen dem Geschlecht in einem biologischen Sinn (sex) und seiner sozialen Bedeutung (gender). Später warf Judith Butler die Frage auf, woher wir eigentlich die Gewissheit nehmen, dass ein dem sozialen Geschlecht vorgelagertes, körperlich gegebenes »biologisches Geschlecht« überhaupt existiert. Sie ging den von Simone de Beauvoir vorgezeichneten Weg – « dans la collectivité humaine rien n'est naturel »[25] – nochmals weiter und konfrontierte die Denkgewohnheiten mit der Vorstellung, dass auch die scheinbare Materialität des »biologischen Geschlechts« diskursiv erzeugt werde. In ihren Augen ist das »biologische Geschlecht« nicht eine schlichte Tatsache oder ein Zustand des Körpers, sondern »ein Prozess, bei dem regulierende Normen das ›biologische Geschlecht‹ materialisieren und diese Materialisierung durch eine erzwungene ständige Wiederholung jener Normen erzielen.«[26] Seither schwelt in Bezug auf die Kategorie Geschlecht eine Kontroverse, die sich nicht einfach beilegen und abschließen lässt, weil sie auf eine der Erkenntnis nur begrenzt zugängliche Frage zuläuft. Wie sollte sich mit letzter Gewissheit aufklären lassen, ob es einen vorgesellschaftlichen Ausgangspunkt gibt, wenn wir nicht ausschließen können, dass auch wir selbst und unser Denken immer schon »bis zum Hals« diskursiv geformt sind? Um sich aus dieser Schlinge zu befreien, müsste man sich in einen irrealen vorgesellschaftlichen Nullpunkt versetzen, gewissermaßen »mit einem Schlag den ganzen Wald neu anpflanzen«, wie Simone de Beauvoir unser Dilemma vorhergesehen hat.[27] Und weil das nicht möglich ist, müssen wir uns mit einem letzten Rest Unaufklärlichkeit abfinden.

Dieses Dilemma besteht nicht nur in Bezug auf die Kategorie Geschlecht.[28] Für die Kategorie Rasse werden inzwischen vergleichbare Debatten geführt.[29] Aber auch im Hinblick auf Krankheit, Kindsein oder Alter lässt sich nicht allgemein-

23 Beginnend bei *Berger/Luckmann* (1969/1977).
24 *de Beauvoir* (1949/1976) 13.
25 *de Beauvoir* (1949/1976) 644.
26 *Butler* (1997) 21.
27 *de Beauvoir* (1949/1976) 645.
28 *Ásta* (2018).
29 *Liebscher* (2021).

gültig angeben, wo die Grenzen verlaufen zwischen vorgesellschaftlich Wirklichem und diskursiv Geformtem. Es gibt keine Gewissheit über einen unbezweifelbaren Anfangspunkt, und auch hier sind menschliches Denken und materielle Welt unentwirrbar miteinander vermengt und ineinander verstrickt. Wir müssen in Rechnung stellen, dass wir in für uns unsichtbaren »kausalen Schleifen« oder »Looping«-Effekten, wie die US-amerikanische Sozialphilosophin Sally Haslanger sie nennt, gefangen sind. Damit meint sie, dass wir die Welt auf eine Weise beeinflussen, die unsere Überzeugungen wahr werden lässt. Wenn wir, so ihr Beispiel, eine gebaute Umwelt schaffen, die für Menschen mit Behinderung unzugänglich ist, weil wir sie nicht als aktive Mitglieder der Gesellschaft wahrnehmen und sie daher auch nicht mitbedenken, dann lässt sich später konstatieren, dass Menschen mit Behinderungen tatsächlich nicht am gesellschaftlichen Leben teilnehmen und keine Beiträge dazu leisten.[30] Jedenfalls ist der Körper in vielen Hinsichten zu einer erkenntnistheoretischen Herausforderung geworden. Es gibt nur wenig Gewissheiten darüber, was am Körper »natürlich« und gegeben und was gestaltet ist, was bloßes Schicksal und was vorwerfbares Menschenwerk ist. Niemand kann mit ernstlicher Gewissheit präzise angeben, in welchem Ausmaß unsere Vorstellungen von Krankheit, Alter, Behinderung, Gebrechlichkeit vordiskursiv gegeben sind, und niemand kann ausschließen, dass das Recht selbst wesentlichen Anteil daran hat, dass diese Kategorien als wirklich wahrgenommen werden. Dieselben Zusammenhänge zwischen Wirklichkeit und Überzeugungen könnten am Werk sein, wenn Gesellschaften Auffassungen davon entwickeln, wie Kinder oder alte, kranke, gebrechliche, neurotische, psychotische Menschen »wirklich« sind, und darauf Regelungen stützen, die ihnen bestimmte Aspekte von körperlicher Selbstbestimmung im Interesse von Heilung, Erziehung und Fürsorge absprechen. In letzter Konsequenz heißt das, dass wir mit der Möglichkeit rechnen müssen, dass sich das Recht seine Gründe für körperliche Fremdbestimmung in einem nicht übersehbaren Ausmaß selbst verschafft.

Aber wir haben nicht nur in Rechnung zu stellen, dass die Kategorien, mit denen im Rechtszusammenhang körperliche Selbstbestimmung abgestuft wird, nicht in einem vorrechtlichen Sinne gegeben und damit »wirklich« sind. Ich bestehe auch deshalb auf körperlicher Selbstbestimmung, weil wir es in den meisten Fällen mit unlösbaren Begründungsproblemen zu tun bekommen, wenn es um die Bewertung von körperlichen Entscheidungen geht. Die Probleme beginnen schon dann, wenn es um die Abstimmung von körperlichem *Handeln* (Freiheitsgebrauch) mit Gesundheit und Leben geht.[31] Noch unermesslicher werden die Begründungsprobleme, wenn es um die Bewertung von körperlichen Entscheidungen für sich selbst geht. Für manche lautet ein Minimalkonsens, dass Ent-

30 *Haslanger* (2021) 11.

31 *Günther/Volkmann* (2022).

scheidungen, die eine offene Zukunft erhalten, besser sind als Entscheidungen, die Zukunft nehmen.[32] Doch muss man dann noch begründen, warum Zukunftsinteressen vor Gegenwartsinteressen rangieren und welche bzw. wessen Zukunft eigentlich offen gehalten werden soll. Liegt darin nicht eigentlich eine Instrumentalisierung der gegenwärtigen Person und ihrer Selbstbestimmung, fragt eindringlich der deutsche Rechtsphilosoph Thomas Gutmann und wirbt für ein präsentistisches Verständnis von Selbstbestimmung. Andernfalls würden wir der je gegenwärtigen Person auferlegen, »nie etwas anderes sein zu dürfen als Treuhänderin ihrer künftigen Erscheinungsweisen«.[33] Der junge oder kranke Mensch, wie er jetzt ist, würde gegen den Menschen ausgespielt, der dieser jetzt junge oder kranke Mensch *vielleicht* einmal sein wird. Für Simone de Beauvoir liefe dies auf einen Verrat hinaus: Man verrät den jetzigen Menschen auf Kosten des späteren, oder den späteren auf Kosten des jetzigen.[34] Dieselben Einwände erheben sich im Übrigen gegen allzu anspruchsvolle, »perfektionistische« Vorstellungen von Selbstbestimmung, etwa wenn es heißt, nur »authentische« und »wertkohärente« Körperwünsche seien anzuerkennen.[35] Dahinter stehen Lebensideale von »Selbst-Treue«, Originalität und »innerer Tiefe«.[36] Aber ein Lebensideal ist noch keine begründbare Verpflichtung. Und wer vermag anzugeben, was das »eigentliche«, wertkohärente, der eigenen Originalität verpflichtete Selbst ist, das durch unauthentische Wünsche verfehlt werden könnte?[37]

Aber auch wenn man sich darauf einigen wollte, dass »offene Zukunft« und »Selbst-Treue« Bewertungsmaßstäbe für körperliche Entscheidungen an die Hand geben, lässt sich kaum fester Grund gewinnen. Schon für uns selbst können wir nicht sicher sein, dass wir eine Entscheidung, die wir heute treffen, auch morgen noch richtig finden (und umgekehrt), und genauso lässt sich alltäglich beobachten, wie weit die Auffassungen darüber auseinandergehen, welcher Umgang mit dem eigenen Körper der jeweils richtige ist. Medizin und Biotechnologie eröffnen immer neue Körpermöglichkeiten, jede Jugend bringt spezifische ästhetische Körperideale hervor, Kulturkreise kreieren ihre jeweils eigenen Körperpraktiken, Weltanschauungen schlagen sich in unterschiedlichsten Körpergeboten nieder etc. Seit den Studien von Marcel Mauss wissen wir, dass selbst so universell und natürlich erscheinende körperliche Tätigkeiten wie Schlafen oder Schwimmen

32 Auf dieser Linie liegen Überlegungen, wonach Paternalismus zur Maximierung von Freiheit (für die deutsche Debatte etwa *Enderlein* [1996] 52 ff.; *Eidenmüller* [2015] 374 ff.) oder jedenfalls zum Schutz vor völligem Freiheitsverlust gerechtfertigt ist (für die deutsche Debatte dazu *Klimpel* [2003] 29–33).

33 *Gutmann* (2006) 208.

34 *de Beauvoir* (1949/2020) 74–76; gleichsinnig gegen einen pauschalen Primat der Zukunft *Wapler* (2015) 408–416.

35 Exemplarisch für die deutsche Debatte *Quante* (2002) 192 ff. und 320 ff.

36 *Taylor* (1991/1995) 34–39; gleichsinnig *Rosa* (2010).

37 *B. Rössler* (2017) 266–268.

unterschiedlichste Formen annehmen können.[38] Abermals begegnet das schon angesprochene Wirklichkeitsproblem. Wer in Rechnung stellt, dass die Bewertungsmaßstäbe für körperliche Entscheidungen in einem aus der Gegenwart nicht sicher vorhersehbaren Ausmaß zeitlich gebunden, gesellschaftlich geformt und zugleich veränderlich sind, wird sich hüten, abschließende Urteile über körperliche Entscheidungen treffen zu wollen. Zugleich stellen sich körperliche Entscheidungen jeweils anders dar, wenn sie aus der Perspektive der Medizin oder der Erziehung oder der Wirtschaft oder einer Weltanschauung oder des Sports betrachtet werden.[39] Unsere ausdifferenzierte Gegenwart liefert »keinen Fixpunkt, dem man die einzig richtige und letztverantwortliche Behandlung des Körpers anvertrauen könnte.« Der Körper ist »polykontextural« geworden (Karl-Heinrich Bette).[40] Man kann Tätowierungen für sich ablehnen oder auf anderen Körpern abstoßend finden, doch ist damit nicht begründet, dass der Wunsch, sich tätowieren zu lassen, deshalb universalisierbar schlecht wäre. Was für die einen eine vernünftige, weil lebensrettende Behandlung ist, etwa eine Bluttransfusion, verletzt für Zeugen Jehovas ein Tabu. Für große Teile der Bevölkerung bedeutete es einen ersehnten Segen, als Impfungen gegen Covid-19 in Reichweite gerieten; andere lehnen Impfungen leidenschaftlich ab. Wir werden uns wohl auch nicht darauf einigen können, dass es vorzugswürdiger sei, Psychopharmaka einzunehmen als psychotische Schübe zu riskieren, dass man gut daran tue, das Altern aufzuhalten, oder dass das Leben stets dem Tod vorzuziehen sei. Wir befinden uns in einem unermesslich großen Gelände an tatsächlich möglichen und ethisch nicht eindeutigen körperlichen Entscheidungen. Nur selten zieht das gegenwärtige Recht äußere Grenzen für Körperentscheidungen. Derzeit ist Klonen unzulässig, Organe sind unverkäuflich, der Konsum mancher Drogen steht unter Strafe, Leihmutterschaft ist verboten etc. Aber dazwischen spannt sich ein unübersichtlicher und tiefer Raum von rechtlich erlaubten Körperentscheidungen auf, bei denen wir weder wissenschaftliche Gewissheit noch allgemeingültigen Konsens erzielen werden.

Das Recht erlegt uns keine Rechtfertigungspflicht auf, wenn wir den Tod dem Leben oder die Krankheit der Gesundheit vorziehen. Diese Fragen gelten heute als höchstpersönlich und nehmen teil am Achtungsanspruch jedes Einzelnen als Subjekt, wie es das Bundesverfassungsgericht betont.[41] Daher leuchtet es nicht ein, wenn wir hier irgendwelchen fremden Maßstäben gehorchen sollten. Selbst für vermeintlich elementare Fragen, bei denen eine von vielen geteilte Beantwortung auf der Hand liegen könnte, suchen wir vergeblich nach allgemeingültigen Bewertungen und damit nach Maßstäben für »bessere« und »schlech-

38 *Mauss* (1936/1950).

39 *Bette* (2005) 25–52; *Bette* (1999) 58–74.

40 *Bette* (1999) 138–144.

41 Bundesverfassungsgericht, Urteil vom 26. Februar 2020, 2 BvR 2347/15 u. a., BVerfGE 153, 182–310 (264) – Suizidhilfe.

tere« Körperentscheidungen. Ist Altern eine Krankheit?, fragte der Bioethiker Thomas Schramme im Jahr 2009 – und ließ die Frage schließlich offen: Es »hängt von individuellen Werturteilen ab. Einige Menschen sehen das Altern als ihren ärgsten Feind, andere sehen es als elementaren Bestandteil ihres Lebens. Ich sehe keinen Weg, die eine oder andere Sichtweise endgültig zu rechtfertigen oder zurückzuweisen.«[42] Damit sind die letzten Bezugspunkte für allgemeingültige Bewertungen von Körperentscheidungen in Wegfall geraten. Wer Krankheit für natürlich hält, das Altern nicht fürchtet und den Tod im Zweifel dem Verlust von Lebensfreude vorzieht, dem wird es nicht plausibel sein, warum man sich gesund ernähren oder sich bewegen sollte, warum es sinnvoll sein kann, Medikamente einzunehmen, Virusinfektionen vorzubeugen oder eine Wunde zu behandeln. Und umgekehrt kann es für jemanden, dessen oberstes Ziel es ist, 99 Jahre alt zu werden, zum Glaubenssatz werden, täglich 10.000 Schritte zu gehen. Wenn selbst Krankheit, Altern und Tod unserer Zeit ethisch nicht eindeutig bewertbar sind, dann wird auch der Kreis der Körperentscheidungen, die mit einer gewissen Allgemeingültigkeit als »besser« gelten können, immer kleiner.

Diese Beobachtungen schließen die Möglichkeit von plausiblen Letztbegründungen für ethische Bewertungen von Körperwünschen und Körpertechniken nicht völlig aus. Auch unsere Zeit bringt immer wieder solche Entwürfe hervor, und manche haben ihren Weg ins Recht gefunden, etwa in Gestalt der Verbote des Klonens oder des Organhandels.[43] Aber es sollte deutlich geworden sein, dass es für die körperlichen Alltagsfragen, für den großen Bereich diesseits der wenigen rechtlichen Verbote, keine von Wertbezügen und »Subsinnwelten« völlig abstrahierbaren Maßstäbe gibt, um allgemeingültig bessere Körperentscheidungen von schlechteren Körperentscheidungen zu trennen. Es ist dieses fundamentale Maßstabsproblem, das einen weiteren Grund dafür bildet, warum dieses Buch aus der Perspektive geschrieben ist, dass jede rechtliche Abstufung von körperlicher Selbstbestimmung problematisch und jedes rechtliche Mehr an körperlicher Selbstbestimmung erstrebenswert ist.

42 *Schramme* (2009) 263.

43 Exemplarisch für jüngere Begründungsangebote *Habermas* (2002): Schutz der Gattung; *Kersten* (2004) 343 ff.: Verantwortung für die Würde künftiger Menschen; *Lanzerath* (2003): Gefährdung des »gemeinsamen Guts der wechselseitigen Unabhängigkeit der natürlichen Ausstattung«.

Zweites Kapitel: Drei Studien

Vorbemerkungen

Die nachfolgenden drei Studien gehen den Entwicklungen nach, die seit der Wende zum 20. Jahrhundert dazu geführt haben, dass körperliche Selbstbestimmung allmählich auf Personen zugelaufen ist, die zunächst nicht selbstverständlich mitgemeint waren: Patienten, Kinder und Entmündigte bzw. (wie sie seit 1992 heißen) Betreute. Sie alle galten dem Recht über lange Zeit als *besonders*, und »besonders« meinte in Bezug auf körperliche Selbstbestimmung *weniger*, unsichere, bezweifelte körperliche Selbstbestimmung. Handlungen, die ansonsten im Recht als unzulässige Gewalt, rechtswidriger Zwang und strafbare Verletzung galten, wurden gegenüber Patientinnen als Heilung, gegenüber Kindern als Erziehung und gegenüber Entmündigten als Fürsorge ausgewiesen.

Damit sich die nachfolgenden Nahaufnahmen mit ihren vielen Details und Sprüngen besser erfassen lassen, soll vorab auf einige Gemeinsamkeiten hingewiesen werden. Die Rechtsentwicklung teilt zwar die Entwicklungs*richtung* (»mehr« körperliche Selbstbestimmung) und wird sich im Rückblick geteilten dogmatischen Phasen zuordnen lassen (patriarchal – paternalistisch – partizipativ, Kap. 3 II.). Doch sind die Entwicklungen auf den drei Feldern zu unterschiedlichen Zeitpunkten und von unterschiedlichen Ausgangspunkten erfolgt (»Aufbrüche«, Kap. 2 I.2., II.3., III.3.). Dabei traf die Rechtsentwicklung auf allen Feldern immer wieder auf dasselbe Muster von Einwänden und Begründungen, mit denen Abstufungen der körperlichen Selbstbestimmung gegenüber Patientinnen, Kindern und Entmündigten plausibel gemacht wurden (»Gegendiskurse«, Kap. 2 I.4., II.4., III.4.). Hier war meine erste Intuition, dass der Rechtsdiskurs diese Abstufungen diffus mit Nähe erklären und legitimieren würde. Ich dachte, dass Nähe hier als Argument genauso funktioniere wie zwischen Ehegatten das Argument der Intimität. Die dahinter stehende Begründungsmechanik wurde besonders offensichtlich in den Debatten über die Vergewaltigung in der Ehe. Bis zum Jahr 1997 war die Achtung der besonderen Intimität der Ehegatten eine im Rechtszusammenhang plausible Erklärung, warum »Ehegattennotzucht« nicht als Vergewaltigung im Sinne von § 177 des Strafgesetzbuchs strafbar war.[1] In

1 Eine Reform war noch in den 1970er Jahren diskutiert, dann aber in Vorbereitung auf die Strafrechtsreform von 1974 nochmals abgelehnt worden. Der dazu geschaffene Sonderausschuss (BT-

anderen Fragen ist das Intimitätsargument bis heute wirksam, etwa um zu begründen, warum Ehegatten einander nur eingeschränkt zur Notwehr berechtigt sind[2] oder warum sie nicht wie fremde Dritte für jede Fahrlässigkeit haften, sondern nur für eigenübliche Sorgfalt einstehen müssen. Von hier aus schien es mir zunächst einleuchtend, auch das legitimierende Besondere der körperlichen Bestimmungsbefugnisse von Ärztinnen, Eltern, Vormündern und Betreuerinnen auf Nähe zurückzuführen. Doch zeigte sich schnell, dass die Parallele nicht weit trägt. Denn Körperbefugnisse von Ärztinnen, Eltern, Vormündern oder Betreuerinnen können schon deshalb nicht plausibel auf Nähe zurückgeführt werden, weil Nähe allenfalls für das Sorgeverhältnis typisch ist. Für das Behandlungsverhältnis fehlt eine solche Typik aber. Wenn überhaupt, dann wird nicht mit Nähe, sondern mit Vertrauen argumentiert (Kap. 2 I.5.2.3.). Mitunter führen ärztliche Behandlungen zu Nähe, allerdings einer eher eigentümlichen Nähe, die außerhalb der Behandlungssituation als Grenzüberschreitung wahrgenommen würde: wenn wir uns »freigemacht« haben oder uns mit weit geöffnetem Mund, gespreizten Beinen oder entblößtem Gesäß zumeist fremden Menschen offenbaren.

Dennoch wird auf den drei Feldern ein gemeinsames Muster an Einwänden und Begründungen begegnen. Jeweils geht es um Verbesonderung, und diese Verbesonderung wird über drei Begründungsstränge auf drei Ebenen hergeleitet: auf der Ebene des *Handlungssinns*, auf der Ebene der *Betroffenen* und auf der Ebene der *Ermächtigten*. Der erste Begründungsstrang lautet, dass es im Verhältnis von Ärztinnen und Patienten, Eltern und Kindern, Vormündern und Entmündigten bzw. Betreuerinnen und Betreuten um Handlungen mit besonderem Sinn geht, nämlich um Heilung, Erziehung und Fürsorge. Der zweite Begründungsstrang zielt auf Eigentümlichkeiten der Betroffenen: weil Patienten »krank«, Kinder »unvernünftig« oder »unreif« und weil Entmündigte »wahnsinnig«, Betreute »geisteskrank« etc. sind. Der dritte Begründungsstrang zielt auf Eigentümlichkeiten der so Ermächtigten, also Besonderheiten in Stellung, Amt, Stand, Ethos, Kompetenz, Erfahrung von Ärztinnen, Eltern, Vormündern bzw. Betreuerinnen. Diese drei Begründungsstränge sind aufeinander bezogen: Vorstellungen vom besonderen Handlungssinn (Heilung, Erziehung, Fürsorge) legitimieren besondere Befugnisse (Heilauftrag, Elternrecht, Amt) und gründen sich wiederum auf Vorstellungen über besondere Bedürfnisse und Defizite in der Gruppe der Betrof-

Drucks. VI/3521, S. 39) verklausulierte dies als »überwiegend praktische Gründe« und ergänzte, dass »geschlechtliche Beziehungen zum Wesen der Ehe gehören« und dass eine Strafbarkeit als »staatliche[r] Eingriff in die internen Verhältnisse von Ehe oder Familie« mehr Schaden als Nutzen anrichte. Dies änderte sich erst mit dem 33. Strafrechtsänderungsgesetz vom 1. Juli 1997, BGBl. I, S. 1607.

2 Bundesgerichtshof, Urteil vom 26. Februar 1969, 3 StR 322/68, Neue Juristische Wochenschrift (NJW) 1969, 802 f.; Bundesgerichtshof, Urteil vom 25. September 1974, 3 StR 159/74, Neue Juristische Wochenschrift (NJW) 1975, 62 f.; rechtspolitische Kritik bei *Voß* (2013): Die Grundsätze sollten aufgegeben werden.

fenen als »Kranke«, »Unvernünftige« oder »Wahnsinnige«. Diese Vorstellungen schließlich werden ihrerseits hervorgebracht und genährt von den Annahmen über den Handlungssinn von Heilung, Erziehung, Fürsorge und Schutz. Also: ohne Erziehung weder Erziehungsbedürftige (Kinder) noch Erziehungsberechtigte (Eltern), ohne Medizin (Heilung) weder zu Heilende (Kranke) noch Heiler (Ärztinnen), und ohne Fürsorge weder Fürsorgebedürftige noch Fürsorgende.[3] Dieser Mechanismus lässt sich als Verbesonderungs*geflecht* abbilden:

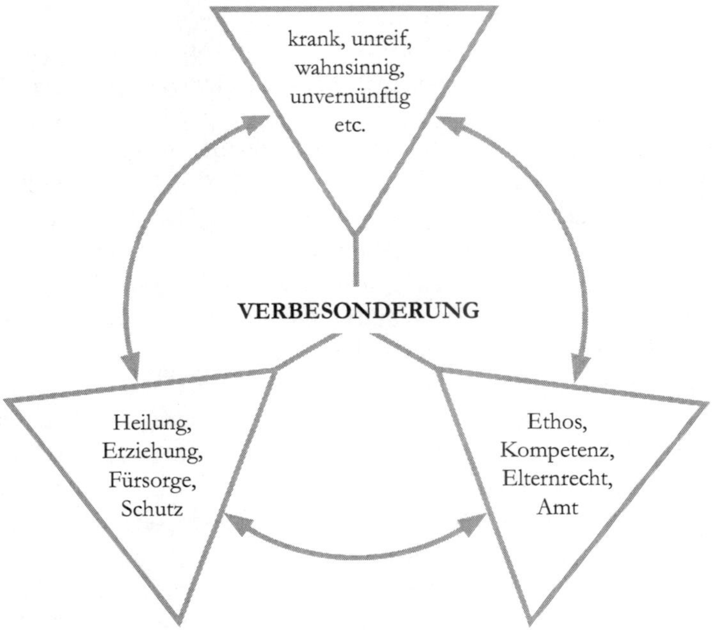

Abb. 1: Verbesonderungsgeflecht

In der Sprache des Rechts wird dieses Verbesonderungsgeflecht durch den Begriff des *Verhältnisses* zum Ausdruck gebracht. Es ist die Rede vom Arzt-Patienten-Verhältnis oder vom Eltern-Kind-Verhältnis, vom Behandlungs-, Sorge- oder Betreuungsverhältnis. Das klingt alltagssprachlich und möglicherweise banal, ist aber im Rechtszusammenhang bedeutungsvoll. Denn darin kommt nicht nur die *Verbesonderung* von Heilung, Erziehung und Fürsorge zum Ausdruck, die sich das Recht damit in seiner eigenen Sprache zu eigen macht. Zugleich begünstigt die Bezeichnung als Verhältnis Tendenzen zur *Abschließung*. Mit der Anerkennung

3 Zu diesen Wechselwirkungen etwa *Luhmann* (1991); *Parsons* (1951/1958).

eines besonderen Behandlungs- oder Eltern-Kind-Verhältnisses wird es zugleich möglich, zwischen einem Außen- und einem Innenverhältnis zu unterscheiden. Dies wiederum erhöht die Wirksamkeit von Argumenten gegen rechtliche Veränderungen: Indem die Beziehungen zwischen Ärztinnen und Patienten oder zwischen Eltern und Kindern als besondere Verhältnisse gedacht werden, wird es leichter möglich, Rechtsforderungen wie diejenige nach mehr körperlicher Selbstbestimmung als »Eingriff« in das (Innen-)Verhältnis zu deuten und als nicht sachgemäße, unangemessene etc. »Verrechtlichung« zurückzuweisen. Die im Rechtszusammenhang üblichen Bezeichnungen als Behandlungs-, Eltern-Kind- oder Betreuungsverhältnis wirken wie abwehrende Membranen gegen Forderungen nach mehr körperlicher Selbstbestimmung. Dieser Abwehrmechanismus wird auf allen drei Feldern begegnen als »illegitimes Eindringen des Rechts« (Kap. 2 I.4.2., II.4.2., III.4.2.).

Es gab also einige Hindernisse zu überwinden, damit körperliche Selbstbestimmung seit der Wende zum 20. Jahrhundert allmählich zu einem Recht auch von Patienten, Kindern und Betreuten werden konnte. Dies war kein Selbstläufer. Im Weg stand nicht nur die jeweilige rechtliche Verbesonderung als Verhältnis mit ihrer Tendenz zur Abschließung gegen als äußerlich gedachte Selbstbestimmungsrechte. Außerdem stand das ganze Verbesonderungsgeflecht (Abb. 1) mit seinen drei Begründungssträngen im Weg. Entsprechend viele Annahmen mussten sich verschieben. Um es am Beispiel der körperlichen Selbstbestimmung von Kindern zu erläutern: Die Anerkennung eines Rechts auf gewaltfreie Erziehung und die Verpflichtung zur Beachtung von Körperwünschen Minderjähriger waren erst möglich, als sich die Vorstellungen über Erziehung, über die Reichweite des Elternrechts und darüber, was das Kind zum Kind im Sinn des Rechts macht, verändert hatten (Kap. 2 II.3.). Es musste nicht nur in Zweifel gezogen werden, ob Körperstrafen und körperlicher Zwang überhaupt Ausdruck von Erziehung sein können (Handlungssinn), sondern es war auch zu hinterfragen, ob die Elternstellung ein Recht auf Körperstrafen und körperlichen Zwang umfassen kann, und ob eigentlich alle unter 18-Jährigen unreif oder unvernünftig sind. Umso mehr wird man sich fragen, welche Kräfte und Konstellationen dennoch zu einer Verschiebung der Rechtsdogmen geführt haben (»Aufbrüche«, Kap. 2 I.2., II.3., III.3.), welche typischen *Phasen* dabei durchlaufen wurden und wie sich diese Phasen jeweils im Recht niederschlugen (Kap. 3 II.). Beginnen wir also mit den dazu nötigen Nahaufnahmen.

I. Körperliche Selbstbestimmung im Behandlungsverhältnis

1. Behandlung, Körper und Selbstbestimmung

Wahrscheinlich wollen die meisten von uns die Errungenschaften der wissenschaftlichen Medizin nicht missen. Wir sind dankbar, dass es Operationsverfahren, Medikamente, Impfstoffe und Betäubungsmittel gibt, dass sich arthritisch schmerzende Knie operieren lassen, dass viele Krebsdiagnosen nicht mehr den nahenden Tod verkünden, dass man Infektionen bekämpfen und Schmerzen lindern kann. Dennoch sehen die wenigsten einer medizinischen Behandlung mit wirklicher Freude entgegen. Medizinischen Behandlungen haftet bis heute etwas Schwieriges an. Dies liegt nicht nur an der körperlichen Besorgnis, die den Anlass dafür bildet, dass wir uns »in Behandlung begeben«, wie es alltagssprachlich heißt, und es liegt auch nicht nur an den tradierten Eigentümlichkeiten in der Art und Weise, *wie* sich Ärztinnen und Patienten häufig begegnen (Kap. 2 I.5.1.). Doch geschieht uns bei medizinischen Behandlungen mehr. Mit unseren Körpern werden auch wir zum Gegenstand fremden Tuns: »Wir« werden angeschaut und abgehört, befühlt und betastet, gesalbt und gerenkt. Wir lassen Handlungen geschehen, die wir ansonsten nicht zulassen würden.[4] Die Behandlungssituation verschiebt viele Maßstäbe im Umgang mit unseren Körpern: im Hinblick darauf, welche Anblicke wir Menschen eröffnen, die uns regelmäßig nicht nahestehen, und welche Handlungen wir gestatten, obwohl sie mit Schmerz einhergehen oder unsere Körper langfristig verändern, mitunter verunstalten. In der Behandlungssituation geben wir einen Teil unserer uns ansonsten selbstverständlichen und für unser Selbstbild wichtigen Selbstbestimmung über unseren Körper ab. Aber wir gehen dieses Wagnis nach heutigem Verständnis idealerweise willentlich und zu bestimmten, selbstgesetzten Zielen ein: weil wir uns von der Behandlung die Heilung von Krankheiten und Verletzungen, die Linderung von Schmerzen, die Überwindung von Infektionen etc. versprechen, kurzum weil wir mit dem ärztlichen Tun einverstanden sind.

Aus der Perspektive des Rechts war es indes zu keiner Zeit trivial, wie man medizinische Behandlungen bewerten sollte. Wenn Chirurginnen zum Skalpell, Anästhesisten zur Spritze, Zahnärztinnen zum Bohrer greifen: Liegen darin eigentlich prinzipiell legitimierte Heilbehandlungen oder umgekehrt prinzipiell rechtfertigungsbedürftige Körperverletzungen? Hierüber besteht bis heute kein Einvernehmen. Dabei verlaufen die Linien nicht nur zwischen den Disziplinen, also zwischen Medizinern und Juristinnen. Denn auch unter Juristinnen ist man sich nicht einig in der Bewertung medizinischen Tuns. Im Kern geht es darum, ob das Recht der medizinischen Bewertung folgen und daher anerkennen

4 Zeitlos *Parsons* (1951/1958) 30 f.

sollte, dass medizinische Behandlungen *besonders* sind, nämlich Handlungen zu besonderem Zweck (Heilung), von besonderer Güte (nach den Regeln der medizinischen Kunst) und von besonderen Personen (Ärzten). Dies ist bis heute die rechtliche Gretchenfrage bei der Bewertung von medizinischen Behandlungen. Dabei geht es nicht nur um Worte oder um bloße Konstruktion. Denn je nach Einordnung kommt dem Willen der Betroffenen und damit der körperlichen Selbstbestimmung anderes Gewicht zu. Im Kern der Kontroverse steht die rechtliche Beurteilung von »ärztlicher Eigenmacht«.[5] Gemeint sind Behandlungen, die nach medizinischen Maßstäben notwendig (indiziert) erschienen und fehlerfrei (lege artis) durchgeführt wurden. Werden solche Behandlungen eigenmächtig, also ohne die Zustimmung der Betroffenen vorgenommen, liegt darin nach der einen Auffassung keine Körperverletzung, sondern »bloß« die Übertretung eines nach medizinischen Maßstäben unvernünftigen Willens, mithin eine Missachtung der »Entschließungsfreiheit«. Nach dieser Sonderfall-These entscheidet das nach medizinischen Maßstäben bestimmte *Wohl* der Betroffenen darüber, ob eine Handlung eine Körperverletzung ist oder nicht. Anders liegen die Dinge, wenn man medizinische Behandlungen unterschiedslos als Verletzung des Körpers einstuft (Körperverletzungs-These). Dann entscheiden in letzter Konsequenz die Betroffenen und ihr *Wille* darüber, ob eine Handlung eine rechtswidrige Körperverletzung darstellt. Abgesehen von Ausnahmen, in denen eine Zustimmung nicht eingeholt werden kann, z. B. weil ein Unfallopfer bewusstlos ist, oder in denen die Rechtsordnung eine Zustimmung ausnahmsweise explizit für entbehrlich erklärt, etwa um eine Blutprobe zu erzwingen,[6] gilt in dem großen Feld der normalen medizinischen Behandlungen folgendes: Hat der Betroffene der Behandlung nicht zugestimmt, bleibt eine medizinische Behandlung auch dann eine Körperverletzung, wenn sie nach medizinischen Maßstäben vernünftig, notwendig, erfolgreich war. Nicht das Wohl, sondern der Wille ist hiernach das entscheidende Nadelöhr. Damit dürfte nachvollziehbar geworden sein, dass an diesem Punkt unterschiedliche Vorstellungen von körperlicher Selbstbestimmung im Behandlungsverhältnis artikuliert worden sind. Wer mit der Sonderfall-These bei medizinischen Behandlungen zwischen Heilung und Körperverletzung unterscheidet, relativiert das rechtliche Gewicht körperlicher Selbstbestimmung gegenüber medizinischen Behandlungen und erkennt damit implizit eine ärztliche Befugnis

5 Exemplarisch *Laufs* (1969); *A. Kaufmann* (1961).

6 Das geltende Recht kennt gesetzliche Ermächtigungen zu zwangsweisen körperlichen Untersuchungen oder Behandlungen nur in engen Grenzen. Dazu gehören Ermächtigungen im Zusammenhang mit strafprozessualen Ermittlungen (§§ 81a, 81c StPO, § 372a ZPO) sowie im Strafvollzug (§ 101 StVollzG). Auch die wenigen Impfpflichten gehören in diesen Zusammenhang (§ 20 Absatz 8 IfSG). Schließlich entnahm man der Rechtsordnung schon immer Befugnisse zu Zwangsbehandlungen gegenüber einwilligungsunfähigen Personen, dazu noch unten Kap. 2 III.3.4.1. Darüber hinaus gab es aber zu keiner Zeit ein ausdrückliches allgemeines ärztliches Zwangsbehandlungsrecht; zu den nationalsozialistischen Ärzteverbrechen aber noch unten Kap. 2 I.2.3.

zu körperlicher Fremdbestimmung an; wer dagegen mit der Körperverletzungs-These jede medizinische Behandlung auch als Verletzung ansieht, spricht sich für ein unterschiedsloses, allgemeines Recht auf körperliche Selbstbestimmung auch gegenüber medizinischen Behandlungen aus.

Wir werden im Einzelnen nachverfolgen, wie das deutsche Recht seit der Wende zum 20. Jahrhundert die Sonderfall-These immer nachdrücklicher zurückgewiesen und dadurch ein Recht auf körperliche Selbstbestimmung im Behandlungsverhältnis ausgeformt hat. Wir werden also Zeuginnen einer im Wesentlichen (Kap. 2 I.2.3.) ununterbrochenen Entwicklung in Richtung körperlicher Selbstbestimmung. Für das Recht ist heute gesichert, dass der Heilzweck keine körperliche Fremdbestimmung legitimiert und dass auch ein nach medizinischen Maßstäben unvernünftiger Patientenwille rechtlich beachtlich ist als Ausdruck körperlicher Selbstbestimmung und dass Ärzte keine ungeschriebenen besonderen Körperbefugnisse innehaben. Die ersten Weichenstellungen in diese Richtung gehen bereits auf das Reichsgericht zurück (Kap. 2 I.2.1.). Damit war die Sonderfall-These eigentlich bereits an der Wende zum 20. Jahrhundert zurückgewiesen. Aber es sollte noch bis weit in die bundesrepublikanische Zeit dauern, bis das Recht auf körperliche Selbstbestimmung im Behandlungsverhältnis auch im Bürgerlichen Gesetzbuch sichtbar wurde (Kap. 2 I.3.3.). Allerdings trifft diese von der Rechtsprechung angestoßene Rechtsentwicklung bis heute auf vehemente Kritik. Nach wie vor leuchtet es weder in Ärztekreisen noch im rechtswissenschaftlichen Diskurs ein, dass für das Recht der Unterschied zwischen einer medizinischen Behandlung und einem rohen Gewaltakt »nur« im Willen der Betroffenen liegt. Hier begegnen bis heute lebhafte und wirksame wissenschaftliche Gegendiskurse; es ist die Rede von einem »Jahrhundertstreit«[7] (Kap. 2 I.4.1.). Der Befund ist also zwiespältig: Auf der einen Seite eine immer längere Kette von Urteilen, die die körperliche Selbstbestimmung zur Zentralperspektive in der rechtlichen Formung des Behandlungsverhältnisses erhoben hat, auf der anderen Seite die Beobachtung, dass diese Entwicklung von weiten Teilen des Rechtsdiskurses über die längste Zeit des 20. Jahrhunderts zutiefst abgelehnt wurde.

Körperliche Selbstbestimmung von Patienten ist aber auch deshalb eine unsichere und gefährdete Errungenschaft, weil die tatsächlichen Bedingungen des Behandlungsverhältnisses ungünstig für die Verwirklichung körperlicher Selbstbestimmung sind (Kap. 2 I.5.1.). So hat sich die Rechtsprechung hier zwar – gemessen an der Rechtsentwicklung im Eltern-Kind-Verhältnis (Kap. 2 II.2.) und im Betreuungsverhältnis (Kap. 2 III.2.) – vergleichsweise früh und eindeutig hinter körperliche Selbstbestimmung gestellt. Doch führen fortbestehende Dilemmata unter dem Strich zu einem zwiespältigen Befund (Kap. 2 I.5.2., I.5.3.).

7 *Katzenmeier* (1997) 156.

2. *Aufbrüche*

Unsere Beobachtungen beginnen mit einem Paukenschlag. In der Frage, inwieweit das Recht von ungeschriebenen ärztlichen Fremdbestimmungsbefugnissen ausgeht oder umgekehrt auf körperlicher Selbstbestimmung der Patienten besteht, gilt bis heute eine Entscheidung des Reichsgerichts in Strafsachen aus dem Jahr 1894 als Weichenstellung. In juristischen Kommentaren genauso wie in medizinischen Lehrbüchern, in der ersten Hälfte des 20. Jahrhunderts oder am beginnenden 21. Jahrhundert, ob rühmend oder resignierend: Diese Entscheidung hat ihren festen Platz in der Leiterzählung zur körperlichen Selbstbestimmung im Behandlungsverhältnis. Ihre Aussagen bestimmen seither das geltende Recht. Sie haben die nationalsozialistische Zeit überstanden (Kap. 2 I.2.3.) und sind auch später nicht revidiert worden: nicht vom Bundesgerichtshof, nicht vom Bundesverfassungsgericht und auch nicht vom Gesetzgeber des 21. Jahrhunderts (Kap. 2 I.3.).

2.1 Weichenstellung für das Willensdogma

Worum ging es? Im Juni 1893 wurde die siebenjährige Tochter eines Gastwirts in ein Hamburger Krankenhaus eingeliefert. Sie litt an einer tuberkulösen Vereiterung der Fußwurzelknochen. Dort versuchte man vergeblich verschiedene Behandlungen, um ein Fortschreiten der Erkrankung zu verhindern. Der Vater der Patientin, als »Anhänger der sog. Naturheilkunde ein grundsätzlicher Gegner der Chirurgie«, erklärte sowohl gegenüber dem Oberarzt der chirurgischen Abteilung des Krankenhauses als auch gegenüber einer dort tätigen Schwester, er wolle auf keinen Fall eine Operation, denn »er wolle auf jede Gefahr hin nicht, dass sein Kind zum Krüppel werde«. Als der Vater später seine Tochter vom Krankenhaus nach Hause holen wollte, befand sie sich bereits in der Narkose. Eine Krankenschwester übermittelte dem Operateur daraufhin: »der Vater ist da und will sein Kind holen«, worauf der Operateur erwidert haben soll: »jetzt ist es zu spät, ich werde später mit dem Vater sprechen«. Nach der Amputation des Fußes hatte sich das Kind »normal weiterentwickelt«.[8]

Damit stand das Reichsgericht vor einer Frage, die auch heute noch als bedrückend schwierig empfunden wird: Steht es Eltern überhaupt zu, sich aus weltanschaulichen Gründen gegen medizinische Behandlungen ihrer Kinder zu sperren und durch ihre Weigerung die Gesundheit der Kinder aufs Spiel zu setzen? Oder sollte das elterliche Bestimmungsrecht dort seine Grenze finden, wo irreversibler Schaden droht? Und nach welchen Maßstäben ist zu bestimmen, welche Behandlung geboten ist? Ian McEwan hat einen Teil dieser Fragen im Jahr 2014 in

8 Reichsgericht, Urteil vom 31. Mai 1894, 3 StR 1406/91, RGSt 25, 375–389 (376 f.).

seinem Roman *The Children Act* für unsere Zeit porträtiert anhand des 17-jährigen leukämiekranken Adam, dessen Eltern genauso wie er selbst als Zeugen Jehovas die lebensverlängernden Bluttransfusionen ablehnen (dazu noch Kap. 2 II.3.2.). Aber der Sachverhalt, den das Reichsgericht im Jahr 1894 zu entscheiden hatte, lag an einem wesentlichen Punkt anders: Der Operateur hatte durch die Vornahme der Operation ein *fait accompli* geschaffen. Dies veränderte den Streitstoff: Die Entscheidung drehte sich nicht speziell um die Berechtigung der Eltern, eine aussichtsreiche Operation für ihr Kind abzulehnen, sondern thematisierte allgemein das Verhältnis von medizinischer Behandlung und Einwilligung. Davon zeugte auch der der Entscheidung vorangestellte Leitsatz, entsprechend damaliger Konvention als Frage formuliert: »Von welchen rechtlichen Voraussetzungen hängt die Strafbarkeit oder Straflosigkeit von Körperverletzungen ab, welche zum Zwecke des Heilverfahrens von Ärzten bei operativen Eingriffen begangen werden?«

Schon die Art, wie die Frage formuliert war, deutet die weitere Richtung an. Schließlich setzte das Reichsgericht voraus, dass medizinische Behandlungen, auch wenn sie von Ärztinnen und »zum Zwecke des Heilverfahrens« vorgenommen werden, erst einmal »Körperverletzungen« im Rechtssinne sind. In diesem Sinne entschied das Gericht dann auch: Maßgeblich sei allein der Wille der Betroffenen und nicht eine aus Vernunft und Zweckmäßigkeit, aus Berufsrecht oder Gewohnheit begründete ärztliche Befugnis. Vielmehr könne einzig die Einwilligung der Betroffenen die an sich bestehende Rechtswidrigkeit und damit Strafwürdigkeit von Körperverletzungen aufheben. Denn auch für das »Verhältnis zwischen Arzt und Patienten« müsse unter »allen Umständen« daran festgehalten werden, dass die Willensübereinstimmung der allein »leitende und entscheidende Gesichtspunkt« sei.[9] Besonders deutlich wandte sich das Reichsgericht gegen die Überlegungen der Vorinstanz, ärztliche Behandlungen seien deshalb nicht rechtswidrig, weil sich der Zweck der Körperverletzung als heilsam und daher vernünftig darstelle. Dass jemand »nach eigener Überzeugung oder nach dem Urteile seiner Berufsgenossen die Fähigkeit besitzt, das wahre Interesse seines Nächsten besser zu verstehen«, gewähre »nicht entfernt irgendeine rechtliche Befugnis, nunmehr nach eigenem Ermessen [...] diesem Gewalt anzutun und dessen Körper willkürlich zum Gegenstand gutgemeinter Heilversuche zu benutzen.«[10] Auch der Überlegung, »ein sog. Berufsrecht des Arztes [...] zur selbständigen Grundlage irgendwelcher dem letzteren über den Körper von Kranken zustehenden originären Befugnisse zu erheben«, trat das Gericht entgegen. Es sei nicht einzusehen, wie allein die berufliche Stellung die Kraft besitzen könnte, ein konkretes Rechtsverhältnis zu begründen, wonach »gerade diesem Arzte Gewaltherrschaft über diesen

9 Reichsgericht, Urteil vom 31. Mai 1894, 3 StR 1406/91, RGSt 25, 375–389 (381).
10 Reichsgericht, Urteil vom 31. Mai 1894, 3 StR 1406/91, RGSt 25, 375–389 (379).

Patienten« zustehen soll.[11] Damit waren an der Wende zum 20. Jahrhundert die Weichen in Richtung körperlicher Selbstbestimmung gestellt. Das Reichsgericht hatte alle Begründungsversuche für ärztliche Sonderbefugnisse kraft Kompetenz, Stand oder Handlungssinn zurückgewiesen. Hier liegen die Anfänge des Rechts auf körperliche Selbstbestimmung im Behandlungsverhältnis.

Allerdings waren Ärzte weder mit den juristischen Folgen noch mit den Urteilsgründen einverstanden. War es nicht eigentlich ein grobschlächtiger Affront, als sich das Reichsgericht gegen »ärztliche Gewaltherrschaft« wandte und ausführte, dass niemand nur aufgrund vermeintlich besserer Fähigkeiten das Recht habe, andere »zum Gegenstand gutgemeinter Heilversuche« zu machen? Diese Zurechtweisungen trafen auf einen inzwischen organisierten, selbstbewussten und auch wohlhabenden Ärztestand. Aus Gelehrten waren im Verlauf des 19. Jahrhunderts professionelle Experten geworden.[12] Ärzte genossen zunehmendes Sozialprestige und auch politisches Gehör. So war es ärztlicher Standespolitik gelungen, die bis dahin verbreitete Strafandrohung wegen Verletzung des »Kurierzwangs« abzuschaffen.[13] Daher konnte es nicht überraschen, dass die Entscheidung des Reichsgerichts in Ärztekreisen vehement abgelehnt wurde. Schnell formierte sich ärztlicher Protest, und es hieß später, die Auffassungen seien »mannigfach in scharfer Weise [...] aneinandergeraten.«[14] Auch in der juristischen Rezeption gab es wenig Zuspruch. In einem Literaturbericht hieß es, das Schrifttum sei sich »einig in der Verwerfung«.[15] Dies zielte nicht so sehr darauf, dass überhaupt rechtliche Maßstäbe an ärztliches Handeln angelegt werden. Einer »Ausnahmestellung« des Ärztestandes sollte nicht das Wort geredet werden. Denn »alle Stände« müssen sich »eine richterliche Beurteilung ihrer Tätigkeit gefallen lassen«, wie im Jahr 1903 erläutert wurde.[16] Die »grundsätzliche Verantwortlichkeit« der Ärzte für ihr »Thun und Lassen«, so war bereits im Jahr 1886 in einem Praxisleitfaden für Ärzte und Juristen nachzulesen, sei anerkannt und »unbestritten«.[17] Doch gingen die Anschauungen darüber auseinander, ob wirklich – wie vom Reichsgericht proklamiert – *einzig* der Wille der Betroffenen das ärztliche Tun zur rechtmäßigen Handlung werden lässt. Zunächst stimmte man grundsätzlich darin überein, dass ärztliche Behandlungen nur ausnahmsweise ohne Einwilligung vorgenommen werden sollten. Aber es schien gleichermaßen selbstverständlich, dass nur Volljährige und »Geistesgesunde« ein Recht darauf hätten, ärztliche Eingriffe abzulehnen. So hatte der Jurist Lassa Oppenheim unter dem Titel »Das ärztliche Recht zu

11 Reichsgericht, Urteil vom 31. Mai 1894, 3 StR 1406/91, RGSt 25, 375–389 (380).

12 *Huerkamp* (1985); *Göckenjan* (1985) insbesondere 267 ff.; *Schweickardt* (2006).

13 *Riegger* (2007).

14 *Kahl* (1909) 351.

15 *Kohlrausch/H. Schmidt* (1903) 604.

16 Exemplarisch *Kollbrunner* (1903) 82.

17 *Kühner* (1886) 13.

körperlichen Eingriffen an Kranken und Gesunden« im Jahr 1892 erläutert, dass sich niemand »gegen seinen Willen« ärztlichen Eingriffen unterziehen müsse, wenn er – und jetzt kommt das Entscheidende – »volljährig und geistesgesund ist«.[18] Zehn Jahre später, im Jahr 1902, war Gleiches in einem strafrechtlichen Standardlehrbuch nachlesbar. »Selbstverständlich« brauche »kein Willensfähiger einen ärztlichen Eingriff an sich selbst zu dulden«. Dies würde auch dem gewissenhaften Arzt im Regelfall nicht einfallen. Aber dann kommen die Ausnahmen: Auch der gewissenhafte Arzt werde zur Willensmissachtung gedrängt, weil er die Nichtbehandlung, etwa aufgrund eines Verbots eines Angehörigen, »für eine schwere Schädigung des Kranken betrachtet« oder weil er dem Patienten schon gar nicht die volle Wahrheit mitteilt, da er sonst einen schweren »Rückschlag erwarten muss«.[19] Einen solchen Ausnahmefall sah man dann auch in dem vom Reichsgericht entschiedenen Sachverhalt: Wenn ein Arzt dem Kind das Leben rettet, »dem überängstlichen oder gar böswilligen Vater zum Trotze«, so habe der Arzt das Gut der Gesundheit »nicht gemindert, sondern gemehrt« mit der Konsequenz, dass »wirklich kein Sinn in der Behauptung [liegt], diese Lebensrettung sei durch die Nichteinwilligung des Geretteten oder seines Vertreters in eine Körperverletzung umgeschlagen.«[20] Von diesem Standpunkt aus erschien die Position des Reichsgerichts als »Fehlbewertung«, weil der Einwilligung »eine viel zu weitgehende Bedeutung« beigemessen werde.[21]

Die reichsgerichtliche »Einwilligungstheorie« wurde aber auch deshalb zurückgewiesen, weil sich das Gericht der Vorstellung eines ärztlichen Sonderrechts verweigert hatte. Manchen erschien dies schlicht ungerecht, weil die Gerichtspraxis die Interessen der Patienten bevorzugt habe.[22] Hinzu kamen unterschiedlichste dogmatische Argumente. Für die einen unterschieden Heilungswille und Heilzweck die Heilbehandlung von der Körperverletzung, andere leiteten besondere Handlungsbefugnisse gewohnheitsrechtlich oder aus dem ärztlichen Berufsrecht ab.[23] Jedenfalls war man sich in der zeitgenössischen Rechtswissenschaft weitgehend einig darin, dass das Reichsgericht, indem es *einzig* die Einwilligung als rechtfertigende Begründung für ärztliche Behandlungen anerkannte, das Eigentümliche der Heilbehandlung verkannt und daher die Weichen in die falsche Richtung gestellt habe. Hier sei »Unverstand« am Werk, fasste der Strafrechtler Wilhelm Kahl im Jahr 1909 noch einmal seinen Unmut zusammen. Natürlich gehe es »bei einer Operation nicht ohne eine Verletzung des Körpers ab.« Doch liege »eine himmelweite Kluft« zwischen der ärztlichen Behandlung, auch

18 *Oppenheim* (1892) 21.
19 *Binding* (1902) 57.
20 *Binding* (1902) 57 f.; genauso später *Beling* (1924) 234.
21 *Binding* (1902) 58 Anm. 1.
22 *R. Schmidt* (1900).
23 *Stooß* (1898); *von Lilienthal* (1899); *Oppenheim* (1892); *Kahl* (1909).

wenn sie mit einer Verletzung des Körpers einhergeht, und einer Körperverletzung. Denn nur die Verletzung des Körpers, die den Körper misshandelt, sei wirklich eine Körperverletzung, während die ärztliche Behandlung gerade das Gegenteil bezwecke und daher auch nicht auf dieselbe Stufe mit Misshandlungen gestellt werden dürfe: Während misshandeln ein Handeln »gegen die festgesetzte Ordnung« bedeute, heiße ärztlich behandeln, »zweck- und ordnungsgemäße Handlungen« in Richtung auf den Körper vorzunehmen.[24]

Hier klingt bereits an, wie Ärzte und Rechtswissenschaft ab den 1950er Jahren die Rechtsprechung für ihre Verteidigung der körperlichen Selbstbestimmung im Behandlungsverhältnis geradezu attackieren würden (Kap. 2 I.4.1.). Doch gemessen an den bundesrepublikanischen Debatten blieb es in den ersten Jahren nach der reichsgerichtlichen Weichenstellung vergleichsweise unaufgeregt. Vielleicht erschien der Sachverhalt auch zu singulär: auf der einen Seite der weltanschauliche Extremismus des Naturheilkunde-Milieus (dazu auch noch Kap. 2 I.4.3.), auf der anderen Seite der Umstand, dass es um ein siebenjähriges Kind ging. Es liegt eine gewisse Ironie darin, dass das Reichsgericht den Willensprimat in einer Entscheidung ausrief, in der sich im Ergebnis nicht die körperliche Selbstbestimmung des Betroffenen durchsetzte, sondern das Sorgerecht des Vaters und seine naturheilkundliche Skepsis gegen die Schulmedizin.[25] Darin ist die weitere Rechtsentwicklung dem Reichsgericht im Übrigen auch nicht gefolgt. Denn heute würden Gerichte anders entscheiden. Die bundesdeutsche Leitentscheidung zu dieser Frage stammt aus dem Jahr 1994 (Kap. 2 II.3.). Es ging um Eltern, die als Anhänger der Zeugen Jehovas eine lebensrettende Bluttransfusion für ihr neugeborenes Kind abgelehnt hatten. Das hierzu angerufene Gericht entzog den Eltern die Entscheidungsbefugnis und ersetzte ihre Einwilligung, so dass das Kind die Bluttransfusion schließlich erhielt.[26] Aus heutiger Sicht hätte man es in dem reichsgerichtlichen Anlassfall, der in der juristischen Leiterzählung gemeinhin als Weichenstellung in Richtung körperlicher Selbstbestimmung gilt, also gerade nicht dem Vater überlassen dürfen, sich als Anhänger der Naturheilkunde aus ureigensten Gründen gegen die lebensrettende Operation seiner Tochter zu stellen. Das zeitlos Gültige der reichsgerichtlichen Entscheidung liegt nicht in den Folgerungen für die väterlichen Bestimmungsbefugnisse, sondern allein in der Zurückweisung eines ärztlichen Bestimmungsrechts. Darin aber hat das Reichsgericht im Jahr 1894 Rechtsgeschichte geschrieben.

24 *Kahl* (1909) 369.

25 Vgl. *Rabel* (1904) 32 f.

26 Oberlandesgericht Celle, Beschluss vom 21. Februar 1994, 17 W 8/94, Neue Juristische Wochenschrift (NJW) 1995, 792 f.

2.2 Anfänge der ärztlichen Aufklärungspflicht

Auch in der Folgezeit würde es bei dieser Rollenverteilung bleiben: Die Rechtswissenschaft, zumal die Strafrechtswissenschaft, teilte zumeist die ärztlichen Bedenken und ihre Kritik, während es der Rechtsprechung auch weiterhin darum zu tun sein würde, sich als Anwältin der Patienten für die Absicherung ihrer körperlichen Selbstbestimmung im Behandlungsverhältnis einzusetzen. Die nächste Etappe auf diesem Weg war die Begründung der ärztlichen Aufklärungspflicht. Ihre Anfänge verdanken wir abermals dem Reichsgericht, ihre Vollendung dem Bundesgerichtshof (Kap. 2 I.3.2.). Im Zuge dieser Entwicklung wurden nicht nur immer gehaltvollere rechtliche Anforderungen an die Wirksamkeit einer Einwilligung formuliert. Der noch entscheidendere Punkt war, dass die Rechtsprechung den Ärzten die Verantwortung für die Wirksamkeit der Einwilligung übertrug, indem sie die Ärzte zur Aufklärung *verpflichtete.* Erste Schritte in diese Richtung zeichneten sich in einer Entscheidung aus dem Jahr 1908 ab. Abermals ging es um eine Operation an einem Kind, hier einem sechsjährigen Kind, das an einem »Hochstande des rechten Schulterblatts mit Verkrümmung der Wirbelsäule« litt. Eine Tante hatte das Kind in die orthopädische Anstalt des Beklagten gebracht und war auch bei den Voruntersuchungen anwesend. In diesem Zusammenhang hatte eine Krankenschwester der Tante eröffnet, dass »eine Operation vorgenommen werden solle«, was dann auch geschah. Die Eltern des Kindes verlangten später von dem Inhaber der Klinik Schadensersatz, u. a. mit der Begründung, dass sie der Operation nicht zugestimmt hatten. Der Beklagte wandte dagegen ein, er habe annehmen dürfen, dass eine Zustimmung tatsächlich vorgelegen habe oder jedenfalls noch erteilt würde. Das Reichsgericht ließ dies jedoch nicht genügen. Abermals bekräftigte das Gericht, dass allein der Wille der Betroffenen ärztliches Handeln legitimieren kann: »Ein besonderes Berufsrecht, vermöge dessen ein Eingriff in die körperliche Unversehrtheit des anderen ohne oder selbst gegen dessen Willen erlaubt wäre, steht grundsätzlich auch dem Arzt nicht zur Seite.«[27] Dann aber ging das Reichsgericht noch einen Schritt weiter und erklärte, dass es Sache der Ärzte sei, sich der Zustimmung zu vergewissern, und dass es in ihre Verantwortung falle, dafür auch organisatorische Vorkehrungen zu treffen:

> »Man mag […] vielleicht zugeben, dass von dem Leiter einer größeren Klinik nicht schlechthin zu verlangen sei, er habe in jedem Falle persönlich wegen der Zustimmung zur Operation mit den Angehörigen zu verhandeln. Allein wenn er hierzu nicht in der Lage ist, so muss er wenigstens Anordnungen treffen, die zuverlässige Gewähr dafür bieten, dass die Einwilligung des gesetzlichen Vertreters eines zu operierenden Kindes zuvor eingeholt wird, und er muss sich darüber vergewissern, dass die Zustimmung vorhanden

[27] Reichsgericht, Urteil vom 27. Mai 1908, VI 484/07, RGZ 68, 431–438 (434).

ist, die aus einem Schweigen des Vertreters auf die ihm gemachte Eröffnung nicht unter allen Umständen wird gefolgert werden können«.[28]

Doch wollte das Reichsgericht diese Verantwortung des Arztes für das Vorliegen der Zustimmung zunächst noch nicht als Aufklärungspflicht verstanden wissen. Im Jahr 1912 hieß es, eine »Verpflichtung des Arztes, den Kranken auf alle nachteiligen Folgen aufmerksam zu machen«, könne »nicht anerkannt werden«. Denn dies lasse sich »weder aus der Übung der pflichtgetreuen und sorgfältigen Vertreter des ärztlichen Berufes, noch aus inneren Gründen herleiten.« Und außerdem würde eine »umfassende Belehrung des Kranken über alle möglichen nachteiligen Folgen der Operation [...] nicht selten sogar sachlich falsch sein [...]«.[29] Aber dies war nicht das letzte Wort. In den liberalen Milieus der Weimarer Republik sah man die Dinge zusehends anders. Die ärztliche »Praxis des Schweigens« begegnete wachsender Kritik, und man diskutierte lebhaft über die Frage: »Soll der Arzt die Wahrheit sagen?«, wie Thorsten Noack aufgearbeitet hat.[30] Die öffentliche Meinung wird zu der Kehrtwende mit beigetragen haben, die sich dann im Jahr 1931 vollzog. Bei folgendem Sachverhalt entschied sich das Reichsgericht für eine allgemeine ärztliche Aufklärungspflicht: Eine Patientin hatte sich wegen eines »Unterleibsgeschwulsts« in Behandlung des Beklagten begeben, der ihr schließlich zu einer operativen Entfernung des Geschwulsts riet. Die Patientin erklärte später, dass sie sich zu der Operation lediglich deshalb entschlossen habe, weil ihr zugesichert worden sei, ihre »Gebärfähigkeit« werde erhalten bleiben. Tatsächlich wurde aber im Verlauf der Operation die Gebärmutter entfernt. Dies sei erforderlich gewesen, so der beklagte Arzt, um das Geschwulst zu entfernen. Das Landgericht und das Oberlandesgericht hatten den Standpunkt des Arztes geteilt und sahen keinen Anhaltspunkt für seine Haftung. Das Reichsgericht sah die Dinge indes anders und stellte sich, gegen ausdrückliche frühere Entscheidungen desselben Senats, hinter die Patientin. Wenn ein Arzt sich über die Folgen einer Operation »in bestimmter Weise äußert« und wenn er erkennen kann, »dass der Patient auf die möglichen Folgen Gewicht legt und im Vertrauen auf die Erklärung des Arztes seine Entschließung trifft«, könne es »die Pflicht eines gewissenhaften Arztes sein, den Patienten vor Ausführung der Operation dahin zu belehren, dass der Eingriff nicht unbedingt den gewünschten Erfolg verspreche, oder dass er gewisse Nebenwirkungen nicht ausschließe.« Diese Belehrungspflicht folgerte das Reichsgericht aus dem Erfordernis der Einwilligung. Weil der Arzt der Einwilligung bedarf, dürfe er die Entschließung des Patienten »nicht durch Erklärungen in die Irre leiten, welche geeignet sind, bei dem Patienten einen für

28 Reichsgericht, Urteil vom 27. Mai 1908, VI 484/07, RGZ 68, 431–438 (436).

29 Reichsgericht, Urteil vom 1. März 1912, III 231/11, RGZ 78, 432–436 (433 f.); genauso Reichsgericht, Urteil vom 4. Mai 1920, III 416/19, abgedruckt bei *Warneyer* (1920) 138 (Nr. 109).

30 *Noack* (2004) 130–141.

seine Entschließung wesentlichen Irrtum hervorzurufen. Andernfalls haft[e] er wegen Verletzung seiner allgemeinen Beratungspflicht [...]«.[31] Wenige Monate später bekräftigte das Reichsgericht seine Haltung noch einmal und wandte sich nachdrücklich gegen die Überlegung, ob nicht bei »schweren Erkrankungen wie bei Krebs« eine Ausnahme gemacht werden müsse. Diese Überlegung wies das Gericht zurück, weil »der Kranke« auch bei schweren Erkrankungen Anspruch darauf habe, »von dem Heilbehandler (Arzt oder Naturheilkundigen), dem er sich anvertraut, wahrheitsgemäß über die Natur seines Leidens unterrichtet zu werden.« Denn andernfalls könne »der Kranke« keine sachgemäße Entscheidung für sich treffen.[32] Damit war der Zusammenhang zwischen Einwilligung, Aufklärung und körperlicher Selbstbestimmung endgültig etabliert. Seither kennt das deutsche Recht eine ärztliche Aufklärungspflicht. Zugleich wurden hier gehaltvolle Vorstellungen von Selbstbestimmung entwickelt, die für das 20. Jahrhundert charakteristisch werden sollten: Die ärztliche Aufklärungspflicht lässt sich als Vorbotin des Siegeszugs des informierten Willens lesen. Allerdings ging die Rechtsprechung zunächst noch davon aus, dass sich über die Aufklärungspflicht nur begrenzt allgemeine Regeln aufstellen ließen. Das Reichsgericht meinte dazu im Jahr 1932, die Art, wie der Kranke wahrheitsgemäß aufgeklärt werde, sei »in der Hauptsache eine Frage des ärztlichen Taktes«, und ergänzte: »Nicht jede Verletzung des ärztlichen Taktes enthält aber schon für sich einen Kunstfehler.«[33] Genauso war zuvor schon in einem viel zitierten Rechtshandbuch für Ärzte erläutert worden, dass sich im Hinblick auf die Aufklärung keine bestimmten Regeln aufstellen ließen: »Die Lage des einzelnen Falles, in erster Linie der Takt des Arztes, in zweiter die Persönlichkeit und die Verhältnisse des Kranken müssen dem Arzte die ihm nach sorgfältiger ethischer und praktischer Erwägung richtig erscheinende Entscheidung an die Hand geben.«[34] Der Bundesgerichtshof wird dieses Entgegenkommen an ärztliche Beurteilungsspielräume im Jahr 1958 korrigieren und die Aufklärung zur vollständig kontrollierbaren Rechtspflicht erklären (Kap. 2 I.3.2.).

31 Reichsgericht, Urteil vom 19. Mai 1931, III 202/30, abgedruckt bei *Warneyer* (1931) 324 (Nr. 162).

32 Reichsgericht, Urteil vom 29. Februar 1932, II 57/32, RGSt 66, 181–185 (182). – Hier erlitt die Patientin, nachdem der Arzt ihr eröffnet hatte, dass sie möglicherweise an Krebs erkrankt war, Angstzustände und musste schließlich als »geisteskrank in eine Heilanstalt« aufgenommen werden. Für die Patientin war die reichsgerichtliche Betonung der ärztlichen Aufklärungspflicht also ein Danaer-Geschenk, diente sie doch der strafrechtlichen Entlastung des Arztes von der Verantwortung für die dadurch ausgelösten Angstzustände.

33 Reichsgericht, Urteil vom 29. Februar 1932, II 57/32, RGSt 66, 181–185 (183).

34 *Ebermayer* (1930) 156.

2.3 »An diesen Grundsätzen ist festzuhalten«

Mit der Festlegung auf das Willensdogma (Kap. 2 I.2.1.) und auf die ärztliche Aufklärungspflicht (Kap. 2 I.2.2.) hatte das Reichsgericht ein Recht auf körperliche Selbstbestimmung im Behandlungsverhältnis anerkannt. Nach diesen Rechtsgrundsätzen sollte es allein den Betroffenen oder allenfalls ihren gesetzlichen Vertreterinnen (Eltern) zukommen, frei und ohne Täuschung oder Zwang darüber zu entscheiden, ob und wenn ja welche Behandlung sie wünschten. Dies war der Ertrag der Rechtsprechung seit der Wende zum 20. Jahrhundert. Aber ließ sich an diesen »individualistischen« [35] Grundsätzen auch festhalten, als das gesamte Staatswesen von der nationalsozialistischen Unrechtsideologie erfasst wurde? Tatsächlich hat das Reichsgericht standgehalten. Zur ersten Bewährungsprobe kam es im Jahr 1936. Ein praktischer Arzt hatte einer über Herzschwäche klagenden Frau gegen ihren Willen Kampferlösung in die Armbeuge gespritzt und dadurch eine spätere Amputation des Arms erforderlich gemacht. Das Oberlandesgericht Köln hatte eine Schadensersatzpflicht des Arztes verneint, weil der Arzt habe annehmen dürfen, dass die Kranke die Folgen ihrer Weigerung nicht richtig habe beurteilen können. Dies entspreche einem »anzuerkennenden praktischen ärztlichen Bedürfnis und dem gesunden Volksempfinden, das die Herrschaft über den eigenen Körper zur Förderung der Gesundheit des Volksganzen mehr und mehr der Willkür des einzelnen entziehe.«[36] Dieser Rechtsstandpunkt stellte alles in Frage, was das Reichsgericht seit der Weichenstellung zugunsten des Willensdogmas an körperlicher Selbstbestimmung im Behandlungsverhältnis (Kap. 2 I.2.1.) gesichert hatte. Die Bestimmung über den eigenen Körper unterliege nicht der »Willkür« des Einzelnen, sondern entscheide sich nach »praktischem ärztlichen Bedürfnis« und »gesundem Volksempfinden«, so das Oberlandesgericht. Dies wäre das vorläufige Ende der Aufwärtsbewegung in Richtung körperlicher Selbstbestimmung im Behandlungsverhältnis gewesen. Doch machte sich das Reichsgericht die Haltung des Oberlandesgerichts Köln nicht zu eigen. Der Begründung ist der politische Gegendruck aber deutlich anzumerken. Der Arzt sei, wie das Gericht betonte, »nach wie vor« gehalten, bei einer Behandlung »die gesetzlich geschützten Güter des Kranken, insbesondere seine körperliche Unversehrtheit zu achten«, soweit nicht der Kranke oder sein gesetzlicher Vertreter »in den die körperliche Unversehrtheit verletzenden Eingriff einwilligt [...].« Und weiter: »An diesen Grundsätzen ist festzuhalten.« Ärztliche Behandlungen gegen den ausdrücklichen und ernstlichen Willen des Kranken blieben also unzulässig. Erst im Nachtrag warf das Gericht noch einmal die Frage auf, ob der körperlichen

35 So die kritische Bezeichnung von *Kallfelz* (1936) 3115 f.

36 Wiedergegeben bei Reichsgericht, Urteil vom 19. Juni 1936, III 298/35, RGZ 151, 349–357 (351).

Selbstbestimmung Grenzen im Hinblick auf die »Volksgesundheit« zu ziehen seien: »Freilich mag vom Standpunkte des Volksganzen aus die Idealforderung berechtigt sein, Leben und Gesundheit jedes einzelnen Gliedes der Volksgemeinschaft nach Möglichkeit zu erhalten.« Jedenfalls würde sich dadurch nichts an dem Verhältnis von ärztlichen Befugnissen und körperlicher Selbstbestimmung ändern: »[...] die auf diese Idealforderung abgestellten Belange des Volksganzen sind nicht so bestimmt, dass sie ohne weiteres als Richtschnur für das rechtliche Handeln des Arztes dienen können.«[37] Auch die Erwägung, der Arzt habe, als er gegen den Willen der Betroffenen handelte, jedenfalls nicht schuldhaft gehandelt, ließ das Reichsgericht nicht gelten: Jeder Arzt wisse, dass ein Eingriff in die körperliche Unversehrtheit des Kranken gegen dessen Willen unerlaubt ist: »Über diesen Grundsatz kann er sich nicht hinwegsetzen, auch wenn er ihn vom beruflichen Standpunkt aus als Hemmnis empfindet.«[38]

Auch im weiteren Verlauf des nationalsozialistischen Unrechtsregimes hielt das Reichsgericht am Willensdogma fest. Zur selben Zeit, als schätzungsweise 80.000 bis 100.000 Patienten aus Heil- und Pflegeanstalten aufgrund geheim gehaltenen Führerbefehls ermordet wurden,[39] bekräftigte das Reichsgericht für die »normale« Behandlungssituation in einem zivilrechtlichen Haftungsprozess im Jahr 1941 abermals, dass jede ärztliche Behandlung einer Einwilligung bedarf.[40] Es ging um einen jungen Mann, dem Krampfadern verödet werden sollten. Infolge der Verödung erlitt er eine Blutvergiftung und eine Beckenvenenthrombose. Es kam zu einem Schadensersatzprozess gegen den behandelnden Arzt. Der Kläger warf dem Arzt vor, er habe zwar in die Verödung eingewilligt, der Arzt habe ihm aber damit gedroht, er werde andernfalls dafür sorgen, dass ihm weitere Kassenleistungen entzogen würden. Außerdem sei er nicht auf die möglichen schweren Folgen der Verödung hingewiesen worden. Der beklagte Arzt wandte dagegen ein, er habe keinen »besonders starken Druck« auf den Patienten ausgeübt. Außerdem sei die ärztliche Tätigkeit nicht nur Dienst an der Gesundheit des Einzelnen, sondern gerade auch der Volksgesamtheit. Das Reichsgericht war davon jedoch nicht zu überzeugen, sondern betonte abermals, dass ohne eine wirksame Einwilligung des Kranken oder seines gesetzlichen Vertreters auch der kunstgerecht durchgeführte Eingriff eine Verletzung des Rechts des Kranken auf körperliche Unversehrtheit bedeute. An diesem Grundsatz hätten »auch die neueren Auffassungen über die Pflichten der Ärzte, die Kennzeichnung ihrer Tätigkeit als öffentliche Aufgabe, als Dienst nicht nur an der Gesundheit des einzelnen, sondern gerade auch an der Volksgesundheit [...] nichts geändert.« Vielmehr würden ein

37 Reichsgericht, Urteil vom 19. Juni 1936, III 298/35, RGZ 151, 349–357 (351–353).
38 Reichsgericht, Urteil vom 19. Juni 1936, III 298/35, RGZ 151, 349–357 (356).
39 *Mitscherlich/Mielke* (1948/2019) 240–242.
40 Reichsgericht, Urteil vom 3. Dezember 1941, III 68/41, RGZ 168, 206–214.

Behandlungsrecht des Arztes und eine entsprechende Duldungspflicht des Kranken »dem heutigen gesunden Volksempfinden nicht gerecht werden [...].«[41] Dieser Nachsatz trägt zwar spürbare Zeitsignaturen. Doch ließ sich das Gericht von seiner Rechtsprechung zum Willensprimat nicht abbringen. Dies hat den Richtern des III. Zivilsenats später, als man sich um eine angemessene Beschreibung der Beteiligung von Juristen am nationalsozialistischen Unrecht bemühte, einige Anerkennung eingetragen. Im Jahr 2002 meinte etwa der Rechtswissenschaftler Ansgar Ohly, das Reichsgericht habe hier Urteile gesprochen, »die man durchaus als mutig bezeichnen kann«.[42] Doch galten die Grundsätze, die das Reichsgericht hier vor der nationalsozialistischen Ideologie abschirmte und in Sicherheit brachte, ohnehin nur noch für Teile der Bevölkerung. Körperliche Selbstbestimmung war kein allgemeines Recht, und für die unzähligen Menschen, die aufgrund ihrer »Rasse«, ihrer Andersgläubigkeit, ihrer Herkunft, ihrer politischen Gesinnung etc. willkürlich inhaftiert, deportiert, Opfer von Medizinversuchen oder ermordet wurden, stellten sich Fragen nach der Wirksamkeit einer Einwilligung in eine Heilbehandlung überhaupt nicht. Es war die Zeit von »zweierlei Recht«.[43] Aber das Reichsgericht hätte auch anders entscheiden und damit die noch junge, letztlich nur lose auf Richtersprüchen beruhende Anerkennung körperlicher Selbstbestimmung im Behandlungsverhältnis unterbrechen können. Denn angesichts der veränderten ideologischen Rahmenbedingungen und mangels zwingender Rechtsgarantien war die Haltung des Reichsgerichts weder zwangsläufig noch auch nur wahrscheinlich: nicht mehr als eine glückliche Fügung in gefährlicher Zeit. Hier hätte die Entwicklung auch ganz abbrechen können. Das rechtliche Reservoir, das die Rechtsauffassung des Reichsgerichts bestätigte, bestand nur aus seiner eigenen Rechtsprechung: kein geschriebenes Gesetz, keine überwiegende Auffassung in der Rechtswissenschaft und auch keine justiziablen Grundrechte, die die Wahrung körperlicher Selbstbestimmung vorgegeben hätten. Dies änderte sich in Westdeutschland erst mit dem Inkrafttreten des Grundgesetzes im Jahr 1949. Damit ist das nächste Kapitel der Entwicklung körperlicher Selbstbestimmung im Behandlungsverhältnis aufgeschlagen.

41 Reichsgericht, Urteil vom 3. Dezember 1941, III 68/41, RGZ 168, 206–214 (210).
42 *Ohly* (2002) 239.
43 *Noack/Fangerau* (2006) 87 ff.

3. *Konsolidierungen*

Das Inkrafttreten des Grundgesetzes bedeutet in doppelter Hinsicht eine Zäsur in der Entwicklung der rechtlichen Dogmen zu körperlicher Selbstbestimmung. Erstens begann die Zeit der deutschen Teilung, und wir haben es mit zwei Rechtsordnungen zu tun, die sich mehr und mehr auseinanderentwickelten. Zweitens begann mit dem Inkrafttreten des Grundgesetzes für die Rechtsordnung der Bundesrepublik ein Prozess, der als Konstitutionalisierung beschrieben wird. Das Grundgesetz verpflichtete die bundesrepublikanische Rechtsordnung in historisch vorbildloser und ungekannter Weise zur Wahrung von Würde, individueller Freiheit und körperlicher Integrität, und zwar – auch dies war neu – als gerichtlich einklagbare Jedermann-Rechte. In der Bundesrepublik veränderten sich damit die Rahmenbedingungen für die weitere Entwicklung des Rechts auf körperliche Selbstbestimmung im Behandlungsverhältnis. Der nachfolgende rechtliche Aushandlungsprozess über die Reichweite körperlicher Selbstbestimmung wurde fortan von grundrechtlichen Erwägungen geprägt. Dies bewirkte *Konsolidierungen* der reichsgerichtlichen Weichenstellungen. Das Willensdogma erhielt einen grundrechtlichen Unterbau und wurde dadurch immuner gegen Anfechtungen der Gegendiskurse (Kap. 2 I.4.). Zugleich geriet die ärztliche Aufklärungspflicht unter engere gerichtliche Kontrolle (Kap. 2 I.3.2.), und mit der gesetzlichen Kodifikation des Behandlungsvertrags wurde das Recht auf körperliche Selbstbestimmung schließlich auch im Bürgerlichen Gesetzbuch des wiedervereinigten Deutschlands expliziert und sichtbar gemacht (Kap. 2 I.3.3.).

Die Rechtsentwicklung in der DDR lässt sich für mich nur andeutungsweise erschließen. Hier klafft eine bedauerliche und schmerzliche Lücke in der Erzählung, die sich hoffentlich von anderen füllen lässt. Aber man wird dennoch festhalten können, dass sich die beiden Rechtsordnungen in der Bewertung der körperlichen Selbstbestimmung eher auseinanderentwickelten. Während die Grundrechte in der Bundesrepublik zu einer weiteren Betonung der Selbstbestimmung und damit des Individuums im Behandlungsverhältnis führten, soll das Arzt-Patienten-Verhältnis in der DDR stärker aus dem Handlungssinn der ärztlichen Behandlung (Heilung) und der Funktion der Ärztinnen für die Gemeinschaft interpretiert worden sein. In der Tätigkeit des Arztes, so wurde 1966 auf einem Symposium der (Ost-)Deutschen Akademie der Wissenschaften erläutert, »offenbart sich die Einheit individueller und gesellschaftlicher Interessen.« Denn: »An der Gesunderhaltung eines Menschen ist nicht nur der Betroffene selbst interessiert, sondern aus mannigfaltigsten ethischen und sozialen Gründen auch die Gesellschaft als solche.«[44] Daher gründete sich das Behandlungsverhältnis auch nicht auf einem privatrechtlichen Vertrag, sondern auf ein dogmatisch uneindeu-

[44] *Leckschas* (1967) 29.

tiges »Betreuungsverhältnis«.[45] Und vor allem wies man das reichsgerichtliche Willensdogma zurück: Heileingriffe galten, soweit ersichtlich, mangels »Gesellschaftswidrigkeit« nicht als Körperverletzung.[46] Weil die ärztliche Tätigkeit »ihrem Wesen nach Heiltätigkeit ist«, dürfe man sie nicht »durch pseudojuristische logizistische Erwägungen [...] unter den Tatbestand eines Strafgesetzes subsumieren [...].«[47] Im Verständnis der Aufklärungspflicht näherten sich die beiden Rechtsordnungen dann aber später wieder einander an. Denn auch dem Recht der DDR war es um eine Aufwertung der Aufklärung zu tun. Die ärztliche Approbationsordnung des Jahres 1977 verpflichtete Ärztinnen dazu, durch ihre Aufklärung »die Voraussetzungen für die Mitwirkung des Patienten am Prozess der Wiederherstellung seiner Gesundheit [zu schaffen].«[48] In den 1960er Jahren lagen die Dinge aber wohl noch anders; es hieß, das »Problem«, dass so viele Ärzte wegen mangelnder Aufklärung gerichtlich zur Verantwortung gezogen werden, sei »im Wesentlichen wohl auf die Bundesrepublik beschränkt«.[49] Überhaupt wurden die Unterschiede zur westdeutschen Entwicklung betont: »Wir sind in unserem Staate glücklicherweise gewöhnt«, hieß es im Jahr 1966, »dass sich Jurisprudenz und Medizin in der Erkenntnis der menschlichen Persönlichkeit immer näher gerückt sind.«[50]

Kehren wir aber nun wieder zurück zum Inkrafttreten des Grundgesetzes und der damit eingeleiteten Konsolidierung des Rechts auf körperliche Selbstbestimmung im Behandlungsverhältnis.

3.1 Recht auf Entscheidung nach »ureigensten Maßstäben«

Um zu ermessen, welche Bedeutung das Inkrafttreten des Grundgesetzes für die körperliche Selbstbestimmung im Behandlungsverhältnis hatte, muss man sich zunächst noch einmal vor Augen führen, dass das Reichsgericht das Willensdogma recht eigentlich freihändig ausgerufen hatte (Kap. 2 I.2.1.). Denn das Reichsgericht hätte die ärztliche Behandlung auch anders dogmatisch formen können, und es hätte im weiteren Verlauf, als sich Ärzte und Rechtswissenschaft so vehement gegen die Gleichsetzung von Heilbehandlung und Körperverletzung wandten, schließlich darauf einschwenken und das Willensdogma mit seinen Folgerungen zur Aufklärungspflicht aufgeben oder modifizieren können. Es gab jedenfalls keinen zwingenden äußeren Grund, den Patientinnenwillen so

45 *G. Becker* (1970) 43 ff.
46 *Seifert* (2009) 168 ff.
47 *Leckschas* (1967) 30.
48 So *Mück* (1982) 82–107; gleichsinnig *Seifert* (2009) 194 ff.
49 *Prokop* (1967) 40.
50 *Schwarz* (1967) 92.

konsequent zur Zentralperspektive zu erheben. Die veröffentlichten Urteilsgründe von 1894 waren mehr Ankündigung als Ableitung, mehr Deklaration als Deduktion. Dies lässt sich nur zum Teil mit dem generell knapperen Begründungsstil des Reichsgerichts erklären. Für das Reichsgericht handelt es sich um vergleichsweise ausführliche Entscheidungsgründe. Und diese ausführliche Begründung war auch nötig, weil es zu der Zeit keine Quelle im positiven Recht gab, weder auf der Ebene der Verfassung noch im einfachen Recht, aus der sich der Willensprimat ableiten ließ. Dies änderte sich mit Inkrafttreten des Grundgesetzes. Seither kennt das bundesrepublikanische Recht einklagbare Grundrechtsgarantien zum Schutz der körperlichen Unversehrtheit (Artikel 2 Absatz 2 Grundgesetz) und der freien Entfaltung der Persönlichkeit (Artikel 2 Absatz 1 Grundgesetz). Zudem sollten diese Grundrechtsgarantien nicht nur den Bürger im Verhältnis zum Staat gegen hoheitliche Beeinträchtigungen schützen, sondern auch *horizontal* wirken, also in Verhältnissen zwischen Privatpersonen.[51] Damit war der Boden dafür bereitet, die reichsgerichtlichen Bausteine der körperlichen Selbstbestimmung von Patienten gegenüber Ärztinnen im Behandlungsverhältnis – Willensdogma und Aufklärungspflicht – nunmehr grundrechtlich zu fundieren.

Ein Beispiel für diese neue Fundierung des Willensdogmas ist ein Urteil des Bundesgerichtshofs aus dem Jahr 1958, das sogenannte »Elektroschockurteil II«.[52] Der Bundesgerichtshof hatte über die Klage eines Patienten zu entscheiden, der in einer Nervenklinik mit Elektroschocks behandelt worden war. Bei der sechsten Elektroschockbehandlung war es zu einem Splitterbruch des Oberschenkels gekommen. Die Ehefrau und die Geschwister des Patienten hatten der Elektroschockbehandlung zugestimmt, weil sie der Auffassung waren, dass der Patient selbst aufgrund geminderter geistiger Einsichtsfähigkeit nicht habe wirksam einwilligen können. Dagegen wandte sich der Betroffene und verlangte Schadensersatz von dem Klinikträger. Schließlich habe er selbst nicht eingewilligt, und es sei auch nicht über die möglichen Folgen der Elektroschockbehandlung aufgeklärt worden. Der Klinikträger meinte dagegen, dass man darauf hingewiesen habe, dass eine Elektroschockbehandlung ein »gewisses Risiko« mit sich bringe. Zu weitergehender Aufklärung sei man nicht verpflichtet gewesen, weil die Gefahr, dass es zu schädlichen Folgen komme, außerordentlich gering gewesen sei. Der

51 Den Anfang der seither als Ausstrahlungs- oder Privatrechtswirkung bezeichneten Grundrechtswirkung bildet die Entscheidung des Bundesverfassungsgerichts vom 15. Januar 1958, 1 BvR 400/51, BVerfGE 7, 198–230 – Lüth. Ein frühes Beispiel für die zivilgerichtliche Grundrechtsorientierung bildet das Urteil des Bundesgerichtshofs vom 25. Mai 1954, I ZR 211/53, BGHZ 13, 334–341.

52 Bundesgerichtshof, Urteil vom 9. Dezember 1958, VI ZR 203/57, BGHZ 29, 46–62. – Im Jahr 1954 hatte der Bundesgerichtshof schon einmal zur Arzthaftung wegen einer Elektroschockbehandlung geurteilt (Bundesgerichtshof, Urteil vom 10. Juli 1954, VI ZR 45/54, Versicherungsrecht [VersR] 1954, 496 f.). Dieses Urteil wurde allerdings nicht in die amtliche Sammlung aufgenommen; daran lässt sich ablesen, dass der Bundesgerichtshof dieser ersten Entscheidung – anders als der Elektroschock II-Entscheidung – keine grundsätzliche Bedeutung beigemessen hat.

Bundesgerichtshof schloss sich diesen Einwänden nicht an und stellte sich damit – wie schon zuvor das Reichsgericht – in der Tendenz eher hinter die Patienten als hinter die beklagten Ärzte. Was die Entscheidung in unserem Zusammenhang bedeutungsvoll macht, ist die gewählte Begründung. Denn der Bundesgerichtshof stützte sich nicht einfach auf die reichsgerichtliche Rechtsprechungslinie, sondern formulierte eine eigene, neue Begründung für das Einwilligungserfordernis, nunmehr gestützt auf die Grundrechte. Dazu bekräftigte der Bundesgerichtshof erst einmal, dass ein Eingriff in den Körper des Patienten »mit dem Recht nur zu vereinbaren [ist], wenn er mit Einwilligung des Patienten geschieht.« Und dann weiter: »Dies ergibt sich aus Art. 2 Abs. 2 Grundgesetz, der jedem das Recht auf körperliche Unversehrtheit gewährleistet.«[53] Seither gilt das Einwilligungserfordernis und damit die gesamte Willensorientierung im Behandlungsverhältnis nicht bloß als Frucht kluger Rechtsprechungstradition, sondern wird unmittelbar auf die Grundrechte gestützt. Im Jahr 1959 ergänzte der Bundesgerichtshof dazu: »Auszugehen ist von dem Grundsatz, dass jedem das Recht auf körperliche Unversehrtheit zusteht (Art. 2 Abs. 2 GG). Dieser Rechtsgrundsatz gilt auch für das Verhältnis zwischen Patient und Arzt [...]«.[54] Und 30 Jahre später, im Jahr 1989, fasste der Bundesgerichtshof seine eigene Judikatur damit zusammen, dass die Rechtsprechung das Erfordernis einer Einwilligung »von jeher« aus dem Recht auf körperliche Unversehrtheit (Artikel 2 Absatz 2 des Grundgesetzes) und aus dem Selbstbestimmungsrecht als Ausfluss der Menschenwürde (Artikel 1 Absatz 1 des Grundgesetzes) herleite. Damit werde »die Entscheidungsfreiheit des Patienten über seine körperliche Integrität [geschützt], über die sich der Arzt nicht selbstherrlich hinwegsetzen darf.«[55]

Gehen wir aber noch einmal zurück zu den Anfängen der grundrechtlichen Fundierung des Rechts auf körperliche Selbstbestimmung im Behandlungsverhältnis. Denn es darf nicht vergessen werden, dass die letzte Autorität in Grundrechtsfragen nicht bei den einfachen Gerichten und daher auch nicht beim Bundesgerichtshof liegt, sondern beim Bundesverfassungsgericht. Dass der Bundesgerichtshof Einwilligung und Aufklärung fortan grundrechtlich fundierte, musste nicht heißen, dass das Bundesverfassungsgericht dieselben grundrechtlichen Schlüsse ziehen und letztverbindlich bestätigen würde. Allerdings sollte es noch 20 Jahre dauern, bis das Bundesverfassungsgericht Gelegenheit erhielt, die Bedeutung der Grundrechte für die Rechte der Patienten im Behandlungsverhältnis zu klären. Dazu kam es dann im Jahr 1979. Das Bundesverfassungsgericht war angerufen worden, über die Verfassungsmäßigkeit der bisherigen Rechtsprechungsgrundsätze zu entscheiden. Die Mehrheit des Senats – die Entscheidung erging

53 Bundesgerichtshof, Urteil vom 9. Dezember 1958, VI ZR 203/57, BGHZ 29, 46–62 (51).
54 Bundesgerichtshof, Urteil vom 16. Januar 1959, VI ZR 179/57, BGHZ 29, 176–187 (179).
55 Bundesgerichtshof, Urteil vom 14. Februar 1989, VI ZR 65/88, BGHZ 106, 391–401 (397).

mit fünf gegen drei Stimmen – war hier allerdings der Gegenauffassung und betonte den Gestaltungsspielraum, den die Grundrechte den Gerichten und auch dem Gesetzgeber ließen. Die Verfassung gebiete nicht, die körperliche Selbstbestimmung gerade so zu verwirklichen, wie dies in der bisherigen Rechtsprechung zu Einwilligung und Aufklärung praktiziert werde.[56] Mit anderen Worten: Die bisherige Deutungspraxis der Gerichte zur körperlichen Selbstbestimmung im Behandlungsverhältnis war grundrechtlich zulässig, aber nicht grundrechtlich zwingend – und hätte daher auch aufgegeben werden können. Aber dies war nicht die Rechtsauffassung des gesamten Senats. In ihrem Sondervotum erklärten die Richter Martin Hirsch, Engelbert Niebler und Helmut Steinberger, warum Einwilligung und Aufklärung ihrer Auffassung nach keineswegs frei ausgestaltbar, sondern als Ausdruck der »Freiheit zur Selbstbestimmung« durch das Grundrecht auf körperliche Unversehrtheit »besonders hervorgehoben und verbürgt« sind. Damit wandten sich die Verfasser des Sondervotums nachdrücklich gegen Erwägungen, geringere Anforderungen an die Einwilligung und die ärztliche Aufklärung zu stellen, wenn sich für einen »vernünftigen Patienten« wegen der Dringlichkeit und Notwendigkeit der medizinischen Maßnahme einerseits und gemessen an der (geringen) Wahrscheinlichkeit möglicher Schädigungen andererseits ein Überwiegen der für den Eingriff sprechenden Argumente ergibt. Darin läge, so das Sondervotum, eine »grundlegende Verkennung der Einwirkung des Art. 2 Abs. 2 Satz 1 Grundgesetz auf die Reichweite der ärztlichen Aufklärungspflicht [...].«[57] Denn das Grundgesetz schütze die Unversehrtheit des Menschen »nicht lediglich nach Maßgabe seines jeweiligen konkreten Gesundheits- oder Krankheitszustands.« Damit war der Boden dafür bereitet, körperliche Unversehrtheit nicht nur als Schutz einer je unterschiedlichen gegebenen körperlichen Integrität und Gesundheit zu verstehen, sondern, wie es in dem Sondervotum heißt, als »Freiheitsschutz im Bereich der leiblich-seelischen Integrität«, mithin als Grundrecht auf körperliche Selbstbestimmung. Daraus folgerten die Sondervotanten bis heute gültige und viel zitierte verfassungsrechtliche Anforderungen an das einfache Recht zur Gewährleistung körperlicher Selbstbestimmung im Behandlungsverhältnis. Das Rechtsinstitut der Einwilligung »ist inhaltlich so zu bestimmen, dass das Recht des Patienten gewahrt bleibt, entsprechend seinen ureigensten Maßstäben seine Einwilligung zu erteilen oder zu verweigern [...].« Damit wandte sich das Sondervotum gegen Tendenzen zur Relativierung des Willensprimats im Hinblick auf »vernünftige« Behandlungsentscheidungen. Ausdrücklich betonten die Sondervotanten weiter: »Auch der Kranke oder Versehrte hat das volle Selbstbestimmungsrecht über seine leiblich-seelische Integrität [...].« Denn jeder

56 Bundesverfassungsgericht, Beschluss vom 25. Juli 1979, 2 BvR 878/74, BVerfGE 52, 131–187 (168).

57 Bundesverfassungsgericht, Beschluss vom 25. Juli 1979, 2 BvR 878/74, BVerfGE 52, 131–187 (173–178).

Mensch ist in diesem »ureigensten Bereich der Personalität« aus der Sicht des Grundgesetzes »frei, seine Maßstäbe zu wählen und nach ihnen zu leben und zu entscheiden.«

Noch war dies allerdings nur die Auffassung eines Sondervotums und einzelner Stimmen aus der Verfassungsrechtswissenschaft, darunter auch die Stimme des Tübinger Staatsrechtslehrers Günter Dürig, der mit seiner »Objekt-Formel« das Verständnis der Menschenwürde maßgeblich bestimmte.[58] In der Sache wird sich das in dem Sondervotum entwickelte Recht auf Entscheidung nach »ureigensten Maßstäben« jedoch auf breiter Linie durchsetzen. Im Jahr 1993 machte sich der Zweite Senat des Bundesverfassungsgerichts die Rechtsauffassung des Sondervotums ohne große Umschweife zu eigen und erklärte: Das Grundgesetz gewährleistet das Recht auf Leben und körperliche Unversehrtheit »als Freiheitsrecht und macht deshalb den ärztlichen Heilversuch vom Willen des Patienten abhängig.«[59] Hieran hält das Bundesverfassungsgericht bis heute fest.[60] Auch die im Jahr 1981 anerkannte »Freiheit zur Krankheit« (Kap. 2 III.3.4.)[61] hat ihre gedanklichen Wurzeln in der Begründung des Sondervotums. Gleiches gilt für die eigentliche Anlassfrage, ob geringere Anforderungen an Einwilligung und Aufklärung zu stellen sind, wenn sich eine ärztliche Behandlung in der Gesamtabwägung für »vernünftige« oder »verständige« Patienten als vorteilhaft erweisen müsste. Hier setzte sich die Rechtsauffassung des Sondervotums auch beim Bundesgerichtshof durch. Im Jahr 1984 hieß es dort, dass das Selbstbestimmungsrecht des Patienten, das durch die Aufklärung gesichert werden soll, »auch eine medizinisch unvertretbare Entscheidung« schütze. Daher könne für die Frage, ob ein Patient in eine Behandlung mutmaßlich eingewilligt hätte, kein generalisierbarer Maßstab, »etwa der eines verständigen Patienten oder gar die Sicht des Arztes, angelegt werden.«[62] Im Jahr 2013 fand diese Haltung schließlich Eingang in die Gesetzesbegründung bei der Kodifikation des Behandlungsvertrags (Kap. 2 I.3.3.): »Inwieweit ein verständiger oder durchschnittlicher Patient die Einwilligung erteilt hätte, ist irrelevant.«[63]

Auch wenn man sich im Jahr 1979 also noch nicht einig darüber war, ob Einwilligung und Aufklärung im Behandlungsverhältnis »nur« das Recht auf freie

58 Zuvor schon *Dürig* (2003) 98.

59 Bundesverfassungsgericht, Beschluss vom 28. Mai 1993, 2 BvR 1732/93, BVerfGE 89, 120–131 (130) – Schwangerschaftsabbruch II.

60 Zuletzt Bundesverfassungsgericht, Urteil vom 26. Februar 2020, 2 BvR 2347/15 u. a., BVerfGE 153, 182–310 – Suizidhilfe.

61 Bundesverfassungsgericht, Beschluss vom 7. Oktober 1981, BVerfGE 58, 208–233 (225 f.); später Bundesverfassungsgericht, Beschluss vom 23. März 2011, 2 BvR 882/09, BVerfGE 128, 282–322 (304–306).

62 Bundesgerichtshof, Urteil vom 7. Februar 1984, VI ZR 174/82, BGHZ 90, 103–113 (111); andere Maßstäbe schimmern durch bei Bundesgerichtshof, Urteil vom 16. November 1971, VI ZR 76/70, Neue Juristische Wochenschrift (NJW) 1972, 335–338 (337).

63 Entwurf eines Gesetzes zur Verbesserung der Rechte von Patientinnen und Patienten vom 15. August 2012, BT-Drucks. 17/10488, S. 29.

Entfaltung der Persönlichkeit berühren und daher größere Spielräume lassen (Senatsmehrheit),[64] oder ob es dabei um den Schutz der körperlichen Unversehrtheit geht (Sondervotum): Kein Zweifel bestand daran, dass Einwilligung und Aufklärung *überhaupt* an den Grundrechten zu messen sind. Mit Inkrafttreten des Grundgesetzes sind die Weichenstellungen des Reichsgerichts für die körperliche Selbstbestimmung im Behandlungsverhältnis, also das Willensdogma (Kap. 2 I.2.1.) und die ärztliche Aufklärungspflicht (Kap. 2 I.2.2.), zu grundrechtlich geschützter Freiheit konsolidiert worden. Fortan würde es nicht mehr möglich sein, die Frage nach dem inneren Grund von Einwilligung und Aufklärung einfach offenzulassen, wie das der später als Rechtsvergleicher berühmt gewordene Ernst Rabel im Jahr 1904 noch meinte, als er ausführte, dass es für die zivilrechtliche Haftung des Arztes »nicht allzuviel« darauf ankomme, worauf das Willensdogma gestützt werde, weil eine gegen den Willen des Betroffenen vorgenommene ärztliche Behandlung in jedem Fall ein Rechtsgut verletze, sei es den Körper und die Gesundheit, sei es die Freiheit.[65] Die Rechtsentwicklung ist – wie gesehen – andere Wege gegangen. Ausgehend von dem Sondervotum aus dem Jahr 1979 wurden Einwilligung und Aufklärungspflicht verfassungsrechtlich konsolidiert und im Grundrecht auf körperliche Unversehrtheit verortet als Recht auf Entscheidung »nach ureigensten Maßstäben«.

3.2 Gerichtliche Kontrolle über die Aufklärungspflicht

Das Grundgesetz war zwar eine wichtige, aber nicht die einzige Quelle für die bundesrepublikanische Konsolidierung der reichsgerichtlichen Weichenstellungen. Auch der Bundesgerichtshof hatte seinen Anteil daran. Das schon erwähnte Elektroschockurteil des Bundesgerichtshofs aus dem Jahr 1958 ist nicht nur darin bedeutsam, dass es Einwilligung und Aufklärungspflicht ausdrücklich mit den Grundrechten und also mit dem Grundgesetz in Verbindung brachte (Kap. 2 I.3.1.). Außerdem stellte der Bundesgerichtshof klar, dass die Aufklärungspflicht eine echte Rechtspflicht ist, die deshalb voller gerichtlicher Kontrolle unterliegt. Dies mag nur nach einem Detail klingen, war aber keine Kleinigkeit. Denn die Aufklärungspflicht war seit ihrer Formulierung durch das Reichsgericht (Kap. 2 I.2.2.) zu »dem« Konfliktfeld des Medizinrechts geworden. Dabei war das Reichsgericht zunächst noch der Auffassung gewesen, dass sich über die Art der Aufklärung nur bedingt rechtliche Maßstäbe aufstellen ließen, weil dies »in der Hauptsache eine Frage des ärztlichen Taktes« sei (Kap. 2 I.2.2.). Doch es kam anders. Immer wieder stellten Gerichte in der Folge fest, dass Ärztinnen ihrer Aufklärungspflicht

64 Bundesverfassungsgericht, Beschluss vom 25. Juli 1979, 2 BvR 878/74, BVerfGE 52, 131–187 (168).
65 *Rabel* (1904) 31.

nicht vollumfänglich nachgekommen waren,[66] und parallel dazu wuchs der standespolitische Unmut gegen diese »Bevormundung« durch die Juristen. Von Seiten der Ärzte war eingewendet worden, dass nur die behandelnde Ärztin aufgrund der jeweiligen Besonderheiten des Einzelfalles darüber entscheiden könne, wie weit sie den Kranken vor einem Eingriff informieren könne. Auch könne eine zu weitgehende Aufklärung über mögliche Komplikationen Kranke von der Behandlung abschrecken und sie dadurch ihrer Heilungschancen berauben. Der Bundesgerichtshof ließ diese Einwände indes nicht gelten, sondern korrigierte die reichsgerichtliche Konzeption von der ärztlichen Aufklärungspflicht sogar noch weiter »nach oben«. Denn nach Auffassung des Bundesgerichtshofs liegt die Letztentscheidung darüber, ob die behandelnde Ärztin ihrer Aufklärungspflicht nachgekommen ist, beim Gericht. Es könne »nicht gebilligt werden«, wenn Ärzte für sich die alleinige Entscheidung darüber in Anspruch nähmen, »ob und in welchem Umfang der Kranke im Einzelfall aufzuklären ist [...].« Dies richtete sich insbesondere gegen Erwägungen »aus der Ärzteschaft«, eine Aufklärung sei entbehrlich, wenn Ärzte Grund zu der Annahme hätten, dass sich der Betroffene infolge der Aufklärung von der Behandlung abschrecken lasse. Dagegen stellte der Bundesgerichtshof klar: Die Frage, ob ausreichend aufgeklärt worden ist, »berührt das rechtliche Gebiet, denn von ihr hängt die Beurteilung der vom Richter zu entscheidenden Rechtsfrage ab, ob der Patient rechtswirksam in die Behandlung eingewilligt hat.« Dass die Richter bei diesen Beurteilungen der »sachkundigen Hilfe des Arztes« bedürften, ändere nichts daran, so weiter der Bundesgerichtshof, dass dem Richter die Nachprüfung der Frage, ob der Patient rechtswirksam eingewilligt hat, »nicht entzogen werden [kann].«[67]

Seither ist im deutschen Recht anerkannt, dass die vom Reichsgericht entwickelte ärztliche Aufklärungspflicht eine echte Rechtspflicht ist, die weder dem Belieben noch der Beurteilung der Praxis überlassen ist. Dies war kein geringer Beitrag des Bundesgerichtshofs zur Konsolidierung des Rechts auf körperliche Selbstbestimmung in den Anfangsjahren der Bundesrepublik. Und es veränderte nachhaltig den gerichtlichen Streitstoff in Haftungsprozessen. Seither steigt die Zahl der veröffentlichten Entscheidungen über Verletzungen der Aufklärungspflicht kontinuierlich an, und die Aufklärungspflichtverletzung wurde zu einem eigenständigen Haftungsgrund, weil sich abzeichnete, dass es für geschädigte Patienten häufig erfolgversprechender ist, Haftungsklagen auf Aufklärungsfehler zu stützen als Behandlungsfehler nachzuweisen.[68]

66 Etwa Bundesgerichtshof, Urteil vom 10. Juli 1954, VI ZR 45/54, Versicherungsrecht (VersR) 1954, 496 f.

67 Bundesgerichtshof, Urteil vom 9. Dezember 1958, VI ZR 203/57, BGHZ 29, 46–62 (57).

68 Belegt schon von *Laufs* (1977) 34 (genauso *Laufs* [1978] 37 f. und *Laufs* [1984] 52–54); zur Kasuistik etwa *Katzenmeier* (2002) 325–350.

3.3 Gesetz zur Verbesserung der Rechte der Patientinnen und Patienten

Das vorerst letzte Kapitel in der Entwicklung des Rechts auf körperliche Selbstbestimmung im Behandlungsverhältnis führt in die jüngste Vergangenheit. Im Jahr 2013 ist das »Gesetz zur Verbesserung der Rechte von Patientinnen und Patienten«[69] in Kraft getreten. Für die körperliche Selbstbestimmung brachte das Gesetz allerdings keine substantiellen Neuerungen. Darin war sich die Rezeption schnell einig. »Kein großer Wurf«, so meinten viele.[70] Tatsächlich entspricht das, was sich seither in § 630d und § 630e des Bürgerlichen Gesetzbuchs zu Einwilligung und Aufklärung nachlesen lässt, im Wesentlichen dem Rechtszustand, der seit den Weichenstellungen des Reichsgerichts durch die immer dichtere Entscheidungspraxis des Bundesgerichtshofs zu einem stabilen dogmatischen Status quo geformt worden war. Obwohl die Zahl der Gerichtsverfahren gegen Ärzte seit den 1950er Jahren so sehr angestiegen war, dass in einem für das Justizministerium erstatteten Gutachten aus dem Jahr 1981 bereits von einer »Explosion« der Fallzahlen die Rede war,[71] galt der ganze Rechtsbereich zu Beginn des 21. Jahrhunderts vielen als »konstant, statisch und in sich ruhend.«[72] Die Dinge waren nicht immer einfach und konfliktfrei, aber es war ein Zustand relativer Rechtssicherheit und wohl auch der Gewöhnung erreicht. Dies war ein günstiger Zeitpunkt für eine Kodifikation, offensichtlich günstiger als in den ausgehenden 1970er Jahren, als kein Regelungsentwurf weiterverfolgt worden war.[73] Diese Ausgangslage erklärt allerdings auch, warum die vom Gesetzgeber im Titel des Gesetzes angekündigte »Verbesserung« der Rechte im Behandlungsverhältnis nicht als substantielle Rechtsänderung gedacht war, sondern sich als Kodifikation verstand, d. h. als Sicherung und Sichtbarmachung. Dennoch markiert das Inkrafttreten des Gesetzes eine weitere Etappe hin zu einem Recht auf körperliche Selbstbestimmung im Behandlungsverhältnis. Die Zeit, in der körperliche Selbstbestimmung »bloß« Richterrecht war, ist seither vorbei. Dies hat mehrere Bedeutungen. Erstens bedeutet es, dass sich der Gesetzgeber des Jahres 2013 die

69 Gesetz zur Verbesserung der Rechte von Patientinnen und Patienten vom 20. Februar 2013, BGBl. I, S. 277.

70 *Spickhoff* (2012); gleichsinnig *Thurn* (2013): »Enttäuschung«; siehe auch *Preis / A. Schneider* (2013); *Hart* (2012) oder *Mäsch* (2013): »symbolische Gesetzgebung«.

71 *Deutsch / Geiger* (1981) 1072 ff.

72 *Thurn* (2013) 154; ähnlich *Wagner* (2012) 799.

73 Der 52. Deutsche Juristentag hatte sich im Jahr 1978 damit befasst, ob es sich empfiehlt »im Interesse der Patienten und Ärzte ergänzende Regelungen für das ärztliche Vertrags-(Standes-) und Haftungsrecht einzuführen«. Im Ergebnis folgte der Juristentag dem (ablehnenden) Gutachten von Hans-Leo Weyers: Gesetzliche Regelungen wurden mit 85 Nein-Stimmen gegen 43 Ja-Stimmen abgelehnt (*DJT* [1978] J 203 ff.). Auch der Entwurf von Erwin Deutsch und Michael Geiger für das Bundesministerium der Justiz für eine gesetzliche Regelung des Behandlungsvertrags (*Deutsch / Geiger* [1981]) wurde nicht weiterverfolgt: Die Schuldrechtsreform des Jahres 2002 griff den Vorschlag nicht auf.

richterliche Formung der körperlichen Selbstbestimmung zu eigen gemacht hat. Damit ist das Leitmotiv der Jahrzehnte überspannenden Rechtsprechung – die Wahrung körperlicher Selbstbestimmung im Behandlungsverhältnis durch Einwilligung und ärztliche Aufklärung – auch zur *gesetzlichen* Zentralperspektive auf das Behandlungsverhältnis geworden. Schließlich hätte sich ein Gesetzgeber auch anders entschließen und versuchen können, das Rad der Rechtsentwicklung hier und da ein Stück zurückzudrehen, so wie es sich Rechtswissenschaft und Ärzte viele Jahrzehnte lang gewünscht hatten, wie wir im nächsten Kapitel nachverfolgen werden (Kap. 2 I.4.). Aber die Kodifikation bedeutete nicht nur Sicherung. Sie bedeutete auch Sichtbarmachung (Explizierung, unten Kap. 3 II.1.). Seither lassen sich die bislang ungeschriebenen Elemente des Rechts auf körperliche Selbstbestimmung im Bürgerlichen Gesetzbuch als § 630d und § 630e nachlesen. Von dieser neuen Sichtbarkeit versprach sich der Gesetzgeber die in der Gesetzesbezeichnung angekündigte »Verbesserung der Rechte der Patientinnen und Patienten«. Denn erst wenn die Betroffenen auch um ihre Rechte wüssten, so die Gesetzesbegründung, könnten sie »eigenverantwortlich und selbstbestimmt im Rahmen der Behandlung entscheiden.«[74]

4. Gegendiskurse

Angefangen bei der reichsgerichtlichen Weichenstellung für das Willensdogma im Jahr 1894 bis zur Kodifikation von Einwilligung und Aufklärung im Jahr 2013 ließ sich eine Rechtsentwicklung nachverfolgen, in deren Verlauf körperliche Selbstbestimmung im Behandlungsverhältnis ausgreifender anerkannt wurde und sich heute im Bürgerlichen Gesetzbuch an ausdrücklichen Rechten und Pflichten ablesen lässt. Das leitende dogmatische Verständnis von körperlicher Selbstbestimmung im Behandlungsverhältnis lässt sich als *partizipativ* beschreiben (näher Kap. 3 II.4.). Doch was im Rückblick wie eine bruchlose, beständige Bewegung erscheinen mag, war in Wahrheit ein von vielen zutiefst abgelehntes, heftig kritisiertes und auch durch die Behandlungspraxis immer wieder gefährdetes Unterfangen. Die Rechtsentwicklung traf auf vielfältige widerständige Gegendiskurse.

Es war vorhersehbar, dass die ärztliche Standespolitik mit dem Weg, den das deutsche Recht seit 1894 eingeschlagen hatte, nicht glücklich sein konnte. Weniger vorgezeichnet war die Haltung der Rechtswissenschaft. Hätte die Rechtswissenschaft diese Entwicklung nicht als Siegeszug individueller Rechte feiern können? So war es nicht. Für große Teile der Rechtswissenschaft war die Ent-

74 Entwurf der Bundesregierung eines Gesetzes zur Verbesserung der Rechte von Patientinnen und Patienten, BT-Drucks. 17/10488 vom 15. August 2012, S. 9.

scheidung des Reichsgerichts zugunsten des Willensdogmas nur der erste von vielen weiteren dogmatischen Webfehlern. Die Rechtswissenschaft formulierte immer wieder neue Einwände gegen das Gefüge aus Einwilligung und Aufklärungspflicht. Aus ihrer Sicht war vieles daran nicht plausibel, politisch einseitig und sogar schädlich. Schauen wir heute darauf zurück, so wissen wir zwar, dass die ganze aufgeregte Kritik letztlich ohne Erfolg geblieben ist. Dennoch ist die nähere Betrachtung des Gegendiskurses aufschlussreich, um mehr darüber zu erfahren, mit welchen Argumenten man zu welcher Zeit im Rechtsdiskurs die Legitimität von körperlicher Fremdbestimmung plausibel machen konnte.

4.1 Legitime Fremdbestimmung

Das reichsgerichtliche Willensdogma fußt auf dem Axiom, dass ärztliche Behandlungen wie jede andere Fremdeinwirkung Verletzungen des Körpers darstellen, die prinzipiell nur durch den Willen der Betroffenen – ihre Einwilligung – gerechtfertigt werden können (Kap. 2 I.2.1.). An dieser Gleichsetzung der ärztlichen Behandlung mit jeder anderen Fremdeinwirkung setzte der Gegendiskurs seit den Anfängen der reichsgerichtlichen Rechtsprechung an. Das Argument lautet wie folgt: Weil es um ärztliche Heilung Kranker und nicht um Verletzung gehe, seien andere rechtliche Maßstäbe anzulegen. Es liege eine »himmelweite Kluft« zwischen einer ärztlichen Behandlung und einer Körperverletzung, hatte der Strafrechtler Wilhelm Kahl bereits im Jahr 1909 ausgerufen.[75] Dies war schon der überwiegende Rechtsstandpunkt des ausgehenden 19. Jahrhunderts gewesen, und es würde auch die Haltung der bundesrepublikanischen Rechtswissenschaft bestimmen, nachlesbar etwa in den Œuvres von Gerd Geilen, Klaus Ulsenheimer und Paul Bockelmann sowie aus privatrechtlicher Sicht bei Adolf Laufs, Gert Brüggemeier und Christian Katzenmeier.[76] Der Gegenstandpunkt ist vereinzelt geblieben; man findet ihn für das Strafrecht etwa bei Albin Eser und für das Privatrecht bei Erwin Deutsch und Dieter Giesen.[77]

4.1.1 Pflichtige Körper und objektive Körperinteressen

Es überrascht nicht, dass es in der nationalsozialistischen Zeit besonders wenig Bedenken gab, ärztliche Behandlungen im Hinblick auf körperliche Selbstbestimmung als besonders auszuweisen und daher anders zu bewerten. Zu keiner Zeit waren die Grenzen des Plausiblen und Sagbaren über legitime ärztliche Fremdbestimmung weiter verschoben. Dies zielte nicht nur darauf, die eigenmächtige

75 *Kahl* (1909) 369.

76 *Geilen* (1963); *Bockelmann* (1968); *Ulsenheimer* (1997); *Laufs* (1969); *Brüggemeier* (1986); *Katzenmeier* (2002).

77 *Eser* (1984); *Deutsch* (1965); *Giesen* (1990) 50–54; außerdem *Ohly* (2002) 238–244, 372–391.

ärztliche Behandlung von der Körperverletzung abzurücken (»Heilen ist nicht Verletzen«). Diese Forderung begegnet im gesamten Verlauf des 20. Jahrhunderts. Die nationalsozialistische Ideologie ermöglichte aber das unverhohlene Eintreten für ärztliche Behandlungsrechte im öffentlichen Interesse (»Heilzwang«). Im Jahr 1936 fragte sich der Richter Walter Kallfelz in der »Juristischen Wochenschrift«, also in »der« praxisbestimmenden Fachzeitschrift, ob an den Grundsätzen der Selbstbestimmung auch künftig noch festzuhalten sei, oder ob nicht vielmehr »der Kranke [...] verpflichtet sein [soll], die von dem Arzt für gut und sachgemäß gehaltenen Heilmaßnahmen an sich vollziehen zu lassen?«.[78] Seine Antwort lautete: »Jeder Mensch [...], der der Gemeinschaft noch nützen kann, ist ihr gegenüber auch verpflichtet, sein Leben und seine Dienstfähigkeit zu erhalten«. Gemeint waren: der Wehrpflichtige, die gebärfähige Frau, Eltern als Versorger und Erzieher ihrer Kinder bis hin zum »schon alten Staatsmann, Gelehrten und Erfinder«. In diesen Fällen bestehe ein »praktische[s] Interesse der Allgemeinheit, das Leben und die Arbeitsfähigkeit derartiger Menschen zu erhalten«. Daher seien ein »Behandlungszwang« und ein entsprechendes ärztliches »Behandlungsrecht« anzuerkennen. Ein »uneingeschränktes Recht der Verfügung über den eigenen Körper« sei dagegen »individualistisch« und »heute mehr als früher schon« abzulehnen.[79] Die Unverhohlenheit und Selbstverständlichkeit, mit der hier zwischen »pflichtigen« und »pflichtenfreien« Körpern unterschieden wurde, war kein Einzelfall. In der »Deutschen Juristenzeitung« und in der Zeitschrift »Deutsches Recht« war Ähnliches nachzulesen.[80] Es sollte noch einige Zeit dauern, bis sich der Rechtsdiskurs völlig von dieser Auffassung distanzierte. Für den Bundesgerichtshof waren Walter Kallfelz und sein Beitrag in der »Juristischen Wochenschrift« von 1936 noch im Jahr 1953 zitierfähig als Referenz dafür, warum Behandlungsablehnungen häufig nicht auf einem ernstlichen Willen beruhten.[81]

Eine andere Begründung dafür, warum der Wille der Betroffenen nicht allein entscheidend sein solle für die Rechtmäßigkeit von Heilbehandlungen, entwickelte der Rechtswissenschaftler Karl Engisch, ein in der Bonner Republik viel zitierter, anerkannter und prominenter Vertreter der Strafrechtswissenschaft. Im Jahr 1939 publizierte er einen Artikel mit dem Titel »Ärztlicher Eingriff zu Heilzwecken und Einwilligung« in der renommierten »Zeitschrift für die ge-

78 *Kallfelz* (1936) 3114 f.

79 *Kallfelz* (1936) 3114 f.

80 Ebenfalls in Reaktion auf das Urteil des Reichsgerichts vom 19. Juni 1936 (oben Kap. 2 I.2.3.): *Lohmann* (1936); *Hofmann* (1936).

81 Bundesgerichtshof, Urteil vom 16. Dezember 1953, VI ZR 143/52, Versicherungsrecht (VersR) 1954, 98: »Wie Kallfelz (JW 1936, 3114 [3116]) mit Recht ausgeführt hat, wird häufig die Ablehnung der ärztlichen Behandlung oder eines bestimmten ärztlichen Eingriffs durch einen Kranken, der im Rechtssinn bei Bewusstsein und willensfähig ist, nicht als ernstlich gemeinte Weigerung angesehen werden können, weil Schockwirkungen, Angstgefühle und unsachliche Empfindungen im Augenblick der Verweigerung der Einwilligung so stark sind, dass der Kranke ohne die nötige Überlegung rein instinktiv handelt.«

samte Strafrechtswissenschaft«.[82] Gemessen an der damaligen Publikationspraxis war es ein langer Beitrag von mehr als 50 Seiten, und er erhielt schon kurz nach seinem Erscheinen viel Aufmerksamkeit. Die im selben Jahr erschienene Monographie des Strafrechtswissenschaftlers Eberhard Schmidt »Der Arzt im Strafrecht« behandelte die Überlegungen von Karl Engisch auf über 40 Seiten.[83] Seine Argumentation ging wie folgt: Nur eine Behandlung, die das Körperinteresse verletze, sei eine Körperverletzung. Ärztliche Behandlungen seien aber auf die Wahrung des Körperinteresses gerichtet und daher regelmäßig keine Körperverletzung. Aus dieser Unterscheidung zwischen Körperinteressenverletzung und Körperverletzung ergab sich für Karl Engisch dann die Konsequenz, dass der Wille der Betroffenen nicht allein über das Körperinteresse entscheide. Das jeweilige Körperinteresse sei durch Interessenabwägung zu bestimmen. Dabei komme dem Willen der Betroffenen zwar Gewicht zu, auch könne der Wille die Funktion der Abwägung »gleichsam übernehmen«. Denkbar war für Karl Engisch aber auch, dass »mittelbare Interessen der Gemeinschaft« am Selbstbestimmungsrecht bestünden. Die Selbstbestimmung des Patienten entlaste den Arzt, indem der Patient »einen Teil der Verantwortung übernimmt«, und ein allgemeines Behandlungszwangsrecht würde dem Arzt eine Verantwortung aufbürden, die er als gewissenhafter Arzt kaum tragen könne. Jedenfalls »vorläufig« sei daher an eine vollständige »Opferung« des Selbstbestimmungsrechts »nicht zu denken«.[84] Auch wenn Karl Engisch nicht so weit ging wie Walter Kallfelz und eine Behandlungspflicht im öffentlichen Interesse »vorläufig« zurückwies, zielte sein dogmatisches Konstrukt vom Körperinteresse auf eine Relativierung des reichsgerichtlichen Willensdogmas. Dass allein der Wille der Betroffenen über die Rechtmäßigkeit ärztlichen Tuns entscheide, lehnte er ab: Dies sei »extrem liberalistisch« und würde »jedem nationalsozialistischen Rechtsempfinden Hohn sprechen.«[85]

4.1.2 Warum Heilen nicht Verletzen ist

Die meiste Zeit ging der juristische Gegendiskurs aber nicht so weit, offen für die Legitimierbarkeit ärztlicher Fremdbestimmung einzutreten. Die Rede von pflichtigen Körpern und objektiven Körperinteressen blieb verknüpft mit der nationalsozialistischen Ideologie und verlor sich mit dem Ende des Dritten Reichs. Doch war dies nicht das Ende jeden Gegendiskurses. Auch in der bundesrepublikanischen Zeit blieb es dabei, dass es dem größten Teil der Rechtswissenschaft nicht einleuchtete, ärztliche Behandlungen auf dieselbe Stufe zu stellen wie jede andere Körperverletzung. Dies zielte zwar nicht auf eine generelle Legitimie-

82 *Engisch* (1939).
83 *E. Schmidt* (1939) 72–113.
84 *Engisch* (1939) 32.
85 *Engisch* (1939) 14.

rung körperlicher Fremdbestimmung im Behandlungsverhältnis, wie sie in den Vorstellungen von pflichtigen Körpern und objektiven Körperinteressen (Kap. 2 I.4.1.1.) angelegt war. Aber es ging darum, die ärztliche Behandlung als besonderes Tun abzurücken von der allgemeinen Körperverletzung. Ärztliche Behandlungen ohne ausreichende Zustimmung sollten nach anderen Grundsätzen strafbar sein und haftbar machen. Diese Privilegierung wurde mit dem Heilzweck der ärztlichen Behandlung begründet. In diese Richtung hatte schon das wissenschaftliche Schrifttum des ausgehenden 19. Jahrhunderts argumentiert. Der Heilzweck, so hieß es bei dem viel zitierten Carl Stooß im Jahr 1898, unterscheide die Heilbehandlung von der Körperverletzung.[86] Im Jahr 1909 hieß es, es sei ein »Unverstand«, die ärztliche Behandlung genauso wie die Misshandlung rechtlich zu bewerten.[87] In der Weimarer Zeit hatte es verschiedenste Anläufe für Strafrechtsreformen gegeben, die »gewissenhafte« ärztliche Heilbehandlung aus dem Anwendungsbereich der Körperverletzungstatbestände auszusondern. Der erste Entwurf stammte aus dem Jahr 1919, es folgten der Radbruch'sche Entwurf aus dem Jahr 1922 und weitere Vorlagen in den Jahren 1926 und 1929. Denn vielen erschien es befremdlich, so etwa nachzulesen bei Ludwig Ebermayer im Jahr 1930, »den Arzt, der lediglich helfen will, in allen Fällen, in denen er ohne den Willen des Kranken [...] eingreift, wegen vorsätzlicher rechtswidriger Körperverletzung verantwortlich machen, [...] ihn überdies [...] bestrafen [...] zu wollen.«[88]

Hieran knüpften die bundesrepublikanischen Debatten nahtlos an. Im Jahr 1962 wurde der Stand der Rechtsprechung in einem Gutachten für den Deutschen Juristentag wie folgt kritisiert: Die »ganze juristische Betrachtungsweise« ärztlichen Tuns sei »in sich brüchig«, führe sie doch dazu, dass die Heilbehandlung »unter Beiseitelassung von allem, aber auch allem, was für den Kranken und den Arzt den entscheidenden Sinn ausmacht, lediglich als kausale Herbeiführung einer Körperwunde angesehen [wird].« Daher könne man es den Ärzten »nicht versagen, wenn sie sich weigern, Verständnis dafür aufzubringen, dass von juristischer Seite für die rechtliche Bewertung derjenigen ärztlichen Handlungen, die die großartigsten Leistungen in Bezug auf Gesundheits- und Lebenserhaltung bedeuten [...], eine Strafrechtsnorm herangezogen wird, die dem Schläger, Gewalttäter und Messerstecher zugedacht ist«.[89] Aber wie sollte das Recht dem »besonderen Zweck« ärztlichen Tuns, dem herausgehobenen »sozialen Sinn« jeder Heilbehandlung als »Fürsorge für den Körper«[90] und dem »Heilungswillen des Arztes«[91] richtigerweise Rechnung tragen? Hier gingen die Meinungen dann

86 *Stooß* (1898); genauso *von Lilienthal* (1899).
87 *Kahl* (1909) 369.
88 *Ebermayer* (1930) 151.
89 *E. Schmidt* (1962) 44 f.; genauso *Bockelmann* (1968) 67.
90 *Bockelmann* (1981) 120.
91 *Katzenmeier* (1997) 156.

wieder auseinander. Mindestens sollte die »eigenmächtige« Heilbehandlung, die »nur« die körperliche Selbstbestimmung beeinträchtigt, wegen des Handlungssinns des Heilens nicht als normale Körperverletzung gelten. Sie sollte zwar nicht straflos sein, aber – so wie es schon in den Weimarer Jahren vorgeschlagen worden war – in einem eigenen Straftatbestand privilegiert geregelt werden.[92] Dieselbe Abstufung sollte für die zivilrechtliche Haftung umgesetzt werden: Indem der Schutz der körperlichen Selbstbestimmung nicht mehr über das Rechtsgut »Körper«, sondern als Bestandteil des Persönlichkeitsrechts erfolgen sollte, was u. a. eine für den Arzt günstigere Beweislastverteilung nach sich gezogen hätte.[93] Viele meinten jedenfalls, dass Ärzte im Hinblick auf die körperliche Selbstbestimmung vom Recht »freier gestellt« werden sollten. Bei Heilbehandlungen sei die körperliche Selbstbestimmung anders zu gewichten, sei es in paternalistischer Motivation im Interesse der Betroffenen, sei es zum Schutz der Ärzte. Exemplarisch für die erste Argumentation sind Überlegungen von Arthur Kaufmann, die im Jahr 1961 publiziert wurden. Für ihn bestand kein Zweifel, dass die »personale Selbstbestimmung [...] gegenüber Leben, Gesundheit und Wohlergehen grundsätzlich der höhere Wert ist.« Doch könne es »bei einer schweren Gefahr für die Gesundheit [...] zulässig sein, das Selbstbestimmungsrecht des Patienten in gewissen Grenzen zu missachten.«[94] Viele Stimmen wollten aber schon im Ausgangspunkt die Gewichte zwischen Selbstbestimmung und Heilzweck offen zulasten der Selbstbestimmung verlagern. Gegenüber dem Heilzweck, erläuterte der Strafrechtler Gerd Geilen im Jahr 1963, habe die körperliche Selbstbestimmung keineswegs »eine so hehre Unantastbarkeit« und einen so »überstrahlenden Rang«, wie sich dies in der Rechtsprechung durchgesetzt habe. Es sei vielmehr zum Schutz der Ärzte an der Zeit, der unangemessenen »Überbetonung«, ja »geradezu grotesk werdenden Hypertrophie der Selbstbestimmung« entgegenzutreten.[95] Auch für den Strafrichter Herbert Tröndle, bekannt als Namensgeber des »Dreher/Tröndle«, eines Standardkommentars zum Strafrecht, hatte es die Rechtsprechung mit der Durchsetzung der körperlichen Selbstbestimmung inzwischen übertrieben: Aus Wohltat sei Plage geworden.[96] Es kam die Rede auf von einer »Monokultur« der Selbstbestimmung und einer »Dominanz« der Patientenseite zulasten der Ärzte.[97] Inzwischen wird zwar gemäßigter formuliert, doch geht das Plädoyer in dieselbe Richtung.[98]

92 § 162 in der Fassung des Strafgesetzbuch-Entwurfs des Jahres 1962; dazu *Hagedorn* (1965).

93 Etwa *E. Schmidt* (1962); *Bockelmann* (1968) 62–84; *Laufs* (1969); *Brüggemeier* (1986) 418–420; *Katzenmeier* (2002) 118–127.

94 *A. Kaufmann* (1961) 362.

95 *Geilen* (1963) 146 f.

96 *Tröndle* (1983).

97 Exemplarisch *Ulsenheimer* (1997); *Schreiber* (1984) 47 f.

98 *Katzenmeier* (2002) 360–362: Die Rechtsprechung sei gegenüber den Ärzten zu »engherzig« und zu streng.

4.1.3 Gewissenhafte Ärzte

Ein weiteres Motiv des Gegendiskurses war das Bild der gewissenhaften Ärzte. Die Sonderrolle der Ärzte kommt etwa in Äußerungen zum Ausdruck, dass in jeder ärztlichen Entscheidung auch das ärztliche Gewissen und die Standesethik sprächen. Gerade die Standesethik stehe »nicht isoliert neben dem Recht«, sondern wirke »allenthalten und ständig in die rechtlichen Beziehungen des Arztes zum Patienten hinein.«[99] Eine allzu tiefe rechtliche Kontrolle sei daher weder angemessen noch nötig: Mit der ärztlichen Standesethik stehe bereits ein »Erfahrungsschatz« für die Vermittlung »zwischen Eigenständigkeit und therapeutischer Lenkung des Patienten« zur Verfügung.[100] Die Rechtsprechung solle daher »Respekt« gegenüber der ärztlichen Standesethik üben.[101] Gemeint ist: Weil Ärzte mit besonderem Auftrag (Heilauftrag) und unter besonderen Bindungen (Standesethik, Gewissen) handeln, sollte es das Recht mit der körperlichen Selbstbestimmung im Behandlungsverhältnis nicht so genau nehmen. Vielmehr sei ein »therapeutisches Privileg des Arztes« anzuerkennen.[102] Denn der Arzt brauche »einen begrenzten Spielraum gewissenhaften Ermessens, wenn er seinem Dienst tatkräftig genügen soll«, wie Adolf Laufs über mehrere Auflagen seines Praxishandbuchs zum »Arztrecht« betonte.[103] Dieses Argument wird allgemeiner noch als Verrechtlichungskritik begegnen (Kap. 2 I.4.2.).

Unkritisch übernahmen große Teile des rechtswissenschaftlichen Diskurses die standesethischen Selbstbeschreibungen der Medizin von ihrem Tun.[104] Die Widersprüche und Brüche, in die viele Ärztinnen in ihrem täglichen Tun verstrickt sind, traten in den Hintergrund: Gewissensnöte, weil sich das Bild von der uneigennützigen Menschenliebe an ökonomischen Zwängen bricht, Deformationsgefühle, weil aus dem Dienen und Heilen ein Managen geworden war.[105] Die Erzählung vom Dienen und Helfen, von Barmherzigkeit und Nächstenliebe stand häufig unverbunden neben Beschreibungen der finanziellen und organisatorischen Bedingungen des Arztberufs und verbreiteten Klagen über die zunehmende Anonymität, Technizität und »Verwissenschaftlichung« des ärztlichen Tuns.[106] Wenn es schon für Ärzte wegen der Wirkmacht ihres auf Homogenität zielenden

99 *E. Schmidt* (1957) 1 f.

100 *Geilen* (1963) 196.

101 *Grünwald* (1961) 33 ff.

102 Zurückgehend auf *Deutsch* (1980).

103 *Laufs* (1984) 50 sowie *Laufs* (1993) 89; in den Vorauflagen aus den Jahren 1977 und 1978 war dies noch nicht enthalten.

104 Exemplarisch *Guardini* (1994); *F. Hartmann* (1973); *Höffe* (2002); historisch *Bergdolt* (2004).

105 Vgl. *Katzenmeier/Bergdolt* (2009).

106 Vgl. aus rechtlicher Außensicht *Laufs* (2009), der zwar tiefe Umbrüche und Paradigmenwechsel konstatiert, dennoch aber affirmiert, es habe sich »bei allem Wandel ein verbindender hippokratischer Kern erhalten« (19).

berufsständischen Selbstbilds und ihrer starken Traditionsbindung[107] an sprachlichen Konventionen fehlte, um Ethos und Wirklichkeit zu einem sinnvollen Ganzen zu verknüpfen, dann ist es umso erklärlicher, dass auch die Rechtswissenschaft ein Stück weit der Verführungskraft des hippokratischen Eides erlegen war (und auch noch ist): Kaum eine Darstellung zum Arztrecht, die nicht mit dem Eid des Hippokrates begänne, die nicht die tief empfundene Verpflichtung der Ärzte zu Humanität und Menschenliebe zitierte, die nicht die Emotionalität und Empathie der ärztlichen »Heilkunst« betonte und so das Ideal vom Arzt als »Diener« des Kranken weiterzeichnete.[108] Die Vorstellung vom Arzt als Diener und Helfer, der in »hippokratischer Tradition und überlieferter Berufsordnung« dem Wohl des Patienten verpflichtet ist, prägt bis heute die Grundannahmen des medizinrechtlichen Schrifttums.[109] In weiten Teilen vertraut die Rechtswissenschaft darauf, dass die Praxis auch dem Ethos entspreche, nur selten bringt sie Distanz zu den damit tradierten »kollektiven Imaginationen«[110] auf. Dieses besondere Vertrauen in das gute ärztliche Tun wird begünstigt und genährt von der Rechtsähnlichkeit, in der sich das ärztliche Ethos formuliert: als Eid. Auch wenn Juristinnen wissen, dass dieser Eid nicht geschworen wird,[111] ist der Hippokratische Eid bzw., wie er heute heißt, das Ärztliche Gelöbnis tief in die rechtswissenschaftlichen Begründungskonventionen eingesickert. Dies ist im Zusammenhang mit körperlicher Selbstbestimmung umso bemerkenswerter, als das Ärztliche Gelöbnis bei Licht besehen gar kein eindeutiges Bekenntnis zu körperlicher Selbstbestimmung enthält. Bis zum Jahr 2017 kamen Wille und Autonomie überhaupt nicht in der Erklärung vor. Erst in der Fassung der Beschlüsse des 121. Deutschen Ärztetages im Jahr 2018 heißt es:

»Als Mitglied der ärztlichen Profession gelobe ich feierlich, mein Leben in den Dienst der Menschlichkeit zu stellen. Die Gesundheit und das Wohlergehen meiner Patientin oder meines Patienten werden mein oberstes Anliegen sein. Ich werde die Autonomie und die Würde meiner Patientin oder meines Patienten respektieren. [...]«

Seither hat die Wahrung körperlicher Selbstbestimmung zwar einen Platz im Ärztlichen Gelöbnis gefunden.[112] Aber am Rangverhältnis zwischen Wohl und

107 *Mitscherlich* (1962).

108 *B.-R. Kern* (2019) 6 ff. (§ 1 Rn. 9 ff.).

109 Exemplarisch *Laufs* (2004) 1510.

110 *Döhner* (1973).

111 Die heutige Fassung beruht auf der »Erklärung von Genf« des Weltärztebundes, zuletzt aus dem Jahr 2017, und ist als »Das ärztliche Gelöbnis« den von der Bundesärztekammer regelmäßig aktualisierten Musterärzteordnungen vorangestellt.

112 Siehe dagegen noch die Erklärung in der Muster-Berufsordnung für die in Deutschland tätigen Ärztinnen und Ärzte in der Fassung des 18. Deutschen Ärztetages 2015: »Bei meiner Aufnahme in den ärztlichen Berufsstand gelobe ich, mein Leben in den Dienst der Menschlichkeit zu stellen. Ich werde meinen Beruf mit Gewissenhaftigkeit und Würde ausüben. Die Erhaltung und Wieder-

Wille hat dies wenig geändert: »Oberstes Anliegen« sind »Gesundheit und Wohlergehen«, während die Autonomie nur zu »respektieren« ist. Mit etwas Abstand betrachtet geben Hippokratischer Eid und Ärztliches Gelöbnis für einen Primat körperlicher Selbstbestimmung eigentlich nichts her.[113] Dennoch wurde der Hippokratische Eid zum Sinnbild dafür, dass ärztliches Tun wegen der besonderen Bindungen der Ärzte an Gewissen und Ethos besonderes Tun sei und daher im Hinblick auf körperliche Selbstbestimmung nach besonderen, privilegierten Maßstäben beurteilt werden müsse.

4.1.4 Überforderte Kranke

Das legitimierende Besondere der ärztlichen Behandlung wurde nicht nur in den ärztlichen standesethischen Verpflichtungen und Gewissensbindungen gesehen. Damit korrespondierten Annahmen über besondere Bedürfnisse, Angewiesenheiten und Überforderungen der Betroffenen, also der Gruppe der »Leidenden« oder »Kranken«, wie sie bis in die 1960er Jahre zumeist genannt wurden. Das Argument lautete: Vollständige körperliche Selbstbestimmung sei weder möglich noch erstrebenswert. Dies richtete sich gegen die ärztliche Aufklärungspflicht, die von der Rechtsprechung gerade entwickelt worden war, um die Voraussetzungen für körperliche Selbstbestimmung im Behandlungsverhältnis zu garantieren. Andernfalls bliebe vom Selbstbestimmungsrecht wenig übrig, und eine Einwilligung ohne jede vorherige Aufklärung sei letztlich »wertlos«, wie in einer juristischen Dissertationsschrift aus dem Jahr 1928 ausgeführt wurde.[114] Doch war dies nicht die überwiegende Haltung des wissenschaftlichen Schrifttums. Der später als Rechtsvergleicher international hochangesehene Ernst Rabel war im Jahr 1904 in seiner Schrift zur »Haftpflicht des Arztes« davon ausgegangen, dass Ärzte nur verpflichtet seien, Patienten »ohne Not nicht zu täuschen«,[115] und in der »Juristischen Wochenschrift« war vielfach nachzulesen, es verstehe sich »von selbst«, dass Ärzte nicht über »die wahre Natur« einer Erkrankung und alle möglichen Behandlungsfolgen aufzuklären haben.[116] Als dann der Bundesgerichtshof immer dichtere Kreise um die Aufklärung zog (Kap. 2 I.3.2.), schwand bei vielen auch noch das letzte Verständnis für die Rechtsprechung und ihre Anforderungen an die ärztliche Aufklärung. Es entstand das Bild vom unkundigen Patienten und dem durch unnötige Aufklärung gefährdeten Heilerfolg, wie es etwa in einem Lehrbuch der gerichtlichen Medizin aus dem Jahr 1957 gezeichnet wurde: Der Patient stehe den »medizinischen Maßnahmen des Arztes […] unkundig, oft

herstellung der Gesundheit meiner Patientinnen und Patienten soll oberstes Gebot meines Handelns sein […]«

113 Treffend analysiert bei *von Schirach* (2020) 61–63.

114 *Bornmann* (1928) 25 f.

115 *Rabel* (1904) 35 f.

116 Etwa bei *Reiche* (1932); *Bohne* (1933).

sogar mit völlig falschen, auf einem dilettantischen Halbwissen beruhenden Auffassungen gegenüber.« Soll eine Behandlung Erfolg haben, müsse sich der Patient »fügen«.[117] Bei diesen Bildern blieb es auch in der Folge: Eine »schonungslose« Aufklärung überfordere den Kranken und gefährde den Heilzweck.[118] Wenn die Ärzteschaft »dem Leidenden verbirgt, was ihn bedroht«, so nur aus dem Grund, »um ihm zu helfen.« Die Ärzte wüssten, dass die meisten »nach ihrer intellektuellen und psychischen Konstitution die verhängnisvolle Wahrheit nicht ertragen können, auch gar nicht hören wollen«, erläuterte Adolf Laufs in der »Neuen Juristischen Wochenschrift« im Jahr 1969.[119] Im medizinnahen rechtswissenschaftlichen Schrifttum waren viele davon überzeugt, dass es die besondere Notlage der Kranken mit sich bringe, dass Ärzte dazu berechtigt seien, schwere Befunde, insbesondere eine Krebsdiagnose, zu verschweigen. Dafür prägte man den Begriff des »therapeutischen Privilegs«. In einer Darstellung des Arztrechts, gerichtet an »Ärzte und Juristen«, wurde im Jahr 1983 ausgeführt: Die Diagnose »Krebs« könne immer entfallen »wenn der Arzt das für erforderlich hält und der Patient nicht ausdrücklich danach fragt.«[120] Denn im Angesicht der Krankheit werde Selbstbestimmung zur Illusion. Ein Arzt, der Befunde vorenthält, handele nicht »in paternalistischer Bevormundung«, sondern es sei die Krankheit, die die Fähigkeit des Patienten zur Wahrnehmung seiner Selbstbestimmung einschränke.[121] Bis in die jüngste Zeit unterschreibt der rechtswissenschaftliche Gegendiskurs die Diagnose vom überforderten Patienten. Das gesamte Postulat der Rechtsprechung, der Patient möge entscheiden, sei »zu einfach«. Vielmehr gelte: »Je bedrohlicher das Krankheitsbild und je komplexer die vorgeschlagene Therapie, desto mehr sieht sich der Patient [...] darauf angewiesen, dass der dem Wohl des Leidenden verpflichtete Arzt ihn intellektuell und psychologisch zu dem aus medizinischer Sicht richtigen Entschluss führe.«[122] Oder: Die Rechtsprechung lege ein Idealbild der Patienten zugrunde, das an der »psychologischen Wirklichkeit« des Arzt-Patienten-Verhältnisses vorbeigehe und die meisten Patienten regelmäßig überfordere. Denn das Maß der von der Rechtsprechung geforderten Aufklärung liege »weit jenseits des Auffassungsvermögens des verständigen Patienten«,[123] wie auch durch eine Studie nachgewiesen werden sollte.[124]

117 *E. Schmidt* (1957) 1 f.
118 Exemplarisch *Dichgans* (1994).
119 *Laufs* (1969) 529 f.
120 *B.-R. Kern/Laufs* (1983) 123.
121 *Buchborn* (1984) 161.
122 *Laufs* (1992) 176.
123 *Weißauer* (1997) 22; gleichsinnig *Schreiber* (2000) 514 ff.
124 *Ehlers* (1987). Nach einer Analyse von 108 Fragebögen zu Aufklärungsgesprächen kam der Autor zu dem Ergebnis, dass mangels hinreichenden Patientenwissens alle bei den befragten Patienten durchgeführten Eingriffe rechtswidrig waren (141).

4.2 Illegitimes Eindringen des Rechts

Dem Gegendiskurs ging es aber nicht nur darum, plausibel zu machen, worin ärztliche Behandlungen besonders sind und warum körperliche Fremdbestimmung deshalb legitimierbarer ist, also um den besonderen Handlungssinn des Behandelns, die besondere Stellung der Ärztinnen und die besondere Lage der Patienten (Kap. 2 I.4.1.). Außerdem wandte sich der Gegendiskurs insgesamt gegen das »Eindringen« des Rechts in das Behandlungsverhältnis. In seiner extremsten Form richtete sich dies überhaupt gegen Rechtsbindungen bei ärztlichen Behandlungen. Das Arzt-Patienten-Verhältnis sei »Vertrauens-Sache« und daher nicht als gewöhnliches Rechtsverhältnis aufzufassen, war im ausgehenden 19. Jahrhundert nachlesbar.[125] Als sich dann an der Wende zum 20. Jahrhundert abzeichnete, dass das Reichsgericht den Patienten über das Willensdogma ein wehrhaftes subjektives Recht an ihre Seite stellen würde (Kap. 2 I.2.1.), wurde der Gegendiskurs drastischer. Ärztliches Handeln »durch Gesetze regulieren zu wollen«, bedeute »einen gewaltigen Rückschritt«. Denn: »Wer sollte ein solches Gesetz handhaben?« Dadurch werde »bloß Misstrauen gegen die Ärzte gesät«. Schließlich ließen sich die »Vertrauensstellung und die Verantwortlichkeit der Ärzte [...] nun einmal nicht in Regulative zwängen.«[126]

Hier klingen mehrere Argumentationsstränge an, die auch im weiteren Verlauf plausibel bleiben sollten. Erstens machte man »das Recht« für Veränderungen in den Beziehungen von Ärztinnen und Patienten verantwortlich. Diese Fehlentwicklung in Richtung »Versachlichung«, »Verstaatlichung« und »Rationalisierung« habe mit Bismarcks Sozialgesetzgebung[127] begonnen, und seither, so klagte etwa Viktor von Weizsäcker im Jahr 1928, werde die »bürgerlich private Form des Arztes« unaufhörlich »zurückgedrängt«, und zwar weniger durch die »sogenannte Proletarisierung« des Arztberufs als vielmehr »durch sein neues Rechtsverhältnis zum Kranken«. Denn dieses »neue Rechtsverhältnis« zum Kranken sei vor allem gekennzeichnet durch eine »allzu große Versachlichung«.[128] In dieser Klage liegt mehr als nur eine allgemeine und darin zeittypische Enttäuschung über die Schattenseiten des Modernisierungsprozesses. Sie hat auch einen spezifischeren Kern, der die Debatten bis heute bestimmt: Es ist der Einwand, dass ärztliches Tun Vertrauen verlange und dass das Arzt-Patienten-Verhältnis nur als »Vertrauensverhältnis« gelingen könne (dazu noch Kap. 2 I.5.2.3.). Dies richtete

125 *F. Zimmermann* (1873) 226.

126 *Kollbrunner* (1903) 81.

127 Gemeint ist die Einführung der gesetzlichen Arbeiterkrankenversicherung im Jahr 1883, die den Beginn eines neuartigen Umgangs mit Gesundheit markiert; näher *Göckenjan* (1985) 336–406. Schon zu dieser Zeit wurde allerdings die Gefahr einer »Verstaatlichung des Patienten« heraufbeschworen, wie es *Diepgen* (1955) 286 f. erzählt.

128 *von Weizsäcker* (1928/1941) 153, 156.

sich sowohl gegen »zu viel« rechtliche Kontrolle ärztlichen Tuns als auch gegen »zu viele« Rechte der Patienten. Das Verhältnis von Ärztin und Patient sei »weit mehr als eine juristische Vertragsbeziehung«, sie setze »hochgesteigertes Vertrauen voraus«. Für den »rechtlichen Standpunkt« sei das insofern wichtig, als die »Standesethik des Arztes nicht isoliert neben dem Recht [steht]«, sondern »ständig in die rechtlichen Beziehungen des Arztes zum Patienten hinein[wirkt].«[129] Mit anderen Worten: So wie Patienten ihren Ärztinnen vertrauen müssten, solle das Recht den Ärztinnen und ihren standesethischen Selbstverpflichtungen vertrauen. Der Rechtsdiskurs machte sich die paternalismusfreundlichen medizinethischen Selbstbewertungen ärztlichen Handelns[130] weitgehend umstandslos zu eigen. Im Jahr 1962 spitzte der Rechtswissenschaftler Rudolf Wiethölter diesen Einwand weiter zu. Sein Text mit dem Titel »Arzt und Patient als Rechtsgenossen« wurde zur viel zitierten Formel, um das von der Rechtsprechung durchgesetzte »Einwilligungsdenken« als übermäßige Verrechtlichung zurückzuweisen. Bei der Bezeichnung von Arzt und Patient als »Rechtsgenossen« lag die Betonung mehr auf »Genossen« als auf »Recht«. Denn es seien doch »Fürsorge, Vertrauen, Verständnis« und »Liebe«, die gerade den Inhalt des Arzt-Patienten-Verhältnisses ausmachten, und dies seien »Vertragsinhalte, die sich rechtlicher Sanktion entziehen«. Daher sei es wichtig, dass Juristen dieses – von Fürsorge, Vertrauen, Verständnis, Liebe geprägte – Arzt-Patienten-Verhältnis »rechtlich als Grundlage für die Beurteilung des Geschehens werten und zugleich respektieren, dass in diesem Verhältnis nicht allein eine Rechtsbeziehung zum Ausdruck kommt.«[131] Diese Gegenüberstellung von Vertrauensverhältnis und Recht fand in den 1980er Jahren weitere Nahrung, als »Verrechtlichung« zur rechtswissenschaftlichen Negativ-Metapher wurde.[132] Ärztliches Handeln wurde »zwischen Paragraphen und Vertrauen« verortet.[133] Man warnte vor einer »Erosion des ärztlichen Ethos« als einer erwartbaren Folgelast der Verrechtlichung.[134] Ansonsten würde die verpflichtende Kraft jener außerrechtlichen Maßgaben geschwächt, die »für das Selbstverständnis des Arztes bislang essentiell waren«. Außerdem sei zu befürchten, dass die »Berufung auf den Rechtsstandpunkt«, gemeint war: die Geltendmachung von Patientenrechten, die Vertrauensbeziehung »beschädige« und ärztliches Handeln überhaupt »gefährde«.[135] So entwickelte sich ein Gegendiskurs, der Vertrauen als plausibles Argument gegen Rechtsbindungen im Behandlungsverhältnis eta-

129 *E. Schmidt* (1957) 1 f.

130 Als Referenz gelten *Beauchamp / Childress* (2019) 230–266.

131 *Wiethölter* (1962) 104 f.

132 *Voigt* (1980); *Voigt* (1983); *Kübler* (1985).

133 *F.-X. Kaufmann* (1984).

134 *Wieland* (1986) 74–90.

135 Exemplarisch *Schreiber* (1984) 29–49; *Katzenmeier* (2009); *Kubella* (2011) 207–210; *Rager* (1994) 46–49.

blierte und hieraus Forderungen nach einer Begrenzung der gerichtlichen Kontrolle über Einwilligung und Aufklärung ableitete. Inzwischen sind aus Rudolf Wiethölters »Rechtsgenossen« zwar »Partner eines therapeutischen Arbeitsbündnisses« geworden, doch ist damit dieselbe Forderung an das Recht verbunden: Das Recht möge es nicht übertreiben mit ärztlichen Rechtspflichten und justiziablen Patientenrechten. Diese Einseitigkeit sei »verfehlt«. Dagegen sei der Partnerschaftsgedanke »eine ergiebige und ausgewogene Quelle von Verhaltenspflichten beider Parteien, die den Behandlungserfolg nunmehr vertrauensvoll zu ihrem gemeinsamen Anliegen machen.«[136] Das Bild vom illegitimen Eindringen kalten Rechts mit seinem »Rigorismus« und seiner »eisigen Rationalität«[137] in die Wärme der Vertrauensbeziehung von Arzt und Patient war geboren.

4.3 »Hard cases make bad law«

Schließlich kritisierte man die Art und Weise, wie es zur Anerkennung und Verfestigung des Rechts auf körperliche Selbstbestimmung im Behandlungsverhältnis gekommen war. Diese Entwicklung verdankte sich über die längste Zeit ja »nur« der Rechtsprechung, bis der Gesetzgeber den richterlichen Entwicklungsstand im Jahr 2012 kodifizierte (Kap. 2 I.3.3.). Diese Eigentümlichkeit nährte den Einwand, das so errichtete dogmatische Gebäude aus Einwilligung und gerichtlich kontrollierter Aufklärungspflicht beruhe auf illegitimen Verallgemeinerungen. Dies zielte vor allem gegen die Weichenstellungen des Reichsgerichts. Das Reichsgericht habe es recht eigentlich mit Sonderfällen zu tun gehabt. Diese These begegnet einmal in dem Einwand, das Reichsgericht habe sich mit seiner Entscheidung aus dem Jahr 1894 (Kap. 2 I.2.1.) an einer Chimäre verkämpft. Das damals verkündete Willensdogma sei gegen eine bestimmte Form ärztlicher Selbstherrlichkeit gerichtet, die schon zur Zeit der Entscheidung im Jahr 1894 längst der Vergangenheit angehört habe. Die Entscheidung sei nur »gegen den eine ›Gewaltherrschaft‹ sich anmaßenden Arzt« gerichtet, der bereits nach den Maßstäben der Jahrhundertwende »eigentlich schon die ›Arzt‹-Qualität im Sinne jener Zeit [...] verloren hat«, hieß es rückblickend auf dem Deutschen Juristentag 1962.[138] Die Betonung des Patientenwillens habe also mehr der Vergangenheit als der Zukunft gegolten. Der gerichtliche Nachdruck werde erst verständlich, wenn man um die Missstände ärztlicher Selbstherrlichkeit sowie um die medizinischen Operationstechniken vor Beginn der modernen Anästhesie wisse, so eine viel zi-

136 *Katzenmeier* (2002) 59.
137 Vgl. *Tröndle* (1983) 886; *Schreiber* (2000) 515.
138 *E. Schmidt* (1962) 21.

tierte Kritik des Strafrechtlers Gerd Geilen im Jahr 1963.[139] Das Reichsgericht habe sich gegen ärztliche Praxen gerichtet, die mit dem medizinischen Fortschritt aus sich heraus ihr Ende gefunden hätten. Außerdem begegnet der Einwand, das Reichsgericht sei vereinnahmt worden durch Partikularinteressen radikaler Vertreter der Naturheilkunde; diese Hypothese war bereits im Jahr 1904 bei Ernst Rabel nachlesbar.[140] Tatsächlich wird der damalige Kläger, der Vater, als »Anhänger der Naturheilkunde« beschrieben, und beim Reichsgericht waren Vertreter des Naturheilkundemilieus an der Entscheidung beteiligt, wie der Medizinhistoriker Thorsten Noack aufgearbeitet hat.[141] Auch dies diente dazu, die dogmatische Aussagekraft der reichsgerichtlichen Weichenstellung zugunsten der körperlichen Selbstbestimmung zu relativieren und die darauf gestützte allgemeine Anerkennung des Willensdogmas zu delegitimieren.

Auf ähnliche Weise wurde auch den reichsgerichtlichen Weichenstellungen zur ärztlichen Aufklärungspflicht (Kap. 2 I.2.2., I.2.3.) ihre Verallgemeinerungsfähigkeit abgesprochen. Es handele sich um verständliche, aber für die Gegenwart nicht mehr aussagekräftige Gegenreaktionen auf nationalsozialistisches Unrecht, war in den 1960er Jahren immer wieder nachlesbar. Es werde nicht mehr richtig gewürdigt, »aus welchem besonderen Anlass« das Reichsgericht die Selbstbestimmung des Einzelnen gegenüber »einem zu allem fähigen politischen Gewaltregime gegenüber betonen, ja schützen musste.« Denn es liege doch »im Bereich des Möglichen, dass die ganz auffallende Überbetonung des Selbstbestimmungsrechtes aus einer verstehbaren Sorge um die letzten Reste individueller Freiheit entstanden sein könnte.« Mit diesem Wissen lasse sich die »Überbetonung des Selbstbestimmungsrechts freilich nur erklären, nicht rechtfertigen«. Der Fehler liege darin, dass man die in den Entscheidungen enthaltenen rechtlichen Gesichtspunkte übernommen habe, »als ob sie als geläuterte Rechtserkenntnisse für alle, auch ganz normale und rechtsstaatliche Zeiten gedacht gewesen wären [...].«[142] Auf ähnliche Weise wird die Inanspruchnahme der Grundrechte für das Selbstbestimmungsrecht der Patienten bezweifelt. Rudolf Wiethölter warnte im Jahr 1962 vor einer Kommerzialisierung und »Abnutzung« der Grundrechte,[143] und in einem Großkommentar zum Bürgerlichen Gesetzbuch hieß es zuletzt im Jahr 2021, dass die Berufung auf die Grundrechte zwar durch die Geschichte »verständlich«, aber nicht erforderlich sei.[144]

139 *Geilen* (1963) 55–64.
140 *Rabel* (1904) 33.
141 *Noack* (2004) 29–35; *Noack/Fangerau* (2006) 84.
142 Exemplarisch *E. Schmidt* (1962) 71, 118 und öfter.
143 *Wiethölter* (1962) 67–69.
144 *Hager* (2021) 433 (§ 823 Rn. I 1); genauso etwa *Lepa* (1995) 264; siehe auch schon *Grünwald* (1961) 33: Berufung auf die Grundrechte trage zur Konfliktlösung nichts bei.

Ein Teil dieser Einwände hat sich inzwischen verlaufen. Die kritische Erforschung der »wahren« Gründe und »eigentlichen« Umstände der reichsgerichtlichen Rechtsprechung hatte schon mit zunehmendem zeitlichen Abstand nach den 1960er Jahren an Bedeutung eingebüßt. Seit der gesetzlichen Kodifikation des richterlichen Regelbestands im Jahr 2012 (Kap. 2 I.3.3.) hat sie sich in den aktuellen Debatten ganz verloren. Das historische Erkenntnisinteresse ist geblieben, aber es ernährt keinen Gegendiskurs mehr.

5. *Deutungen*

Ein ganzes Jahrhundert fortdauernder Dogmenkritik hat die Rechtsprechung nicht von ihrem Weg zugunsten körperlicher Selbstbestimmung im Behandlungsverhältnis abgebracht. Das Gespräch zwischen Rechtsprechung und Rechtswissenschaft ist zwar nach wie vor reich an Zurückweisungen und Abgrenzungen. Aber es trägt inzwischen auch schon Züge von Ermüdung, Gewöhnung und Konvention. Die Schärfe und Empörung, mit denen sich der Großteil des rechtswissenschaftlichen Gegendiskurses noch in den 1960er und 1970er Jahren gegen das Willensdogma in Rage geredet hatte, haben sich zu Beginn des 21. Jahrhunderts weitgehend verflüchtigt. Die zentrale dogmatische Kontroverse um die Architektur der Behandlungssituation, im Jahr 1997 noch als »Jahrhundertstreit« bezeichnet,[145] wurde im Jahr 2019 in einem verbreiteten Handbuch zum Medizinrecht der Rechtsgeschichte zugeschrieben.[146] Gleiches gelte für ärztliche Fremdbestimmung: Eigenmacht, Bevormundung, Selbstherrlichkeit und Paternalismus gehörten längst der Vergangenheit an, heißt es dort. Im juristischen genauso wie im medizinethischen und im medizinsoziologischen Schrifttum wird eine Erfolgs- und Wandlungsgeschichte erzählt: Das Behandlungsverhältnis habe sich mit dem 20. Jahrhundert tiefgreifend gewandelt. Der Beginn des 20. Jahrhunderts gilt in mehrfacher Hinsicht als Wendepunkt: für die rechtlichen Dogmen, für die tatsächliche Praxis und für das ärztliche Selbstverständnis. Zwar haben sich medizinethisch begründete Autoritätsansprüche von Ärzten nachweislich nie ganz verloren. In nationalsozialistischer Zeit entstand das Bild des Arztes als »Gesundheitserzieher«,[147] und den bundesrepublikanischen 1950er Jahren war ein ärztlicher »Führungsanspruch« nicht fremd.[148] Dennoch überwiegt in den juristischen, medizinsoziologischen, medizinethischen und medizinhistorischen Leiterzählungen inzwischen der helle Grundton von der tiefgreifenden Wand-

145 *Katzenmeier* (1997) 156.
146 *B.-R. Kern* (2019a) 93 f. (§ 6 Rn. 32).
147 *R. Ramm* (1942).
148 Exemplarisch *Perret* (1956) 12 f.

lung des Behandlungsverhältnisses in Richtung körperlicher Selbstbestimmung: »von Paternalismus zur Partnerschaft«.[149] Dieser Grundton bestimmt auch die gegenwärtige rechtspolitische Bewertung: Willensdogma und Aufklärungspflicht hätten ihr rechtspolitisches Ziel erreicht. Viele folgern daraus, dass es von der Seite des Rechts jedenfalls nicht weiter übertrieben werden solle mit der körperlichen Selbstbestimmung: Es sei »zwar keine Umkehr, doch eine Moderation [angezeigt]«, so das Resümee in einer juristischen Habilitationsschrift zum Arzthaftungsrecht aus dem Jahr 2002.[150]

Dennoch ist damit für die körperliche Selbstbestimmung im Behandlungsverhältnis noch nicht alles zu einem guten Ende gekommen. Der beständige Faden der Rechtsprechung, die verfassungsrechtliche Grundierung und die gesetzliche Kodifikation haben sich zwar unübersehbar in das Recht eingeschrieben: Patientinnen *haben* ein Recht auf körperliche Selbstbestimmung, und ärztliche Eigenmacht wird als Verletzung dieses körperlichen Selbstbestimmungsrechts sowohl strafrechtlich als auch privatrechtlich geahndet. Aber dieses Selbstbestimmungs*recht* bedeutet nicht, dass Behandlungsverhältnisse seither frei von Fremdbestimmung, Bevormundung und Beherrschung wären. Denn nicht nur erschweren soziale Normen und Strukturen die Verwirklichung körperlicher Selbstbestimmung im Behandlungsverhältnis (Kap. 2 I.5.1.). Auch die Rechtsdogmen selbst mit ihren Defizitdiagnosen und Rollenfestlegungen (Kap. 2 I.5.2.) sowie die Art, wie die Rechtsentwicklung erzählt wird (Kap. 2 I.5.3.), weisen auf fundamentale Dilemmata hin und begrenzen den Ertrag der Rechtsentwicklung für körperliche Selbstbestimmung im Behandlungsverhältnis.

5.1 Andauernde Asymmetrien

Das Behandlungsverhältnis gilt der Medizinsoziologie als eine prinzipiell *asymmetrische* soziale Beziehung.[151] Einwilligung und Aufklärung finden unter Rahmenbedingungen statt, die es den Betroffenen tendenziell erschweren, ihr Recht auf körperliche Selbstbestimmung in freien und selbstgesetzten Entscheidungen zu verwirklichen und durchzusetzen. Diese Machtasymmetrie ist seit jeher ein Thema der stationären Krankenhausbehandlung. Die Entstehung der Krankenhäuser gilt nicht nur als Wegbereiterin der wissenschaftlichen, fortan als »klinisch« bezeichneten Medizin.[152] Zugleich entstanden Einrichtungen, die im Verlauf des 20. Jahrhunderts zum Sinnbild für »totale Institutionen« (Erving

149 Viel zitiert ist *Shorter* (1991); siehe außerdem *Brand* (1977); *Lang/Arnold* (1996); *Kaupen-Haas* (1969); *Katzenmeier/Bergdolt* (2009); *Wirsing* (2020); *Schöne-Seifert* (2007).

150 *Katzenmeier* (2002) 356.

151 Siehe nur *Siegrist* (2005) 250–273.

152 *Foucault* (1963); für Deutschland *Göckenjan* (1985) 214–237.

Goffman) wurden.[153] Gemeint sind Institutionen, in denen alle Angelegenheiten des Lebens an ein und derselben Stelle und unter ein und derselben Autorität stattfinden. Wer sich im Krankenhaus befindet, ist physisch und sozial isoliert von seinem gewohnten Umfeld und seinen Bezugspersonen. Die Krankenhauskritik der 1970er Jahre hat dies als Depersonalisierung beschrieben, nachlesbar etwa bei Johann Jürgen Rohde im Jahr 1973: Das Krankenhaus bringe für die Betroffenen »einen Verlust an Status, sozialer Bedeutung und sozialem Selbstwertgefühl mit sich«, außerdem bewirke es die »Unterwerfung unter [...] Autonomie verleugnende Regeln und Routinen«, erzeuge außerordentliche Abhängigkeiten in Bereichen, »in denen man selber autonom zu handeln gewohnt war«, zudem »totale Beobachtbarkeit« und damit verbunden die »Auflösung von Privatheit«.[154] Wie sich Krankenhäuser auf die Durchsetzungsfähigkeit und Willensstärke von Personen auswirken, die außerhalb des Krankenhauskontextes als freiheitsbetont, autonomiesensibel und entscheidungsstark gelten würden, lässt sich an einem Selbstzeugnis von Simone de Beauvoir aus dem Jahr 1964 studieren, die das Sterben ihrer an Krebs erkrankten Mutter in einem exklusiven Pariser Krankenhaus begleitete. Eindrücklich schildert sie in ihrem Werk »Ein sanfter Tod« die Passion des behandelnden Arztes für seine technischen Möglichkeiten und Fähigkeiten (»Er war elegant, sportlich, dynamisch, berauschte sich an der Technik und war mit Eifer dabei, Mama wiederzubeleben«) und räumt dann ein: »Er flößte uns Furcht ein«. Selbst ihr, einer ansonsten für ihre Klarheit, ihren Mut und ihre Unerschütterlichkeit gerühmten und zu der Zeit auch schon berühmten Persönlichkeit gelang es nicht, den ausdrücklichen Wunsch ihrer Mutter und ihre tiefe eigene Überzeugung – dass die Behandlungen abgebrochen werden – durchzusetzen. Aufschlussreich ist, wie sie sich selbst dieses eklatante Scheitern erklärt: Sie spricht von regelrechter »Ohnmacht« gegenüber dem Räderwerk des Krankenhauses, der ganzen »Technik« und der Aneignung der Kranken:

« À la clinique, je n'avais pas le temps de m'interroger. [...] On est pris dans un engrenage, impuissant devant le diagnostic des spécialistes, leurs prévisions, leurs décisions. Le malade est devenu leur propriété : allez donc le leur arracher ! »[155]

In der deutschen Gegenwartsliteratur klingt dies kaum anders. Ähnliche Formen der Vereinnahmung durch die Institution Krankenhaus hat Ralf Rothmann in seinem autobiographisch geprägten Roman »Stier« beschrieben. Es geht um die Erfahrungen eines Krankenpflegers, der zuvor als Maurer gearbeitet hatte und

153 *Goffman* (1961/1973) 15–24.

154 *J. J. Rohde* (1973) 31 f.

155 *de Beauvoir* (1964) 57 f. – Dt. Übersetzung: »In der Klinik hatte ich keine Zeit, mir Fragen zu stellen. [...] Man gerät in ein Räderwerk, ohnmächtig gegenüber der Diagnose, den Vermutungen und Entscheidungen der Spezialisten. Der Kranke ist ihr Eigentum geworden: den soll ihnen erst mal jemand entreißen!« (*de Beauvoir* [1965] 62 f.).

mit Erstaunen feststellte, dass der Milieuwechsel »ohne größere Schwierigkeiten oder nennenswertes Befremden vonstatten[ging].« Nach kurzer Zeit würden Patienten auch für ihn nicht mehr Menschen, sondern Krankheiten sein:

»Und am Anfang brachte ich noch die Pflegepläne durcheinander in der Meinung, hier würden Menschen behandelt, Leidende, denen man in ihrer Not auch einmal eine Viertelstunde zuhören sollte. Bis man mir beibrachte: Irrtum. Hier wurden keine Menschen, sondern Krankheiten behandelt, Krankheiten mit zeitraubenden, sperrigen und möglichst ruhigzustellenden Personen drumherum, und es war unkollegial, sich ihnen mehr als unbedingt nötig zu widmen [...].

Ich begann zu verstehen, [...] dass der Unterschied zum Bau womöglich gar nicht so groß ist. Auch hier wurden oft nur Gewichte bewegt, Drainagen gelegt und Schäden kostengünstig ausgebessert [...]. Und schließlich betrat auch ich die Zimmer mit jenem Ausdruck im Gesicht, der die Patienten von vornherein abschrecken sollte, Extrawünsche zu äußern, blickte auf die Uhr und sagte: Wie geht es uns denn ... Dann wollen wir mal ... Was haben wir da ..., zack. Ich wusch die Kranken, wie es alle taten, ›wie man Bänke wäscht‹; wie alle sah auch ich eines Tages keine Leidenden mehr in den Betten, sondern den Herzinfarkt, den Ulcus oder das Carzinom, und hatte ich einen Toten in die Pathologie zu schieben, war das nicht mehr Frau Grimm oder Herr Sander, es war ein Exitus.«[156]

Bei Zsuzsa Bánk lässt sich schließlich im Jahr 2020 dieselbe Hilflosigkeit und Ohnmacht nachlesen, die Simone de Beauvoir im Jahr 1964 erlebt hatte. Abermals geht es um eine Tochter, die ihren an Krebs erkrankten Elternteil, hier den Vater, während der letzten Tage im Krankenhaus begleitet. Auch sie muss an sich selbst beobachten, wie sie sich schließlich in das »Klinikgetriebe« fügt, und abermals siegt stiller Gehorsam über vorgefasste Wünsche und die eigentlichen Entschlüsse:

»[...] ich nehme mich zurück, ich füge mich, natürlich füge ich mich, solange mein Verstand noch halbwegs zuverlässig in geordneten Bahnen fließt, solange er sich am Morgen noch anwerfen lässt und mir zuarbeitet, füge ich mich. Solange noch eine Kraftreserve unter meiner Haut, in meinen Blutflüssen, wo auch immer, von mir anzuzapfen ist, werde ich mich weiter fügen. Solange wir ein unbedeutendes, untergeordnetes Rädchen in diesem Klinikgetriebe sind, rollen und surren wir mit.«[157]

Als besonders anfällig für depersonalisierende Vereinnahmungen durch die Institution Krankenhaus wird in jüngerer Zeit die Geburt geschildert. Zur prinzipiellen Asymmetrie des Behandlungsverhältnisses und zur Totalität der Institution Krankenhaus addiert sich die Asymmetrie des Geschlechterverhältnisses hinzu. In der englischen Bezeichnung als »birth rape« klingt dieser Zusammenhang auch sprachlich an. Für Deutschland schätzte die Soziologin Christina Mundlos

156 *Rothmann* (1993) 263 f.
157 *Bánk* (2020) 76.

im Jahr 2015, dass mehr als 40 Prozent aller Frauen während einer Geburt physische und/oder psychische Gewalt, also manifeste körperliche Fremdbestimmung erleben.[158] Aber auch in ärztlichen Praxisräumen und in alltäglicheren Behandlungssituationen geraten Patienten in dilemmatische Lagen. Organisatorische Arrangements und tradierte Verhaltenscodes erzeugen in vielen ärztlichen Praxen eine Atmosphäre, die es Patientinnen eher schwer macht, ihr Recht auf körperliche Selbstbestimmung auch wahrzunehmen. Abermals wird das Behandlungsgeschehen wesentlich vom Arzt gesteuert. Seine »Steuerungsmacht«, so der Medizinsoziologe Johannes Siegrist, liegt nicht zuletzt darin, dass er es ist, der über den Verlauf und das Ende des Arzt-Patienten-Kontakts bestimmt, Wartezeiten definiert und über Unterbrechungen entscheidet.[159] Hinzu kommen die symbolischen Insignien affektiver Distanz (weißer Kittel)[160] und die eigentümlich abgewandten Sprachrituale (»Der Nächste bitte«, »Machen Sie sich mal frei«). Zwar ist die »stumme« Medizin in die Kritik geraten,[161] und ärztliche Kommunikation gehört inzwischen zur universitären Ausbildung.[162] Doch liegen hier Ideal und Wirklichkeit noch immer einigermaßen weit auseinander. Dies belegt schon die einschlägige Ratgeberliteratur. Das Buch der Ärztin Yael Adler »Wir müssen reden, Frau Doktor! Wie Ärzte ticken und was Patienten brauchen« wurde im Jahr 2020 in kurzer Zeit zum Bestseller und belegt damit die Beobachtung von Tanja Krones und Gerd Richter zu den »tief verwurzelten paternalistischen Einstellungsschemata« auf Seiten der Ärzte.[163] Auch wenn viel von Wandel in der Beziehung von Ärztinnen und Patienten die Rede ist, geht die medizinische Selbstbeobachtung dahin, dass »ein moderater ärztlicher Paternalismus [...] oft durchaus angemessen [scheint] und [...] in der ärztlichen Praxis vielleicht auch die Regel [ist].«[164] Nach wie vor empfinden viele Ärzte das »Autonomiepotential« von selbstbewusst nachfragenden Patientinnen als Bedrohung,[165] während ideale Patienten »nur geringe Anforderungen an die Aufklärung stellen«,[166] also vertrauensvoll und loyal, unkritisch und gehorsam sind. Diese Mechanismen sind so wirksam, dass sie auch Patienten erfassen, die sich Ärztinnen außerhalb der Behandlungssituation auf Augenhöhe fühlen würden. Und es gibt auch Anzeichen dafür, dass sich diese dilemmatische Lage derzeit eher noch verschärft. Die Ökonomisierung der Medizin, insbesondere der Krankenhausmedizin, wird seit den 2000er Jahren für

158 *Mundlos* (2015). Erfahrungsbericht einer Patientenanwältin bei *Diehl* (2022).
159 *Siegrist* (2005) 251.
160 Zeitlos *Schoene* (1958) 103–106.
161 *Lüth* (1974); *Rehbein/Löning* (1995).
162 Exemplarisch *Jünger* (2018); *Emmerling* (2019).
163 *Krones/Richter* (2006).
164 *Vogel/Schumpelick* (2006).
165 *Baum u. a.* (1996).
166 So nachzulesen bei *Demling* (1984) 108. Umgekehrt zum »schwierigen« Patienten *Kowarowsky* (2019).

eine Neupaternalisierung des Behandlungsverhältnisses verantwortlich gemacht: Es ist die Rede von »neupaternalistischer Medizin«, die die Selbstbestimmung im Behandlungsverhältnis zum »Mythos« mache.[167] Die von Viktor von Weizsäcker bereits im Jahr 1928 beklagte »Tragik der Kasse«[168] unterwandert nicht nur medizinische Ansprüche, sondern auch Teile der versprochenen Selbstbestimmungsdialoge. Die »ohnehin geringen Einflussmöglichkeiten von PatientInnen« würden dadurch »weiter ein[geschränkt]«.[169] Dies wird in besonderer Schärfe für die Krankenhausbehandlung beobachtet, die umso reibungsloser und kostengünstiger erfolgen kann, je größer das Machtgefälle zwischen Personal und Patient ist.[170] Dies wiederum begünstigt den Einsatz von Technik und damit eine zunehmend selbstbestimmungsaverse Depersonalisierung der Medizin.[171] In einem Urteil aus dem Jahr 2022 hat der Bundesgerichtshof auch offen eingeräumt, dass die Abläufe in Krankenhäusern dazu führen können, dass sich ein Patient einem »Apparat gegenübersieht, den er möglichst nicht stören möchte«, und dass dies zu Hürden (»gewisse Überwindung«) bei der Wahrnehmung der Selbstbestimmungsrechte führen kann. Doch falle dies nicht in den Verantwortungsbereich der Ärzte. Schließlich sei der aufgeklärte Patient nicht »passives Objekt ärztlicher Fürsorge« und daher eigenverantwortlich.[172]

So wie die Dinge liegen, hat das Recht den Patienten zwar ein Recht auf körperliche Selbstbestimmung versprochen, doch geraten Patienten in dilemmatische Lagen, je mehr sie auf ihren Rechten beharren. Das Recht hat Patienten den Rücken gestärkt, konnte sie in der Behandlungssituation aber nicht auf Augenhöhe bringen. Eine Erklärung liegt darin, dass Ärztinnen und Patienten in ihrem Verhalten hoch wirksamen impliziten Rollenerwartungen folgen, die aus der Tiefenstruktur der sozialen Systeme herrühren. Damit ist die Rollentheorie von Talcott Parsons angesprochen.[173] Hiernach sind Ärztinnen und Patienten auf komplementäre Rollen festgelegt, damit die Medizin ihre Funktion erfüllen kann, die Gesundheit zu fördern, die ihrerseits eine Vorbedingung für das Funktionieren sozialer Systeme überhaupt ist.[174] Zur Rolle der Patientinnen gehörten Hilfebedürftigkeit und der Wunsch, gesund zu werden, während zur Rolle der Ärztinnen Expertentum und der Wunsch gehöre, zu helfen. Der Angewiesenheit der Patienten auf eine ärztliche Krankschreibung entspreche die Angewiesenheit der Ärzte auf Mitwirkung und Befolgung der Therapie durch »ihre« Patienten. Die Patien-

167 *Feuerstein/E. Kuhlmann* (1999). – Außerdem exemplarisch *Höffe* (2009); *Mohan* (2019).
168 *von Weizsäcker* (1928/1941) 153 ff.
169 *E. Kuhlmann* (1999) 87.
170 *J. J. Rohde* (1973) 23 ff.; *Siegrist* (1978); *Siegrist* (2005) 252.
171 *D. Rössler* (1992/2011b) 121 f.
172 Bundesgerichtshof, Urteil vom 20. Dezember 2022, VI ZR 375/21, BGHZ 236, 42–54.
173 *Parsons* (1951/1958).
174 Näher zum Konzept der Rolle *Parsons* (1976) 177–181 bzw. *Parsons* (1961) 30–79.

tenrolle ermögliche es, sich von den normalen gesellschaftlichen Rollenverpflichtungen, insbesondere der Arbeit, zu befreien, und umgekehrt werde die Arztseite ermächtigt, die »normalen« gesellschaftlich geltenden Grenzen von körperlicher Integrität und Scham zu überschreiten. Zwar ging es Talcott Parsons nicht eigentlich um die Machtverhältnisse im Behandlungsverhältnis. Für ihn war die zentrale Einsicht, dass sich die Rollen von Ärzten und Patienten komplementär zueinander verhalten und dass sich die komplementären Rollen aus der Funktion der Medizin für das Funktionieren gesellschaftlicher Systeme erklären.[175] Gleichwohl machen seine Überlegungen die Beharrungskraft von machtbezogenen Verhaltenserwartungen im Behandlungsverhältnis plausibel: weil sie die Gehorsamspflicht des Patienten und das Verletzungsrecht der Ärztin, die Angewiesenheit des Patienten und die Expertise der Ärztin nicht nur als Ausdruck veränderlicher Gegenwartsverhältnisse, sondern als Rollenfestlegungen beschreiben, die einer bestimmten Funktionslogik – der Förderung der Gesundheit – folgen.

Heißt dies nun, dass Arzt und Patientin unabänderlich auf ihre Rollen festgelegt sind und wir es mit einer »unaufhebbaren Asymmetrie«[176] zu tun haben? Das würde bedeuten, dass Gesellschaften die Förderung der Gesundheit zwingend auf gleichbleibende Art organisieren. Das ist aber nicht die Lehre der Medizingeschichte. Genauso wie dort von einer tiefgreifenden Wandlung des Arzt-Patienten-Verhältnisses im Verlauf des 19. Jahrhunderts erzählt wird,[177] dürfen wir im 21. Jahrhundert davon ausgehen, dass sich das Arzt-Patienten-Verhältnis wandeln kann.[178] Aber die Einsicht, dass im Arzt-Patienten-Verhältnis komplementäre Rollen und Funktionslogiken wirksam werden, erklärt, warum die Rechtsentwicklung zwar die Rechte der Patientinnen gestärkt hat, aber nicht so viel ausrichten konnte bei der Umformung des Kontextes, in dem diese Rechte ausgeübt werden.

5.2 Doppeldeutige Rechtsdogmen

Hinzu kommen Doppeldeutigkeiten bei der Art und Weise, wie körperliche Selbstbestimmung rechtsdogmatisch abgebildet ist. Denn die leitenden Rechtsdogmen, auf denen das Recht auf körperliche Selbstbestimmung ruht, also Einwilligung und Aufklärung, beherbergen zugleich Denkschemata und Verhaltenserwar-

175 Daran knüpfte die spätere Kritik an. Vielen erschien die Zeichnung der Rollen von Arzt und Patient zu »arztgeleitet«; außerdem wurde kritisiert, dass Talcott Parsons die Macht und Dominanz des Arztes zwar sehe, aber herunterspiele. Zu diesen Debatten und Gegensichten siehe *Gerhardt* (1991) 162–202.

176 So *Toellner* (1992). Danach sei ein »neutrales« Berater-Klient-Verhältnis gar nicht möglich und das Ideal des mündigen Patienten ein Widerspruch in sich. Denn je mehr eine Person Patient sei, desto weniger sei sie in der Lage, über sich selbst zu entscheiden.

177 *Shorter* (1991) 24–44; *Huerkamp* (1985).

178 Exemplarisch *Lang/Arnold* (1996).

tungen, die sich gegen körperliche Selbstbestimmung wenden lassen, indem sie Fremdbestimmung verdecken oder ihre Legitimation begünstigen. Für diese Doppeldeutigkeit werde ich drei Beispiele geben.

5.2.1 »Geistige und sittliche Reife«

Als sich das Reichsgericht im Jahr 1894 darauf festlegte, dass ärztliche Behandlungen nicht aus sich heraus rechtmäßig sind, sondern einer Einwilligung bedürfen, war immer schon mitgedacht, dass es dazu bestimmter Fähigkeiten bedarf. Dies ist bis heute selbstverständlich. Die Entscheidung über die Erteilung oder Versagung der Einwilligung in eine medizinische Behandlung steht nur denjenigen zu, die die Rechtsordnung als hierzu im Rechtssinne kompetent, nämlich *einwilligungsfähig* einstuft. Das wiederum bedeutet: Wenn Selbstbestimmung nur als Selbstbestimmtheit rechtlich bedeutsam ist, lässt sich indirekt über die Selbstbestimmtheit steuern, wem dann wirklich körperliche Selbstbestimmung zukommt. Wer ist also einwilligungsfähig, bzw. wann liegt Einwilligungsfähigkeit vor? Dies bestimmt sich in Anlehnung an eine Wendung des Bundesgerichtshofs aus dem Jahr 1958. Danach ist entscheidend, ob ein Patient »nach seiner geistigen und sittlichen Reife die Bedeutung und Tragweite des Eingriffs und seiner Gestattung zu ermessen vermag.«[179] Diese Wendung wurde der strafrechtlichen Rechtsprechung entlehnt.[180] Sie findet sich bis heute in Gerichtsbegründungen genauso wie in den leitenden Handbüchern zum Medizinrecht.[181] Eine andere, ebenfalls auf den Bundesgerichtshof zurückgehende Umschreibung geht dahin, der Kranke müsse »fähig [sein], Art, Zweck und Folgen der Behandlung zu beurteilen«.[182] Daraus ist die Kurzformel geworden: Einwilligungsfähig ist, wer über die »natürliche Einsichts- und Steuerungsfähigkeit« verfügt.[183]

Diese Bestimmung der Einwilligungsfähigkeit ist jedoch reich an doppelten Bedeutungen. Dazu gehört zunächst, dass die Einwilligungsfähigkeit zwar von der Geschäftsfähigkeit und damit auch von der Volljährigkeit gelöst wurde. Dennoch folgt daraus, anders als man auf den ersten Blick meinen könnte, noch kein Allein-

179 Bundesgerichtshof, Urteil vom 5. Dezember 1958, VI ZR 266/57, BGHZ 29, 33–37 (35 f.); weitergeführt von Bundesgerichtshof, Urteil vom 16. November 1971, VI ZR 76/70, Neue Juristische Wochenschrift (NJW) 1972, 335–338 (337) als »geistige Entwicklung und sittliche Reife«; genauso Oberlandesgericht Hamm, Beschluss vom 16. Juli 1998, 15 W 274–98, Neue Juristische Wochenschrift (NJW) 1998, 3424 f. (3425).

180 Siehe zuletzt Bundesgerichtshof, Urteil vom 12. Mai 2020, 1 StR 368/19, Neue Zeitschrift für Strafrecht (NStZ) 2021, 494–498 (497) m. w. N.

181 Exemplarisch *Spickhoff* (2022) 446 (§ 630d BGB Rn. 4); *B.-R. Kern* (2019b) 949 (§ 65 Rn. 3).

182 Bundesgerichtshof, Urteil vom 9. Dezember 1958, VI ZR 203/57, BGHZ 29, 46–62 (51).

183 Bundesgerichtshof, Beschluss vom 11. Oktober 2000, XII ZB 69/00, BGHZ 145, 297–310 (305); zuletzt etwa Landgericht München II, Urteil vom 22. September 2020, 1 O 4890/17, Medizinrecht (MedR) 2021, 1005–1008 (1007), zugrunde gelegt auch vom Entwurf eines Gesetzes zur Verbesserung der Rechte von Patientinnen und Patienten, Gesetzesentwurf der Bundesregierung, BT-Drucks. 17/10488 vom 15. August 2012, S. 23.

entscheidungsrecht von einwilligungsfähigen Minderjährigen, weil Minderjährige zusätzlich der Zustimmung (»Co-Konsens«) der Eltern als gesetzliche Vertreter bedürfen (näher Kap. 2 II.3.3.). Hinzu kommen zweitens Doppeldeutigkeiten im Verständnis der Einwilligungsfähigkeit selbst. Knut Amelung hat bereits im Jahr 1992 in seiner bis heute maßgeblichen Untersuchung zur Einwilligungsfähigkeit darauf hingewiesen, dass die formelhaften Wendungen von der »geistigen und sittlichen Reife« und der »Einsichts- und Steuerungsfähigkeit« nur geringe »entscheidungsleitende Kraft« haben und sich vor allem durch »trügerischen Wohlklang« auszeichnen.[184] Auch in einem anderen Schluss wird man Knut Amelung nach wie vor folgen können: dass die gebräuchlichen Wendungen wenig Schutz gegen »unkontrolliertes Einfließen« von normativen, sozialethischen und objektivierten Entscheidungskriterien bieten. Sie begünstigen vielmehr Bestätigungskreisläufe, in denen von ungewöhnlichen oder nach medizinischen Maßstäben unvernünftigen Behandlungsentscheidungen auf mangelnde »Reife« und ungenügende »Einsicht« geschlossen wird. »Reife« und »Einsicht« fragen nicht danach, ob der Betroffene die Fähigkeit hat, eigene Körperwünsche zu entwickeln und nach eigenen (subjektiven) Wertmaßstäben darüber zu urteilen, ob die Einwilligung in eine medizinische Behandlung seinen individuellen Interessen mehr nützt als schadet.[185] Dass objektive medizinische Maßstäbe den Ausschlag geben für die Beurteilung der Einwilligungsfähigkeit, liegt auch deshalb nahe, weil die Entscheidung über die Einwilligungsfähigkeit in die Alleinzuständigkeit der Ärzte fällt. Und noch in einem weiteren Punkt erweist sich die herkömmliche dogmatische Formung der Einwilligungsfähigkeit als inhärent begrenzend: Es geht einzig darum, Einwilligungs(un)fähigkeit festzustellen – und nicht darum, Einwilligungsfähigkeit, etwa durch Unterstützung und Begleitung (Assistenz), *herzustellen*.[186] Darin liegt eine weitere konzeptionelle Engführung im geltenden dogmatischen Verständnis von Einwilligung und Einwilligungsfähigkeit. Diese Beobachtung wird uns noch einmal begegnen, wenn es darum geht, die unterschiedlichen Verständnisse von körperlicher Selbstbestimmung idealtypisch dogmatischen Phasen zuzuordnen und dabei zwischen patriarchalen, paternalistischen, partizipativen und postkategorialen Verständnissen zu unterscheiden (Kap. 3 II.2.–5.). Gemessen an dieser Typologie ist körperliche Selbstbestimmung im Behandlungsverhältnis im Wesentlichen partizipativ konzipiert, allerdings mit Ausnahme der paternalistisch konzipierten Einwilligungsfähigkeit (Kap. 3 II.3.).

184 *Amelung* (1992) 537 f.

185 Näherungsweise bei *Amelung* (1992) 544–551, der dann aber »Krankheiten« und »Minderjährigkeit« als biologische »Defekte« einordnet, die das »Wertsystem verzerren« können und folglich der Einwilligungsfähigkeit entgegenstehen. Im heutigen Schrifttum wird dies als das Fehlen eines »voluntativen Elements« bei der Bestimmung der Einwilligungsfähigkeit thematisiert, etwa bei *Spickhoff* (2022) 446 (§ 630d BGB Rn. 4).

186 Dazu *Damm* (2015); als sozialethisches Postulat begründet bei *Bobbert* (2015).

5.2.2 Rollenfestlegungen

Dasselbe Phänomen von impliziter konzeptioneller Engführung durch doppeldeutige Rechtsdogmen begegnet auch in Gestalt der Rollenfestlegungen durch Einwilligung und Aufklärung. Einwilligung und Aufklärung lassen sich nicht nur als Errungenschaft deuten, sondern ziehen der körperlichen Selbstbestimmung zugleich implizite Grenzen. Denn die rechtliche Garantie erschöpft sich in dem Recht auf Aufklärung und Einwilligung. Das Patientenrecht auf körperliche Selbstbestimmung ist nicht als ein Recht auf gemeinsame Entscheidung oder auf unterstützte (assistierte) Entscheidung angelegt, sondern nur als das Recht, eine ärztlich präferierte Maßnahme abzulehnen oder in sie einzuwilligen. Die aufgeklärte Einwilligung des einwilligungsfähigen Patienten ist sowohl das rechtliche Minimum als auch das rechtliche Maximum. Es besteht weder ein Recht auf Mitentscheidung noch ein Anspruch auf Unterstützung, und es besteht auch keine ärztliche Rechtspflicht, die Bedingungen für eine gleichberechtigte Entscheidungsfindung zu gewährleisten.[187]

In der jüngeren Medizinsoziologie und Medizinethik wird das herkömmliche Entscheidungsmodell des Informed Consent, das hinter dem rechtlichen Schema von Aufklärung und Einwilligung steht, für seine Rollenfestlegungen kritisiert.[188] Das Denkschema von Aufklärung und Einwilligung bestätige eine »paternalistisch konzipierte Arztrolle« und lege Patienten auf die Rolle von Aufklärungsempfängern fest.[189] Diese Rollenfestlegungen spiegeln sich auch darin wider, dass das Behandlungsverhältnis im Rechtszusammenhang vom Arzt aus gedacht wird: Zumeist ist die Rede vom »Arzt-Patienten-Verhältnis« und nicht vom »Patienten-Arzt-Verhältnis«.[190] Auch nach der Kodifikation des Behandlungsvertrags im Jahr 2013 (Kap. 2 I.3.3.) hat sich die rollenneutralere Bezeichnung als Behandlungsverhältnis im juristischen Sprachgebrauch nicht durchgesetzt. Vor allem aber beschreibt der zentrale Begriff der »Einwilligung« das Kommunikations- und Behandlungsgeschehen vom Arzt aus: Der Arzt bietet eine bestimmte Behandlung an, und der Patient »willigt ein«. Das mit Einwilligung, Einwilligungsfähigkeit und Aufklärung errichtete rechtsdogmatische Konstrukt bedeutet also nicht nur eine Gewähr für körperliche Selbstbestimmung, sondern zugleich eine paternalistisch-limitierende Festlegung (Kap. 3 II.3.).

187 Siehe aber § 630c Absatz 2 BGB: Rechtspflicht des Behandelnden zu therapiebezogener Information.

188 *Scheibler/Pfaff* (2003); *Hurrelmann* (2006) 228–232; *Siegrist* (2005) 265 f.; *Krones/Richter* (2006) 99–103, 112 f.

189 *Hart* (1998) 318.

190 Anders aber etwa *Hoppe* (2009).

5.2.3 Das Vertrauensparadigma

In diesen Zusammenhang gehört auch die Festlegung des Behandlungsverhältnisses auf ein Vertrauensverhältnis. Auch darin liegt gleichermaßen Versprechen wie Last. Das Vertrauensparadigma hat seinen Ursprung in der Medizin und Medizinethik. Dort gehört es zu den Grundannahmen, dass medizinische Behandlungen Vertrauen erfordern. Dabei ist in erster Linie das Vertrauen von Patienten gegenüber Ärzten gemeint. Patientenvertrauen gilt als Voraussetzung für das Gelingen medizinischer Behandlungen.[191] Von hier aus formte sich der zentrale Einwand von Seiten der Ärzte und auch von großen Teilen der Rechtswissenschaft gegen die Anerkennung von Patientenrechten: Die darin liegende Verrechtlichung gefährde das für den Behandlungserfolg unerlässliche Vertrauen (Kap. 2 I.4.2.). In dieser Argumentation werden Vertrauensverhältnis und Rechtsverhältnis als Gegensätze gezeichnet: auf der einen Seite »Paragraphen« und »rechtliche Durchorganisierung«, auf der anderen Seite Patientenvertrauen und ärztliche Standesethik.[192] Zwar ist die Rechtsentwicklung über diesen Einwand hinweggegangen: Das Behandlungsverhältnis ist zum Rechtsverhältnis geworden. Dennoch hat sich das Recht die Leitvorstellung vom Behandlungsverhältnis als Vertrauensverhältnis zu eigen gemacht. Der Bundesgerichtshof erläuterte in seinem schon mehrfach erwähnten Elektroschockurteil aus dem Jahr 1958 (Kap. 2 I.3.2.), der Richter dürfe »nicht übersehen, dass das Verhältnis zwischen Arzt und Patient ein starkes Vertrauen voraussetzt, dass es in starkem Maße in der menschlichen Beziehung wurzelt, in die der Arzt zum Kranken tritt und dass es daher weit mehr als eine juristische Vertragsbeziehung ist.«[193] Seitdem zieht sich die Wendung vom Behandlungsverhältnis als Vertrauensverhältnis, das »weit mehr als eine juristische Vertragsbeziehung ist«, wie ein roter Faden durch Rechtsprechung und Rechtswissenschaft.[194] Auch dem Gesetzgeber des Jahres 2013 stand das Bild vom Behandlungsverhältnis als Vertrauensverhältnis vor Augen. Die Kodifikation des Behandlungsvertrags (Kap. 2 I.3.3.) wurde dem Anliegen verpflichtet, »Begründung und Fortentwicklung des zwischen dem Behandelnden und dem Patienten bestehenden Vertrauensverhältnisses« zu fördern.[195] Die Wege gabeln sich erst in der Einschätzung, ob die Rechtsentwicklung Patientenvertrauen gefördert hat oder umgekehrt Ursache für einen Vertrauensschwund im Behandlungsverhältnis ist. Während der rechtswissenschaftliche Kritikdiskurs die rechtliche Aus-

191 Exemplarisch *D. Rössler* (1978/2011a) 115.

192 *F.-X. Kaufmann* (1984).

193 Bundesgerichtshof, Urteil vom 9. Dezember 1958, VI ZR 203/57, BGHZ 29, 46–62 (53).

194 Bundesverfassungsgericht, Beschluss vom 25. Juli 1979, 2 BvR 878/74, BVerfGE 52, 131–187 (169 f.) – Sondervotum; außerdem etwa *Katzenmeier* (2002) 5, der diese Wendung seiner Untersuchung in der ersten Fußnote voranstellt; exemplarisch im Übrigen statt vieler *Deutsch* (1980a).

195 Entwurf eines Gesetzes zur Verbesserung der Rechte von Patientinnen und Patienten, Gesetzesentwurf der Bundesregierung, BT-Drucks. 17/10488 vom 15. August 2012, S. 21 im Zusammenhang mit der Regelung der Informationspflichten.

formung der Patientenselbstbestimmung als Gefahr und Beeinträchtigung des Vertrauensverhältnisses wahrnimmt (Kap. 2 I.4.2.), gründet sich der richterliche Entwicklungspfad auf die Vorstellung, dass Einwilligung und Aufklärung sowohl Ausdruck von als auch Gelingensbedingung für Patientenvertrauen sind.[196]

Aber auch dieses normative Ideal ist doppeldeutig im Hinblick auf körperliche Selbstbestimmung. Erstens fällt auf, dass das Vertrauensparadigma nur in eine Richtung verwendet wird: um die Erwartung zu begründen, dass die Patientin dem Arzt vertraut – nicht aber in der Gegenrichtung als Forderung, dass der Arzt einer Patientin vertrauen möge.[197] Zweitens werden im Ideal des vertrauenden Patienten abermals – genauso wie in der Festlegung auf Aufklärung und Einwilligung (Kap. 2 I.5.2.2.) – paternalistische Rollenfestlegungen wirksam. Die Rede vom Behandlungsverhältnis als Vertrauensverhältnis wird als normative Erwartung an Patienten gelesen, von ihren Rechten »nicht unnötig Gebrauch zu machen«, sondern die Überlegenheit des Arztes in Wissen und Erfahrung zu akzeptieren.[198] Wo Vertrauen als rechtliches Ideal gilt, kann selbstbewusstes, skeptisches und reflektiert-eigenwilliges Patientenverhalten leicht als Hemmnis und Hindernis wahrgenommen werden. Autonomie erscheint dann als Anspruchsdenken, sich einzulassen auf Fremdbestimmung dagegen als Vertrauensbeweis. Genauso wie das Denkschema von Einwilligung und Aufklärung ist auch das Vertrauensparadigma daher doppeldeutig im Hinblick auf körperliche Selbstbestimmung. Das Vertrauensparadigma klingt auf der einen Seite nach einer persönlichen Aufwertung der Patienten und verleiht ihrer Art, wie sie Ärzten begegnen, Bedeutung. Aber auf der anderen Seite übermittelt das Vertrauensparadigma die Ermahnung an Patienten, es mit ihren Rechten im Interesse des Vertrauensverhältnisses nicht zu übertreiben. So werden Patienten im selben Atemzug ermächtigt und entmutigt.

5.3 Ausblick

Damit ist der Schluss der ersten Studie erreicht. Seit der Wende zum 20. Jahrhundert haben Gerichte und Gesetzgebung durchgesetzt, dass medizinische Behandlungen im Hinblick auf körperliche Selbstbestimmung weitgehend nach denselben Maßstäben beurteilt werden wie andere körperbezogene Handlungen. Die richterliche Praxis hat die Gegenauffassung, die »Sonderfall-These« (Kap. 2 I.1.), Schritt für Schritt zurückgewiesen: Medizinische Behandlungen begründen

196 Bundesverfassungsgericht, Beschluss vom 25. Juli 1979, 2 BvR 878/74, BVerfGE 52, 131–187 (178 f.) – Sondervotum.

197 Diesen Gedanken hat Ferdinand von Schirach in seinem Theaterstück »Gott« im Jahr 2020 dem Plädoyer eines Sterbewilligen unterlegt, siehe *von Schirach* (2020) 71.

198 *Buchborn* (1984) 161 im Anschluss an *D. Rössler* (2011).

kein Recht auf körperliche Fremdbestimmung. Weder die Stellung als Ärztin noch die Rolle als Kranker, weder medizinische Indikation noch die Einhaltung der ärztlichen Kunst begründen eine rechtliche Befugnis zu körperlicher Fremdbestimmung, und ärztliche Eigenmacht ist nicht bloß eine Beeinträchtigung der Entschließungsfreiheit, sondern im Rechtssinne eine Körperverletzung. Diese Rechtsauffassung deutete sich bereits im Jahr 1894 an und verband sich dann im Verlauf des 20. Jahrhunderts zu einer ständigen Urteilspraxis, die später grundrechtlich konsolidiert und vom Gesetzgeber bestätigt wurde (Kap. 2 I.2., I.3.).

Allerdings ist körperliche Selbstbestimmung im Behandlungsverhältnis nach wie vor ein umstrittenes Recht. Ärzte und Rechtswissenschaft halten die Entwicklung, die das Recht durch die Rechtsprechung genommen hat, überwiegend für verfehlt und wenden sich in lebhaften Kritikdiskursen dagegen (Kap. 2 I.4.). Weite Teile der Rechtswissenschaft würden ärztliche Eigenmacht, die dem objektiven Wohl des Betroffenen dient, nicht als Körperverletzung bewerten und sehen darin eine unangemessene Zurücksetzung, ja eigentlich Stigmatisierung der Ärzte. Zudem muss das von der Rechtsprechung durchgesetzte Recht auf körperliche Selbstbestimmung typischerweise unter schwierigen, für die Verwirklichung von Selbstbestimmung ungünstigen Bedingungen ausgeübt werden (Kap. 2 I.5.1.). Schließlich hat sich gezeigt, dass die tragenden Rechtsdogmen des Selbstbestimmungsrechts (Einwilligung und Aufklärung) zusammen mit dem normativen Vertrauensideal den tatsächlichen Rechtsgehalt der körperlichen Selbstbestimmung implizit ein Stück weit relativieren, indem sie paternalisierende Denkschemata und hierarchisierende Verhaltenserwartungen beherbergen (Kap. 2 I.5.2.).

Am Ende stehen wir vor einem zwiespältigen Befund. Auf der einen Seite die Geschichte einer beständigen Rechtsentwicklung zugunsten körperlicher Selbstbestimmung der Patienten im Behandlungsverhältnis, auf der anderen Seite eine nicht minder beständige Geschichte von wissenschaftlicher Rechtskritik und fortbestehenden impliziten Relativierungen. Es gibt mithin nicht »den« Rechtsstandpunkt, der sich im Verlauf der Zeit durchgesetzt hat, sondern Rechtsprechung und Rechtswissenschaft teilen sich in zwei Lager, wobei die Rechtswissenschaft überwiegend dem Gegenstandpunkt zuneigt, an der Wende zum 20. Jahrhundert vehementer und geschlossener als heute. Das bedeutet zweierlei. Erstens: Es ist für das Recht *nicht eindeutig*, wie ärztliche Fremdbestimmung zu bewerten ist. Vom Rechtsstandpunkt ist offenbar beides gut begründbar: sowohl dass ärztliche Fremdbestimmung den Betroffenen im Rechtssinne nicht an seinem Körper verletzt, wenn die Behandlung nach medizinischen Maßstäben zu seinem Besten ist – als auch, dass darin eben doch eine Verletzung des Körpers liegt. Und zweitens: Es ist die Rechtswissenschaft, nicht die Rechtspraxis, die die selbstbestimmungskritischere Haltung einnimmt. Daher fehlt auch eine positive Leiterzählung. Es gibt keine Gründungsmythen und keine von der Rechtswissenschaft getragene Aufstiegserzählung zur Rechtsentwicklung. Es gibt die Erzählung vom gesellschaftlichen, wirtschaftlichen, politischen und wissenschaftlichen Aufstieg der Ärzte[199] und die Erzählung von der Entwicklung des Verhältnisses von Ärztinnen und Patienten im Verlauf des 20. Jahrhunderts in Richtung Gleichberechtigung und Partnerschaft,[200] aber die Rechtsentwicklung des Behandlungsverhältnisses wird von der Rechtswissenschaft zumeist aus der Perspektive der Kritik erzählt. Damit fehlt eine weitere Quelle dafür, dass die veränderten rechtlichen Dogmen auch in der Lebenswelt ankommen.

Ist die Rechtswissenschaft eigentlich insgesamt eher gegen körperliche Selbstbestimmung, oder war ihre Haltung nur das Ergebnis eines disziplinären Konflikts mit Ärzten? Die nachfolgenden Studien zur körperlichen Selbstbestimmung von Kindern im Verhältnis zu ihren Eltern und von Mündeln bzw. Betreuten im Verhältnis zu ihren Vormündern bzw. Betreuerinnen werden zeigen, dass die Rechtswissenschaft mehrheitlich auf der Seite der Kritik bleiben wird. Was sich indes ändern wird, ist die Rolle der Straf- und Zivilrechtsprechung: Was die Rechtsprechung für die körperliche Selbstbestimmung von Patientinnen leistete – die Zurückweisung der Sonderfall-These –, wird sich für Kinder und Betreute nicht wiederholen. Kinder und Betreute verdanken ihre zunehmend anerkannten Rechte auf körperliche Selbstbestimmung nicht der einfachen Rechtsprechung, sondern einer Mixtur aus verfassungsgerichtlichen und parlamentarischen Interventionen. Dazu nun im Einzelnen.

199 Exemplarisch *Göckenjan* (1985).
200 Prägend *Shorter* (1991); *Noack / Fangerau* (2006).

II. Körperliche Selbstbestimmung im Sorgeverhältnis

1. *Kindsein, Körper und Selbstbestimmung*

In den Beziehungen von Eltern und Kindern kommt dem Körper elementare Bedeutung zu. Gerade zu Beginn sind Eltern-Kind-Beziehungen wesentlich körperliche Beziehungen. Natürlich gezeugte Wunschkinder verdanken ihre Existenz besonderen, mitunter aufwühlenden und einschneidenden körperlichen Erfahrungen ihrer Eltern, vom innigen Zeugungsmoment bis hin zu den Schmerzen der Geburt. Zu diesen biologischen Ursprungsmomenten tritt dann die bleibende genetische Verbindung. So sind Zeugende und Gezeugte ihr Leben lang körperlich miteinander verknüpft und teilen körperliche Ähnlichkeiten genauso wie körperliche Anfälligkeiten. Aber auch wenn Eltern und Kinder auf andere Weise zueinandergefunden haben, sind ihre Beziehungen körpergeprägt. Schließlich wurzelt die Elternrolle nach unserem Verständnis in anthropologisch gegebener Hilflosigkeit. Der Mensch wird »in einem biologischen Sinne ›unfertig‹ geboren«, wie es Jürgen Habermas formulierte.[201] Der neugeborene Mensch ist ohne Fürsorge in keiner Gesellschaft überlebensfähig und bleibt über lange Zeit körperlich auf andere angewiesen. Daraus ist ein Verständnis von Kindsein und Kindheit entstanden, das wesentlich an die körperliche Reifung anknüpft.[202] In unserem Alltagsbewusstsein ist Kindheit eng verknüpft mit biologischem Wachstum und psychischer Entwicklung sowie mit Hilflosigkeit und Schutzbedürftigkeit. Unsere Zeit und unsere Kultur definiert Kindheit über körperliche Entwicklungsstufen, und daher sind auch unsere Vorstellungen von guter Kindheit und guten Eltern – nicht nur, aber auch – davon geprägt, inwieweit Eltern den veränderlichen körperlichen Bedürfnissen des Kindes, seiner Hilflosigkeit, Verletzbarkeit und Angewiesenheit gerecht werden.[203] Ernährung und Körperpflege, Umgang mit Krankheiten und die Verhütung von Verletzungen machen einen großen Teil der sozialen und rechtlichen Erwartungen an diejenigen Personen aus, denen wir im Namen von Elternschaft die Verantwortung für ein Kind übertragen. Wir wissen zwar inzwischen mehr über die Zeit- und Kulturabhängigkeit der landläufigen Vorstellungen von Kindsein und der Funktionen von Kindheit.[204] Die Sinnvariabilität dessen, was unter »Kind« verstanden wird, ist historisch,[205] ethnologisch[206] und

201 *Habermas* (2002) 64.

202 Exemplarisch *Behler* (1971); insbesondere zur anthropologischen Bedeutung des Körpers *Süssmuth* (1968) 67–79.

203 Vgl. zu Inhalten und Herstellungsprozessen von »guter Kindheit« *Betz u. a.* (2018); *Buchner-Fuhs/Fuhs* (2011).

204 Exemplarisch *Elias* (1939/1997) 77 ff., 282 ff., 332 ff.: Kindheit als »Sonderraum«, in dem ein vom zivilisatorischen Standard abweichendes Niveau der Affektzurückhaltung akzeptiert ist (333).

205 *Ariès* (1960/1978).

206 *Mead* (1928); außerdem etwa *Renner* (1995); *van de Loo/Reinhart* (1993); *Süssmuth* (1968).

soziologisch[207] belegt.[208] Dennoch sind unsere Begriffe von Kindheit wesentlich von der körperlichen Konstitution geprägt. Die abendländische Geschichte kennt kontinuierlich das Bild vom verletzlichen Kind, auch wenn das, »was jeweils unter dieser Verletzbarkeit verstanden wurde, historisch und kulturell unterschiedlich [ist], einschließlich der Praktiken des Umgangs«.[209] Mit Blick auf ihren biologisch jungen, physisch reifenden und daher verletzlichen Körper haben sich Alltagsverständnisse vom Kindsein durchgesetzt, die vom Körper ausgehen. Diese Alltagsverständnisse werden genährt und nähren ihrerseits unser rechtliches Verständnis von Kindern als *minderjährig* und von Eltern als *sorgeberechtigt*. Über die rechtliche Kategorie der Minderjährigkeit wird der Rechtsstatus des Kindes in Abhängigkeit vom biologischen Alter bestimmt, über die rechtliche Kategorie der elterlichen Sorge wird der Rechtsstatus der Eltern mit altersabhängigen Bedürfnissen des Kindes erklärt. Zwar unterliegen Minderjährigkeit und elterliche Sorge Verschiebungen. Man muss nur wenige Jahrzehnte zurückgehen und schon begegnen eine andere Definition von Volljährigkeit und anders formulierte Kindesbedürfnisse. Dennoch lässt sich in dem Körperbezug von Minderjährigkeit und elterlicher Sorge ein überdauernder gemeinsamer Kern ausmachen, der den Rechtsstatus von Kindern und Eltern prägt.[210]

In dieser Körperbezogenheit ähnelt das Eltern-Kind-Verhältnis dem Behandlungsverhältnis: Beide Verhältnisse handeln davon, dass der Körper einer Person in bestimmten Beziehungen einer anderen Person anvertraut wird. Das Behandlungsverhältnis erschöpft sich dann in diesem Körperbezug, während das Sorgeverhältnis darüber hinausweist. Auch unterscheiden sich Grund und Umfang dieses Anvertrauens. Denn im Behandlungsverhältnis gründet sich das Anvertrauen auf einen individuellen Entschluss aus einem bestimmbaren Anlass, während das Anvertrauen des Kindeskörpers an die Eltern nichts mit einem solchen Entschluss zu tun hat: Die Rechtsordnung vertraut den Körper des Kindes ohne Zutun des Kindes den Personen an, die im Rechtssinne »Eltern« sind. Das sind nach gegenwärtigem deutschen Recht die Frau, die das Kind geboren hat, und der Mann, der

207 *Luhmann* (1991).

208 Siehe außerdem zur kulturellen Kontingenz und Wandelbarkeit der Verständnisse von Kind und Kindheit etwa *Honig* (1999).

209 *Baader* (2015) 93.

210 Die Einsicht in die historische Kontingenz und kulturelle Wandelbarkeit von Kindheitsverständnissen legt die Frage nahe, ob es überhaupt einen ahistorischen biologischen Kern von Kindheit gibt. Ist Kindheit also ausschließlich gesellschaftlich konstruiert, ähnlich wie dies in der feministischen Debatte für das Geschlecht diskutiert wird, angestoßen durch Judith Butler? Diese konstruktivistische Extremposition ist m. E. vor allem darin produktiv, dass sie vor Augen führt, aus welchen Gründen gesellschaftliche Zuschreibungen als biologische Tatsachen ausgegeben werden. Ansonsten ist ein solches Verständnis von Kindheit, das Kindheit ausschließlich als Konstrukt, ohne irgendwelche leiblichen Bezüge, erfassen will, jedenfalls nicht in der Lage, eine für das Recht produktiv-kritische Perspektive zu vermitteln; auf weitere Schwierigkeiten macht *Honig* (1999) 177–181 aufmerksam. Dazu auch noch unten Kap. 2 II.5.4.

mit der Mutter verheiratet ist oder die Vaterschaft anerkannt hat oder von dem das Kind biologisch abstammt. Von diesen Personen wird im Recht vermutet, dass sie bereit sind, Verantwortung für das Kind zu übernehmen, und daher wird diesen Personen die Sorge für den Körper des Kindes anvertraut. Man hofft, dass diese vom Recht als Eltern identifizierten Personen am ehesten für »ihr« Kind sorgen können und dies auch tun, weil ihnen von Natur aus das Wohlergehen ihres Nachwuchses »mehr am Herzen liegt als irgendeiner anderen Person oder Institution«, wie auch das Bundesverfassungsgericht immer wieder formulierte.[211] Außerdem fragt man sich, wer sich sonst kümmern sollte, wenn nicht die Personen, die dem Kind das Leben gegeben haben. Unserer Zeit und unserem Kulturkreis erscheint die Vorstellung abwegig, Kinder ohne Not »in fremde Hände« zu geben.[212] Wir reagieren beängstigt auf Gesellschaftsentwürfe, wie sie von George Orwell in »Nineteen Eighty-Four«[213] und von Margaret Atwood in »The Handmaid's Tale«[214] ausgemalt worden sind, in denen Sexualität und Elternschaft staatlich reguliert, kontrolliert und langfristig verdrängt werden sollen. Diese dystopischen Fiktionen haben seit ihrem Erscheinen bei vielen Generationen von Lesern tiefes Unbehagen ausgelöst. Ein Teil der Gefühlskälte und Grausamkeit, die diese Bücher durchwehen, hat mit dem ausgemalten Ende von Nähe, Privatheit, Familiarität zu tun und mit dem düsteren Bild einer Zeit, in der es weder selbstverständlich noch erstrebenswert erscheint, dass Kinder bei Eltern aufwachsen.

Die Geschichte lehrt allerdings, dass hier viele Idealisierungen, Mythen und schöne Erzählungen am Werk sind. Wir wissen inzwischen einiges davon, dass Kindheit für Kinder zu allen Zeiten keine reine Idylle, sondern immer auch eine *körperlich gefährliche* Zeit darstellte. Und damit ist nicht nur gemeint, dass Kinder häufiger erkranken oder sich leichter verletzen können. Körperliche Gefahren drohen Kindern vielmehr auch von ihren Eltern. Denn Kinder »waren zu allen Zeiten nicht nur Gegenstand der Fürsorge und Liebe«, sondern erfuhren immer wieder lebensgefährliche Bedrohungen und grausame Leiden durch ihre Eltern, wie Gisela Zenz formulierte.[215] Diesen körperlichen Gefahren können Kinder typischerweise schlechter oder gar nicht ausweichen. Außerdem erschweren es die Beziehungen zu den Eltern, körperliche Gefahren, die von den Eltern ausgehen, überhaupt als solche wahrzunehmen. Hier hat das 20. Jahrhundert einiges Licht ins Dunkel gebracht. Wir wissen mehr über die lange Tradition und das erschütternde Ausmaß von körperlichen Gefahren. Dies ist das Bild, das Lloyd deMause

211 Bundesverfassungsgericht, Urteil vom 9. Februar 1982, 1 BvR 845/79, BVerfGE 59, 360–392 (376).

212 Zu anderen gesellschaftlichen Vorstellungen vom guten Aufwachsen von Kindern siehe *Mead* (1928).

213 *Orwell* (1949).

214 *Atwood* (1985).

215 *Zenz* (1978) 17.

in seiner Kindheitsgeschichte mit dem Titel »Hört ihr die Kinder weinen« entworfen hat. Danach ist die Geschichte der Kindheit »ein Alptraum, aus dem wir gerade erst erwachen.« Denn je weiter wir in der Geschichte zurückgehen, desto größer wird »die Wahrscheinlichkeit, dass Kinder getötet, ausgesetzt, geschlagen, gequält und sexuell missbraucht wurden.«[216] Aber damit ist nur der offensichtlichste Teil von körperlichen Gefahren durch Eltern benannt. Tötung, Aussetzung und sexueller Missbrauch waren – und sind – nur die Spitze des Eisbergs. Schwerer zu fassen sind die alltäglicheren, leichteren, unverfänglicher erscheinenden Formen von körperlichen Gefahren für das Kind, die bis weit in das 20. Jahrhundert hinein von großen Teilen der Bevölkerung nicht als problematisch wahrgenommen wurden – eine Wahrnehmung, die das Recht teilte und stabilisierte. So half es wenig, dass sich gesellschaftliche Anschauungen und Recht zusehends einig darin wurden, dass Kindstötung, sexueller *Missbrauch* und körperliche *Misshandlungen* des Kindes – bei unterschiedlichen Grenzziehungen – inakzeptabel sind. Die öffentliche Zurückweisung von Gewalt gegen Kinder wurde zwar unmissverständlicher, sie galt indes nur einem Ausschnitt der körperlichen Gefahren für das Kind.[217] Denn sie zielte auf Gewaltexzesse, in Abgrenzung zu den vermeintlich unverfänglichen »maßvollen« Schlägen, die über lange Zeit als selbstverständliche Form von elterlicher Erziehung gerechtfertigt wurden.[218] Weil sich Gewalt aber scharfen Grenzziehungen entzieht, blieb auch das 20. Jahrhundert eine körperlich gefährliche Zeit für Kinder.

Körperlich folgenschwer ist die Kindheit noch in einer weiteren Hinsicht, die bislang üblicherweise nicht im Zusammenhang mit elterlicher Körpergewalt gesehen wird: durch elterliche Fremdbestimmung. »Bloße« Fremdbestimmung in Körperfragen fällt bis heute weitgehend durch das Beobachtungsraster, wenn elterliche Gewalt untersucht wird.[219] Wenn Eltern ihre Tochter mit der ihnen zur Verfügung stehenden Macht erfolgreich davon abhalten, eine Schwangerschaft zu unterbrechen, oder wenn sie ihr Kind gezielt so beeinflussen, dass es seinen Wunsch nach einer geschlechtsanpassenden Behandlung vorerst resigniert aufgibt, oder wenn sie sich dagegenstellen, dass ihr Kind einen HIV-Test durchführt oder Zugang zur »Pille danach« erhält – in allen diesen Fällen wird ein körperlicher Wille des Kindes von den Eltern gebrochen. Das Ergebnis ist körperliche Fremdbestimmung durch die Eltern. Allerdings hat man darin lange Zeit nichts Problematisches gesehen. So wie »maßvolle« Körperstrafen über lange Zeit nicht als problematische körperliche Gewalt angesehen wurden, erschien »bloße« körperliche Fremdbestimmung nicht als problematische elterliche Körpermacht. Ist es nicht

216 *deMause* (1974/1977) 12.
217 *Zenz* (1978) 19–26.
218 *Grüner* (2019).
219 Exemplarisch die Definitionen von körperlicher Misshandlung bei *Mertens/Pankofer* (2011) 26 ff. sowie *Deegener* (2005); Ansätze für ein weiteres Verständnis aber bei *Zenz* (1979) 83–95.

ganz selbstverständlich, dass Eltern aufgrund ihrer Erfahrung oder schlicht als Erziehungsberechtigte das letzte Wort auch in Körperfragen haben, bis das Kind volljährig wird und dann selbst entscheiden kann? Und gehört es sich nicht auch, dass Kinder ihren Eltern, wenn sie ihnen schon nicht vertrauen, dann doch jedenfalls gehorchen? Um darin etwas Problematisches zu sehen, musste sich das Bild vom Eltern-Kind-Verhältnis erst grundsätzlich wandeln: Man musste annehmen, dass Kinder Personen mit eigenen Rechten sind, und dass Eltern nicht allein aufgrund ihrer Elternstellung dazu befugt sind, für ihre Kinder zu entscheiden und über sie zu bestimmen. Die dazu erforderlichen Umorientierungen zogen sich durch das gesamte 20. Jahrhundert und sind bis heute nicht zu ihrem Abschluss gekommen.

Hat die Geschichte also die viel zitierte, mythenreiche und pathetisch vorgetragene Vision der schwedischen Reformpädagogin Ellen Key aus dem Jahr 1900 vom »Jahrhundert des Kindes«[220] widerlegt? Für die *rechtliche* Stellung des Kindes wird dieser Schluss gewöhnlich nicht gezogen. Die Leiterzählung geht vielmehr dahin, dass das Recht im 20. Jahrhundert viele große Schritte in Richtung des Kindes machte: Das Kind wurde vom Objekt elterlicher Bestimmung zur Grundrechtsperson mit eigenen Rechten, die rechtliche Aufmerksamkeit verlagerte sich von den Eltern hin zum Kind, aus »elterlicher Gewalt« wurde »elterliche Sorge«, und das »Kindeswohl« avancierte zur Abbreviatur der rechtlichen Zentralperspektive.[221] Betrachten wir aber spezieller die körperliche Selbstbestimmung des Kindes, ergibt sich ein anderes Bild. Erst gegen Ende des 20. Jahrhunderts wandte sich das Recht eindeutig gegen elterliche Körperstrafen, und ein Recht des Kindes auf körperliche Selbstentscheidung zeichnet sich erst in Umrissen ab (unten Kap. 2 II.3.). Über lange Zeit war es für das Recht weitgehend selbstverständlich, dass ein Verhalten, das gegenüber fremden Dritten eindeutig als Verletzung galt – Ohrfeigen, Schläge, Anbinden –, gegenüber Kindern als Mittel der Erziehung rechtlich akzeptabel war. Fragte man sich im Verhältnis zu Fremden, ob die Schwelle zur Körperverletzung nicht schon bei Kitzeln überschritten wird, war der berühmte »Klaps« auf den Po zumeist unterhalb der rechtlichen Aufmerksamkeitsschwelle angesiedelt. Auch in anderer Hinsicht wurde mit zweierlei Maß gemessen. Es ist nach rechtlichen Maßstäben mit der Menschenwürde unvereinbar, dass Polizeibeamte Aussagen durch Waterboarding erpressen, auch wenn das Leben eines entführten Kindes auf dem Spiel steht, wie Ferdinand von Schirach mit seinem Drehbuch »Feinde« erlebbar gemacht hat – aber es war Eltern gestattet, ihre Tochter regelmäßig mit einem 1,4 cm starken stabilen Wasserschlauch zu schlagen, wie der Bundesgerichtshof im Jahr 1986 entschied.[222] Ähnlichen Messunter-

220 *Key* (1900/1902)

221 Exemplarisch *Coester-Waltjen* (1999); *E. Koch* (2018) 1228 ff.; *Schwab* (1971); *Marthaler* (2009).

222 Bundesgerichtshof, Beschluss vom 25. November 1986, 4 StR 605/86, Neue Zeitschrift für Strafrecht (NStZ) 1987, 173 f.

schieden kann man gewahr werden, wenn es um körperliche Selbstentscheidung geht (Kap. 2 II.3.2.3.).

Damit ist das Feld umrissen, in dem seit der Wende zum 20. Jahrhundert allmählich ein Recht des Kindes auf körperliche Selbstbestimmung anerkannt und ausgeformt worden ist. Diese Entwicklung unterscheidet sich in vielem von dem dogmatischen Formungsprozess zur körperlichen Selbstbestimmung im Behandlungsverhältnis. Sie ist von anderen Ausgangspunkten aufgebrochen (unten Kap. 2 II.2.) und überhaupt erst in der zweiten Hälfte des 20. Jahrhunderts in Bewegung gekommen (unten Kap. 2 II.2.3.). Dies lässt schon vermuten, dass die körperliche Selbstbestimmung des Kindes auf wirksame Gegendiskurse gestoßen ist (unten Kap. 2 II.4.).

Bislang war ohne nähere Begriffsklärung von Kindern die Rede, obwohl schon angeklungen ist, dass kein feststehender Begriff vorausgesetzt werden kann. Auch in unserer Zeit lässt sich der Begriff »Kind« unterschiedlich verstehen. In der sozialwissenschaftlichen und pädagogischen Kindheitsforschung ist es üblich, von Kindern nur bis zum Erreichen der Pubertät zu sprechen; ab dem Alter von etwa 12 Jahren ist dann von Jugendlichen die Rede.[223] Auch im Rechtszusammenhang begegnet die Unterscheidung zwischen Kindern und Jugendlichen: Im Kinder- und Jugendhilferecht wird für die Altersgruppe der 14- bis 17-Jährigen der Begriff »Jugendlicher« verwendet, während der Begriff des »Kindes« nur die bis 13-Jährigen meint. Weil es im Folgenden aber um die rechtliche Stellung junger Menschen im Verhältnis zu ihren Eltern geht, wird hier das familienrechtliche Verständnis von »Kind« zugrunde gelegt.[224] Die entscheidende Zäsur ist dann die Volljährigkeit, weil sie nach dem Regelungskonzept des Bürgerlichen Gesetzbuchs zugleich das Ende der elterlichen Sorge bedeutet. Dieses weite und vergleichsweise unpräzise Begriffsverständnis ist allein dem rechtlichen Erkenntnisinteresse geschuldet; wenn im Verlauf der weiteren Überlegungen Einsichten der jüngeren Kindheitsforschung einbezogen werden, ist also der dort gebräuchliche engere Begriff von »Kind« in Rechnung zu stellen. Schließlich ist zu bedenken, dass der familienrechtliche Begriff von »Kind« genauso schwankend und veränderlich ist wie die Volljährigkeitsgrenze, die zum 1. Januar 1975 von 21 auf 18 Jahre gesenkt wurde (unten Kap. 2 II.5.). Aber mit dieser Einsicht in die Veränderlichkeit der rechtlichen Dogmen darüber, welche Ereignisse oder Gründe die elterliche Sorge zurückdrängen zugunsten körperlicher Selbstbestimmung, sind wir bereits mitten im Thema dieses Kapitels.

223 Exemplarisch *Hurrelmann/Bründel* (2003) 66–83: Es bestehe eine »kulturelle Konvention«, die das Ende der Kindheit auf den Eintritt der Geschlechtsreife festlegt.

224 Wiederum andere Begriffsbildungen liegen den Unterscheidungen zwischen »Kindern«, »Jugendlichen«, »jungen Menschen«, »Heranwachsenden« und »Erwachsenen« im Grundgesetz, im Sozialrecht und im Jugendstrafrecht zugrunde; im Überblick *Wapler* (2015) 21–24.

2. Ausgangspunkte

Für die körperliche Selbstbestimmung von Patienten markierte das Jahr 1894 den Anfangspunkt, von dem aus im weiteren Verlauf des 20. Jahrhunderts eine fortlaufende dogmatische Anerkennungsbewegung ausgegangen ist (Kap. 2 I.2.1.). Eine andere Bedeutung haben die 1890er Jahre für die körperliche Selbstbestimmung von Kindern. Das Bürgerliche Gesetzbuch von 1896 schrieb die Rechtsregeln des 19. Jahrhunderts bruchlos fort. Sie standen in der Tradition selbstverständlicher elterlicher Körpergewalt (unten Kap. 2 II.2.1.) und überdauerten die Weimarer Republik, die Zeit des Nationalsozialismus und das bundesrepublikanische Nachkriegsdeutschland (Kap. 2 II.2.3.). Über viele Jahrzehnte war es selbstverständlich, dass das Recht den Eltern weitgehende und wenig kontrollierte Bestimmungsrechte über den Körper ihrer Kinder einräumte. Nirgends wurde so beharrlich und zugleich so offensichtlich mit zweierlei Maß gemessen wie im Sorgeverhältnis. Bis weit in das 20. Jahrhundert hinein bestätigten Gesetzgebung und Rechtsprechung elterliche Züchtigungsgewohnheiten und legitimierten damit Integritätsverletzungen, die außerhalb des Sorgeverhältnisses zur selben Zeit rechtlich missbilligt waren. Umorientierungen setzten erst in den 1970er Jahren ein. Danach tastete sich das Recht von Reformgesetz zu Reformgesetz, bis im Jahr 2000 das »Recht auf gewaltfreie Erziehung« in das Bürgerliche Gesetzbuch einzog (Kap. 2 II.3.1.). Erst das Jahr 2000 zog einen Schlussstrich unter die lange Geschichte rechtlicher Legitimation elterlicher Körpergewalt und die darin liegende Legitimation von Fremdbestimmung. Weniger eindeutig liegen die Dinge im Hinblick auf die körperliche Selbstbestimmung im Sinne körperlicher Selbstentscheidung. Ein Recht des Kindes auf körperliche Selbstentscheidung liegt nach wie vor im Ungefähren (Kap. 2 II.5.2.). Bevor wir uns bis in die Gegenwart vortasten, soll es zunächst um die Ausgangspunkte gehen.

2.1 Erziehungsgewalt und Züchtigungsrecht im Bürgerlichen Gesetzbuch von 1896

Das Bürgerliche Gesetzbuch in der Fassung von 1896 hatte eigene Rechte der Kinder auf körperliche Selbstbestimmung nicht im Sinn. Der dort entworfene Rechtsrahmen für das Eltern-Kind-Verhältnis kannte keine Selbstbestimmungsrechte des Kindes, wohl aber ein ausdrückliches Züchtigungsrecht als Bestandteil der väterlichen Gewalt. Dies entsprach dem Bild, das die Entwurfsverfasser von den pädagogischen Anschauungen und der gesellschaftlichen Praxis ihrer Zeit hatten. Familiäre Körperstrafen waren in Deutschland im 19. Jahrhundert weit verbreitet und begegneten keiner grundsätzlichen Kritik, solange sie »maßvoll«

erfolgten und nicht aus bloßen Launen und Affekten heraus.[225] Affekt, Leidenschaft, Willkür und Grausamkeit wurden verurteilt, doch solange »nach Grundsätzen und nicht nach Launen« gestraft wurde, galten Körperstrafen der zeitgenössischen Pädagogik überwiegend als angemessenes und erzieherisch sinnvolles Mittel zur »Bildung« der Kinder.[226] Genauso empfahl es später der 1934 das erste Mal erschienene Erziehungsratgeber von Johanna Haarer, »Die deutsche Mutter und ihr erstes Kind«.[227] In der »Gewissensfrage«, ob man ein Kind schlagen soll, betonte sie nur, man solle sich nicht »in blindem Zorn oder schlechter Laune« am Kind »vergreifen«, ansonsten sei gegen »fühlbare« Strafen nichts einzuwenden.[228]

Auf dieser Linie bewegte sich auch das Bürgerliche Gesetzbuch. Dort hieß es in § 1631 Absatz 2: »Der Vater kann kraft des Erziehungsrechts angemessene Zuchtmittel gegen das Kind anwenden.« Die Vorschrift bestätigte alles, was damals in Praxis und Pädagogik selbstverständlich war: die grundsätzliche Berechtigung der Eltern zu Körperstrafen (»Zuchtmittel«) und die Legitimierbarkeit von Körperstrafen als Erziehung (»kraft des Erziehungsrechts«). In der Gesetzesbegründung hieß es, das Erziehungsrecht enthalte »naturgemäß« auch die Befugnis, »die zum Zwecke der Erziehung gefassten Beschlüsse gegenüber dem Kinde durchzuführen.« Darin war die Befugnis eingeschlossen, »die Durchführung der getroffenen Maßregeln durch Anwendung angemessener Zuchtmittel [...] zu erzwingen«. Inhaltliche Begrenzungen schienen nicht nötig: »Eine nähere Bestimmung über die Art und die Mittel der häuslichen Zucht ist weder erforderlich noch angemessen.« Man vertraute darauf, dass der Erziehungsberechtigte »die den konkreten Umständen entsprechende Bestimmung« treffe.[229]

Körperstrafen gerieten erst dort auf den Radar des Rechts, wo das Züchtigungsrecht schuldhaft »missbraucht« wurde und zu einer Gefährdung des »leiblichen oder geistigen Wohls des Kindes« führte. Dann hatte das Vormundschaftsgericht – wenn es davon erfuhr – »die zur Abwendung der Gefahr erforderlichen Maßregeln zu treffen« (§ 1666 Absatz 1 Satz 1 Bürgerliches Gesetzbuch in der Fassung von 1896). Doch war die rechtliche Kontrolle bewusst nicht als lückenlose Kontrolle konzipiert. Dies entsprach schon dem Rechtsstandpunkt des Preußischen Allgemeinen Landrechts von 1794, das den Eltern zwar aufgegeben hatte, nur solche Zwangsmittel zu gebrauchen, die der Gesundheit »unschädlich« sind (Preuß. Allgemeines Landrecht II 4, § 86). Die Einschätzung darüber, was schädlich oder unschädlich ist, zumal in Abwägung mit dem Erziehungszweck, blieb indes in den Händen der Eltern. Denn vormundschaftsgerichtliches Einschreiten war erst

225 *Grüner/Raasch* (2019). – Die Haltungen und Praktiken des 19. Jahrhunderts werden gegenläufig interpretiert; siehe einerseits *deMause* (1974/1977), andererseits *Ariès* (1960/1978).

226 Exemplarisch *Wilhelm* (1911) 13.

227 *Haarer* (1934/1940) 272.

228 *Haarer* (1936/1943) 193 f.

229 Motive IV, S. 751 f. = *Mugdan* (1899b) 399 im Anschluss an *Planck* (1880) 1448 (§ 324).

geboten, wenn Eltern ihre Kinder »grausam misshandeln« (Preuß. Allgemeines Landrecht II 4, § 90). So hielt es auch das Bürgerliche Gesetzbuch. Für Gottlieb Planck, den Redaktor des Vorentwurfs zum Familienrecht des Bürgerlichen Gesetzbuchs, fielen die Grenzen des elterlichen Handelns überwiegend »dem sittlichen Gebiete anheim«.[230] Dies war als Gegensatz zum »rechtlichen Gebiete« gemeint. Die Familie sei dem Recht gar nicht zugänglich, sie bilde vielmehr einen Bereich, der wesentlich von Natur und außerrechtlicher Sitte geprägt sei, so die ins Bürgerliche Gesetzbuch hineingetragene Übereinkunft.[231] Viel ist die Rede von der »Natur« der elterlichen Gewalt: Es handele sich um den »rechtliche[n] Ausdruck eines natürlichen, sittlichen Verhältnisses«, das »auf gegenseitiges Vertrauen und auf gegenseitige Liebe gegründet ist.«[232] Daher müsse die Stellung des Gewalthabers »mit Rücksicht auf das natürliche und nahe Verhältnis zwischen dem Gewalthaber und dem Kinde nothwendig freier gestaltet [...] werden«.[233] Soweit dies damals kritisiert wurde, namentlich von Otto Gierke, neben Anton Menger der prominenteste Kritiker des Bürgerlichen Gesetzbuchs, richtete sich dies nicht gegen die große Freiheit der Gewalthaber bei der Ausübung ihres Züchtigungsrechts. Im Gegenteil: Gierke hätte es vorgezogen, wenn sich das Recht expliziter zu einer starken väterlichen Autorität bekannt hätte, ganz so, wie es der »deutschen Auffassung« und den gesellschaftlichen Anschauungen (der »sittlichen Forderung«) entspreche.[234]

Von daher verwundert es nicht, dass im Bürgerlichen Gesetzbuch überhaupt wenig von Rechten der Kinder und noch weniger von körperlicher Selbstbestimmung die Rede war. Überhaupt war dem Bürgerlichen Gesetzbuch von 1896 die Vorstellung fremd, dass ein minderjähriges Kind irgendwelche eigenen Rechte haben könnte, die die elterliche Gewalt zugunsten von Selbstbestimmung begrenzen würden. Denn das Kind stand, wie es in § 1626 des Bürgerlichen Gesetzbuchs in der Fassung von 1896 hieß, »solange es minderjährig ist, unter elterlicher Gewalt«. Die elterliche Gewalt war als absolute, einheitliche und pauschale Entscheidungsbefugnis angelegt. Eine vorzeitige »Entlassung« aus der elterlichen Gewalt oder eine sachliche »Begrenzung« waren nicht vorgesehen, »und zwar ganz logischer Weise«, wie es in einer Erläuterung hieß, »da für Minderjährige ja stets Fürsorge nöthig ist und die Eltern sich dieser Fürsorge nicht freiwil-

230 *Planck* (1880) 1449 (§ 324).

231 Dieser Gegensatz von staatlichem Recht und vorstaatlicher, naturrechtlicher Sitte und die Vorstellung, dass die Familie im Wesentlichen dem Gebiet der Sitte und nicht des Rechts angehöre, ist besonders klar formuliert worden von *von Savigny* (1840) 340 ff. (§ 53) (dazu die Auseinandersetzung von *Müller-Freienfels* [1974] 548–565) und später in die Entwurfsbegründung zum BGB eingegangen, siehe Motive IV, S. 724 = *Mugdan* (1899b) 384.

232 Motive IV, S. 724 = *Mugdan* (1899b) 384.

233 Motive IV, S. 802 f. = *Mugdan* (1899b) 425.

234 *Gierke* (1889) 462 f.

lig entziehen dürfen [...]«[235] In den Motiven begegnet zwar die Erwägung, ob die elterliche Gewalt nicht schon vor Erreichen der Volljährigkeit enden oder in einzelnen Beziehungen zu begrenzen sei, wenn das Kind bereits »eine selbständige Lebensstellung erlangt habe«. Doch wurde diese Erwägung im Interesse der Verkehrssicherheit nicht weiter verfolgt: Dies würde »auf die schwersten praktischen Bedenken« stoßen.[236] Dass man der Überlegung, die elterliche Gewalt individuell und situativ zu begrenzen, nicht weiter nachgehen musste, wird erklärlich, wenn man sich vor Augen führt, von welchem Ausgangspunkt aus sich die Rechtsvorstellungen zur elterlichen Gewalt entwickelt hatten. Denn bis zum Inkrafttreten des Bürgerlichen Gesetzbuchs waren die deutschen Rechte auf die Vorstellung gegründet, dass die elterliche Gewalt erst mit dem Ausscheiden aus dem elterlichen Haushalt endete, also im Regelfall durch Heirat (Töchter) bzw. bei wirtschaftlicher Selbständigkeit (Söhne).[237] Noch weitgehender hatte das klassische römische Recht entschieden, wonach die väterliche Gewalt bis an das Lebensende des Gewalthabers dauern konnte, sofern nicht der Vater das Kind durch »Gnadenakt« (emancipatio) aus der Gewalt entließ.[238] So gesehen war die feste zeitliche Beschränkung des elterlichen Bestimmungsrechts auf die ersten 21 Lebensjahre bereits ein großer Entwicklungsschritt in Richtung rechtlicher Eigenständigkeit des Kindes. Dabei war den Entwurfsverfassern die Vorstellung von Selbstbestimmungsrechten des Kindes nicht völlig fremd. Schließlich waren entsprechende ausländische Regelungen bekannt, und für Erwerbsgeschäfte und Anstellungsverträge des minderjährigen Kindes konnte ein gesetzlicher Rahmen geschaffen werden. Dennoch blieb der Gedanke, dass Kinder vor Erreichen der Volljährigkeit Selbstbestimmungsrechte haben könnten, in der gesetzlichen Ausformung des Eltern-Kind-Verhältnisses randständig, marginal und exzeptionell, und soweit er doch einmal durchschimmerte, dann jedenfalls nicht in Bezug auf den Körper. Ohnehin interessierte sich das Bürgerliche Gesetzbuch mehr für das Vermögen des Kindes als für den Schutz seiner Person,[239] und es wurde auch keine

235 *Köhne* (1896) 605.

236 Motive IV, S. 726 f. = *Mugdan* (1899b) 385. – Bei *Planck* (1880) 1451 (zu § 324) klingt dies noch autonomiebetonter. Zwar soll das Erziehungsrecht »formell« stets so lange dauern wie die elterliche Gewalt. Gottlieb Planck weist aber auch auf die Auffassung von Bernhard Windscheid hin, wonach die Erziehungsgewalt endigt, »sobald die Kinder der Erziehung entwachsen sind«, meint dann allerdings wiederum, dass diese »Entwachsung« einer Entscheidung bedürfe, die »zunächst nur dem Gewalthaber selbst zu[steht].«

237 *E. Koch* (2018) 1220–1228.

238 Dieser Unterschied spielte in der rechtswissenschaftlichen Selbstbeschreibung und Bewertung des Bürgerlichen Rechts eine große Rolle, ablesbar in den Motiven IV, S. 726–728 = *Mugdan* (1899b) 385 f. sowie in Äußerungen wie etwa von *V. Schubert* (1903) 8: »Hierin charakterisiert sich die große Verschiedenheite zwischen der römischen patria potestas und dem deutschen mundium, der väterlichen Gewalt, die beiderseits auf einer entgegengesetzten Auffassung ihres Wesens beruht«; genauso später die Gegenüberstellung von *Kipp / M. Wolff* (1912) 285–290.

239 *Simitis* (1975b) 69.

Unzulänglichkeit darin gesehen, die elterliche Gewalt des neuen Bürgerlichen Gesetzbuchs immer wieder als Schutzverhältnis[240] auszuweisen, ohne dabei den Kindern zur Verwirklichung ihres Schutzes auch eigene Rechte einzuräumen.

Diese Haltung des Bürgerlichen Gesetzbuchs zu Körperstrafen und körperlicher Selbstbestimmung befand sich im Einklang mit der Grundhaltung in der Rechtswissenschaft. Die Rezeption war unkritisch.[241] Man sorgte sich nicht darum, ob die elterliche Sorge zu weitgehende Befugnisse enthalte, sondern betonte umgekehrt die Modernität des Bürgerlichen Gesetzbuchs im Vergleich zum klassischen römischen Recht. Einiges wurde zum Ende und zur Entziehung des Sorgerechts ausgeführt, dagegen fanden sich kaum Erwägungen dazu, welche Zuchtmittel als »unangemessen« zurückzuweisen wären. Eher wurde betont, es sei »unmöglich«, hierzu »eine bestimmte Grenze [...] an[zu]geben«, denn: »eine zutreffende Entscheidung über das ›Angemessene‹ wird nur durch Beurteilung der Sachlage von Fall zu Fall erzielt werden.«[242] Die Betonung lag auf dem »pflichtgemäßen Ermessen des Gewalthabers«. Allerdings hielt man es in einem viel zitierten Kommentar für möglich, dass auch ein Zuchtmittel, das nach »wissenschaftlich-pädagogischer Anschauung ungeeignet ist«, pflichtgemäß ist, »wenn seine Verwendung der Volkssitte entspricht«.[243] Selbst ein »schädliches« Verhalten könne noch nicht als Missbrauch bezeichnet werden, weil es »dem pflichtgemäßen Ermessen des Gewalthabers überlassen [ist], die rechten Fürsorge-Mittel zu wählen.«[244]

Für die Rechtswissenschaft des frühen 20. Jahrhunderts waren körperliche Züchtigungen also genauso selbstverständlich wie für die Entwurfsverfasser und wurden allenfalls halbherzig mit unbestimmt gehaltenen Wendungen eingehegt. Auch schien die außerrechtliche Bewertung von Körperstrafen nicht so eindeutig, dass sich daraus Zwingendes für das Recht ergeben hätte.[245] Aufkommende pädagogische Einwände gegen Körperstrafen wurden zu »Theorie« erklärt und damit als »rechtlich belanglos« ausgegeben. Eine etwaige »pädagogische Dok-

240 Im Gegensatz zum »bloßen Herrschaftsrecht« der römischen patria potestas; zur Entwicklung der paradigmatischen Vorstellungen über die elterliche Sorge statt vieler *Köhne* (1896) 598 f.; *Lehmann* (1926) 200 f. (§ 31). Die gegenläufige Deutung von *Dernburg* (1908) 266, dass die elterliche Gewalt des BGB ein »Herrschaftsrecht [sei], bei welchem das eigene Interesse des Gewalthabers mitsprechen darf«, ist vereinzelt geblieben.

241 Exemplarisch *Köhne* (1896); *Opet/von Blume* (1906) 499–514, 565 ff.; *V. Schubert* (1903); *Kohler* (1915) 414–422; *Spahn* (1901) 62–90; *Knitschky* (1899) 133–167, 214–219; *Lehmann* (1900) 364–390; *Cosack* (1913) 613–624; *Matthiass* (1910) 626–634; *Leske* (1903) 853–893; *Eck* (1915); *Kipp/M. Wolff* (1912) 285–325.

242 *V. Schubert* (1903) 29.

243 *Opet/von Blume* (1906) 513.

244 *Opet/von Blume* (1906) 567 – hier im Zusammenhang mit der Frage, wann das Vormundschaftsgericht wegen »Missbrauch[s] des Rechts der Sorge« gegen den Gewalthaber einzuschreiten hat (§ 1666 BGB).

245 Ablesbar an den bei *Bussler* (1906) zusammengetragenen Stellungnahmen. Exemplarisch für eine grundsätzliche Kritik die Schrift von *Kiefer* (1904).

trin« könne gegen die »gewohnheitsrechtliche Zulassung der körperlichen Züchtigung« nicht aufkommen. Denn das Gewohnheitsrecht habe seine Wurzeln »in der Rechtsüberzeugung des ganzen Volkes, in der gewohnheitsmäßigen konstanten Übung und Sitte.«[246]

Noch fremder war der damaligen Rechtswissenschaft der Gedanke, dass ein unter elterlicher Sorge stehendes Kind ein Recht darauf haben könne, selbst über seinen Körper zu bestimmen. Auch wenn das Bürgerliche Gesetzbuch die Kinder nicht mehr, wie noch im preußischen Recht, ausdrücklich zu »Ehrfurcht und Gehorsam« verpflichtete, waren Gehorsam und elterliche Autorität die leitenden Paradigmen geblieben.[247] Eine explizite rechtliche Gewähr für körperliche Selbstbestimmung des Kindes wurde nicht vermisst. Zwar wurde gesehen, dass die Personensorge mit zunehmender »Selbständigkeit« des Kindes einen »beschränkteren Umfang« haben kann,[248] oder dass es eine »Unnatur« wäre, einem Sohn von 17 Jahren zu versagen, sich »ohne den Elternteil« einen Zahn ziehen zu lassen.[249] Auch wurde zuweilen kritisiert, dass sich das Bürgerliche Gesetzbuch »nicht eingehend genug [damit] beschäftigt« habe, dass Kinder »jetzt in zahlreichen Fällen weit früher selbständig« werden.[250] Doch sind daraus weder Rechte des Kindes noch bestimmte rechtliche Beschränkungen der elterlichen Gewalt erwachsen. Von einem Recht des unter elterlicher Sorge stehenden Kindes auf körperliche Selbstbestimmung wusste weder das Bürgerliche Gesetzbuch noch interessierte sich die Rechtswissenschaft dafür.

Aus dem Zusammenhang ergibt sich aber, dass die Vorstellung, Kinder könnten eigene Rechte haben, der Zeit nicht völlig fremd war. Im Hinblick auf die Berufswahl und in Fragen des religiösen Bekenntnisses standen sowohl den Entwurfsverfassern als auch der Rechtswissenschaft durchaus Selbstbestimmungsrechte vor Augen.[251] Dennoch wurde ein Recht des Kindes auf körperliche Selbstbestimmung nicht lautstark vermisst. Hier befanden sich Bürgerliches Recht, Rechtswissenschaft und gesellschaftliche Praxis in Gleichklang. Eltern hielten es prinzipiell für richtig, ihre Kinder körperlich zu bestrafen, und es schien selbstverständlich,

246 *J. Kaufmann* (1910) 123.

247 *Dernburg* (1908) 266. Dies steht im Einklang mit der Begründung von *Planck* (1880) 1260 (zu § 287): Der Entwurf habe zwar auf eine allgemeine Verpflichtung zu Gehorsam und Ehrerbietung verzichtet, erkenne aber mit dem elterlichen »Zuchtrecht« und dem Recht zur Anrufung des Vormundschaftsgerichts durchaus rechtlich erzwingbare Gehorsamspflichten der Kinder an.

248 *RGRK* (1910) 241 (§ 1631); *Engelmann* (1910) 868 f. (§ 1631 Anm. 5): »Nach dem Inhalte der Erziehungsgewalt ergibt sich ferner, dass sie (trotz Fortdauer der Sorge für die Person) endigt, wenn zu ihrer Ausübung im Interesse des Kindes ein Bedürfnis nicht mehr besteht [...]; dies gilt insbesondere auch hinsichtlich der Ausübung des Züchtigungsrechts. Zu welchem Zeitpunkte die Erziehung des Kindes als abgeschlossen zu betrachten ist, lässt sich nicht allgemein [...] entscheiden.«

249 *Kohler* (1915) 416.

250 *Gimmerthal* (1909) 407.

251 Aber auch hier wurden Interpretationsfragen eher zugunsten des elterlichen Bestimmungsrechts aufgelöst; exemplarisch *Gimmerthal* (1909) 408–410; *Kohler* (1915) 416 f.; *Eck* (1915) 43–56.

dass Eltern über die Person ihrer Kinder und damit auch über ihren Körper bis zur Volljährigkeit bestimmen konnten.

2.2 Überschlägige richterliche Kontrolle

Der dogmatisch etablierte legitimierende Zusammenhang von Körperstrafen und Erziehung, von körperlicher Fremdbestimmung und elterlicher Gewalt setzte sich in der Gerichtspraxis fort und blieb auch dort über lange Zeit intakt. Soweit das Bürgerliche Gesetzbuch einen Schutz des Kindes vor übermäßigen Körperstrafen durch vormundschaftsgerichtliches Einschreiten vorgesehen hatte, blieb dies weitgehend theoretisch. Denn dazu war der Nachweis erforderlich, dass das »geistige oder leibliche Wohl des Kindes dadurch gefährdet wird, dass der Vater das Recht der Sorge für die Person des Kindes missbraucht«. Ein solcher Missbrauch setzte aber den Nachweis von Verschulden voraus, und daran fehlte es nach allgemeiner Anschauung, wenn den Eltern kein Vorwurf gemacht werden konnte, dass sie ihre Kinder übermäßig gezüchtigt hatten, etwa weil sie irrig davon ausgingen, noch innerhalb der Grenzen ihres elterlichen Ermessens zu handeln. Vor allem musste überhaupt jemand daran interessiert sein, das Vormundschaftsgericht zum Schutz des Kindes anzurufen. Ein eigenes Klagerecht minderjähriger Kinder war nicht vorgesehen und hätte auch nur selten praktisch werden können. Erst wenn Familien brüchig geworden waren, gelangte solcher Streitstoff mitunter vor die Gerichte. Die wenigen veröffentlichten Entscheidungen thematisieren Körperstrafen in Trennungs- und Stieffamilien.[252] Und auch dann ging es in vielen Fällen nicht um die Grenzen elterlichen Körperhandelns, sondern mehr um Zuständigkeitsfragen, etwa ob das Züchtigungsrecht übertragbar ist und ob es von Dritten bei Gefahr im Verzug ausgeübt werden kann.[253] Jedenfalls wird die gesamte Gerichtspraxis der ersten Hälfte des 20. Jahrhunderts zu elterlichem Körperhandeln nach wie vor an zwei Entscheidungen des Reichsgerichts aus den Jahren 1908 und 1916 festgemacht. Beide Entscheidungen betrafen Strafverfahren wegen Körperverletzungen. Im Ergebnis diagnostizierte das Reichsgericht in bei-

252 Siehe aus der zivilgerichtlichen Rechtsprechung (noch vor Inkrafttreten des BGB) Reichsgericht, Urteil vom 30. März 1897, III ZR 326/96, RGZ 39, 157–160 – kein Klagerecht minderjähriger Kinder gegen ihren von der Mutter geschiedenen Vater; Reichsgericht, Urteil vom 26. Oktober 1903, IV ZR 156/03, RGZ 55, 419–422 – Aufenthaltsbestimmung des getrenntlebenden Vaters als Missbrauch des Bestimmungsrechts; Reichsgericht, Urteil vom 13. Juli 1933, IV 138/33, RGZ 141, 319–322 – Recht des geschiedenen Ehegatten, das Kind ins Ausland mitzunehmen. Aus der strafgerichtlichen Rechtsprechung ferner Reichsgericht, Urteil vom 14. Februar 1908, 2 StR 995/07, RGSt 41, 98–102 – Körperverletzung durch die Stiefmutter; Reichsgericht, Urteil vom 10. Februar 1916, 3 StR 955/15, RGSt 49, 389–391 – Körperverletzung durch die Stiefmutter.

253 Siehe die Rechtsprechungsübersicht in *Soergel* (1929) 459 (§ 1631 Anm. II 1) und *Soergel* (1929a) 475 (§ 1666 Anm. I 1); kaum verändert in *Soergel* (1939) 554 f. (§ 1631 Anm. 2) und *Soergel* (1939a) 572 (§ 1666 Anm. 1).

den Verfahren Überschreitungen des Züchtigungsrechts. Bei näherer Betrachtung lässt sich aus den Entscheidungen aber vor allem ablesen, wie weit die rechtlichen Grenzen des Züchtigungsrechts gezogen wurden und dass die Gerichtspraxis auch gegen härtere Körperstrafen keine grundsätzlichen Einwände erhob.

In einem 1908 entschiedenen Verfahren wurde ein neunjähriges Mädchen von ihrer Stiefmutter »wegen jeder auch noch so geringfügigen Veranlassung mit dem Rohrstock oder mit der Hand geschlagen, wohin sie gerade traf, über alle Körperteile, insbesondere auch über den Kopf«. Zusammen mit dem Entzug von Nahrung und Kleidung hatten die fortwährenden Züchtigungen ein lebensgefährdendes Ausmaß angenommen: Das Kind befand sich schließlich in einem »elenden Zustand«. Das Landgericht Berlin hatte dennoch eine Strafbarkeit der Stiefmutter wegen Körperverletzung verneint, weil die Angeklagte sich der Überschreitung des Züchtigungsrechts nicht bewusst gewesen war, so dass es ihr am Vorsatz gefehlt habe. Vielmehr sei »in den unteren Volksklassen [...] ein gleiches Züchtigungsverfahren allgemein üblich und täglich zu beobachten.« Das Reichsgericht ließ diese Rechtfertigung indes nicht gelten und erklärte: »Über die Frage, was als Züchtigung sittlich erlaubt ist, entscheidet nicht die Willkür des einzelnen, sondern das Sittengesetz.«[254]

Diese Entscheidung ist, soweit ersichtlich, die erste reichsgerichtliche Markierung von *unzulässiger* elterlicher körperlicher Gewalt. Aber sie lässt sich auch als weitgehende Bestätigung der elterlichen Praxis im Kaiserreich lesen. Wir erfahren, dass die Vorinstanz die lebensgefährdende Behandlung nicht als strafbar ansah und dass »rohe Ausschreitungen« gegen ein Kind in weiten Teilen der Bevölkerung (»ganze Volkskreise«) üblich waren und für rechtmäßig gehalten wurden. Zudem verlangte das Reichsgericht Feststellungen dazu, durch welche einzelnen Handlungen der Körper des Kindes verletzt worden war; dabei sollten »diejenigen Züchtigungshandlungen, welche das angemessene Maß nicht überschritten und gesundheitsschädliche Folgen nicht hatten, [ausscheiden]«.[255] Das Reichsgericht hatte keine grundsätzlichen Einwände gegen körperverletzende Strafen, es wandte sich nur gegen »rohe Ausschreitungen« und »schwerste Angriffe gegen die Person«, die es nicht mehr für zulässig hielt, selbst wenn »ganze Volkskreise« im Irrtum darüber sein sollten. Ein tiefergehendes Unbehagen an elterlichen Körperstrafen lässt sich dem Urteil indes nicht entnehmen. Rechtspolitische Bedenken an dem weiten elterlichen Ermessen klangen nicht an, und die Richter hatten kein nachweisliches Bedürfnis, die lebensgefährlichen Schläge und den Nahrungsentzug drastischer zu verurteilen.

Dies wird noch deutlicher in einer Entscheidung aus dem Jahr 1916. Abermals ging es um die Strafbarkeit einer Stiefmutter. Sie hatte die neunjährige Stieftoch-

254 Reichsgericht, Urteil vom 14. Februar 1908, 2 StR 995/07, RGSt 41, 98–102 (101).
255 Reichsgericht, Urteil vom 14. Februar 1908, 2 StR 995/07, RGSt 41, 98–102 (102).

ter mehrfach mit einem Feuerhaken auf die Hand geschlagen, außerdem einen Herrenschirm auf dem Kind zerbrochen und für weitere Schläge einen »dicken Holzknüppel« und einen »Ausklopfer« verwendet. Das Landgericht Göttingen hatte dazu festgestellt, die »Schläge seien geeignet gewesen, die körperliche und seelische Gesundheit des Kindes zu gefährden«; das Kind habe daraus eine »epileptische oder hysterische Erkrankung« entwickelt und sei »in furchtbarer Angst« gewesen. Das Landgericht Göttingen hatte dies als Überschreitung des Züchtigungsrechts gewertet. Das Reichsgericht bestätigte diesen Schluss, betonte dann aber, dass damit nicht gesagt sei,

»[...] dass durch die Züchtigung kein Schmerzgefühl erregt oder die Gesundheit überhaupt nicht beschädigt werden dürfe, sondern nur, dass bei Anwendung von Zuchtmitteln beachtet werden müsse, ob nicht hierbei die seelische und körperliche Gesundheit in erheblicher Weise und außerhalb des erzieherischen Zweckes gestört werde. Im einzelnen Falle wird die körperliche Beschaffenheit des Kindes, sein Alter, die Größe seiner Verfehlung und seine allgemeine sittliche Verdorbenheit zu berücksichtigen sein. Rechtfertigen letztere Umstände die Anwendung solcher Züchtigungsmittel, die eine nachhaltige und schmerzhafte Wirkung hervorrufen, und kann nur von solchen der erzieherische Erfolg erwartet werden, so wird regelmäßig anzunehmen sein, dass damit die Grenzen einer vernünftigen Züchtigung nicht überschritten sind.«[256]

Dies klingt im Rückblick nachgerade beschwichtigend, so als war es dem Reichsgericht vor allem darum zu tun, Befürchtungen vor einer ausufernden gerichtlichen Kontrolle elterlicher Züchtigungspraxis zurückzuweisen. Dabei wäre es mit seiner Funktion als Revisionsgericht, das die Erwägungen des vorentscheidenden Gerichts nur auf Rechtsfehler zu prüfen hat, durchaus vereinbar gewesen, rechtliche Grenzen des Züchtigungsrechts aufzuzeigen. Wie schon in der Entscheidung aus dem Jahr 1909 drängte es das Reichsgericht nicht dazu, den geschilderten Sachverhalt eindeutiger zu verurteilen. Aus heutiger Sicht liegt es nahe, dies darauf zurückzuführen, dass das Reichsgericht tatsächlich nichts Grundsätzliches gegen ein weit gefasstes Züchtigungsrecht einzuwenden hatte.

Sieht man einmal von diesen zwei Entscheidungen ab, war die elterliche Züchtigungspraxis kein hervorstechendes Thema für die Gerichte. Noch weniger wissen wir über Konflikte über körperliche Entscheidungen. Im Bürgerlichen Gesetzbuch war ein solches körperliches Selbstentscheidungsrecht des Kindes ohnehin nicht angelegt (Kap. 2 II.2.1.). Daher überrascht es nicht, dass sich dazu keine veröffentlichten Entscheidungen aus dieser Zeit finden. Solcher Stoff konnte allenfalls dann vor die Gerichte kommen, wenn sich Dritte – zumeist Ärzte – an die Vormundschaftsgerichte wandten, weil Eltern sich weigerten, ihre Einwilligung in für notwendig erachtete medizinische Behandlungen zu erteilen.[257]

256 Reichsgericht, Urteil vom 10. Februar 1916, 3 StR 955/15, RGSt 49, 389–391 (390).
257 *Hertz* (1927) berichtet davon, dass die Vormundschaftsgerichte »meistens den Nachweis ver-

Auch in den Folgejahren änderte sich hieran nur wenig: Es blieb bei den dogmatischen Weichenstellungen des Bürgerlichen Gesetzbuchs und der überschlägigen gerichtlichen Kontrolle, die – wenn überhaupt – von Dritten angestoßen wurde. Auch die politischen Umwälzungen nach dem Ende des Kaiserreichs änderten nichts an dem prinzipiellen Einverständnis in Gesellschaft und Recht mit elterlichen Körperstrafen und elterlicher Entscheidungsbefugnis über den Körper des Kindes. Beides blieb weiterhin selbstverständlich und geriet nur ausnahmsweise vor die Gerichte.[258] Zwar formulierte die Weimarer Reichsverfassung als erste europäische Verfassung staatliche Verpflichtungen zum Schutz der Familie. Die »Erziehung des Nachwuchses« wurde »als oberste Pflicht und natürliches Recht der Eltern« ausgewiesen, über deren Betätigung die staatliche Gemeinschaft »wacht« (Artikel 120). Und in Artikel 122 hieß es: »Die Jugend ist gegen Ausbeutung sowie gegen sittliche, geistige oder körperliche Verwahrlosung zu schützen.« Doch folgten daraus keine eigenen Rechte des Kindes. Ohnehin waren Rang und Adressaten der vielen neuen Gewährleistungen der Weimarer Verfassung unklar.[259] Außerdem befanden sich die Artikel 120 und 122 in dem Abschnitt über das »Gemeinschaftsleben« und nicht bei den »Rechten der Einzelpersonen« (Artikel 109–118). Jedenfalls wirkte sich dieses neue verfassungsrechtliche Interesse für das Eltern-Kind-Verhältnis nicht im Sinne eines stärkeren Kinderschutzes aus. Das Züchtigungsrecht aus dem Bürgerlichen Gesetzbuch ließ sich als Ausdruck des nunmehr verfassungsrechtlich angelegten natürlichen Elternrechts interpretieren, und die locker gesteckten Befugnisse des Vormundschaftsgerichts bei Kindeswohlgefährdung durch schuldhaften Missbrauch des Erziehungsrechts wurden zum Sinnbild für das nunmehr verfassungsrechtlich angelegte Wächteramt des Staates. Eindeutiger Änderungsbedarf für das privatrechtliche Verhältnis von Eltern und Kindern folgte aus der neuen Verfassung also nicht. Man ging vielmehr davon aus, dass die bisherige Ausgestaltung der Rechte und Pflichten der Eltern im Bürgerlichen Gesetzbuch den Vorgaben der neuen Verfassung entsprach; jedenfalls entfaltete die »neue« Verfassung keine nachweisliche Wirkung auf das »alte« Bürgerliche Recht,[260] genauso wenig wie das Inkrafttreten des Reichsjugendwohlfahrtgesetzes

langen, dass bei Unterbleiben der Behandlung alsbald Lebensgefahr eintritt«. Hieraus kann man folgern, dass – auch wenn in den juristischen Kommentaren nur auf ein einziges Urteil des Kammergerichts Berlin verwiesen wird – solche Verfahren offenbar häufiger stattfanden.

258 Rechtsgeschichtlich ist diese Zeit im Hinblick auf das Eltern-Kind-Verhältnis und die familienrechtliche Praxis wenig erforscht; siehe aber *Wapler* (2015) 29–59; *Brokamp* (2002) 47–74.

259 Exemplarisch *Gusy* (2018) 237–271.

260 In den zeitgenössischen Darstellungen des Familienrechts wurde zwar auf die neuen Verfassungsbestimmungen Bezug genommen. Dennoch wurde der Rechtszustand unverändert wiedergegeben (so beispielsweise von *Lehmann* [1926] 200–219). Andere betonten, dass die neuen Verfassungsbestimmungen im Einklang mit dem älteren Bürgerlichen Recht stehen (so die Erläuterung von *Engelmann* [1926] 999 [§ 1631]). Genauso die Befunde von *Wapler* (2015) 40; *E. Koch* (2018) 1233 f.

im Jahr 1924.[261] Dessen § 1 versprach zwar jedem Kind »ein Recht auf Erziehung zur leiblichen, seelischen und gesellschaftlichen Tüchtigkeit.« Doch war ein Recht auf Erziehung kein Recht auf körperliche Selbstbestimmung, und soweit darin eine Missbilligung elterlicher Körperstrafen und der bislang »sehr milden richterlichen Erziehungskontrolle« durch die Vormundschaftsgerichte[262] zum Ausdruck kommen sollte, blieb dies jedenfalls rechtlich folgenlos.

Folgenlos blieben auch die Forderungen der reformpädagogischen Bewegungen der Weimarer Zeit[263] und ihre Kritik an der »Prügelstrafe«.[264] Diese außerrechtlichen Umwertungen elterlicher Züchtigung erreichten in der Breite weder die elterliche Praxis[265] noch das rechtliche Verständnis. Die juristischen Kommentare verzeichneten keine neue Rechtsprechung, und das elterliche Züchtigungsrecht wurde in dem ausführlichsten Kommentar zum Bürgerlichen Recht, dem »Staudinger«, im Jahr 1926 von Oberlandesgerichtsrat Theodor Engelmann mit denselben Worten erläutert wie im Jahr 1910:

»Die Erziehungsgewalt berechtigt nach § 1631 Abs. 2 Satz 1 auch zur Anwendung angemessener Zuchtmittel gegen das Kind. Es ist daher eine innerhalb der Grenzen des Erziehungsrechts dem Kinde vom Erziehungsberechtigten zugefügte Körperverletzung nicht rechtswidrig und daher nicht strafbar [...]. Welche Zuchtmittel als ›angemessen‹ zu gelten haben (Einsperrung, Züchtigung [Anm.: diese Ergänzung war im Jahr 1910 noch nicht enthalten]), kann nur nach Lage des einzelnen Falles entschieden werden; eine nähere Bestimmung über Art und Mittel der häuslichen Zucht hat der Gesetzgeber weder für erforderlich noch für angezeigt erachtet [...].«[266]

Genauso wenig änderte sich in der nationalsozialistischen Zeit. Für die rechtliche Bewertung elterlicher Körpermacht in der Gerichtspraxis bedeuteten die Jahre 1933 bis 1945 keine Zäsur. Es wurde allerdings stiller um die Forderungen der Reformpädagogik nach gewaltfreier Erziehung.[267] Ansonsten verbürgte das Bür-

261 Reichsgesetz für Jugendwohlfahrt (Reichsjugendwohlfahrtgesetz, RJWG) vom 9. Juli 1922, RGBl. I 1922, S. 633, in Kraft getreten am 1. April 1924. Die programmatische Formel vom »Recht des Kindes auf Erziehung« wird auf das Wirken von Wilhelm Polligkeit zurückgeführt, insbesondere seine gleichlautende Gießener Dissertationsschrift, *Polligkeit* (1907); später *Friedeberg/Polligkeit* (1923); Nachzeichnung bei *Peukert* (1986) 128–139.

262 *Mitteis* (1931) 70.

263 Aufarbeitungen bei *Nohl* (1933); später etwa *Baader/Jacobi/Andresen* (2000); *Dräbing* (1990); *Oelkers* (1989).

264 Exemplarisch *von Bracken* (1926); *Key* (1902/1992) 92–107; *Baader* (2014a) 173–175; *Grüner* (2019) 40–44.

265 *Hävernick* (1964). Seine selbst als »Feldforschung« bezeichnete Befragung von Hamburger Familien ergab, dass im Zeitraum von 1910 bis 1939 in 89 % der befragten Familien nach eigenen Angaben Jugendliche zur Strafe geschlagen wurden; lediglich 11 % äußerten von sich selbst, ihre Kinder nie zu schlagen. Zudem bestätigten 49 % der befragten Familien, dass sie ihre Kinder mit dem – eigens dazu vorgehaltenen – Rohrstock schlügen (48–61).

266 *Engelmann* (1926) 1004 (§ 1631 Anm. 2 d) und genauso *Engelmann* (1910) 867 (§ 1631 Anm. 2 d). Im Jahr 1926 neu hinzugekommen ist nur der Zusatz in der Klammer »Einsperrung, Züchtigung«.

267 Für die Zeit nach 1933 sind allerdings keine Erhebungen oder Daten ersichtlich. Letzter Refe-

gerliche Gesetzbuch wie bisher ein Recht auf Anwendung »angemessener Zuchtmittel« und beschränkte den gerichtlichen Kindesschutz auf Fälle schuldhaften Missbrauchs. In den gängigen Praxiskommentaren der damaligen Zeit wurden keine neuen Leitentscheidungen zum elterlichen Züchtigungsrecht ausgewiesen.[268] So ist davon auszugehen, dass sich die rechtlichen Maßstäbe nicht geändert hatten. Dies lässt sich ablesen an einer Entscheidung des Reichsgerichts aus dem Jahr 1939, in der die Strafbarkeit eines Lehrers zu beurteilen war. Der Volksschullehrer hatte eine elfjährige Schülerin mit einem Buchrücken auf den Kopf geschlagen und dabei die Erblindung eines Auges herbeigeführt. Das Reichsgericht bewertete dies als Überschreitung des Züchtigungsrechts des Lehrers, weil nach badischem Schulrecht Schläge auf den Kopf ausdrücklich verboten waren. Ergänzend fügte das Reichsgericht aber an:

> »Sofern die Revision der Meinung sein sollte, dass ein Schlag mit einem dünnen Buche gegen den Kopf eines Kindes auf jeden Fall jenseits der Grenzen des durch das Sittengesetz Erlaubten liege, so könnte dem nicht zugestimmt werden. Ein Schlag mit einem Buche derart, wie ihn [...] der Angeklagte beabsichtigt hat, führt gewöhnlich nicht zu schweren körperlichen Verletzungen.«[269]

Hiernach waren Schläge mit Gegenständen – »mit einem dünnen Buche gegen den Kopf« – nicht prinzipiell rechtswidrig, zumal, wie das Reichsgericht weiter betonte, dem Züchtigungsrecht der Eltern weniger Grenzen gezogen waren als dem Züchtigungsrecht der Lehrer.[270] Es blieb also auch in nationalsozialistischer Zeit bei der überschlägigen Gerichtskontrolle von elterlichen Körperstrafen.[271]

renzpunkt ist die deutschlandweite Umfrage des Instituts für Sozialforschung, die im Jahr 1929/1930 unter der Leitung von Erich Fromm und Hilde Weiß durchgeführt wurde. Auf die Frage »Glauben Sie, dass man bei der Erziehung der Kinder ganz ohne Prügel auskommt?« waren nicht nur 83 % der befragten Nationalsozialisten, sondern auch 19 % der sozialdemokratischen und 15 % der kommunistischen Wähler davon überzeugt, dass nicht auf Prügel verzichtet werden könne (Erstveröffentlichung als »German Workers 1929«, auf dt. zugänglich bei *Fromm* [1980] 189–192).

268 Leitentscheidung zum elterlichen Züchtigungsrecht war das Urteil des Reichsgerichts vom 14. Februar 1908, 2 StR 995/07, RGSt 41, 98–102; exemplarisch *Seibert* (1939) 1521 (§ 1631 Anm. 2).

269 Reichsgericht, Urteil vom 4. Juli 1939, 1 StR D 302/39, RGSt 73, 257–262 (261).

270 Reichsgericht, Urteil vom 4. Juli 1939, 1 StR D 302/39, RGSt 73, 257–262 (259): »Abgesehen davon kann das Recht der Lehrer zur körperlichen Züchtigung von Schülern niemals über das entsprechende Recht der Eltern gegenüber ihren Kindern hinausgehen.« Diese Abstufung ergab sich auch daraus, dass das Reichsgericht betonte, dass Rechtsvorschriften – wie hier die Regeln des badischen Schulrechts – den Umfang, den das Züchtigungsrecht ansonsten nach dem Sittengesetz erhält, einschränken können (257 f.). Das allgemeine, also elterliche Züchtigungsrecht hat »seine Grenzen dort, wo es mit dem Zwecke der Erziehung nicht mehr vereinbar ist.« Diese Beurteilung war aber in das Ermessen des »Gewalthabers« gestellt.

271 Weitere Entscheidungen betrafen ebenfalls nur das Züchtigungsrecht von Lehrern und Erziehern; siehe Reichsgericht, Urteil vom 5. Oktober 1933, 2 StR 1508/32, RGSt 67, 324–329 – kein Recht eines Geistlichen zum Schlag ins Gesicht; Reichsgericht, Urteil vom 16. April 1931, 3 StR 34/31, RGSt 65, 263–267 – das Züchtigungsrecht des Lehrers, der einem Schüler mit einem »Rohrstock eine Tracht Prügel auf das Gesäß« verabfolgt, setzt einen festgestellten Züchtigungsanlass voraus.

Die rechtspolitische Tendenz wünschte allerdings durchaus, dass sich die Vormundschaftsgerichte mehr für elterliches Erziehungshandeln interessierten. In einem gängigen juristischen Kommentar wurde den Gerichten aufgetragen, ihre gesetzlichen Befugnisse zur Entziehung des Sorgerechts »so anzuwenden, wie es dem völkischen Staatsbau dient und der nationalsozialistischen Weltanschauung entspricht.«[272] Es ging um eine Verschiebung der Bestimmungsrechte weg von den Eltern zum Staat. Die elterliche Sorge sollte stärker gebunden und kontrolliert werden.[273] In einem Gutachten aus dem Jahr 1938 für die zur nationalsozialistischen Rechtserneuerung im Jahr 1933 gegründete Akademie für Deutsches Recht wurde dies wie folgt erläutert:

»Der beherrschende Gedanke des nationalsozialistischen Rechtsdenkens ist [...], dass die Kinder das kostbarste Gut der Volksgemeinschaft darstellen und der nationalsozialistische Staat in der Jugend die Zukunft des deutschen Volkes erblickt. Daraus ergibt sich einmal zwangsnotwendig, dass bei der Abgrenzung der elterlichen Gewalt Rechte der Eltern an den Kindern im Sinne einer individualistischen Rechtsauffassung auszuscheiden haben [...]. Um jedoch die Erfüllung der Pflichten zu erreichen, die den Eltern im Gegensatz zu früheren Anschauungen bei der Erziehung ihrer Kinder als einer ihnen von der Volksgemeinschaft zugewiesenen Aufgabe dem deutschen Volk gegenüber obliegen, muss notwendigerweise der Staatsgewalt ein beherrschender Einfluss und eine stärkere Überwachung der Eltern bei der Ausübung der elterlichen Gewalt zustehen, als das nach den Bestimmungen des BGB der Fall ist.«[274]

Auch das Recht zur körperlichen Züchtigung sollte dieser neuen Ausrichtung des »volksverpflichteten« Elternrechts angepasst werden. Bereits in den 1920er Jahren hatte sich eine lebhafte Debatte über die Frage entsponnen, ob Dritte anstelle und auch gegen den Willen des Vaters dessen Recht zur körperlichen Züchtigung ausüben dürfen. Während die Rechtsprechung hier zunächst schwankend war, stellte sich die juristische Kommentarliteratur im Verlauf der nationalsozialistischen Zeit zunehmend hinter ein solches Züchtigungsrecht Dritter »im Interesse der Volksgemeinschaft«.[275] Nur das herkömmliche Verschuldenserfordernis als Voraussetzung für ein Einschreiten der Vormundschaftsgerichte wurde noch als

272 *Soergel* (1939a) 573 (§ 1666 Anm. 1). Weiter heißt es: »Es [das Vormundschaftsgericht] muss daher gegen den Elternteil einschreiten, der sein Kind unter artfremdem Einfluss erziehen lässt. [...] Darüber hinaus hat das Vormundschaftsgericht darüber zu wachen, dass das Kind nicht durch die Erziehung der Gemeinschaft und dem Vaterland entfremdet wird.«

273 Exemplarisch *Kuhnke* (1934) für ein Recht der Vormundschaftsgerichte zum Einschreiten, wenn Eltern ihre Einwilligung in eine »zumutbare« Operation verweigern: »Da in Deutschland die nationalsozialistische Weltanschauung herrscht, muss aus ihren Grundsätzen heraus bestimmt werden, was ›zumutbar‹ ist. [...] Es wird Aufgabe des Sozialen Amtes der Hitler-Jugend sein, gegenüber den Vormundschaftsgerichten auf die Beachtung dieser Grundsätze hinzuwirken, die zu einer Erweiterung der Operationspflicht Minderjährigen führen müssen und werden« (528).

274 *Müller* (1938) 1 f.

275 Kritisch noch *Mitteis* (1931) 70: »sehr weitgehend« und zuvor *Voltz* (1930); anders dann *Seibert* (1939) 1521 (§ 1631 Anm. 2) sowie *Soergel* (1939) 554 f. (§ 1631 Anm. 2).

Hindernis wahrgenommen. Das schon erwähnte Gutachten für die Akademie für Deutsches Recht plädierte dringlich dafür, dass die Schwelle für ein Einschreiten der Vormundschaftsgerichte nicht erst dort liegen solle, wo dem Träger der elterlichen Gewalt »ein Verschulden nachzuweisen ist, wenn er also subjektiv seine Pflichten aus der elterlichen Gewalt nicht so ausübt, wie es im Interesse der Kinder und des Volksganzen erforderlich ist.« Vielmehr solle bereits genügen, dass das Erziehungsziel »durch objektives Verhalten in Gefahr« gebracht ist.[276] Darüber hinaus war in dem Rechtsgutachten erwogen worden, ob Vormundschaftsgerichte auch ohne elterlichen Antrag die Anwendung »geeigneter Zuchtmittel« gegenüber dem Kind anordnen können sollten. Der Gutachter für die Akademie für deutsches Recht meinte dazu aber, ein solcher Vorschlag »würde wohl zu weit in die Autorität des Gewalthabers eingreifen«; außerdem genügten die bestehenden Eingriffsmöglichkeiten schon dem Bedürfnis nach öffentlicher Erziehung.[277]

Insgesamt blieb körperliche Züchtigung also ein unangefochtenes Element des Elternrechts. Soweit körperliche Unversehrtheit in den rechtlichen Debatten überhaupt als Gesichtspunkt begegnete, wurde sie abgewertet zu einem nachrangigen, weil »individualistischen« Recht.[278] Diese Vereinnahmung erfasste auch die Rechtsdogmen im Hinblick auf die elterliche Entscheidungsbefugnis bei ärztlichen Behandlungen. »Eigensinnige Weigerung der Operation« sowie elterliche »Impfgegnerschaft« galten in Rechtsprechung und Kommentarliteratur nun ohne Weiteres als schuldhafte Pflichtverletzungen der Eltern und berechtigten zu vormundschaftsgerichtlichem Eingreifen.[279]

Zur selben Zeit gewann allerdings in der Strafrechtswissenschaft die Auffassung an Boden, dass Minderjährige selbst berechtigt sein sollten, über die Vornahme von ärztlichen Behandlungen zu entscheiden, wenn »die geistige und sittliche Entwicklung des Patienten die Annahme der Willensfähigkeit gestattet.«[280] Erst wenn das minderjährige Kind über diese Willensfähigkeit nicht verfüge, gehe die Entscheidungszuständigkeit auf den Inhaber des Rechts zur Personensorge, im Regelfall also auf den Vater über. Diese in nationalsozialistischer Zeit wissenschaftlich formulierte dogmatische Konzeption, die sich in der späteren Bundesrepublik allgemein durchsetzen sollte (unten Kap. 2 II.3.3.), schlug eine bemerkenswerte Bresche in das starre Alles-oder-nichts-Schema des Bürgerlichen

276 *Müller* (1938) 30.

277 *Müller* (1938) 19.

278 *Soergel* (1939) 555 (§ 1631 Anm. 2).

279 *Seibert* (1939a) 1538 (§ 1666 Anm. 2); *Soergel* (1939a) 573 (§ 1666 Anm. 1): »Impfgegnerschaft« als Fall der Kindesvernachlässigung im Sinne von § 1666 BGB; außerdem *Kuhnke* (1934) 527 f. Exemplarisch Landgericht Halle/Saale, Beschluss vom 15. Juli 1939, 8 T 213/38, Deutsches Recht (DR) 1939, 118 f.: Entziehung des Personensorgerechts wegen Verweigerung der elterlichen Einwilligung zu einer Operation, die als notwendig angesehen wurde, um zu verhindern, dass die Minderjährige später der Fürsorge zur Last fällt.

280 *E. Schmidt* (1939) 108; Grundlegung bei *Engisch* (1939) 37–40.

Rechts, das im Verständnis seiner Verfasser und der bisherigen Rezeption keinen Raum für implizite Teilmündigkeiten gelassen hatte. Etwas unvermittelt und unvermutet begegnet Ende der 1930er Jahre der erste Baustein eines Rechts auf körperliche Selbstbestimmung. Dies mag zunächst in merkwürdigem Widerspruch stehen zu der ideologischen Deklassierung der körperlichen Unversehrtheit als nachrangiges, weil »individualistisches« Recht. Dennoch fügte sich dieses wissenschaftlich entworfene Eigenentscheidungsrecht des Kindes schlüssig in nationalsozialistische Kindheitskonzeptionen ein. Es entsprach der nationalsozialistischen Tendenz, Heranwachsenden Freiräume zu verschaffen und sie gegenüber Eltern und Lehrern zu ermächtigen.[281] Zudem ging es nicht darum, dem Kind Rechte allein zur Verwirklichung seines Willens einzuräumen, sondern es stand dabei mindestens genauso vor Augen, die Entscheidungsmacht der Vormundschaftsgerichte zu stärken, die im Konfliktfall einzuschalten wären. Wer Kindern Rechte verleiht, begrenzt dadurch die Macht der Eltern und verändert die Rolle staatlicher Institutionen. Die günstige Beurteilung von Selbstentscheidungsrechten des Kindes in Teilen der Rechtswissenschaft der nationalsozialistischen Zeit ließ sich also bruchlos mit der nationalsozialistischen Ideologie verknüpfen und ihrem »entgrenzenden Anspruch, die gesamte Gesellschaft als überdimensionalen Erziehungsraum zu konstruieren«.[282] Außerdem ging es ohnehin nicht um ein Recht zur freien »individualistischen« Bestimmung über den eigenen Körper; denn weit verstandene öffentliche Interessen (Schutz der Volksgesundheit) wurden als vorrangig angesehen. Und womöglich setzte man auch darauf, dem ideologisch angestrebten Schutz der Volksgesundheit auf dem Umweg über Eigenrechte der Kinder näherzukommen. Denn der ideologisch bekämpfte medizinische »Eigensinn« von Impfgegnern, »strengen Bibelforschern« (Zeugen Jehovas) und Anhängern der Naturheilkunde dürfte eher ein Anliegen der Elterngeneration gewesen sein. Wohl aus denselben Gründen wollte die Akademie für Deutsches Recht auch ein Recht des Kindes auf freie Berufswahl einführen.[283] Es ist also keineswegs so, dass das Dritte Reich »jegliches Kinderrecht verneinte«, wie zuweilen resümiert wird.[284] Diese frühe Funktionalisierung von Selbstbestimmungsrechten wird allerdings noch zu einer Hypothek werden. Auch wenn die nationalsozialistische Ideologie mit Rechten des Kindes mehr geliebäugelt als sie ernsthaft ins Werk gesetzt hat: Der Zusammenhang von Kinderrechten und Staatseinfluss ist seither etabliert und im historischen Gedächtnis mit dem nationalsozialistischen Unrechtsregime verknüpft. Wenn es dann später in den bundesrepublikanischen Debatten beginnend mit den 1970er Jahren drängender um die rechtliche An-

281 *Kössler* (2014) 308 f.
282 *Tenorth* (2010) 267.
283 *Müller* (1938) 19 f.
284 *Marthaler* (2010) 299.

erkennung von eigenen Rechten des Kindes auf körperliche Selbstbestimmung gehen wird, wird immer wieder die Sorge artikuliert werden, dass mehr Selbstbestimmungsrechte des Kindes zugleich mehr Staat in der Familie bedeuteten (dazu noch Kap. 2 II.4.2.).

2.3 Dogmatische Kontinuität auf neuen Fundamenten

Doch zunächst begann die Zeit der deutschen Teilung. Für die Bundesrepublik etablierte das im Mai 1949 in Kraft getretene Grundgesetz mit Artikel 6 Absatz 2 Satz 1 erstmals ein verfassungsrechtliches Elternrecht: »Pflege und Erziehung der Kinder sind das natürliche Recht der Eltern und die zuvörderst ihnen obliegende Pflicht«. Das Elternrecht war fraktionsübergreifend als Gegenfolie zum totalitären Erziehungsanspruch des Nationalsozialismus entworfen worden. Nicht die Interessen des Kindes, sondern »die eigenständigen Interessen der Eltern an einer von staatlicher Intervention und Bevormundung freien Wahrnehmung ihrer Elternverantwortung und selbstbestimmten Gestaltung des Familienlebens« standen dabei vor Augen.[285]

Das Bundesverfassungsgericht folgte dieser Lesart und unterstrich nur wenige Jahre später, dass das Elternrecht keineswegs nur eine »Richtlinie« sei, sondern ein echtes Abwehrrecht der Eltern gegen unzulässige Eingriffe des Staates in den elterlichen »Erziehungsprimat«.[286] Was mit dem Grundgesetz im Jahr 1949 nun einen verfassungsrechtlichen Unterstrich erhielt, bestätigte die in das Bürgerliche Gesetzbuch seit dem Jahr 1900 tief eingelassenen Vorstellungen. Schließlich war es den Schöpfern des Bürgerlichen Gesetzbuchs genau darum zu tun gewesen: das Verhältnis der Eltern zu ihren Kindern als staatsfernen, abgeschirmten privaten Innenraum zu konzipieren. Daher hatte das Bürgerliche Gesetzbuch um das elterliche Erziehungshandeln nur einen groben Rahmen gezogen – die Schwelle für gerichtliches Eingreifen lag hoch[287] –, und daher war dem Bürgerlichen Recht die Vorstellung fremd, das Kind könnte ein Recht auf Selbstbestimmung gegenüber seinen Eltern haben (Kap. 2 II.2.1.). Der rechtliche Blick auf elterliches Sor-

285 So das Resümee von *von Landenberg-Roberg* (2021) 99 mit eingehender Rekonstruktion der Verfassungsgenese (18–105).

286 Bundesverfassungsgericht, Urteil vom 20. Oktober 1954, 1 BvR 527/12, BVerfGE 4, 52–60 (57).

287 Betont etwa von Bundesgerichtshof, Beschluss vom 2. Mai 1956, XII ZR 40/56, BGHZ 20, 313–323 (320): Die Bestimmung »setzt für ein Einschreiten des Vormundschaftsgerichts ein Verschulden des Sorgeberechtigten und eine dadurch verursachte Gefährdung des Kindeswohles voraus. Die Besorgnis der Gefährdung muss begründet sein und mindestens nahe bevorstehen.« Siehe ferner Oberlandesgericht Karlsruhe, Beschluss vom 9. Mai 1963, 3 W 31/62, Zeitschrift für das gesamte Familienrecht (FamRZ) 1963, 452. Im Schrifttum hat sich im Anschluss an *Göppinger* (1961) 517 f. eine Gegenauffassung entwickelt aus der Erwägung, dass in Artikel 6 Absatz 2 Satz 2 Grundgesetz das Eingreifen des Staates nicht von einem Verschulden der Eltern abhängig gemacht ist.

gehandeln war seit Inkrafttreten des Bürgerlichen Gesetzbuchs eher überschlägig (Kap. 2 II.2.2.), und der verfassungsrechtliche Zeitgeist der bundesrepublikanischen Nachkriegszeit folgte nun derselben Mentalität wie die Privatrechtswissenschaft des ausgehenden 19. Jahrhunderts. Zwar hatten sich die Gründe verändert, aber es stand dasselbe Ziel vor Augen: die Familie als privaten Innenraum gegen Staat und Recht abzuschirmen. Mit der grundgesetzlichen Betonung der Elternstellung rückte in den 1950er Jahren die Anerkennung von eigenen Rechten des Kindes, auch eines Rechts auf körperliche Selbstbestimmung, in weite Ferne. Nach dem nationalsozialistischen Alptraum der weitgehend vergesellschafteten (»gleichgeschalteten«) Familie vollzog die bundesrepublikanische Nachkriegszeit eine Trendwende zur Re-Privatisierung. Vom Recht stabilisiert und mitkonstruiert begann in Westdeutschland die Blütezeit der »familiarisierten« Kindheit in der Kleinfamilie.[288]

Es folgte eine Zeit dogmatischer Kontinuität auf einem neuen, verfassungsrechtlich gestärkten Fundament. Wie bisher waren Eltern berechtigt, ihre Kinder körperlich zu »züchtigen«. Elterliche Züchtigung blieb eine rechtlich gebilligte und gesellschaftlich akzeptierte Realität.[289] Die bundesrepublikanische Rechtsprechung der 1950er Jahre war nachsichtig gegenüber schlagenden Eltern. Den Tiefpunkt bezeichnet ein Verfahren aus dem Jahr 1952. Der Bundesgerichtshof war von einem Ehepaar angerufen worden, das wegen gemeinschaftlicher Körperverletzung in drei Fällen an der 15-jährigen Tochter des Ehemannes aus erster Ehe verurteilt worden war. Das Mädchen war mehrfach an einem Stuhl festgebunden sowie im Bett an Leib und Beinen gefesselt worden. Schließlich hatte die angeklagte Ehefrau dem Mädchen das Kopfhaar in so unregelmäßiger Weise kurzgeschnitten, »dass es sich auf der Straße nicht sehen lassen konnte.« Der Bundesgerichtshof sprach die Ehegatten gleichwohl vom Vorwurf der Körperverletzung frei: Sie hätten die Grenzen des elterlichen Züchtigungsrechts nicht überschritten. Aus heutiger Sicht mag man sich fragen, wo der Bundesgerichtshof die Grenzen wohl gezogen hätte. Wie kann es sein, dass sich keine rechtlichen Bedenken erhoben, wenn eine junge Frau in ihrem Zuhause von nahestehenden Personen gefesselt,

288 *Honig/Ostner* (2014); gleichsinnig *Tenorth* (2010) 312–320.

289 Erste Anhaltspunkte finden sich bei *Hävernick* (1964) 48–56. Nach seiner »Feldforschung« unterschied sich das Züchtigungsverhalten der Eltern im Zeitraum zwischen 1945 und 1962 kaum vom Züchtigungsverhalten der Eltern im Zeitraum zwischen 1910 und 1939. Der Anteil der Familien, in denen nach ihren Aussagen nie geschlagen wurde, stieg von 11 % auf 20 %, während 80 % der Familien einräumten, dass regelmäßig geschlagen wurde. Dies entspricht der größer angelegten Studie des Soziologen *Baumert* (1952) 87–89, wonach vier Fünftel der befragten 143 Schüler der 13. Jahrgangsstufe eigene Erfahrungen mit Körperstrafen schilderten. Dabei stellte Gerhard Baumert eine »etwas stärkere Anwendung von körperlicher Bestrafung bei den Beamtenkindern, vor allem bei höheren Beamten« fest: »In diesen Familien ist die Vorstellung der ›strengen Zucht und Ordnung‹ noch lebendig« (a.a.O. 88). – Auch *Grüner* (2019) 48–49 nimmt an, dass sich die Einstellungen und Praxen erst allmählich im Verlauf der 1960er Jahre änderten.

entstellt und stigmatisiert wird? Der Bundesgerichtshof, der seine Entscheidung im Übrigen zunächst auch gar nicht zur Veröffentlichung vorgesehen hatte, sah darin jedoch keine Frage des Rechts: »Welche Behandlung eines Kindes pflichtmäßig und welche pflichtwidrig ist, wird durch die allgemeine sittliche Anschauung [...] bestimmt.«[290]

Was diese »allgemeine sittliche Anschauung« im Einzelnen ist und wie man sie ermittelt, blieb im Ungefähren. Darin lag die Durchschlagskraft dieser diffusen Verweisung: Sie enthob einer Begründungspflicht.[291] Für den Bundesgerichtshof genügte die Feststellung, dass das Mädchen »in erheblichem Maße sittlich verdorben« und die getroffenen Maßnahmen daher mit dem Erziehungszweck »nicht nur vereinbar, sondern diesem sehr dienlich« waren, so dass sie sich im Rahmen der »durch das Sittengesetz dem Züchtigungsrecht gezogenen Grenzen« hielten. Ergänzend fügte die Urteilsbegründung noch hinzu: Wo Eltern »gewillt und befähigt sind, diese ihnen von Natur her und nach dem Gesetz obliegende Aufgabe [Erziehung] zu erfüllen, sollte sowohl im Interesse des Kindes wie im Interesse der Gemeinschaft nicht staatliche Hilfe in Anspruch genommen werden.«[292]

Weitere Entscheidungen aus den 1950er Jahren lagen auf derselben Linie. Auch schwere Ohrfeigen und Schläge mit dem Teppichklopfer ließen Richter als pflichtgemäße Ausübung elterlicher Sorge gelten.[293] In der Folgezeit wurde es noch stiller um das elterliche Züchtigungsrecht. Der Bundesgerichtshof würde erst wieder im Jahr 1986 dazu urteilen – und abermals das Urteil des Untergerichts aufheben, das angenommen hatte, die Eltern hätten die Grenzen des Züchtigungsrechts überschritten. So bewegten sich elterliche Körperstrafen in den 1950er Jahren erneut aus der rechtlichen Aufmerksamkeit heraus.

Erst auf den zweiten Blick fügt sich eine andere Weichenstellung des Bundesgerichtshofs in dieses Gesamtbild ein. Denn der Bundesgerichtshof hatte im Jahr 1958 ebenfalls entschieden, dass ein Minderjähriger selbst in eine Operation einwilligen kann und dazu nicht, wie bislang in der zivilgerichtlichen Rechtsprechung angenommen worden war, die Zustimmung der Eltern als gesetzliche

290 Bundesgerichtshof, Urteil vom 25. September 1952, 3 StR 742/51, Neue Juristische Wochenschrift (NJW) 1953, 1440 f. (1440).

291 *Schwab* (2001) 510.

292 Bundesgerichtshof, Urteil vom 25. September 1952, 3 StR 742/51, Neue Juristische Wochenschrift (NJW) 1953, 1440 f. (1441).

293 Bundesgerichtshof, Urteil vom 21. Januar 1954, 3 StR 527/53 – nicht veröffentlicht: Ohrfeigen gehören zu den allgemein gebräuchlichen Züchtigungsmitteln und sind grundsätzlich nicht rechtswidrig, auch wenn sie blaue Flecken hinterlassen. Das Gleiche gilt für Schläge mit einer Teppichbürste, auch wenn sie »rote Striemen« hinterlassen. Siehe außerdem Bundesgerichtshof, Urteil vom 10. Januar 1956, 5 StR 261/55 – nicht veröffentlicht: Nachdem ein Kind zu Tode gekommen war, weil die Mutter mit einem Holzlöffel gegen die zusammengepressten Zähne des Kindes gedrückt hatte, erklärte das Gericht u. a., dass der Erziehungsberechtigte dem Kind Leiden körperlicher oder seelischer Art zufügen dürfe und dass auch Erregung oder Wut ein Handeln zu Erziehungszwecken nicht ausschlössen.

Vertreter benötigte.[294] Heute wird diese Entscheidung als Grundstein und Anfangspunkt für die zivilrechtliche Anerkennung eines Rechts des Kindes auf körperliche Selbstbestimmung gesehen. Genauso wie die Entscheidung des Reichsgerichts aus dem Jahr 1896 als Geburtsstunde des Selbstbestimmungsrechts der Patienten gilt (Kap. 2 I.2.1.), gilt diese Entscheidung des Bundesgerichtshofs aus dem Jahr 1958 als Anfangspunkt für das medizinische Selbstbestimmungsrecht des Kindes. Spiegelt sich darin nun ein gänzlich veränderter Blick auf elterliche Körpermacht wider, ein Bekenntnis zu einem Recht des Kindes auf körperliche Selbstbestimmung? Bei genauerer Betrachtung des Sachverhalts drängt sich ein anderer Schluss auf. Denn es ging um die Einwilligung eines jungen Mannes, der drei Monate vor dem Volljährigkeitsalter stand – damals 21 Jahre – und der allein nach Westdeutschland geflohen war, während seine Eltern in der sowjetisch besetzten Zone lebten. Indem der Bundesgerichtshof die Einwilligung des Noch-Minderjährigen genügen ließ, stellte sich das Gericht also nicht gegen die Eltern und entschied auch keinen Konflikt zwischen Eltern und Kind,[295] sondern vermied es, dass anstelle der nicht erreichbaren Eltern ein gerichtlich bestellter Pfleger und damit der Staat entschieden hätte. Und darin fügt sich auch diese Entscheidung in das Gesamtbild einer Rechtsprechung, der es darum zu tun war, elterliches Handeln und damit die Familie gegen Staat und Recht abzuschirmen.

Diese Abschirmungstendenz erstreckte sich bis in die dogmatischen Vorstellungen über die Rechtsgrundlage für Körperstrafen. Für das Recht – nicht für die Pädagogik (Kap. 2 II.4.1.1.) – blieb der Zusammenhang von elterlichem Erziehungsrecht und elterlichem Recht auf Körperstrafen auch dann noch selbstverständlich, als der Gesetzgeber die Anwendung von »Zuchtmitteln« aus dem Gesetzestext des Bürgerlichen Gesetzbuchs entfernte. Bis zum 1. Juli 1958 hatte die einschlägige Regelung (§ 1631 Absatz 2) gelautet:

»Der Vater kann kraft des Erziehungsrechts angemessene Zuchtmittel gegen das Kind anwenden. Auf seinen Antrag hat das Vormundschaftsgericht ihn durch Anwendung geeigneter Zuchtmittel zu unterstützen.«

Als das Familienrecht durch das Gesetz zur Verwirklichung der Gleichberechtigung von Mann und Frau im Bürgerlichen Gesetzbuch in weiten Teilen überarbeitet wurde, wurde auch § 1631 neu gefasst.[296] Dabei wurde das Recht auf An-

294 Bundesgerichtshof, Urteil vom 5. Dezember 1958, VI ZR 266/57, BGHZ 29, 33–37.

295 Denn ansonsten würde die Rechtsprechung noch viele Jahre lang betonen, dass Entscheidungen über medizinische Behandlungen oder Untersuchungen des noch nicht volljährigen Kindes grundsätzlich von den Eltern zu treffen sind. Allerdings konnte eine Weigerung der Eltern einen Missbrauch ihres Sorgerechts darstellen; zu einem solchen Fall etwa Kammergericht, Beschluss vom 10. April 1970, 1 W 2116/70, Zeitschrift für das gesamte Familienrecht (FamRZ) 1972, 646 f.

296 Gesetz über die Gleichberechtigung von Mann und Frau auf dem Gebiete des Bürgerlichen Rechts vom 18. Juni 1957, BGBl. I, S. 609, in Kraft getreten am 1. Juli 1958.

wendung von Zuchtmitteln aus dem Gesetzestext gestrichen. § 1631 Absatz 2 lautete fortan nur noch: »Das Vormundschaftsgericht hat die Eltern auf Antrag bei der Erziehung des Kindes zu unterstützen.« Obwohl im Text des Bürgerlichen Gesetzbuchs also seit dem 1. Juli 1958 nicht mehr von »Zuchtmitteln« die Rede war, machte sich die Rechtsprechung die Erläuterung in der Gesetzesbegründung zu eigen, dass dadurch »der sachliche Inhalt der Vorschrift nicht berührt wird.«[297] Es blieb selbstverständlich, dass zu den elterlichen Maßregeln »auch Einschließung, unmittelbare Gewalt und körperliche Züchtigung« gehören, wie in einem weit verbreiteten Praxiskommentar ausgeführt wurde.[298] Die Betonung ging eher dahin, dass nun auch der Mutter ein Züchtigungsrecht zusteht, wie in der »Zeitschrift für das gesamte Familienrecht« nachzulesen war:

> »Dass kraft des Erziehungsrechts angemessene Zuchtmittel gegen das Kind angewendet werden können, wird in § 1631 BGB n.F. nicht mehr ausdrücklich gesagt, versteht sich aber als elterliche Erziehungsmaßnahme von selbst. Auch die Mutter hat kraft der ihr zustehenden Personensorge das Recht zur Anwendung angemessener Zuchtmittel gegenüber dem Kinde.«[299]

Der Wegfall der ausdrücklichen Züchtigungsbefugnis schwächte das rechtliche Fundament für elterliche Körpermacht also nicht. Mehrere Gerichte bekräftigten in den Folgejahren – allerdings mit Blick auf Lehrer –, dass es für das Fortbestehen des Züchtigungsrechts keiner gesetzlichen Grundlage bedürfe, da das Züchtigungsrecht Bestandteil des Gewohnheitsrechts sei.[300] Denn bloße Ministerialerlasse genügten nicht, um »Handlungen, die bisher [...] als rechtmäßig und mit dem Sittengesetz in Einklang stehend angesehen wurden, nunmehr nicht nur rechtswidrig, sondern auch strafbar werden« zu lassen. So blieben die Anfänge des Nachfragens ohne Einfluss auf das geltende Recht, und der Rechtsprechung gelang es, das Züchtigungsrecht von Eltern und Lehrern als Gewohnheitsrecht zu bestätigen. Entsprechend höher wurden die Hürden für eine nachhaltige Rechtsänderung. Denn es hatte sich ja gezeigt, dass Gewohnheitsrecht nicht bereits mit dem Wegfall einer wörtlichen Formulierung beseitigt ist. Schon im Jahr 1958 war prophetisch nachlesbar, dass elterliche Körperstrafen erst dann verboten sein würden, wenn der Gesetzgeber dazu »wirklich etwas gesagt und ausgedrückt und sich nicht in Schweigen gehüllt« hat.[301] Dazu würde es dann im Jahr 2000 kom-

297 Entwurfsbegründung, BT-Drucks. II/224 vom 29. Januar 1954, S. 60.

298 *W. Lauterbach* (1958) 1241 (§ 1631 Anm. 2); genauso *Kohlhaas* (1958) 406.

299 *Paulick* (1958) 5.

300 Bundesgerichtshof, Urteil vom 23. Oktober 1957, 2 StR 458/56, BGHSt 11, 241–263; Oberlandesgericht Schleswig, Urteil vom 25. Januar 1956, Ss 395/55, Juristenzeitung (JZ) 1957, 450 f.: Schläge mit dem Rohrstock auf das Gesäß; Oberlandesgericht Hamm, Urteil vom 24. Juli 1956, 1 Ss 640/56, Juristenzeitung (JZ) 1957, 452 f.: sehr kräftige Ohrfeige mit Blutaustritten in der Ohrmuschel.

301 *Kohlhaas* (1958) 406 f.; genauso *Friebe* (1956) 175 (»Sache des Gesetzgebers«). Der Gegenstand-

men: Erst das ausdrückliche Recht auf »gewaltfreie Erziehung« würde die letzten gewohnheitsrechtlichen Restbestände von Züchtigungsbefugnissen beseitigen (dazu sogleich Kap. 2 II.3.1.).

3. *Aufbrüche*

Angesichts dieses langjährigen, tief verankerten und gesellschaftlich breit getragenen Einverständnisses über elterliche Körperbestimmungsrechte verwundert es nicht, dass die dogmatische Trendumkehr von einem selbstverständlichen Elternrecht auf körperliche Fremdbestimmung hin zur Anerkennung eines Rechts des Kindes auf körperliche Selbstbestimmung keine leichte Angelegenheit war und bis heute nicht ist. Im Gegenteil: Was folgte, war alles andere als ein glatter, bruchloser Prozess. In kleinen Schritten, mühsam errungenen Kompromissen und langwierigen Annäherungen kam es allmählich zu Verschiebungen der rechtlichen Dogmen in Richtung körperlicher Selbstbestimmung des Kindes. Doch waren Erfolge immer wieder gefährdet, und die emanzipationskritischen Beharrungskräfte der Gegendiskurse blieben machtvoll (Kap. 2 II.4.).

Was bewirkte den bundesrepublikanischen Umschwung, wer vollzog ihn wann und mit welchen Argumenten? Wir werden eine Entwicklung nachverfolgen, die von anderen Akteuren getragen ist als die Entwicklung, die zur Anerkennung der Patientenselbstbestimmungsrechte geführt hat. Die Etablierung eines Rechts auf körperliche Selbstbestimmung von Kindern wurde wesentlich vom Gesetzgeber durchgesetzt. Nimmt man hinzu, wie schwer sich Rechtsprechung und Rechtswissenschaft in der Folgezeit mit dieser Trendumkehr taten und wie beharrlich versucht wurde, die Reformen zurückzunehmen, wird einsichtig, dass sich die Rechtsdogmen ansonsten nicht verschoben hätten. Dazu war das Einverständnis in Rechtsprechung und Rechtswissenschaft mit elterlichen Körperstrafen und körperlicher Fremdbestimmung zu groß, und die gemeinsame Verschließung gegenüber längst geänderten pädagogischen Annahmen zu eingeübt (Kap. 2 II.4.1.1.). Es bedurfte eines unabweisbaren, äußeren Impulses durch den Gesetzgeber. Dies wiederum setzte einen entsprechenden politischen Willen voraus, und dieser Wille formierte sich mit der sozialdemokratischen Regierungsbeteiligung. Die Anfänge dieser Umorientierung fielen in die siebte Legislaturperiode. Aus dem Jahr 1974 stammte »als spätes Kind der 68er-Revolution«[302] der erste sozialdemokratische Regierungsentwurf für eine Reform des Eltern-Kind-Verhältnisses.[303]

punkt von *Vormbaum* (1977), dass Gewohnheitsrecht bereits mit der Erschütterung des Rechtsgeltungsbewusstseins erlösche, hat sich weder wissenschaftlich noch tatsächlich durchgesetzt.

302 *Schwab* (2012) 133.

303 Gesetzesentwurf der Bundesregierung eines Gesetzes zur Neuregelung der elterlichen Sorge, BT-Drucks. 7/2060 vom 2. Mai 1974.

Auch die weitere Entwicklung der Rechtsdogmen blieb abhängig von den politischen Kräfteverhältnissen und wurde entlang politischer Linien ausgehandelt.[304] Im Zuge dieses Prozesses machte das elterliche Züchtigungsrecht schließlich Platz für das gesetzliche Versprechen: »Kinder haben ein Recht auf gewaltfreie Erziehung« (unten Kap. 2 II.3.1.). Dagegen ist die körperliche Selbstentscheidung des Kindes auch nach diesen vielen Reformgesetzen ein ungefähres Recht geblieben (unten Kap. 2 II.3.2.).

3.1 Das Recht auf gewaltfreie Erziehung

Derselbe Paragraph im Bürgerlichen Gesetzbuch, der den Vater als Inhaber der persönlichen Gewalt im Jahr 1900 dazu ermächtigte, »geeignete Zuchtmittel« anzuwenden, verspricht seit dem Jahr 2000: »Kinder haben ein Recht auf gewaltfreie Erziehung. Körperliche Bestrafungen, seelische Verletzungen und andere entwürdigende Maßnahmen sind unzulässig.« Diese dogmatische 180-Grad-Wende von gesetzlicher Eröffnung zu gesetzlichem Verbot vollzog sich in mehreren Etappen. Der erste Schritt erfolgte im Jahr 1979 mit der gesetzlichen Zurückweisung »entwürdigender Maßnahmen«. Dies ließ aber noch Raum für nicht entwürdigende Körperstrafen, weil nicht jede Körperstrafe als »entwürdigend« angesehen wurde oder als unzulässige Misshandlung galt.[305] Im Jahr 1997 wurde im Bürgerlichen Gesetzbuch weiter präzisiert, dass »insbesondere körperliche und seelische Misshandlungen« unzulässig sind, bevor es dann im Jahr 2000 zum ausdrücklichen Recht auf gewaltfreie Erziehung kam.[306] Nur wenige Absätze des Bürgerlichen Gesetzbuchs sind im Verlauf von nur 30 Jahren ähnlich häufig und im Ergebnis so grundlegend geändert worden. Nimmt man die ungezählten Gesetzesentwürfe hinzu, die nicht über das Stadium der Beratung hinausgekommen sind, so wird deutlich, wie umkämpft die Zurückweisung elterlicher Gewalt gewesen ist. Die explizite Ächtung jeder Form elterlicher Gewalt, die sich seit dem Jahr 2000 im Bürgerlichen Gesetzbuch nachlesen lässt, war wesentlich ein politisches Werk, das der parlamentarische Gesetzgeber gegen Rechtsprechung und Rechtswissenschaft durchgesetzt hat. Denn Rechtsprechung und Rechtswissenschaft waren sich einigermaßen einig in ihrer grundsätzlichen Billigung elterlicher Körpergewalt, solange sie »maßvoll« blieb (Kap. 2 II.2.).

304 Ablesbar etwa an der kategorialen Zurückweisung des Gesetzesentwurfs zur Neuregelung der elterlichen Sorge im Rechtsausschuss durch die Mitglieder der CDU/CSU-Fraktion als »überflüssig« und »schädlich« (BT-Drucks. 8/2788 vom 27. April 1979, S. 2).

305 Exemplarisch *Giesen* (1994) 338 f. m. w. N.

306 Nachzeichnung der vorangegangenen Gesetzgebungsschritte in der Begründung des Entwurfs der Fraktionen von SPD und Bündnis 90/Die Grünen für ein Gesetz zur Ächtung der Gewalt in der Erziehung vom 23. Juni 1999, BT-Drucks. 14/1247, S. 3 f. sowie *Göbel* (2005); *Salgo* (2001).

Der Prozess, der Kindern schließlich zu rechtlichem Schutz ihrer körperlichen Integrität auch gegenüber ihren Eltern verhalf, wurzelte also nicht in rechtlichen Debatten, und er war weder von der Rechtswissenschaft vorbereitet noch von der Rechtsprechung angestoßen worden. Es gab keinen eindeutigen verfassungsrechtlichen Auftrag wie die Verwirklichung der Gleichberechtigung von Mann und Frau. Vielmehr blieb das Grundgesetz uneindeutig, indem es sowohl die Menschenwürde des Kindes als auch das Elternrecht gewährleistete. Es gab auch kein Urteil des Bundesverfassungsgerichts, das das elterliche Züchtigungsrecht für verfassungswidrig erklärt hätte, und es gab bis weit in die 1980er Jahre keine untergerichtlichen Entscheidungen, die in der Breite als Fehlentwicklung wahrgenommen worden wären. Auch die Entscheidung des Bundesgerichtshofs aus dem Jahr 1952, in der das Gericht die Fesselung und Entstellung einer 15-Jährigen als rechtmäßiges Erziehungshandeln billigte (Kap. 2 II.2.3.),[307] wurde erst später und eher andeutend als eindeutig zurückgewiesen (Kap. 2 II.4.1.1.). Mit anderen Worten: Es bestanden aus der Sicht von Rechtsprechung und Rechtswissenschaft über lange Zeit keine drängenden rechtlichen Gründe, um den – abseits des zwischenzeitlichen pädagogischen Erkenntnisstandes – plausibel etablierten Zusammenhang von Elternrecht, Erziehungsauftrag und Körperstrafen aufzubrechen.

Erst die sogenannte Wasserschlauch-Entscheidung des Bundesgerichtshofs aus dem Jahr 1986 ließ in den 1990er Jahren breiter getragene Zweifel aufkommen, ob sich das Recht nicht doch mehr um Grenzziehungen bemühen sollte, und kann damit als *Auslöser* für die schließlich im Jahr 2002 wirksam gewordene explizite Ächtung elterlicher Gewalt gelesen werden. Es ging um ein Strafverfahren gegen einen Vater, der seine achtjährige Tochter regelmäßig mit einem 1,4 cm starken und in sich stabilen Wasserschlauch geschlagen hatte. Die Vorinstanz, das Landgericht Hagen, hatte darin eine strafbare gefährliche Körperverletzung gesehen, weil die dem Züchtigungsrecht gezogene Grenze dort überschritten werde, wo Eltern »Schlaggegenstände« einsetzten, weil Kinder durch den Einsatz von Gegenständen auf dieselbe Stufe gestellt würden wie Tiere, die »eben nicht mit der Hand, sondern üblicherweise mit Gegenständen geschlagen werden.« Daher könne das Schlagen des Kindes mit einem Gegenstand nur ausnahmsweise zulässig sein, etwa wenn dies wegen der »körperlichen Überlegenheit« des Kindes vertretbar ist.[308] Der Bundesgerichtshof hielt diese Beurteilung für »zu eng« und sah darin keine Überschreitung der elterlichen Befugnis zur maßvollen körperlichen Züchtigung. Vielmehr drücke die Verwendung eines Schlaggegenstandes der väterlichen Züchtigung nicht schon für sich genommen den Stempel einer ent-

307 Bundesgerichtshof, Urteil vom 25. September 1952, 3 StR 742/51, Neue Juristische Wochenschrift (NJW) 1953, 1440 f. (1440).

308 Landgericht Siegen, Urteil vom 11. Juni 1986, KLs 37 Js 1182/85 – W 4/86.

würdigenden und daher unzulässigen Behandlung des Kindes auf.[309] – Diese Entscheidung und die darin liegende Inschutznahme des prügelnden Vaters machte für viele deutlich, dass es dem Recht noch nicht gelungen war, zulässige von unzulässiger Körpergewalt gegen Kinder eindeutig abzugrenzen. Das »definitorische Defizit« der bisherigen gesetzlichen Anstrengungen war offenbar geworden.[310]

Aber der Prozess, der schließlich in mehreren Etappen zur Zurückweisung des über lange Zeit plausiblen Züchtigungsrechts führte, war nicht nur darin politisch, dass er sich gegen die Mehrheitshaltungen von Richtern und Rechtswissenschaft wandte. Politisch war er auch in seiner Verspätung. Denn die Einsichten, mit denen im Jahr 2000 die rechtliche Zurückweisung von elterlicher Erziehungsgewalt begründet wurde, waren schon in den 1970er Jahren verfügbar. Sozialpsychologie, Gewaltforschung, Soziologie, Pädiatrie und Pädagogik hatten zu dieser Zeit die bis dahin angenommenen Brücken zwischen Erziehungszweck und Körperstrafen bereits weitgehend eingerissen.[311] Wer sich dafür interessierte, konnte sich über die verheerenden sozialen, medizinischen und psychodynamischen Wirkungen von Körperstrafen und das damit verbundene Unheil für die Gestraften und die Gesellschaft informieren. Bereits in den Nachkriegsjahren war Gewalt in der Erziehung von der wissenschaftlichen Pädagogik zusehends abgelehnt worden.[312] In der Breite waren es dann die 1970er Jahre, die den Wendepunkt in der außerrechtlichen Bewertung von Körperstrafen markierten. Der Begriff »Prügelstrafe« begegnete in den pädagogischen Lexika der Zeit nur noch als »historisches Relikt«, und Körperstrafen wurden zunehmend einhellig als inhuman zurückgewiesen.[313] Nach allgemeiner Auffassung, so hieß es schon im Jahr 1982, bewirken Prügel im Kind allenfalls »Ablehnung oder Hass«, auf jeden Fall aber »unterbinden sie die Entwicklung eines Vertrauensverhältnisses für die pädagogische Einflussnahme«.[314] Mit anderen Worten: Es war seit Langem einhellige pädagogische Auffassung, dass sich Körperstrafen nicht als Erziehung

309 Bundesgerichtshof, Beschluss vom 25. November 1986, 4 StR 605/86, Neue Zeitschrift für Strafrecht (NStZ) 1987, 173 f.

310 Diese Kritik erfasste auch spätere Fassungen des § 1631 BGB und verstummte erst mit dem Inkrafttreten des Gewaltächtungsgesetzes im Jahr 2002; statt vieler *Bussmann* (2000) 394–396.

311 Viele stützten sich später auf die Wendung von *Quambusch* (1974) 147: »Dabei ist in der erziehungswissenschaftlichen Fachliteratur uneingeschränkt anerkannt, dass Maßnahmen körperlicher Züchtigung keinen positiven Erfolg versprechen, sondern nur Unheil sowohl für den Gezüchtigten als auch indirekt für die Gesellschaft heraufbeschwören.« Die Grundlagen dafür finden sich bei *Quambusch* (1973) 61–65. – Siehe ferner *D. Schumann* (2000) 37 f. sowie *Bast u. a.* (1975); *Petri/M. Lauterbach* (1975).

312 Bezogen auf die Schulerziehung *D. Schumann* (2000) 37 f. Dagegen hat *Levsen* (2019) 311–325 darauf hingewiesen, dass diese Ablehnung nicht »kategorisch« war, sondern immer noch Einschränkungen kannte, genauso wie es auch der vom Recht stabilisierten Vorstellung der »maßvollen« Züchtigung entsprach.

313 Siehe nur *Dudek* (2012) 79 m. w. N.

314 *Trube-Becker* (1982) 142.

legitimieren lassen. Auch die weiteren Zusammenhänge zwischen eigener Gewalterfahrung und späterer Gewaltneigung waren bereits in den 1970er Jahren bekannt und benannt.[315] Pädagogische Debatten hatten die Studienergebnisse von Theodor W. Adorno zu den Zusammenhängen von antidemokratischen Haltungen und spezifischen Charakterstrukturen rezipiert.[316] Der »autoritäre Charakter« wurde zur Kurzfassung für die Überzeugung, dass autoritäre Erziehung ihrerseits wieder zu autoritärer Erziehung und entsprechender Gewaltbereitschaft führt.[317]

In dieselbe Zeit fielen Einsichten in die Wechselwirkungen zwischen der rechtlichen Billigung maßvoller Züchtigung und der als Grenzüberschreitung geltenden Kindesmisshandlung.[318] Alles dies lief darauf hinaus, dass die wirksamste Prophylaxe gegen Kindesmisshandlung die »bedingungslose« Zurückweisung jedweder körperlichen Züchtigung wäre: »Wir sollten dahin gelangen«, so ist bereits im Jahr 1971 nachlesbar, »dass körperliche Strafen und Gewaltanwendungen bei Kindern als ungeeignete Erziehungsmittel und in ihrem Menschenunwürdigkeitsgehalt erkannt, und dass sie generell als Vorformen der körperlichen Misshandlung bewertet würden.«[319] Damit waren bereits in den 1970er Jahren tiefe Schneisen in die pädagogische Legitimierbarkeit von Körpergewalt als Erziehungsmittel geschlagen worden. Die dahinterstehenden Einsichten waren ähnlich in der Empfehlung des Rechtsausschusses aus dem Jahr 1979 nachlesbar.[320] Und auch der juristische Schluss wurde zu dieser Zeit schon gezogen: Wenn es keinen positiven Zusammenhang von körperlicher Gewalt und Erziehung gibt, dann fehlt auch jede rechtliche Rechtfertigung dafür, dass Eltern körperliche Gewalt über ihre Kinder ausüben dürfen. Dass dies auf ein explizites striktes Verbot körperlicher Züchtigung hinauslaufen müsste, wurde ebenfalls schon in den 1970er Jahren formuliert.[321] Doch wurde dies als juristische Außenseiterposition abgetan, die in der dogmatischen Familien- und Strafrechtswissenschaft keinen Anschluss fand und auch politisch ohne hinreichenden Rückhalt blieb. Erst viele

315 Als Referenz dienten insbesondere *Mitscherlich* (1963/1973) etwa 217–220 sowie *Erikson* (1958) 68–76.

316 *Adorno* (1950/1973).

317 *Fromm* (1936/1975); *von Braunmühl/Kupffer/Ostermeyer* (1976); *Horn* (1967).

318 Als Anfangspunkt auch der deutschen Diskussion gilt der aus US-amerikanischer Perspektive entstandene Band von *Helfer/Kempe* (1968). Zum pädagogischen Meinungsstand der Zeit etwa *Scheibe* (1967) 219 ff.

319 *Stutte* (1971) 127; *Quambusch* (1973b) 208 und *Quambusch* (1973a) 61–65 m. w. N.

320 Beschlussempfehlung und Bericht des Rechtsausschusses zu dem Entwurf eines Gesetzes zur Neuregelung des Rechts der elterlichen Sorge (BT-Drucks. 8/111) vom 27. April 1979, BT-Drucks. 8/2788, S. 35. Allerdings scheute man gleichwohl ein Verbot von körperlicher Gewalt, verband damit aber die »Erwartung, dass sich mit einer Verstärkung des allgemeinen Bewusstseins zu einer angstfreien, auf unangemessene Repressionen verzichtenden Erziehung die Vielfalt darauf abzielender pädagogischer Erkenntnisse auf breiter Ebene langfristig durchsetzen wird [...].«

321 *Peschel-Gutzeit* (1977) 97–101; *Münder* (1972); *Quambusch* (1973b) 208 f.; *Zenz* (1978); später *Moritz* (1989) 252–254, der das Verbot der physischen Unterwerfung des Kindes aus dem Kindeswohlprinzip folgerte.

Jahre später, im Jahr 1999, würde sich dann einiges davon in der Begründung des Regierungsentwurfs für das Gesetz zur Ächtung der Gewalt in der Erziehung wiederfinden:

»In Pädagogik und Kinderpsychologie ist seit langem anerkannt, dass körperliche Bestrafungen, auch wenn sie nicht die Intensität der Misshandlung erreichen, für das Kind eine Demütigung bedeuten. Deshalb sind körperliche Bestrafungen keine vertretbaren Erziehungsmittel, die der Staat aufgrund des Elternrechts hinzunehmen hätte.«[322]

Mit anderen Worten: Es lag nicht an mangelndem Wissen und es war nicht eine Frage der Erkenntnis, dass das elterliche Züchtigungsrecht nicht schon in den 1970er Jahren, sondern erst nach mehrfachem politischen Herantasten im Jahr 2000 vom Gesetzgeber vollständig zurückgewiesen wurde. Kompromisshaft war die schließlich getroffene Regelung aber auch darin, dass der Gesetzgeber nicht so weit gehen wollte, aus dem »Recht auf gewaltfreie Erziehung« zugleich einen Rechtsanspruch des Kindes gegen die Eltern abzuleiten. Ein »allgemeiner zivilrechtlicher Unterlassungsanspruch« sollte daraus nicht folgen, wie es in der Gesetzesbegründung heißt.[323] Daher wurde auch nicht an der Schwelle für familiengerichtliche Maßnahmen zum Schutz des Kindes gerüttelt: Die Eingriffsschwelle liegt nach wie vor hoch, nämlich dort, wo das Kindeswohl gefährdet wird, also eine »erhebliche Schädigung mit ziemlicher Sicherheit« vorauszusehen ist.[324] Dies soll ausweislich der Gesetzesbegründung sicherstellen, »dass vereinzelt gebliebene körperliche Bestrafungen in der Regel keine familiengerichtlichen Maßnahmen auslösen.«[325] Infolgedessen werden der viel zitierte »Klaps auf den Po« oder die verniedlichend als »Handausrutscher« bezeichnete Ohrfeige einhellig unterhalb der Sanktionsschwelle angesiedelt. Erst oberhalb davon, so wurde in der Kommentarliteratur prognostiziert, habe das Recht auf gewaltfreie Erziehung die »Demarkationslinie zwischen Hinnehmbarem und Kindesgefährdung deutlich nach unten gesenkt.«[326]

Anders sind die Auswirkungen des Rechts auf gewaltfreie Erziehung für die strafrechtliche Bewertung einzuschätzen. Im Strafrecht markiert das Inkraft-

322 Entwurf eines Gesetzes zur Ächtung der Gewalt in der Erziehung vom 23. Juni 1999, BT-Drucks. 14/1247, S. 5.

323 Entwurf eines Gesetzes zur Ächtung der Gewalt in der Erziehung vom 23. Juni 1999, BT-Drucks. 14/1247, S. 5.

324 So das gewachsene Rechtsprechungsverständnis dieser Eingriffsschwelle; siehe nur aus jüngerer Zeit Bundesgerichtshof, Beschluss vom 23. November 2016, XII ZB 149/16, BGHZ 213, 107–120.

325 Entwurf eines Gesetzes zur Ächtung der Gewalt in der Erziehung vom 23. Juni 1999, BT-Drucks. 14/1247, S. 5.

326 *Coester* (2020) 175 (§ 1666 Rn. 98) m. w. N. – Allerdings besteht Scheu, jeden Verstoß gegen das Gewaltverbot offen als Sorgerechtsmissbrauch und Kindeswohlgefährdung zu qualifizieren, obwohl dies angesichts des Normtexts (»Recht auf gewaltfreie Erziehung«) und der Intention des Gesetzgebers naheliegt; dazu *Göbel* (2005) 283–289.

treten des Gesetzes zur Ächtung der Gewalt in der Erziehung eindeutig einen Wendepunkt. Denn erst das Gewaltächtungsgesetz bereitete den Boden für die Folgerung, dass es seither keinen besonderen Rechtfertigungsgrund für Eltern gibt, die ihre Kinder körperlich verletzen. Um diese Einsicht musste aber zunächst noch gerungen werden. Denn das Gewaltächtungsgesetz stieß in der etablierten Strafrechtswissenschaft auf vehementeste Kritik. Man hatte Sorge vor einer als übermäßig empfundenen Kriminalisierung der Eltern. Außerdem glaubte man die elterliche Mehrheitsmeinung hinter sich. Und schließlich wurden die Verfassung und das elterliche Erziehungsrecht angeführt (dazu noch Kap. 2 II.4.1.2.). Aus dieser Kritikposition heraus ist im etablierten strafrechtlichen Schrifttum vielfältig nach Wegen gesonnen worden, die Reform zu neutralisieren. Eine Argumentation ging dahin, dass maßvolle Körperstrafen keine unangemessene Behandlung seien und daher schon nicht den Tatbestand der Körperverletzung (§ 223 des Strafgesetzbuchs) erfüllten.[327] Andere stellten das Strafunrecht in Frage: Es bestehe ein besonderer Strafunrechtsausschließungsgrund zugunsten der Eltern, weil maßvolle Körperstrafen bei »begründetem erzieherischen Anlass« weder strafbedürftig noch strafwürdig seien.[328]

Durchgesetzt hat sich allerdings keine dieser Lesarten. In den Augen der Familienrechtswissenschaft handelte es sich um »aberwitzige rechtsdogmatische Verrenkungen«,[329] die im Übrigen von der jüngeren Strafrechtswissenschaft auch nicht mitgemacht worden waren.[330] Vor allem gibt es keine Anzeichen, dass sich die Rechtsprechung gegen das dekretierte Ende des elterlichen Züchtigungsrechts als Rechtfertigungsgrund aufgelehnt hätte. Zwar sind Strafurteile gegen Eltern – gemessen an der Verbreitung von Gewalt gegenüber Kindern – selten. Doch setzten bereits die ersten zwei hierzu veröffentlichten Entscheidungen das neue Gewaltverbot strafrechtlich konsequent um.[331] In beiden Fällen ging es um Ohrfeigen, die Mütter ihren Kleinkindern versetzt hatten. Das Amtsgericht Köln hatte im Jahr 2003 über einen Vorfall zu entscheiden, der sich an einer Straßenbahnhaltestelle ereignete. Eine Mutter hatte ihre zweijährige Tochter geohrfeigt, weil die Tochter sich nicht im Kinderwagen festschnallen lassen wollte. Passan-

327 Exemplarisch *Beulke* (1999). Ebenfalls auf tatbestandlicher Ebene setzten die Überlegungen von *Hoyer* (2001) an: Das Gewaltverbot beziehe sich nur auf die Verfolgung »subjektiver Erziehungszwecke« durch die Eltern, während körperlicher Zwang im Rahmen von »Pflege« und »Beaufsichtigung« unangetastet sei. – Parallel zur dogmatischen Verbesonderung der medizinischen Behandlung wurde im Übrigen auch für Züchtigungshandlungen mitunter vertreten, dass sie aufgrund ihres »sozialen Sinns« von vornherein aus dem Tatbestand der Körperverletzung auszuscheiden wären. Diese von *Kienapfel* (1961) vertretene Position setzte sich allerdings nicht durch, da die Rechtsprechung Züchtigungshandlungen genauso wie Heilbehandlungen tatbestandlich als Körperverletzungen einstufte.

328 *Günther* (1983) 352 ff. zum »Erzieherprivileg«; weitergeführt von *Günther* (1992).

329 So *Salgo* (2001) 289.

330 Ablesbar an den Dissertationen von *Priester* (1999); *Fengler* (2013); *Göbel* (2005); *Hennes* (2010).

331 Vgl. die Aufarbeitung der Rechtsprechung nach 2000 bei *von Bock* (2011) 56–62.

ten hatten dies beobachtet und die Frau zur Rede gestellt mit dem Hinweis, dass Kinder nicht geschlagen werden dürfen. Als die Mutter zurückgab: »Ich kann mit meinem Kind machen, was ich will«, verständigten sie die Polizei. Das Amtsgericht Köln verurteilte die Mutter schließlich wegen vorsätzlicher Körperverletzung zu einer Geldstrafe von 75 €.[332]

Ähnlich war der Fall gelagert, den das Amtsgericht Burgwedel im Jahr 2004 zu entscheiden hatte. Eine Mutter hatte ihrer zweijährigen Tochter auf einer Geburtstagsfeier eine »derart heftige Ohrfeige gegen die linke Wange [versetzt], dass das Kind das Gleichgewicht verlor, gegen die Tischkante prallte und auf den Boden fiel.« Abermals verurteilte das Gericht die Mutter wegen vorsätzlicher Körperverletzung. Gegen den Einwand, das Verhalten der Mutter könnte gerechtfertigt sein, erinnerte das Gericht daran, dass Kinder ein Recht auf gewaltfreie Erziehung haben, so dass nach geltendem Recht »damit alle körperlichen Eingriffe der Eltern gegenüber den Kindern, die die Schwelle zur Körperverletzung überschreiten, strafrechtlich relevant [sind].« Und weiter: »Für diesen Fall ist nach herrschender Meinung das elterliche Züchtigungsrecht als Rechtfertigungsgrund entfallen.«[333]

Das Gewaltächtungsgesetz markiert also einen echten Wendepunkt in der strafrechtlichen Bewertung von elterlicher Gewalt. Zugleich eröffnete es den Blick dafür, dass zuvor mit zweierlei Maß gemessen worden war. Züchtigungsrechte und damit auch alle konstruktiven Erwägungen, Eltern nach Beseitigung des Züchtigungsrechts strafrechtsdogmatisch »entgegenzukommen«, waren auf »zweierlei Recht« hinausgelaufen. Doch spielte dies bis zum Gewaltächtungsgesetz im Jahr 2000 in den strafrechtlichen Debatten keine Rolle.[334] Erst nachdem das ganze Konstrukt, mit dem man das elterliche Züchtigungsrecht bis dahin gerechtfertigt hatte, vom Gesetzgeber politisch zurückgewiesen worden war, eröffnete sich der gedankliche Raum für die Ungleichheitsdimension des bisherigen Züchtigungsrechts. Im Nachhinein wurde gefolgert, dass Körperstrafen gegenüber Kindern »genauso zu behandeln [sind] wie Körperstrafen unter Erwachsenen«[335] und dass »die Achtung vor der Körperintegrität anderer […] auch beim Umgang mit den eigenen Kindern keine Ausnahme [duldet]« und dass die Gesundheit bei Kindern »genauso wie bei Erwachsenen« zum Kernbereich der menschlichen Freiheit und Selbstentfaltung gehört.[336] Allerdings müsste der Vergleich richtigerweise anders

[332] Amtsgericht Köln, Urteil vom 16. Oktober 2003, 524 Ds 337/03, hier wiedergegeben nach *Riemer* (2005).

[333] Amtsgericht Burgwedel, Urteil vom 10. November 2004, 64 Ds 3643 Js 8454/04 (20/04), Das Jugendamt (JAmt) 2005, 50 f.

[334] Erwähnt aber schon bei *Bussmann* (2000) 408.

[335] *Hennes* (2010) 276; genauso *Göbel* (2005) 177 zur »Gleichstellung der Kinder mit Erwachsenen« sowie *Salgo* (2001) 290; *Riemer* (2005) 404; *Fengler* (2013) 275.

[336] *Kargl* (2003) 63.

gezogen werden. Denn das Züchtigungsrecht hatte körperliche Gewalt nur gegenüber den eigenen Kindern legitimiert. Bereits das Reichsgericht hatte klargestellt, dass es sich bei dem Züchtigungsrecht um ein höchstpersönliches Recht handelt, das allenfalls im familiären Nahbereich übertragen werden kann. Diese Grundsätze waren nur in der nationalsozialistischen Zeit durchbrochen worden (Kap. 2 II.2.3.). Daher sind Anliegen und Wirkung des Gewaltächtungsgesetzes präziser zu erfassen als Angleichung des strafrechtlichen Schutzes gegen Verletzungen der körperlichen Integrität innerhalb und außerhalb des familiären Nahbereichs.[337] Aber wo auch immer man den Schwerpunkt der Reform verortet: Unbestreitbar markierte das Inkrafttreten des Gewaltächtungsgesetzes in der strafrechtlichen Bewertung einen dogmatischen Wendepunkt und nicht nur – wie im Familienrecht – eine mögliche Veränderung der »Gefährdungsschwelle«.

3.2 Das Kind als »Wesen mit eigener Würde«

Allerdings gibt es bis heute kein explizites Recht des Kindes auf körperliche Selbstbestimmung im Sinne von Selbstentscheidung. Dies betrifft beispielsweise Entscheidungen über medizinische Untersuchungen, Behandlungen und Operationen, Entscheidungen über Impfungen, Entscheidungen über ästhetische Veränderungen, Entscheidungen über geschlechtsverdeutlichende oder geschlechtszuordnende Behandlungen, Entscheidungen über die Fortführung oder den Abbruch lebensverlängernder Maßnahmen, über die Behandlung oder Nichtbehandlung von Essstörungen oder über die Fortführung oder Unterbrechung einer Schwangerschaft.

Dennoch sind die rechtlichen Dogmen auch in der Frage der körperlichen Selbstbestimmung des Kindes im Verlauf der 1960er und 1970er Jahre in Bewegung geraten. Als im Jahr 1964 erstmals das »Lehrbuch des Familienrechts« erschien, eine Gesamtdarstellung von mehr als 800 Seiten, entwarf Joachim Gernhuber darin ein Bild des Eltern-Kind-Verhältnisses, das für zeitgenössische Leser spektakulär erscheinen musste:

> »Ziel der elterlichen Gewalt ist es, das Kind zur Selbstbestimmung zu befähigen. In ihrer Idealgestalt muss die elterliche Gewalt daher (partiell oder total) enden, sobald das Kind zur Selbstbestimmung fähig geworden ist. Dieser Idealgestalt der elterlichen Gewalt zu folgen, ist dem positiven Recht weithin verwehrt [...]. Insgesamt ergibt sich das Bild einer relativ plumpen elterlichen Gewalt, die zu rechtspolitischen Forderungen nach einer Verfeinerung berechtigten Anlass gibt.«[338]

337 Dies klingt an bei *Grünewald* (2019) 528 (§ 223 Rn. 53).
338 *Gernhuber* (1964) 514–517.

Die hier entworfene »Idealgestalt« einer elterlichen Sorge, die konsequent auf Selbstbestimmung ausgerichtet und durch diese sowohl legitimiert als auch begrenzt wird, und seine Kritik an der »plumpen« gesetzlichen Realität mit ihrer Alles-oder-nichts-Grenze der Volljährigkeit waren zukunftweisend. Große Teile dieser Passage sind in der jüngsten Auflage des von Dagmar Coester-Waltjen weitergeführten Werks nachlesbar, ohne dass sie aus der Zeit gefallen klingen.[339] Auch das Bundesverfassungsgericht bestätigte im Jahr 1986 die Vorstellung, dass Elternrechte allmählich zugunsten der Selbstbestimmung des Kindes erlöschen: Die im Elternrecht wurzelnden Rechtsbefugnisse werden »mit abnehmender Pflege- und Erziehungsbedürftigkeit [...] zurückgedrängt [...], bis sie schließlich mit der Volljährigkeit des Kindes erlöschen.«[340] Im Text des Bürgerlichen Gesetzbuchs spiegelt sich dieses Wechselverhältnis von Selbstbestimmung und Sorge allerdings nur in Nuancen wider. Seit dem Jahr 1979 heißt es dort im Zusammenhang mit der elterlichen Sorge in § 1626 Absatz 2:

> »Bei der Pflege und Erziehung *berücksichtigen* die Eltern die wachsende Fähigkeit und das wachsende Bedürfnis des Kindes zu selbständigem verantwortungsbewusstem Handeln. Sie besprechen mit dem Kind, soweit es nach dessen Entwicklungsstand angezeigt ist, Fragen der elterlichen Sorge und streben Einvernehmen an.«[341] [Hervorhebung nicht im Original]

Von einem Recht des Kindes auf Selbstentscheidung ist hier zwar nicht ausdrücklich die Rede. Es gibt auch keine ausdrückliche »Wunschbefolgungspflicht« der Eltern gegenüber ihrem Kind, wie sie inzwischen im Bürgerlichen Gesetzbuch besteht für Betreuer im Verhältnis zu Betreuten (unten Kap. 2 III.3.5.). Dennoch spiegelt sich in der Neufassung von § 1626 eine kategoriale dogmatische Verschiebung im Verständnis der elterlichen Aufgaben wider. Die Regelung war im Rechtsausschuss von den Vertretern von SPD und FDP ausdrücklich damit erklärt worden, dass die »Entwicklung des Kindes zur selbstverantworteten Persönlichkeit« das wichtigste Ziel jeder Erziehung sei. Dazu müsse das Kind »mit zunehmendem Alter und wachsender Einsicht an die altersgemäße Selbständigkeit herangeführt werden.« Die Neufassung von § 1626 soll dazu beitragen, dass die Eigenverantwortlichkeit des Kindes »gestärkt« wird, und sie soll den »Übergang in die Volljährigkeit vorbereiten.«[342] In den Augen der Ausschussvertreter von CDU/CSU war dies jedoch eine Fehlentwicklung. Sie sahen in der Förderung

339 *Gernhuber/Coester-Waltjen* (2020) 642–644.

340 Bundesverfassungsgericht, 1. Senat, Urteil vom 9. Februar 1982, 1 BvR 845/79, BVerfGE 59, 360–392 (382 Rn. 77).

341 § 1626 Absatz 2 BGB in der Fassung des Gesetzes zur Neuregelung des Rechts der elterlichen Sorge vom 18. Juli 1979, BGBl. I, S. 1061.

342 Beschlussempfehlung und Bericht des Rechtsausschusses zu dem Entwurf eines Gesetzes zur Reform der elterlichen Sorge (BT-Drucks. 8/111) vom 27. April 1979, BT-Drucks. 8/2788, S. 34.

der Eigenverantwortlichkeit des Kindes ein gesetzlich dekretiertes Erziehungsziel. Sie konnten dem Gesetzesvorschlag nicht zustimmen, weil es nicht Sache des Gesetzgebers sein könne, das Verhalten der Eltern gegenüber ihren Kindern in Form eines gesetzlichen Leitbilds festzulegen und »ihnen praktisch einen bestimmten Erziehungsstil verbindlich vorzuschreiben.« Dies folge aus dem verfassungsrechtlichen Elternrecht und dem Vorrang der Eltern bei der Erfüllung ihrer Erziehungsaufgabe.[343] Die Auffassungen lagen also denkbar weit auseinander. Von daher war die schließlich Gesetz gewordene Erwartung an die Eltern, dass sie das wachsende Bedürfnis des Kindes zu selbständigem Handeln »berücksichtigen«, schon ein Meilenstein. Die »Krönung des emanzipatorischen Denkens«, wie der Familienrechtler Dieter Schwab später meinte,[344] war die Rücksichtnahmeformel indes nicht, eher das Ende der politisch erklimmbaren Fahnenstange: Eine präzisere Ausformung von Rechten, Pflichten und Verboten war nicht durchsetzbar. In einem früheren Entwurf war noch eine besondere Bestimmung für ärztliche Behandlungen vorgesehen gewesen. Danach sollten einsichtsfähige Jugendliche ab Vollendung des 14. Lebensjahres grundsätzlich selbst zuständig sein, die für ärztliche Behandlungen erforderliche Einwilligung zu erteilen (Entwurf eines § 1626a des Bürgerlichen Gesetzbuchs). Auch die Rücksichtnahme-Formel sollte ursprünglich schärfer gefasst sein und eine explizite Rücksichtnahme-Verpflichtung enthalten (»Soweit ein Kind zu einer eigenen Beurteilung seiner Angelegenheiten in der Lage ist, haben die Eltern [...] darauf Rücksicht zu nehmen [...].«). Beides wurde nicht Gesetz.

Was allerdings weiterwirkte, war die rechtsdogmatische Quelle, aus der sich diese ersten Aufbrüche in Richtung eines Rechts des Kindes auf körperliche Selbstbestimmung speisten: die Vorstellung, dass das Kind Träger eigener Rechte, nämlich von Grundrechten ist. Bereits im Jahr 1956 hatte die Juristin Hildegard Krüger in einem viel beachteten Beitrag die Frage aufgeworfen, wie sich die verfassungsmäßigen Freiheitsrechte des »jugendlichen Menschen«, insbesondere sein Recht auf freie Entfaltung der Persönlichkeit (Artikel 2 Absatz 1 des Grundgesetzes), zum elterlichen Erziehungsrecht verhalten.[345] Daraus entspannen sich mehrere verzwickte, theoretisch anspruchsvolle grundrechtsdogmatische Kontroversen. In vielen Punkten war man sich uneins. Es begann mit der Frage, ob die Grundrechtsträgerschaft eigentlich an zusätzliche Voraussetzungen (Fähigkeiten, Alter) geknüpft ist (»Grundrechtsmündigkeit«). Weiter ging es darum zu klären, ob und wie die Grundrechte generell im Privatrecht wirken (»Drittwirkung«). Vor allem entwickelten sich unterschiedliche Vorstellungen dazu, ob das grund-

343 Nochmals: Beschlussempfehlung und Bericht des Rechtsausschusses zu dem Entwurf eines Gesetzes zur Reform der elterlichen Sorge (BT-Drucks. 8/111) vom 27. April 1979, BT-Drucks. 8/2788, S. 34.

344 *Schwab* (2012) 133.

345 *Krüger* (1956).

rechtliche Verhältnis von Sorgerecht und Kindesentfaltung überhaupt auf einen Gegensatz hinauslaufe (»Kollisionsthese«) oder nicht vielmehr das Sorgerecht »automatisch« nur so weit reiche, wie es sich mit der Persönlichkeitsentfaltung des Kindes vereinbaren lässt (»Harmonisierungsthese«).[346] Diese grundrechtsdogmatischen Debatten werden die Grenzen der rechtswissenschaftlichen Fachöffentlichkeit nicht überschritten haben. Dennoch wurden die Grundrechte im Verlauf der 1970er Jahre immer selbstverständlicher zum Argument für die zunehmende Orientierung der elterlichen Sorge auf die Selbstbestimmung des Kindes. Dies spiegelte sich auch in der Gesetzesbegründung für die Reform des Sorgerechts aus dem Jahr 1979 wider. Die Ausschussmehrheit stützte sich u. a. auf die Feststellung des Bundesverfassungsgerichts, dass das Kind »ein Wesen mit eigener Menschenwürde und dem eigenen Recht auf Entfaltung seiner Persönlichkeit im Sinne der Artikel 1 Absatz 1 und Artikel 2 Absatz 1 Grundgesetz [ist].«[347] Zwar ging es dabei nicht direkt um die elterliche Sorge, sondern um die Verfassungsmäßigkeit der Adoptionsvoraussetzungen. Dennoch ebnete das Bundesverfassungsgericht damit den Weg für die Vorstellung, dass Kinder ohne zusätzliche »Mündigkeit« Träger von Grundrechten sind und dass ihnen ihre Grundrechte – insbesondere das Recht auf freie Entfaltung der Persönlichkeit und das Recht auf körperliche Unversehrtheit – auch im Verhältnis zu den Eltern zustehen. Von hier aus wurden die Grundrechte zum Reservoir für den dogmatischen Aufbruch in Richtung von Selbstbestimmungsrechten des Kindes: Rechten also, die das den Eltern mit der elterlichen Sorge eingeräumte Bestimmungsrecht »vorzeitig«, d. h. vor Erreichen der Volljährigkeit, immanent und ungeschrieben begrenzen. Der Hinweis auf die Verfassung, erläuterte später Spiros Simitis, unterstrich die Forderung, das Kind als Person zu behandeln. Diese verfassungsrechtliche Personhaftigkeit des Kindes wiederum begründete die Forderung nach einer Neuausrichtung der elterlichen Sorge: schon gar nicht als Herrschaftsrecht, auch nicht nur als Schutzrecht, sondern – in meinen Worten – als Selbstbestimmungsförderungsrecht. Die Aufdeckung der Grundrechtsträgerschaft des Kindes leitete einen rechtlichen Perspektivwechsel ein und wurde damit zum Sinnbild eines veritablen Aufbruchs. Die Pädagogik »vom Kinde aus« erreichte den Rechtsstatus, der nun ebenfalls »vom Kinde aus« zu entwickeln war. Was dies im Einzelnen für Inhalt und Reichweite der elterlichen Sorge langfristig bedeuten könnte, hatte Spiros Simitis im Jahr 1975 wie folgt entworfen:

346 Nachzulesen bei *Reuter* (1968). Siehe für die Harmonisierungsthese *Gernhuber* (1962); *Jayme* (1971) 135–141 sowie *Schmitt Glaeser* (1980) 53–56; für die »Kollisionsthese« exemplarisch *Zenz* (1973); *Schwerdtner* (1973) und insbesondere *Böckenförde* (1980) 67–69.

347 Bundesverfassungsgericht, Beschluss vom 29. Juli 1968, 1 BvL 20/63, BVerfGE 24, 119–155 (144); zuletzt Bundesverfassungsgericht, Beschluss vom 21. Juli 2022, 1 BvR 469/20 u. a., BVerfGE 162, 378–454 (Rn. 47): »Kinder sind Träger von allen Grundrechten«.

»Weil also das Kind nicht in der Lage ist, die eigenen Interessen selbst zu vertreten, erhalten die Eltern Rechte, die keinen anderen Sinn haben, als eben diesen Mangel auszugleichen. Ihre Befugnisse sind mithin ebenso vorläufig wie subsidiär [...]. Insofern ist auch die wie immer angesetzte starre Volljährigkeitsgrenze kein Maßstab, um die Verpflichtungen der Eltern beurteilen zu können. Die traditionelle Vorstellung der Volljährigkeit als des Zeitpunkts, zu dem gleichsam von selbst und für alle Kinder die völlige Emanzipation von der elterlichen Gewalt eintritt, ist nur vor dem Hintergrund der [...] Überlegung verständlich, die in der Minderjährigkeit den [...] prinzipiell undifferenzierten Herrschaftsbereich der Eltern sieht.«[348]

So klar war es zunächst aber nicht, was der Personstatus des Kindes und die neu gewonnene Einsicht, dass das Kind selbst Träger von Grundrechten ist, für das Elternrecht wirklich bedeuten. Darüber musste erst noch verhandelt werden. Auch gesellschaftsideologische Einwände waren zu verarbeiten. Selbst das linke Milieu war sich nicht einig in der Bewertung der Entwicklungsrichtung. Man bezweifelte die Authentizität des Anliegens und vermutete darin das stille Weiterwirken bürgerlicher Projekte, um dem Kind die für die Lohnarbeit nötige Disponibilität und Mobilität einzuräumen, nachlesbar bei Gunnar Heinsohn und Rolf Knieper:

»Die Berücksichtigung der Interessen der Jugendlichen selbst folgt [...] nicht dem Wunsch nach Pazifizierung einer aufbegehrenden Jugend, sondern beabsichtigt gerade die Konstituierung des subjektiven Lohnarbeiterinteresses, das auf optimalen Verkauf der eigenen Arbeitskraft gerichtet sein muss [...]. Der loyalitätsstiftende Aspekt zunehmender Autonomie stellt sich so als erwünschter Zusatzeffekt der Reform dar, nicht als ihre Ursache.«[349]

Für die weitere Rechtsentwicklung spielten diese gesellschaftspolitischen Richtungsfragen nach den 1970er Jahren aber keine hervorstechende Rolle mehr. Der juristische Diskurs hatte genug damit zu tun, sich mit der veränderten verfassungsrechtlichen Ausgangslage herumzuschlagen. Was heißt es für die Eltern, wenn das Kind selbst Träger von Grundrechten ist? Hier ist nach wie vor vieles offen. Gewendet auf die körperliche Selbstbestimmung des Kindes: Genügt es, wenn die Eltern »Rücksicht« auf Körperwünsche des Kindes nehmen, wie es § 1626 Absatz 2 des Bürgerlichen Gesetzbuchs seit dem Jahr 1979 als Leitbild formuliert? Oder hat das Kind, auch ohne dass dies im einfachen Recht ausformuliert ist, unmittelbar aus der Verfassung ein Recht auf körperliche Selbstbestimmung? Und angenommen, es kann körperliche Selbstbestimmung immer nur aus der Hand des Gesetzgebers geben: Lässt sich der bestehende gesetzliche Rechtsrahmen, also elterliches Sorgerecht bis zur Volljährigkeit, Gebot der Rücksichtnahme und gerichtlicher Kindesschutz bei Gefährdung des Kindeswohls, schon als verfassungskonformes Ergebnis einer gesetzlichen Abwägung von Elternrecht und

348 *Simitis* (1975b) 68 f.
349 *Heinsohn/Knieper* (1974) 163.

Selbstbestimmungsrecht ansehen? – Diese Fragen werden bis heute unterschiedlich beantwortet, und die wenigsten gehen so weit in ihren verfassungsrechtlichen Schlussfolgerungen wie Spiros Simitis.[350]

Dennoch hat sich die nachgerade beiläufige Bemerkung des Bundesverfassungsgerichts zum Kind als »Wesen mit eigener Würde und dem eigenen Recht auf Entfaltung der Persönlichkeit« aus dem Jahr 1968 tief in die weiteren Debatten eingeschrieben. Durch die Grundrechte erhielt die Selbstbestimmung des Kindes einen verfassungsrechtlichen Unterstrich, der sich argumentativ nicht mehr völlig neutralisieren ließ. Zwar ist nach wie vor offen, wie das Bundesverfassungsgericht die vielen Folgefragen zum Verhältnis von Elternrecht und Kindesgrundrechten und zur Rolle des Gesetzgebers entscheiden würde. Doch lässt sich nicht mehr ernsthaft bezweifeln, dass die Rechtsstellung des Kindes im Verhältnis zu den Eltern zugleich eine Frage der Grundrechte des Kindes ist. Auch die selbstbestimmungsskeptischsten Entwürfe müssen das Grundrecht des Kindes auf freie Entfaltung der Persönlichkeit in ihren Gedankengebäuden »unterbringen«, wollen sie noch als Auseinandersetzung mit dem geltenden Recht ernst genommen werden.[351] Wenn den Eltern etwa das Alleinentscheidungsrecht über die Unterbrechung einer ungewollten Schwangerschaft ihrer Tochter zugesprochen werden soll, wird dafür auch eine grundrechtliche Begründung für nötig gehalten.[352] Inzwischen sind die Grundrechte des Kindes zu einem selbstverständlichen, integralen Element des Diskurses über körperliche Selbstbestimmung geworden. Ob Rechtsprechung oder Rechtswissenschaft, ob elternorientiert oder emanzipationsfreundlich: Wer zur körperlichen Selbstbestimmung des Kindes Stellung bezieht, muss sich mit den Grundrechten des Kindes auf körperliche Unversehrtheit sowie auf Achtung und freie Entfaltung der Persönlichkeit auseinandersetzen. Seither hat die körperliche Selbstbestimmung des Kindes zumindest einen nicht

350 Siehe nur *Wapler* (2015) 102 ff., 263 ff., 530 ff. – Exemplarisch für Gegensichten aus jüngerer Zeit *Lipp* (2000) 33–40: Teilmündigkeiten sind als Eingriffe in das Elternrecht dem Gesetzgeber vorbehalten; *A. Lorenz* (2017): Ein Alleinentscheidungsrecht auch des einsichtsfähigen Minderjährigen ist abzulehnen wegen des verfassungsrechtlichen Vorrangs des Kindeswohls; denn die Eltern könnten bei Absolutsetzung des Selbstbestimmungsrechts des Minderjährigen ihre erzieherische Aufgabe nicht mehr ausreichend wahrnehmen.

351 Ablesbar etwa bei *Nebendahl* (2009) 199, der zunächst betont, dass »im Ausgangspunkt selbstverständlich [...] in die Betrachtung zum einen das elterliche Sorgerecht und zum anderen das Selbstbestimmungsrecht des Kindes einzubeziehen [sind]«, um sich dann im Ergebnis gegen ein Alleinentscheidungsrecht des einsichtsfähigen Minderjährigen auszusprechen. Genauso *Scherer* (1997): Keine »Teilmündigkeit« für Schwangerschaftsabbrüche, weil die elterliche Entscheidung »Vorrang vor dem Selbstbestimmungsrecht des Kindes hat« (595). Und weiter: »Die Belange der abtreibungswilligen Minderjährigen, die in Art. 1 I, 2 I, II GG geschützt sind, werden in ausreichendem Maße durch die Bestimmung des § 1666 BGB geschützt [...].«

352 Siehe Oberlandesgericht Hamm, Beschluss vom 16. Juli 1998, 15 W 274–98, Neue Juristische Wochenschrift (NJW) 1998, 3424 f. (3424): Das Selbstbestimmungsrecht des Minderjährigen, das aus dem allgemeinen Persönlichkeitsrecht – also grundrechtlich – hergeleitet wird, konkurriere mit dem elterlichen Personensorgerecht, dem im Ergebnis der »Vorrang« gebühre.

mehr anfechtbaren Ort im Recht, der das Anliegen nach rechtlicher Anerkennung von körperlicher Selbstbestimmung stützt.

3.3 Medizinische Mitsprache- und Vetorechte

Inzwischen lassen sich in eng umgrenzten Zusammenhängen Formungstendenzen in Richtung körperlicher Selbstentscheidungsrechte des Kindes ausmachen. Einzelne Gerichtsentscheidungen und ein zunehmend auf Kindesgrundrechte (Kap. 2 II.3.2.) bezogenes Interpretationsklima lassen sich zu einem *ungefähren* Recht des Kindes auf körperliche Selbstbestimmung zusammensetzen. Dies betrifft vor allem medizinische Entscheidungen. Der Bundesgerichtshof erläuterte dazu im Jahr 1974, dass im Hinblick auf medizinische Entscheidungen in der Rechtsprechung längst »eine selbständige Entscheidungsbefugnis des Minderjährigen oder ein echtes Mitspracherecht schon vor Erreichen der Volljährigkeit anerkannt worden [ist].« Damit bezog sich der Gerichtshof auf seine frühere Entscheidung aus dem Jahr 1958, die seither als Leitentscheidung in Bezug auf medizinische Selbstbestimmung bei sogenannter Einwilligungsfähigkeit gilt (siehe schon Kap. 2 I.3.1. und noch unten Kap. 2 II.5.2.).[353] Diese Linie bekräftigte der Bundesgerichtshof auch im Jahr 1974; er erklärte dies nun als Rücksicht auf die Persönlichkeit des Minderjährigen, die es gebiete, »ihm in bestimmten Bereichen schon vor Eintritt der Volljährigkeit einen eigenen Verantwortungsbereich einzuräumen.«[354] Im weiteren Verlauf der Rechtsprechung wurde daraus ein Vetorecht des »urteilsfähigen« Kindes gegen medizinische Behandlungen.[355] Doch war das Vetorecht kein Alleinentscheidungsrecht, und Urteilsfähigkeit oder Einwilligungsfähigkeit sind in der Rechtsprechung nicht zu einer medizinischen »Teilmündigkeit« ausgebaut worden.[356] Daran hat sich auch mit der Regelung der Einwilligung durch das Patientenrechtegesetz im Jahr 2013 nichts geändert (Kap. 2 I.3.3.). Der Gesetzgeber wollte sich aus dem »familienrechtlichen« Problem heraushalten und meinte, dass es bei Minderjährigen »auf die Umstände des Einzelfalles an[kommt], ob seine Eltern als gesetzliche Vertreter, gegebenenfalls

353 Bundesgerichtshof, Urteil vom 5. Dezember 1958, VI ZR 266/57, BGHZ 29, 33–37 (35 f.).

354 Bundesgerichtshof, Urteil vom 2. Juli 1974, VI ZR 121/73, Neue Juristische Wochenschrift (NJW) 1974, 1947–1950 (1949).

355 Bundesgerichtshof, Urteil vom 10. Oktober 2006, VI ZR 74/05, Neue Juristische Wochenschrift (NJW) 2007, 217–220 (218).

356 Exemplarisch Bundesgerichtshof, Urteil vom 16. November 1971, VI ZR 76/70, Neue Juristische Wochenschrift (NJW) 1972, 335–338: Einwilligung einer 16-Jährigen in die Entfernung von Handwarzen nicht ausreichend; Oberlandesgericht Frankfurt a. M., Urteil vom 16. Juli 2019, 8 U 228/17, Zeitschrift für das gesamte Familienrecht (FamRZ) 2020, 336–339: Einwilligung des 16-Jährigen in eine medizinisch indizierte Beschneidung nicht ausreichend, sondern es bedarf eines Co-Konsenses beider Elternteile. Zu diesem Erfordernis eines Co-Konsenses auch noch im Text.

der Minderjährige allein oder auch der Minderjährige und seine Eltern gemeinsam einwilligen müssen.«[357] Nur in einem Bereich zeichnet sich in jüngerer Zeit die Anerkennung eines körperlichen Selbstentscheidungsrechts ab: wenn es um Entscheidungen über die Unterbrechung einer Schwangerschaft geht. Mehrere Gerichte haben sich inzwischen auf den Standpunkt gestellt, dass minderjährige Frauen ein Recht darauf haben, sich gegen den Willen ihrer Eltern für eine straflose Unterbrechung ihrer Schwangerschaft (§ 218a des Strafgesetzbuchs) zu entscheiden. Das Oberlandesgericht Hamm meinte dazu im Jahr 2019, dass es allein der betroffenen 16-Jährigen zukomme, darüber zu entscheiden, und sah dies als Ausprägung ihres Rechts auf körperliche Selbstbestimmung an. Schließlich sei es die Minderjährige, die mit den Folgen leben müsse: »Es ist ihr Leben, das von dieser Entscheidung maßgeblich beeinflusst wird.« Und weiter: Wenn die Minderjährige die »nötige Reife aufweist«, um die Entscheidung über Abbruch oder Fortführung der Schwangerschaft zu treffen, ist »deshalb ihrem Selbstbestimmungsrecht der Vorrang vor dem elterlichen Erziehungsrecht einzuräumen, so dass es ausschließlich auf ihre Entscheidung ankommt und für eine Einwilligung der Eltern in den Abbruch kein Raum mehr ist.«[358] Den Entscheidungsgründen ist aber anzumerken, wie wenig selbstverständlich und wie erklärungsbedürftig dieses körperliche Selbstbestimmungsrecht dem Gericht angesichts des – gemessen an der gesetzlichen Fassung – vordergründig nicht begrenzten elterlichen Sorgerechts erschien. Schließlich ging es darum, ohne ausdrücklichen gesetzlichen Anhalt einen Entscheidungsbereich aus der elterlichen Sorge herauszunehmen.

Die sich derzeit abzeichnende Anerkennung eines Alleinentscheidungsrechts in Schwangerschaftsentscheidungen könnte der erste Schritt in Richtung eines generellen medizinischen und dann eines körperlichen Selbstbestimmungsrechts von Minderjährigen sein, immer unter der Voraussetzung, dass sie als einwilligungsfähig eingestuft werden (dazu noch unten Kap. 2 II.5.2.). Bislang liegen die Dinge aber noch anders. Der überwiegende Standpunkt der Rechtsprechung geht dahin, dass es für die Vornahme medizinischer Behandlungen prinzipiell

357 Gesetzesentwurf der Bundesregierung eines Gesetzes zur Verbesserung der Rechte von Patientinnen und Patienten, BT-Drucks. 17/10488 vom 15. August 2012, S. 23.

358 Oberlandesgericht Hamm, Beschluss vom 29. November 2019, 12 UF 236/19, Neue Juristische Wochenschrift (NJW) 2020, 1373–1376. Für ein Selbstentscheidungsrecht der Minderjährigen auch schon Amtsgericht Schlüchtern, Beschluss vom 29. April 1997, X 17/97, Neue Juristische Wochenschrift (NJW) 1998, 832 f. und Landgericht München I, Beschluss vom 24. Juli 1978, 13 T 8767/78, Neue Juristische Wochenschrift (NJW) 1980, 646. – Gegen ein Alleinentscheidungsrecht der Minderjährigen aber Oberlandesgericht Hamburg, Beschluss vom 15. März 2014, 10 UF 25/14, Neue Zeitschrift für Familienrecht (NZFam) 2014, 948–950; Oberlandesgericht Naumburg, Beschluss vom 19. November 2003, 8 WF 152/03, Zeitschrift für das gesamte Familienrecht (FamRZ) 2004, 1806 f.; Oberlandesgericht Hamm, Beschluss vom 16. Juli 1998, 15 W 274/98, Neue Juristische Wochenschrift (NJW) 1998, 3424 f.; Amtsgericht Celle, Beschluss vom 9. Februar 1987, 25 VII K 3470 SH, Neue Juristische Wochenschrift (NJW) 1987, 2307–2310; Landgericht Berlin, Beschluss vom 20. November 1979, 83 T 395/79, Zeitschrift für das gesamte Familienrecht (FamRZ) 1980, 285–287.

der Zustimmung der Eltern bedarf, gleichgültig, wie alt und einsichtsfähig das minderjährige Kind ist, und gleichgültig, um was für eine Art von Behandlung es geht. Auch die Durchführung einer empfohlenen Impfung (hier Covid-19) bedarf nach gefestigter oberlandesgerichtlicher Rechtsprechung stets der Zustimmung (»Co-Konsens«) der Eltern; die Zustimmung eines 16-Jährigen wurde im Jahr 2021 als nicht ausreichend erachtet.[359] Dieses elterliche Zustimmungsrecht wird aus dem Elternrecht und der bis zur Volljährigkeit andauernden elterlichen Sorge gefolgert: Im Kindesinteresse gebühre dem elterlichen Personensorgerecht der Vorrang gegenüber einem Alleinentscheidungsrecht des Minderjährigen.[360]

4. *Gegendiskurse*

In der Rückschau haben sich die dogmatischen Vorstellungen von körperlicher Selbstbestimmung des Kindes erst in der jüngsten Zeit von ihrem patriarchalen Ausgangspunkt wegentwickelt. Zurück liegt ein schwieriger, holpriger und schleppender Prozess, der überhaupt erst in der zweiten Hälfte des 20. Jahrhunderts das Recht erreichte. Inzwischen verspricht das Bürgerliche Gesetzbuch Kindern ein »Recht auf gewaltfreie Erziehung«. Allerdings soll daraus weder ein Anspruch noch ein Klagerecht von Kindern folgen (Kap. 2 II.3.1.). Und die Selbstentscheidung des Kindes über den eigenen Körper ist im Recht bislang mehr theoretisch anerkannt als praktisch ausgeformt (Kap. 2 II.3.3.). Gemessen an den Ausgangspunkten, von denen das Recht an der Wende zum 20. Jahrhundert aufgebrochen ist, sind dies dogmatische Quantensprünge in Richtung körperliche Selbstbestimmung. Allerdings war es nicht das Werk einer Suchbewegung aus der Mitte von Rechtsprechung und Rechtswissenschaft heraus, sondern eine politisch durchgesetzte und von großen Teilen der Rechtswissenschaft zutiefst ablehnend und widerwillig aufgenommene Umorientierung. Darin ähnelt die Dogmenentwicklung der körperlichen Selbstbestimmung im Sorgeverhältnis der Dogmenentwicklung im Behandlungsverhältnis: Abermals sah sich die Rechtswissenschaft vor allem in der Rolle der Kritikerin. Und auch die dabei verwandten Begründungsstränge folgen dem schon im Behandlungsverhältnis beobachteten Muster (Kap. 2 I.4.). Im rechtswissenschaftlichen Kritikdiskurs gegen die rechtliche Anerkennung von körperlicher Selbstbestimmung des Kindes begegnen dieselben Argument-

359 Oberlandesgericht Frankfurt a. M., Beschluss vom 17. August 2021, 6 UF 120/21, Zeitschrift für das gesamte Familienrecht (FamRZ) 2021, 1533 f.; im Ergebnis genauso Oberlandesgericht Rostock, Beschluss vom 10. Dezember 2021, 10 UF 121/21, Zeitschrift für das gesamte Familienrecht (FamRZ) 2022, 192–196.

360 Exemplarisch Oberlandesgericht Hamm, Beschluss vom 16. Juli 1998, 15 W 274/98, Neue Juristische Wochenschrift (NJW) 1998, 3424 f. (3424); als dogmatische Referenz gilt *Coester-Waltjen* (2012).

formationen, die von der Rechtswissenschaft vorgebracht wurden, um plausibel zu machen, warum die Grenzen zwischen Integrität und Verletzung, zwischen Selbstbestimmung und Fremdbestimmung im Behandlungsverhältnis *besonders* zu ziehen seien. Erstens begegnen Begründungsstränge, die auf den Handlungssinn bezogen sind, also weil es um Erziehung, Eltern und Kinder geht (unten Kap. 2 II.4.1.). Zweitens wird die Anerkennung eines Rechts des Kindes auf körperliche Selbstbestimmung als illegitimes Eindringen des Rechts in die Familie zurückgewiesen (unten Kap. 2 II.4.2.). Und schließlich drittens wird die Aussagekraft der Grundrechte für die körperliche Selbstbestimmung bezweifelt (unten Kap. 2 II.4.3.). Dabei stimmten viele vordergründig zu, dass Eltern ihre Kinder nicht misshandeln dürfen und dass die körperliche Selbstbestimmung des Kindes grundsätzlich zu fördern ist. Auch die schärfsten Kritiker der Rechtsentwicklung wie Friedrich Wilhelm Bosch, Dieter Giesen und Uwe Diederichsen stellten sich nicht offen auf die Seite von Gewalt und Fremdbestimmung.[361] Doch war man sich über viele Jahrzehnte einig darin, dass Eltern mehr von Erziehung wissen, dass Staat und Recht sich aus elterlicher Erziehung eher heraushalten sollten und dass das Grundgesetz nicht ernsthaft für Rechte des Kindes gemacht sei. Sowenig die Rechtswissenschaft seit 1900 darauf hingewirkt hatte, die Legitimation elterlicher Körpergewalt in Zweifel zu ziehen, so wenig unterstützte sie die dogmatischen Verschiebungen (oben Kap. 2 II.3.). Eher im Gegenteil: Große Teile der Rechtswissenschaft stellten sich in der Folgezeit geradezu beharrlich jedem weiteren Schritt auf dem Weg zur Ächtung elterlicher Erziehungsgewalt entgegen und wandten einige Phantasie auf, um die Reformen zu »neutralisieren«. Auch darin ergibt sich dasselbe Bild wie für die Dogmenentwicklung der körperlichen Selbstbestimmung im Behandlungsverhältnis (oben Kap. 2 I.4.).

4.1 Legitime Fremdbestimmung

Das Recht auf gewaltfreie Erziehung und das Bekenntnis zum Kind als »Wesen mit eigener Würde« (Kap. 2 II.3.1., II.3.2.) markieren paradigmatische Wendepunkte in der Anerkennung von körperlicher Selbstbestimmung im Sorgeverhältnis. Seitdem bieten Erziehung und Elternstellung keine pauschale Legitimation dafür, die Grenzen zwischen Integrität und Verletzung, zwischen Selbstbestimmung und Fremdbestimmung prinzipiell anders zu ziehen als außerhalb des Sorgekontextes. Der Rechtswissenschaft leuchtete diese Entwicklung indes ganz überwiegend nicht ein. Für viele Stimmen galt elterliche Bestimmung über den Körper des Kindes nicht als problematische Fremdbestimmung: erstens weil man Körperstrafen und andere Formen der körperlichen Bestimmung als Erziehung

361 *Bosch* (1953); *Giesen* (1977); *Giesen* (1979); *Diederichsen* (1978).

legitimierte (Kap. 2 II.4.1.1.), zweitens weil man aus der Elternstellung ein Elternrecht auf körperliche Entscheidungen folgerte (Kap. 2 II.4.1.2.) und schließlich drittens weil man Bestimmungen über Kinder nicht als Fremdbestimmungen wahrnahm, da Kinder unvernünftig und daher nicht selbstbestimmungsfähig seien (Kap. 2 II.4.1.3.).

4.1.1 Weil Erziehung nicht Verletzen ist

Die erläuterten dogmatischen Aufbrüche in Richtung körperlicher Selbstbestimmung des Kindes gründeten einerseits auf veränderten wissenschaftlichen Annahmen (zweifelhafter Nutzen von Körperstrafen), andererseits auf veränderten rechtlichen Dogmen zur Rechtsstellung des Kindes (Wesen mit eigener Würde). Es wird noch darauf zurückzukommen sein, dass die pädagogischen Umbewertungen von Körperstrafen und körperlicher Fremdbestimmung erst mit einiger Verzögerung das Recht erreichten und sich dann von dort auf die gesellschaftliche Alltagspraxis auswirkten (Kap. 2 II.5.). Für prägende Stimmen der Rechtswissenschaft waren die veränderten pädagogischen Bewertungen und die darauf gegründeten Forderungen nach rechtlichen Aufbrüchen allerdings genauso befremdlich wie für weite Teile der bundesrepublikanischen Gesellschaft. Dies lässt sich besonders klar ablesen an den vehementen Reaktionen der Rechtswissenschaft gegen Ende der 1970er Jahre, als sich mit der Sorgerechtsreform erstmals eine rechtliche Umbewertung von elterlichen Körperstrafen abzeichnete. Viele hielten dies für falsch. Man bezweifelte, ob Körperstrafen und Gehorsamspflichten wirklich so eindeutig schädlich seien, dass dies rechtliche Verbote rechtfertige. Als der Bundesgerichtshof im Jahr 1952 Nachsicht mit (Stief-)Eltern hatte, die eine 15-jährige Jugendliche gefesselt, an einem Stuhl festgebunden und bewusst entstellt hatten (oben Kap. 2 II.2.3.), erhob sich dagegen kaum Protest. Die Entscheidung galt noch in den 1960er Jahren allenfalls als »Grenzfall«.[362] Eine Ausnahme war der Kommentar der Verwaltungsgerichtsrätin Hildegard Krüger, die dazu im Jahr 1954 vorsichtig formulierte: »Mir scheint, hier wird der Würde der Tochter nicht genug Rechnung getragen.«[363] Der rechtswissenschaftliche Mainstream hatte aber keine grundsätzlichen Bedenken gegen den etablierten Zusammenhang von Körperstrafen und Erziehung. Manche waren sich sicher darin, »dass eine extrem permissive Erziehung die Aggressivität fördert und einem Kind auf Dauer schadet.«[364] Für die meisten waren Körperstrafen jedenfalls nicht eindeutig problematisch, sondern mehr eine Frage der »Einstellung« oder der »Überzeugung«. Mit diesem leichten Eingeständnis – dass es eine Frage der Einstellung oder Überzeugung sei – blieb der legitimierende Zusammenhang von Erziehung,

362 *Gernhuber* (1964) 519.
363 *Krüger* (1956) 334.
364 *W. Becker* (1976) 40.

körperlicher Strafe und Fremdbestimmung für viele Stimmen der Rechtswissenschaft weitgehend intakt. In diesem Sinne räumte etwa der Verfassungsrechtler Walter Schmitt Glaeser im Jahr 1980 ein: »Natürlich ist eine vernünftige Erziehung eine gute Erziehung und natürlich ist die Erziehung des Kindes zu einem selbständig handlungsfähigen Menschen vernünftig, vernünftig mag es auch sein, die Meinung des Kindes zu berücksichtigen etc.« Doch folgte daraus für Walter Schmitt Glaeser nichts Zwingendes:

»Wie wird man zu einem selbständigen Menschen? Gibt es hier wirklich nur den einen Weg, den § 1626 Abs. 2 BGB vorschreibt [...]? Gibt es nicht auch noch andere Wege, z. B. den Weg des absoluten Gehorsams der Kinder gegenüber ihren Eltern, etwa nach der Devise: Nur wer gelernt hat, zu gehorchen, wird auch befehlen können und wird damit zum ›ganzen Mann‹?«[365]

Genauso erläuterte der Verfassungsrechtler Fritz Ossenbühl im Jahr 1980, die »Vernunft der Erziehung« sei »immer relativ und damit wandelbar und vergänglich«, also wesentlich eine Frage des Zeitgeists. Daran schloss sich seine Hoffnung an, dass nach der »Demokratisierungs-Euphorie« der 1970er Jahre wieder so viel Nüchternheit herrsche, »dass kein Grund besteht, auf Gehorsam bedachte Erziehung schlechthin zu verteufeln.« Jedenfalls verbiete die »zeitliche und ideologische Relativität von Erziehungsstilen«, sofern ihnen »nicht das Etikett der Sittenwidrigkeit oder des Erziehungsmissbrauchs aufgedrückt werden kann«, jede rechtliche Verankerung.[366] Ähnlich kritisierte der Familienrechtler Uwe Diederichsen im Jahr 1978 die Entwürfe zum neuen Sorgerecht. Pädagogische Bedenken wurden als zeitgeistig abgetan; eher vertraute man den eigenen Erfahrungen, argumentierte also nicht wissenschaftlich, sondern stützte sich auf die eigene Wahrnehmung von gesellschaftlicher Praxis. Schließlich seien »doch die älteren und mittleren Jahrgänge der Bundesbürger in erheblichem Umfang von ihren Eltern verdroschen worden« und hätten »dadurch – wie man immer wieder freimütig bestätigt bekommt – doch keinen Schaden genommen [...].«[367]

Auch die weiteren gesetzlichen Schritte zur Ächtung von Gewalt in der Erziehung leuchteten prägenden Stimmen der Rechtswissenschaft nicht ein. Nachdem im Jahr 1998 »körperliche und seelische Misshandlungen« gesetzlich für unzulässig erklärt wurden, beklagte Uwe Diederichsen, je weiter »das auf die Erfahrungen mit dem Hitlerregime reagierende Grundgesetz von 1949 [...] in den Schatten der Geschichte zurücktritt, desto mehr würden Eltern mit gut gemeinten pädagogischen Maximen und Ratschlägen versehen.« Damit wollte er zwar explizit nicht die »pädagogische Nützlichkeit« der vom Gesetz »geforderten

365 *Schmitt Glaeser* (1980) 51.
366 *Ossenbühl* (1981) 82–84.
367 *Diederichsen* (1978) 471.

Erziehungshaltung« bestreiten. Aber »nützlich« war für ihn eben nicht »zwingend«, zumal ihn nachdenklich stimmte, wie er im Jahr 1998 ergänzte, dass »immer mehr Jugendliche den Wunsch nach einer starken Hand äußern.«[368] Als sich Ende der 1990er Jahre das Recht des Kindes auf gewaltfreie Erziehung abzeichnete (oben Kap. 2 II.3.1.), wandte Gerd Roellecke in der auflagenstarken »Neuen Juristischen Wochenschrift« ein, man könne ein gesetzliches Verbot von Gewalt als Erziehungsmittel »nicht mit der Erwägung rechtfertigen, gewalttätige Erziehung sei eben falsch.« Vielmehr gelte für gewalttätige Erziehung das Gleiche wie für die Erziehung zur Nacktkultur: »Man kann sie mögen, sogar für anstößig halten, aber ob sie Jugendliche sittlich gefährdet, müssen grundsätzlich die Eltern entscheiden.« Und weiter: »Ob Prügeln dem Wohl der Kinder dient oder nicht, kann man nicht wissen.« Und weil darüber nichts Sicheres zu wissen sei, gehöre die Entscheidung darüber zum Erziehungsrecht der Eltern.[369] Genauso wurden die Aufbrüche in Richtung körperlicher Selbstbestimmung als Frage der Haltung relativiert. Die Vorgabe in § 1626 Absatz 2 des Bürgerlichen Gesetzbuchs, dass Eltern die wachsende Fähigkeit und das wachsende Bedürfnis des Kindes zu selbständigem Handeln berücksichtigen und in Fragen der elterlichen Sorge Einvernehmen anstreben, wurde als »Intellektuellenparagraph«[370] kritisiert. Die darin formulierte Erwartung sei »an den Mittel- und Oberschichten« orientiert und in bemerkenswerter Weise »kopflastig«. In der Vorschrift kristallisiere sich »ein utopischer Rationalismus, der mit der auch in anderen Politikbereichen (z. B. der Planung) herrschenden Wissenschaftsgläubigkeit« auf einer Linie gesehen würden müsse.[371]

In diesen Kritiken kommen mehrere Begründungsstränge zusammen: erstens, dass man nicht sicher sein könne, ob körperliche Strafen und Fremdbestimmung schädlich seien, und zweitens die Forderung, dass das Recht den Eltern vertrauen solle. Weil sich nicht wissenschaftlich klären lasse, ob Körperstrafen wirklich schädlich seien, solle dies dem (Ge-)Wissen der Eltern überlassen bleiben. Doch war der wissenschaftliche Forschungsstand zu den Wirkungen von Körperstrafen längst anders, als dies in den rechtswissenschaftlichen Selbstbeschreibungen klingt: Die Pädagogik hatte seit der Wende zum 20. Jahrhundert beharrlich hinterfragt, ob von Körperstrafen ein positiver Erziehungseffekt ausgehen könne. Längst bestand wissenschaftlicher Konsens darin, dass Körperstrafen als Erziehungsmittel wegen ihrer unzulänglichen Lernwirkungen und vor allem wegen ihrer schädlichen Folgewirkungen ungeeignet sind (Kap. 2 II.3.1.). Dieses Wissen hatte auch in den Gesetzgebungsprozessen eine entscheidende Rolle gespielt. Den-

368 *Diederichsen* (1998) 1983 f.
369 *Roellecke* (1999) 338.
370 *Diederichsen* (1981) 1561 f. (§ 1626 Erl. 5a).
371 *Ossenbühl* (1981) 83 f.

noch konnte es offenbar anschlussfähig zurückgewiesen werden. Für viele Stimmen der Rechtswissenschaft blieb bis an die Wende zum 21. Jahrhundert nachvollziehbar, dass der elterliche Erziehungswille dogmatische Grenzverschiebungen bei der Bewertung von Körperhandeln legitimiert, und ein explizites Recht auf körperliche Selbstentscheidung wird bis heute nicht vermisst.

4.1.2 Weil Eltern ein rechtliches Entscheidungsprimat haben

Der zweite Begründungsstrang des rechtswissenschaftlichen Gegendiskurses ging dahin, dass Eltern unabhängig von der pädagogischen Legitimierbarkeit ihres Tuns und Entscheidens ein genereller Entscheidungsprimat in Bezug auf den Körper des Kindes zustehe. Dieser Entscheidungsprimat wurde in den bundesrepublikanischen Debatten verfassungsrechtlich begründet mit dem Elternrecht aus Artikel 6 Absatz 2 des Grundgesetzes. Dies richtete sich insbesondere gegen die gesetzliche Rücksichtnahme-Formel in § 1626 Absatz 2, die im Jahr 1979 in das Bürgerliche Gesetzbuch eingezogen ist. Manche hielten sie für klar verfassungswidrig,[372] andere meinten, sie sei jedenfalls nur dann verfassungsrechtlich »haltbar«, wenn man sie nicht als inhaltliche Vorgabe begreift.[373] Es entstanden umfangreiche Abhandlungen, in denen es darum ging zu erläutern, dass Eltern eine besondere Stellung gegenüber Staat und Recht hätten, dass sie »freier« gestellt sein müssten und dass ihr Handeln aufgrund ihres Elternrechts nicht bis ins Letzte rechtlich kontrolliert werden dürfe. Der Sinn des Elternrechts, so wurde im Jahr 1980 ausgeführt, bestehe darin, »dass ein ›Raum der Privatheit‹ freigehalten wird, in dem sich die Familie und ihre Mitglieder möglichst unreguliert in der Kontinuität ihrer Natürlichkeit entfalten sollen.« Diese verfassungsrechtlich versprochene Privatheit der Familie werde verletzt, wenn der Gesetzgeber Erziehungsziele »dekretiere« und dadurch »in jenen ›natürlichen Vorgang‹ des familieninternen [...] Entscheidungsverfahrens ein[greift].«[374] Ähnlich wurde später das Gesetz zur Ächtung von Gewalt in der Erziehung kritisiert: Auch im Hinblick auf Artikel 6 des Grundgesetzes erscheine es »bedenklich, Erziehungsmaßnahmen zu kriminalisieren, die wir zwar nicht schätzen, jedoch immerhin für tolerierbar halten.« Denn die Erziehung der Kinder werde in der Bevölkerung als die »ureigenste Aufgabe der Eltern empfunden, und dies hat der Gesetzgeber zu respektieren.«[375] Andere hatten nicht nur verfassungsrechtliche »Bedenken«, sondern waren sich darin sicher, dass das Gewaltverbot verfassungswidrig sei, weil es das Elternrecht aus Artikel 6 Absatz 2 des Grundgesetzes verletze.[376] Denn das

372 *Schmitt Glaeser* (1980); *Ossenbühl* (1981); *Erichsen* (1985); außerdem *Diederichsen* (1978) 467 f. und öfter; *Diederichsen* (1980) 3; *Schlüter* (1979) 3; *Bosch* (1953) 486.

373 *Simon* (1984) 2.

374 *Schmitt Glaeser* (1980) 42 f.

375 *Beulke* (1999) 542.

376 So die Extremposition von *Noak* (2002).

aus dem Elternrecht folgende Erziehungsrecht schließe rechtliche Urteile über Erziehung grundsätzlich aus.[377] Zuletzt war im Jahr 2018 in einem führenden Kommentar zum Grundgesetz nachlesbar, dass das Verbot körperlicher Bestrafungen einen »wohl verfassungswidrigen Eingriff« in das Elternrecht darstelle.[378]

In vielen dieser Argumentationen sind verfassungsrechtliche Überzeugungen vom Elternrecht verschmolzen mit Begründungen, die sich auf gesellschaftliche Anschauungen stützen (»in der Bevölkerung«) oder auf historisch-traditionale Herleitungen setzen (»natürlicher Vorgang«). Die besondere (»freie«) Stellung der Eltern sollte zugleich plausibel machen, warum das Recht nicht in das Verhältnis von Eltern und Kindern »eindringen« sollte (unten Kap. 2 II.4.2.). An diesem Punkt gehen zwei Begründungsstränge zur Legitimierbarkeit elterlichen Körperhandelns ineinander über: als Ausdruck elterlicher Befugnis und zur Absicherung innerfamiliärer Privatheit gegen das »eindringende« Recht.

4.1.3 Weil Kinder zu vernünftigen Entscheidungen nicht fähig sind

Schließlich war elterliches Körperhandeln auch deshalb plausibel legitimierbar, weil man sich in Rechtsprechung und Rechtswissenschaft die Vorstellung zu eigen machte, dass darin gar keine problematische Fremdbestimmung liege, weil es Minderjährigen gerade in Bezug auf ihren Körper an der Fähigkeit zu vernünftigen und daher anerkennenswerten Entscheidungen fehle (Kap. 2 II.3.2., II.5.2.). Viele teilten ungeprüft die Annahme, dass Jugendliche dazu neigten, sich »vorschnell« und »unüberlegt« für kosmetische Behandlungen zu entscheiden, wie es der Bundesgerichtshof im Jahr 1971 erläutert hatte: Es sei davon auszugehen, dass »in diesem Lebensalter« Entscheidungen über kosmetische Behandlungen – es ging um die Entfernung von Handwarzen – »nicht durch hinreichend kritische Bedenken gestützt [werden]« und dass »gerade ein junges Mädchen in diesem Alter erfahrungsgemäß einer kosmetische Verbesserungen versprechenden Maßnahme eher unbedenklich zuzustimmen neigt.«[379]

Die Vorstellung, dass man Minderjährigen kein Unrecht antut, sondern im Gegenteil zu ihrem besten Wohl handelt, wenn man den Eltern »das letzte Wort« in Bezug auf Körperentscheidungen belässt, schimmert an weiteren Punkten durch. Nur wenige sehen ein Manko darin, dass die rechtlichen Anforderungen an die vorausgesetzte Selbstbestimmungsfähigkeit bis heute unscharf sind (Kap. 2 II.5.2.). Und viele halten speziell für medizinische Entscheidungen daran fest, dass es unabhängig vom Einverständnis der Minderjährigen jedenfalls der Zustimmung

377 *Roellecke* (1999) 338.

378 *Jestaedt/Reimer* (2018) 166 (Rn. 306).

379 Bundesgerichtshof, Urteil vom 16. November 1971, VI ZR 76/70, Neue Juristische Wochenschrift (NJW) 1972, 335–338.

der Eltern bedürfe (Co-Konsens). Damit wird Minderjährigen indirekt die Fähigkeit abgesprochen, sich selbst ein für sie maßgebliches Bild von medizinisch angebotenen Maßnahmen zu machen.[380] Und gerade daran, dass dies nur selten expliziert wird, lässt sich ablesen, wie selbstverständlich diese Annahmen über die mangelnde Urteilskraft von Minderjährigen sind. Bis heute gilt es rechtswissenschaftlich als plausibel, dass elterliche Bestimmungen über den Körper ihrer minderjährigen Kinder rechtlich allenfalls in Grenzfällen problematisch sind, weil sie sich im Regelfall durch die mangelnde Urteilskraft, geringere Erfahrung, leichtere Beeinflussbarkeit etc. des Kindes legitimieren lassen.

4.2 Illegitimes Eindringen des Rechts

Dem Gegendiskurs ging es aber nicht nur darum, plausibel zu machen, warum körperliche Fremdbestimmung von Eltern gegenüber Kindern legitimierbar ist, also um den besonderen Handlungssinn des Erziehens, das besondere Recht der Eltern und die besondere Eigenart der Kinder (Kap. 2 II.4.1.). Außerdem wandte sich der Gegendiskurs überhaupt gegen die Ausprägung rechtlicher Maßstäbe für elterliches Handeln; dies wurde als »Eindringen« des Rechts in das Eltern-Kind-Verhältnis ausgewiesen und vehement kritisiert. Bereits bei Gottlieb Planck, dem Redaktor des Vorentwurfs zum Familienrecht des Bürgerlichen Gesetzbuchs, begegnet das Bild vom »eindringenden« Recht und wurde zum breit akzeptierten Motiv dafür, dass die rechtliche Kontrolle über das elterliche Handeln nicht zu dicht sein sollte. Die gerichtliche Aufsicht über das elterliche Handeln sollte »zur Vermeidung des Eindringens vormundschaftlicher Organe in das innere Familienleben und zur Aufrechterhaltung der Autorität des Gewalthabers [...] auf ein möglichst geringes Maß [...] beschränkt werden«.[381] Die Grenzen elterlichen Handelns sollten nicht rechtlich bestimmt werden, sondern wurden »dem sittlichen Gebiete« zugeschlagen.[382] Dies war als Gegensatz zum »rechtlichen Gebiete« gemeint.[383] Weil es sich bei dem Eltern-Kind-Verhältnis um den »rechtliche[n]

380 *Coester-Waltjen* (2012) 559: Co-Konsens erforderlich für »gravierende, aber nicht verschiebbare Eingriffe«; genauso etwa *Nebendahl* (2009) 200; *Lipp* (2021). – Für Gegensichten (Alleinentscheidungsbefugnis des einsichtsfähigen Minderjährigen) *Duttge* (2013) 80; *Spickhoff* (2018); *B.-R. Kern* (1994) 755 f.; im Zusammenhang mit Entscheidungen über die geschlechtliche Identität *Seidenbiedel* (2016) 166–188. Geläufig ist es dabei, geringere Anforderungen an die Ablehnung (»Veto«) als an die Zustimmung zu einer medizinischen Maßnahme zu stellen; für eine Gegensicht aber *F. Schumann* (2018) 85: kein Wertungsunterschied. – Eingehend zum Meinungsstand *Rothärmel* (2004) 93–196.

381 Motive IV, S. 802 f. = *Mugdan* (1899b) 425.

382 *Planck* (1880) 1449 (§ 324).

383 Zurückgehend auf *von Savigny* (1840) 334 ff., 340 ff. (§§ 53, 54).

Ausdruck eines natürlichen, sittlichen Verhältnisses«[384] handele, müsse die Stellung der Eltern »mit Rücksicht auf das natürliche und nahe Verhältnis zwischen dem Gewalthaber und dem Kinde nothwendig freier gestaltet [...] werden«.[385] Dies erklärt, warum das Bürgerliche Gesetzbuch des Jahres 1900 elterliches Körperhandeln im Grunde nicht rechtlich kontrollierte. Die Referenz auf die Natur diente der *Legitimation* elterlicher Bestimmungsmacht, und die Referenz auf die Sitte – heute würden wir sagen: die sozialen Normen und Praxen – funktionierte als Hinweis auf gesellschaftliche *Selbstregulierung* und die Alltagspraxis.[386]

Dies war nicht nur die historische Sicht der Verfasser des Bürgerlichen Gesetzbuchs. Die Vorstellung, dass das Eltern-Kind-Verhältnis ein vor allem natürliches und sittliches Verhältnis sei, jedenfalls ein Verhältnis, dass sich einer rechtlichen Regulierung richtigerweise entzieht, will man nicht die Funktion der Familie gefährden oder ihr Wesen durch »Eindringen« des Rechts verfehlen, bildete auch den Grundton des späteren rechtswissenschaftlichen Gegendiskurses, wie er sich vor allem in den 1970er Jahren im Umfeld der Debatten über die Sorgerechtsreform formierte (Kap. 2 II.3.2.).

Das Motiv des illegitimen Eindringens des Rechts findet sich erstens in Argumentationen, bei denen »Natur« und »Sitte« als Widerstandszonen gegen das Recht eingesetzt werden. In diesem Sinne breitete Lutz Michalski über viele Jahre in einem juristischen Praxiskommentar die Vorstellung aus, das Züchtigungsrecht sei genauso wie das Elternrecht insgesamt ein »naturgebundenes« sowie »elementares, vorstaatliches Recht«, das nicht nur keiner Rechtfertigung bedürfe, sondern »darüber hinaus sogar für den staatlichen Gesetzgeber unantastbar [ist]«.[387] Natur und Sitte funktionierten hier als wirkmächtiges Raster, mit dem rechtliche Regelungen zurückgewiesen wurden als illegitimes »Eindringen« des Rechts in einen bis dahin aus »guten« Gründen nicht betretenen Raum. So vollzog sich die Entwicklung des Familienrechts, wie Spiros Simitis erkannte, »unter der permanenten Anklage, die Gesetze von Natur und Moral zu verletzen.« Die als unantastbar erklärte Bindung an die natürliche und sittliche Ordnung domestizierte alle Reformbestrebungen, indem sie den vorhandenen Normenbestand festschrieb und immunisierte. Denn darin lag der »strategische Wert« dieser »ständig wiederkehrende[n] Verschränkung von Familienrecht und Sittlichkeit«: Sie erhielt »ihre eigentliche und wichtigste Funktion aus der Intention, Positionen zu fixieren, die keiner Diskussion zugänglich sind«.[388]

384 Motive IV, S. 724 = *Mugdan* (1899b) 384.

385 Motive IV, S. 802 f. = *Mugdan* (1899b) 425.

386 Dazu die eingängigen Analysen von *Simitis* (1975a) 17–22; *Simitis* (1986) 590–592; *Simitis* (1994) 393–400.

387 *Michalski* (1989) 1444 (§ 1631 Rn. 8).

388 *Simitis* (1975a) 21 f.

Das Bild vom illegitimen »Eindringen« des Rechts blieb auch dann noch erhalten, als Natur und Sitte ab den 1960er Jahren an Erklärungsmacht verloren und sich in weltlicheren Gewändern wiederfanden. Für die einen traten Verfassung und Elternrecht an die Stelle von Natur und Sitte. Artikel 6 des Grundgesetzes wurde verstanden als Garantie eines staats- und rechtsfernen, privaten, geschlossenen Lebensbereichs.[389] Bei anderen hieß es ohne nähere Anbindung an die Verfassung, das Recht solle nicht in das Eltern-Kind-Verhältnis eindringen, weil dies in Wahrheit »familienfeindlich« sei[390], keinem Bedürfnis der Kinder entspreche[391] und mindestens zu Funktionsverlusten der Familie, wenn nicht zu ihrer »Gefährdung«,[392] »Auflösung«[393] oder »Zerstörung«[394] führe. Hier folgten viele der prominent gewordenen Wendung von Jürgen Habermas von der »Kolonialisierung« der Familie durch das Recht.[395] Diese Kritik richtete sich vor allem gegen die Verleihung von Rechten an Kinder. Dadurch werde die Familie »destabilisiert« und »pönalisiert«.[396] Es mangele Kindern nicht an Rechten, sondern an Liebe, und dafür könne das Recht weder Ersatz geben, noch tauge es zur Regulierung familiärer Konflikte.[397] Auch solle den Besonderheiten des Eltern-Kind-Verhältnisses als Vertrauensverhältnis Rechnung getragen werden. Damit war insbesondere gemeint, dass das Recht den Eltern vertrauen und daher elterliches Erziehungshandeln nicht allzu engmaschig kontrollieren solle.[398] Ähnliche Einwände begleiteten die Verabschiedung der UN-Konvention über die Rechte des Kindes im Jahr 1989 und die Frage, ob und wie Kinderrechte in das Grundgesetz aufgenommen werden sollten.[399] Rechte des Kindes seien kein Wundermittel, sondern eine »postmoderne Form des Paternalismus«.[400] Es bestehe die Gefahr, dass mit solchen Individualrechten das »familiäre Gemeinschaftsinteresse« aus dem

389 Etwa bei *Diederichsen* (1978) 467 f. und öfter; *Diederichsen* (1980) 3; *Schlüter* (1979) 3; *Bosch* (1953) 486.

390 *Giesen* (1977): »Familienfeindliches im Sorgerechtsentwurf«; *Giesen* (1979).

391 *W. Becker* (1976) 41–43: Jugendliche empfinden autoritäre Erziehung ihrer Eltern »nicht als unerträglich«; *Diederichsen* (1998) 1984: »immer mehr Jugendliche [äußern] den Wunsch nach einer starken Hand«; *Lüderitz* (1978) 288 f.: Jugendliche plädieren dafür, dass Konflikte grundsätzlich »innerhalb der Familie gelöst werden«.

392 Siehe *Bosch* (1953) 486 – in Auseinandersetzung mit dem Gleichberechtigungsgesetz: Das richterliche »Hineinregieren« in die Familie stelle eine »ungeheure Gefährdung der Institution dar, eine Gefährdung, die durch Artikel 6 Absatz 1 GG eben verboten ist.«

393 *W. Becker* (1976) 39.

394 *Ossenbühl* (1981) 55.

395 *Habermas* (1981/1995) 522 ff.

396 *Lüderitz* (1978) 288.

397 Mit diesem Kontrast von Liebe und Recht argumentierten etwa *Roellecke* (1999) und *Diederichsen* (1978).

398 *Kienapfel* (1961) 115–117.

399 Exemplarisch *Rossa* (2014) 118 ff.; *Jestaedt* (2016) 86–92; *Wapler* (2018); *F. Becker* (2019); für eine Gegensicht *Peschel-Gutzeit* (2009).

400 *Théry* (1994).

Blick gerate, »und damit ein wesensspezifischer Aspekt der Familie als Kernzelle der Gesellschaft.«[401]

Das Bild vom illegitimen Eindringen des Rechts in das Eltern-Kind-Verhältnis entstand auch immer wieder, wenn es hieß, rechtliche Vorgaben wie das Gewaltverbot oder die Pflicht zur Berücksichtigung der zunehmenden Selbstbestimmung des Kindes seien überflüssig, sei es, weil darin ein »allzu radikaler Bruch« liege, so dass die gesetzlichen Regelungen die Eltern nicht erreichten[402], sei es, weil sich Eltern »Dinge sagen lassen [müssen], die sie ohnehin schon wissen.«[403] In »funktionierenden« Familien werde dem Gewaltverbot ohnehin Rechnung getragen; ansonsten wäre es »utopisch, wollte man von einer Änderung des BGB [...] eine entscheidende Wandelung der Verhaltensweisen bei den anderen Bürgern erwarten.«[404] Gleiches war schon gegen einen früheren Entwurf eingewendet worden, es handele sich um »Plattheiten« und »völlig überflüssige Kommentierungen«, die auf diese Weise in das Gesetz gerieten.[405]

4.3 Dafür ist das Grundgesetz »weder gedacht noch ergiebig«

Außerdem wandte sich die Rechtswissenschaft gegen die zunehmende grundgesetzliche Fundierung der rechtlichen Kindesposition. Als Gegenfolie zur Wendung vom Kind als »Wesen mit eigener Würde« (Kap. 2 II.3.2.) berief man sich auf die Herleitungen eines Strafurteils des Bundesgerichtshofs aus dem Jahr 1957. Darin hatte sich der Bundesgerichtshof auf den Standpunkt gestellt, aus der Menschenwürde-Garantie des Grundgesetzes sei »nichts gegen eine maßvolle Züchtigung der Kinder zu entnehmen«, und genauso wenig spreche dafür, dass das Grundgesetz die maßvolle Züchtigung der Kinder durch den Lehrer oder gar die Eltern als eine Verletzung der körperlichen Unversehrtheit ansehen wollte. Eine solche Auffassung sei vielmehr »nur dazu angetan, den Ernst dieses Grundrechtes in Frage zu stellen.«[406] Diese Wendung vom »Ernst des Grundgesetzes« machten sich viele zu eigen. Man war nicht prinzipiell gegen die Geltung der Grundrechte im Verhältnis zwischen Eltern und Kindern: Wenn es um die Verteidigung des elterlichen Sorgerechts ging, wurde Artikel 6 als Gewährleistung des Elternrechts prominent zitiert. Aber viele machten sich die Auffassung zu eigen, dass die Verfassung nichts für Rechte des Kindes gegen die Eltern hergebe und dass sich aus dem Grundgesetz insbesondere keine rechtlichen Maßstäbe für die Bewertung

401 *Coester* (2016) 19.
402 *Michalski* (1989) 1444 (§ 1631 Rn. 9).
403 *Diederichsen* (1998) 1984.
404 *Diederichsen* (1978) 463; ähnlich *Schlüter* (1979) 145.
405 *Bosch* (1973) 506.
406 Bundesgerichtshof, Urteil vom 23. Oktober 1957, 2 StR 458/56, BGHSt 11, 241–263 (248 f.).

elterlichen Erziehungshandelns ergäben.[407] Das Grundgesetz sei für diese Art von Fragen weder »gedacht noch ergiebig«, hieß es.[408]

Ein weiterer Begründungsstrang rückte den Entstehungszusammenhang des verfassungsrechtlichen Elternrechts in den Vordergrund. Der ganze Artikel 6 des Grundgesetzes sei »von den Erfahrungen aus der Zeit der nationalsozialistischen Herrschaft her«[409] als ein »Anti« zum Totalitarismus des Dritten Reichs[410] zu interpretieren. Dies war die Vorrede, um die dogmatischen Umorientierungen, die mit dem Sorgerechtsgesetz aus dem Jahr 1979 ihren ersten Niederschlag im Bürgerlichen Gesetzbuch gefunden hatten, ihrerseits als ideologisch und totalitär zu diskreditieren. Indem sich der Gesetzgeber die »emanzipatorische Erziehung« als Leitbild zu eigen gemacht habe, würden andere pädagogische Konzepte diskriminiert und diffamiert. Solche Diffamierung aber sei »ein sicheres Zeichen eines Herrschaftsanspruchs durch Heilsvermittlung, durch Ideologen also, die ihrer Sache sicher sind.«[411] Der Gesetzgeber habe sich mit dem Sorgerechtsentwurf einer »Befreiungsideologie« verschrieben mit der »generellen Tendenz zum Einreißen der aus den bitteren (aber schon vergessenen?) Erfahrungen der Vergangenheit errichteten Schutzdämme elterlicher Abwehrrechte gegen den Staat.«[412]

Im Rückblick war es zwar nur ein überschaubarer Kreis sich selbst zitierender Verfassungs- und Familienrechtswissenschaftler, die ihre Dogmenkritik als freiheitlichen Rettungsruf aus der Naherfahrung des nationalsozialistischen Totalitarismus ausgaben und die gesetzliche Annäherung an explizitere Bindungen des elterlichen Erziehungshandelns unter Ideologie-Verdacht stellten, zur Heilslehre herunterredeten und als Rückfall etikettierten.[413] Die Befürchtungen eines Walter Schmitt Glaeser und eines Fritz Ossenbühl, eines Dieter Giesen und eines Uwe Diederichsen haben das Schwungrad der Geschichte nicht aufhalten können, obwohl sie in Gestalt des »Palandt«, in dem Uwe Diederichsen das Familienrecht kommentierte, vermutlich die Schreibtische der meisten Richter und Richterinnen und alle juristischen Bibliotheken erreicht haben. Heute lässt sich an ihrer Aufregung und Empörung vor allem ablesen, wie tiefgreifend das Gesetz zur Neuregelung der elterlichen Sorge im Jahr 1979 die hergebrachten Paradigmen des Eltern-Kind-Verhältnisses verschieben sollte.

Das bundesrepublikanische Grundgefühl, dass das Grundgesetz vor allem dazu gemacht worden sei, den Staatseinfluss auf die Familie zu begrenzen, und

407 Exemplarisch *Kohlhaas* (1958) 406 f.; *Bruns* (1957) 413.

408 *Diederichsen* (1978) 462.

409 *Diederichsen* (1978) 467; ähnlich *Schlüter* (1985) 28.

410 *Schmitt Glaeser* (1980) 38.

411 *Giesen* (1977) 596; vgl. auch *W. Becker* (1976) 39: emanzipatorische Erziehung enthalte »den totalitären Anspruch einer Gesellschaftsideologie«.

412 *Giesen* (1979) 109.

413 Siehe exemplarisch für Gegensichten aus der Zeit die verfassungsrechtlichen Positionen von *Böckenförde* (1980) sowie später *Erichsen* (1985).

nicht dazu, Kindern Rechte gegen die Eltern zu geben, spiegelte sich auch in den Vorstellungen wider, die man sich von der ideologischen Vereinnahmung der Familie in der DDR machte. Zwar hat sich die westdeutsche Familienrechtswissenschaft zu keiner Zeit wirklich für das Familienrecht der DDR interessiert, weder rechtsvergleichend noch rechtsgeschichtlich und am wenigsten als rechtspolitischer Wegweiser.[414] Als die Familienrechtswissenschaft im Jahr 2000 auf hundert Jahre Bürgerliches Gesetzbuch zurückblickte, lautete das Resümee, das Familienrecht der DDR habe bekanntlich keinen nachhaltigen Einfluss auf die Rechtsentwicklung seit 1990 gehabt.[415] Dennoch gab es ein bestimmtes Bild vom DDR-Familienrecht, das nun anlässlich der Debatten über das Sorgerecht ans Licht kam. Dabei übersah man die reformpädagogischen Motive der Kinderlandbewegung[416] und die frühe Zurückweisung von Körperstrafen als inhumane Disziplinierungsmethode,[417] sondern thematisierte vor allem die familiäre Staatskontrolle.[418] Überhaupt galt das Familienrecht der DDR als weltanschaulich entfernt und ideologisch vorbelastet. Das Familienrecht der DDR sei »für eine demokratische, offene, subjektivistische, stark von finanziellen und wirtschaftlichen Belangen dominierte Gesellschaft nicht geeignet«,[419] hieß es rückblickend aus dem Bundesministerium der Justiz, und Helmut Kohl erläuterte im Jahr 1993:

> »Der Familie der DDR war eine andere Rolle zugedacht als in der Bundesrepublik Deutschland. [...] Indem der SED-Staat die Familie für seine ideologischen Ziele in die Pflicht nahm, engte er den Erziehungs- und Verantwortungsspielraum der Familie massiv ein. [...] Der SED-Staat hat die Familie zur Förderung seiner Ideologie instrumentalisiert; sie hatte sich seinen Zielen unterzuordnen. Die Bundesrepublik Deutschland dagegen schützt die Familie und schafft Rahmenbedingungen für ihre freie Entfaltung.«[420]

Auch in Fragen, in denen das Familienrecht der DDR späteren Entwicklungen im wiedervereinigten Deutschland voraus war, erschwerten ideologische Vorbehalte eine vorurteilsfreie Bewertung. Übersehen wurde auch das Bekenntnis im DDR-Familienrecht zur Grundrechtsgeltung für Kinder.[421] Dieses Desinteresse ist später bedauert worden,[422] doch lassen sich nicht geführte Debatten nicht nachholen.

414 Eingehend *Röthel* (2014) 631–634.

415 *Frank* (2000) 404.

416 *Andresen* (2006) 126 ff.

417 *D. Schumann* (2000).

418 *Schlüter* (1985) 22–28.

419 So der Ministerialdirigent im Bundesministerium der Justiz *A. Wolf* (1995) 388.

420 *Kohl* (1993) 8.

421 Zur anti-patriarchalen Tendenz des DDR-Familienrechts siehe nur *Grandke* (1976) 196 ff. Danach gehörten die Achtung der menschlichen Persönlichkeit des Kindes und die »selbstverständliche Geltung der Grundrechte auch für den jungen Staatsbürger [...] zu den großen Errungenschaften der sozialistischen Gesellschaft« (206). – Gleiches Resümee bei *Tenorth* (2010) 310–320.

422 Etwa in dem Abschlussbericht des Arbeitskreises Familienrecht von *T. Ramm/Grandke* (1995) X.

Die Vorstellung, dass das Grundgesetz nicht dafür gemacht ist, elterliches Erziehungshandeln zu kontrollieren und Kindern Rechte einzuräumen, hatte rückblickend also gleich zwei Quellen: die Abgrenzung vom Dritten Reich und die Abgrenzung zur DDR. An dieser doppelten ideologischen Last tragen die Debatten über Rechte der Kinder in Deutschland bis heute.

5. *Deutungen*

Seit der Wende zum 20. Jahrhundert haben sich die Rechtsdogmen im Hinblick auf körperliche Selbstbestimmung des Kindes in mehrfacher Hinsicht verschoben. Eltern haben kein Recht mehr, im Namen von Sitte, Tradition, Ermessen oder Erziehung ihre Kinder körperlich zu verletzen (Kap. 2 II.3.1.), und Kindern ist als »Wesen mit eigener Würde« (Kap. 2 II.3.2.) grundrechtlich versprochen, selbst über den eigenen Körper bestimmen zu können (Kap. 2 II.3.3.). Bedenkt man, von welchen tief verankerten patriarchalen Ausgangspunkten das Recht an der Wende zum 20. Jahrhundert aufgebrochen war und wie selbstverständlich körperliche Macht und Gewalt im Eltern-Kind-Verhältnis über lange Zeit rechtlich abgesichert waren, wird das Grundsätzliche dieser Dogmenentwicklung fassbar: Das Recht hat einen veritablen Paradigmenwechsel in Angriff genommen. Was zu Beginn des 20. Jahrhunderts noch selbstverständlich war – das elterliche Züchtigungsrecht –, kann nun strafrechtlich verfolgt werden. Und was lange Zeit außerhalb der rechtlichen Vorstellungswelt lag – ein Recht des Kindes auf körperliche Selbstbestimmung –, gehört inzwischen zu den grundrechtlichen Garantien. Einwilligungsunfähige Kinder werden vor geschlechtsverändernden Maßnahmen auf Veranlassung ihrer Eltern geschützt,[423] und es ist absehbar, dass Kindergrundrechte in das Grundgesetz aufgenommen werden. Dennoch ist mit Händen zu greifen, dass Wirklichkeit und Recht der körperlichen Selbstbestimmung des Kindes auf viele Weise im Weg stehen. Nach wie vor ist viel Unsicherheit im rechtlichen Feld. Die große, paradigmatische Umorientierung ist bislang lediglich angestoßen, aber sie harrt noch ihrer praktischen und dogmatischen Konsolidierung. Es fehlen klare, explizite gesetzliche Ausformungen oder jedenfalls sichere Rechtsprechungslinien in Anerkennung des körperlichen Selbstbestimmungsrechts des Kindes (unten Kap. 2 II.5.2.). Aber vielleicht ist das Recht hier ohnehin an seinen Wirkungsgrenzen angelangt? Vielleicht muss körperliche

[423] § 1631e BGB, eingefügt durch Gesetz zum Schutz von Kindern mit Varianten der Geschlechtsentwicklung vom 12. Mai 2021 (BGBl. I, S. 1082). Danach können Eltern in operative Eingriffe an den inneren oder äußeren Geschlechtsmerkmalen des nicht einwilligungsfähigen Kindes nur einwilligen, wenn der Eingriff nicht bis zu einer selbstbestimmten Entscheidung des Kindes aufgeschoben werden kann; außerdem bedarf es einer gerichtlichen Genehmigung; die Genehmigung ist zu erteilen, wenn der Eingriff »dem Wohl des Kindes am besten entspricht.«

Selbstbestimmung des Kindes notwendig unvollkommen bleiben, weil elterliche Körpergewalt und elterliche Missachtung von Körperwünschen unausweichlich sind, gewissermaßen als zwangsläufige Kehrseite der Liebe? Dazu zunächst.

5.1 Kehrseiten der Liebe

Nach wie vor werden jährlich tausende Kinder Opfer von elterlicher Körpergewalt. Seit dem Jahr 2014 vermitteln die Erhebungen der Kindes- und Jugendhilfe einen gewissen Anhalt für die Größenordnung. Danach haben die Jugendämter im Jahr 2019 in 5.863 Fällen vorläufige Maßnahmen zum Kindesschutz (Inobhutnahmen) wegen Anzeichen von körperlicher Misshandlung getroffen. Die Zahlen der Vorgängerjahre bewegen sich auf ähnlichem Niveau: Sie schwanken zwischen 3.862 Fällen im Jahr 2014 und 6.157 Fällen im Jahr 2018.[424] Damit wissen wir zwar immer noch nichts über die tatsächliche Häufigkeit von elterlicher Körpergewalt. Es wird geschätzt, dass nur etwa 5 % aller Fälle von Körperverletzungen, die an Kindern begangen werden, aufgedeckt werden.[425] Hinzu kommt, dass unzulässige Körperstrafen kaum dazu führen, dass Kinder aus ihren Familien heraus- und in Obhut genommen werden, so dass sie auch nicht in der Erhebung der Kinder- und Jugendhilfe sichtbar werden können. Als Behelfsmittel dienen daher Befragungen, mit denen die Einstellungen von Eltern erfasst werden sollen. Nach einer im Jahr 2020 durchgeführten Studie verharren die Haltungen auf einem Plateau mit einer Zustimmungsrate von etwa 10 % für leichtere Körperstrafen (»Ohrfeige«) und einer im Vergleich zu 2016 gesunkenen Ablehnungsrate für schwere Körperstrafen (»Tracht Prügel«) von 94,1 % (2016) auf 92,8 % (2020).[426] Auch bei vorsichtigster Interpretation dieser Erhebungen lässt sich nur schwer an der Einsicht vorbeikommen, dass Kinder nach wie vor Opfer elterlicher Körpergewalt sind – und dies zur selben Zeit, in der Jugendstudien darüber informieren, dass das Verhältnis zwischen Eltern und Kindern noch nie so gut gewesen sei.[427] Zwar ist die

424 Quelle: *Statistisches Bundesamt* (2020) 16 (dort Tabelle 5) und 48 (Tabelle ZR 4; allerdings für die Jahre 2014 bis 2019 ausgewiesen unterschiedslos als Kindesmisshandlung, ohne Einzelnachweis für körperliche Misshandlung).

425 Vgl. *Mertens/Pankofer* (2011) 56 f.

426 *Clemens* u. a. (2020) 30. Die Studie wurde erstellt im Auftrag von UNICEF und dem deutschen Kinderschutzbund. Dazu wurden persönlich geführte Interviews mit 2.500 repräsentativ ausgewählten Befragten durchgeführt. Auch hinsichtlich der erlebten Erziehungsmethoden ist im Vergleich zu der Untersuchung von 2016 weder eine deutliche Tendenz der Zu- noch der Abnahme zu beobachten (50). Außerdem belegt die Studie, dass nach wie vor ein großer Zusammenhang zwischen selbst erlebten Körperstrafen und späterer Körperstrafneigung besteht: Die Wahrscheinlichkeit, der Aussage »ein Klaps auf dem Hintern hat noch keinem Kind geschadet« zuzustimmen, ist in der Gruppe, welche selbst Körperstrafen in der Kindheit erlebt hat, fast 16-mal so hoch wie in der Gruppe, die keine Körperstrafen erlebt hat (61).

427 So das Ergebnis der 18. Shell Jugendstudie »Jugend 2019« unter Mitarbeit von *Albert/Hurrel-*

Haltung des Rechts zu Körpergewalt inzwischen eindeutiger, doch bedeutet das Recht auf gewaltfreie Erziehung nicht das Ende von elterlichen Körperverletzungen. Auch die entschiedenste rechtliche Zurückweisung von Körperstrafen reicht nur begrenzt in die Realitäten des Familienlebens hinein.

Diese Beobachtung ist weder neu noch wirklich überraschend, auch wenn der Forschungsstand zur Geschichte innerfamiliärer Gewalt voll von Lücken ist.[428] Es gibt zahlreiche Theorien, die nahelegen, dass elterliche Gewalt gegen Kinder zu einem gewissen Teil unausweichlich ist und sich weitgehend sozialer und auch rechtlicher Kontrolle entzieht. Damit ist erstens angesprochen, dass elterliches Gewalthandeln in einer Sphäre stattfindet, die als *privat* wahrgenommen wird, also als »rein familiäre Angelegenheit«, die niemanden außerhalb der Familie etwas angeht. Wir erleben hier, was Philippe Ariès in seiner »Geschichte der Kindheit« im Jahr 1960 diagnostizierte: die Auswirkungen, die die Durchsetzung des gesellschaftlichen Ideals der privaten Familie auf die Stellung des Kindes hatte. Das »einst freie Kind« musste in Gestalt der Erziehung einer speziellen »Quarantäne« unterworfen werden, bevor es in die Welt der Erwachsenen und der Gesellschaft entlassen werden konnte:

> »Die Besorgnis der Familie, der Kirche, der Moralisten und der Verwaltungsbeamten hat dem Kind die Freiheit genommen, deren es sich unter den Erwachsenen erfreute. Sie hat ihm die Zuchtrute, das Gefängnis, all die Strafen beschert, die den Verurteilten der niedrigsten Stände vorbehalten waren.«[429]

Ob die Kindheit in Zeiten vormoderner Familienideale wirklich so viel freundlicher und freier war, wie Philippe Ariès sie zeichnet, ist später in Zweifel gezogen worden. Bei Lloyd deMause klingt die Geschichte der Kindheit erst zum Ende hin heller.[430] Aber es bleibt plausibel, wie sich die Leitvorstellung der Privatheit familiären Lebens auf das Leben der Kinder auswirkt. In unserer Zeit zeigt sich die Privatheit der Familie insbesondere in der geringeren sozialen Kontrolle familiären Lebens. Zivilisationskritische Befürchtungen, dass der zunehmende rechtliche Schutz des Kindes durch die damit einhergehende Pädagogisierung, Therapeutisierung und Sozialdisziplinierung des Kindes zu einer »Normalisie-

mann / Quenzel (2019) 138 f. Danach erklärten 74 % der befragten Jugendlichen, dass sie ihre Kinder einmal genauso erziehen würden, wie sie selbst erzogen wurden. Dieser Anteil lag im Jahr 1985 noch bei 53 %. Auffällig ist allerdings die große Schwankung je nach Bildungs- und Berufsstatus der Eltern. So lag die Zustimmungsrate der Jugendlichen bei Eltern mit hohem Berufs- und Bildungsstatus bei 86 %, während sie bei den Jugendlichen, die mit größten sozialen Nachteilen aufgewachsen sind, bei 51 % lag. Bei arbeitslosen Jugendlichen sank die Zustimmungsrate schließlich auf weniger als die Hälfte der Befragten.

428 Dazu *D. Schumann* (1997); *Grüner* (2019) 44; speziell zur nationalsozialistischen Zeit *Tenorth* (2003); *Christ* (2014).

429 *Ariès* (1960/1978) 562.

430 *deMause* (1974/1977).

rung« und damit »Liquidierung« der Kindheit führe, sind seltener geworden.[431] Es ist nach wie vor gesellschaftlich akzeptiert, die Frage, wie Eltern ihre Kinder behandeln, als Privatangelegenheit anzusehen, und es besteht auch dann noch große Scheu, sich »einzumischen«, wenn elterliches Verhalten gegenüber ihren Kindern nach eigenen Maßstäben nicht zu rechtfertigen ist (»Geht mich nichts an«). Dies prägt auch die Selbstwahrnehmung der betroffenen Kinder. Es besteht die Neigung, die eigenen Widerfahrnisse rückblickend zu relativieren (»Andere wurden härter geschlagen«)[432] und zur »Privatsache« zu erklären.[433] Diese Privatheit ist zugleich Gelingensbedingung und dunkle Rückseite des als Individualisierung beschriebenen Wandels familiärer Lebensformen. Privatheit und Individualisierung bedingen einander: Privatheit ermöglicht die Ausbildung individueller familiärer Normen (Individualisierung), und zugleich begünstigt die Einsicht in die Individualität familiärer Normen die Nichteinmischung (Privatheit).

Seit den 1970er Jahren wird darauf hingewiesen, dass das Verständnis der Familie als privater Raum »genaue Transparenz und schnelle Interventionen [hindert]«.[434] Die Privatheit der Familie wird zu den strukturellen Gründen für elterliche Gewalt gezählt.[435] Dieser Zusammenhang ist empirisch belegt. Nach Erhebungen von Kai Bussmann in den Jahren 1992 und 1997 hat die Vorstellung, dass Familie etwas Privates, Abgeschlossenes ist, »erdrückende[n] Einfluss auf das Nicht-Handeln-Wollen, das Verschweigen«.[436] Ob verletzte Kinder und Jugendliche dazu in der Lage sind, sich Unterstützung zu suchen, oder ob außenstehende Erwachsene den Betroffenen zu Hilfe kommen, hängt nach seinen Untersuchungen vor allem von ihren Einstellungen zur Privatheit der Familie ab. Ihr kommt die »stärkste Erklärungskraft« für die Interventionsbereitschaft zu. Dabei weisen gewaltbelastete Familien tendenziell »höhere Abgeschlossenheitsphänomene« auf.[437] Was dieser »Mantel des Schweigens« für die betroffenen Kinder und Jugendlichen bedeutet, lässt sich exemplarisch in dem Erfahrungsbericht »Nicht auf den Kopf« von Markus Breitscheidel aus dem Jahr 2016 nachlesen.[438] Die Angst vor den gewalttätigen Ausbrüchen seines Vaters begleitete seine Kindheit und Jugend bis in die ausgehenden 1990er Jahre. Über Jahre hinweg wurden seine Brüder, seine Mutter und er regelmäßig von seinem Vater geschlagen und blutig verletzt. Und obwohl er mehrfach versuchte, darauf aufmerksam zu machen, gelang es nicht, Lehrer, Pastorinnen, Nachbarn oder Ärztinnen zu mobilisieren: »Jeden

431 Siehe aber die Beiträge von *Hengst* (1981), *Riedmüller* (1981) und *Wambach* (1981).

432 Exemplarisch *Bjerg* (2020) 64; *Mitgutsch* (1985/2020) 17, 140 und öfter.

433 Näher *Hävernick* (1964) 117–131. Spätere literarische Darstellung bei *Rothmann* (2006/2016) 64: »Das ist meine Sache.«

434 *Neidhardt* (1975) 50.

435 Exemplarisch *Milhoffer* (2005).

436 *Bussmann* (2000) 119–188, hier 162

437 *Bussmann* (2000) 135–148.

438 Siehe außerdem die bei *Bussmann* (2000) 148–159 wiedergegebenen Interviews.

Tag begegnen die geschlagenen Kinder […] anderen Menschen«, und jeden Tag werde »weggesehen«, obwohl jede Begegnung »eine Chance [wäre]: Gesehen zu werden. Verstanden zu werden. Gerettet zu werden.«[439]

Der von Philippe Ariès beobachtete fundamentale Wandel der Familie hin zur privaten, zurückgezogenen, abgeschlossenen Intimgruppe erklärt aber nicht nur, warum elterliche Gewalt häufig interventionsfrei bleibt. Privatheit und elterliche Gewalt sind tiefer ineinander verstrickt. Die Privatheit der Familie ist auch Ausdruck von Veränderungen ihrer Raison d'Être: Was die private Familie ausmacht und sie von der Gesellschaft unterscheidet, ist ihre *Intimität.* Anders als in der vorindustriellen Zeit definieren sich Familien weniger über Produktionszusammenhänge als über Nähe.[440] Im Regelfall ist der Wunsch, Kinder zu haben, heute nicht mit wirtschaftlichen Interessen erklärbar: Kinder nützen weder als Arbeitskräfte noch für die Alterssicherung, sondern haben, so Elisabeth Beck-Gernsheim, »vorwiegend eine ›psychologische Nutzenfunktion‹«.[441] Diese historisch neue Fundierung des Kinderwunsches und die damit einhergehende *Emotionalisierung* der Eltern-Kind-Beziehungen bringt weitere Risiken mit sich. Indem Familien sich emotionalisieren und über Intimität definieren, definieren sie sich (auch) über Körperlichkeit. Die weiterhin nachweisliche Allgegenwart von Gewalt in Familien und die Beobachtung, dass Eltern genauso wie Kinder vielfältige Strategien entwickeln, um ausgeteilte bzw. erlittene Verletzungen zu normalisieren, hat zu der These geführt, dass Gewalt möglicherweise zu einer Strategie zur Herstellung von Intimität geworden ist, gewissermaßen der verfehlte Versuch, dem gesellschaftlichen Ideal familiärer Intimität gerecht zu werden.[442] Die Allgegenwart von familiärer Gewalt wird auch darauf zurückgeführt, dass emotionsdefinierte Eltern-Kind-Beziehungen labiler sind. Waren die Familien der vorindustriellen Zeit des 19. Jahrhunderts häufig auch Arbeits- und Wirtschaftsgemeinschaften, ist der Familie des 20. Jahrhunderts das gemeinsame Projekt abhandengekommen, das die Beziehungen der Eltern zu ihren Kindern in privatnützigem Kalkül stabilisieren könnte. An dessen Stelle sind überbordende emotionale Hoffnungen und Erwartungen getreten. Quer durch soziale Milieus und Ausbildungshintergründe sollen Kinder diffuse Bedürfnisse nach Bedeutung erfüllen: Kinder sind zur »Sinn- und Selbsterfahrung« geworden, wie Elisabeth Beck-Gernsheim rekonstruiert und belegt hat.[443] Dabei sind die Vorstellungen davon, was gute Eltern ausmacht, an der Wende zum 21. Jahrhundert eher noch dichter geworden. Die Erziehungswissenschaftlerin Meike Sophie Baader spricht

439 *Breitscheidel* (2016) 8 f.

440 Siehe neben *Ariès* (1960/1978) insbesondere *Rosenbaum* (1982) sowie *Heinsohn / Knieper* (1974).

441 *Beck-Gernsheim* (1990) 138.

442 *Honig* (1986) 217–256, 268–287. Beispielhafte literarische Schilderung bei *Rothmann* (2006/2016) 64 sowie bei *Bussmann* (2000) 151–159.

443 *Beck-Gernsheim* (1990).

von einer Verschiebung zur »optimierten Kindheit«.[444] Es werden unerfüllbare Handlungsmaximen formuliert (»Für mein Kind tue ich alles«, »Hauptsache, den Kindern geht es gut«). Überhöhungen und Selbstüberforderungen begünstigen elterliche Enttäuschungen, sowohl von sich selbst als auch vom Kind. Psychodynamische Verstehensansätze gehen dahin, dass Eltern, die ihre Kinder körperlich verletzen, gemeinsam haben, dass sie altersunangemessene Anforderungen an ihre Kinder richten; außerdem wirkten die verletzenden Eltern unsicher, fühlten sich selbst ungeliebt und erwarteten vom Kind Bestätigung, Trost und Liebesbeweise.[445] Wenn die erhoffte emotionale Belohnung ausbleibt, schlägt die Beziehung zum Kind, die zur eigenen psychischen Stabilisierung gedacht war, um in Überforderung, Frustration und schließlich in Gewalt: »In der isolierten Kleinfamilie kann ein ›Treibhausklima‹ entstehen, in dem nicht nur Liebe, sondern auch Aggressionen gedeihen.«[446]

Es kommt also vieles zusammen, das die »Alltäglichkeit familiärer Gewaltanwendung« erklärt: die räumliche Zurückgezogenheit und Abgeschlossenheit der gewollten und gesellschaftlich (mit-)begründeten Privatheit der Familie, die Intensität der wechselseitigen Aussetzung, die relative Unauflöslichkeit der Familie, der soziale Erwartungsdruck zu Liebe, Harmonie und Solidarität, das mit der Erziehungsaufgabe verbundene Konfliktpotential und schließlich eine außerordentliche Machtdifferenz zwischen Eltern und Kindern.[447] Die Eltern verfügen über alle relevanten Ressourcen, und die Kinder stehen in ständiger Schuld, ohne das Ausmaß der emotionalen Erwartungen je präzise fassen zu können. Für Kinder, zumal für jüngere Kinder, sind Familien »totale Institutionen« im Sinne von Erving Goffman.[448] Damit sind einige Gründe genannt, die die Paradoxie familialer Intimität und die gesteigerte Ambivalenz der emotionalisierten, auf Liebe gegründeten Eltern-Kind-Beziehungen ausmachen: »Das Potential für Gewalttätigkeit ist die Kehrseite des Potentials für Liebe und Intimität«, wie Michael-Sebastian Honig formulierte.[449] Dabei sind es gerade die Verstrickungen von Liebe und Gewalt, von Bewunderung und Autorität, die es den betroffenen Kindern schwer machen, erlittene Verletzungen als Unrecht wahrzunehmen und sich seelisch zu distanzieren. Kinder sind von ihren Eltern nicht nur wirtschaftlich, sondern zugleich emotional abhängig. Auch verletzende Eltern sind für ihre

[444] *Baader* (2014) 448.

[445] Erstmals formuliert auf der Basis einer Analyse von 60 Familien von *Steele/Pollock* (1968/1978); aufgenommen von *Zenz* (1979) 218–226; für eine Kritik siehe *U. Schneider* (1987) 105: spekulativ, kleine und verzerrte Stichprobe.

[446] *Beck-Gernsheim* (1990) 180.

[447] Angelehnt an *U. Schneider* (1987) 110–117.

[448] Siehe schon Fn. 153 im Zusammenhang mit Krankenhäusern; außerdem *Neidhardt* (1975) 48 f.

[449] *Honig* (1986) 87; gleichsinnig *Dudek* (2012) 16–20; für eine literarische Abbildung siehe auch *C. Schumacher* (2022).

Kinder immer noch ihre einzigen Eltern. Welche Gefühle dabei in Widerstreit geraten, hat Anna Mitgutsch literarisch auf beklemmende Weise nachfühlbar gemacht. Die von ihrer Mutter in den 1950er Jahren als Kind regelmäßig geschlagene Tochter erinnert sich in dem Roman »Die Züchtigung« an die erlebten »Rituale des Schlagens« mit folgenden Worten:

»Ich wagte es nicht, sie zu hassen. Ich konnte es mir nicht leisten, sie zu hassen, sie war der einzige Mensch, der mich liebte. Danke, liebe Mama, musste ich sagen, wenn sie vom Schlagen erschöpft war und sich schwer atmend niedersetzte. Manchmal ließ sie sich der Länge nach auf den Boden fallen, und ich bekam Angst um sie, hoffte, sie sei nicht ohnmächtig geworden von der schweren Arbeit der Züchtigung, ich fühlte mich schuldig, ihr so viel Kummer zu bereiten.«[450]

Der Gedanke, dass ihre schlagende Mutter ihr eklatantes Unrecht angetan hat, wird beiseitegeschoben. Mit der »Ehrenrettung« der Mutter »steht und fällt« der Selbstwert der Erzählerin: »Ich kann sie nicht preisgeben, denn wenn es sich herausstellen sollte, dass sie mich nie geliebt hat, dann bin ich eine Monstrosität, etwas, das es nicht geben darf.«[451] Dies macht es erklärlich, warum Jugendämter immer wieder mit Fällen zu tun haben, in denen Kinder, obwohl sie von einem Elternteil nachweislich verletzt worden sind, den Wunsch äußern, bei diesem Elternteil zu bleiben. Die fundamentale Abhängigkeit von der Liebe der Eltern führt dazu, dass viele ältere Kinder und Jugendliche paradoxale »selbstgefährdende Positionen« einnehmen.[452] Die Liebe zu den Eltern vertieft die Verletzungserfahrung und verstellt den Blick auf mögliche Auswege aus dem innerfamiliären Trauma (»Widerstand ist zwecklos«); auch hierfür gibt es zahlreiche literarische Zeugnisse, etwa in der autobiographischen Schilderung »Wut« von Harald Martenstein aus dem Jahr 2021: »Die Liebe ist ein Problem, weil sie verwundbar macht. Vor der Liebe muss man sich hüten.«[453] Solche Erfahrungen werden ein Grund dafür sein, dass es Strömungen in der Pädagogik gibt, aus deren Sicht Liebe eine eher problematische Orientierung für Erziehungsverhältnisse darstellt.[454]

Weniger ist bekannt über das Ausmaß und die Gründe anderer Formen elterlicher Fremdbestimmung. Es gibt keine empirischen Untersuchungen dazu, in wie vielen Fällen Eltern auf welche Weise ihre Kinder an der Verwirklichung körperlicher Wünsche hindern. Dies liegt vor allem an der Unschärfe der rechtlichen Grenzziehung. Dem expliziten Recht auf gewaltfreie Erziehung steht kein

450 *Mitgutsch* (1985/2020) 9.

451 *Mitgutsch* (1985/2020) 140 f.

452 Vgl. *Zitelmann* (2001) 296, 304–307.

453 *Martenstein* (2021) 20 f. Ähnliche Selbstzeugnisse bei *Selge* (2021) 119–126 sowie in den Schilderungen von *Müller-Münch* (2012) 37 und öfter. Für eine literarische Abbildung des Zusammenhangs von elterlicher Gewalt und Schamgefühlen siehe auch *Bjerg* (2020) 58.

454 *Prange* (2013): »Achtung« statt »Liebe« als zeitgemäßes Ethos der Erziehung.

entsprechend eindeutiges Recht auf körperliche Selbstentscheidung gegenüber. Während inzwischen jede elterliche Einwirkung, die den Körper des Kindes verletzt, rechtlich relevant ist, und die Schwelle zur Körperverletzung nicht mehr durch diffuse Erziehungsrechte verdunkelt wird, handelt es sich bei dem Recht auf körperliche Selbstentscheidung des Kindes bislang nur um ein »ungefähres« Recht (oben Kap. 2 II.3.3.). Außerdem dürfte eine Rolle spielen, dass körperliche Gewalt, die zu Körperverletzungen führt, als schwerwiegender eingestuft wird als die bloße Unterdrückung von Körperwünschen, die allenfalls »nur« als Beeinträchtigung des psychischen Kindeswohls gilt.[455] Dennoch erscheint es plausibel, dass ein Teil der Erklärungen dafür, warum Eltern ihre Kinder körperlich verletzen, auch für körperliche Fremdbestimmungen trägt. Die Privatheit der Familie, ihre körperbezogene Intimität und die fundamentale Asymmetrie begünstigen elterliche Vormachtstellungen und die Durchsetzung ihrer Körpervorstellungen. Und abermals wird es Kindern schwerfallen, den verlorenen Konflikt um ihre eigenen Körperwünsche nach außen zu tragen, so wenig wie die Protagonistin der autobiographischen Romane von Ulla Hahn dem Schulzahnarzt bei einem privaten Mittagessen offenbaren konnte, dass ihre ersehnte Zahnspange und damit ihr Wunsch nach einem »besseren Leben« von ihrem Vater mutwillig zerstört wurde.[456] Außerdem liegt nahe, dass sich autoritäre Erziehungsmuster nicht nur in körperlicher Gewalt, sondern auch insgesamt in Gehorsamserwartungen äußern. Umgekehrt ist denkbar, dass sich die Generation der überbesorgten »Helikopter-Eltern« besonders schwer damit tun könnte, wenn ihre über lange Zeit ängstlich bewachten Kinder auf einmal Körperwünsche entwickeln, die stark von den elterlichen Vorstellungen abweichen. Vielleicht sind diese Familien besonders totalitär? Auch ist nicht auszuschließen, dass körperliche Fremdbestimmung gerade für solche Eltern zum »Ventil« für Enttäuschungen und Überforderungsgefühle wird, denen körperliche Gewalt nach ihren individuellen, von Gewaltfreiheit geprägten und partnerschaftlichen Erziehungsidealen nicht zugänglich ist. Im Gegenteil: Analysiert man die beiden prägenden Erzählungen zur Kindheitsgeschichte von Philippe Ariès und Lloyd deMause, liegt dieser Schluss auf Wechselwirkungen zwischen abnehmender (physischer) Gewalt und zunehmender (psychischer) Kontrolle sogar nahe. Wie die Sozialwissenschaftlerin Barbara Riedmüller ausgeführt hat, liegt darin der Schlüssel, mit dem sich die auf den ersten Blick gegenläufigen Kindheitsgeschichten erst vereinen lassen: Ging es Lloyd de Mause um die wachsende Befreiung des Kindes aus physischem Zwang, hat Philippe Ariès die Geschichte der fortschreitenden Unterwerfung des Kindes unter die Kontrollinstanz Familie erzählt.[457] Die »helle« Geschichte von der ab-

455 Dazu *Rothärmel* (2004) 180–183.
456 *Hahn* (2009/2011) 233 f.
457 *Riedmüller* (1981) 139: zwei »Konfigurationen« familiärer Gewalt.

nehmenden Gewalt steht nicht in Widerspruch zur »dunkleren« Geschichte der zunehmenden Kontrolle, sondern beide Geschichten bedingen einander. Dieses Wissen um die Wechselwirkungen zwischen dem Ausmaß physischer Gewalt und dem Ausmaß anderer Formen körperlicher Kontrolle und Fremdbestimmung legt nahe, dass abnehmende physische Gewalt nicht zwangsläufig auf abnehmende körperliche Fremdbestimmung hinweist. Dies sind zugegebenermaßen mehr Vermutungen als Feststellungen. Aber auch wenn im Hinblick auf das Ausmaß körperlicher Fremdbestimmung vieles noch unsicher ist: Eindeutig ist, dass das Recht hier in einem schwer zugänglichen Feld operiert, in dem Verletzungen und körperliche Fremdbestimmung durch geläufige Familienverständnisse und Orientierungen begünstigt werden.

5.2 Offene Versprechen

Aber auch die rechtlichen Dogmen enthalten noch offene Versprechen. Dies betrifft erstens die konkreten Umrisse des bislang nur theoretisch eindeutigen Rechts des Kindes auf körperliche Selbstentscheidung. Denn es ist nur theoretisch eindeutig, dass sich die elterliche Personensorge schon vor Erreichen der Volljährigkeit zugunsten grundrechtlich gebotener Eigenzuständigkeit des Kindes »irgendwo« verflüchtigt und dass es in diesem verflüchtigten Bereich keine Rolle mehr spielt, aus welchen Gründen Eltern sich gegen einen Wunsch des Kindes stellen: Wo das Kind eigenzuständig ist, definiert es sein Wohl durch seinen Willen grundsätzlich selbst (Kap. 2 II.3.3.). Unklar ist im Übrigen auch, unter welchen Voraussetzungen Zwangsbehandlungen zulässig sind und ob sie – anders als die zwangsweise Unterbringung Minderjähriger und anders als Zwangsbehandlungen betreuter Erwachsener (dazu noch Kap. 2 III.3.2.) – stets einer gerichtlichen Genehmigung bedürfen.[458] Wo diese theoretisch nicht bestrittenen Selbstbestimmungsenklaven innerhalb der elterlichen Sorge genau liegen, lässt sich nicht sicher sagen. Dies betrifft – mit Ausnahme der Religionszugehörigkeit – eigentlich alle persönlichen Angelegenheiten und insbesondere Entscheidungen über den eigenen Körper. *Praktisch* ist das Recht auf körperliche Selbstbestimmung völlig unklar. Es gibt keine festen Ausformungen, keine anerkannten Fallgruppen, keine Vermutungsregeln nach Alter und Art der Entscheidung. Wir haben es mit einem Gelände zu tun, das weder im Gesetz noch in der Rechtsprechung noch in der Rechtswissenschaft nähere Gestalt angenommen hat, sieht man einmal ab

[458] Bundesgerichtshof, Beschluss vom 7. August 2013, XII ZB 559/11, Zeitschrift für das gesamte Familienrecht (FamRZ) 2013, 1646–1648; Oberlandesgericht Karlsruhe, Beschluss vom 11. Januar 2002, 20 WF 112/01, Zeitschrift für das gesamte Familienrecht (FamRZ) 2002, 1127 f.; Oberlandesgericht Brandenburg, Beschluss vom 17. Februar 2000, 10 UF 45/99, Zeitschrift für das gesamte Familienrecht (FamRZ) 2000, 1033–1035.

von den hier optimistisch als Formungstendenzen beschriebenen dürren Rechtsprechungslinien zu medizinischen Mitsprache- und Vetorechten (Kap. 2 II.3.3.). Genauso wenig besteht Klarheit über die engeren Voraussetzungen elternseits veranlasster Zwangsbehandlungen; sie unterliegen nur der allgemeinen Schranke aus § 1666 des Bürgerlichen Gesetzbuchs (»Gefährdung des Kindeswohls«).[459]

Damit ist bereits ein erster Grund angesprochen, warum körperliche Selbstbestimmung des Kindes zwar theoretisch im Recht anerkannt ist, in der Praxis aber noch wenig Substanz hat. Es hat mit § 1666 und mit dem Verfahrensrecht zu tun. Denn es gibt im Bürgerlichen Gesetzbuch kein Verfahren über »bloße« Fremdbestimmung. Überschätzen Eltern die Reichweite des Sorgerechts im Verhältnis zum Selbstbestimmungsrecht des Kindes, so handeln sie zwar rechtlich jenseits ihres Mandats, doch hat dies keine unmittelbare Sanktion. Das trifft zwar auch für Verstöße gegen das Gewaltverbot zu. Doch kann jede elterliche Ohrfeige – auch von Passanten – zur Strafanzeige gebracht werden. Anders ist es, wenn Eltern bloße Körperwünsche unterdrücken, etwa wenn sie für ihr Kind in eine Zwangsbehandlung einwilligen oder wenn sie ihren fast 16-jährigen Sohn von einer Corona-Schutzimpfung abhalten wollen[460] oder wenn sie ihre Tochter daran hindern, die ungewollte Schwangerschaft zu unterbrechen. Diese Konflikte bewegen sich außerhalb des Strafrechts. Das Recht des Kindes auf körperliche Selbstbestimmung kann dann nur durch den familiengerichtlichen Kindesschutz bei Kindeswohlgefährdung (§ 1666) verwirklicht werden. Dies ist jedoch alles andere als eine einfache Angelegenheit. Ohnehin dürfte es Minderjährigen schwerfallen, aus eigener Kraft ein Gerichtsverfahren gegen den vereinten Willen der Eltern anzustrengen. Im Übrigen ist auch gar nicht vorgesehen, dass Kinder solche Verfahren eigenständig einleiten: Kinder haben kein formelles Antragsrecht und gelten in Kindesschutzverfahren nicht als verfahrensfähig.[461] Manche Verfahren gehen auf »Anregungen« zur Verfahrenseinleitung von Lehrerinnen oder Mitarbeitern des Jugendamts zurück, aber auch dies kann ein eigenes Antragsrecht nicht ersetzen, zumal nicht jede Anregung auch zur Einleitung eines Verfahrens

459 Kritisch *Götz* (2016); *S. Kirsch* (2021).

460 Vgl. Oberlandesgericht Frankfurt, Beschluss vom 7. August 2021, 6 UF 120/21, Zeitschrift für das gesamte Familienrecht (FamRZ) 2021, 1533–1537 mit zustimmender Anmerkung von *Lipp* (2021). Das Gericht hielt einen Co-Konsens von Eltern und Kind für erforderlich und erachtete das Kind nicht für allein entscheidungsbefugt. Genauso Oberlandesgericht Brandenburg, Beschluss vom 5. Juli 2022, Zeitschrift für das gesamte Familienrecht (FamRZ) 2022, 1704–1706: Elternzustimmung auch bei Impfwunsch des 15-jährigen Sohnes erforderlich, der »einwilligungsfähig sein könnte«.

461 Kindern, die das 14. Lebensjahr vollendet haben, steht nur das Recht zur Beschwerde gegen Entscheidungen des Familiengerichts zu; sie sind aber weder antragsberechtigt noch verfahrensfähig (näher § 9 FamFG – Kindschaftssachen betreffen keinen »bürgerlich-rechtlichen Anspruch«, daher auch keine Verfahrensfähigkeit von 14-Jährigen). Allerdings sind sie anzuhören, sie erhalten seit 2009 einen Verfahrensbeistand (§ 158 FamFG) und sind zu beteiligen (§ 159 FamFG); auf Defizite weist auch der Neunte Familienbericht »Eltern sein in Deutschland« vom 3. März 2021 hin, BT-Drucks. 19/27200, S. 297–299.

führen muss. Eine andere Rechtsschutzmöglichkeit gibt es für das Kind aber nicht. Hier fehlt ein explizites *Selbstbestimmungsklärungsverfahren*, mit dem Kinder ihr Selbstbestimmungsrecht im Konfliktfall klären lassen können.[462]

Hinzu kommt zweitens die schon angesprochene materielle Hürde in § 1666 des Bürgerlichen Gesetzbuchs. Erforderlich ist, dass der Selbstbestimmungskonflikt die Schwelle zur »Gefährdung des Kindeswohls« überschreitet. Bloße sich »aus dem Generationenkonflikt ergebende Probleme« oder »typische Adoleszenzkonflikte« sollen damit gerade nicht gemeint sein.[463] Gisela Zenz hat bereits im Jahr 1979 darauf aufmerksam gemacht, dass der Mechanismus des § 1666 »inadäquat« ist und zu »unbefriedigenden Ergebnissen« führt, wenn es um Selbstbestimmungskonflikte geht.[464] Es fehlt an einem regulären gerichtlichen Verfahren, in dem Kinder die Reichweite ihrer Selbstbestimmung im Verhältnis zur elterlichen Sorge klären können. Dies erklärt auch die vergleichsweise Konturenlosigkeit des Rechts auf körperliche Selbstbestimmung des Kindes: Es gibt eben kaum gerichtliche Entscheidungen und daher auch nur wenig Anschauungsmaterial und gerichtliche Grenzziehungen. Wir haben es mit wenig mehr als einer Hand voll Entscheidungen zu tun, die zudem auf *Umwegen* entstanden sind. Ein Teil der Entscheidungen beruht darauf, dass es in der Folge von medizinischen Behandlungen oder Tätowierungen zu Schäden gekommen ist. In diesem Zusammenhang musste dann mitentschieden werden, ob die Einwilligung durch den Jugendlichen allein ausreichte.[465] Vereinzelte Entscheidungen gehen auf Elternkonflikte zurück, etwa wenn der nicht sorgeberechtigte Vater im Alleingang, ohne Einverständnis der alleinsorgeberechtigten Mutter, die Beschneidung des 12-jährigen Sohnes veranlasst.[466] Die anderen Gerichtsentscheidungen – alle Schwangerschaftsentscheidungen – sind zwar in Kindesschutz-Verfahren ergangen. Doch geht es in diesen Verfahren recht eigentlich nicht um Klärung, ob die Eltern überhaupt entscheidungszuständig sind oder ob sie ihrer Verpflich-

462 *Peschel-Gutzeit* (2015) 142 f. (§ 1626 Rn. 84). Genauso *Gernhuber/Coester-Waltjen* (2020) 646; auch schon *R. Lempp* (1984) 17.

463 Oberlandesgericht Köln, Beschluss vom 5. Januar 1996, 16 Wx 5/96, Zeitschrift für das gesamte Familienrecht (FamRZ) 1996, 1027 f. (1028).

464 *Zenz* (1979) 86–89; aus jüngerer Zeit *Antomo* (2020) 411 f.

465 So die in Fn. 356 aufgeführten Entscheidungen.

466 So die Entscheidung des Oberlandesgerichts Frankfurt a. M., Beschluss vom 21. August 2007, 4 W 12/07, Neue Juristische Wochenschrift (NJW) 2007, 3580–3582 für Prozesskostenhilfe zugunsten des 12-jährigen Betroffenen, der seinen Vater auf Schmerzensgeld wegen der Beschneidung verklagt hatte. Dabei ging das Gericht davon aus, dass es dem 12-Jährigen schon aufgrund seines Alters an der Einsichts- und Urteilsfähigkeit gefehlt hatte, um selbst wirksam in die Beschneidung einzuwilligen. Es kam dann nicht mehr darauf an, dass der 12-Jährige seine Einwilligung in die Beschneidung ohnehin nur »notgedrungen« erklärt hatte, wie sich aus dem Sachverhalt erschließt. – Dieser Sachverhalt erhellt die Schwierigkeiten, die sich für Kinder schon aus dem »sozialen Druck« ergeben, dem sie in Konflikten mit ihren Eltern über Körperwünsche und körperliche Behandlungen ausgesetzt sein können.

tung zur Rücksicht auf die wachsende Selbstbestimmung des Kindes gerecht geworden sind. Vielmehr geht es darum, ob der Staat zum Schutz des Kindes einschreiten muss, weil das »körperliche, geistige oder seelische Wohl des Kindes gefährdet [wird] und die Eltern nicht gewillt oder in der Lage sind, die Gefahr abzuwenden«, wie es in § 1666 des Bürgerlichen Gesetzbuchs heißt. Und eigentlich müssten Familiengerichte, die nach § 1666 zum Kindesschutz gegen elterliche Sorge angerufen werden, das Verfahren zurückweisen, wenn sich ergibt, dass die elterliche Sorge zugunsten der Selbstbestimmung an ihr Ende gekommen ist. Das Verfahren passt auf die hier zu treffenden Entscheidungen nicht, so dass sich die Gerichte mit nicht vorgesehenen Tenorierungen behelfen.[467] Diese Leerstelle ist entstehungsgeschichtlich erklärlich: Das Kindesschutz-Verfahren nach § 1666 des Bürgerlichen Gesetzbuchs war nicht darauf angelegt, in Selbstbestimmungskonflikten zu entscheiden. Im Vordergrund stand die staatliche Schutzpflicht, das Wächteramt über Leib und Leben des Kindes, und nicht die Entfaltung kindlicher Selbstbestimmung. Der historische Gesetzgeber des Bürgerlichen Gesetzbuchs wusste noch nichts von einem allmählich erstarkenden Selbstbestimmungsrecht des Kindes vor Erreichen der Volljährigkeit und hatte daher auch nicht vor Augen, dass einmal Entscheidungen getroffen werden müssten, um Grenzen zu ziehen zwischen Selbstbestimmungsrechten des Kindes und elterlichen Sorgerechten. Und wo Gerichte doch einmal entscheiden – wie zuletzt in Schwangerschaftskonflikten –, vermeiden die Entscheidungsgründe verallgemeinerbare Festlegungen.[468] Ansonsten wissen wir nicht, wo das Recht derzeit steht. Es ist ungewiss, ob Familiengerichte, wenn sie davon überhaupt erführen, den Selbstbestimmungswünschen von Jugendlichen in Bezug auf ihre geschlechtliche Identität oder ihre körperlich-identitäre Selbstdarstellung (Kieferregulierung, Anlegen abstehender Ohrmuscheln, Frisur, Tätowierung, Ohrschmuck, Bodybuilding etc.) zur Durchsetzung verhelfen oder dies dem freien Spiel der innerfamiliären Kraftverhältnisse und Einsichten überlassen würden. Literarische Selbstzeugnisse führen aber vor Augen, dass selbst vermeintlich eindeutig vernünftige und sinnvolle Körperwünsche zum Austragungsort für Inszenierungen von elterlicher Macht werden können. Ulla Hahn hat dies in ihrem Roman »Das verborgene Wort« literarisch abgebildet in einer Szene, in der der Vater seiner Tochter Hilla die ersehnte und kostspielige Zahnspange gewaltsam zerstört. Dem Vater ist bewusst, was er sei-

467 Anders als in Gerichtsentscheidungen nach § 1666 BGB sonst üblich, spricht der Tenor nicht aus, dass bestimmte Maßnahmen veranlasst oder nicht veranlasst sind, z. B. eine Inobhutnahme des Kindes, sondern es wird festgestellt, dass eine Zustimmung der Eltern nicht erforderlich ist, so Oberlandesgericht Hamm, Beschluss vom 29. November 2019, 12 UF 236/19, Neue Juristische Wochenschrift (NJW) 2020, 1373–1376.

468 Exemplarisch die Entscheidung des Oberlandesgerichts Hamm, Beschluss vom 29. November 2019, 12 UF 236/19, Neue Juristische Wochenschrift (NJW) 2020, 1373–1376 (1375): Einzelfallprüfung, bei der das Alter zwar »eine wichtige, aber nicht allein entscheidende Rolle« spielt.

ner Tochter damit antut, und Hilla wird noch viele Jahre unter ihren als »schief« empfundenen Zähne zu tragen haben.[469]

Man mag hoffen, dass Eltern und Kinder über Körperwünsche gar nicht erst in grundlegenden Konflikt geraten und dass Eltern daraus auch kein Machtspiel machen. Dies ändert aber nichts daran, dass die Rechtsordnung im Streitfall rechtliche Antworten produzieren muss und dass die Art und Weise, wie dies derzeit in der Praxis geschieht, nicht in Einklang gebracht werden kann mit der großen Erzählung vom Kind als »Wesen mit eigener Würde« (Kap. 2 II.3.2.). Solange § 1666 der einzige Mechanismus ist, durch den elterliche Fremdbestimmung im Recht thematisierbar ist, ist die rechtliche Verwirklichung der versprochenen körperlichen Selbstbestimmung des Kindes auf Wohlwollen und glückliche Umstände angewiesen. Die inhaltlichen Unsicherheiten über die Substanz der Selbstbestimmung haben sich mit verfahrensrechtlichen Unsicherheiten in einer Weise aufaddiert, dass es sich bei dem verfassungsrechtlichen Versprechen auf körperliche Selbstbestimmung auch fünfzig Jahre nach dem Diktum des Bundesverfassungsgerichts im Jahr 1968 vom Kind als »Wesen mit eigener Würde« immer noch um ein eher ungefähres Recht handelt.

Auch die Rechtswissenschaft wirkte bislang nur wenig daran mit, das theoretisch eigentlich unangefochtene Recht des Kindes auf körperliche Selbstbestimmung konzeptionell eindeutiger zu übersetzen. Zwar wird gesehen, dass ein nur »ungefähr« verwirklichtes Recht weder dem verfassungsrechtlichen Rahmen noch der Idealgestalt der elterlichen Sorge gerecht wird. Es besteht eine »verfassungs- und menschenrechtliche bedenkliche Regelungslücke«, so Dagmar Coester-Waltjen im Jahr 2020.[470] Drastischer formulierte Friederike Wapler im Jahr 2015, die gegenwärtige Rechtslage »[nehme] die dynamische Autonomieentwicklung von Kindern und Jugendlichen nicht hinreichend ernst« und »genüg[e] angesichts völlig unklarer Kriterien [...] nicht dem Bestimmtheitsgebot«.[471] Dies gilt insbesondere für Entscheidungen über medizinische Behandlungen und die elementaren Unsicherheiten in der Bewertung der sogenannten Einwilligungsfähigkeit Minderjähriger. Denn anders als bei Volljährigen, bei denen die Rechtsordnung davon ausgeht, dass sie einwilligungsfähig sind, ist die Einwilligungsfähigkeit

469 *Hahn* (2001/2003) 550 f. – Hier hatte der Vater allerdings zunächst dem Drängen des Schularztes und dem Wunsch der Tochter nachgegeben und für den Erwerb der Zahnspange erhebliche Ratenzahlungen über insgesamt 900 DM auf sich genommen. Doch war dieses Einverständnis nicht von langer Dauer, und die aus Wut vorgenommene, noch dazu wirtschaftlich sinnlose Zerstörung der ersehnten Zahnspange lief auf dasselbe hinaus: die väterliche Vernichtung des Körperwunsches der Tochter. Auch wenn es zunächst nicht danach aussieht, bebildert die Szene durchaus einen Eltern-Kind-Konflikt um körperliche Selbstbestimmung, und dessen gewaltvolle Entscheidung durch den Vater dürfte für die Tochter noch schmerzvoller gewesen sein, als wenn sich der Vater dem Wunsch der Tochter von Anfang an widersetzt hätte.

470 *Gernhuber/Coester-Waltjen* (2020) 663.

471 *Wapler* (2015) 537; exemplarische Überlegungen auch schon bei *Quambusch* (1973) 77–83.

von Minderjährigen als Ausnahme von der Regel positiv festzustellen. Leitentscheidung ist nach wie vor die schon mehrfach angesprochene Entscheidung des Bundesgerichtshofs aus dem Jahr 1958 (dazu schon Kap. 2 I.5.2.1., II.3.3.). Danach setzt Einwilligungsfähigkeit »geistige und sittliche Reife« voraus.[472] Aber es kursieren auch andere Wendungen: Mal wurde nach der »natürlichen Einsichts- und Urteilsfähigkeit«[473] und nach der Fähigkeit gefragt, die Folgen von körperlichen Entscheidungen zu übersehen und abzuwägen, mithin kam es wesentlich auf das Alter, kritisches Verständnis, Lebenserfahrung und »Erfahrungswissen« an.[474] Doch sind die gebräuchlichen Umschreibungen, befand schon Knut Amelung im Jahr 1992, »von geringer Präzision und Lenkungskraft.«[475] Das Dogma von der Einwilligungsfähigkeit und die dazu entwickelten Vorstellungen öffneten eine weite Hintertür für die Legitimation von Fremdentscheidungen. Denn es besteht die Tendenz, dabei eher hohe Anforderungen zu stellen, nicht anders als in der Frage der Selbstbestimmungsfähigkeit von betreuten Erwachsenen (Kap. 2 III.5.2.2.). Dies geschieht insbesondere dadurch, dass bestimmte Entscheidungen als »besonders schwierig« eingestuft werden mit der Konsequenz, dass »besonders hohe« Anforderungen an die Fähigkeiten des Jugendlichen zu stellen sind (denen der Betroffene dann meist nicht genügt). Mit dieser Argumentation werden sowohl medizinisch »indizierte«, also ärztlich empfohlene Eingriffe, als auch Behandlungen, die der Verwirklichung von ästhetischen oder identitären Wünschen dienen, als »besonders« ausgewiesen und mit hochgesetzten Anforderungen verknüpft.[476] Schließlich besteht die Neigung, die Selbstbestimmungsfähigkeit umso eher in Zweifel zu ziehen und letztlich zu verneinen, je unvernünftiger, außergewöhnlicher, individueller sich ein Körperwunsch aus Richtersicht darstellt. Gerichte neigen – genauso wie Laien – dazu, aus der augenscheinlichen Unvernünftigkeit eines Körperwunsches auf die mangelnde Selbstbestimmtheit des

472 So erstmals für die zivilrechtliche Rechtsprechung Bundesgerichtshof, Urteil vom 5. Dezember 1958, VI ZR 266/57, BGHZ 29, 33–37 (36).

473 Amtsgericht München, Urteil vom 17. März 2011, 213 C 917/11, Neue Juristische Wochenschrift (NJW) 2012, 2452 – bejaht im Zusammenhang mit einem Haftungsprozess einer 17-Jährigen wegen der Folgen einer Tätowierung.

474 Amtsgericht Celle, Beschluss vom 9. Februar 1987, 25 VII K 3470 SH, Neue Juristische Wochenschrift (NJW) 1987, 2307–2310 (2308): Erfahrungswissen, Lebenserfahrung und durchschnittlicher Entwicklungsstand, hier verneint bei einer 17-jährigen Schwangeren; siehe auch Landgericht Berlin, Beschluss vom 20. November 1979, 83 T 395/79, Zeitschrift für das gesamte Familienrecht (FamRZ) 1980, 285–287: Es fehle der Schwangeren »für ein Abwägen der für und gegen eine Schwangerschaftsunterbrechung sprechenden Gründe noch an dem erforderlichen kritischen Verständnis«.

475 *Amelung* (1992) 541.

476 Siehe einerseits *Nebendahl* (2009) 201: in der Regel fehle es an der Einwilligungsfähigkeit bei medizinischen Eingriffen; andererseits gegen ein Entscheidungsrecht Minderjähriger über medizinisch nicht indizierte Körperwünsche wie insbesondere Schönheitsoperationen und Tätowierungen exemplarisch aus strafrechtlicher Sicht *Grünewald* (2019) 547 (§ 223 Rn. 80), aus zivilrechtlicher Sicht *Wagner* (2020) 2768 (§ 630d Rn. 44).

Willens zu schließen.[477] Auf diese Weise wird das theoretisch anerkannte Recht auf körperliche Selbstbestimmung in der Rechtspraxis weithin ausgehöhlt. Je weniger ein Körperwunsch nach Erwachsenenmaßstäben nachvollziehbar ist, desto geringer ist die Aussicht, dass sein Urheber im Rechtssinn als selbstbestimmungsfähig anerkannt wird. So wird aus einem Recht auf körperliche Individualität und Unvernunft unversehens ein Recht, das erst dann sicher anerkannt wird, wenn es sich in den Bahnen landläufiger Vorstellungen davon bewegt, was im Hinblick auf den eigenen Körper vernünftig ist.

Ein Beispiel dafür, wie leicht die Art des Körperwunsches die Einschätzung der Selbstbestimmungsfähigkeit beeinflussen kann, liefert Ian McEwan in seinem 2014 erschienenen Roman »The Children Act«. Es geht um Adam, der in drei Monaten 18 Jahre wird und an Leukämie erkrankt ist. Er lehnt aus religiösen Gründen als Zeuge Jehovas – genauso wie seine Eltern – die lebensrettende Bluttransfusion ab. Er weiß, dass er sich damit für den sicheren Tod entscheidet. Adam wird als gebildet, überdurchschnittlich intelligent und reflektiert geschildert. Ist es angemessen, an seiner Einwilligungsfähigkeit zu zweifeln, weil Adam aus der Sicht von Erwachsenen, die nicht Zeugen Jehovas sind, einen unvernünftigen Willen hat? Oder kommt ein Selbstbestimmungsrecht von Minderjährigen in Entscheidungen über Leben und Tod niemals in Betracht, weil erst Volljährige die Fähigkeit haben, ihre zukünftigen Interessen richtig zu erfassen? Bei Ian McEwan wird dem bald 18-Jährigen im Einklang mit englischen Gerichtsurteilen[478] die Entscheidung nicht zugetraut. Sein Veto wird übergangen, weil nach Auffassung der Richterin am High Court, Fiona Maye, Zweifel an der Selbstbestimmtheit von Adams Willen bestehen.[479]

Deutsche Gerichte standen bislang noch nicht vor dieser Frage. Sie hatten es nur mit Fällen zu tun, in denen Eltern für ihre eindeutig nicht einwilligungsfähigen Neugeborenen oder Kleinkinder lebensnotwendige Maßnahmen wie z. B.

477 Genauso *Amelung* (1992a) 832: »Der objektiv vernünftige Inhalt seiner [des Einwilligenden] Erklärung ist [...] ein Indiz dafür, dass der Erklärende zu vernunftgemäßer Entscheidung in der Lage ist.« Dazu bereits die Kritik von *Rothärmel* (2004) 83 m. w. N.: Die Rechtsprechung sei ergebnisorientiert und von individuellen Moralvorstellungen geprägt; die wahren Entscheidungsgründe würden verdeckt und durch bewusst vage Wendungen wie »Wesen und Tragweite der Behandlung« verschleiert.

478 Die Erzählung ist angelehnt an den Sachverhalt und die Entscheidung in Re E (A minor) (Wardship: medical treatment) vom 21. September 1991, 1 FLR [Family Law Reports] [1993] 386–395; hier hatte das Gericht das Veto des fast 16-jährigen Zeugen Jehovas gegen die lebensrettende Bluttransfusion für rechtlich unbeachtlich angesehen, weil es nach Überzeugung des Gerichts an der erforderlichen Einsichtsfähigkeit (sogenannte »Gillick competency«, benannt nach einem Grundsatzurteil des House of Lords aus dem Jahr 1986) fehlte; genauso war entschieden worden in der Sache Re L (A minor) (Gillick competency) vom 10. Juni 1998, 1 FLR [Family Law Reports] [1998], 810–814 im Fall einer 14-jährigen Zeugin Jehovas, die sich ebenfalls weigerte, in eine lebensrettende Bluttransfusion einzuwilligen.

479 *McEwan* (2014) 122 f.

lebensrettende Bluttransfusionen ablehnten.[480] Es ist aber durchaus denkbar, dass deutsche Gerichte denselben Standpunkt wie Fiona Maye im Fall des 17-jährigen Adam einnehmen würden: sei es, dass sie die Selbstbestimmtheit des Vetos bezweifeln (»beeinflusster Wille«), sei es, dass sie unabhängig davon auch dem selbstbestimmungsfähigen Jugendlichen die Eigenzuständigkeit in der Entscheidung über Leben und Tod absprechen. Dies ließe sich mit Friederike Wapler ethisch rechtfertigen als »paternalistische Intervention zugunsten der zukünftigen Interessen« des Jugendlichen.[481] Es wäre dieselbe Argumentation, mit der Gerichte bis in die 1990er Jahre die Eigenzuständigkeit von jugendlichen Schwangeren verneint haben: weil es sich bei der Entscheidung über den Schwangerschaftsabbruch um eine Entscheidung mit »weittragenden Folgen« handele.[482] Aber das Argument funktioniert auch in die Gegenrichtung. Als das Oberlandesgericht Hamm im Jahr 2019 mit einem Eltern-Kind-Konflikt über einen Schwangerschaftsabbruch befasst war, stellte es sich hinter den Abtreibungswunsch der 16-Jährigen mit dem Argument, dass es »gerade die erhebliche Bedeutung der Entscheidung auf [sic] das weitere Leben der betroffenen Minderjährigen [ist], die bei gegebener Einwilligungsfähigkeit ihre Alleinentscheidungskompetenz gebietet.«[483]

Die hier näher erläuterten Unsicherheiten in der Bestimmung der Einwilligungsfähigkeit bilden nur einen Ausschnitt aus der allgemeinen Frage danach, wann Minderjährige im Hinblick auf ihren Körper als selbstbestimmungsfähig anzusehen sein sollten. Ein Ausweg könnte die Formulierung von festen Altersschwellen und Fallgruppen sein. Aber auch dies wird als problematisch angesehen, »weil sie weder der individuellen Entwicklung von Kindern und Jugendlichen noch der Vielfalt möglicher Fallgestaltungen gerecht werden« könnten.[484] Zwar hat es immer wieder Vorschläge gegeben, ein medizinisches Selbstbestimmungsrecht von Minderjährigen in den Text des Bürgerlichen Gesetzbuchs aufzuneh-

480 Als Leitentscheidung gilt der Beschluss des Oberlandesgerichts Celle, Beschluss vom 21. Februar 1994, 17 W 8/94, Neue Juristische Wochenschrift (NJW) 1995, 792–794 zur Bluttransfusion an einem Neugeborenen. Zuvor hatte das Oberlandesgericht Hamm, Urteil vom 10. Oktober 1967, 3 Ss 1150/67, Neue Juristische Wochenschrift (NJW) 1968, 212–215 entschieden, dass ein Vater, der einer dringenden Bluttransfusion bei seinem drei Tage alten Kind nicht zustimmte, nicht wegen unterlassener Hilfeleistung strafbar ist, wenn er weiß, dass die Bluttransfusion entweder auf Entscheidung des Arztes oder gerichtliche Anordnung dennoch durchgeführt werden kann.

481 *Wapler* (2015) 445.

482 Oberlandesgericht Hamm, Beschluss vom 16. Juli 1998, 15 W 274/98, Neue Juristische Wochenschrift (NJW) 1998, 3424 f. (3425).

483 Oberlandesgericht Hamm, Beschluss vom 29. November 2019, 12 UF 236/19, Neue Juristische Wochenschrift (NJW) 2020, 1373–1376 (1375).

484 *Wapler* (2015) 537 f.; im Zusammenhang mit Sorgerechtsentscheidungen auch schon *Coester* (1983) 273–277: »Feste Altersgrenzen sind aber angesichts der Unterschiede in der persönlichen Entwicklung der Kinder stets willkürlich und nicht als Durchschnittstypus hinreichend abgesichert«; für medizinische Behandlungen genauso *Rothärmel/Wolfslast/Fegert* (1999) 297: »wegen der Vielgestaltigkeit« der medizinischen Maßnahmen »zu starr«; näher *Rothärmel* (2004) 141–144. – Zum Meinungsstand *Röthel* (2018) 109 Fn. 79.

men, doch sind sie nie Gesetz geworden.[485] Zumeist wiegt die Sorge schwerer, dem Einzelfall nicht gerecht zu werden und damit sogar eine »Rückentwicklung« zu bewirken.[486] Außerdem ist man sich auch in der Sache uneins, welcher rechtliche Stellenwert den Körperwünschen von selbstbestimmungsfähigen Kindern eigentlich zukommen sollte. Während sich das medizinrechtliche Schrifttum eher Alleinentscheidungsbefugnisse des selbstbestimmungsfähigen (»einwilligungsfähigen«) Jugendlichen vorstellen kann, ist im familienrechtlichen Schrifttum bei medizinischen Behandlungen generell die Überzeugung verbreitet, dass den Eltern jedenfalls bei »gravierenden« Entscheidungen stets eine Restverantwortung verbleibe, die ihr Einverständnis mit Behandlungswünschen auch dann erfordere, wenn es dem betroffenen Kind nicht an der sogenannten Einsichtsfähigkeit fehlt (Co-Konsens, dazu schon oben Kap. 2 II.3.3.). Bei Licht besehen bleibt nach dieser Lehre vom Co-Konsens vom körperlichen Selbstbestimmungsrecht des Kindes allenfalls die Hälfte übrig, nämlich ein Vetorecht, nicht aber die positive Selbstbestimmung über die Vornahme von Behandlungen. Wie auch immer man in der Sache dazu steht: Eindeutig ist, dass das einfache Recht in Bezug auf körperliche Selbstbestimmung des Kindes sowohl materielle als auch verfahrensrechtliche Leerstellen lässt und dass derzeit die Neigung besteht, diese Lehrstellen dogmatisch mit Konzeptionen zu füllen, die das rechtliche Gewicht der körperlichen Selbstbestimmung eher relativieren als befördern. Mit Sonja Rothärmel wird man dahinter das Fortleben der »tiefen historischen Wurzeln« der elterlichen Gewalt vermuten können.[487] Dies ist umso einleuchtender, als in der Gegenrichtung, also zugunsten elterlicher Befugnisse, durchaus Klarstellungen und explizite Rechte verabschiedet wurden. So ist es im Jahr 2012 nach kurzer Debatte zu einer Bestimmung über die elterliche Entscheidungszuständig-

485 Vorgeschlagen im Entwurf eines Gesetzes zur Neuregelung des Rechts der elterlichen Sorge, BT-Drucks. 7/2060 vom 2. Mai 1974 sowie im Nachfolge-Entwurf, BT-Drucks. 8/111 vom 10. Februar 1977 als § 1626a BGB-Entwurf (Alleinentscheidungsrecht des einsichtsfähigen Jugendlichen ab Vollendung des 14. Lebensjahres). Der Deutsche Juristinnenbund hatte eine abgestufte Regelung vorgeschlagen, wonach Jugendliche mit Vollendung des 16. Lebensjahres alleinzuständig sind, aber schon ab dem 14. Lebensjahr auch ohne Zustimmung ihrer Eltern einwilligen können. Ausdrückliche Regelungen waren auch für die Einwilligung in einen Schwangerschaftsabbruch und für den Abschluss des Behandlungsvertrags vorgeschlagen worden (§ 1628 BGB-Entwurf in der Fassung des Deutschen Juristinnenbundes), näher *Coester-Waltjen u. a.* (1977) 36–39. – Die Diskussion wurde später anlässlich der Kodifikation des Behandlungsvertrags im Jahr 2013 weitergeführt; die überwiegende Auffassung ging jedoch dahin, dass eine starre Altersgrenze nicht gezogen werden könne. Und auch im Jahr 2021, als mit § 1631e BGB eine Regelung über die elterlichen Befugnisse bei Kindern mit Varianten der Geschlechtsentwicklung getroffen wurde (Gesetz zum Schutz von Kindern mit Varianten der Geschlechtsentwicklung vom 12. Mai 2021, BGBl. I, S. 1082), ist eine nähere Bestimmung der Einwilligungsfähigkeit bewusst nicht Gesetz geworden, siehe die Gesetzesbegründung im Entwurf der Bundesregierung vom 25. November 2020, BT-Drucks. 19/24686, S. 24 f.

486 Sehr bedenkenswert *Heiderhoff* (2018).

487 *Rothärmel* (2004) 126 f.

keit zur Beschneidung männlicher Kinder gekommen.[488] Anlässlich eines Strafurteils[489] wollte man sicherstellen, dass solche Beschneidungen »grundsätzlich zulässig« sind.[490] Seither heißt es im Bürgerlichen Gesetzbuch, dass das elterliche Sorgerecht auch das Recht umfasst, »in eine medizinisch nicht erforderliche Beschneidung des nicht einsichts- und urteilsfähigen männlichen Kindes einzuwilligen.« Über die Motive dieser zügigen Klarstellung zugunsten der Eltern ist man sich bis heute uneins: Ist diese gesetzliche Parteinahme nun allein dem historischen Trauma der Deutschen geschuldet, also bloßer Kniefall aus religiösen Rücksichten, oder geht es um ein Bekenntnis zur kulturellen Kontingenz von Körper und Verletzungsvorstellungen,[491] oder liegen darin Vorboten einer politischen Trendumkehr in Richtung mehr Elternrecht? Eines lässt sich aber sicher sagen: Obwohl seit mehr als vierzig Jahren darauf gedrungen wird, die vielfältigen Unsicherheiten über die Reichweite körperlicher Selbstbestimmung des Kindes zumindest für medizinische Behandlungen durch eine explizite Regelung auszuräumen, ist es dazu bis heute nicht gekommen, während es im Fall der Beschneidung wenig Schwierigkeiten bereitete, innerhalb von etwas mehr als einem halben Jahr eine eindeutige Regelung zu treffen. Unsicherheiten zulasten körperlicher Selbstbestimmung des Kindes erscheinen dem politischen und rechtswissenschaftlichen Mainstream weniger bedenklich als Unsicherheiten zulasten elterlicher Befugnisse.

5.3 Doppeldeutige Rechtsdogmen

Es sind aber nicht nur die Kehrseiten der Liebe (oben Kap. 2 II.5.1.) und die zahlreichen offenen Versprechen des einfachen Rechts (oben Kap. 2 II.5.2.), die der körperlichen Selbstbestimmung des Kindes im Weg stehen. Hinzu kommen Widerstände, die in die Strukturen des Rechts eingelassen sind und die rechtliche Formung des Sorgeverhältnisses unter der Oberfläche prägen. Es gibt einen spezifisch rechtlichen Blick, eine eigentümliche juristische Perspektive auf das Eltern-Kind-Verhältnis, die den derzeitigen Rechtszustand mit seinen Unzulänglichkeiten und offenen Versprechen dogmatisch plausibel machen und dadurch stabilisieren.

488 Gesetz über den Umfang der Personensorge bei einer Beschneidung des männlichen Kindes vom 20. Dezember 2012, BGBl. I, S. 2749.

489 Landgericht Köln, Urteil vom 7. Mai 2012, 151 Ns 169/11, Neue Juristische Wochenschrift (NJW) 2012, 2128 f.

490 So die Aufforderung des Deutschen Bundestags an die Bundesregierung vom 19. Juli 2012, BT-Drucks. 17/10331. Darauf nimmt auch die Gesetzesbegründung Bezug, siehe Gesetzesentwurf der Bundesregierung eines Gesetzes über den Umfang der Personensorge bei einer Beschneidung des männlichen Kindes vom 5. November 2012, BT-Drucks. 17/11295, S. 1–20 (6).

491 Näher *Foblets* (2016).

5.3.1 Ideal der Staatsfreiheit

Dies hat mit der systematischen Verortung des Eltern-Kind-Verhältnisses als Teil des Familienrechts im Privatrecht zu tun. Denn »Familienrecht ist Privatrecht«, wie es genauso um 1900 wie in der jüngsten Zeit nachgelesen werden kann.[492] Diese systematische Verortung im Privatrecht äußert sich auf unterschiedliche Weise. Auf einer allgemeinen Ebene verbinden sich damit Bekenntnisse zur Souveränität des Individuums und zur Privatautonomie. Die Privatautonomie gilt als das »wesentliche Kennzeichen und das grundlegende Ordnungsprinzip des Privatrechts«.[493] Daraus wird ein genereller Vorrang der Selbstentscheidung vor staatlicher Bestimmung abgeleitet. Speziell auf das Familienrecht gewendet: Weil es sich beim Familienrecht um Privatrecht handelt, sind staatliche Interventionen in die Familie tunlichst zu beschränken. Dieses Ideal der Staatsfreiheit zugunsten von Individualität und Souveränität zielt herkömmlich allerdings nicht auf die Selbstgestaltung des Kindes, sondern wird verstanden als Verteidigung der Elternstellung gegen staatliche Bevormundung. Der Argumentationsstrang vom Familienrecht als Privatrecht hat sich schon immer ungleich auf die Rechtsstellungen der Familienangehörigen ausgewirkt.[494] Sowenig es lange Zeit bei diesem Vorrang der Selbstgestaltung um die Ehefrau ging, so selten sind heute damit die Kinder gemeint. Aufgrund dieser konventionellen Verengung im Privatrechtsverständnis auf die Elternstellung und die Verteidigung der Souveränität der Eltern gegen staatliche Bevormundung konsolidiert die Zuordnung des Familienrechts zum Privatrecht – und die wissenschaftliche Betonung dieser Zuordnung – auf allgemeine Weise eine Architektur des Eltern-Kind-Verhältnisses, in der es mehr um die Befugnisse der Eltern als um die der Kinder geht.

5.3.2 Haftungsinteressen

Aber die Zuordnung des Sorgeverhältnisses zum Privatrecht nährt nicht nur auf diese allgemeine und diffuse Weise Vorstellungen, die den derzeitigen Rechtszustand mit seinen Unzulänglichkeiten und gebrochenen Versprechen dogmatisch plausibel machen. Die konventionelle Plausibilität von elterlicher Fremdbestimmung lässt sich darüber hinaus mit *spezifischeren* Eigentümlichkeiten der Privatrechtsperspektive erklären. Der überschlägige Blick auf elterliche Körpermacht im Sorgeverhältnis ist erklärlich, weil er im Einklang steht mit Haftungsinteressen und weil er der Wertschätzung von Praktikabilität und Rechtssicherheit entspricht.

492 Exemplarisch *Dernburg* (1908) 2: »Das Familienrecht gehört dem Privatrecht zu. Denn es ist Angelegenheit des Einzelnen« und *Muscheler* (2017) 3 (§ 2 Rn. 7): »Familienrecht ist Privatrecht«; näher *Müller-Freienfels* (1973) 650–656 und *Müller-Freienfels* (1974) insbes. 548–565.

493 Etwa *Larenz/M. Wolf* (1997) 1; *Flume* (1960) 141 ff.; näher *Röthel* (2017).

494 Zum 20. Jahrhundert *Simitis* (1975).

Für Eltern gelten seit Inkrafttreten des Bürgerlichen Gesetzbuchs besondere Haftungsregeln, also besondere Regeln darüber, unter welchen Voraussetzungen Eltern wegen Pflichtverletzungen Schadensersatz schulden. Besonders ist die Haftung der Eltern sowohl gegenüber dem Kind als auch gegenüber fremden Dritten. Das Haftungsrecht kennt also noch das Messen mit zweierlei Maß. Dies betrifft den Haftungsmaßstab. Hier gilt eigentlich im deutschen Recht das Verschuldensprinzip. Danach setzt Haftung grundsätzlich den Nachweis von Verschulden voraus, verstanden als zumindest leicht fahrlässige Verletzung von Pflichten, Rechten oder Rechtsgütern. Davon weicht die Haftung der Eltern in beide Richtungen ab: Für die Haftung der Eltern gibt es sowohl eine angehobene als auch eine abgesenkte Haftungsschwelle. Und hier begegnet schon die erste Paradoxie: Während Eltern gegenüber ihrem Kind nur für besonderes Verschulden, also schwächer haften, haften sie gegenüber Dritten auch ohne nachweisliches Verschulden, also stärker. Denn gegenüber ihrem Kind trifft die Eltern nur eine »beschränkte Haftung«, wie sich schon aus der amtlichen Überschrift von § 1664 des Bürgerlichen Gesetzbuchs ergibt: »Die Eltern haben bei der Ausübung der elterlichen Sorge dem Kind gegenüber nur für die Sorgfalt einzustehen, die sie in eigenen Angelegenheiten anzuwenden pflegen.« Dies hat zur Folge, dass ein Elternteil, der nach objektiven Maßstäben nur leicht fahrlässig schuldhaft gehandelt hat, sich gegenüber dem Kind – anders als gegenüber Dritten – damit entlasten kann, dass seine Fähigkeiten nicht ausreichten, um die betreffende Angelegenheit zu meistern.[495] Wie lässt sich diese auf den ersten Blick paradoxe Besserstellung der Eltern begründen? Viele Erklärungen sind im Raum. Es ist die Rede von der »Schicksalsgemeinschaft« zwischen Eltern und Kindern und der »besonderen Natur der Eltern-Kind-Bindung«; die heute gebräuchlichste Erklärung geht dahin, dass die Besserstellung der Eltern der Wahrung des »innerfamiliären Friedens« dient, indem die »Familiengemeinschaft« vor Haftungsansprüchen bewahrt wird.[496] Der Bundesgerichtshof formuliert seit dem Jahr 1986 in ständiger Rechtsprechung ähnlich: Die Einstandspflicht der Eltern ist »wegen ihrer familienrechtlichen Verbundenheit« zum Kind eingeschränkt.[497] Zwar ist spürbar, dass der Gerechtigkeitsgehalt des Haftungsprivilegs nicht mehr ganz selbstverständlich ist; kritische Nachfragen hat es zu jeder Zeit gegeben.[498] Auch wird für praktisch wichtige Fallgruppen wie z. B. für Verkehrsunfälle eingewandt, ob

495 Näher *Heilmann* (2020) 103 f. (§ 1664 Rn. 31).

496 So etwa *Gernhuber/Coester-Waltjen* (2020) 654; *Muscheler* (2017) 385 (§ 36 Rn. 609): »Familie ist Schicksalsgemeinschaft«; weitere Nachweise bei *Heilmann* (2020) 96 f. (§ 1664 Rn. 5).

497 Bundesgerichtshof, Urteil vom 1. März 1988, VI ZR 190/87, BGHZ 103, 338–349 (345) – keine Haftung des Vaters für Verletzungen des Kindes, das unter seiner Aufsicht von einem Klettergerüst gestürzt war; zuletzt Bundesgerichtshof, Urteil vom 15. Dezember 2020, VI ZR 224/20, Neue Juristische Wochenschrift (NJW) 2021, 778 f. (779) – keine Haftung des Vaters für Gesichtsverletzungen des Kindes, das über die vom Vater gehaltene Hundeleine gestolpert war.

498 *Mitteis* (1931) 68: »bedauerlicherweise« nur beschränkte Haftung der Eltern; *Gernhuber*

nicht der Schutz des Kindes der Anwendung des Haftungsprivilegs entgegenstehe.[499] Doch haben die mythischen Verweisungen auf Natur und Schicksal sowie die abstrakte Verknüpfung mit dem Familienfrieden bis heute genügt, um das Haftungsprivileg über die Zeiten zu retten. Jedenfalls wird seine Abschaffung nicht ernsthaft gefordert. Es ist also nach wie vor plausibel, dass die besondere Nähe und Verbundenheit von Eltern und Kindern die Sorgfaltsanforderungen an die Eltern nicht erhöht, sondern im Gegenteil senkt. Das Haftungsprivileg folgt demselben Muster wie die Konzeption der Eingriffsschwelle für den Kindesschutz in § 1666 (Kap. 2 II.5.2.). Beide Male wird das Eltern-Kind-Verhältnis im Rechtssinne zu einem Innenverhältnis, einem Verhältnis, in dem innen andere Regeln gelten als außen, im Verhältnis zu fremden Dritten. Es entsteht ein rechtliches Muster, das Eltern gegenüber ihren Kindern im Vergleich zu Fremden freier stellt und ihr Handeln an niedrigeren Maßstäben misst. Das Recht vertraut den Eltern, und dieses Vertrauen äußert sich auch außerhalb von Fragen der Erziehung in zurückgenommenen rechtlichen Maßstäben. Darin zeigt sich eine im Privatrecht ausdrücklich angelegte *Normalität des überschlägigen Blicks* auf elterliches Handeln. Solange ein gesetzliches Haftungsprivileg für Eltern plausibel ist, so lange lässt sich auch plausibel machen, dass nicht jede Missachtung der körperlichen Selbstbestimmung Rechtsfolgen nach sich zieht. Das Haftungsprivileg liefert die nötigen Zutaten und den sprachlichen Stoff, aus dem sich diese Plausibilität herstellen lässt: das Bild vom Innenverhältnis, die Rede vom Vertrauen in die Eltern und die Wendungen von der Schicksalsgemeinschaft und dem innerfamiliären Frieden. In diesem Licht verlieren die Unvollkommenheiten beim Schutz der Kinder rechtlich und tatsächlich an Anstößigkeit.

Aber das Haftungsrecht wirkt noch auf eine weitere Weise daran mit, den überschlägigen Blick auf elterliche Körpermacht zu legitimieren. Dies betrifft die Haftung der Eltern, wenn Kinder Dritten Schaden zufügen. Als Aufsichtspflichtige sind Eltern zum Ersatz des Schadens verpflichtet, den das Kind einem Dritten widerrechtlich zufügt, wie es in § 832 Absatz 1 Satz 1 des Bürgerlichen Gesetzbuchs heißt. Darin liegt eine Abweichung vom allgemeinen Verschuldensprinzip: Die Haftung ist nicht – wie es dem Prinzip entspräche – an den Nachweis geknüpft, dass die Eltern ein Verschulden trifft. Zugunsten des Geschädigten wird das Verschulden der Eltern vielmehr vermutet. Eltern sind nur dann nicht ersatzpflichtig, wenn ihnen der sogenannte Entlastungsbeweis gelingt, etwa durch den Nachweis, dass sie ihrer Aufsichtspflicht genügt haben. Während Eltern gegenüber ihrem Kind also nur beschränkt haften, haften sie gegenüber Dritten verschärft. Diese Haftungsverschärfung wird einerseits mit der Beweisnähe der Eltern, anderer-

(1964) 506 f.; *Huber* (2020) 862 (§ 1664 Rn. 2); Bedenken auch bei *Heilmann* (2020) 96 (§ 1664 Rn. 5): »noch zu rechtfertigen«.

[499] *Jayme* (1971) 218 f. für Verkehrsunfälle.

seits mit Erwägungen der Risikosteuerung erklärt.[500] Das Risiko »Kind« stammt aus der Sphäre der Eltern, und es sind die Eltern, die es in der Hand haben, das Kind durch ihre Erziehung so anzuleiten und zu überwachen, dass Schäden Dritter vermieden werden. Oder wie es in vielen Urteilen zum »Grundgedanken« der Haftung heißt: Das »Risiko, das von Kindern für Dritte ausgeht, soll [...] in erster Linie von den Eltern getragen werden, denen es eher zuzurechnen ist als dem unbeteiligten Dritten«.[501] Zwar leuchtet diese Risikoverlagerung vielen inzwischen nicht mehr ein. Es sei unangemessen, die mit der Erziehung von Kindern verbundenen Risiken allein den Eltern aufzubürden. Eltern hätten schließlich keinen wirtschaftlichen Vorteil aus dem Großziehen der Kinder, sondern erfüllten eine Aufgabe im Allgemeininteresse. Daher sei es nicht gerechtfertigt, sie mit einer verschärften Haftung zu belegen.[502] Aufs Ganze gesehen zieht diese Kritik allerdings nur eine einzelne Begründungslinie in Zweifel. Denn es bleibt ein anderer Grund, der die Elternhaftung in ihrer jetzigen Gestalt dem Diskurs nach wie vor plausibel macht: Die verschärfte Haftung der Eltern setzt willkommene Anreize, die Eltern zu möglichst intensiver Aufsicht über ihre Kinder anzuhalten.[503] Die Vorschrift tradiert das Bild vom gefährlichen Kind und belohnt starke Eltern, die hohe Gehorsamserwartungen an ihre Kinder stellen und diese auch durchsetzen. Hier wird, wie es bei Hein Kötz und Gerhard Wagner heißt, einem völlig antiquierten Erziehungsideal gehuldigt: »Der Gesetzgeber des Jahres 1900 stellte sich die Aufgabe der Erziehung offenbar analog derjenigen eines Aufsehers vor, der es durch Überwachung und Bestrafung verhindert, dass die ›Gefahrenquelle‹ Kind außer Kontrolle gerät.«[504] Zwar hat die Rechtsprechung die Veränderun-

500 Siehe Protokolle bei *Mugdan* (1899a) 1089 f.; später etwa *Larenz/Canaris* (1994) 485: Der Grund für die verschärfte Haftung liegt darin, dass »der Mangel, d.h. hier die widerrechtliche Schadenszufügung durch die aufsichtsbedürftige Person, aus der Sphäre des Aufsichtspflichtigen stammt«; gleichermaßen *Jayme* (1971) 154: tragender Grund der Elternhaftung ist die »aus dem Familienrecht sich ergebende Rechtsmacht, die Erziehung der Kinder zu lenken« sowie *A. Fuchs* (1995) 186–191: tragender Grund der Haftung ist die von Minderjährigen ausgehende Gefährdung Dritter. – Für *Gierke* (1889) 260–262 gingen diese Durchbrechungen des Verschuldensprinzips indessen nicht weit genug. Er meinte, dass ein »Gesetzbuch, welches seiner socialen und wirtschaftlichen Aufgabe gerecht werden wollte«, in noch viel größerem Umfang eine Haftung an bloße Verursachung knüpfen sollte. Die grundsätzliche Anknüpfung an individuelles Verschulden kritisierte er als »romanistisch« und »individualistisch«.

501 Bundesgerichtshof, Urteil vom 10. Juli 1984, VI ZR 273/82, Neue Juristische Wochenschrift (NJW) 1984, 2574–2576 (2576); Bundesgerichtshof, Urteil vom 27. Februar 1996, VI ZR 86/95, Neue Juristische Wochenschrift (NJW) 1996, 1404 f. (1404); Bundesgerichtshof, Urteil vom 24. März 2009, VI ZR 51/08, Neue Juristische Wochenschrift (NJW) 2009, 1952–1954 (1953).

502 *Großfeld/Mund* (1994): richtiger wäre umgekehrt eine Haftungsbeschränkung der Eltern (1508); kritische Richtersicht bei *Haberstroh* (2000) 812; außerdem *Deutsch/Ahrens* (2014) 160: »Die Bestimmung sollte abgeschafft werden« sowie *Bernau* (2005) 394 ff.: richtiger wäre eine Haftungsbefreiung bei leichter Fahrlässigkeit.

503 *Wagner* (2020a) 1734 (§ 823 Rn. 2). – Rechtspolitisch ist deshalb auch immer wieder für eine weitere Verschärfung der Elternhaftung plädiert worden, exemplarisch *Dinslage* (1979) 193.

504 *Kötz/Wagner* (2016) 136.

gen des Erziehungsleitbilds im Zuge der Reform des Sorgerechts aus dem Jahr 1979 vordergründig bei der haftungsrechtlichen Bestimmung der Aufsichtspflicht aufgenommen. Im selben Jahr kündigte der Bundesgerichtshof an, dass das Aufsichtsmaß »in Abwägung mit dem insgesamt angestrebten Erziehungsziel, dem Jugendlichen zur Entwicklung seiner Persönlichkeit zu verhelfen und ihn in selbständiges verantwortungsbewusstes Handeln einzuüben«, zu bestimmen ist.[505] Auch gehört es seit einer Entscheidung des Reichsgerichts aus dem Jahr 1901 zum ständigen Begründungsrepertoire, dass Eltern nicht verpflichtet sind, das Spiel ihrer Kinder »ständig« oder »auf Schritt und Tritt« zu beaufsichtigen.[506] Vielmehr sind gerade jüngeren Kindern im Interesse ihrer Entwicklung »Freiräume« zu lassen.[507] Dennoch haben sich die Umorientierungen der elterlichen Gewalt in der Rechtsprechung zur Elternhaftung nicht vollständig bemerkbar gemacht, wie Erik Jayme bereits im Jahr 1971 konstatierte.[508] Im Vordergrund steht nach wie vor die Frage, ob der Schaden mit zumutbaren Anstrengungen der Eltern vermeidbar gewesen wäre. So kommt eine Rechtsprechungsanalyse aus dem Jahr 2005 zu dem Ergebnis, dass die Anforderungen an das Maß der gebotenen Aufsicht seit 1900 »relativ konstant geblieben [sind], so dass der Stellenwert der Entfaltungsfreiheit des Minderjährigen auf dem von 1900 verharrt.«[509]

In praktischer Konsequenz werden viele Eltern also mit der Deliktshaftung bestraft, weil sie ihre Kinder nach Auffassung des Gerichts nicht genügend überwacht, kontrolliert, durchsucht, ermahnt und gestraft haben.[510] Diese Recht-

505 Bundesgerichtshof, Urteil vom 27. November 1979, VI ZR 98/78, Neue Juristische Wochenschrift (NJW) 1980, 1044 f. (1045). Das Oberlandesgericht Celle hatte in der Vorentscheidung angenommen, dass die Eltern des fast 18-jährigen Sohns dessen Lehrlingsgehalt hätten einbehalten und den Besuch einer Gaststätte verbieten müssen, um zu verhindern, dass ihr Sohn dort in Schlägereien verwickelt wird. Der Bundesgerichtshof hielt ein solches Verbot für »lebensfremd«, ergänzte aber, dass sich die Eltern auch gegenüber einem nahezu 18-jährigen Jugendlichen darum bemühen müssen, »einen gewissen Einfluss auf dessen Lebensführung zu behalten«, was die Überwachung der Freizeitgestaltung einschließt. In späteren Entscheidungen der Oberlandesgerichte findet sich häufig die Wendung, die Aufsicht müsse mit dem Erziehungsziel des § 1626 Absatz 2 BGB »in Einklang bleiben«, so etwa Oberlandesgericht Celle, Urteil vom 1. Juli 1987, 9 U 36/86, NJW Rechtsprechungs-Report (NJW-RR) 1987, 1384 f. (1385); Oberlandesgericht Düsseldorf, Urteil vom 12. Oktober 1995, 18 U 225/94, Versicherungsrecht (VersR) 1996, 710 f. (711).

506 Reichsgericht, Urteil vom 30. Dezember 1901, VI 285/01, RGZ 50, 60–67 (63).

507 Aus jüngerer Zeit Bundesgerichtshof, Urteil vom 24. März 2009, VI ZR 51/08, Neue Juristische Wochenschrift (NJW) 2009, 1952–1954 (1953) – fünfjähriges Kind; Oberlandesgericht Düsseldorf, Urteil vom 12. Oktober 1995, 18 U 225/94, Versicherungsrecht (VersR) 1996, 710 f. (711) – Kind im Kindergartenalter.

508 *Jayme* (1971) 149.

509 *Bernau* (2005) 300, 334 f.; ähnlich *Schoof* (1999) 73: Die Rechtsprechung sei in ihren Anforderungen »starr«.

510 Exemplarisch Oberlandesgericht Koblenz, Urteil vom 15. April 2002, 12 U 595/00, NJW Rechtsprechungs-Report (NJW-RR) 2002, 900 f.: Die Eltern hätten ihren 16-jährigen Sohn »ausbruchssicher« über Nacht einsperren müssen, um (weitere) Straftaten zu verhindern; Kammergericht Berlin, Urteil vom 16. April 1991, Zeitschrift für das gesamte Familienrecht (FamRZ) 1992, 550 f.: Die Mutter hätte eine dem fünfjährigen Sohn geschenkte Wundertüte durchsuchen müssen, um zu überprüfen,

sprechung wird auch deshalb im Großen und Ganzen gebilligt, weil sie den gesellschaftlichen Vorstellungen entspricht. Darin haben die allgegenwärtigen Warnhinweise »Eltern haften für ihre Kinder« Früchte getragen, obwohl sie die Elternhaftung juristisch unzutreffend wiedergeben – denn Eltern haften nicht für ihre Kinder, sondern für eigenes Fehlverhalten bei der Beaufsichtigung ihrer Kinder. Aber auch wenn es sich bei der Elternhaftung juristisch richtig nicht um eine Gefährdungshaftung, sondern nur um eine Haftung für vermutetes eigenes Verschulden handelt: Schon der Umstand, dass es überhaupt eine besondere Haftung der Eltern für Schäden gibt, die Kinder Dritten zufügen, ermahnt Eltern indirekt dazu, ihren Kindern gegenüber nicht zu nachgiebig und nachlässig zu sein. Die Haftungsdrohung – und mehr noch die landläufige Vorstellung von der Haftung – vermittelt gesellschaftliche Legitimation für kontrollierendes und machtvolles Erziehungshandeln. Eltern, die gegenüber ihren Kindern auch einmal hart »durchgreifen«, können sich auf ihr Haftungsrisiko berufen, um ihr Verhalten zu rechtfertigen. So prägt die verschärfte Haftung Normalitätserwartungen, die den Umorientierungen im Kindschaftsrecht auf gewaltfreie Erziehung und körperliche Selbstbestimmung ein Stück weit zuwiderlaufen. Die verschärfte Elternhaftung gegenüber Dritten hat denselben Effekt wie die beschränkte Elternhaftung gegenüber ihren Kindern: Sie führt dazu, dass die Unvollkommenheiten beim Schutz der Kinder vor elterlicher Körpermacht weniger anstößig erscheinen. Die im Haftungsrecht gezeichneten Bilder von Eltern und Kindern und die dort gesetzten Anreize stellen sich der kindschaftsrechtlichen Selbstbestimmungstendenz entgegen.

5.3.3 Sogwirkung der Volljährigkeit

Hinzu kommt die Sogwirkung der Volljährigkeit. Der Rechtsverkehr bevorzugt einfach anzuwendende, klare Vorschriften mit exakten Grenzlinien. Daher werden Grenzwerte jeder Art von Gerichten wie vom Rechtsverkehr gleichermaßen geschätzt: Sie erleichtern die Rechtsarbeit, ermöglichen vorhersehbare Entscheidungen, begünstigen eine gleichmäßige Rechtsanwendung und tragen zur Er-

ob der Inhalt »gefährlich« ist; Bundesgerichtshof, Urteil vom 17. Mai 1983, VI ZR 263/81, Zeitschrift für das gesamte Familienrecht (FamRZ) 1983, 874 f.: Die Eltern konnten sich nicht dadurch entlasten, dass sie bei ihrem fast achtjährigen Sohn regelmäßige »Taschenkontrollen« durchgeführt hatten, als es dem nicht zum Zündeln neigenden Kind doch gelungen war, Streichhölzer an sich zu bringen; weitere Nachweise und Kritik bei *Schoof* (1999) 99–101. – Für ein Gegenbeispiel exemplarisch Oberlandesgericht Hamm, Urteil vom 9. Juni 2000, 9 U 226/99, NJW Rechtsprechungs-Report (NJW-RR) 2002, 236–238. Das Gericht betont den Zusammenhang mit den Maßgaben der §§ 1626 ff., 1631 BGB und führt aus: Zur Erziehung »gehört auch eine sinnvolle Hinführung des Kindes zu einem selbstständigen, verantwortungsbewussten und umsichtigen Verhalten im Verkehr. Dies ist jedoch nur möglich, wenn ein Kind auch altersgerecht angepasste Gelegenheiten bekommt, sich ohne ständige Beobachtung, Kontrolle und Anleitung selbst im Verkehr zu bewähren.«

kennbarkeit rechtlicher Erwartungen bei.[511] Verkehrssicherheit und Vertrauensschutz waren die erklärten Leitideen bei der Gestaltung des Bürgerlichen Gesetzbuchs. Nicht nur im Vertragsrecht ging es darum, möglichst einfache und praktikable Regeln zu entwerfen. Auch das Familienrecht des Jahres 1900 atmete in ausholenden Zügen diesen Geist, der in vielen Zusammenhängen die Prioritäten des Rechtsverkehrs vor die Belange im Einzelfall stellte. Diese Wertschätzung für Praktikabilität und Rechtssicherheit ist tief in die Mentalität des Privatrechts und auch des Familienrechts eingelassen. Daher lautet ein geläufiger Einwand, das Familienrecht sei zu kompliziert geworden oder werde zu kompliziert, und ein typisches rechtspolitisches Anliegen in familienrechtlichen Debatten lässt sich mit Vereinfachung zusammenfassen.[512]

Diese im Privatrecht verankerte und vertraute Priorisierung zugunsten von Rechtssicherheit und Praktikabilität verhält sich in der derzeitigen rechtlichen Architektur des Eltern-Kind-Verhältnisses nicht neutral zur körperlichen Selbstbestimmung des Kindes. Denn die rechtliche Verwirklichung der körperlichen Selbstbestimmung des Kindes wird durch die Wertschätzung für Rechtssicherheit und Praktikabilität entscheidend begrenzt. Weil sich so schwer fassen lässt, unter welchen Voraussetzungen welche Fragen dem körperlichen Selbstbestimmungsrecht des Kindes zuzuordnen sind, ist es naheliegend und praktisch, sich doch an der Volljährigkeitsschwelle zu orientieren. Denn die Verknüpfung von elterlicher Sorge (= Bestimmungsrecht der Eltern) und Minderjährigkeit, wie sie der historische Gesetzgeber für das Bürgerliche Gesetzbuch entworfen hat, entspricht den Anliegen von Praktikabilität und Rechtssicherheit bei der Abgrenzung der Rechtszuständigkeit von Eltern und Kindern geradezu ideal. Den Beginn der rechtlichen Eigenständigkeit pauschal an eine Altersgrenze zu knüpfen, ist heute so selbstverständlich, dass es schwerfällt, sich Alternativen auszumalen. Tatsächlich hatten die älteren deutschen Privatrechte aber noch anders entschieden. Das Ende der elterlichen Gewalt wurde nicht an das Alter, sondern an die Lebensumstände geknüpft: entweder an die Begründung einer eigenen Lebensstellung oder im Fall der Töchter an die Eheschließung.[513] Mit dieser Tradition haben die Verfasser des Bürgerlichen Gesetzbuchs bewusst gebrochen. An die individuellen Lebensverhältnisse anzuknüpfen, stieß »auf die schwersten praktischen Bedenken«, weil sie für Dritte »nicht mit Gewissheit ersichtlich« sind.[514] Im Interesse der Sicherheit des Rechts- und Wirtschaftsverkehrs ließ das Bürgerliche Gesetzbuch die elterliche Gewalt daher generell mit der Volljährigkeit der Kinder enden. Dies war nicht nur ein Schritt in Richtung Praktikabilität und Rechtssicherheit, sondern es war in damaliger Zeit auch ein emanzipatorischer Quantensprung. Denn fortan kannte die

511 Vgl. *Röthel* (2004) 240.
512 Dazu schon *Röthel* (2019a).
513 Zum Folgenden *E. Koch* (2018) 1233.
514 Motive IV, S. 726 f. = *Mugdan* (1899b) 385.

elterliche Gewalt ein klares zeitliches Ende. Im Jahr 1900 war die Verknüpfung von elterlicher Zuständigkeit und Alter des Kindes gemessen an dem früheren Rechtszustand daher ein Schritt in Richtung Selbstbestimmung des Kindes.

Allerdings wirkt sich die Volljährigkeit auch genauso eindeutig »nach unten« aus: Wer minderjährig ist, steht unter elterlicher Sorge. Die aus der Grundrechtsträgerschaft des Kindes (oben Kap. 2 II.3.2.) entwickelte Vorstellung, dass das Elternrecht in einzelnen Beziehungen schon vor der Volljährigkeit zugunsten der Selbstbestimmung des Kindes erlischt, ist darin weder mitgedacht noch ablesbar. Und das macht die Verwirklichung des Selbstbestimmungsrechts des Kindes auch so schwer. Rechtssicherheit und Praktikabilität werden geradezu angezogen von der klaren, eindeutigen, leicht handhabbaren Altersgrenze der Volljährigkeit. So liegt schon in der bloßen Existenz der Volljährigkeit ein gedanklicher Widerstand, der erst einmal überwunden werden muss. Obwohl theoretisch gesichert ist, dass die Volljährigkeit heute nur den *Endpunkt* bezeichnet, mit dem die elterliche Sorge *spätestens* erlischt, überstrahlt die Volljährigkeitsschwelle mit ihrem »pflegeleichten« Alles-oder-nichts-System die praktische Verwirklichung des dem Minderjährigen als »Wesen mit eigener Würde« eigentlich versprochenen Rechts auf körperliche Selbstbestimmung. Dies hat dazu geführt, dass die Volljährigkeit in der Rechtspraxis auch in solchen Angelegenheiten die Richtschnur bildet, für die sie nach heutiger Auffassung eigentlich nicht mehr aussagekräftig ist: in Bezug auf Entscheidungen über den eigenen Körper. Immer wieder haben Gerichte aus der Minderjährigkeit des Kindes die Entscheidungszuständigkeit der Eltern gefolgert.[515] Das Zusammenspiel aus Rechtssicherheit, Praktikabilität und der Existenz der Volljährigkeitsschwelle begünstigt eine *defensive* Haltung gegenüber der Selbstbestimmung der noch nicht Volljährigen. Die Entscheidungsbefugnis der Eltern bis zur Volljährigkeit wird als gesetzlich vorgegebene Regel verstanden. Es wird betont, dass es sich aus dem Bürgerlichen Gesetzbuch von selbst ergebe, dass das Sorgerecht der Eltern bis zum Eintritt der Volljährigkeit besteht, und dass aus dem Gesetz weder eine »vorzeitige« Beendigung der Sorge noch eine »vorgezogene« Teilmündigkeit des Minderjährigen ablesbar ist.[516] In einem juristischen Praxiskommentar wird angenommen, es spreche eine »unwiderlegli-

515 Siehe Oberlandesgericht Hamm, Urteil vom 3. Oktober 1973, 3 U 89/73, Zeitschrift für das gesamte Familienrecht (FamRZ) 1974, 136 f. (137): »Die Volljährigkeit tritt erst mit Vollendung des 21. Lebensjahres ein und erst mit dem Erreichen dieses Lebensalters kommen elterliche Gewalt und Erziehungsrechte zum Erlöschen. An diese Regelung [...] ist das Gericht gebunden«; Oberlandesgericht Brandenburg, Beschluss vom 28. Februar 2008, 10 UF 223/07, Zeitschrift für das gesamte Familienrecht (FamRZ) 2008, 1471 f. (1472): Eintreten der Volljährigkeit in drei Monaten; Oberlandesgericht Hamm, Beschluss vom 16. Juli 1998, 15 W 274/98, Neue Juristische Wochenschrift (NJW) 1998, 3424 f. (3425): Ein Jugendlicher werde »bis zum Eintritt der Volljährigkeit grundsätzlich keine rechtswirksame Einwilligung zu einer Heilbehandlung erteilen können.«

516 Exemplarisch *Lettmaier* (2020) 136 (§ 1626 Rn. 295); *Lugani* (2020) 890 (§ 1666 Rn. 72): »Es gibt keine vorzeitige Beendigung«.

che Vermutung« dafür, dass ein Minderjähriger vor Erreichen der Volljährigkeit »die Entscheidungen über sein Wohl und Wehe nicht allein und selbstverantwortlich treffen [kann].«[517] Der Bundesgerichtshof formulierte einmal ähnlich, dass die bis zur Volljährigkeit bestehende elterliche Sorge »prinzipiell« einer Eigenzuständigkeit des Minderjährigen entgegenstehe.[518] Daher fiel es dem Gericht in seiner bis heute maßgeblichen Leitentscheidung aus dem Jahr 1958 auch leichter, ausnahmsweise ein »Bestimmungsrecht des Minderjährigen über seine körperliche Unversehrtheit« anzunehmen, als der Eintritt der Volljährigkeit unmittelbar bevorstand.[519] Dies sind nur einige Beispiele dafür, wie die Wertschätzung für Rechtssicherheit und Praktikabilität eine Rechtspraxis begünstigt, in der die Volljährigkeit aufgewertet ist zum Maßstab für die Abgrenzung von Elternrecht und Eigenzuständigkeit. Der Kontrast zur vielfältig kritisierten Vagheit der Kindeswohl-Formel[520] lässt den Vorteil der Volljährigkeitsschwelle noch schärfer hervortreten.

Damit sind zwei Erklärungen genannt, warum die körperliche Selbstbestimmung des Kindes derzeit nur als theoretisches, ungefähres Recht besteht: die Sogwirkung der Volljährigkeit und die tief in die Mentalität des Privatrechts eingelassene Höherbewertung von Praktikabilität und Sicherheit. Daran haben auch die inzwischen ausgeprägten besonderen Mündigkeitsschwellen, etwa im Hinblick auf die religiöse Selbstbestimmung, nichts geändert. Zwar ist damit der »Bannstrahl« der Minderjährigkeit ein Stück weit gebrochen. Auch lässt sich in den verstreuten gesetzlichen Teilmündigkeiten ein Entwicklungspfad für das Recht auf körperliche Selbstbestimmung sehen.[521] Doch werden die punktuellen gesetzlichen Mündigkeitsschwellen von vielen als Etablierung eines rechtlichen Musters interpretiert, wonach es allein dem Gesetzgeber zukomme, Ausnahmen von der Volljährigkeit zu formulieren. Dieser »begrenzte Katalog« werde vom Gesetzgeber sorgfältig »ediert« und sei daher auch nicht erweiterungsfähig, wie

517 *Burghart* (2024) § 1666 Rn. 71.

518 Bundesgerichtshof, Urteil vom 16. November 1971, VI ZR 76/70, Neue Juristische Wochenschrift (NJW) 1972, 335–338 (337).

519 Bundesgerichtshof, Urteil vom 5. Dezember 1958, VI ZR 266/57, BGHZ 29, 33–37 (37).

520 Kritik an der Kindeswohl-Formel gründet vor allem auf ihrer Offenheit. Daher sei sie anfällig für Vorurteile, fachfremde Deutungsmacht, staatliche Bevormundung und perpetuiere »material autoritäre« Haltungen; exemplarisch *Quambusch* (1974) 139 f.; siehe auch die von *Coester* (1983) 426–439 benannten »Fehlerquellen« oder die von *Zitelmann* (2000) 244–246 beschriebenen »Risiken«; siehe daneben *Zitelmann* (2001) 113–163. Andere kritisieren, dass unter dem Sprachmantel des Kindeswohls nur scheinbar kindesorientierte Entscheidungen getroffen würden; es handele sich um eine »Mystifikation« (*Mnookin* [1975] 4), eine vage Leerformel für ein »sozial abgehobenes Ideal«; ehrlicher wäre es, von der »am wenigsten schädlichen Alternative« zu sprechen; so im Zusammenhang mit Unterbringungsentscheidungen *Goldstein / Freud / Solnit* (1974). Ein anderer Kritikstrang richtet sich gegen die Tendenz, das Kindeswohl als eine »vorgeblich fixe« und »definierte« Größe anzuwenden; so *Simitis* (1974).

521 Exemplarisch *Krüger* (1956) 334; *Trockel* (1972); *Quambusch* (1973) 80–83; *Kohte* (1985) 145–150; *Röthel* (2018) 113 f.

es im Jahr 2020 hieß.[522] Einschränkungen des Elternrechts seien vielmehr dem Gesetzgeber vorbehalten.[523] Die Nichtregelung wird also zur bewussten Entscheidung des Gesetzgebers gegen eine Altersschwelle für die körperliche Eigenzuständigkeit ausgegeben und möglichen Analogieschlüssen entgegengesetzt.

Die Volljährigkeit erweist sich damit heute als Danaergeschenk für das Recht auf körperliche Selbstbestimmung des Kindes. War sie einst, mit Inkrafttreten des Bürgerlichen Gesetzbuchs, ein erster Schritt aus patriarchalen Verständnissen, als sie das endgültige Erlöschen des Elternrechts markierte, und wurde sie dann, als das Volljährigkeitsalter zum 1. Januar 1975 von 21 auf 18 Jahre gesenkt wurde, zum Sinnbild tatsächlicher Emanzipation,[524] so behindert sie heute die Ausformung der versprochenen körperlichen Selbstbestimmung des selbstbestimmungsfähigen Kindes diesseits der Volljährigkeit.

5.4 Jenseits generationaler Ordnung

Dies alles läuft auf einen zwiespältigen Befund hinaus. Die theoretisch versprochene körperliche Selbstbestimmung des Kindes bricht sich an den Tiefenstrukturen familiären Lebens (Kap. 2 II.5.1.) und einer widerständigen Rechtsumwelt

522 Abermals *Lettmaier* (2020) 136 (§ 1626 Rn. 295); genauso *Lugani* (2020) 890 (§ 1666 Rn. 73).

523 *Lipp* (2008) 294. Volker Lipp geht von einem verfassungsrechtlichen Gesetzesvorbehalt aus, der daran hindere, ohne gesetzliche Grundlage ein Alleinentscheidungsrecht von Minderjährigen anzunehmen und dadurch das Elternrecht einzuschränken. Anderes soll aber für das Vetorecht gelten, das nach seiner Vorstellung auch ohne gesetzliche Grundlage schon aus der immanenten Begrenzung des Elternrechts durch das Persönlichkeitsrecht des Kindes folge. Mir hat diese Unterscheidung im Hinblick auf den Gesetzesvorbehalt nicht eingeleuchtet.

524 Denn die Herabsenkung des Volljährigkeitsalters wurde nicht mit veränderten entwicklungspsychologischen Einsichten über die Selbstbestimmungsfähigkeit von Jugendlichen, sondern mit »der tatsächlich vollzogenen Emanzipation der Angehörigen dieser Altersgruppe« begründet, wie es im Entwurf der Bundesregierung eines Gesetzes zur Neuregelung des Volljährigkeitsalters vom 5. Februar 1973, BT-Drucks. 7/117 heißt. Außerdem wollte man die Volljährigkeit an die Wehrpflicht, an das politische Wahlalter und an die europäische Entwicklungstendenz anpassen. Darin wirkt die ältere Konzeption der Entlassung aus der elterlichen Gewalt durch Verselbständigung der Lebensstellung, also tatsächliche Eigenständigkeit, spürbar nach. Rechtspolitisch findet sich dieses Verständnis von Volljährigkeit als Ausdruck einer »soziologisch erfassbaren Zäsur« bei *Schwab* (1972) 271–280. Er hatte vorgeschlagen, die Beendigung der Berufsausbildung und die damit einhergehende wirtschaftliche Selbständigkeit als Orientierungsdatum zu wählen; hier wollte er auf das vollendete 19. Lebensjahr abstellen. Dass die Volljährigkeit nach dem gesetzlichen Verständnis mehr auf Verhältnisse als auf Fähigkeiten zielt, jedenfalls mehr Nachvollzug als Vorwegnahme ist, zeigt sich auch darin, dass die Herabsetzung des Volljährigkeitsalters in einer Gesetzesfolgenstudie mit dem Argument bestätigt wurde, sie habe letztlich eine Anpassung an die Realität bewirkt, so das Ergebnis der Studie des Deutschen Jugendinstituts (DJI), siehe *Lauber/Narzi/Rathgeber* (1980). – Im Zusammenhang mit dem Vertragsrecht wird die Volljährigkeit dagegen in erster Linie als Markierung der für selbstbestimmte Vertragsgestaltungen nötigen Fähigkeiten erklärt, näher *M. Wolf* (1970) 115–121; *S. Lorenz* (1997) 88–103: Die gesetzliche Regelung dient dem Schutz vor den nachteiligen wirtschaftlichen Folgen rechtsgeschäftlichen Handelns.

(Kap. 2 II.5.3.). Es handelt sich um ein ungefähres Recht, grundrechtlich versprochen, doch in weiten Teilen ohne explizite Form und Justiziabilität (Kap. 2 II.5.2.). Und es besteht derzeit auch wenig Aussicht, dass Rechtsprechung und Rechtswissenschaft aus sich heraus die Entwicklung vollenden und dem versprochenen Recht auf körperliche Selbstbestimmung zu Realität und alltagspraktischer Anwendungsreife verhelfen. Solange nicht vorgesehen ist, dass Kinder ihr Selbstbestimmungsrecht gerichtlich klären lassen können, kommt solcher Stoff allenfalls über Umwege vor Gericht. Hinzu kommen innerrechtliche Beharrungskräfte und Widerstände: die Verortung des Eltern-Kind-Verhältnisses im Privatrecht, haftungsrechtliche Interessen an starken Eltern, die Wertschätzung für Praktikabilität und Rechtssicherheit und die daraus folgende Sogwirkung der Volljährigkeitszäsur (Kap. 2 II.5.3.).

Der Umgang mit der Volljährigkeit und die Bedeutung, die ihr bei der Verwirklichung von körperlicher Selbstbestimmung beigemessen wird, steht zugleich beispielhaft für den beschränkten Reflexionsrahmen, in dem die juristischen Debatten über das körperliche Selbstbestimmungsrecht des Kindes gefangen sind. Wäre nicht eigentlich ganz grundsätzlich zu hinterfragen, welche Bedeutung mehr oder weniger gegriffene Altersschwellen – sei es die Volljährigkeit, seien es andere Altersschwellen (14, 15 oder 16 Jahre) – für die Frage haben können, ob die Inhaber von höchstpersönlichen Rechten diese selbst ausüben können? Müsste nicht die Erinnerung daran, dass das Volljährigkeitsalter nicht schon immer »naturgegeben« bei 18 Jahren lag, sondern im Jahr 1973 durch schlichten Parlamentsbeschluss verschoben werden konnte, vor Augen führen, dass es sich um eine gesetzte, also künstliche Schwelle handelt, und müsste diese Einsicht nicht davon abhalten, Minderjährigen prinzipiell medizinische Alleinentscheidungsbefugnisse abzusprechen?[525] Und wäre dabei nicht auch zu berücksichtigen, dass bei der Senkung des Volljährigkeitsalters in erster Linie der Abschluss von Verträgen und die wirtschaftliche Handlungsfähigkeit (Geschäftsfähigkeit) vor Augen standen? Schon die Entwurfsverfasser des Bürgerlichen Gesetzbuchs hatten sich mehr um das Vermögen als um die Person des Kindes gesorgt. Und so ging es auch bei der Senkung des Volljährigkeitsalters vor allem darum, ab wann Jugendliche ohne elterliche Zustimmung in die vermögensmäßige Selbständigkeit entlassen werden können, und nicht darum, Altersgrenzen für die – damals noch weiter weg liegende – körperliche Selbstbestimmung zu setzen.[526]

Im Rechtsdiskurs ist von solchen Nachfragen wenig zu spüren. Grundsätzliche Kritik am Rechtsinstitut der Volljährigkeit und an ihrer Sogwirkung für die Be-

525 So *Lettmaier* (2020) 135 (§ 1626 Rn. 294) in Abkehr von der in dieser Kommentierung früher vertretenen Auffassung, die ein Alleinentscheidungsrecht des einwilligungsfähigen Minderjährigen noch bejaht hatte, siehe *Peschel-Gutzeit* (2015) 147 (§ 1626 Rn. 96).

526 Betont bei *Heinsohn/Knieper* (1974) 163.

messung von körperlicher Selbstbestimmung wird kaum laut.[527] Die Art, wie das Recht mit dem Institut der Volljährigkeit über eine allgemein gesetzte Alterslinie »Kinder« von »Erwachsenen« abgrenzt und dabei Kindheit definiert und organisiert, trägt im Rechtszusammenhang Züge von überzeitlicher Notwendigkeit und Richtigkeit: »Der Vorteil der Unterscheidung Kinder/Erwachsene liegt in ihrer Offensichtlichkeit, und wie immer dient Offensichtlichkeit dazu, etwas zu verdecken« (Niklas Luhmann).[528] Das Recht denkt auseinander, wo außerrechtliche Diskurse einerseits Prozesse der Entdifferenzierung und der wechselseitigen Absorption beobachten, vom »Verschwinden der Kindheit« (Neil Postman) bis zur »Verewigung des Kindlichen in der Erwachsenenkultur« (Dieter Lenzen),[529] und andererseits nach der Legitimation für die durch Überhöhung (Glorifizierung) betriebene Marginalisierung und Minorisierung von Kindheit fragen.[530]

Doch liegt darin viel Hinterfragbares. Warum legen Gesellschaften so großes Gewicht auf »generationale Ordnung« (Leena Alanen) und die damit verbundene Klassifizierung von Personen in »minderjährig« und »volljährig«, »Kind« und »erwachsen«? Woher rühren die rechtlichen Vorstellungen davon, was zur Selbstbestimmung an Wissen und Fähigkeiten nötig ist (Einsichts- und Urteilsfähigkeit, sittliche Reife, Verstandesreife etc.), und sind sie nicht möglicherweise einem schlichten Schluss aus der Erwachsenenperspektive geschuldet? Beruht die ganze rechtliche Fixierung auf das chronologische Alter für die rechtliche Inklusion oder Exklusion[531] womöglich nur auf praktikablen Zuschreibungen, um eine gewünschte soziale Ordnung in ständiger Verwirklichung des Zivilisationsprozesses (Norbert Elias) aufrechtzuerhalten? In der außerjuristischen Kindheitsforschung werden diese für das Recht irritierenden Fragen seit einigen Jahrzehnten gestellt. Die »neue Kindheitssoziologie«[532] thematisiert die »Quasi-Natürlichkeit«, mit der Gesellschaften defizit- und differenzgeprägt zwischen Kindern und Erwachsenen unterscheiden, Alterskategorien ausprägen und dadurch eine bestimmte gesellschaftliche, nämlich »generationale Ordnung« verwirklichen. Die Selbstverständlichkeit, mit der Gesellschaften die Kategorie Kind und überhaupt Alterskategorien verwenden und tradieren, erscheint hier als hochgradig problematische »Vernatürlichung des Sozialen«:

»Indem solche Kategorien Natürlichkeit beanspruchen, lassen sie die Gesellschaftlichkeit, durch die sie sich auszeichnen und die sie ihrerseits begründen, unsichtbar werden; sie

527 Siehe aber *Wapler* (2015) 23 f. sowie 530–534 und öfter; polemisch *Ostermeyer* (1976): »Verrat am Grundgesetz«.

528 *Luhmann* (1991/2004) 167.

529 Siehe einerseits *Postman* (1983); andererseits *Lenzen* (1985).

530 Exemplarisch *Bühler-Niederberger* (2005) 104–127; *Qvortrup* (1993) 121 f.

531 Überblick über die »Lebensaltersstufen« im Recht bei *Moritz* (1989) 261–268.

532 Ursprünge bei *Eisenstadt* (1956) 21–55; exemplarisch *Alanen* (2005); Überblick bei *Bühler-Niederberger* (2020).

erhalten eine unantastbare Geltung, schließen also Überlegungen ab, wo sie erst ansetzen sollten, Diskussionen aus, wo sie eröffnet werden müssten. Damit soll nicht naiv und pauschal für eine beständige Kommunikation oder Offenheit als Handlungsbasis plädiert werden. Gesellschaftliche Kategorien und auch solche des Alters mögen durchaus soziales Handeln vereinfachen, Routinen erlauben, die notwendig sind. Dennoch lohnt sich der Blick darauf, wer sich dieser Kategorien bedient und wozu sie instrumentalisiert werden. Und soweit es gesellschaftliche Entscheidungen betrifft, so würde es sich zweifellos anbieten, die Instrumentalisierbarkeit der Kategorie Kind gelegentlich einzuschränken, selbst wenn die damit verbundene Entheiligung zunächst befremden dürfte.«[533]

Damit stellen sich zahlreiche unbequeme Fragen: Welche Anliegen sind bei der Konstituierung von Kindern als Nicht-Erwachsene unter dem leitenden Entwicklungsparadigma im Spiel? Wessen Perspektive entscheidet darüber, welche Kompetenzen bedeutend sind und den Unterschied ausmachen? Wer hat ein Interesse an solchen Defizitdiagnosen, und welche Prozesse werden auf diese Weise kontrolliert? Dies hat zu einer Akzentverlagerung beim wissenschaftlichen Verstehen geführt: An die Stelle des Entwicklungsparadigmas mit seinen patriarchalen Motiven, das Kinder deterministisch als »unfertige Erwachsene« begreift, und an die Stelle paternalistischer gesellschaftlicher Dispositive wie dem »bedürftigen« oder dem »vulnerablen« Kind[534] soll die partizipative »Binnenperspektive« treten, der es um das Erfassen von Eigenart und Eigenwert der Kinder als Akteure geht.[535]

Damit ist der vermeintlich feste, universelle Untergrund außerrechtlicher Überzeugungen, auf den sich das Recht implizit beruft, in Bewegung geraten. Wenn das Entwicklungsparadigma nicht (mehr) trägt, wie steht es dann mit den entwicklungspsychologisch begründeten Kompetenzvermutungen, auf die sich die rechtlichen Altersgradierungen stützen? Und wenn es sich bei der Kategorie Kind wesentlich um eine gesellschaftliche Kategorie handelt: Wäre die markierende Unterscheidung zwischen »Kindern« und »Erwachsenen« dann nicht aufzugeben, um zu einer postkategorialen Verwirklichung von Selbstbestimmung und Sorge zu gelangen? – Im derzeitigen Rechtsdiskurs ist von diesen paradigmatischen Verschiebungen des außerjuristischen Verstehens allerdings noch nichts zu spüren. Das Recht des Kindes auf körperliche Selbstbestimmung setzt einen rechtlich relevanten Willen voraus, und diese rechtliche Relevanz wird nach Kriterien beurteilt, bei denen das Alter und aus der Erwachsenenperspektive formulierte Entwicklungsziele (Einsichts- und Urteilsfähigkeit, sittliche Reife) und Kompe-

533 *Bühler-Niederberger* (2005) 19.

534 Exemplarisch *Andresen/C. Koch/König* (2015).

535 Impulse kamen aus der skandinavischen und angelsächsischen Diskussion, u.a. dank der Arbeiten von Leena Alanen, Jens Qvortrup und Chris Jenks. Für die deutsche Diskussion exemplarisch *Honig* (1999); *Honig* (2009); *Bühler-Niederberger* (2005); im Überblick *Hülst* (2012); *Hurrelmann/Bründel* (2003) 20–57.

tenzdefizite (mangelnde Erfahrung) im Vordergrund stehen (oben Kap. II.5.2.).[536] Hier folgt das Recht alltagsontologischen Vorstellungen und landläufigen Evidenzen zur Unterschiedlichkeit von Erwachsenen und Kindern.[537] Aber warum gehen wir eigentlich davon aus, dass mehr Erfahrung auch zu »besseren« Entscheidungen führt? Ist nicht bekannt, dass auch sehr junge chronisch kranke Kinder sehr reife Urteile über ihre Situation treffen können?[538] Mit welcher Berechtigung wird Heranwachsenden nicht zugetraut, die Folgen ihres Handelns zu übersehen oder langfristige Entscheidungen zu treffen, wenn es doch die »Generation Greta« ist, die Erwachsenen die Verantwortungslosigkeit ihrer Klimapolitik vor Augen geführt hat?[539] Warum soll einer minderjährigen Schwangeren in der Regel die Fähigkeit fehlen, »zwischen eigenen und fremden Rechtsgütern abzuwägen«, während ihr sehr wohl zugetraut wird, »eine eigene positive Entscheidung für die Geburt ihres Kindes zu treffen«?[540] Und warum ist nur bei Heranwachsenden ein »kollektiv ausgelöster Drang zu Modetorheiten in Rechnung zu stellen«, der die Einsichtsfähigkeit trübt?[541] Woher nimmt ein Gericht das Wissen, dass gerade junge Mädchen »erfahrungsgemäß [...] Maßnahmen der kosmetischen Verbesserung eher unbedenklich [zustimmen]«?[542] Wie sicher können wir sein, dass es sich bei der landläufigen Vorstellung, die Pubertät führe zu psychischen und emotionalen Verwirrungen, nicht nur um eine weitere Konstruktion unserer Zeit handelt, um Jugendliche als unreif und defizitär darzustellen und ihre Körperwünsche rechtlich zu diskreditieren?[543] Und womöglich ist auch das Fundament der ganzen Konstruktion, die Grundannahme, dass es für rechtlich erhebliche Willensäußerungen in Bezug auf den eigenen Körper überhaupt auf

536 Exemplarisch für diese Maßstabsbildung aus Erwachsenensicht *Trockel* (1972) 1495, der die Entscheidungsbefugnis des Minderjährigen daran knüpft, »dass die Kritik- und Urteilsfähigkeit des Minderjährigen so weit entwickelt und verselbständigt ist, dass sie ausreicht, den ärztlichen Heileingriff entsprechend dem Inhalt der Aufklärungspflicht in seiner Gesamtheit zu erfassen und abzuwägen.«

537 Näher *Honig* (1999) 172–176. – Die Liste behaupteter Kompetenzunterschiede gerade im Zusammenhang mit der Bewertung von Aussagen auf ihre Authentizität, Objektivität und Vernünftigkeit ist lang. Beispielhaft bei *Hülst* (2012) 55: Kinder geben Gefälligkeitsantworten, sind beeinflussbar, haben zu wenig Erfahrung und Wissen, sind nicht authentisch, besetzen Beziehungen mit unangemessenen Wertbezügen, haben kein moralisches Bewusstsein etc.

538 *Birnbacher* (2012) 565; *Rothärmel* (2004) 143 m. w. N.

539 *Hurrelmann / Albrecht* (2020).

540 So *Belling* (1990) 74 f.

541 So *Spickhoff* (2018) 424. Daraus leiten viele ab, dass Minderjährige nicht entscheidungsfähig sind, wenn es um medizinisch nicht indizierte Körperwünsche geht wie insbesondere Schönheitsoperationen und Tätowierungen; exemplarisch aus strafrechtlicher Sicht *Grünewald* (2019) 547 (§ 223 Rn. 80), aus zivilrechtlicher Sicht *Wagner* (2020) 2768 (§ 630d Rn. 44).

542 Bundesgerichtshof, Urteil vom 16. November 1971, VI ZR 76/70, Neue Juristische Wochenschrift (NJW) 1972, 335–338; es ging um die Entfernung von Handwarzen bei einer 16-Jährigen.

543 Dass die körperliche Pubertät nicht mit einer psychischen Pubertät einhergehen muss, wie uns das vertraut und selbstverständlich ist, haben die Beschreibungen von Margaret Mead zur samoanischen Kultur erhellt (*Mead* [1928/1965] 165 ff.); dazu *Süssmuth* (1968) 176–178.

intellektuelle Fähigkeiten, Erfahrung und Wissen ankommt, nur eine interessengeleitete Verabsolutierung von Erwachsenenperspektiven, zur Stabilisierung einer bestimmten gesellschaftlichen Ordnung, eben der »generationalen Ordnung«?

Von solchen Zweifeln ist der Rechtsdiskurs derzeit nicht geplagt. Der Reflexionsrahmen des juristischen Mainstreams weist nicht über die rechtlichen Institutionen hinaus. Man hängt dem Entwicklungsparadigma genauso selbstverständlich an, wie man über viele Jahrzehnte gegen alles pädagogische Wissen an die positiven Effekte von Körperstrafen glaubte (oben Kap. 2 II.3.1.), etwa weil man meinte, dass man mit Kindern nicht reden könne oder dass Kinder kein Schmerzempfinden hätten. Diese Erinnerung lässt sich aber auch ins Positive wenden: Noch einmal könnte ein außerrechtlicher Paradigmenwechsel den Weg weisen und den Entwicklungspfad weiterführen. Dazu müsste sich das Recht für den Gedanken öffnen, dass körperliche Selbstbestimmung nicht erst dort beginnt, wo ein aus Erwachsenensicht relevanter Körperwille eines »einsichts- und urteilsfähigen« sowie »sittlich reifen« Minderjährigen nachweislich ist, sondern dass auch ein diesen Anforderungen nicht genügender, »natürlicher« Körperwille Ausdruck von anzuerkennender Selbstbestimmung ist. Im Kleinen ist dieser abenteuerliche Gedanke bereits formuliert worden: Es gibt Stimmen im rechtswissenschaftlichen Schrifttum, die dafür plädieren, dass eine nur relativ indizierte, also nach medizinischen Maßstäben nicht zwingend notwendige Behandlung von einem nicht einwilligungsfähigen Minderjährigen rechtserheblich abgelehnt werden kann, auch wenn die Eltern die Behandlung wünschen.[544] Dieses sachlich eng begrenzte Vetorecht ist ein erster Schritt der Anerkennung von Willensäußerungen Minderjähriger, die nach bisherigen Maßstäben nicht als rechtlich erheblich galten. Noch ist es aber nur eine wissenschaftliche Überlegung, für die es weder einen Anhalt im Gesetz noch Rückhalt in der Rechtsprechung gibt.[545] Geht es um das Selbstbestimmungsrecht von Minderjährigen, klingt es derzeit also noch nach einer reichlich abwegigen Vorstellung, dass ein Körperwille auch ohne Urteilsfähigkeit und sittliche Reife rechtlich erheblich sein kann. Anders liegen die Dinge, wenn es um Erwachsene geht. Hier ist der bloß »natürliche« Körperwille explizit rechtserheblich. Medizinische Behandlungen und Eingriffe gegen den »natürlichen Willen« betreuter Personen sind nur unter engen, mehrfach präzisierten gesetzlichen Voraussetzungen und nur nach gerichtlicher Genehmigung zulässig. Wie es dazu kam, ist Gegenstand des nächsten Kapitels.

544 *Rothärmel* (2004) 165 ff.; *Taupitz* (2000) A 79.

545 Der Bundesgerichtshof streifte diese Frage im Jahr 2006 im Zusammenhang mit dem Veto einer 16-jährigen Patientin. Der Bundesgerichtshof bestätigte ein Vetorecht Minderjähriger, knüpfte es aber unmissverständlich an die Urteilsfähigkeit. Wie der Senat in seinem ersten Leitsatz formulierte, »kann« minderjährigen Patienten ein Vetorecht gegen die Einwilligung der Eltern zustehen, »wenn sie über eine ausreichende Urteilsfähigkeit verfügen«, siehe Bundesgerichtshof, Urteil vom 10. Oktober 2006, Neue Juristische Wochenschrift (NJW) 2007, 217–220.

III. Körperliche Selbstbestimmung im Betreuungsverhältnis

1. *Erwachsenenschutz, Körper und Selbstbestimmung*

Das vorangegangene Kapitel handelte davon, dass Eltern in Bezug auf die Körper ihrer Kinder *besondere* rechtliche Befugnisse eingeräumt sind, die ihrerseits mit der besonderen Lage der Kinder erklärt wurden und werden: Das Züchtigungsrecht, also die Befugnis der Eltern zu körperlicher Gewaltanwendung, wurde mit der Erziehungsbedürftigkeit des Kindes erklärt, und die elterliche Befugnis zur Entscheidung über Körperwünsche des Kindes wird mit der Schutzbedürftigkeit des nicht selbstbestimmungsfähigen Kindes erklärt. Am Beispiel des Eltern-Kind-Verhältnisses ließ sich studieren, wie sich die rechtlichen Bewertungen über körperliche Fremdbestimmung verändern, je nachdem, ob es sich um Eltern und ihre Kinder handelt oder ob es um fremde Dritte geht. Solche Veränderungen in den rechtlichen Bewertungen über körperliche Fremdbestimmung begegnen auch gegenüber Erwachsenen, die das geltende Recht als besonders markiert, nämlich Erwachsene, die »aufgrund einer psychischen Krankheit oder einer körperlichen, geistigen oder seelischen Behinderung« bzw., wie es seit 2023 heißt, aufgrund einer »Krankheit oder Behinderung« ihre Angelegenheiten ganz oder teilweise nicht besorgen können und daher als »betreuungsbedürftig« gelten.[546]

Die Betreuungsbedürftigkeit hat dieselbe Wirkung wie die Minderjährigkeit: Sie verschiebt die rechtlichen Grenzlinien im Hinblick auf die Zulässigkeit von körperlichem Zwang und körperlichen Fremdentscheidungen. Am deutlichsten ist dies daran ablesbar, dass Betreuer – genauso wie vor ihnen Vormünder und Pfleger – Zwangsbehandlungen und zwangsweise Unterbringungen veranlassen können (dazu noch Kap. 2 III.3.3.). Die Rechtsstellung als Betreuerin bewirkt, was schon die Stellung als Vormund oder Pflegerin bewirkte: das Recht, sich über einen artikulierten Körperwillen hinwegzusetzen. Im Verhältnis von Betreuerin und betreuter Person ist rechtlich erlaubt, was ansonsten rechtswidrig und strafbar wäre.

Solche besonderen körperlichen Fremdbestimmungsbefugnisse über rechtlich verbesonderte Personen haben eine lange Tradition. So selbstverständlich Rechtsordnungen zwischen Erwachsenen und Kindern unterscheiden, so lang ist auch die Geschichte der Unterscheidung zwischen psychisch, geistig und körperlich als normal geltenden Menschen und Menschen, die von diesen Vorstellungen über Gesundheit und Vernünftigkeit abweichen. Über lange Zeit folgten Rechts-

546 Siehe § 1896 Absatz 1 BGB in der Fassung des Gesetzes zur Reform des Rechts der Vormundschaft und Pflegschaft für Volljährige (Betreuungsgesetz) vom 12. September 1990, BGBl. I, S. 2002 sowie inzwischen § 1814 Absatz 1 BGB in der Fassung des Gesetzes zur Reform des Vormundschafts- und Betreuungsrechts vom 4. Mai 2021, BGBl. I, S. 882.

ordnungen dabei einer Einteilung, die auf das römische Recht zurückgeht. Als besonders galten dem römischen Recht drei Gruppen von Personen: die Geisteskranken (furiosi), die Verschwender (prodigi) und die Gebrechlichen (debiles). Das ältere römische Recht kannte wohl noch eine vierte Gruppe: Auch für Frauen existierten aufgrund der Wankelmütigkeit und Schwäche ihres Willens (infirmitas) zunächst besondere Regelungen, doch haben sie sich in der Rechtspraxis offenbar verloren.[547] Zwar gibt es über die weitere Rechtsentwicklung keinen sicheren Forschungsstand. Dennoch lässt sich einigermaßen nachverfolgen, wie sich die im römischen Privatrecht angelegte Unterscheidung zwischen intellektueller, sozialer und körperlicher Anormalität durch die Jahrhunderte zieht, jeweils in zeittypischen Ausformungen und Abwandlungen.[548] Die furiosi des römischen Rechts begegnen im Sachsenspiegel als »Thoren und sinnlose Leute«, im Codex Maximilianeus Bavaricus Civilis von 1756 als »Blöd- und Unsinnige« und im Allgemeinen Preußischen Landrecht von 1794 als »Rasende«, »Wahnsinnige« und »Blödsinnige«. Schwankender ist der Kreis körperlicher Anomalien: Neben den Blinden und Taubstummen, die über alle Zeiten die privatrechtliche Aufmerksamkeit auf sich gezogen hatten, handelten mittelalterliche Rechtsquellen von »Siechen«, »Verkrüppelten«, »Missgeburten«, von »Aussätzigen« und »alt-verlebten« Leuten.[549] Auch die Verschwendung als Sinnbild für soziale Besonderheit zieht sich mit wechselnden Zeitsignaturen durch die Jahrhunderte: Wurden sie in mittelalterlichen Quellen als »Durchschleucher« oder »Spieler und Schwelger« umschrieben, ergänzte der bayerische Codex eine Generalklausel für alle »auf der Kant stehenden« Personen, das Allgemeine Preußische Landrecht präzisierte, dass es um Personen gehe mit »leichtsinniger, unbesonnener oder ausschweifender Vermögensverwaltung«, und im Verlauf der Beratungen zum Bürgerlichen Gesetzbuch kamen schließlich die Trunksüchtigen hinzu.[550]

Aber unabhängig davon, wo das Recht jeweils den Kreis um besondere Personen zog: Die Wirkungen blieben im Prinzip über lange Zeit dieselben. Erstens waren die Betroffenen nicht oder nur eingeschränkt rechtlich handlungsfähig. Zweitens wurden Personen eingesetzt und ermächtigt, die an ihrer Stelle handeln konnten, und denen drittens insbesondere die Befugnis zukam, die Betroffenen zu hospitalisieren, also abzuschirmen vom »normalen« Leben, und zu behandeln.[551] Auf diesen Grundstrukturen beruhte auch das deutsche Vormundschafts- und Pfleg-

547 *Kaser/Knütel/Lohsse* (2021) 435 f. (§ 74) m. w. N.; *Holthöfer* (1997).

548 Die folgende Skizze folgt *A. Roth* (2008); *Bulling* (2013) sowie den Begründungen des Vorentwurfs von *Planck* (1880) 2199–2217 (zu §§ 558, 559); außerdem *Coing* (1985) 255–260 (§ 46); *Coing* (1989) 329–334 (§ 57) und *Thier* (2010).

549 *Kraut* (1835) 11; vgl. auch *Rive* (1866) 167 ff.

550 Der Entmündigungsgrund der Verschwendung wurde erst im Verlauf des Beratungsverfahrens aufgenommen; näher *Trompetter* (1996); *T. Schmidt* (1998) 218–244.

551 *Foucault* (1961); für Deutschland *Fandrey* (1990) 116 ff., 173 ff., 212 ff. (»Sondereinrichtungen«).

schaftsrecht, das am 1. Januar 1900 mit dem Bürgerlichen Gesetzbuch in Kraft getreten ist und das im Wesentlichen fortgalt, bis es im Jahr 1992 durch das Betreuungsrecht abgelöst wurde (unten Kap. 2. III.3.3.).

Aber auch wenn es oberflächlich leichtfällt, das heutige Recht auf seine historischen Vorläufer zurückzuführen und in den unterschiedlichen Einkleidungen wiederzuerkennen, haben sich inzwischen fundamentale Verschiebungen vollzogen. Niemals zuvor in der Geschichte des deutschen Privatrechts ging das Recht schonender mit der körperlichen Selbstbestimmung von Erwachsenen um; niemals zuvor waren die rechtlichen Anforderungen an die Begründung von besonderen Körperbefugnissen über besondere Erwachsene größer, und niemals zuvor wurde ihre Einhaltung wirksamer kontrolliert. Diese Entwicklung verdankt sich vielen Kräften, deren Wirken noch im Einzelnen nachzugehen ist: Es änderten sich die gesellschaftlichen und die rechtlichen Vorstellungen über die legitimen Anliegen von Vormundschaft, Pflegschaft und später Betreuung. Außerdem machten sich Veränderungen in den psychiatrischen Grundannahmen und Behandlungsmethoden bemerkbar, und schließlich verschoben die Grundrechte und die Ansprüche der UN-Behindertenkonvention das Anforderungsprofil an körperliche Selbstbestimmung.

Der Ausgangspunkt des Bürgerlichen Gesetzbuchs war indes ein anderer. Zunächst waren »Verschwendung« und »Trunksucht« eigene Entmündigungsgründe, und »Querulantenwahn« galt als typischer Ausdruck von Geisteskrankheit. Entsprechend weit waren die Anliegen von Entmündigung, Vormundschaft und Pflegschaft gefasst: Neben dem Schutz der Betroffenen ging es auch um die Abwehr von Gefährdungen der Familie oder der Sicherheit anderer. Eine »praktische Handreichung für Juristen und Ärzte« aus dem Jahr 1899 hatte noch erläutert:

> »Wenn die geistige Erkrankung einer Person von einer solchen Dauer und Bedeutung ist, dass sie den Erkrankten an der ausreichenden Sorge für seine Person oder seine Familie verhindert oder zur selbständigen Verwaltung der Gesamtheit seiner Angelegenheiten derart unfähig macht, dass sie eine gesicherte Aufnahme und Pflege desselben im Kreise seiner Familie ausschließt und vielleicht sogar Veranlassung zu einer Gefährdung der öffentlichen Ordnung und Sicherheit gibt, dann ist das Recht und die Pflicht des Staates begründet, den Geisteskranken zu entmündigen, ihn der Fürsorge eines Vormundes zu unterstellen und diejenigen Sicherheitsmaßregeln anzuordnen, welche erforderlich sind, um von ihm und Anderen Nachtheile und Gefahren abzuwenden.«[552]

Besonders deutlich standen öffentliche Interessen vor Augen bei der Entmündigung wegen Verschwendung und wegen Trunksucht. In der soeben zitierten »Handreichung« aus dem Jahr 1899 rangierten öffentliche Interessen dabei ganz

552 *Daude* (1899) 3.

selbstverständlich vor Einzelinteressen, und etwaige Belange des betroffenen Erwachsenen kamen gar nicht zur Sprache:

»Wenn eine an sich zur freien Verfügung über ihr Vermögen berechtigte Person einen dergestalt leichtsinnigen, unbesonnenen und ausschweifenden Gebrauch von ihrem Vermögen macht, dass sie bei Fortsetzung einer solchen Lebensweise der Verarmung entgegen geht und ihren Verwandten [...] zur Last zu fallen droht, dann ist im öffentlichen Interesse und zum Schutz der gefährdeten Einzelinteressen die Pflicht und das Recht des Staates begründet, eine solche Person [...] zu entmündigen [...].«[553]

Hier hat ein fundamentaler Wandel stattgefunden. Über lange Zeit selbstverständliche Legitimationen von Vormundschaft und Pflegschaft – zum Schutz der Familie, zur Ahndung und Disziplinierung von sozial unangepasstem Verhalten, aus anderen öffentlichen Interessen – sind der Gegenwart nicht mehr plausibel. Übrig geblieben ist nur die Erklärung als Fürsorge für Erwachsene, die wegen Krankheit oder Behinderung ihre rechtlichen Angelegenheiten nicht allein bewältigen können. In diesem Licht wird auch die Rechtsentwicklung geschildert: weg von den dunklen Zeiten mittelalterlich-obrigkeitlicher Sozialdisziplinierung in Richtung sozialstaatlicher Fürsorge.[554] Die Begriffe sind denselben Weg gegangen. Das gesamte Rechtsgebiet wird heute als Recht der »Erwachsenenfürsorge« beschrieben.[555]

Im Zuge dieser Entwicklung haben sich auch die rechtlichen Gewichte in Bezug auf körperliche Selbstbestimmung verschoben: Das Betreuungsbedürfnis ist enger gefasst, Betreuerinnen sind zur Beachtung von Körperwünschen verpflichtet, und die körperlichen Entscheidungsbefugnisse von Betreuern über Behandlungen, Eingriffe und Unterbringungen sind an immer weiter explizierte Voraussetzungen geknüpft worden, die sicherstellen sollen, dass sie Ausdruck von Fürsorge und Schutz im Interesse der Betroffenen sind. Diese Entwicklungen tragen einen emanzipatorischen Grundton: Erwachsene, die noch zu Beginn des 20. Jahrhunderts infolge Entmündigung und Pflegschaft die Bestimmung über ihren Körper verlieren konnten, haben heute Ansprüche und Rechte, mit denen sie körperliche Selbstbestimmung artikulieren und verteidigen können. Aber dies war nicht immer so. Über weite Strecken des 20. Jahrhunderts war dem deutschen Privatrecht ein explizites Recht auf körperliche Selbstbestimmung der als fürsorgebedürftig erklärten Erwachsenen im Verhältnis zum Vormund, Pfleger und Betreuer fremd. Überhaupt hat sich das Recht bei der Ausgestaltung des Innenverhältnisses erst spät für den Körper interessiert. Genauso wie beim Eltern-

553 *Daude* (1899) 99; genauso *Cohn* (1925) 361.

554 *Holzhauer* (1988) B 15–B 19; *A. Roth* (2018) 1511–1523; *A. Roth* (2008); *von Sachsen Gessaphe* (1999) 126–131.

555 Etwa bei *von Sachsen Gessaphe* (1999) sowie *Lipp* (2000); *Bulling* (2013).

Kind-Verhältnis stand auch hier das Vermögen ganz im Vordergrund. Zentrales Motiv war die Sorge, dass Geisteskranke, Geistesschwache, Verschwender oder Trunksüchtige einen »unvernünftigen, leichtsinnigen oder ausschweifenden Gebrauch von ihrem ihnen zur freien Verfügung stehenden Vermögen machen, dass sie bei Fortsetzung einer solchen Lebensweise verarmen oder ihren Verwandten oder sonst Unterhaltspflichtigen zur Last fallen.«[556]

Daran hat sich erst in den letzten 30 Jahren markant etwas geändert. Waren Vormündern und Pflegern bis dahin nur ungenaue rechtliche Grenzen gezogen, wenn sie über medizinische Eingriffe, ärztliche Behandlungen, lebensverlängernde Maßnahmen entschieden, unterliegen Zwangsbehandlungen inzwischen enger Rechtsaufsicht, und auch die Beachtlichkeit von Körperwünschen hat einen ungefähren Ort im Recht gefunden. Seit dem Jahr 2023 heißt es dazu im Bürgerlichen Gesetzbuch: Der Betreuer hat die Angelegenheiten des Betreuten so zu besorgen, dass dieser »sein Leben nach seinen Wünschen gestalten kann«.[557] Der Körper ist nicht mehr ungeregelt dem Vormund, Pfleger oder Betreuer anvertraut, sondern dieses Anvertrauen ist dichter rechtlich gefasst. Die zunehmende Regelungsdichte von Körperfragen brachte eine zunehmende Anerkennung und Absicherung von körperlicher Selbstbestimmung mit sich. Genauso wie im Behandlungsverhältnis und im Eltern-Kind-Verhältnis gingen Verrechtlichung und körperliche Selbstbestimmung also Hand in Hand.

Ein eigentümlicher Unterschied besteht aber im Hinblick auf den Anfangspunkt, von dem die Emanzipationsbewegung im Recht der Erwachsenenfürsorge aufgebrochen ist. Denn die körperliche Fremdbestimmung durch Vormünder, Pfleger und Betreuer, die im Verlauf des 20. Jahrhunderts an Selbstverständlichkeit verlor, gründete sich auf anderes als die Entscheidungsbefugnisse von Ärzten gegenüber Patienten oder von Eltern gegenüber ihren Kindern. Kein Heilauftrag oder Elternrecht, nicht Erfahrung oder Natur waren zu überwinden, sondern »bloßes« Recht. Schon der Privatrechtswissenschaft des 19. Jahrhunderts war eindeutig, dass es sich bei der Vormundschaft um ein »künstliches« Verhältnis handelt, wie Friedrich Carl von Savigny formulierte.[558] Vormundschaft, Pflegschaft und Betreuung sind rechtliche Erfindungen. Die Bestimmungsbefugnisse von Vormündern, Pflegern oder Betreuern haben kein außerrechtliches Vorbild. Wissen, Erfahrung, Tradition oder Natur machen nicht unmittelbar einsichtig, warum Vormündern, Pflegern und Betreuern die Rechtsmacht zukommen soll, körperliche Entscheidungen für andere Personen zu treffen. Worauf gründet sich also das rechtliche Anvertrauen? Und müsste nicht das Recht gegenüber Vormündern,

556 *Cohn* (1925) 361.

557 § 1821 Absatz 2 BGB in der Fassung des Gesetzes zur Reform des Vormundschafts- und Betreuungsrechts vom 4. Mai 2021, BGBl. I, S. 882.

558 *von Savigny* (1840) 353 (§ 55).

Pflegern und Betreuern mehr noch als gegenüber Ärzten und Eltern misstrauisch auf die Wahrung körperlicher Selbstbestimmung bedacht sein? Paradoxerweise war dies über lange Zeit nicht der Fall. Nachdem das Recht zunächst die Institutionen erdacht hatte, um körperliche Fremdbestimmung als Rechtsfürsorge zu etablieren und machtvoll auszustatten, war es ein langer Weg, bis Teile davon zugunsten körperlicher Selbstbestimmung zurückgenommen wurden. Was musste passieren, damit sich dies änderte? Und welche Hindernisse waren dabei zu überwinden? Dazu nun im Einzelnen.

2. *Ausgangspunkte*

Gehen wir zunächst wieder zurück zu den Anfängen. Mit dem Bürgerlichen Gesetzbuch trat am 1. Januar 1900 ein Recht der Erwachsenenfürsorge in Kraft, in dem körperliche Selbstbestimmung keinen expliziten Ort hatte. Ein Recht auf körperliche Selbstbestimmung gegenüber Vormündern und Pflegern lag jenseits der dogmatischen Vorstellungswelt der Entwurfsverfasser. Denn das Bürgerliche Gesetzbuch konzipierte die Erwachsenenfürsorge im Wesentlichen als *Rechtsverlust*. Außerdem war das Regelungsbemühen vorrangig auf das *Vermögen* gerichtet. Und weil sich die rechtlichen Debatten ohnehin nicht für das Recht der Erwachsenenfürsorge interessierten, bereitete dies kaum Kopfzerbrechen. Wesentliches blieb ungeregelt oder überschlägig, und daran würde sich über viele Jahrzehnte nur wenig ändern.

2.1 »Alle Geisteskranken sind willensunfähig«

Das Bürgerliche Gesetzbuch, wie es am 1. Januar 1900 in Kraft trat, kannte kein Recht auf körperliche Selbstbestimmung der Entmündigten, Bevormundeten und unter Pflegschaft stehenden Mündel. Es gab keine explizite Rechtspflicht, Körperwünschen Rechnung zu tragen, und es gehörte zu den nicht näher geregelten Aufgaben und Befugnissen der Vormünder und Pfleger, körperliche Entscheidungen für ihre Mündel zu treffen, notfalls auch durch Zwang. Das Bürgerliche Recht hatte sich auf die Seite derer gestellt, die den Schutz der Gesundheit über die Freiheit stellten, das Wohl der Betroffenen über ihren Willen – und Allgemeininteressen über Individualinteressen. Den Gegenstandpunkt findet man in einer 1890 veröffentlichten Schrift des Juristen und Soziologen Eduard August Schroeder. Er hatte angeprangert, dass die »Irrenrechte« allzu selbstverständlich den Schutz der Gesundheit über die persönliche Freiheit stellten, ohne dass Betroffene Aussicht auf Rechtsschutz gegen Einweisungen und Zwangsbehandlungen hätten. Damit würde das Recht »auf Grundsätzen [fußen], wie sie sonst in keinem Rechtsgebiet zu finden sind«, und »Prinzipien um[stoßen], die sonst heilig gehalten werden.«[559] Aber dies war nicht die Haltung des Bürgerlichen Rechts. Der »Aufbruch in die Moderne«, den Hedwig Richter für das späte Kaiserreich diagnostizierte, hatte die rechtliche Stellung geistig und psychisch kranker Erwachsener nicht im Blick. Die großen Reformbewegungen für bessere Arbeitsbedingungen und hygienischere Städte, für Schutz vor Gewalt, für Gesundheit und Gleichberechtigung hatten andere Personen im Sinn. Es fehlte, was Arbeiter und Arme, was Städter, Jugendliche und Frauen einte: das Moment der Masse.[560] Man vermisste daher im Entmündigungs- und Vormundschaftsrecht des Bürgerlichen Gesetzbuchs keine Rechtsgarantien zum Schutz von körperlicher Selbstbestimmung. Dies erschien plausibel, weil das Recht Personen vor Augen hatte, bei denen sich für die damalige Zeit die Frage körperlicher Selbstbestimmung nicht stellte. Denn man war sich sicher, dass sie die dazu für erforderlich gehaltenen Fähigkeiten gar nicht hätten. So gesehen war es aus damaliger Sicht nicht das Recht, das geisteskranken und anderen als fürsorgebedürftig definierten Erwachsenen die körperliche Selbstbestimmung raubte, sondern das traurige Schicksal der Natur und ihrer Krankheit. Fürsorgebedürfnis und Selbstbestimmung schlossen sich hiernach aus.

Am weitreichendsten war dies im Fall der Vormundschaft über Personen, die wegen Geisteskrankheit entmündigt wurden. Sie bildeten die größte Gruppe der Entmündigten.[561] Wer wegen Geisteskrankheit entmündigt war, galt dem Bürgerlichen Recht als völlig geschäftsunfähig, konnte also keine rechtserheblichen Erklärungen mehr abgeben. »Alle Geisteskranken sind willensunfähig«, hatte Gottlieb Planck seinem Vorentwurf zugrunde gelegt.[562] Daher wollte man auch keine Ausnahme für vorteilhafte oder geringfügige Geschäfte machen.[563] Die völlige rechtliche Handlungsunfähigkeit von Geisteskranken erschien – bei allen Unsicherheiten darüber, welche Personen dies eigentlich betraf – »naturbestimmt« und wurde als außerrechtliche, axiomatische und überpositiv zwingende Vorgabe begriffen.[564] Und genauso war man sich darin sicher, dass ein bloß »na-

559 *Schroeder* (1890) 11.

560 *Richter* (2021).

561 Näher die Auswertungen der Justiz-Statistik bei *T. Schmidt* (1998) 157–159, 212, 247–251 sowie die auf Preußen bezogenen Angaben für die Jahre 1906 bis 1934 bei *G. Hartmann* (1937) 43, 106. Im Jahr 1900 entfielen danach auf insgesamt 10.000 Entmündigungen insgesamt 8.634 Entmündigungen wegen Geisteskrankheit. Die Entmündigung wegen Verschwendung spielte praktisch keine Rolle, sie schwankte zwischen 371 Fällen im Jahr 1900 bis hin zu 221 Fällen im Jahr 1913 und wird bei Gunther Hartmann für Preußen mit durchschnittlich 100 Fällen pro Jahr zwischen 1906 und 1934 angegeben. Dagegen nahm die Zahl der Entmündigungen wegen Trunksucht allmählich zu, von 688 im Jahr 1900 auf 1.468 Fälle im Jahr 1913 bzw. bezogen auf Preußen von 636 Fällen im Jahr 1906 bis hin zu 1.295 im Jahr 1928 (*G. Hartmann* [1937] 106).

562 *Planck* (1880) 2201 (§§ 558, 559).

563 Obwohl dies diskutiert worden war, siehe *Rümelin* (1912) 46–65; *Thier* (2003) 395.

564 So das Resümee von *Holzhauer* (1988) B 19 und *A. Roth* (2018) 1535. Die Haltung des Bürgerlichen Rechts wird zurückgeführt auf die Vorstellungen von *von Savigny* (1840a) 83 ff. (§ 112), die sich

türlicher« Wille im Recht keine Anerkennung verdienen könne. So erschien es gleichermaßen zwangsläufig wie selbstverständlich, dass wegen Geisteskrankheit entmündigte Personen nichts mehr rechtlich erheblich bestimmen könnten. Es stand dabei klar vor Augen, dass die Entmündigung wegen Geisteskrankheit einer Beseitigung aller Persönlichkeitsrechte gleichkam.[565] Der Verlust der »bürgerlichen Selbständigkeit«[566] markierte zugleich das Ende der körperlichen Selbstbestimmung im Recht. An die Stelle der Selbstbestimmung trat die Bestimmungsbefugnis des Vormunds. Seine Befugnisse schlossen die Lücke, die mit der Entmündigung gerissen wurde. In diesem Licht war es folgerichtig, dass dem Vormund eines wegen Geisteskrankheit Entmündigten auch die Befugnis zukam, den Entmündigten sogar gegen seinen – ja nicht rechtserheblichen – Willen in »Irrenanstalten« unterzubringen und dort nach ärztlichem Ermessen behandeln zu lassen. Die Psychiatrie hatte dagegen ohnehin nichts einzuwenden: Für sie handelte es sich um »Fürsorge durch den Staat«, die nicht »unnötigen Zwang, sondern einzig einen ebenso wohlthätigen wie notwendigen Schutz [bezweckt]«, wie es der Illenauer Anstaltsarzt Max Fischer im Jahr 1902 erläuterte.[567] Aber auch die rechtlichen Debatten hielten Zwangseinweisungen und Zwangsbehandlungen auf Veranlassung des Vormunds für unbedenklich. Es genügte der Hinweis auf die Gesetzgebungsmaterialien, die dem Vormund in dieser Hinsicht keine Grenzen zogen, war er doch ausdrücklich ermächtigt zur »Veranstaltung der erforderlichen Pflege, der etwaigen Heilung« einschließlich der dazu erforderlichen Zwangsmaßregeln.[568] Die juristische Literatur der Zeit hielt die entsprechenden Befugnisse des Vormunds für genauso eindeutig wie unproblematisch,[569] und es gibt keine Anzeichen dafür, dass die Rechtsprechung dies grundsätzlich anders gesehen hätte. Allerdings ist das Bild darüber reichlich unscharf, weil nur wenige Entscheidungen veröffentlicht sind.[570] Vergleichsweise ausführlich äußerte

dann über den Vorentwurf des Redaktors Albert Gebhard (*Gebhard* [1881]) in das Bürgerliche Recht eingeschrieben haben.

565 Vgl. *Ehrlich* (1929) 43, dort in Abgrenzung zu den Rechtsfolgen einer Pflegschaft.

566 Vgl. die Wendung in den Motiven I, S. 60 = *Mugdan* (1899) 385.

567 *M. Fischer* (1902) 66. – Defizite des geltenden Rechts sah er nicht in den Fällen, in denen ein Vormund oder Pfleger bestellt war, sondern vielmehr in den Fällen, in denen Kranke (noch) keinen gesetzlichen Vertreter hatten. Max Fischer plädierte daher dafür, eine »neue Form der Vertretung Geisteskranker in allen ihren Rechten und Geschäften zu schaffen und einzuführen, welche absolut jedem Kranken von Anbeginn seines Leidens in dem Umfange und solange zukommt, als sein Zustand es nach ärztlichem Urteile erfordert« (53).

568 Motive IV, S. 1238 = *Mugdan* (1899b) 656.

569 Die Befugnis des Vormunds zu Zwangseinweisungen und Zwangsbehandlungen wurde als Ausdruck der Befugnis des Vormunds zu »Zwangsmaßregeln« gesehen und als »allgemein anerkannt« geschildert, siehe *Rohde* (1912) 257f.; außerdem exemplarisch *Moeli* (1915) 78; *Opet/von Blume* (1904) 145; *Dernburg* (1907) 443; *Kipp/M. Wolff* (1920) 491; *Wedermann* (1929) 228 und gleichlautend im Reichsgerichtsrätekommentar sowie im Staudinger.

570 Veröffentlicht wurden vor allem höchstrichterliche Entscheidungen zu prozessualen Fragen des Entmündigungsverfahrens; dazu die Übersicht von *T. Schmidt* (1998) 305–311. Weniger wissen

sich dazu aber ein Beschluss des Kammergerichts Berlin aus dem Jahr 1910. Darin erläutert das Gericht zunächst, dass es der Zweck der »über« den Entmündigten »eingeleiteten« Vormundschaft ist, »durch geeignete Pflege und Anleitung sowie körperliche und seelische Behandlung des Mündels tunlichst denjenigen Zustand der Seelenstörung, der zur Entmündigung geführt hat, zu beseitigen.« Und weiter: »Um diesen Zweck der Vormundschaft zu erreichen, ist es dem Vormunde gestattet, auch Zwangsregeln gegen den Mündel anzuwenden, falls dieser sich den [...] notwendigen Anordnungen nicht fügen will.«[571] Hiernach gehörte es zum Recht des Vormunds, »zum Besten« des Entmündigten die zu dessen Heilung und Pflege nötig erscheinenden Maßnahmen zu bestimmen und notfalls zwangsweise durchzusetzen. Bezeichnend ist, wie das Kammergericht die Notwendigkeit der Zwangsregeln begründete: Es war die Rede davon, dass sich der Entmündigte den Anordnungen des Vormunds »nicht fügen will«. Die rechtliche Erwartung ging nicht dahin, dass der Vormund Körperwünsche des Entmündigten erforscht und diesen im Rechtsleben zur Geltung verhilft, sondern sie richtete sich auf Gehorsam. Eine gewisse Beschränkung der Befugnisse des Vormunds sahen manche später darin, dass der Vormund nur solche Zwangsbehandlungen anordnen dürfe, die auf Krankheiten zielen, deren Heilung die Vormundschaft bezweckt, weil es keine allgemeine Befugnis des Vormunds zur »Zwangsheilung« gebe. So erläuterte ein Amtsrichter im Jahr 1912 in einem vielzitierten Beitrag zum Recht der Personensorge, dass der volljährige Mündel sonst »in seinem Selbstbestimmungsrecht unter Umständen mehr eingeschränkt sein [würde] als der minderjährige«. Es bestehe daher kein Bedürfnis, die Entmündigten »einem Zwange bei ärztlicher Behandlung anderer Krankheiten der Entmündigten [zu unterwerfen].«[572] Diese Einschränkung ist zwar in den nachfolgenden Jahren von vielen Kommentatoren aufgenommen worden.[573] Ob dies aber auch der Standpunkt der Praxis war, erscheint zweifelhaft. Jedenfalls meinte das Kammergericht im Jahr 1927, dass man die aus dem Bürgerlichen Gesetzbuch folgenden Befugnisse »nicht nur auf die unmittelbar mit dem Entmündigungsgrunde [...] zusammenhängende Pflegebedürftigkeit, sondern auch auf den Fall körperl. Erkrankungen des Mündels beziehen« könne.[574] Im Übrigen lässt sich heute nicht mehr verlässlich urteilen. Gegen das Handeln von Vormündern sind kaum Verfahren angestrengt worden. Noch geringer ist die Zahl von Entscheidungen, die vormundschaftliches Handeln

wir über die regelmäßig nicht veröffentlichten Verfahren vor den Vormundschaftsgerichten. Gewisse Anhaltspunkte geben richterliche Publikationen wie die Ausführungen von Amtsrichter *Rohde* (1912) sowie von Amtsgerichtsrat *Wedermann* (1929).

571 Kammergericht, Beschluss vom 7. Januar 1910, 1a X 1066/09, Jahrbuch für Entscheidungen des Kammergerichts in Sachen der freiwilligen Gerichtsbarkeit, Bd. 39 (1910) Nr. 3 A 8–A 11.

572 *Rohde* (1912) 260.

573 Dazu noch unten bei Fn. 612.

574 Kammergericht, Beschluss vom 28. Januar 1927, 1a X 40/27, Juristische Rundschau (JR) 1927, 458.

als pflichtwidrig auswiesen, und vor allem wird unklar gewesen sein, wann eine ärztliche Behandlung eines Entmündigten die Heilung einer »anderen« Krankheit bezweckt. Dem strafrechtlichen Schrifttum, das sich zur selben Zeit mit der Frage herumtrug, wer zuständig ist, in eine ärztliche Behandlung einzuwilligen, schien jedenfalls die Einwilligungsbefugnis der Eltern im Verhältnis zu ihrem Kind problematischer als die Einwilligungsbefugnis von Vormündern im Verhältnis zu ihren Mündeln.[575] So bedeutete die Entmündigung für die wegen Geisteskrankheit Entmündigten das Ende eines Rechts auf körperliche Selbstbestimmung, weil mit der Entmündigung ein Recht auf körperliche Selbstbestimmung in der damaligen Rechtswelt nicht mehr denkbar war.

2.2 Zwangspflegschaft und andere »Rechtswohltaten«

Theoretisch hätte der Raum für ein Recht auf körperliche Selbstbestimmung größer sein können in den anderen Fällen von Vormundschaft und Pflegschaft. Wer wegen Geistesschwäche, Trunksucht oder Verschwendungssucht entmündigt wurde, galt dem Bürgerlichen Recht nicht als geschäftsunfähig, sondern wurde einem Minderjährigen ab sieben Jahren gleichgestellt. Und die zweite Säule der Erwachsenenfürsorge, die Gebrechlichkeitspflegschaft, war eigentlich so konzipiert, dass sich daraus keine automatischen Auswirkungen auf die rechtliche Handlungsfähigkeit ergeben sollten. Von diesen feinsinnigen Differenzierungen war in der Rechtspraxis des Kaiserreichs aber nicht viel geblieben. Entmündigungen wegen Verschwendung oder Trunksucht spielten nur eine nachrangige Rolle, und die eigentlich als weniger eingriffsintensiv gedachte Pflegschaft wurde im Verlauf des 20. Jahrhunderts zur »Ersatzform« der Entmündigung wegen Geisteskrankheit.[576] Der entscheidende Vorteil für die Praxis lag darin, dass bei geringeren Verfahrensanforderungen dieselben Rechtswirkungen erzielt werden konnten. Es bedurfte keines Sachverständigengutachtens, eine persönliche Anhörung war nicht zwingend,[577] und es gab auch kein Aufhebungsverfahren, in dem sich geschäftsunfähige Betroffene gegen ihre Zwangspflegschaft wenden konnten.[578] Zwar war bereits im Gesetzgebungsverfahren gesehen worden, dass zwischen der Entmündigung wegen Geisteskrankheit und der Pflegschaft ohne

575 Dies lässt sich daran ablesen, dass Karl Engisch in seiner viel zitierten Abhandlung (dazu schon oben Kap. 2 I.4.1.1.) zur Frage, wessen Einwilligung bei medizinischen Behandlungen an »Willensunfähigen« erforderlich ist, nur auf die Ersetzung der Einwilligung des Kindes durch die sorgeberechtigten Eltern einging, während die Einwilligungsbefugnis des Vormunds nicht näher erörtert wurde; siehe *Engisch* (1939) 38–45.

576 *Diamand* (1931).

577 Reichsgericht, Beschluss vom 25. Oktober 1934, IV B 55/34, RGZ 145, 284–289 (288).

578 Reichsgericht, Beschluss vom 21. Februar 1907, IV ZR 51/07, RGZ 65, 199–204 (203 f.); bestätigt mit Beschluss vom 25. Oktober 1934, IV B 55/34, RGZ 145, 284–289 (287 f.). Damit blieb allein

Einwilligung »eine gewisse Analogie besteht«. Doch war man der Meinung, es könne »unbedenklich« auf den »weitläufigeren und schwerfälligeren Apparat eines prozessualistischen Verfahrens« verzichtet werden.[579] Vor allem überwand die Praxis schnell die zentrale Voraussetzung für die Pflegerbestellung: die eigentlich erforderliche Einwilligung der Betroffenen. Denn die Einwilligung war verzichtbar, wenn »eine Verständigung [...] nicht möglich ist«. Die Gerichtspraxis ging nun dazu über, mangelnde Verständigungsmöglichkeit mit mangelnder Willensfähigkeit von Geisteskranken gleichzusetzen.[580] Das Reichsgericht sah daran auch nichts auszusetzen,[581] anfängliche Zweifel in der juristischen Literatur blieben vereinzelt, und schnell wurde es still um die neue Praxis.[582] Diese Form der Pflegschaft wurde als »Zwangspflegschaft« zum praktischen Regelfall der Pflegschaft. Dahinter stand auch die Erwägung, den Betroffenen und ihren Familien die Scham der Entmündigung zu ersparen. Es gab einen Anreiz, Betroffene »zu ihrem eigenen Vorteil« als willensunfähig einzustufen, um ohne größeres Aufheben eine Pflegschaft einzurichten. Dies ermögliche »rasche Fürsorge für den ›Gebrechlichen‹ [...], ohne seine Interessen irgendwie zu gefährden«, wurde bereits im Jahr 1900 geworben.[583] Später ist die Rede von einer »Rechtswohltat«, die »volle Billigung« verlange.[584] Wahrscheinlich erschien die Einwilligung auch deshalb verzichtbar, weil sie nicht als Gewähr für Selbstbestimmung wahrgenommen wurde. Denn man erklärte sich das Einwilligungserfordernis mit praktischen Erwägungen: Es sollte eine »einheitliche Geschäftsführung während der Pflegschaft« gewährleistet werden, indem Kollisionen zwischen Rechtshandlungen des Pflegers und des Betroffenen möglichst vermieden wurden; außerdem ging es um Rechtssicherheit.[585] Daher wurde auch die Zulässigkeit von Zwangspflegschaften nach praktischen Gesichtspunkten beurteilt. Und obwohl das Pflegschaftsverfahren deutlich unkomplizierter war, konnten Pflegern dieselben Befugnisse wie Vormündern übertragen werden. Denn auf die Pflegschaft fanden die für die Vormundschaft geltenden Vorschriften entsprechende Anwendung. Wenn der

das Rechtsmittel der Beschwerde, deren Einlegung aber nur als »Anregung« zur Überprüfung der Pflegschaft angesehen wurde; siehe dagegen zum Entmündigungsverfahren *Daude* (1899).

579 Motive IV, S. 1234 f. = *Mugdan* (1899b) 654 f.

580 Näher zur Rechtsprechung *Diamand* (1931) 76–78 sowie *Engelmann* (1926a) 1648 (§ 1910 Anm. 2 d).

581 Reichsgericht, Beschluss vom 21. Februar 1907, IV ZR 51/07, RGZ 65, 199–204 (202): Wenn der Gebrechliche keinen freien Willen hat im Sinne des § 104 Nr. 2 BGB, ist seine Einwilligung für die Anordnung der Pflegschaft nicht erforderlich.

582 Keine Einwände etwa bei *Dernburg* (1907) 450; *Opet/von Blume* (1904) 160; *Wedermann* (1929) 259. Exemplarisch für die vereinzelte Kritik *Hogrefe* (1902); *von Boxberger* (1910).

583 *Harnier* (1900) 337.

584 *Diamand* (1931) 85–88.

585 Etwa bei *Wedemeyer* (1908) 63 f.; dazu später *Gleixner* (1951), der sich dafür aussprach, dem Pfleger ein Widerspruchsrecht einzuräumen, um entgegenstehende Rechtsgeschäfte des Pfleglings zu vernichten (114 f.).

Pflegerin (auch) die Sorge für die Person übertragen war, stand sie einer Vormünderin in dieser Hinsicht in nichts nach. Gerichte gingen auch dazu über, Pfleger nicht nur für einzelne, sondern »in allen persönlichen und vermögensrechtlichen Angelegenheiten zu bestellen.«[586] Denn die Pflegschaft galt »ihrem Wesen nach nicht minder als Vormundschaft wie die Vormundschaft im technischen Sinne«.[587] Auch in körperlichen Entscheidungen war dem Pfleger keine nachweisliche Grenze gezogen. Selbst die Befugnis zur zwangsweisen Anstaltsunterbringung wurde in der Gerichtspraxis auf die Pflegschaft erstreckt, wie Werner Diamand im Jahr 1931 nach eigenen Recherchen erläuterte.[588]

Die ursprünglichen konzeptionellen Unterschiede zwischen Entmündigung wegen Geisteskrankheit einerseits und Pflegschaft andererseits waren also schon wenige Jahre nach Inkrafttreten des Bürgerlichen Gesetzbuchs abgeschliffen. Erwachsenenfürsorge wurde überwiegend durch Institutionen praktiziert, die entweder jede Handlungsfähigkeit konstitutiv entzogen (Entmündigung wegen Geisteskrankheit) oder aber mit der Feststellung mangelnder Willensfähigkeit einhergingen (Zwangspflegschaft). Das Ergebnis war dasselbe: Mit der Bestellung eines Vormunds bzw. Pflegers verlor jede Selbstbestimmung und damit auch körperliche Selbstbestimmung ihren Anhaltspunkt im Recht; an ihre Stelle traten die Befugnisse der Vormünder bzw. Pfleger. In den Gesetzesmaterialien ist daher auch nicht von Selbstbestimmung die Rede,[589] wohl aber ging es um »praktische Bedürfnisse«

586 Siehe Kammergericht, Beschluss vom 26. Juli 1905, Rechtsprechung der Oberlandesgerichte auf dem Gebiete des Zivilrechts, Bd. 12 (1906) 346 f. Darin heißt es: »Frau X, die an hochgradigem Schwachsinn leidet, ist gemäß § 1910 Abs. 2 für ihre persönlichen und Vermögensangelegenheiten in der Person ihres Vaters [...] ein Pfleger bestellt worden.« Dies ergibt sich auch aus Reichsgericht, Urteil vom 23. Februar 1905, IV 495/24, RGZ 110, 228–231 (229) sowie aus zahlreichen später mitgeteilten Pflegschaftsbeschlüssen, siehe nur Bundesgerichtshof, Beschluss vom 22. März 1961, IV ZB 308/60, BGHZ 35, 1–13 (Bestellung eines Pflegers im Jahr 1959 mit dem Wirkungskreis »Vermögens- und sonstige persönliche Angelegenheiten«) sowie Bundesgerichtshof, Beschluss vom 28. April 1968, IV ZB 448/66, BGHZ 48, 147–163 (Bestellung eines Pflegers im Jahr 1965 mit dem Wirkungskreis »Personen- und Vermögensfürsorge«). – Diese Praxis ist im Schrifttum aber mitunter scharf abgelehnt worden, etwa von *Rümelin* (1912) 24–27.

587 Allgemeine Auffassung, so schon Motive IV, S. 1044 = *Mugdan* (1899b) 553 und Motive IV, S. 1266 = *Mugdan* (1899b) 671; später etwa *Engelmann* (1926b) 1668 (§ 1915 Anm. 1).

588 *Diamand* (1931) 82 f. Werner Diamand selbst kritisiert diese Entwicklung allerdings (88): »Derartige Eingriffe sollten der (endgültigen oder vorläufigen) Vormundschaft vorbehalten bleiben, die nicht nur als Vertretung, sondern auch gegebenenfalls als Zwangsmittel gegen den Mündel geschaffen ist.«

589 Motive IV, S. 1227, 1232 f. = *Mugdan* (1899b) 650 f., 653 f. Allenfalls begegnet der engere, auf Geschäftsfähigkeit und Vermögensgeschäfte abzielende Begriff der »bürgerlichen Selbständigkeit«, etwa in der Vorlage des Redaktors *Gebhard* (1881) 161 (zu § 27). Auch für *Planck* (1880) 2209 f. (zu §§ 558, 559) war es »legislativ richtig, die Frage, ob Jemand imstande ist, seine Rechtsgeschäfte selbst zu besorgen oder nicht, begrifflich nur entweder zu bejahen oder zu verneinen« und im Fall der Verneinung »staatliche Fürsorge [...] in Form einer allgemeinen [...] Vormundschaft eintreten zu lassen«, ohne Rücksicht darauf, ob der Betroffene »tatsächlich in der Lage wäre, einen Theil seiner Geschäfte ohne Hülfe eines Vormundes selbständig zu besorgen.« Denn: »Damit erreicht man einfache Verhältnisse und befriedigt alle praktischen Bedürfnisse« (2211).

und »einfache Verhältnisse«, um »vormundschaftlichen Schutz« aus »Rücksichten der Humanität«.[590] Man räumte zwar ein, dass sich die Entmündigung auf die Handlungsfähigkeit auswirkte. Aber man sah darin keine Entrechtung, weil »Handlungsfähigkeit« nicht als Recht des Einzelnen im Sinne eines subjektiven Rechts *auf* Selbstbestimmung, sondern objektiv verstanden wurde als ein »Rechtsverhältnis«. Dann aber erschien die Entmündigung nicht als Entrechtung, sondern bloß als »Regelung einer Beziehung zwischen Staat und Individuum«.[591]

2.3 »Freie Hand«

Ohnehin ließ das Bürgerliche Gesetzbuch den Vormündern und Pflegern weitgehend freie Hand. Das Bürgerliche Gesetzbuch konzipierte die Rechtsstellung der Vormünder und Pfleger in Anlehnung an die Vormundschaft über minderjährige Kinder, die wiederum angelehnt war an die väterliche Gewalt. Der Erwachsenenvormund sollte »die rechtliche Stellung des Vormundes eines Minderjährigen haben«, so das Anliegen der Gesetzesverfasser.[592] Allerdings sollten Recht und Pflicht von Vormündern und Pflegern durch den Zweck der Vormundschaft begrenzt sein. Dies führte zu der Regelung in § 1901 des Bürgerlichen Gesetzbuchs von 1900: »Der Vormund hat für die Person des Mündels nur insoweit zu sorgen, als der Zweck der Vormundschaft es erfordert.« Damit sollte jedoch nur klargestellt werden, dass über Erwachsene keine »Erziehungs- und Zuchtgewalt« besteht. Indessen stand durchaus vor Augen, dass die Befugnis zur Personensorge neben der Bestimmungsbefugnis über Heilmaßnahmen auch die Befugnis zu zwangsweisen Einweisungen und stationären Behandlungen enthalten sollte. Dies fiel unter die viel zitierte »Veranstaltung der erforderlichen Pflege, der etwaigen Heilung, Beaufsichtigung und Sicherung des Mündels«, die nach der Gesetzesbegründung ausdrücklich von der Personensorge erfasst waren.[593] Dass einem Vormund nicht die elterliche »Zuchtgewalt« zustand, sollte aber nicht so zu verstehen sein, dass Vormünder keinen Zwang anwenden dürften. Denn es ist, wie die Motive zum Bürgerlichen Gesetzbuch erläutern, »nicht ausgeschlossen, dass der Vormund des Volljährigen auch gegen die Person des letzteren Zwangsmaßregeln insoweit anwenden darf, als diese durch den Zweck der Vormundschaft erfordert werden.«[594]

590 Motive IV, S. 1231–1236 = *Mugdan* (1899b) 652–655. Vormundschaft und Pflegschaft wurden erklärt mit dem »praktischen Bedürfnis einer staatlichen Fürsorge«, und der auf diese Weise bewirkte »vormundschaftliche Schutz« galt als Erfüllung »staatlicher Fürsorgepflicht«. Genauso der Vorentwurf von *Planck* (1880) 2199 ff. (§§ 558, 559).

591 So *Levis* (1901) 31 f.

592 Motive IV, S. 1235 = *Mugdan* (1899b) 654 f.

593 Motive IV, S. 1238 = *Mugdan* (1899b) 656.

594 Motive IV, S. 1238 = *Mugdan* (1899b) 656.

Genauso wie es dem Bürgerlichen Recht an der Wende zum 20. Jahrhundert richtig erschien, den Eltern weitgehendes Ermessen bei der Ausübung ihrer »elterlichen Gewalt« einzuräumen (Kap. 2 II.2.2.), genauso wurde es auch für richtig gehalten, die Sorge über die Person dem freien Ermessen der Vormünder und Pfleger zu überlassen: »Den bei Minderjährigen notwendigen erzieherischen Maßnahmen entsprechen bei Volljährigen die Maßregeln, die zur Sicherung, Pflege und Heilung des Mündels erforderlich sind«, erläuterte das Kammergericht im Jahr 1916.[595] Abermals sorgte sich das Bürgerliche Recht mehr um das Vermögen als um die Person, und abermals bewirkte die Zuordnung zum Privatrecht nicht körperliche Selbstbestimmung, sondern legitimierte Fremdbestimmung. Mit größter Genauigkeit wurde dem Vormund in mehr als 30 Paragraphen aufgegeben, wie das Vermögen des Mündels zu verwalten ist. Schon der Abschluss eines Mietvertrags mit einer Laufzeit von mehr als vier Jahren musste vom Vormundschaftsgericht genehmigt werden, um wirksam zu sein. Ging es dagegen um den Körper, gab es weder inhaltliche Vorgaben noch Anhörungs- oder Genehmigungspflichten. Wollte ein Vormund einen »Lehrvertrag« genehmigen, bedurfte dies einer gerichtlichen Genehmigung,[596] nicht aber für die Unterbringung in einer »Heil- und Irrenanstalt«. Dies waren bewusste Entscheidungen. Es empfehle sich nicht, hierzu »speziellere Vorschriften« aufzustellen, da sich »das Richtige und Angemessene« schon aus den bestehenden Bestimmungen »von selbst ergiebt.«[597] Bereits Gottlieb Planck hatte in seinem Vorentwurf von jeder Regelung abgeraten und meinte, man solle »in dieser Hinsicht dem Vormunde völlig freie Hand lassen«.[598]

Kritik ist vereinzelt geblieben. In dem Lehrbuch zum Bürgerlichen Recht von Friedrich Endemann war im Jahr 1908 zur Unterbringungsbefugnis des Vormunds nachlesbar, dass es das Gesetz »verabsäumt hat, den Entmündigten bei dieser für seine persönliche Freiheit und seine Gesundheit maßgebenden Entscheidung die entsprechenden Rechtsgarantien zu sichern.«[599] Mit diesen »Rechtsgarantien« meinte Endemann zwar kein Recht auf körperliche Selbstbestimmung in dem Sinne, dass Heilbehandlungen und Unterbringungen grundsätzlich das Einverständnis des Entmündigten voraussetzen und eine Überwindung seines Willens nur zu seinem Schutz zulässig sein sollte. Er hatte »nur« vor Augen, dass der Entmündigte »gegen Anordnungen des Vormunds das Vormundschaftsgericht anrufen darf und dort Gehör findet.« Denn die Entmündigung hebe »keineswegs

595 Kammergericht, Beschluss vom 1. September 1916, Rechtsprechung der Oberlandesgerichte auf dem Gebiete des Zivilrechts, Bd. 34 (1917) 269 f.

596 Siehe § 1822 Nr. 6 BGB 1900.

597 Motive IV, S. 1239 = *Mugdan* (1899b) 657.

598 *Planck* (1880) 2220 (§ 562).

599 *Endemann* (1908) 841.

den Schutz der persönlichen Freiheit auf.«[600] War dies nun als Forderung an künftiges Recht oder als Beschreibung des geltenden Rechts gemeint? Auf die Praxis blieb beides ohne Einfluss. Im Jahr 1912 fasste der Amtsrichter Rohde den Stand der Dinge wie folgt zusammen:

»Der Grundsatz, dass der Vormund die vormundschaftlichen Geschäfte selbständig zu führen hat, gilt auch bei der Sorge für die Person des Mündels und zwar auch des volljährigen Mündels. Selbst bei so wichtigen Maßnahmen wie der zwangsweisen Unterbringung des Mündels in einer Heil- oder Verwahranstalt ist nach der herrschenden Meinung mangels einer abweichenden Vorschrift keine Genehmigung oder Anordnung des Vormundschaftsgerichts notwendig.«[601]

Genehmigungspflichten erschienen als »Rechtsbeschränkung« des Vormunds und wurden für unpraktikabel und »unnötig« gehalten.[602] Bürgerliches Gesetzbuch und Rechtspraxis machten sich keine Gedanken darüber, wie Vormünder und Pflegerinnen ihre unbestimmten Befugnisse zur Personensorge ausüben würden. Mangels expliziter rechtlicher Bindungen wird es bis weit in die bundesrepublikanische Zeit auch nicht zu nennenswertem gerichtlichen Rechtsschutz kommen. Die vom Bürgerlichen Recht gewollte Selbständigkeit von Vormund und Pfleger bei der Personensorge führte dazu, dass Gerichte nur in den seltensten Fällen überhaupt befasst wurden, und die wenigen veröffentlichten Entscheidungen handelten von zwangsweisen Anstaltseinweisungen, an denen die angerufenen Gerichte nur dann Anstoß nahmen, wenn es um die Zwangsunterbringung von »Trinkern« in »Besserungsanstalten« ging,[603] während die Zwangsunterbringung in Heilanstalten ohne Weiteres zu den Befugnissen von Vormündern und Pflegern zählte. Dazu hatte das Bayerische Oberste Landesgericht bereits im Jahr 1902 erklärt: »Die Frage, ob der Vormund eines Volljährigen nach Lage der Sache auch dessen Unterbringung in einer Irrenanstalt veranlassen darf, ist zu bejahen«.[604]

600 *Endemann* (1908) 842.

601 *Rohde* (1912) 270.

602 Auch gegenüber alkoholkranken Personen, etwa *Wedermann* (1929) 228; *Dernburg* (1907) 443.

603 Kammergericht, Beschluss vom 3. Mai 1912, 1a X 362/12, Entscheidungen in Angelegenheiten der freiwilligen Gerichtsbarkeit und des Grundbuchrechts, Bd. 12 (1913) 90 f. Hier hatte das Amtsgericht die Unterbringung des »Arbeiters Peter R«, der als »gewalttätig« und »wegen Rohheitsverbrechen vielfach vorbestrafter Mensch« geschildert wird, in einer Besserungsanstalt angeordnet. Das Landgericht hatte den Beschluss aufgehoben, und das Kammergericht hielt den Aufhebungsbeschluss des Landgerichts aufrecht. Genauso Kammergericht, Beschluss vom 5. Dezember 1913, Entscheidungen in Angelegenheiten der freiwilligen Gerichtsbarkeit und des Grundbuchrechts, Bd. 13 (1914) 185–188 (187): keine Befugnis des Vormunds, einen »Trunksüchtigen« zwangsweise in eine Besserungsanstalt, »d. h. zur Hebung seiner sittlichen Mängel«, unterzubringen.

604 Bayerisches Oberstes Landesgericht, Beschluss vom 13. August 1902, Rechtsprechung der Oberlandesgerichte auf dem Gebiete des Zivilrechts, Bd. 6 (1903) 297 f.; gleichlautend Kammergericht, Beschluss vom 5. Dezember 1913, Entscheidungen in Angelegenheiten der freiwilligen Gerichtsbarkeit und des Grundbuchrechts, Bd. 13 (1914) 185–188.

Auch vorbeugende zwangsweise Unterbringungen oder eine gewaltsame Zwangsüberführung in eine neue Einrichtung gegen ärztlichen Rat wurden nicht als Überschreitung der Befugnisse angesehen.[605] Eher umgekehrt wurde gegenüber den Vormundschaftsrichterinnen betont, dass sie nicht befugt seien, Vormündern und Pflegern Anweisungen darüber zu erteilen, wie sie die Personensorge auszufüllen hätten. Dies verletze »das selbständige Bestimmungsrecht«.[606] Als ein Vormund eine Ermächtigung beantragte, den Mündel unter Anwendung von Zwang in einer Irrenanstalt unterzubringen, wies das Kammergericht den Antrag mit der Begründung zurück: »Einer besonderen gerichtlichen Ermächtigung hierzu bedarf der Vormund nicht.«[607] Und wenn es darum ging, Beispiele für Pflichtverletzungen und missbräuchliche Wahrnehmung der Befugnisse zu finden, stand nicht ein Vormund vor Augen, der sich über Körperwünsche und Behandlungsablehnungen hinwegsetzt, sondern ein Pfleger, der die »notwendige« Unterbringung eines Verwandten in einer Irrenanstalt unterlässt[608], oder ein Vormund, der »sein Amt benutzt, um seinen Mündel zu seinem Bekenntnisse zu bekehren«.[609]

Auch das juristische Schrifttum blieb unbestimmt und überschlägig im Hinblick auf die Personensorge. Allenfalls wurden allgemein gehaltene und unverbindlich klingende Erwartungen formuliert, die mehr moralische Handreichungen enthielten als ernsthafte Rechtspflichten. So hieß es in dem juristischen Kommentar von Otto Opet und Wilhelm von Blume aus dem Jahr 1904: »Hat der Mündel [...] auch nur einige Urteilsfähigkeit, so wird der Vormund dies zu berücksichtigen und sich bei seinen Maßnahmen mit dem Mündel in Verbindung zu halten haben.«[610] Ähnlich vage war im Kommentar der Reichsgerichtsräte nachzulesen:

605 Kammergericht, Beschluss vom 12. Juli 1906, Rechtsprechung der Oberlandesgerichte auf dem Gebiete des Zivilrechts, Bd. 14 (1907) 272 f.; Pflichtwidrigkeit offengelassen von Kammergericht, Beschluss vom 20. April 1905, Entscheidungen in Angelegenheiten der freiwilligen Gerichtsbarkeit und des Grundbuchrechts, Bd. 6 (1906) 15–19.

606 Kammergericht, Beschluss vom 26. Juli 1905, Rechtsprechung der Oberlandesgerichte auf dem Gebiete des Zivilrechts, Bd. 12 (1906) 346 f. Dazu passt es auch, dass es dem Vormund obliegt, »sein Recht zur tatsächlichen Sorge für die Person des Mündels« selbständig vor den ordentlichen Gerichten gegen Personen zu verteidigen, die es ihm »streitig« machen, so Kammergericht, Beschluss vom 14. März 1913, Rechtsprechung der Oberlandesgerichte auf dem Gebiete des Zivilrechts, Bd. 26 (1913) 282 f.

607 Kammergericht, Beschluss vom 7. Januar 1910, 1a X 1066/09, Jahrbuch für Entscheidungen des Kammergerichts in Sachen der freiwilligen Gerichtsbarkeit, Bd. 39 (1910) Nr. 3 A 8–A 11; außerdem Kammergericht, Beschluss vom 5. Dezember 1913, Entscheidungen in Angelegenheiten der freiwilligen Gerichtsbarkeit und des Grundbuchrechts, Bd. 13 (1914) 185–188 sowie Kammergericht, Beschluss vom 1. September 1916, Rechtsprechung der Oberlandesgerichte auf dem Gebiete des Zivilrechts, Bd. 34 (1917) 269 f.

608 Kammergericht, Beschluss vom 26. Juli 1905, Rechtsprechung der Oberlandesgerichte auf dem Gebiete des Zivilrechts, Bd. 12 (1906) 346 f.

609 *Rohde* (1912) 271.

610 *Opet/von Blume* (1904) 145.

»Der Fürsorge des Vormundes für die Person des Mündels sind dadurch gewisse Grenzen gezogen, dass der Mündel erwachsen ist. Sie beschränkt sich deshalb wesentlich auf die Pflege, Heilung und Sicherung des Mündels, während ihm sonst je nach Beschaffenheit seines Geisteszustands möglichst Freiheit des Handelns zu lassen ist. Innerhalb dieser Grenzen [...] hat der Vormund die gleichen Befugnisse wie bei der Vormundschaft über Minderjährige.«[611]

Auch in der Folgezeit blieben die Ausführungen in den juristischen Praxiskommentaren zur Personensorge blass. Es kamen nur Ergänzungen dazu, dass »erzieherische Einwirkungen« keineswegs ausgeschlossen, dagegen »Zwang hinsichtlich einer sonstigen ärztlichen Behandlung nicht ausgeübt werden [kann].«[612] Über viele Auflagen hinweg änderte sich nur wenig an den Darstellungen der Personensorge. Soweit doch einmal durchschimmerte, dass es sich das Bürgerliche Gesetzbuch zu einfach mache und vor möglichem Missbrauch die Augen verschließe, ging es vor allem um das Vermögen: »Bürgerliche Freiheit« und »Verfügungsfreiheit« waren gemeint als Vermögensfreiheit, nicht als Freiheit der Person. Dies lässt sich nachlesen bei Max Rümelin in seiner Studie »Die Geisteskranken im Rechtsverkehr« aus dem Jahr 1912.[613] Mit seltener Deutlichkeit kommt bei ihm vieles zur Sprache: wie das Bürgerliche Recht Personen aufgrund »angeblicher Geisteskrankheit« schlechterdings »mundtot« machen konnte, dass damit zu rechnen war, dass Angehörige eigene Interessen verfolgen, dass nicht auszuschließen sei, dass sie dabei von Anstaltsleitungen unterstützt wurden, und vor allem wie frei Pfleger und Vormünder gestellt waren. Aber seine Bedenken richteten sich nicht gegen die »Internierung«, also den Verlust der Bewegungsfreiheit und die Unterwerfung unter die zeittypischen psychiatrischen Behandlungspraktiken, sondern in erster Linie gegen die Auswirkungen auf die vermögensmäßige Verfügungsfreiheit. Rümelins Kritik an der »freien Hand« von Pflegerinnen und Vormündern bezog sich nicht auf den Körper. Die Überlegungen Rümelins illustrieren ein weiteres Mal, dass der Körper und körperliche Selbstbestimmung nicht interessierten. Den Zeitgenossen erschien es unproblematisch, dass das Bürgerliche Gesetzbuch einen Rechtsrahmen eröffnete, der Vormündern und Pflegern ganz bewusst weitgehend freie Hand in der Bestimmung über den Körper der als fürsorgebedürftig definierten Erwachsenen einräumte. Dass darin aus heutiger Sicht eine fundamentale Entrechtung liegen könnte, hat die Rechtswissenschaft des frühen 20. Jahrhunderts nicht geahnt.

Zudem fällt auf, dass auch keine näheren Vorstellungen davon entwickelt wurden, welche Fähigkeiten und Qualitäten (»Ethos«) Vormünderinnen und Pfleger

611 *RGRK* (1910) 389 (§ 1901 Anm. 1).
612 *RGRK* (1940) 689 (§ 1901 Anm. 1) und gleichlautend später *RGRK* (1935) 560 (§ 1901 Anm. 1) sowie *RGRK* (1928) 574 (§ 1901 Anm. 1) und *RGRK* (1921) 501 (§ 1901 Anm. 1).
613 *Rümelin* (1912) 25–27.

haben sollten. Bei der Person der Vormünder und Pfleger war primär an die Eltern und die Großväter gedacht worden. Schon deshalb werden rechtliche Verhaltenserwartungen »untunlich« erschienen sein. Hier wirkte die Vorstellung vom Eltern-Kind-Verhältnis als einem in erster Linie »sittlichen«, also nicht-rechtlichen Verhältnis fort (oben Kap. 2 II.2.1.). Aber auch wenn Eltern und Großväter nicht mehr als Vormünder bzw. Pfleger in Betracht kamen, blieben die rechtlichen Anforderungen an die Person des Vormunds bzw. Pflegers bewusst vage[614] und wurden auch im späteren Schrifttum nicht näher kommentiert.[615] Vordringlicher schien die rechtssichere Zuständigkeit. Selbst die schärfsten Kritiker des Bürgerlichen Gesetzbuchs, Otto Gierke und Anton Menger, interessierten sich dafür nicht. Anton Menger sparte die Vormundschaft über Erwachsene in seiner Kritik ganz aus,[616] und Otto Gierke streifte sie auf wenigen Seiten ohne grundsätzliche Einwände.[617] Auch die weitreichenden körperlichen Befugnisse stießen nicht auf. Ganz im Gegenteil meinte Gierke, es sei »überflüssig und nichtssagend«, wenn das Bürgerliche Gesetzbuch erläutert, dass die Befugnisse des Vormunds so weit reichen, wie es der Zweck der Vormundschaft erfordert.[618] Der ganze Rechtsbereich galt an der Wende zum 20. Jahrhundert als randständig. Im Jahr 1901 bemerkte der Amtsrichter Otto Levis in einer der wenigen rechtswissenschaftlichen Monographien: »Die bisherige Literatur über diese Fragen ist recht spärlich.«[619]

614 Die zentrale Vorschrift war § 1779 Absatz 2 BGB: »Das Vormundschaftsgericht soll eine Person [als Vormund] auswählen, die nach ihren persönlichen Verhältnissen und ihrer Vermögensanlage sowie nach den sonstigen Umständen zur Führung der Vormundschaft geeignet ist. Bei der Auswahl ist auf das religiöse Bekenntnis des Mündels Rücksicht zu nehmen. Verwandte und Verschwägerte sind zunächst zu berücksichtigen.« Wer geschäftsunfähig oder entmündigt ist, kann nicht zum Vormund bestellt werden (§ 1780 BGB a.F.), darüber hinaus soll u. a. nicht zum Vormund bestellt werden, wer in Konkurs geraten ist (§ 1871 Nr. 3 BGB). Ansonsten wird der Pflichtcharakter der Vormundschaft betont: »Jeder Deutsche hat die Vormundschaft [...] zu übernehmen, sofern nicht seiner Bestellung zum Vormund einer der in §§ 1780 bis 1784 bestimmten Gründe entgegensteht.«

615 Exemplarisch *Opet/von Blume* (1904) 16 f., wo nur die Rücksicht auf das religiöse Bekenntnis näher erläutert wird, ohne ein Wort dazu, wann die nach § 1779 Absatz 2 BGB angesprochene »Eignung« vorliegt.

616 *Menger* (1890). Insgesamt wandte er ein, dass das Familienrecht an »demselben Gebrechen [leidet] wie das Vermögensrecht, indem auch die Rechtsregeln und Rechtsinstitute des Familienrechts vom Standpunkt der Besitzenden aus gedacht und gebildet sind« (40). Daher kritisierte er an der Vormundschaft über Minderjährige, dass die vormundschaftliche Tätigkeit »im Wesentlichen nur den besitzenden Klassen zugutekommt« (102). Insbesondere vermisste er »Bestimmungen, welche die staatlichen Organe ermahnen, über das persönliche Wohl der jugendlichen Arbeiter zu wachen« (107). Damit wandte sich Anton Menger einerseits gegen die beschränkte Geschäftsfähigkeit Minderjähriger beim Abschluss von Lehr- und Arbeitsverträgen. Andererseits schwingt mit, dass sich das Vormundschaftsrecht ohnehin nur wenig mit dem »körperlichen und sittlichen Wohl« befasste oder hierfür interessierte (105). Denselben Einwand hätte er vermutlich auch gegenüber der Erwachsenenvormundschaft geäußert, doch hat er dies aus Platzgründen ausgespart (108).

617 *Gierke* (1889).

618 *Gierke* (1889) 503.

619 *Levis* (1901) 13. Das wenige monographische Schrifttum handelte überdies nicht von den Befugnissen von Vormündern und Pflegern, sondern thematisierte in erster Linie die Rechtsnatur der

Auch den umfangreicheren Darstellungen zum Familienrecht war das Vormundschafts- und Pflegschaftsrecht nur wenige Seiten wert: In der Darstellung des Bürgerlichen Rechts von Friedrich Endemann wurde das Familienrecht auf knapp 900 Seiten erläutert, davon galten nicht einmal neun Seiten der Erwachsenenvormundschaft.[620] Erst viele Jahrzehnte später, als sich in den 1980er Jahren eine grundsätzliche Reform abzeichnete, fiel auf, wie wenig sich die juristischen Debatten bis dahin für den gesamten Rechtsbereich interessiert hatten.[621]

2.4 Entrechtung zur »Sicherung der Volksgemeinschaft«

Bis weit in die bundesrepublikanische Zeit änderte sich nichts an der äußeren Gestalt von Entmündigung, Vormundschaft und Pflegschaft. Dennoch ist es missverständlich, wenn in Nacherzählungen vor allem von Kontinuität die Rede ist.[622] Zwar ist der Normenbestand unverändert geblieben. Doch sind die rechtlichen Anschauungen über Aufgaben und Mittel der Erwachsenenfürsorge tiefgreifend von den Zeitströmungen erfasst worden. Rechtsdogmatik, Rechtspolitik und Rechtspraxis leisteten kaum Widerstand gegen die Bemächtigung von Erwachsenen und ihren Körpern, die nicht erst im menschenverachtenden nationalsozialistischen Regime Platz griff, sondern schon die Weimarer Zeit prägte. Nachkriegsfolgen, Hungerjahre, Inflation und Arbeitslosigkeit ließen rechtliche und psychiatrische Reformimpulse auslaufen. Dazu gehörte auch das in den 1920er Jahren in Angriff genommene einheitliche »Irrenschutzgesetz«, das Zwangshospitalisierungen an einen Amtsgerichtsbeschluss knüpfen wollte.[623] Doch ist es bei bloßen Entwürfen geblieben. Das politische Scheitern wird auch auf den heftigen Widerstand aus den Kreisen der Psychiatrie und der Anstaltsärzte zurück-

Entmündigung und das Entmündigungsverfahren; siehe neben *Levis* (1901) 13 auch *Sternberg* (1909) sowie die schon erwähnte Untersuchung von *Daude* (1899).

620 *Endemann* (1908).

621 *Zenz u. a.* (1987) 32: »Frappierend ist in diesem Zusammenhang heute die Abstinenz der Juristen – in Wissenschaft und Praxis.«

622 *Brunozzi* (2012) 164–168: »Kontinuität der Grundlagen«; ähnlich *A. Roth* (2018) 1552–1554: am Normenbestand habe sich »nichts geändert«; *Gimm* (2019) 158: Unterbringungsrecht als »statische Materie«.

623 Im Reichsgesetzentwurf aus dem Jahr 1923 zu den »Grundzüge[n] zu einem Schutzgesetz für Geisteskranke (Irrenschutzgesetz)« war vorgesehen, dass für Unterbringungen gegen oder ohne den Willen des Betroffenen zusätzlich zum ärztlichen Attest und einem Antrag des gesetzlichen Vertreters, des Armenverbandes oder einer Fürsorgestelle (§ 4) eine Entscheidung des Amtsgerichts erforderlich war (§ 6). In den Folgeentwürfen (Referenten-Entwurf eines Preußischen Gesetzes die Fürsorge für Geistes- und Gemütskranke betreffend sowie Gegenentwurf des provinziellen Ausschusses für ein Irrenfürsorgegesetz in Preußen) sollte dagegen die Statthafterklärung der Unterbringung durch den Landrat (Entwurf) bzw. den Landesfürsorgeverband (Gegenentwurf) genügen; alle abgedruckt bei *Rittershaus* (1927).

geführt.[624] Jedenfalls gerieten Irrenrechtsbewegung und Hospitalisierungskritik im Verlauf der 1920er Jahre wieder in den Hintergrund, »offene Fürsorge«[625] wurde abermals zu einer bloßen Idee. Der schmale Spalt, der sich für kurze Zeit aufgetan hatte, schloss sich bereits nach wenigen Jahren.[626] An jene Stelle traten die Forderungen der »Sozialhygieniker« und das Aufkommen der Eugenik. Die Lehren von Ernst Rüdin und das Werk von Karl Binding und Alfred Hoche »Die Freigabe der Vernichtung lebensunwerten Lebens« (1920) gelten als Ausdruck und Wegbereiter dieser Umorientierung, die schließlich in die systematische Entrechtung von »Erbkranken«, »Gemeinschädlichen« und »Wertlosen« im Nationalsozialismus führte.[627] Ihren Tiefpunkt erreichte sie mit den Anstaltsmorden ab dem Jahr 1939, als die nationalsozialistische »Vernichtungspsychiatrie«[628] ihren Anfang nahm. Über das Ausmaß dieser Entrechtungen und die praktischen Abläufe sind wir inzwischen einigermaßen informiert, genauso wie über die wissenschaftliche Wegbereitung durch die Psychiatrie und die Rolle von Juristen und Ärzten.[629]

Wenn man dies alles weiß, kann es leicht verharmlosend klingen, dass zu dieser Zeit weder neue Entmündigungsgründe in das Bürgerliche Gesetzbuch eingezogen noch die Befugnisse von Vormündern und Pflegerinnen explizit ausgedehnt worden sind. Ja, die Buchstaben blieben dieselben. Aber sie mussten auch nicht geändert werden: Die Krankenmorde wurden durch »Führerbefehl« verwirklicht; zum Teil wurden in Sondergesetzen neue Befugnisse geschaffen, aber vor allem ließ sich der bestehende Rechtsrahmen des Bürgerlichen Gesetzbuchs ohne größere Hindernisse für die Gesundheits- und Rassenideologie fruchtbar machen. Was vom Bürgerlichen Gesetzbuch unbestimmt und offen gelassen worden war, ließ sich entsprechend anpassen. Juristen mussten nicht einmal zur »unbegrenzten Auslegung«[630] greifen, um Entmündigung, Vormundschaft und Pflegschaft zu Instrumenten ideologisch motivierter Entrechtung zu machen. Man kann dies nachverfolgen am Gedankengang der im Jahr 1937 veröffentlichten Hallenser Dissertationsschrift »Die Entmündigung als Mittel der Verbrechensverhütung« von Gunther Hartmann.[631] Hartmann ging es um den Nachweis, dass Entmündigung,

624 Näher *Kuban* (1997) 87 f.; *Brink* (2010) 255–258.

625 *Roemer/Kolb/Faltlhauser* (1927).

626 *Blasius* (1980) 143–154; *Blasius* (1994) 135–144; *Siemen* (1987); *Walter* (1996).

627 Aufarbeitungen bei *Blasius* (1994) 128–156; *Schott/Tölle* (2006) 99–115, 166–188.

628 *Blasius* (1994) 173.

629 Exemplarisch *Blasius* (1980) 155–171 zum psychiatrischen Alltag im Nationalsozialismus und insbesondere zur (unterschiedlichen) Rolle der Anstaltsärzte und Amtsärzte bei der Umsetzung der ideologischen Sterilisierungen und Krankenmorde; außerdem *Blasius* (1994) 145–194; *Schott/Tölle* (2006) 169–174; *Siemen* (1987) 131 ff.; *Brink* (2010) 270–345; *Mitscherlich/Mielke* (19478/2019) 236–299; *K. H. Roth* (1984); *Bock* (1986).

630 *Rüthers* (1997) 145–185.

631 *G. Hartmann* (1937).

Vormundschaft und Pflegschaft ihrem wahren Wesen nach nicht nur Schutzmaßnahmen im Interesse der Betroffenen, sondern »fürsorgerische Maßnahmen« im Interesse der Allgemeinheit seien, verstanden als Mittel der »Sicherung der Volksgemeinschaft«. Dies folgerte Hartmann erstens aus der Verquickung von Individual- und Allgemeininteressen bei der Fassung der Entmündigungsgründe. Andernfalls lasse sich die Entmündigung wegen Trunksucht nicht schlüssig erklären. Zweitens verwies Hartmann auf die weitreichenden Befugnisse von Vormündern und Pflegern. Hier erhellen die Überlegungen von Hartmann, wie wenig Widerstand das geltende Recht gegen körperliche Entrechtungen leistete. Denn Hartmann beschrieb den damaligen Rechtszustand nicht falsch, wenn er erläuterte, dass dem Vormund mit der bewusst unbestimmt gelassenen Sorge für die Person ein weit gefasstes Recht eingeräumt wurde, auf die »Gesamtlebensführung« einzuwirken. Zwar schweige das Gesetz über die Ausgestaltung dieses Rechts im Einzelnen, doch sei – wie Hartmann richtig zusammenfasste – allgemein anerkannt, dass die Vormundschaft die Rechtsgrundlage für zwangsweise Eingriffe und für die Einweisung in Heil-, Pflege- und Trinkerheilanstalten auch gegen den Willen des Betroffenen biete. Dass solche Zwangseinweisungen anerkanntermaßen auch bei Personen zulässig waren, die als unheilbar eingeordnet wurden, wertete Hartmann als weiteren Beleg für seine These, dass Entmündigung und Vormundschaft bereits nach damals geltendem Recht zur Verfolgung von Allgemeininteressen eingesetzt werden konnten.[632]

Diese Überlegungen zeigen, wie wenig Widerstand der unbestimmte und offene Regelungsrahmen des Bürgerlichen Rechts gegen die Vereinnahmung durch die nationalsozialistische Ideologie leistete. Nun rächte sich, dass Vormundschaft und Pflegschaft nur diffus mit »Fürsorge« erklärt worden waren, ohne dass man sich darauf hatte festlegen wollen, das Fürsorgebedürfnis ausschließlich aus der Perspektive des Betroffenen, also individualnützig zu bestimmen. Die heterogenen Entmündigungsgründe verkörperten eine unübersichtliche Mixtur aus Individualschutz, familiärem Vermögensschutz und Sicherung von Allgemeininteressen. Auch das Erfordernis, dass der Betroffene »seine Angelegenheiten nicht zu besorgen vermag«, hatte die Praxis nicht daran gehindert, Entmündigungen und Pflegschaftsbestellungen in Fällen auszusprechen, bei denen Gründe des Allgemeininteresses so deutlich im Vordergrund standen, dass es aus heutiger Sicht schwerfällt, dahinter noch Individualinteressen auszumachen. Dies belegen die vielen Fälle, in denen das Reichsgericht mit Entmündigungen wegen sogenannten Querulantenwahns zu tun hatte. Betroffen waren häufig Personen, die ihre beruflichen und familiären Rollen ohne Weiteres ausfüllten. Sie konnten ihre

632 *G. Hartmann* (1937) 59–61. Rechtspolitisch wurden die Überlegungen von Gunther Hartmann erst dort, wo er für unheilbar Erkrankte die Unterbringung in »arbeitshausähnlichen Bewahranstalten« empfahl und dazu riet, von einer zwecklosen Unterbringung in »teuren Spezialanstalten« abzusehen (62).

privaten Angelegenheiten durchaus bewältigen, nur für die Rechtspflege waren sie offenbar ein Ärgernis. Aber das Reichsgericht sah schon in den Anfangsjahren des Bürgerlichen Gesetzbuchs im »Verkehr mit Behörden« die »eigenen« Angelegenheiten berührt und schloss dann vom »Prozesswahn« auf ein allgemeines Fürsorgebedürfnis, das die Entmündigung rechtfertigte.[633] Von hier war es kein weiter Weg dahin, Entmündigungen im Zuge der »nationalsozialistischen Rechtserneuerung« allein darauf zu stützen, dass Betroffene es am »richtigen Verhalten gegenüber der Gemeinschaft« mangeln ließen. So erklärte das Reichsgericht im Jahr 1943, dass es

> »[...] für die Zulässigkeit der Entmündigung nicht [...] allein darauf an[kommt], ob sie dem Entmündigten selbst, insbesondere vom Standpunkt seiner Vermögensangelegenheiten, unmittelbar einen Nutzen bringt, ob dadurch bestimmte, ihm drohende Gefahren abgewendet werden, und dergleichen, sondern die Entmündigung ist auch zulässig, wenn die Auswirkungen der Geistesstörung die Stellung des Menschen in der Gemeinschaft untergraben und ihn an einem richtigen Verhalten in und gegenüber der Gemeinschaft hindern.«[634]

Mit dieser Begründung wurde dann eine Entmündigung wegen Geistesschwäche aufrechterhalten, obwohl die »verstandesmäßigen Fähigkeiten« des Betroffenen von den Sachverständigen als »gut, ja überdurchschnittlich« eingeschätzt wurden, »sein förmliches Denken keine Störungen erkennen lasse« und er über ein »sicheres, kühles und zutreffendes Urteil über die Zeitereignisse« verfügte.[635] Es fällt leicht, sich aus heutiger Sicht darüber zu empören, wie wenig die damals ausgesprochene Entmündigung mit Schutz und Fürsorge zu tun hatte, wie weit sich die rechtliche Diagnose »Geistesschwäche« von medizinischen Maßstäben entfernt hatte und wie offensichtlich es dabei um Sozialdisziplinierung ging. Doch lag darin kein ganz offensichtlicher Bruch mit den Rechtsgrundsätzen des Bürgerlichen Gesetzbuchs. Dies wäre anders gewesen, wenn sich die Gesetzesverfasser eindeutig auf den Standpunkt gestellt hätten, dass Entmündigung, Vormundschaft und Pflegschaft einzig im Interesse der Betroffenen zulässig sein sollten. So lesen sich die Entmündigungen wegen Querulantenwahns und gemeinschaftswidrigen Verhaltens nicht als Denaturierungen oder Pervertierungen eines an sich anders angelegten Rechtsinstituts, sondern als Ausdruck einer schon dem deutschen Recht an der Wende zum 20. Jahrhundert mitgegebenen Unentschiedenheit. Die natio-

633 Exemplarisch Reichsgericht, Urteil vom 4. Juli 1910, IV 156/10, abgedruckt bei *Warneyer* (1910) 321 f.: Der Betroffene hatte seit 1897 eine »auffallend große Zahl von Prozessen [...] geführt«, betätigte aber ansonsten ein »sachgemäßes und vernünftiges Verhalten bei der Bewirtschaftung seines Grundbesitzes und in seinen Pachtangelegenheiten«. Dennoch hielt das Reichsgericht die Entmündigung wegen Geisteskrankheit aufrecht; weitere Rechtsprechung bei *Weinriefer* (1987) 88–90.

634 Reichsgericht, Urteil vom 26. Januar 1943, V (VI) 139/42, RGZ 170, 341–346 (345).

635 Reichsgericht, Urteil vom 26. Januar 1943, V (VI) 139/42, RGZ 170, 341–346 (342).

nalsozialistische Deutung der Entmündigungsgründe brach nicht mit einer eindeutigen Festlegung auf individualnützige Fürsorge, sondern konnte an Bekanntes anknüpfen. Bereits in den 1920er Jahren hatten Rechtspraxis, Rechtsprechung und juristisches Schrifttum eruiert, ob sich die Entmündigungsgründe nicht auf »Verwahrloste« und »Asoziale« erstrecken ließen. Eine entsprechende Entmündigungs- und Unterbringungspraxis hatte sich offenbar in Hamburg etabliert.[636] Vielen erschien diese Praxis aber zu unsicher und lückenhaft, und es kam die Forderung auf nach einem »Bewahrungsgesetz«.[637] Zu einer Verabschiedung ist es zwar nicht mehr gekommen.[638] Geblieben ist aber die Wegweisung des Reichsgerichts, dass »Geistesschwäche« im Sinne der bestehenden Entmündigungsgründe auch »infolge von Entartung des Charakters gegeben« sein kann.[639] Und schon in den Anfangsjahren des Bürgerlichen Gesetzbuchs versicherten sich Juristen immer wieder, dass es sich bei »Geistesschwäche« und »Geisteskrankheit« um juristische Begriffe handele, die nicht in einem engen medizinischen Sinne zu verstehen seien,[640] und dass ein Entmündigungsgrund auch dann bestehe, wenn die Besorgung beruflicher, sozialer und öffentlicher Pflichten gefährdet ist.[641] Es gab zwar Überlegungen zu einer Überarbeitung der Entmündigungsgründe im Dienst der nationalsozialistischen »Rechtserneuerung«. Der Tübinger Rechtsprofessor Georg Eißer hatte dem Personenrechtsausschuss der Akademie für Deutsches Recht dazu ein Gutachten erstattet.[642] Zu einer Reform kam es nicht mehr. Doch war sie – wie gesehen – auch gar nicht erforderlich, um die ideologisch gewünschte Entrechtungspraxis ins Werk zu setzen. Das Reichsgericht hatte die Entmündigungsschwelle auch so den Wünschen der neuen Zeit angepasst.

Noch weniger war zu tun in Bezug auf die *Befugnisse* von Vormündern und Pflegerinnen. Denn das Bürgerliche Gesetzbuch hatte Vormündern und Pflegerinnen hier ja »freie Hand« gelassen (Kap. 2 II.2.3.), so dass sich aus dem geltenden Recht bereits alles Nötige für Zwangsbehandlungen und Zwangseinweisungen ergab. Es blieb bei der weitgehend informal eingespielten Praxis, und das geltende Recht wurde »unter dem Zwang der harten Wirklichkeit meist so angewandt, wie

636 So die Aussage des Direktors des staatlichen Versorgungsheims in Hamburg *Steigerthal* (1926) 37.

637 *Eiserhardt* (1929); Kritik und eigene Entwürfe außerdem bei *Steigerthal* (1926) 30–60.

638 *G. Hartmann* (1937) 30 f. führte dies auf die nicht geklärte Kostenfrage zurück, außerdem sei »der innerste Grund in der weltanschaulichen Zerrissenheit der damaligen Zeit zu suchen«, weil keine grundsätzliche Einigkeit und Klarheit über das »Verhältnis des Einzelnen zur Allgemeinheit« bestanden habe.

639 Reichsgericht, Urteil vom 18. Februar 1924, IV 173/23, Juristische Wochenschrift (JW) 1925, 937 f.

640 Motive I, S. 61 f. = *Mugdan* (1899) 386.

641 Reichsgericht, Urteil vom 23. Januar 1905, 360/04 IV, Juristische Wochenschrift (JW) 1905, 133; Reichsgericht, Urteil vom 8. Juli 1918, IV 147/18, abgedruckt bei *Warneyer* (1918) 266; *Gitter* (1984) 101 (§ 6 Rn. 16).

642 Veröffentlicht als *Eißer* (1941).

es eben die Tatsachen verlangten, also als reine Formalität.«[643] Ohnehin bestand kein Zweifel daran, dass Vormünder und Pfleger im Rahmen ihrer Personensorge als gesetzliche Vertreter dazu befugt waren, die zur zwangsweisen Unterbringung nötigen Anträge zu stellen bzw. ihnen zuzustimmen, und dass sie dazu keiner gerichtlichen Genehmigung bedurften. Soweit einzelne Provinzen dennoch ein behördliches Aufnahmeverfahren durchführten, diente dies nicht der Wahrung von Rechten der Betroffenen oder ihrem Schutz vor körperlicher Fremdbestimmung, sondern »im Wesentlichen der Sicherstellung der Kosten«.[644]

Diese Befugnisse von Vormündern und Pflegern erhielten unter der nationalsozialistischen Geisteshaltung zwar eine völlig neue Dimension; als solche waren sie aber nichts Neues. Neu war nur der Nachdruck, mit dem dafür geworben wurde, nicht mehr Laien aus dem privaten Umfeld der Betroffenen zu Vormündern und Pflegern zu berufen, sondern auf berufsmäßige Sammelvormund- bzw. Sammelpflegschaften zu setzen. Weil private Laienvormünder mitunter zu wenig »Härte« und Initiative walten ließen und durch die »Triebhaftigkeit der sozial und ethisch Gefährdeten ins Schlepptau genommen« würden, seien amtliche Sammelvormundschaften vorzuziehen.[645] Und ebenfalls neu war, wie offen bei Anstaltseinweisungen nicht nur an die »fürsorgliche« Unterbringung in Heil- und Pflegeanstalten gedacht war, sondern auch an die sozialdisziplinierende Unterbringung in »arbeitshausähnlichen Sammelanstalten«.[646] Die »freie Hand«, die das Bürgerliche Recht Vormündern und Pflegern in der Ausübung der Personensorge gelassen hatte, ermöglichte die zwangsweise Hospitalisierung in abgeschotteten Heil-, Pflege- und Verwahranstalten. Damit waren die äußeren Voraussetzungen für die nationalsozialistischen Krankenmorde geschaffen.[647] Es bedurfte auch keiner neuen Befugnisse für Vormünder und Pfleger, damit sie an den schätzungsweise 300.000 bis 400.000 Zwangssterilisierungen[648] mitwirken konnten. Die Befugnis zur Personensorge vermittelte die Befugnis, die zur Durchführung des Gesetzes zur Verhütung erbkranken Nachwuchses vom 14. Juli 1933 auferlegten Sterilisationsanträge zu stellen oder ihnen zuzustimmen.[649] Und wer nicht unter Vormundschaft oder Pflegschaft stand und sich trotz ärztlicher Aufforderung wei-

643 *Rittershaus* (1927) 40.

644 *Rittershaus* (1927) 47 für Mecklenburg-Schwerin.

645 *G. Hartmann* (1937) 74–77.

646 So die Empfehlung von *G. Hartmann* (1937) 120–124, der sich dabei auf die entsprechende Praxis in Hamburg stützte.

647 Zur Einweisungspraxis *Coché* (2017); im Übrigen *Mitscherlich/Mielke* (1948/2019) 236–299; siehe außerdem *Brink* (2010) 270–359; *Kuban* (1997) 138–168.

648 Zahlen nach *Schott/Tölle* (2006) 168.

649 Geregelt in §§ 2, 3 des Gesetzes zur Verhütung erbranken Nachwuchses vom 14. Juli 1933, RGBl. I, S. 529–531. Der erforderliche Antrag konnte von den Betroffenen selbst sowie von ihren gesetzlichen Vertreterinnen (Vormünder, Pflegerinnen) und von Anstaltsleitern und Amtsärztinnen gestellt werden.

gerte, in die eigene Sterilisation einzuwilligen, konnte aufgrund der Weigerung unter Zwangspflegschaft gestellt werden.[650] – Dies soll nicht heißen, dass sich die nationalsozialistischen Anstaltsmorde und Zwangssterilisationen durch ein anderes Vormundschafts- und Pflegschaftsrecht hätten aufhalten oder verhindern lassen. Aber der Umstand, dass sich das bestehende Recht so bruchlos instrumentalisieren ließ, legt frei, wie nachlässig und unsicher das Bürgerliche Recht die Rechtsposition der Betroffenen angelegt hatte. Ein Recht auf körperliche Selbstbestimmung, das dem Handeln von Vormündern und Pflegern justiziable Grenzen gezogen und Rechtfertigungslasten auferlegt hätte, war dem Bürgerlichen Recht der Zeit fremd. Genauso wie das Bürgerliche Gesetzbuch den Eltern keine näheren Vorgaben machen wollte, wie sie ihr Recht zur Personensorge ausfüllen (oben Kap. 2 II.2.2.), so groß war auch das Vertrauen in Vormünder und Pfleger. Die bewusst gelassenen Leerstellen, die mit Sittlichkeit und Sachkunde gefüllt werden sollten, gaben weder Orientierung noch konnten sie Dämme errichten gegen die machtvolle ideologische Unterströmung.

3. Aufbrüche

Ein ausdrückliches Recht auf körperliche Selbstbestimmung und auf zwangsfreie Betreuung, vergleichbar dem Recht minderjähriger Kinder auf gewaltfreie Erziehung, ist dem deutschen Recht bis heute fremd. Dennoch ist körperliche Selbstbestimmung dem Recht inzwischen deutlicher eingeschrieben. Die wesentlichen Schritte dahin liegen allerdings nicht so weit zurück, wie man dies möglicherweise vermuten würde. Die politische »Stunde Null« mit der deutschen Kapitulation setzte zwar der systematischen nationalsozialistischen Vernichtungspsychiatrie ein Ende. Das Jahr 1945 markierte dennoch keinen Entwicklungssprung, weder in der Praxis noch in den Rechtsdogmen. Man bemühte sich um Aufklärung der Verbrechen von Ärzten und Psychiatern, doch ging der psychiatrische Alltag – notgedrungen – in denselben psychiatrischen Anstalten weiter, die in den Jahren des nationalsozialistischen Regimes zu Mordanstalten geworden waren.[651] Sowohl in der Bundesrepublik als auch in der DDR blieben die rechtlichen Institutionen – Entmündigung, Vormundschaft, Pflegschaft – dieselben (unten Kap. 2 III.3.1.), und genauso blieb es dabei, dass Vormünder und Pfleger in Bezug auf die Personensorge weitgehend »freie Hand« hatten (oben Kap. 2 III.2.3.). Die entscheidenden Entwicklungssprünge fallen in die Zeit der Wiedervereinigung. Mit dem

650 Dies klingt an bei *Bumke* (1935) 168, als er erläuterte, dass das Gesetz zur Verhütung erbkranken Nachwuchses »die Errichtung einer Pflegschaft bei recht vielen Kranken erforderlich« gemacht habe.

651 *Brink* (2010) 360–372; *Blasius* (1994) 195–197; *Faulstich* (2003); *Hanrath* (2002).

Gesetz zur Einführung der Betreuung, das im wiedervereinigten Deutschland am 1. Januar 1992 in Kraft getreten ist, wurden erstmals rechtliche Regeln über körperliche Befugnisse und Entscheidungen – medizinische Eingriffe, Sterilisierung, Unterbringung – getroffen. Dies setzte mehrere Prozesse in Gang. Die neue Positivität vermittelte der Rechtswissenschaft einen dogmatisch bearbeitbaren Gegenstand, und mit den expliziten gerichtlichen Genehmigungspflichten verdichteten sich die rechtlichen Maßstäbe. Weitere Reformen folgten in den Jahren 2013, 2017 und 2021. Es war wie ein Räderwerk aus Gesetzgebung, Verfassungsrecht und ordentlicher Gerichtsbarkeit, das die körperlichen Befugnisse von Betreuern an immer weiter präzisierte Schwellen, Ziele und Voraussetzungen knüpfte (unten Kap. 2 III.3.3., III.3.4.). Das diffuse Blankett der »Fürsorge«, das bis dahin körperliche Fremdbestimmung ohne Weiteres gerechtfertigt hatte, genügte nicht mehr. An seine Stelle sind rechtlich hoch aufgelöste Vorstellungen davon getreten, unter welchen Lebensumständen (ambulant oder stationär oder im Rahmen einer geschlossenen Unterbringung?) und mit welchem Ziel (nützlich oder letztes Mittel? Heilung oder Symptomlinderung?) es rechtlich angemessen ist, welche Qualität von Körperwillen (natürlicher Wille? freier Wille? rechtsgeschäftlicher Wille?) auf welche Art und Weise (Überzeugung? Zwang?) zu überwinden.

3.1 Kontinuität der Institutionen

Die bundesrepublikanischen Anfänge sahen indes anders aus. Das Vormundschafts- und Pflegschaftsrecht des Bürgerlichen Gesetzbuchs galt fort und ließ Vormündern und Pflegern wie schon im Kaiserreich und der Weimarer Republik »freie Hand« bei der Ausfüllung der Personensorge. Abgesehen von der allgemeinen, unbestimmt gelassenen Verpflichtung auf das »Wohl« der Betroffenen unterlagen Vormünder und Pfleger keinen durchsetzbaren inhaltlichen Maßstäben und wurden entsprechend wenig gerichtlich kontrolliert. Entlassungen von Vormündern und Pflegern wegen »Missachtung der persönlichen Interessen« kamen nach Erhebungen aus dem Jahr 1987 nicht vor.[652] Vormünder und Pfleger verfügten über die Rechtsmacht, durch Zwangsunterbringungen über die körperliche Bewegungsfreiheit zu bestimmen, sie konnten medizinische Behandlungen und Eingriffe auch gegen Widerstreben in die Wege leiten, und sie waren nicht ausdrücklich dazu verpflichtet, Körperwünschen gleich welcher Art Rechnung zu tragen. Es fehlte, wie Norbert Kollmer im Rückblick konstatierte, ein »förmliches Gegenrecht« der Betroffenen oder auch nur ein anerkannter »Willensgegenpol«, der als Regulativ zwischen dem Willen der Betroffenen und den nur generalklauselartig

652 *Zenz u. a.* (1987) 28.

gebundenen Befugnissen der Vormünder bzw. Pflegerinnen vermitteln könnte.[653] Der rechtliche Blick auf das Verhältnis von Mündel und Vormund ähnelte in seiner hierarchischen und patriarchalen Grundstruktur den frühen Vorstellungen des Bürgerlichen Rechts zum Eltern-Kind-Verhältnis. Der Bundesgerichtshof zog diese Parallele auch selbst, als er noch im Jahr 1967 erklärte, dass die Rechtsstellung des Vormunds der Rechtsstellung entspricht, »welche die Eltern aufgrund der elterlichen Gewalt [...] haben«. Und weiter: »Dies bedeutet, dass der Vormund zum Mündel in einem Überordnungsverhältnis steht, das ihn befugt, Anordnungen ohne Rücksicht darauf zu treffen, ob das Mündel damit einverstanden ist oder nicht.« Dies bezog sich zwar auf den Vormund eines Minderjährigen, doch sah der Bundesgerichtshof keinen wesentlichen Unterschied zur Rechtsstellung eines Vormunds über einen volljährigen Mündel: »Die Rechtsstellung des Vormunds eines volljährigen Mündels ist im Wesentlichen die gleiche«.[654]

Die Rechtsentwicklung in der DDR ist für mich nur näherungsweise zugänglich. Diese bedauerliche Leerstelle (Kap. 1 II.) überdauerte auch die Wiedervereinigung, weil das Vormundschafts- und Pflegschaftsrecht wie zuvor randständig blieb. Als in der »Zeitschrift für das gesamte Familienrecht« im Jahr 1991 eine Serie von Aufsätzen zum deutsch-deutschen Rechtsvergleich erschien, interessierte man sich für das Eherecht, nicht aber für Entmündigungen und Einweisungen. Auch in der Rückschau der ostdeutschen Juristin Anita Grandke, »Die Entwicklung des Familienrechts der DDR« aus dem Jahr 2008, kommt das Erwachsenenschutzrecht nicht vor. Soweit das aus der Außensicht erschließbar ist, fällt aber eine Parallele auf: In beiden Rechtsordnungen wird es ab den 1960er Jahren darum gehen, die vormundschaftlichen Befugnisse enger zu regeln. Für die Bundesrepublik setzte dieser Prozess im Jahr 1960 ein, als das Bundesverfassungsgericht für Zwangseinweisungen einen Richtervorbehalt aus den Grundrechten ableitete (unten Kap. 2 II.3.2.). In der DDR setzte eine ähnliche Rechtsentwicklung ein, die dann – etwas später – im Jahr 1968 zur Verabschiedung des Einweisungsgesetzes führte.[655] Im Unterschied zur bundesdeutschen Rechtsentwicklung war ein gerichtlicher Beschluss darin allerdings nur für unbefristete Einweisungen erforderlich; für befristete Einweisungen bis sechs Wochen genügten das Einverständnis des Vormunds und eine ärztliche Anordnung.[656] Das bis dahin für Zwangseinweisungen bestehende »Regelvakuum«[657] wurde, wie die

653 *Kollmer* (1992) 100, dort auch Aufarbeitung der »selbstbestimmungsrechtlichen Grenzen« des Rechtszustands vor 1992 (88–104, 194–197).

654 Bundesgerichtshof, Beschluss vom 28. April 1967, IV ZB 448/66, BGHZ 48, 147–163 (158).

655 Gesetz über die Einweisung in stationäre Einrichtungen für psychisch Kranke vom 11. Juni 1968, GVBl. I, S. 273 (Abdruck in *Schwab* [1991] 55 f.).

656 §§ 6 ff. und §§ 11 ff. des Gesetzes über die Einweisung in stationäre Einrichtungen für psychisch Kranke vom 11. Juni 1968, GVBl. I, S. 273.

657 So der Befund von *Hanrath* (2002) 351 ff.

Historikerin Stefanie Coché aufgearbeitet hat, offenbar »informell« gefüllt durch Aushandlungen zwischen Angehörigen und Ärzten.[658] Weder vor noch nach dem Inkrafttreten des Einweisungsgesetzes kam es allerdings zu näheren Regelungen über Zwangsbehandlungen. Auch das Einweisungsgesetz enthielt keine Vollzugsbestimmungen.[659] Insoweit blieb es bei der allgemeinen Aufgabenumschreibung des Vormunds in § 102 des Familiengesetzbuchs. Danach zählte zu den Aufgaben des Vormunds, »sich um das persönliche Wohl des Mündels zu kümmern, insbesondere für eine Heilbehandlung und gegebenenfalls für die Unterbringung des Mündels zu sorgen.« Hier blieb es – nicht anders als in der Bundesrepublik – auch weiterhin bei der »freien Hand« von Vormündern und Pflegern. Dies lässt sich zudem daraus schließen, dass es in späteren Berichten der ausgehenden 1970er Jahre darüber, wie das Staatliche Notariat seine Kontrollaufgabe über Vormünder und Pfleger ausüben soll, fast ausschließlich um das Vermögen der Mündel ging.[660] Gewisse Rückschlüsse auf die rechtliche Legitimierbarkeit und die Verbreitung von Zwangsbehandlungen lassen allerdings die sogenannten Rodewischer Thesen von 1963 zu, mit denen Anstöße zu einer Reform der DDR-Psychiatrie gegeben werden sollten.[661] Wenn es dort in These Nr. 8 hieß: »Amtliche oder gesetzliche Zwangsmaßnahmen psychisch Kranken gegenüber sind auf das nur unbedingt erforderliche Minimum zu beschränken«, so legt dies nahe, dass es bis dahin eine verbreitete Praxis wenig kontrollierter Zwangsmaßnahmen gab. Dennoch widersprechen jüngere Aufarbeitungen nachdrücklich dem Bild von der rückständigen oder ideologisch vereinnahmten DDR-Psychiatrie und entsprechend weitreichenden Einweisungs- und Behandlungspraxen.[662] Kein Zweifel besteht aber daran, dass sich die Wege zwischen beiden Rechtsordnungen im Jahr 1960 trennten, als es in der Bundesrepublik dazu kam, dass Zwangseinweisungen ohne jede Fristgrenze an einen Gerichtsbeschluss geknüpft wurden.

3.2 Natürlicher Wille und Richtervorbehalt

Im Jahr 1960 zeichnete sich in der Bundesrepublik erstmals ab, dass das herkömmliche Rechtsdogma des Bürgerlichen Rechts von der »freien Hand« bei der Personensorge auf lange Sicht nicht haltbar sein würde. Abermals, wie schon für die körperliche Selbstbestimmung des Kindes (oben Kap. 2 II.3.2.), führt die Suche nach den Anfängen rechtlicher Anerkennung körperlicher Selbstbestim-

658 *Coché* (2017) 139–150; *Coché* (2018).

659 Genauso die Analyse von *Marschner* (1991) 89.

660 *Knodel/Krone* (1979); *Herrmann/Stavorinus* (1981).

661 *J. Schulz* (2002).

662 *Kumbier/Steinberg* (2018); siehe auch *Hanrath* (2003); ähnlich *Schott/Tölle* (2006) 304 f. Gegensicht aber bei *Bettin* (2018).

mung zum Bundesverfassungsgericht. Im Jahr 1960 war über die Verfassungsbeschwerde von zwei wegen Schizophrenie entmündigten Volljährigen zu entscheiden. Beide waren von ihren Vormündern ohne ihr Einverständnis in geschlossene Heilanstalten eingewiesen worden. Mit ihren Verfassungsbeschwerden rügten sie, dass die von ihren Vormündern veranlassten Einweisungen Freiheitsentziehungen im Sinne von Artikel 2 Absatz 2 des Grundgesetzes (»Die Freiheit der Person ist unverletzlich«) bedeuteten, die richterlicher Anordnung bedürften. Hintergrund war Artikel 104 Grundgesetz, wonach »über die Zulässigkeit und Fortdauer einer Freiheitsentziehung [...] nur der Richter zu entscheiden [hat].« Das Bürgerliche Recht hatte eine gerichtliche Ermächtigung oder Genehmigung für Anstaltseinweisungen allerdings bewusst nicht vorgesehen. Später hielt man eine gerichtliche Genehmigung für nicht vereinbar mit der gewollten rechtlichen Selbständigkeit der Vormünder und Pfleger (oben Kap. 2 III.2.3.). Mit Inkrafttreten des Grundgesetzes ließ sich der Frage nach dem Richtervorbehalt für Zwangseinweisungen durch Vormünder und Pfleger zwar nicht mehr so leicht ausweichen. Die Frage begegnet ab dem Jahr 1951 in der Rechtswissenschaft und später in der Justiz. Für den Verwaltungswissenschaftler H. Wolff war eindeutig, dass »in allen Fällen zwangsweiser Anstaltsunterbringung eine gerichtliche Entscheidung notwendig ist«. Dies entspreche der rechtspolitischen Forderung, »jedem groben Missbrauch der elterlichen oder vormundschaftlichen Gewalt einen Riegel vorzuschieben«.[663] Doch setzte sich dies nicht durch. Der Bundesgerichtshof entschied im Jahr 1955 anders und erklärte, dass Zwangseinweisungen auf Veranlassung von Vormündern und Pflegern keine Freiheitsentziehungen im Sinne des Grundgesetzes seien, so dass ein Vormund »zur Einweisung seines Mündels in eine geschlossene Anstalt keiner richterlichen Anordnung nach Artikel 104 Absatz 2 Satz 1 Grundgesetz [bedarf].«[664] Der Gesetzgeber stellte sich im Jahr 1956 auf denselben Rechtsstandpunkt. Als das »Gesetz über das gerichtliche Verfahren bei Freiheitsentziehungen« am 29. Juni 1956 beschlossen wurde, blieben Einweisungen durch Vormünder und Pfleger bewusst ausgeklammert.[665]

Das Bundesverfassungsgericht bereitete dieser Deutung im Jahr 1960 ein Ende. Gegen den Mainstream aus Justiz, Politik, Rechtswissenschaft und Psychiatrie wies es insbesondere das Argument zurück, Einweisungen durch gesetzliche Vertreter bewirkten keine Freiheitsentziehung im Grundrechtssinne, weil Unfreien die Freiheit nicht entzogen werden könne. Diesen Standpunkt hielt das Bundesverfassungsgericht offenbar für so abenteuerlich falsch, dass es ihn mit wenigen Sätzen ganz zu Beginn seiner Urteilsbegründung vom Tisch fegte und sich

663 *H. Wolff* (1951) 316.

664 Bundesgerichtshof, Beschluss vom 30. März 1955, IV ZB 23/55, BGHZ 17, 108–117; zustimmend etwa *Böning* (1958) 281 f. m. w. N.

665 Gesetz über das gerichtliche Verfahren bei Freiheitsentziehungen vom 29. Juni 1956, BGBl. I, S. 599; dazu *Saage* (1958).

auch nicht mit Gegenauffassungen auseinandersetzte: »Unzweifelhaft wird ein Eingriff in die persönliche (körperliche) Freiheit nicht schon begrifflich dadurch ausgeschlossen, dass die von dem Eingriff betroffene Person nicht voll geschäftsfähig ist.« Denn es war, so die Begründung weiter, »von jeher unbestritten«, dass es bei Freiheitsverletzungen »lediglich auf den tatsächlichen, natürlichen Willen des Verletzten« ankommt.[666] Auch wenn diese Passage so klingt, als würde das Gericht nur an etwas erinnern, was längst anerkennt sei, war dies recht eigentlich die verfassungsrechtliche Geburtsstunde des natürlichen Willens als rechtserheblicher Wille. »Natürlich« meinte dabei den Gegensatz zu »rechtsgeschäftlich«. Denn Entmündigte und Personen, denen die Geschäftsfähigkeit fehlte oder abgesprochen wurde, konnten nach der Logik des Bürgerlichen Rechts keinen rechtsgeschäftlichen Willen bilden. Doch konnte das Bürgerliche Recht ihnen nun aus Verfassungsgründen nicht mehr pauschal die Fähigkeit absprechen, überhaupt einen rechtserheblichen Willen zu bilden. Denn künftig würde auch ein »nurtatsächlicher«, fortan »natürlich« genannter Wille jedenfalls insoweit rechtserheblich sein, als eine Einweisung in eine geschlossene Unterbringung durch Vormünder oder Pfleger gegen den natürlichen Willen der Betroffenen als Freiheitsentziehung einer gerichtlichen Genehmigung bedurfte.

Allerdings hatte das Bundesverfassungsgericht nur durchgesetzt, dass Zwangseinweisungen in geschlossene Anstalten als grundrechtsrelevante Freiheitsentziehungen überhaupt einer gerichtlichen Genehmigung bedürfen. Zu materiellen Gründen, die solchen Zwang rechtfertigen könnten, hatte das Bundesverfassungsgericht nichts gesagt. Genauso offen geriet dann auch die gesetzliche Regelung, mit der zum 1. Januar 1962 das Bürgerliche Gesetzbuch an die neue verfassungsrechtliche Realität angepasst wurde. Der neue § 1800 Absatz 2 lautete: »Eine Unterbringung des Mündels, die mit Freiheitsentziehung verbunden ist, ist nur mit Genehmigung des Vormundschaftsgerichts zulässig; das Vormundschaftsgericht soll den Mündel vor der Entscheidung hören.«[667] Materielle Maßstäbe ergaben sich daraus nicht. Der natürliche Wille der Betroffenen war nur verfahrensrechtlich erheblich für die Frage, *ob* eine Unterbringung auf Veranlassung des Vormunds oder Pflegers richterlicher Entscheidung bedurfte oder nicht. Die materielle Richtschnur ergab sich erst aus dem Zusammenhang. Denn in § 1800 Absatz 2 Satz 3 erläuterte das Bürgerliche Gesetzbuch nun: »Das Gericht hat die Genehmigung zurückzunehmen, wenn das Wohl des Mündels die Unterbringung nicht mehr erfordert.«[668] Dieses Wohl wiederum wurde weit verstanden, nämlich nicht

666 Bundesverfassungsgericht, Beschluss vom 10. Februar 1960, 1 BvR 526/53, 29/58, BVerfGE 10, 302–331 (309).

667 Eingefügt durch Gesetz zur Vereinheitlichung und Änderung familienrechtlicher Vorschriften vom 11. August 1961, BGBl. I, S. 1221.

668 Genauso schon Oberlandesgericht Hamm, Beschluss vom 26. August 1960, 15 W 283/60, Neue Juristische Wochenschrift (NJW) 1960, 2239 f. (2239), das noch vor Inkrafttreten der gesetzlichen

nur als Schutz und Fürsorge im mutmaßlichen Interesse und Willen des Betroffenen, sondern auch im Hinblick auf die Interessen Dritter und der Allgemeinheit. So erklärte das Bayerische Oberste Landesgericht im Jahr 1960 die zwangsweise Unterbringung einer mit chronischer Schizophrenie diagnostizierten Frau am Wohl-Maßstab mit folgender Begründung für zulässig:

»Es entspricht dem Wohl eines psychisch Kranken, ihn davor zu bewahren, dass er infolge seiner Krankheit seine Mitmenschen belästigt oder gefährdet; dies gilt vor allem dann, wenn er durch sein Verhalten Notwehrhandlungen gefährdeter Dritter oder auch nur eine feindselige Einstellung seiner Mitmenschen hervorruft, die geeignet ist, nicht nur sein Ansehen, sondern auch seine Lebensführung erheblich zu beeinträchtigen.«[669]

Auch das juristische Schrifttum sah in dem »Wohl«-Erfordernis keine strikte Verpflichtung der vormundschaftlichen Unterbringung auf reine Individualnützigkeit. Die Grenzen zwischen der privatrechtlichen, »fürsorglichen« Unterbringung durch den Vormund bzw. Pfleger und der von vornherein öffentlich-rechtlichen Unterbringung im Allgemeininteresse waren noch nicht scharf gezogen. »Allzu leicht«, so eine Beobachtung aus dem Jahr 1968, »[wird] das ›wohlverstandene Interesse‹ der Kranken [...] unter dem Gesichtspunkt einer Übereinstimmung mit den Interessen der Familie oder der Gesellschaft überhaupt gesehen.«[670] Daran würde sich erst im Verlauf der 1970er Jahre etwas ändern.[671] Aber zunächst galt, wie in einem juristischen Kommentar im Jahr 1969 erläutert wurde, dass durch das »Wohl«-Erfordernis »nicht ausgeschlossen wird, dass das Vormundschaftsgericht die Unterbringung durch den Vormund dann genehmigt, wenn der Mündel andere schädigt oder belästigt und sich dadurch Notwehrreaktionen und – soweit er schuldfähig ist – Schadensersatzansprüchen, gerichtlicher Bestrafung, u. U. auch einer behördlich angeordneten Anstaltsunterbringung aussetzt.«[672] Im Jahr 1981 wurde noch einmal bekräftigt, dass »familienrechtliche«, also mit dem Wohl der Kranken legitimierte Unterbringungen auch zur Vorsorge eröffnet seien:

»Das Wohl des Kranken umfasst aber jedenfalls außer seiner Gesundheit und Betreuung zweierlei: Erstens die Vorsorge, den Patienten davor zu bewahren, Handlungen zu begehen, die den Strafgesetzen zuwiderlaufen, [...] und zweitens Maßnahmen, ihn auch allgemein vor Konflikten mit der Umwelt zu bewahren.«[673]

Regelung den Satz aufstellte: »Maßgebende Richtschnur bei der Genehmigung der Unterbringung ist das Wohl des Mündels.«

669 Bayerisches Oberstes Landesgericht, Beschluss vom 17. August 1960, 1. ZS. WBeschwReg. 41/1960, Zeitschrift für das gesamte Familienrecht (FamRZ) 1960, 411–413 (412). Das Gericht schloss sich darin den kurz zuvor publizierten Ausführungen von *Böning* (1960a) 1376 an.

670 So aus medizinischer und juristischer Sicht: *Meyer/Schüler-Springorum* (1968) 575.

671 Siehe *Germer* (1971) 715 (§ 1800 Rn. 11) und später *Zagst* (1978) 1791 (§ 1800 Rn. 8): Die Entscheidung »hat ausschließlich im wohlverstandenen Interesse des Mündels zu erfolgen.«

672 *Engler* (1969) 737 (§ 1800 Rn. 31); genauso *Dölle* (1965) 905.

673 *Wiebe* (1981) 122.

Gerichte gingen auch dazu über, bei der Genehmigung von Unterbringungen offenzulassen, ob es sich um eine »rein« fürsorgliche Unterbringung oder auch um eine öffentlich-rechtliche Unterbringung im Allgemeininteresse nach den Landesunterbringungsgesetzen handelte.[674] Solange sich im »Wohl« auch Vorsorgeerwägungen und Allgemeininteressen aufnehmen ließen, gelang es, die verfassungsgerichtliche Aufwertung des natürlichen Willens in den bürgerlich-rechtlichen Entscheidungsmaßstäben zu neutralisieren. Dass eine Unterbringung allein deshalb, weil sie dem natürlichen Willen des Betroffenen widersprach, nicht mit seinem Wohl vereinbar sein könne, lag weiterhin außerhalb der Vorstellungen. »Schon im eigenen Interesse«, so das Landgericht Berlin im Jahr 1967, könne es auf einen der Unterbringung entgegenstehenden natürlichen Willen nicht ankommen.[675] So war der natürliche Wille zwar seit dem Jahr 1960 in der Rechtswelt, aber er änderte nur wenig an den tragenden Dogmen. Auch die Einweisungspraxis erlebte dadurch keine Umbrüche. Nach den Untersuchungen der Historikerin Cornelia Brink stieg die Zwangseinweisungsquote im Verlauf der 1960er Jahre bundesweit auf etwa 40 % aller Einweisungen im Jahr 1972 und belief sich auf schätzungsweise 56.000 Zwangseinweisungen jährlich. Das Erfordernis der gerichtlichen Genehmigung geriet dabei zusehends zur Formalität: In der Regel seien die psychiatrischen Gutachten bestätigt worden.[676] Diese Praxis entsprach den vorausschauenden Empfehlungen, die in dem einflussreichen Bonner Kommentar zum Grundgesetz nachzulesen waren. Mit Rücksicht auf die »große Zahl der in Frage kommenden Fälle und die Abgelegenheit der geschlossenen Anstalten zur Unterbringung« sei ein »summarisches Verfahren« zweckmäßig.[677]

Die tastende Anerkennung des natürlichen Willens im Zusammenhang mit Freiheitsentziehungen änderte zunächst aber nichts an der rechtlichen Beurteilung von Zwangsbehandlungen. Der Richtervorbehalt für Zwangseinweisungen mündete nicht in einen Richtervorbehalt für Zwangsbehandlungen. Die Frage war kurz aufgekommen, nachdem das Bayerische Verwahrungsgesetz aus dem Jahr 1952 bestimmt hatte, dass die in einer Anstalt verwahrten Personen »der nach den Regeln der ärztlichen Kunst gebotenen oder zulässigen Behandlung [unterliegen]«.[678] Der daraufhin angerufene Bayerische Verfassungsgerichtshof bestätigte dann aber die Verfassungsmäßigkeit dieser allgemeinen Zwangsbehandlungspflicht von Zwangseingewiesenen, weil sich dies »aus der Natur der

674 Etwa Landgericht Mannheim, Beschluss vom 21. Oktober 1963, 4 T 116/63, Neue Juristische Wochenschrift (NJW) 1964, 454 f. (454).

675 Landgericht Berlin, Beschluss vom 25. April 1967, 81 T 203/67, Zeitschrift für das gesamte Familienrecht (FamRZ) 1968, 545 f. (546).

676 *Brink* (2010) 401–403.

677 *von Mangoldt* (1953) 551.

678 Artikel 6 Gesetz über die Verwahrung geisteskranker, geistesschwacher, rauschgift- oder alkoholsüchtiger Personen vom 30. April 1952, (Bayerisches) GVBl., S. 163.

Sache ergebe«. Der Behandlungszwang folge aus dem Zweck der Freiheitsentziehung.[679] Für die Psychiatrie dürfte dieser Standpunkt ohnehin selbstverständlich gewesen sein. Die Nachkriegspsychiatrie war wesentlich Anstaltspsychiatrie.[680] Bedenklich erschienen allenfalls Zwangsbehandlungen *ohne* Einverständnis des gesetzlichen Vertreters.[681] Ansonsten zog die Legalität der Zwangsunterbringung die Legalität von Zwangsbehandlungen nach sich. Die Kontroverse um die grundgesetzkonforme Gestaltung der Zwangsunterbringung hatte nicht auf die Zwangsbehandlung übergegriffen. Das Recht endete an den Anstaltsmauern: Was zwischen Einweisung und Entlassung passierte, blieb ungeregelt und dem Ermessen der Ärzte und der Entscheidungsbefugnis der Vormünder und Pfleger überlassen. Theoretisch konnte das Vormundschaftsgericht zwar gegen »pflichtwidriges« Verhalten von Vormündern oder Pflegern einschreiten. Doch belegt eine Durchsicht der juristischen Kommentare, dass man sich unter pflichtwidrigem Verhalten eher eine unzweckmäßige Entlassung eines »geisteskranken und gemeingefährlichen Mündels« vorzustellen hatte, während ansonsten die Freiheit von Vormündern und Pflegern betont wurde.[682] In der Praxis blieben Zwangsunterbringung und Zwangsbehandlung schon deshalb eng miteinander verknüpft, weil Zwangsunterbringungen häufig gerade zum Zweck der (Zwangs-)Behandlung genehmigt wurden.[683]

Dennoch hatte das Bundesverfassungsgericht mit seinem Beschluss aus dem Jahr 1960 einen Stein losgetreten. Zwar blieb das materielle Gewicht des natürlichen Körperwillens zunächst offen; dies würde sich erst mit den späteren Urteilen zu Zwangsbehandlungen ändern (Kap. 2 III.3.4.). Doch ging der Bundesgerichtshof den Weg des Bundesverfassungsgerichts insofern weiter, als er die Verfahrensrechte stärkte. Defizite wurden vor allem bei der Anordnung der Pflegschaft ausgemacht. Hier stellte sich der Bundesgerichtshof im Jahr 1962 auf den Standpunkt, dass jeder vor Anordnung einer Pflegschaft richterlich zu hören ist und dass auch dem Geschäftsunfähigen ein Rechtsmittel gegen die Anordnung einer Pflegschaft zusteht.[684] Dieser Rechtsfortbildung war es zu verdanken, dass das Bun-

679 Bayerischer Verfassungsgerichtshof, Entscheidung vom 19. Dezember 1957, Vf 92 VII 55, Verwaltungs-Rechtsprechung (VerwRspr) Bd. 10 (1958), 390–400 (391).

680 *Brink* (2010) 401–403, 372–409; genauso *Schott/Tölle* (2006) 302–304.

681 *Böning* (1960) 132.

682 Etwa bei *Engler* (1969a) 874 f. (§ 1837 Rn. 6 f.).

683 Denn die nunmehr für eine Zwangsunterbringung erforderliche Genehmigung war insbesondere dann zu erteilen, wenn nur auf diese Weise die »notwendige Behandlung« durchgeführt werden konnte; vgl. Bayerisches Oberstes Landesgericht, Beschluss vom 17. August 1960, 1 ZS 41/1960, Zeitschrift für das gesamte Familienrecht (FamRZ) 1960, 411–413; *Böning* (1960a) 1376; *Dölle* (1965) 905. Genauso war die Unterbringungsbefugnis der Vormünder und Pfleger schon vor der richterlichen Genehmigungspflicht legitimiert worden, nämlich gerade mit Blick auf die dann dort durchführbare (Zwangs-)Behandlung, siehe etwa Bayerischer Oberster Gerichtshof, Beschluss vom 14. August 1951, II 151/51, Entscheidungen des BayObLG Zivilsachen Nr. 121, 523–527 (526) m. w. N.

684 Bundesgerichtshof, Beschluss vom 22. März 1961, IV ZB 308/60, BGHZ 35, 1–13.

desverfassungsgericht die Zwangspflegschaft für vereinbar mit dem Grundgesetz erklärte.[685] So blieb ein materieller Rechtsschutz *im* Vormundschafts- bzw. Pflegschaftsverhältnis gegen körperliche Fremdbestimmung zwar brüchig, aber man schaute fortan genauer auf die Einrichtung von Vormundschaft und Pflegschaft.

Diese Entwicklungen waren auch ein Ertrag der Psychiatrieskandale der bundesdeutschen Nachkriegszeit und der schließlich einsetzenden Aufklärung der nationalsozialistischen Anstaltsmorde.[686] Der Fall des Hamburger Arztes Martin-Heinrich Corten, dem im Jahr 1950 vorgeworfen wurde, seine Frau unter Vorwänden in einer Anstalt untergebracht zu haben, um mit seiner Geliebten zusammenzuleben, stand sinnbildlich für die zunehmende Sorge der Gesunden, willkürlich in das »Netz der Psychiater« und ihre »Schlangengruben« zu geraten.[687] Eine stärkere Gerichtsbeteiligung schien daher nicht nur aus Gründen des Grundgesetzes geboten, sondern wurde auch empfohlen, »damit dem Misstrauen der Öffentlichkeit begegnet werde«. Man hoffte, dass sich mit der »Einschaltung des kritisch prüfenden Richters« das »erschütterte Vertrauen« wiederherstellen lasse.[688] Auch war offen eingeräumt worden, dass sich nicht sicher ausschließen lasse, dass in Entmündigungsverfahren und bei der Führung von Vormundschaften und Pflegschaften »auch eine gesunde Person das Opfer heimtückischer Anträge werden kann.« Denn, wie es weiter in der »Neuen Juristischen Wochenschrift« im Jahr 1959 aus der Feder eines Amtsrichters hieß: »Die Fälle, in denen etwa ein auf Scheidung ausgehender Ehemann oder ein Untermieter und möglicher Anwärter auf die Wohnung seiner Vermieterin glaubt, mit seinem Gegner ein leichteres Spiel zu haben, wenn dieser vorher entmündigt oder unter Pflegschaft gestellt würde, waren und sind auch keineswegs ganz selten.«[689] Andere bestätigten diese Schilderungen. Ein Amtsrichter, in dessen Bezirk eine »große Heilanstalt« lag, teilte mit, es komme »immer wieder« vor, dass jemand versucht, einen »unbequemen geisteskranken Angehörigen« in einer Anstalt unterzubringen.[690] Im Verlauf der 1950er Jahre waren Entmündigungen und Einweisungen ein Stück weit aus dem Schatten des Desinteresses herausgetreten und in die Öffentlichkeit gerückt, »weil es irgendwie jeden angehen kann«.[691] Solche Sorgen vor Missbrauch und Eigennutz hatten auch beim Bundesverfassungsgericht eine Rolle gespielt, als es sich im Jahr 1960 darauf festlegte, dass Zwangsunterbringungen als Freiheitsentziehungen einer richterlichen Anordnung bedürfen. Schließlich sei die Missbrauchsgefahr »in der Hand eines zum Vormund bestellten Privatmannes«

685 Bundesverfassungsgericht, Beschluss vom 29. Juni 1965, 1 BvR 289/62, BVerfGE 19, 93–101.
686 Näher *Kersting* (2003a).
687 *Noack* (2006) 324.
688 So die Äußerung des Staatsanwalts *W. Becker* (1952) 52.
689 *Roß* (1959) 2284 f.
690 *Vilmar* (1957).
691 *Franke* (1961) 955.

sogar noch »erheblich größer« als bei Unterbringungen nach der Strafprozessordnung: »Neben dem Wunsch, sich der Belastung mit einem schwierigen und unbequemen, vielfach hausangehörigen Mündel durch Unterbringung in einer Anstalt zu entziehen, können noch bedenklichere wirtschaftliche oder persönliche Motive eine Rolle spielen.«[692] Im Jahr 1957 war dies auch schon nachlesbar. Wer von einem Polizeibeamten festgenommen werde, genieße den vollen Schutz des Grundgesetzes, während sich ein Entmündigter »für unabsehbare Zeit in einer Heilanstalt unter Irren und Vollidioten wiederfinden [kann]«, weil ein »engstirniger und verständnisloser Vormund« dies für richtig hält.[693] Genauso begründete der Bundesgerichtshof im Jahr 1961 seine Rechtsfortbildung bei Zwangspflegschaften. Weil der Pflegling einem »aufgezwungenen« Pfleger mit Abneigung und Misstrauen begegne, sei es unumgänglich, den Pflegling anzuhören und ihm Rechtsmittel einzuräumen, weil sonst eine »sachgerechte Vertretung« des Pfleglings nicht möglich sei.[694]

Die Anerkennung des natürlichen Willens als rechtserheblicher Wille und der darauf im Jahr 1960 gestützte Richtervorbehalt für Zwangsunterbringungen bedeuteten zwar noch kein durchsetzbares Recht auf körperliche Selbstbestimmung. Genauso blieb es weiterhin dabei, dass Vormündern und Pflegern im Hinblick auf Einweisungen und Behandlungsentscheidungen weitgehend »freie Hand« gelassen war. Aber es zeigten sich erste Risse in einem Gebäude, in dem der Wille der Betroffenen im Hinblick auf ihren Körper bis dahin überhaupt nicht rechtserheblich vorgekommen war. Es würde allerdings noch Jahrzehnte dauern, bis Vormundschaftsverhältnisse nicht mehr zwangsläufig mit geringerer körperlicher Selbstbestimmung verbunden sind. Denn abgesehen von der Gerichtskontrolle für Zwangsunterbringungen, die auf Druck des Bundesverfassungsgerichts in das Bürgerliche Gesetzbuch im Jahr 1961 eingezogen war, blieb das Vormundschafts- und Pflegschaftsrecht bis zum Jahr 1992 im Wesentlichen unverändert.

3.3 Vom »rechtsfreien Raum« zum Betreuungsrecht

Am 1. Januar 1992 trat das Gesetz zur Reform des Rechts der Vormundschaft und der Pflegschaft für Volljährige in Kraft.[695] Entmündigung, Vormundschaft und Pflegschaft wurden abgeschafft; an ihre Stelle trat ein neues Rechtsinstitut: die Betreuung. Die erklärte Zielsetzung lautete: »Die Rechtsstellung psychisch kran-

692 Bundesverfassungsgericht, Beschluss vom 10. Februar 1960, 1 BvR 526/53, 29/58, BVerfGE 10, 302–331 (325 f.).

693 *Vilmar* (1957) 6; gleichsinnig *Dunz* (1960) 476.

694 Bundesgerichtshof, Beschluss vom 22. März 1961, IV ZB 308/60, BGHZ 35, 1–13 (11).

695 Gesetz zur Reform des Rechts der Vormundschaft und Pflegschaft für Volljährige (Betreuungsgesetz) vom 12. September 1990, BGBl. I, S. 2002.

ker und körperlich, geistig oder seelisch behinderter Menschen soll durch eine grundlegende Reform […] verbessert werden.«[696]

Das Betreuungsgesetz gilt als später Ausläufer der Psychiatrie-Enquête. Im Juni 1971 hatte der Deutsche Bundestag beschlossen, einen »Bericht über die Lage der Psychiatrie in der Bundesrepublik Deutschland« in Auftrag zu geben. Die politische Initiative wird u. a. dem CDU-Abgeordneten Walter Picard zugeschrieben, einem der Gründungsmitglieder der »Aktion Psychisch Kranke«. Es folgte eine Zeit fachpolitischer Formationsprozesse innerhalb der Psychiatrie, getragen von der sozialpolitischen Reformära der Nach-1968er-Jahre und zunehmend eingefordert von einer kritisch gewordenen Öffentlichkeit, die durch Veröffentlichungen über die Zustände in psychiatrischen Anstalten aufgeschreckt war.[697] Dazu gehörten Berichte wie die des Journalisten Frank Fischer, der sich als Hilfspfleger hatte einstellen lassen und seine aufwühlenden Einblicke in die Praktiken psychiatrischer Anstalten (»finsteres Mittelalter«) im Jahr 1969 unter dem Titel »Irrenhäuser. Kranke klagen an« veröffentlichte,[698] oder die von dem Psychiater Jürg Zutt im Jahr 1970 veröffentlichten Fallstudien.[699] Die Psychiatriereform wurde zur Frage von Gesellschaftsreform.[700] Als die Enquête-Kommission im Jahr 1975 ihren Schlussbericht vorlegte, war daraus ein Text von 426 Seiten geworden. Rechtsfragen spielten darin allerdings nur am Rande eine Rolle. Das vom Zwischenbericht formulierte Ziel der Gleichstellung psychisch Kranker mit somatisch Kranken[701] wurde in erster Linie auf die tatsächliche Versorgung bezogen und nicht als rechtliche Gleichstellung im Sinne von gleichem Recht auf körperliche Selbstbestimmung und gleichem Schutz gegen körperliche Fremdbestimmung verstanden. Die drängenderen Defizite des geltenden Rechts wurden von den Beteiligten – in der Mehrzahl Psychiater – anderswo gesehen: Man störte sich auch an der als diskriminierend empfundenen Terminologie, an Interpretationsspielräumen und an der »Schwerfälligkeit« der Verfahren. Abhilfe sollte eine »Gesamtreform des Vormundschafts- und Pflegschaftrechts« leisten.[702] Immerhin gab der »Lagebericht zur deutschen Psychiatrie« aber auf den Weg, dass vormundschaftliche Maßnahmen »immer eine mehr oder weniger weitgehende

696 Entwurf eines Gesetzes zur Reform des Rechts der Vormundschaft und Pflegschaft für Volljährige (Betreuungsgesetz) vom 11. Mai 1989, BT-Drucks. 11/4528, S. 1.

697 *Finzen/Schädle-Deininger* (1979).

698 *F. Fischer* (1969).

699 *Zutt* (1970).

700 *Kersting* (2003).

701 Unterrichtung durch die Bundesregierung: Bericht über die Lage der Psychiatrie in der Bundesrepublik Deutschland – Zur psychiatrischen und psychotherapeutischen/-somatischen Versorgung der Bevölkerung, BT-Drucks. 7/4200, S. 367 sowie im entsprechenden Zwischenbericht der Sachverständigenkommission, BT-Drucks. 7/1124 vom 19. März 1973, S. 10.

702 Entwurf eines Gesetzes zur Reform des Rechts der Vormundschaft und Pflegschaft für Volljährige (Betreuungsgesetz) vom 11. Mai 1989, BT-Drucks. 11/4528, S. 375.

Einschränkung des Grundrechts auf Selbstbestimmung [bedeuten].«[703] Auch in den rechtlichen Debatten hatte sich im Verlauf der 1970er und 1980er Jahre Kritik am geltenden Recht gemehrt. Sie war insbesondere gegen den Schematismus der Entmündigung gerichtet, der mit einem »modernen Grundrechtsverständnis« nicht zu vereinbaren sei.[704] Kritik richtete sich außerdem gegen die richterlichen »Massenabfertigungen«[705] und die pauschalen Zwangspflegschaften, die den natürlichen Willen »außer Kraft« setzten.[706] Schließlich machte sich bemerkbar, was man inzwischen über die Lebensrealitäten in psychiatrischen Anstalten und Heimen wusste.[707] Alles dies nährte rechtliche Bedenken an der Unterbringungsbefugnis von Vormündern und Pflegerinnen: Wer auf Veranlassung eines Vormunds oder Pflegers untergebracht wird, hieß es 1986 in der noch jungen Zeitschrift »Recht & Psychiatrie«, befinde sich »in einem mehr oder weniger rechtsfreien Raum, der durch den Arzt (weniger durch den Pfleger oder Vormund) bestimmt wird und in dem Grundrechte schwer einzufordern sind.«[708]

Das Betreuungsgesetz des Jahres 1990, das am 1. Januar 1992 in Kraft trat, antwortete allerdings nur auf einen Teil der damit formulierten Erwartungen. Für die körperliche Selbstbestimmung entpuppte sich die »Jahrhundertreform« nur als *Wegbereiter*. Dennoch galt die Einführung der Betreuung Zeitzeugen als eine der »wichtigsten und tiefgreifendsten Reformen unseres Rechtssystems«.[709] Aber so viel das neue Recht auch terminologisch änderte, als Betreuer an die Stelle von Vormündern und Pflegern traten und als der Einwilligungsvorbehalt die Entmündigung ablöste: Der rechtliche Ertrag für körperliche Selbstbestimmung war nicht so groß, wie man dies nach der gesellschaftlichen Empörung der 1970er Jahre und dem politisch breit getragenen Reformwillen der 1980er Jahre vermutet hätte. Die Reform war vor allem Neuordnung und Neuformulierung der rechtlichen Institutionen, sie war aber nicht selbstbestimmungsbetont. Viel ist die Rede vom »Wohl der Betroffenen«, wenig von ihrem Willen. Die Entwurfsbegründung beschrieb die Anliegen wie folgt: »Im Mittelpunkt seiner Zielsetzung steht das Wohl der Betroffenen, ihre persönliche Betreuung und die Stärkung der Personensorge. Anträge, Wünsche und Vorschläge der Betroffenen sollen verbindlich sein,

703 Unterrichtung durch die Bundesregierung: Bericht über die Lage der Psychiatrie in der Bundesrepublik Deutschland – Zur psychiatrischen und psychotherapeutischen/-somatischen Versorgung der Bevölkerung, BT-Drucks. 7/4200, S. 374.

704 *Stöcker* (1982); zuvor schon *Arnold* (1971).

705 *U. Schumacher* (1986).

706 Landgericht Mannheim, Beschluss vom 12. Juli 1976, 4 T 321/75, Neue Juristische Wochenschrift (NJW) 1976, 2018–2020 (2019); *Gernhuber* (1976); *Moser* (1984).

707 Siehe die Berichte der Arbeitsgruppen »Zwang in Heimen und Krankenhäusern« des 1. Vormundschaftsgerichtstags, *U. Schumacher / H.-E. Jürgens / Mahnkopf* (1989) 41–66 sowie *Klie* (1985).

708 *Marschner* (1986) 49.

709 *Schwab* (1992) 1360 (Vor § 1896 Rn. 1).

soweit dies verantwortet werden kann.«[710] »Selbstbestimmung« begegnet in der Gesetzesbegründung nur als »informationelle Selbstbestimmung«, und mit »Stärkung der Personensorge« war nicht körperliche Selbstentscheidung gemeint, sondern dass »für besonders wichtige Angelegenheiten der Personensorge«, nämlich Heilbehandlung, Sterilisation und Unterbringung, »Sonderregelungen« getroffen wurden, fortan §§ 1904, 1905 und 1906 des Bürgerlichen Gesetzbuchs. Dennoch lagen in diesen »Sonderregelungen« erste rechtliche Sicherungen gegen körperliche Fremdbestimmung. Indem die Befugnisse der Betreuer geregelt wurden, wurden sie zugleich sichtbar gemacht und begrenzt. Die neue Positivierung wirkte sich auch darin aus, dass sich nun juristische Debatten in einem Feld entspannen, das bis dahin »relativ wenig« wissenschaftlich interessiert hatte.[711] Im Jahr 1988 war mit Blick auf die geplante Reform der »Vormundschaftsgerichtstag e. V.« ins Leben gerufen worden und etablierte ein Forum für rechtspraktische und rechtspolitische Debatten. Die Initiatoren wollten ihre Gründung verstanden wissen als »Anzeichen für das gestiegene Bewusstsein von der Notwendigkeit strikt rechtsstaatlichen und sozial sensiblen Judizierens in diesem von Rechtspolitik, Rechtswissenschaft wie Justizverwaltung nicht gerade verwöhnten Bereich.«[712] Auf dem ersten Vormundschaftsgerichtstag wurde u. a. festgehalten, dass »Zwangsmaßnahmen und Fixierungen […] grundsätzlich ein Eingriff in das Grundrecht der allgemeinen Handlungsfreiheit [sind].« Es sei notwendig, diese Selbstverständlichkeit zu betonen, »weil wegen des massenhaften Auftretens dieser Maßnahmen deren grundsätzliche Unrechtmäßigkeit in der Öffentlichkeit verdrängt wird«.[713] Oder: »Massive Eingriffe in die Persönlichkeitsrechte der Betroffenen waren bisher nur möglich, weil alle, die wir daran beteiligt sind – Heimleitung, Heimaufsicht, Vormundschaftsgerichte, Ärzte, Pflegepersonal, Vormünder und Pfleger, Kostenträger, Angehörige […] – vor diesen Problemen die Augen verschlossen haben, bis hin zu stillschweigender Kumpanei. […] Wir fordern Rahmenbedingungen, die Selbstbestimmung eher möglich machen.«[714]

Ein Teil dieser neuen Aufmerksamkeit blieb nach Inkrafttreten des Betreuungsgesetzes erhalten. Bis dahin hatte das Vormundschafts- und Pflegschaftsrecht im Grunde nicht interessiert. Dies war schon bei Inkrafttreten des Bürgerlichen Gesetzbuchs so gewesen (oben Kap. 2 III.2.1.), und daran hatte sich im weiteren Verlauf des 20. Jahrhunderts nur wenig geändert. Das Inkrafttreten des Betreuungsgesetzes markierte einen Wendepunkt. Was zuvor mehr oder weniger als familienrechtliches Apokryph eher marginalisiert war, wurde unter dem neuen

710 Entwurf eines Gesetzes zur Reform des Rechts der Vormundschaft und Pflegschaft für Volljährige (Betreuungsgesetz) vom 11. Mai 1989, BT-Drucks. 11/4528, S. 52.

711 *Heide* (2001) 165.

712 *U. Schumacher / H.-E. Jürgens / Mahnkopf* (1989) V (Vorwort).

713 *U. Schumacher / H.-E. Jürgens / Mahnkopf* (1989) 47.

714 *U. Schumacher / H.-E. Jürgens / Mahnkopf* (1989) 61.

gesetzlichen Etikett »Betreuungsrecht« zu einem systematisch aufgearbeiteten Gebiet, das später zum Gegenstand von Habilitationsschriften wurde[715] und seither in eigenen juristischen Kommentaren begleitet und in neu begründeten juristischen Zeitschriften wie der seit dem Jahr 1992 erscheinenden »BtPrax«, der »Zeitschrift für soziale Arbeit, gutachterliche Tätigkeit und Rechtsanwendung in der Betreuung«, bearbeitet wird. Die Positivierung wurde als Gradmesser für Bedeutung wahrgenommen, und aus Bedeutung folgten Befassung, Sensibilität und später auch Kritik. In diesen indirekten Wirkungen wurde dann auch später der eigentliche Ertrag des voreilig zur »Jahrhundertreform« ausgerufenen Betreuungsgesetzes gesehen: Das Betreuungsgesetz habe die unerwartete Wirkung gehabt, den Interessen betreuungsbedürftiger Menschen zu gesellschaftlicher Präsenz und politischem Gewicht zu verhelfen.[716]

Fragt man aber nach dem substantiellen Gehalt des neuen Betreuungsrechts für die körperliche Selbstbestimmung der Betreuten, fällt das Urteil zurückhaltender aus. Mit großem Impetus wurden Begriffe, Strukturen und Institutionen geändert, aber an den eigentlichen Linien tat sich kaum etwas. Die Abschaffung der Entmündigung und die Betonung von Subsidiarität und Flexibilität bei der Konzeption der Betreuung änderte nur wenig an dem weiten Ermessen der Betreuerinnen, zum Wohl der Betreuten auch körperlichen Zwang anzuwenden. Zwang und körperliche Fremdbestimmung blieben unangefochtene Elemente des neuen Rechts. Die »Stärkung der Personensorge« belief sich auf mehr Sichtbarkeit der Befugnisse, mehr gerichtliche Kontrolle und mehr Rechtssicherheit für Ärztinnen und Betreuer. Dazu nun im Einzelnen.

3.3.1 Medizinische Behandlungen: Rechtssicherheit für Betreuer

Das neue Recht bekräftigte für Betreuer, was bis dahin für Vormünder und Pflegerinnen selbstverständlich gewesen war: ihre Entscheidungsbefugnis über medizinische Behandlungen. Neu war lediglich die Gerichtskontrolle, wenn es um Maßnahmen ging, bei denen »die begründete Gefahr besteht, dass der Betreute auf Grund der Maßnahme stirbt oder einen schweren oder längeren gesundheitlichen Schaden erleidet«.[717] Man kann dies in zwei Richtungen lesen: einerseits als Bekräftigung, dass Betreuerinnen wie bisher medizinische Behandlungen oder Eingriffe veranlassen können, und zwar auch risikoreiche Maßnahmen; andererseits als Schritt zu größerer Rechtsförmigkeit. Schließlich brachte das zwingende Gerichtsverfahren Verfahrensgarantien mit sich: Betroffene waren anzuhören,

715 *von Sachsen Gessaphe* (1999); *Lipp* (2000).

716 *Zenz* (2003) 39.

717 § 1904 BGB in der Fassung des Gesetzes zur Reform des Rechts der Vormundschaft und Pflegschaft für Volljährige (Betreuungsgesetz) vom 12. September 1990, BGBl. I, S. 2002.

und ein Sachverständigengutachten musste eingeholt werden. Der natürliche Wille, den das Bundesverfassungsgericht im Jahr 1960 bei Unterbringungsentscheidungen für rechtserheblich erklärt hatte (Kap. 2 III.3.2.), spielte in der neuen gesetzlichen Regelung für Behandlungsentscheidungen dagegen keine Rolle. Auslöser für die gerichtliche Kontrolle war allein die objektive Schwere des Eingriffs, nicht ein natürlicher Widerwille der Betroffenen. Dies war eigentlich überraschend. Denn es war bei der Neuregelung erklärtermaßen auch darum gegangen, bloße »Wünsche« der Betreuten rechtlich verbindlicher zu machen. Denn den Betreuerinnen wurde mit dem Betreuungsrecht des Jahres 1992 erstmals im Bürgerlichen Recht ausdrücklich aufgegeben, den »Wünschen des Betreuten zu entsprechen, soweit dies seinem Wohl nicht zuwiderläuft und dem Betreuer zuzumuten ist«.[718] Doch sollte für medizinische Wünsche und insbesondere für Behandlungsablehnungen nichts anderes gelten als für sonstige Lebensführungswünsche, die ebenfalls unter dem allgemeinen Wohl- und Zumutbarkeitsvorbehalt standen und keine gerichtliche Kontrolle auslösten. Ohnehin konnte man bei der Lektüre der Gesetzesbegründung den Eindruck gewinnen, dass es dem Gesetzgeber bei der Verpflichtung auf die Wünsche der Betreuten eigentlich um völlig andere Fragen gegangen war. Als Beispiele wurden genannt: wenn es »um die Farbe der Kleidung, um die Marke eines Elektrogeräts, aber auch um die Wahl zwischen mehreren Aufenthaltsorten geht«. Dann sollten Betreuerinnen an die Wünsche der Betreuten gebunden sein. Dies entspreche der »allgemeinen Konzeption des Entwurfs, betreuungsbedürftige Kranke und Behinderte ernst zu nehmen und sie nur dort in ihren Rechten zu beschneiden, wo dies in ihrem eigenen Interesse unerlässlich ist.«[719] Körperwünsche wurden in diesem Zusammenhang nicht erwähnt, und auch die besondere Regelung über Heilbehandlungen und ärztliche Eingriffe machte die allgemeine Pflicht, den Wünschen der Betreuten zu entsprechen, in Bezug auf Körperwünsche nicht »schärfer«. Juristische Dissertationen aus den Anfangsjahren des neuen Rechts entwarfen zwar hellere Deutungen.[720] Im Jahr 1992 wurde prognostiziert, mit dem neuen Recht würde jedes Betreuerhandeln einen »komplexe[n] selbstbestimmungsrechtlichen Rechtfertigungsfilter« durchlaufen.[721] Betreute würden »nicht dagewesene Verfahrensgarantien und subjektive Rechte [erhalten]«, ihre Rechtsstellung würde sich »erheblich verbessern«.[722] Aber die Praxis fügte sich nicht in diese schöne Schilderung. Es setzten sich andere Deutungen durch, auch weil man die allgemeine Wunschbefolgungspflicht

718 § 1901 Absatz 3 BGB in der Fassung des Gesetzes zur Reform des Rechts der Vormundschaft und Pflegschaft für Volljährige (Betreuungsgesetz) vom 12. September 1990, BGBl. I, S. 2002.

719 Entwurf eines Gesetzes zur Reform des Rechts der Vormundschaft und Pflegschaft für Volljährige (Betreuungsgesetz) vom 11. Mai 1989, BT-Drucks. 11/4528, S. 67.

720 *Kollmer* (1992); *Mayer* (1995); *J.-M. Kuhlmann* (1996) 133–152.

721 *Kollmer* (1992) 223.

722 *Kollmer* (1992) 237.

nur als Frage des Innenverhältnisses zwischen Betreuerinnen und Betreuten verstand. Das Recht gehe zwar im Innenverhältnis von einem solchen »Idealbild« aus.[723] Unmittelbare Auswirkungen auf die Wirksamkeit von Rechtshandlungen der Betreuer sollten Verstöße gegen die Wunschbefolgungspflicht dagegen nach einhelligem Standpunkt der Praxiskommentare nicht haben.[724] Eine weitere Einschränkung formulierte später der Bundesgerichtshof: Der Willensvorrang gelte nur für solche Wünsche, die »sich nicht als bloße Zweckmäßigkeitserwägungen darstellen« und »die nicht Ausdruck der Erkrankung des Betreuten sind und auf der Grundlage ausreichender Tatsachenkenntnis gefasst wurden.«[725] Bei dieser Linie blieb es auch, als im Jahr 2009 im Zusammenhang mit der Regelung der Patientenverfügung noch einmal eigens die Verpflichtung des Betreuers formuliert wurde, die »Behandlungswünsche« des Betreuten festzustellen »und auf dieser Grundlage zu entscheiden, ob er in eine ärztliche Behandlung einwilligt oder sie untersagt.«[726] Es wurde zwar eine zusehends stärkere »Bindung« der Betreuer an frühere Äußerungen des freien Willens etabliert, aber es blieb bei der Unterscheidung zwischen bloßen Pflichten im Innenverhältnis und rechtlichen Befugnissen im Außenverhältnis.[727] Dies erklärt auch, warum bis heute kein prinzipieller Widerspruch gesehen wird zwischen dem Willensvorrang einerseits und der an sich unbestrittenen Zulässigkeit von Zwangsbehandlungen.

Das neue Recht des Jahres 1992 brachte also eine Regelung der Befugnisse der Betreuer bei medizinischen Entscheidungen, und sie bewirkte eine gerichtliche Kontrolle von schweren Eingriffen an einwilligungsunfähigen Betreuten, aber sie ging in der Anerkennung von körperlicher Selbstbestimmung nicht weit über das bisherige Recht hinaus. Für einwilligungs*fähige* Betreute wurde »in Ansehung des geltenden Rechts« bewusst keine Regelung getroffen, und Zwangsbehandlungen wurden weder generell verboten noch generell an eine gerichtliche Genehmigung geknüpft.[728] Von dem erklärten Anliegen der großen Reform war nicht mehr viel geblieben. Aus medizinrechtlicher Perspektive wurde schnell

723 So *Schwab* (1992a) 1462 (§ 1904 Rn. 8).

724 Exemplarisch *Schwab* (1992a) 1462 (§ 1904 Rn. 8). Daneben auch *Bienwald* (1995) 166 f. (§ 1904 Rn. 9).

725 Bundesgerichtshof, Urteil vom 22. Juli 2009, XII ZR 77/06, BGHZ 182, 116–140 (127). Im Anlassfall ging es um die Haftung des Betreuers gegenüber den Erben des Betreuten wegen steuerlich nachteiliger Grundstücksveräußerungen auf den Wunsch des Betreuten.

726 § 1901a Absatz 2 BGB in der Fassung des Dritten Gesetzes zur Änderung des Betreuungsrechts vom 29. Juli 2009, BGBl. I, S. 2286.

727 Gewisse Außenwirkungen resultierten aber daraus, dass mit Wirkung vom 1. September 2009 frühere Willensäußerungen des Betreuten beeinflussen, ob die Entscheidung des Betreuers über eine Behandlung oder Nichtbehandlung überhaupt genehmigungspflichtig ist, und andernfalls für die Entscheidung des Gerichts maßgeblich sind, siehe § 1904 Absatz 3 und Absatz 4 in der Fassung des Dritten Gesetzes zur Änderung des Betreuungsrechts vom 29. Juli 2009, BGBl. I, S. 2286.

728 Entwurf eines Gesetzes zur Reform des Rechts der Vormundschaft und Pflegschaft für Volljährige (Betreuungsgesetz) vom 11. Mai 1989, BT-Drucks. 11/4528, S. 71 f., 140 f.

prognostiziert, die Regelung werde sich »in der Praxis wohl als stumpfes Schwert erweisen.«[729] Was gedacht war zur Stärkung der Stellung der Betroffenen, mündete in eine »Schutzvorschrift für den Betreuer« im Interesse der »Absicherung seiner eigenen Handlungsweise«.[730] Zwar blieb unklar, auf welcher Grundlage Betreuer ihre Behandlungsentscheidungen gegenüber den Betreuten durchsetzen konnten, wenn Betreute sich »mit Händen und Füßen« dagegen wehren. Denn die Frage der Zwangsbefugnisse war offen geblieben (dazu unten Kap. 2 III.3.4.). Gesichert war aber, dass der Gesetzgeber Behandlungen, Untersuchungen und Eingriffe gegen den natürlichen Willen der Betreuten nicht ausschließen wollte. Das Betreuungsrecht hatte den natürlichen Willen und vor allem das natürliche Widerstreben der Betreuten nicht zur generellen Richtschnur für die (Un-)Rechtmäßigkeit von Betreuerhandeln bei Heilbehandlungen und ärztlichen Eingriffen erhoben. Es folgte vielmehr der herkömmlichen Programmatik von fürsorglichem Zwang. Im Namen von Heilung, Behandlung und Untersuchung vertraute das Recht der Einschätzung der Betreuer, ohne dass dem natürlichen Willen der Betroffenen zwingendes rechtliches Gewicht eingeräumt war. Die neue vielversprechende Wunschmaxime (»Der Betreuer hat Wünschen des Betreuten zu entsprechen [...].«) wurde in Bezug auf den Körper mit der Regelung der Betreuerbefugnisse für Heilbehandlungen und Eingriffe wieder eingeschränkt: Die medizinische Indikation bestimmte das Wohl des Betreuten und damit die Betreuerbefugnisse, und jenseits der medizinischen Indikation blieb das einfachrechtliche Gewicht von natürlichem Körperwillen und unvernünftigen Körperwünschen weiterhin im Ungefähren.

3.3.2 Neue körperliche Selbstbestimmung bei Sterilisation und Unterbringung

Wirklich neu war dagegen das ausdrückliche Verbot von Zwangssterilisationen. Seit dem Jahr 1992 können Betreuer Sterilisationen nur veranlassen, wenn »die Sterilisation dem Willen des Betreuten nicht widerspricht«. In der Gesetzesbegründung wurde dies damit erklärt, dass der in der Sterilisation liegende Eingriff mit der Anwendung von Zwang »eine völlig neue Dimension [erhält]«. Außerdem wurde auf die »Rechtsunsicherheit« verwiesen, die in den 1980er Jahren entstanden war, als Gerichte es zunehmend ablehnten, Sterilisationen auf Veranlassung von Vormünderinnen oder Pflegern ohne spezielle Rechtsgrundlage zu genehmigen.[731] Die Regelung hatte damit eine doppelte Bedeutung: Sie war sowohl eine

729 *B.-R. Kern* (1993) 251.

730 So die Kritik von *Frost* (1994) 98.

731 Entwurf eines Gesetzes zur Reform des Rechts der Vormundschaft und Pflegschaft für Volljährige (Betreuungsgesetz) vom 11. Mai 1989, BT-Drucks. 11/4528, S. 75 f. Zuvor insbesondere Oberlandesgericht Hamm, Beschluss vom 13. November 1982, 15 W 151/81, Zeitschrift für das gesamte Familienrecht (FamRZ) 1983, 310–312: Die Vorschriften über die Personensorge stellen »keine ge-

Klarstellung, dass Sterilisationen mit der Zustimmung von einwilligungsfähigen Betreuten zulässig sind, als auch ein *Verbot* von Sterilisationen Betreuter *gegen* ihren natürlichen Willen. Entsprechend kontrovers war die Regelung im Vorfeld diskutiert worden. Für viele lag darin eine aus historischen Gründen unerträgliche Legalisierung der Sterilisation.[732] Dennoch bedeutete das Verbot von Zwangssterilisationen, dass erstmals ein natürlicher Wille gegen eine Behandlung zum unüberwindlichen rechtlichen Maßstab wurde. Inzwischen ist das Recht an dieser Stelle abermals weiter gegangen: Seit dem 1. Januar 2023 ist eine Sterilisation nur zulässig, wenn sie dem natürlichen Willen »entspricht«, wie es in § 1830 des Bürgerlichen Gesetzbuchs heißt.

Auch in Bezug auf die Unterbringungsbefugnis der Betreuer wertete das neue Betreuungsrecht die körperliche Selbstbestimmung auf. Der Grundsatz änderte sich allerdings nicht: Es blieb dabei, dass Betreute auf Veranlassung ihrer Betreuer gegen ihren natürlichen Willen (= zwangsweise) untergebracht werden konnten. Und genauso blieb es dabei, dass das natürliche Widerstreben nur in dem Sinne rechtlich erheblich war, als es eine gerichtliche Kontrolle auslöste, verbunden mit einer persönlichen Anhörung und Sachverständigengutachten. Dies war der vom Bundesverfassungsgericht bereits im Jahr 1960 durchgesetzte Rechtsstand (Kap. 2 III.3.2.). Neu war aber erstens, dass die gerichtliche Kontrolle auch durch »andere« freiheitsentziehende Maßnahmen ausgelöst wurde, wenn dem Betreuten, »ohne untergebracht zu sein, durch mechanische Vorrichtungen, Medikamente oder auf andere Weise über einen längeren Zeitraum oder regelmäßig die Freiheit entzogen worden war«.[733] Gemeint waren insbesondere Vorrichtungen oder Medikamente, mit denen »altersverwirrte« Personen daran gehindert werden, ihr Bett, die Abteilung oder die Einrichtung zu verlassen. Die Gesetzesbegründung erwähnte u. a. die Verwendung von Leibgurten und Bettgittern sowie die Verabreichung von Schlafmitteln.[734] Das Wissen um diese Praxis war noch jung, begegnete aber zunehmender Kritik. Auf dem ersten Vormundschaftsgerichtstag hieß es dazu, wegen des massenhaften Auftretens jeder Art von Zwangsmaßnahmen und Fixierungen werde »deren grundsätzliche Unrechtmäßigkeit in der Öffentlichkeit verdrängt«, und die derzeitige Rechtslage sei »völlig unzulänglich«, um die »soziale Realität« freiheitsentziehender Maßnahmen richterlich zu kon-

eignete Rechtsgrundlage« für eine gerichtliche Genehmigung dar; Amtsgericht Alzey, Beschluss vom 15. November 1983, VIII 213/82, Zeitschrift für das gesamte Familienrecht (FamRZ) 1984, 208: Es fehle an einer Rechtsgrundlage.

732 *Schlüter/Liedmeier* (1990) 75 f.; *Dieckmann* (1988) 799; *U. Schumacher/A. Jürgens* (1989) 215 f.; *Wunder* (1990); *Reis* (1988).

733 § 1906 Absatz 4 BGB in der Fassung des Gesetzes zur Reform des Rechts der Vormundschaft und Pflegschaft für Volljährige (Betreuungsgesetz) vom 12. September 1990, BGBl. I, S. 2002.

734 Entwurf eines Gesetzes zur Reform des Rechts der Vormundschaft und Pflegschaft für Volljährige (Betreuungsgesetz) vom 11. Mai 1989, BT-Drucks. 11/4528, S. 148.

trollieren.[735] Später würde die Rede davon sein, dass das Recht den Anschluss an die Praxis verloren hatte und mit seinen engen Begriffen von Unterbringung und Freiheitsentziehung einem »Realitätsverlust« erlegen gewesen sei.[736] Die Gesetzesbegründung formulierte die Anliegen des Gesetzgebers indes anders. Dort hieß es, man wolle sich »einer im Vordringen begriffenen Rechtsprechung« anschließen.[737] Allerdings konnte nur eine einzelne Entscheidung zitiert werden.[738] Es wurde also dogmatische Kontinuität suggeriert, wo in Wahrheit durch politische Entscheidung neue Pfade eingeschlagen wurden.

Außerdem ging das neue Recht insofern über den bisherigen Rechtszustand hinaus, als die Rechtmäßigkeit von Zwangsunterbringungen an benannte Gründe geknüpft wurde. Erstmals wurde die »fürsorglich« genannte Unterbringung auf Veranlassung eines »privatrechtlich« eingesetzten gesetzlichen Vertreters (des Betreuers) in Abgrenzung zur sogenannten öffentlich-rechtlichen oder »polizeilichen« Unterbringung mit den neu geschaffenen Unterbringungsgründen auf explizite rechtliche Vorstellungen von Fürsorge verpflichtet. Die Unterbringungsgründe selbst waren allerdings weit gefasst: wenn sie erforderlich ist, weil »die Gefahr besteht, dass der Betreute sich selbst tötet oder erheblichen gesundheitlichen Schaden zufügt« oder weil »eine Untersuchung des Gesundheitszustandes, eine Heilbehandlung oder ein ärztlicher Eingriff notwendig ist, ohne die Unterbringung nicht durchgeführt werden kann und der Betreute [...] die Notwendigkeit der Unterbringung nicht erkennen oder nicht nach dieser Einsicht handeln kann.«[739] Was bis dahin schon immer praktiziert worden war – die zwangsweise Unterbringung zwecks Zwangsbehandlung –, war nun im Bürgerlichen Gesetzbuch in Gestalt der »medizinischen Unterbringung« erstmals ablesbar. Inhaltlich blieb die Ermächtigung reichlich vage: Es genügte, dass die Unterbringung oder freiheitsentziehende Maßnahme zur Durchführung einer »notwendigen« Heilbehandlung »notwendig« war. Dem Gesetzgeber stand vor allem vor Augen, dass Betreute alle medizinisch notwendigen Behandlungen erhalten konnten. Die Sorge galt nicht »zu viel Zwang«, sondern »zu wenig Fürsorge«. Oder anders gewendet: Das Wohl stand mehr vor Augen als der Wille. Das Wohl der Betreuten

735 *U. Schumacher/H.-E. Jürgens/Mahnkopf* (1989) 47.

736 *von Eicken/Ernst/Zenz* (1990) 89–96; *Klie* (1988).

737 Entwurf eines Gesetzes zur Reform des Rechts der Vormundschaft und Pflegschaft für Volljährige (Betreuungsgesetz) vom 11. Mai 1989, BT-Drucks. 11/4528, S. 82.

738 Amtsgericht Frankfurt a. M., Beschluss vom 26. August 1988, 40 VIII B 27574, Zeitschrift für das gesamte Familienrecht (FamRZ) 1988, 1209–1211; anders zur selben Zeit etwa Amtsgericht Recklinghausen, Beschluss vom 31. März 1987, C VIII 721, Zeitschrift für das gesamte Familienrecht (FamRZ) 1988, 653 f.: Die Anbringung von Bettgittern auf einer »beschützenden Station« eines Pflegeheims bedeute lediglich eine Freiheitsbeschränkung, nicht eine – als Unterbringung zu qualifizierende – Freiheitsentziehung.

739 § 1906 Absatz 1 in der Fassung des Gesetzes zur Reform des Rechts der Vormundschaft und Pflegschaft für Volljährige (Betreuungsgesetz) vom 12. September 1990, BGBl. I, S. 2002.

dürfe nicht durch mangelnde Einsichtsfähigkeit gefährdet werden. Mit der fehlenden Krankheitseinsicht sei »regelmäßig« auch die fehlende Einsicht in die Unterbringungsbedürftigkeit verbunden, hieß es. Dies dürfe nicht zum Anlass genommen werden, die Betroffenen »mit ihrer Krankheit oder Behinderung allein zu lassen.«[740] Dass Betreute kraft ihrer Grundrechte auch eine »Freiheit zur Krankheit« haben könnten, wie das Bundesverfassungsgericht zwischenzeitlich ausgerufen hatte (dazu noch Kap. 2 III.3.4.),[741] war im Betreuungsrecht des Jahres 1992 noch nicht mitgedacht.[742] Das würde sich erst im Jahr 2017 ändern.

3.4 Zwangsbehandlungen zwischen Fürsorge und »Freiheit zur Krankheit«

Für die körperliche Selbstbestimmung der Betreuten war der Ertrag des 1992 in Kraft getretenen Betreuungsrechts also nicht so groß, wie man es sich von einer »Jahrhundertreform« erwartet hätte. Die erklärte »Stärkung der Personensorge« bedeutete nicht mehr körperliche Selbstbestimmung, sondern klarere Befugnisse der Betreuer in Bezug auf medizinische Behandlungen und Unterbringungen. Erst auf lange Sicht setzten die neue Sichtbarkeit der Befugnisse der Betreuer und die gestiegene Gerichtsbeteiligung Formungskräfte frei. Ihre Wirkung für die körperliche Selbstbestimmung der Betreuten geriet aber paradox: Bei Willensfähigen begrenzt seither die »Freiheit zur Krankheit« die rechtliche Zulässigkeit von Zwangsbehandlungen (unten Kap. 2 III.3.4.2.). Für die Nicht-Willensfähigen änderte sich der Blickwinkel. Hier wurden Zwangsbehandlungen vor allem als Staatsleistung wahrgenommen, und es ging um gleichmäßigen Zugang (unten Kap. 2 III.3.4.1.).

3.4.1 Fürsorglicher Zwang und staatliche Schutzpflicht

Das Inkrafttreten des neuen Betreuungsrechts im Jahr 1992 löste einen regelrechten Kodifikationsschub im Hinblick auf die Frage der Zwangsbehandlungen aus. Der Anfangspunkt lag aber zunächst noch an anderer Stelle. Weil das Betreuungsgesetz Zwangsbehandlungen nicht verboten oder an Voraussetzungen geknüpft hatte, ging man wie bisher davon aus, dass Betreuer im Rahmen ihrer allgemeinen Befugnis zur Personensorge anstelle der einwilligungsunfähigen Betroffenen in Behandlungen einwilligen konnten, auch wenn die Betroffenen sich dagegen mit ihrem natürlichen Willen widersetzten. Nicht eindeutig war dann allerdings, ob sich aus der Einwilligungsbefugnis der Betreuer auch ergab, dass eventueller

740 Entwurf eines Gesetzes zur Reform des Rechts der Vormundschaft und Pflegschaft für Volljährige (Betreuungsgesetz) vom 11. Mai 1989, BT-Drucks. 11/4528, S. 147.

741 Erstmals Bundesverfassungsgericht, Beschluss vom 7. Oktober 1981, BVerfGE 58, 208–233 (225 f.).

742 Wie hier *Rink* (1991) 158; *U. Schumacher* (1991) 280.

tatsächlicher Widerstand z. B. gegen die Einnahme von Neuroleptika überwunden werden durfte. Waren Betreuer berechtigt, Betreute unter Mithilfe von Ärzten oder Ordnungskräften zu »fixieren«, damit die nach rechtlichen Maßstäben zulässige Spritze auch gesetzt werden kann? Diese Fragen waren schon unter der Geltung des alten Rechts in den 1980er Jahren aufgekommen. Es waren Zweifel entstanden, ob es dazu nicht jedenfalls einer ausdrücklichen Ermächtigung bedürfe. Aber es war zunächst bei wissenschaftlichen Zweifeln geblieben.[743] Mit Inkrafttreten des Betreuungsgesetzes und der größeren Rechtsförmigkeit der Betreuerbefugnisse seit 1992 ließ sich der Frage nach der Rechtsgrundlage für die Anwendung körperlichen Zwangs zur Durchsetzung von Zwangsbehandlungen nicht mehr so leicht ausweichen. Verschiedene »pragmatische« Lösungen kursierten in der Praxisliteratur, wie die Regelungslücke geschlossen werden könnte. Insbesondere wurden Analogieschlüsse empfohlen.[744] Bei den Gerichten war man sich indes nicht mehr sicher, ob man wirklich so verfahren könne. Das Landgericht Kassel hatte sich im Jahr 1996 auf den Standpunkt gestellt, dass ein Betreuer nicht befugt sei, eine Zwangsmedikation mit Psychopharmaka gegen den Willen des Betreuten zu veranlassen. Denn es gebe keine Norm, nach der die Betreuungsbehörde verpflichtet werden könnte, bei der Durchsetzung der Zwangsbehandlung mittels Gewalt behilflich zu sein.[745] Andere Gerichte teilten diese Bedenken.[746] Es würde dann aber noch fast 20 Jahre dauern, bis sich die rechtlichen Dogmen in der Frage der Zwangsbehandlung konsolidierten.

Den Auftakt bildete eine Entscheidung des Bundesgerichtshofs aus dem Jahr 2000. Im Anlassfall ging es um einen Mann, der über annähernd 20 Jahre wegen einer »Psychose aus dem schizophrenen Formenkreis« mehrfach stationär in geschlossenen psychiatrischen Kliniken behandelt worden war. Nach seinen Entlassungen setzte er die Medikamente regelmäßig wieder ab, weil er die Dauermedikation mit Neuroleptika ablehnte. Schließlich erhielt der Betreuer die gerichtliche Genehmigung, den Betroffenen in zweiwöchigen Abständen jeweils kurzfristig zur Verabreichung einer Depotspritze in eine Klinik zu verbringen und bei der Zuführung in die Klinik Gewalt anwenden zu lassen. Dies wurde auf die Befugnisse des Betreuers zur Unterbringung gestützt. Dagegen wandte sich der Betroffene im Wege der Beschwerde, und in letzter Instanz gelangte die

743 *Helle* (1984).

744 *Diederichsen* (2006) 2104 (§ 1906 Rn. 10): analog § 1906 Absatz 1 Nr. 2; ähnlich *W. Zimmermann* (2000a) 540 f. (§ 1906 Rn. 50): analog § 70g Absatz 5 Satz 2 FGG.

745 Landgericht Kassel, Beschluss vom 5. Januar 1996, 3 T 859/95 und 860/95, Zeitschrift für das gesamte Familienrecht (FamRZ) 1996, 1501 f. (1501).

746 Oberlandesgericht Zweibrücken, Beschluss vom 16. November 1999, 3 W 223/99, Neue Juristische Wochenschrift (NJW) 2000, 2750–2752; Bedenken auch beim Landgericht Frankfurt a. M., Beschluss vom 12. November 1992, 2/9 T 427/92, Zeitschrift für das gesamte Familienrecht (FamRZ) 1993, 478 f.: Eine Unterbringung zur Zwangsbehandlung sei unzulässig, wenn die beabsichtigte Behandlung wegen mangelnden Einverständnisses »keine hinreichende Erfolgsaussicht hat«.

Sache dann vor den Bundesgerichtshof. Der Bundesgerichtshof hatte keine prinzipiellen Einwände gegen Zwangsmedikationen. Aber er meinte, dass sich die periodische zwangsweise Kurz-Zuführung zwecks Zwangsmedikation nicht auf die Befugnis zur Unterbringung stützen lässt, weil keine Freiheitsentziehung vorliege. Denn es gehe »vom Zweck her nicht um eine Unterbringung, sondern darum, den Betroffenen einer ambulanten medizinischen Behandlung gegen seinen Willen zuzuführen.«[747] Damit hatte sich der Bundesgerichtshof aber nur gegen die Zweckentfremdung der Unterbringungsbefugnis für ambulante Zwangsmedikationen gewendet. Die Richter bedauerten offen, dass der Gesetzgeber den Betreuern keine weitergehenden Befugnisse eingeräumt hatte: Schließlich könnte es »im Einzelfall sinnvoll erscheinen und im Interesse des Betroffenen liegen, dass der Betreuer seine Einwilligung in die Behandlung auch gegen den Willen des Betroffenen durchsetzen könnte.« Soweit es aber um eine »echte« freiheitsentziehende Unterbringung ging, hatte der Bundesgerichtshof zunächst keine Bedenken, aus der Unterbringungsbefugnis auf die Zwangsbehandlungsbefugnis zu schließen, wie er im Jahr 2006 klarstellte.[748] Einer weiteren Genehmigung bedürfe der Betreuer dazu nicht, und auch die Hinzuziehung von behördlicher Unterstützung sei nicht nötig, weil der Betreuer, wovon auch der Gesetzgeber ausgegangen sei, »das Anstaltspersonal zur Unterstützung hinzuziehen kann.«[749]

Im Jahr 2012 änderte der Bundesgerichtshof seine Einschätzung allerdings und erklärte nun, dass die bestehenden gesetzlichen Ermächtigungen für Zwangsbehandlungen unzureichend sind.[750] Vorausgegangen waren Entscheidungen des Bundesverfassungsgerichts zu Zwangsbehandlungen im sogenannten Maßregelvollzug, also der Unterbringung aus öffentlichen, insbesondere strafrechtlichen Gründen. Das Bundesverfassungsgericht hatte erklärt, dass Zwangsbehandlungen nur unter engen Voraussetzungen mit den Grundrechten vereinbar sind und dass es dazu insbesondere klarer und bestimmter gesetzlicher Regelungen bedarf.[751] Im Einzelnen wurde das Gericht hier sehr detailliert: Verfassungsrechtlich erforderlich ist, dass es den Betroffenen »krankheitsbedingt« an »verhaltenswirksamer Einsicht« fehlt. Außerdem dürfen Zwangsmaßnahmen nur als »letztes Mittel« eingesetzt werden. Daher muss der ernsthafte Versuch vorausgegangen sein, die Zustimmung der Betroffenen zu erreichen. Außerdem muss der Nutzen der Behandlung den möglichen Schaden der Nichtbehandlung »deutlich« überwiegen.[752]

747 Bundesgerichtshof, Beschluss vom 11. Oktober 2000, XII ZB 69/00, BGHZ 142, 297–310 (305).

748 Bundesgerichtshof, Beschluss vom 1. Februar 2006, XII ZB 236/05, BGHZ 166, 141–154.

749 Bundesgerichtshof, Beschluss vom 1. Februar 2006, XII ZB 236/05, BGHZ 166, 141–154 (153).

750 Bundesgerichtshof, Beschluss vom 20. Juni 2012, XII ZB 99/12, BGHZ 193, 337–353 (352).

751 Bundesverfassungsgericht, Beschluss vom 23. März 2011, 2 BvR 882/09, BVerfGE 128, 282–322; Bundesverfassungsgericht, Beschluss vom 12. Oktober 2011, 2 BvR 633/11, BVerfGE 129, 269–284.

752 Bundesverfassungsgericht, Beschluss vom 23. März 2011, 2 BvR 882/09, BVerfGE 128, 282–322 (307–311).

Diesen Erfordernissen genügten die betreuungsrechtlichen Ermächtigungen so wenig wie die Ermächtigungen im Maßregelvollzug, und auf beiden Gebieten wurde der Gesetzgeber zügig tätig. Die rechtspolitische Bewertung war offenbar eindeutig: Der Gesetzgeber wollte den vom Bundesverfassungsgericht aufgezeigten Rahmen zulässiger Zwangsbehandlungen ausschöpfen und zugleich die verfassungsrechtlich erforderlich gewordenen Befugnisse klar und bestimmt erteilen. Notwendigkeit und Legitimierbarkeit von Zwangsbehandlungen standen nicht ernsthaft in Zweifel, und das rechtliche Korsett sollte auch nicht enger als verfassungsrechtlich nötig geschnürt werden. Erklärtes Anliegen war, die bestehende Rechtslage – also die prinzipielle Zulässigkeit von Zwangsbehandlungen im Rahmen der Unterbringung – »unter Achtung der verfassungsgerichtlichen Anforderungen« und »möglichst nah« abzubilden.[753] So fanden die vom Bundesverfassungsgericht vorformulierten Zulässigkeitsvoraussetzungen Eingang in das Bürgerliche Gesetzbuch. Seit dem Jahr 2013 sind Zwangsbehandlungen zulässig, wenn kumulativ folgende Voraussetzungen erfüllt sind: krankheitsbedingte mangelnde Einsicht, ein erfolgloser vorhergehender Überzeugungsversuch, dass die Maßnahme erforderlich ist, um drohenden Schaden abzuwenden, dass kein milderes Mittel zur Verfügung steht und dass der Nutzen der Maßnahme die zu erwartenden Beeinträchtigungen deutlich überwiegt.[754]

Im Jahr 2017 wurden die Zwangsbehandlungsbefugnisse schließlich ein weiteres Mal ergänzt. Seitdem sind Zwangsbehandlungen auch dann zulässig, wenn sie »im Rahmen eines stationären Aufenthalts in einem Krankenhaus« durchgeführt werden.[755] Hintergrund war, dass dem Bundesgerichtshof Zweifel gekommen waren, ob der Gesetzgeber den Kreis der zulässigen Zwangsbehandlungen durch die Verknüpfung mit der Unterbringung nicht zu eng gezogen hatte. Anlass war ein Verfahren über die Genehmigung einer Unterbringung zwecks ärztlicher Zwangsbehandlung einer 63-jährigen Frau, die unter einer »schizoaffektiven Psychose« litt. Mit gerichtlicher Genehmigung befand sie sich auf einer geschlossenen Demenzstation und wurde dort wegen ihrer psychischen Erkrankung und wegen einer Autoimmunerkrankung zwangsweise durch Magensonde medikamentös behandelt. Als sich herausstellte, dass sie zudem an Brustkrebs erkrankt war, war sie bereits körperlich stark geschwächt und bettlägerig. Sie konnte nicht

753 Siehe die Begründung im Entwurf eines Gesetzes zur Regelung der betreuungsrechtlichen Einwilligung in eine ärztliche Zwangsmaßnahme, BT-Drucks. 17/11513 vom 19. November 2012, S. 1.

754 Zunächst verabschiedet als § 1906a Absatz 1 Nrn. 1–6 BGB, seit dem 1. Januar 2023 § 1832 Absatz 1 Nrn. 1–6 BGB in der Fassung des Gesetzes zur Reform des Vormundschafts- und Betreuungsrechts vom 4. Mai 2021, BGBl. I, S. 882; dazu Begründung im Regierungsentwurf, BT-Drucks. 19/24445 vom 18. November 2020, S. 261 sowie im Referentenentwurf des Bundesministeriums für Justiz und Verbraucherschutz, S. 303 f.

755 § 1906a Absatz 1 Satz 1 Nr. 7 BGB in der Fassung des Gesetzes zur Änderung der materiellen Zulässigkeitsvoraussetzungen von ärztlichen Zwangsmaßnahmen und zur Stärkung des Selbstbestimmungsrechts der Betreuten vom 17. Juli 2017, BGBl. I, S. 2426.

mehr gehen und sich auch sonst nicht fortbewegen. Auf richterliche Befragung hatte sie allerdings wiederholt geäußert, sie wolle sich nicht wegen ihrer Krebserkrankung behandeln lassen. Weder wolle sie eine Operation noch eine Chemotherapie. Die Betreuerin hatte daraufhin die Verlängerung der Unterbringung insbesondere zur zwangsweisen Behandlung ihrer Krebserkrankung beantragt. Die Gerichte lehnten dies aber ab, weil eine freiheitsentziehende Unterbringung über eine immobile Person ohne Weglauftendenzen nicht notwendig und daher unzulässig sei.[756] Daher bestehe keine Grundlage für eine Zwangsbehandlung, weil Zwangsbehandlungen bis dahin nur im Rahmen geschlossener Unterbringungen gesetzlich eröffnet worden waren. Der Bundesgerichtshof hatte nun Bedenken, ob dies nicht gleichheitswidrig sei.[757] Diesen Bedenken schloss sich das Bundesverfassungsgericht an.[758] Es sah in der Beschränkung von Zwangsbehandlungen auf untergebrachte Personen einen Verstoß des Gesetzgebers gegen seine Schutzpflicht gegenüber betreuten Menschen, die krankheitsbedingt nicht in der Lage sind, in eigener Sache die medizinische Notwendigkeit einer Untersuchung oder Heilbehandlung zu erkennen oder danach zu handeln. Daraus folgerte das Gericht die staatliche Verpflichtung, Zwangsbehandlungen unabhängig von einer Unterbringung zu eröffnen. Die vom Bundesverfassungsgericht aufgezeigte Lücke wurde dann innerhalb weniger Monate vom Gesetzgeber geschlossen.[759]

Darin zeigt sich eine bemerkenswerte Umbewertung von Zwangsbehandlungen: Auf einmal ging es nicht mehr um Integrität und Freiheit, sondern um Fürsorge und Gleichheit und um gerechte Verteilung von Begünstigungen und den Zugang zu Staatsleistungen. Bereits der Bundesgerichtshof hatte das Bild von der ärztlichen Zwangsmaßnahme als »Begünstigung« geprägt,[760] und das Bundesverfassungsgericht hatte sich dieser Deutung implizit angeschlossen. Der Gegenstandpunkt blieb vereinzelt, ablesbar aber an den Stellungnahmen des Bundesverbandes Psychiatrie-Erfahrener e.V. und der Bundesarbeitsgemeinschaft Psychiatrie-Erfahrener e.V., die eingewendet hatten, Zwangsbehandlungen könnten unter keinen Umständen als Begünstigung angesehen werden. Die rechtswissenschaftliche Mehrheitsmeinung hatte jedoch weniger Fremdheitsgefühle gegenüber der neuen Betonung von Zwangsbehandlungen als Fürsorgeleistungen.

756 Landgericht Stuttgart, Beschluss vom 9. Februar 2015, 19 T 38/15. Der danach angerufene Bundesgerichtshof legte die Sache dem Bundesverfassungsgericht vor durch Beschluss vom 1. Juli 2015, XII ZB 89/15, Zeitschrift für das gesamte Familienrecht (FamRZ) 2015, 1484–1490.

757 Bundesgerichtshof, Beschluss vom 1. Juli 2015, XII ZB 89/15, Zeitschrift für das gesamte Familienrecht (FamRZ) 2015, 1484–1490 (1489 f.).

758 Bundesverfassungsgericht, Beschluss vom 26. Juli 2016, 1 BvL 8/15, BVerfGE 142, 313–351.

759 § 1906a BGB in der Fassung des Gesetzes zur Änderung der materiellen Zulässigkeitsvoraussetzungen von ärztlichen Zwangsmaßnahmen und zur Stärkung des Selbstbestimmungsrechts der Betreuten vom 17. Juli 2017, BGBl. I, S. 2426.

760 Bundesgerichtshof, Beschluss vom 1. Juli 2015, XII ZB 89/15, Zeitschrift für das gesamte Familienrecht (FamRZ) 2015, 1484–1490 (1489), zustimmend *Spickhoff* (2015) 1491.

Eher im Gegenteil: Mit neuem Nachdruck wurde wieder nach einer Ermächtigung für ambulante Zwangsbehandlungen gerufen. Auch der Bundesgerichtshof hatte schon mehrfach angeregt, der Gesetzgeber möge ambulante Zwangsbehandlungen eröffnen, weil »das Fehlen von Zwangsbefugnissen [...] dazu führen kann, dass ein Betroffener ohne solche Behandlung einen erheblichen Schaden nimmt«.[761] In der Zwischenzeit waren viele der Ansicht, dass die aus Gleichheitsgründen und im Fürsorge-Interesse vermisste Regelung durch Analogie- oder Erst-Recht-Schluss in das geltende Recht hineingelesen werden könne und müsse.[762] Nachdem das Bundesverfassungsgericht für immobile Patienten eine staatliche Regelungspflicht festgestellt hatte, etablierte sich nun auch für ambulante Zwangsbehandlungen das Bild von der »Schutzlücke«, die es zu schließen, bzw. dem »Schutzanspruch«, dem es gerecht zu werden gelte.[763] Die Beschränkung auf immobile Patienten sei »wenig sinnvoll«, gar »enttäuschend«, und der Gesetzgeber habe eine »Chance« vertan, als er ambulante Zwangsbehandlungen ausgespart hatte.[764] Es war zu einem veritablen Perspektivenwechsel gekommen: Nicht mehr die Eröffnung von Zwangsbehandlungen war regelungs- und rechtfertigungsbedürftig, sondern ihre »pauschale Zurückdrängung«, so nachzulesen in einem viel zitierten Beitrag des Medizinrechtlers Andreas Spickhoff.[765] Das Bundesverfassungsgericht wollte sich in dieser Frage jedoch noch nicht eindeutig festlegen. Es hatte im Jahr 2021 mit einer Verfassungsbeschwerde zu tun, die sich gegen den gesetzlichen Ausschluss ambulanter Zwangsbehandlungen, etwa durch verdeckte Medikamentengabe in der Nahrung, wandte. Die Beschwerde wurde allerdings aus formellen Gründen zurückgewiesen und nur durch Kammerbeschluss entschieden. Zwischen den Zeilen klingt aber durchaus an, dass Zweifel bestehen, ob der Ausschluss ambulanter Zwangsbehandlungen der staatlichen Schutzpflicht hinreichend Rechnung trägt. Denn die staatliche Schutzpflicht für die Gesundheit gebietet, wie nochmals betont wird, »erforderliche und im Interesse des Betroffenen gebotene Zwangsbehandlungen zu ermöglichen«.[766]

Der Gesetzgeber ist diesen Forderungen nach einer Ermächtigung zu ambulanten Zwangsbehandlungen bislang allerdings nicht nachgekommen. Dabei wäre

761 Bundesgerichtshof, Beschluss vom 11. Oktober 2000, XIIZB 69/00, BGHZ 145, 297–310 (310); Bundesgerichtshof, Beschluss vom 20. Juni 2012, XII ZB 99/12, BGHZ 193, 337–353 (353).

762 Etwa *Lipp* (2000) 110 f.: »entsprechend dem Grundgedanken des § 1906 Absatz 4 BGB«; *Taupitz* (2000) A 72 f.: »in Anlehnung an § 1906« zulässig, wenn die Gefahr besteht, dass der Betreute stirbt oder einen erheblichen gesundheitlichen Schaden erleidet; *W. Zimmermann* (2000) 515 (§ 1904 Rn. 15): »als milderes Mittel«; *Spickhoff* (2008) 393: »erst recht«; *P. Kirsch* (2010) 186–192: analoge Anwendung; eine Ermächtigungsgrundlage nicht für nötig haltend *Tietze* (2005); *Abram* (2003).

763 *Wedel / Kraemer* (2020); *Gimm* (2019) 269.

764 *W. Zimmermann* (2014) 2479; *Dodegge* (2013) 1270; *Milzer* (2014) 97.

765 *Spickhoff* (2017) 1638.

766 Bundesverfassungsgericht (2. Kammer), Beschluss vom 2. November 2021, 1 BvR 1575/18, Neue Juristische Wochenschrift (NJW) 2021, 3590–3592.

eine Begründung so leicht gewesen: Man hätte die Erzählung von der Schutzlücke, die es zu schließen, und der Staatsleistung, die es gleichmäßig zu verteilen gäbe, weitertragen können, und man hätte sowohl den Bundesgerichtshof als auch das rechtswissenschaftliche Schrifttum hinter sich gehabt. Und dennoch entschied der Gesetzgeber mehrfach gegen die Eröffnung ambulanter Zwangsbehandlungen. Die Begründung zeichnet ein zwiespältiges Bild von den möglichen Folgen, die eine Zulassung ambulanter Zwangsbehandlungen hätte. Man befürchtet auf der einen Seite, dass ambulante Zwangsbehandlungen dann häufiger stattfinden würden, »ohne ausreichende Prüfung von weniger eingriffsintensiven Alternativen«. Außerdem widersprächen ambulante Zwangsbehandlungen »den Grundsätzen einer modernen Psychiatrie, wonach Menschen mit psychischen Krankheiten gerade in ihrem Wohn- und sonstigen persönlichen Umfeld vertrauensvolle Unterstützung und Hilfe und nicht staatlich genehmigten Zwang benötigen.«[767] Auch die jüngste Reform des Betreuungsrechts, die am 1. Januar 2023 in Kraft getreten ist, hält hieran fest.

3.4.2 Freiheit zur Krankheit

Fast scheint es so, als hätten sich die Rechtsdogmen seit dem Inkrafttreten des Betreuungsrechts vor allem von körperlicher Selbstbestimmung wegbewegt: Zwangsbehandlungen sind inzwischen explizit gesetzlich geregelt und gelten verfassungsrechtlich als Gesundheitsleistung (Kap. 2 III.3.4.1.). Aber es gab nach wie vor auch eine zweite Lesart von Zwangsbehandlungen: nämlich als Eingriff in grundrechtliche Freiheit. Denn wie das Bundesverfassungsgericht ebenfalls mehrfach betonte, »ist es grundsätzlich Sache des Einzelnen, darüber zu entscheiden, ob er sich therapeutischen oder sonstigen Maßnahmen unterziehen will, die ausschließlich seiner ›Besserung‹ dienen.« Grundrechtliche Freiheit, so weiter das Gericht, »schließt auch die ›Freiheit zur Krankheit‹ und damit das Recht ein, auf Heilung zielende Eingriffe abzulehnen«.[768] Weil aber die hier ausgerufene Freiheit zur Krankheit irgendeine Form von Freiheit voraussetzte, erschien die Freiheit zur Krankheit nicht als Widerspruch zum Bild der Zwangsbehandlung als Staatspflicht. Denn die Freiheit zur Krankheit wurde so verstanden, dass sie die Fähigkeit voraussetzt, einen »freien Willen« zu bilden. Und als »frei« wurde ein Wille verstanden, der nicht »krankheitsbedingt« beeinflusst ist. Mit der Anerkennung der Freiheit zur Krankheit waren Zwangsbehandlungen also nur »gegen den

767 Entwurf eines Gesetzes zur Änderung der materiellen Zulässigkeitsvoraussetzungen von ärztlichen Zwangsmaßnahmen und zur Stärkung des Selbstbestimmungsrechts der Betreuten, BT-Drucks. 18/11240 vom 20. Februar 2017, S. 15.

768 Bundesverfassungsgericht, Beschluss vom 23. März 2011, 2 BvR 882/09, BVerfGE 128, 282–322 (304); Bundesverfassungsgericht, Beschluss vom 26. Juli 2016, 1 BvL 8/15, BVerfGE 142, 313–352 (339 f.); siehe auch schon Bundesverfassungsgericht, Beschluss vom 7. Oktober 1981, BVerfGE 58, 208–233 (225 f.).

freien Willen eines Menschen [...] ausgeschlossen«.[769] Von hier aus waren fürsorglicher Zwang und Freiheit zur Krankheit kein unauflöslicher Widerspruch. Auch nach der Anerkennung der Freiheit zur Krankheit blieb Raum für verfassungsmäßige Zwangsbehandlungen bei Personen, die »krankheitsbedingt« nicht fähig sind, die Notwendigkeit einer Behandlung zu erkennen oder nach dieser Einsicht zu handeln,[770] und nur für die hiernach als unfrei geltenden Personen erhob sich die Frage nach der staatlichen Schutzpflicht (Kap. 2 III.3.4.1.).

Die staatliche Schutzpflicht sollte die Freiheit zur Krankheit also weder aufheben noch in Frage stellen. Daher blieb auch gültig, dass es verfassungsrechtlich unhaltbar ist, wenn sich ein Gericht nicht damit auseinandersetzt, ob eine Behandlungsweigerung auf einem freien Willen beruht.[771] In einem Fall hatte sich eine Betreute mit »schizoaffektiver Störung« strikt geweigert, Psychopharmaka einzunehmen. Sie hatte sich auch schon zuvor »in einem sich gegen den Einsatz von Psychopharmaka engagierenden Verein betätigt«. Als dennoch eine vom Betreuer veranlasste zwangsweise medikamentöse Behandlung mit Neuroleptika gerichtlich genehmigt wurde, erinnerte das Bundesverfassungsgericht daran, dass die Freiheit zur Krankheit auch das Recht einschließt, auf Heilung zielende Eingriffe abzulehnen. Das Bundesverfassungsgericht hatte den Eindruck, das Betreuungsgericht habe bei der Bewilligung der Zwangsbehandlung aus der »Unvernünftigkeit« der Ablehnung der Medikation auf das Fehlen eines freien Willens geschlossen. Dagegen wandte sich das Bundesverfassungsgericht und erinnerte daran, dass Zwangsbehandlungen gegen den natürlichen Willen überhaupt nur zulässig sind, wenn die Ablehnung auf einem unfreien Willen beruht.

Die Staatspflicht zu fürsorglichem Zwang erfasste also nur den Bereich, in dem Zwangsbehandlungen überhaupt als grundrechtlich zulässig angesehen wurden: wenn es an einem freien Willen fehlt, so dass die Freiheit zur Krankheit nicht berührt ist. Als das Bundesverfassungsgericht im Jahr 2016 vom Gesetzgeber die Eröffnung von Zwangsbehandlungen an immobilen Betreuten erzwang (Kap. 2 III.3.4.1.), sollte darin also keine Abkehr von der Freiheit zur Krankheit liegen. Auch der Bundesgerichtshof hat ein akribisches Auge darauf, ob gerichtliche Genehmigungen von Zwangsbehandlungen mit der Freiheit zur Krankheit vereinbar sind. Es wird detailliert kontrolliert, ob es sich die Betreuungsgerichte mitunter nicht zu leicht machen und vorschnell die Notwendigkeit einer Zwangsbe-

769 Bundesverfassungsgericht, Beschluss vom 26. Juli 2016, 1 BvL 8/15, BVerfGE 142, 313–352 (340).

770 § 1906a Absatz 1 Nr. 2 BGB in der Fassung des Gesetzes zur Änderung der materiellen Zulässigkeitsvoraussetzungen von ärztlichen Zwangsmaßnahmen und zur Stärkung der Selbstbestimmungsrechte der Betreuten vom 17. Juli 2017, BGBl. I, S. 2426; inzwischen § 1832 Absatz 1 Satz 1 Nr. 2 BGB; zurückgehend auf Bundesverfassungsgericht, Beschluss vom 23. März 2011, 2 BvR 882/09, BVerfGE 128, 282–322 (304 f.).

771 Bundesverfassungsgericht, Beschluss vom 14. Juli 2015, 2 BvR 1549/14, Zeitschrift für das gesamte Familienrecht (FamRZ) 2015, 1589–1594.

handlung wegen mangelnder Krankheitseinsicht bejahen oder zu überschlägig davon ausgehen, dass ein erfolgversprechender Überzeugungsversuch stattgefunden hat, wie es die gesetzliche Ermächtigung seit 2013 verlangt.[772] Auch wenn es heute so aussehen mag, als seien Zwangsbehandlungen seit Inkrafttreten des Betreuungsrechts in viel größerem Umfang zulässig als vor 1992: Das Gegenteil ist der Fall. Aus einer pauschal eingeräumten Generalermächtigung (Personensorge) wurde eine explizite, detaillierte und gerichtlich vollständig kontrollierbare spezielle Befugnis, und alles dies in Verwirklichung der verfassungsrechtlichen Freiheit zur Krankheit. Fragt man also heute nach der entscheidenden Formungskraft für die Verteidigung körperlicher Selbstbestimmung von Betreuten, so fällt die Antwort eindeutig aus: Es ist die verfassungsgerichtlich ausgerufene Freiheit zur Krankheit.

3.5 Andere Körperwünsche: Befolgungspflichten

Weniger eindeutig werden die Rechtsgarantien für körperliche Selbstbestimmung, wenn es nicht um medizinische Behandlungen und freiheitsentziehende Unterbringungen geht, sondern um bloßes körperliches So-Sein, etwa in Bezug auf die Einnahme von Rausch- und Genussmitteln oder andere Entscheidungen über den körperlichen Lebensstil oder im Hinblick auf sexuelle Wünsche, Wünsche zum körperlichen Erscheinungsbild oder Wünsche zur geschlechtlichen Identität. Betreute haben kein ausdrückliches Recht darauf, dass Betreuer ihre Körperwünsche respektieren. Diese alltäglicheren Erscheinungsformen körperlicher Selbstbestimmung sind allenfalls mitgemeint in den immer wieder neu gefassten Generalklauseln zu den Pflichten der Betreuer. Zwar lässt sich eine durchgehende Linie von 1900 bis in die Gegenwart ziehen, mit der die persönlichen Angelegenheiten aufgewertet und sichtbarer wurden: von der bloßen Erwähnung der Sorge für die Person (§ 1901 des Bürgerlichen Gesetzbuchs in der Fassung von 1900) über die Generalklausel zu den »Pflichten des Betreuers« (§ 1901 des Bürgerlichen Gesetzbuchs in der Fassung zwischen 1992 und 2022) bis hin zur »Wunschbefolgungspflicht« (§ 1821 des Bürgerlichen Gesetzbuchs in der Fassung des Gesetzes zur Reform des Vormundschafts- und Betreuungsrechts, in Kraft getreten am 1. Januar 2023). Aber auch die jüngste Reform bietet körperlicher Selbstbestimmung jenseits vom Schutz gegen Zwangsbehandlungen und freiheitsentziehende Unterbringungen keine sichere Gewähr. Diese Einschätzung mag überraschen.

772 Inzwischen § 1832 Absatz 1 Satz 1 Nr. 4 BGB 2023 (vorher § 1906a Absatz 1 Satz 1 Nr. 4 BGB); exemplarisch Bundesgerichtshof, Beschluss vom 4. Juni 2014, XII ZB 121/14, BGHZ 201, 324–334 (326–329); Bundesgerichtshof, Beschluss vom 14. Januar 2020, XII ZB 381/19, Neue Juristische Wochenschrift (NJW) 2020, 1581–1584.

Denn eigentlich klingt der neue § 1821 vielversprechend im Vergleich zu den Vorgängervorschriften. Hieß es in § 1901 seit dem Jahr 1992 »Der Betreuer hat Wünschen des Betreuten zu entsprechen, soweit dies dessen Wohl nicht zuwiderläuft und dem Betreuer zuzumuten ist«, ist der Betreuer inzwischen zunächst ohne Einschränkungen verpflichtet, den Wünschen des Betreuten zu entsprechen. Doch ist das Wohl damit nicht aus dem Regelungskonzept verschwunden: Die Wunschbefolgungspflicht endet dort, wo dadurch »1. die Person des Betreuten oder dessen Vermögen [...] erheblich gefährdet würde und der Betreute diese Gefahr aufgrund seiner Krankheit oder Behinderung nicht erkennen oder nicht nach dieser Einsicht handeln kann oder 2. dies dem Betreuer nicht zuzumuten ist« (§ 1821 Absatz 3 in der Fassung des Gesetzes zur Reform des Vormundschafts- und Betreuungsrechts, in Kraft getreten am 1. Januar 2023). Das »Wohl« ist damit zwar als unbestimmtes Blankett aus dem Gesetzestext ausgeschieden. Geblieben ist aber die Vorstellung, dass Selbstbestimmung ihre Grenzen an objektiven Einsichten über Gefahren für Person und Vermögen findet. Die Zielvorstellung ist wie bisher, Betreute vor »Fehlentscheidungen« zu schützen. In der Reformbegründung wurden die Gesundheit wie auch das Vermögen zu »höherrangigen Rechtsgütern« erklärt.[773] Abermals schimmert als Sinnbild für pflichtwidriges Betreuerverhalten nicht der übergriffige, sondern mehr der untätige Betreuer durch, der es sich zu leicht machen und »fehlgeleiteten« Wünschen des Betreuten blindlings folgen könnte.[774] Solange Betreuer nur eingeschränkt zur Wunschbefolgung verpflichtet sind, dürfte die Praxis auch weiterhin dazu neigen, Betreuerinnen in Schutz zu nehmen, wenn sie gesellschaftliche Gesundheitsideale oder die persönliche Zumutbarkeit über etwaige Wünsche stellen. Dieselbe Befürchtung wurde schon bei Inkrafttreten des Betreuungsgesetzes von 1992 geäußert,[775] und sie wird sich auch deshalb ein weiteres Mal bewahrheiten, weil sich das Rezeptionsklima kaum verändert hat. Nach wie vor tut sich der rechtliche Mainstream schwer mit der neuen Betonung der Wünsche. Manche schauen offen der früheren Wohlorientierung hinterher,[776] andere geben Beschwichtigungen aus: Die Novelle enthalte gar nicht so viel Neues.[777] Zudem lassen die zahlreichen offenen Wendungen (»erhebliche« Gefahr, »zumutbar«) Spielräume, die es auch für die Betroffenen reichlich unsicher machen, ob sie überhaupt das Recht haben, auf Körperwünschen zu bestehen, zumal wenn es sich um unvernünftige (Alkohol, Tabak), aufwendige (Körperpflege), individuelle (sexuelle Entfaltung, geschlechtliche Identität) oder nach gesellschaftlichen Vorstellungen unnötige Körperwünsche handelt (ästhe-

773 Entwurf der Bundesregierung eines Gesetzes zur Reform des Vormundschafts- und Betreuungsrechts vom 18. November 2020, BT-Drucks. 19/24445, S. 252.

774 *Dodegge* (2021) 6.

775 *Bienwald* (1992) 1127 f.

776 Etwa *Schwab* (2020) 1324 f.

777 *Dodegge* (2022) 852.

tische Veränderungen, Tätowierungen etc.). Eine gesicherte Praxis dazu müsste sich erst noch herausbilden. Bislang spielten Körperwünsche im Zusammenhang mit den Rechtspflichten der Betreuer jedenfalls keine Rolle. Typischer sind Vergütungsstreitigkeiten oder Fälle, in denen Angehörige Schadensersatz wegen pflichtwidriger Vermögensverwaltung verlangen.[778] In Bezug auf Körperwünsche ist nicht ersichtlich, dass Konflikte darüber überhaupt als Rechtsfragen wahrgenommen wurden. Betreuer konnten Alkohol- und Zigarettenverbote erteilen, Einfluss auf die persönlichen Kontakte nehmen und ggf. nötige Vermögensmittel verweigern,[779] ohne dass diese Fragen zu Rechtsstoff wurden. Auch Richterinnen räumen ein, dass nur »selten« überprüft werde, ob Betreuer ihren Verpflichtungen zur Wunschbeachtung nachkommen.[780] Dies gilt insbesondere für Körperwünsche, obwohl das Übergehen beachtlicher Wünsche – theoretisch eindeutig – eine Pflichtwidrigkeit bedeutet, die bei »wiederholter Vernachlässigung« gerichtliche Maßnahmen auslösen kann bis hin zur Entlassung der Betreuer.[781] Wie sollte das Betreuungsgericht aber von etwaigen Pflichtverletzungen erfahren, zumal wenn die Wunschbefolgung nur als Pflicht im Innenverhältnis angelegt ist und daher keine unmittelbaren Auswirkungen auf die Wirksamkeit des Betreuerhandelns im Außenverhältnis haben soll?[782] Hier sind betreute Erwachsene in derselben Situation wie Kinder im Verhältnis zu ihren Eltern, wenn es um das rechtliche Gewicht ihrer Körperwünsche geht (oben Kap. 2 II.5.2.): Theoretisch ist Betreuten seit dem Jahr 1992 versprochen, dass ihre Körperwünsche zu beachten sind. Körperliche Selbstbestimmung ist ein rechtliches Ideal. Tatsächlich handelt es sich dabei aber nur um ein ungefähres Recht, von dem bislang mehr in Kommentaren nachlesbar als in der Praxis spürbar ist. An diesen Linien werden die selbstbestimmungsfreundlichen Kräfte, die mit dem Betreuungsrecht des Jahres 1992 freigesetzt worden sind, weiterhin gebrochen.

Die Reformbegründung des Jahres 2021 räumte diese Diskrepanzen rückblickend auch offen ein. Erstmals war nachlesbar, dass die Selbstbestimmung im bisherigen Recht nicht »durchgängig zufriedenstellend verwirklicht« wurde und dass es »Qualitätsmängel bei der praktischen Umsetzung der gesetzlichen Vorgaben gibt.«[783] Dennoch fiel auch dem selbstbestimmungsmotivierten Reformgesetzgeber, der die Verpflichtung des Betreuers zur Wunschbefolgung als »Magna

778 Exemplarisch Bundesgerichtshof, Beschluss vom 11. April 2012, XII ZB 459/10, Zeitschrift für das gesamte Familienrecht (FamRZ) 2012, 1051 f. zu einer Vergütungsstreitigkeit.

779 Vgl. *Zenz u. a.* (1987) 18.

780 *Dodegge* (2016) 16.

781 Siehe §§ 1908i Absatz 1, 1837 Absatz 2 Satz 1 BGB a.F. (§ 1862 Absatz 3 Satz 1 BGB 2023).

782 Diese Fragen sind nicht neu; siehe schon die Hinweise von *Pardey* (1988) 332 sowie *Baumann* (1980) 1877.

783 Entwurf der Bundesregierung eines Gesetzes zur Reform des Vormundschafts- und Betreuungsrechts vom 18. November 2020, BT-Drucks. 19/24445, S. 2.

Charta für das gesamte Betreuungswesen«[784] ausrief, in seinen Erläuterungen zum neuen Recht kein Beispiel für beachtliche Körperwünsche ein. Es ist bezeichnend, dass das einzige Beispiel, das überhaupt angeführt wird, erstens der Rechtsprechung zum alten Recht entspringt und zweitens nur das Vermögen betrifft: Der Betreuer dürfe »einen Wunsch des Betreuten beispielsweise nicht wegen Vermögensgefährdung ablehnen, solange der Betreute sich von seinen Einkünften und aus seinem Vermögen voraussichtlich bis zu seinem Tod wird unterhalten können.«[785] Für bloße Körperwünsche ist körperliche Selbstbestimmung damit nach wie vor genauso unscharf und ungefähr wie im Verhältnis zwischen Eltern und Kindern (Kap. 2 II.3.2.3.). Es gibt kein explizites Recht der Betreuten auf Beachtung und Verwirklichung ihrer Körperwünsche. Nach wie vor sind Körperwünsche nur mitgemeint in einem Regelungsgeflecht, das die eigentlichen Herausforderungen bei untätigen Betreuerinnen sieht oder wenn Betreuer es mit der Vermögensverwaltung nicht so genau nehmen wie die künftigen Erben, und nach wie vor können unvernünftige Körperwünsche zurückgewiesen werden. Die Voraussetzungen für diese Zurückweisung sind mit der Reform des Jahres 2021 zwar konkreter gefasst worden. Geblieben ist aber die Grundvorstellung, dass Körperwünsche nicht aus sich heraus anzuerkennen sind, sondern dass sie u. a. daran zu messen sind, welche Auswirkungen sie auf die Gesundheit haben. Die Freiheit zur Krankheit als Abbreviatur für die Reichweite des grundrechtlichen Achtungsanspruchs auf körperliche Selbstbestimmung ist darin noch nicht mitgedacht. An diesen Linien endet die rechtliche Gewähr für körperliche Selbstbestimmung im Betreuungsverhältnis.

4. Gegendiskurse

Die Rückschau hat gezeigt, dass körperliche Fremdbestimmung durch Vormünder, Pflegerinnen und später Betreuer im Vergleich zu den Bestimmungsbefugnissen gegenüber Patienten und Kindern erst vergleichsweise spät überhaupt als problematisch wahrgenommen worden ist. Im Behandlungsverhältnis liegen die Ursprünge eines Rechts auf körperliche Selbstbestimmung bei der Entscheidung des Reichsgerichts aus dem Jahr 1894 (Kap. 2 I.2.1.), im Eltern-Kind-Verhältnis verschoben sich die rechtlichen Bewertungen in den 1970er Jahren (Kap. 2 II.3.). Dagegen sind die Befugnisse der Vormünder, Pfleger und zuletzt der Betreuerinnen erst in jüngster Zeit in den Blick gekommen. Was über viele Jahrzehnte

784 Entwurf der Bundesregierung eines Gesetzes zur Reform des Vormundschafts- und Betreuungsrechts vom 18. November 2020, BT-Drucks. 19/24445, S. 249.

785 Entwurf der Bundesregierung eines Gesetzes zur Reform des Vormundschafts- und Betreuungsrechts vom 18. November 2020, BT-Drucks. 19/24445, S. 252.

ein weitgehend rechtsfreier Raum war (Kap. 2 III.3.3.), wurde mit dem Betreuungsrecht seit 1992 zunehmend dichter geformt. Gehörten Zwangsbehandlungen und zwangsweise Hospitalisierungen bis dahin zu den weitgehend ungeregelten, aber selbstverständlichen körperlichen Entscheidungsbefugnissen von Betreuern, finden sich dazu inzwischen eigene Ermächtigungen, die die Befugnisse der Betreuer sowohl bestätigen als auch begrenzen (Kap. 2 III.3.4.). Hier ist eine ganz eigentümliche Regelungslandschaft entstanden. Die Befugnisse der Betreuerinnen für medizinische Behandlungen sind in größtmöglicher Detaillierung rechtlich strukturiert, während die Anerkennung anderer Körperwünsche dem Innenverhältnis zu den Betreuern zugeschlagen ist (Kap. 2 III.3.5.). Das Bürgerliche Gesetzbuch kennt für Kinder ein ausdrückliches »Recht auf gewaltfreie Erziehung« und die Bestimmung, dass körperliche Bestrafungen »unzulässig« sind (Kap. 2 II.3.1.), aber für das Betreuungsverhältnis gibt es keine vergleichbaren Garantien. Es gibt kein Recht auf »gewaltfreie Betreuung«, und es wird derzeit auch nicht hörbar vermisst.

An einem anderen Punkt finden die Felder indes wieder zusammen. Genauso wie schon für das Behandlungsverhältnis und das Sorgeverhältnis war die Dogmenverschiebung in Richtung körperliche Selbstbestimmung von Entmündigten und später Betreuten nicht das Werk der Rechtswissenschaft. Die Anstöße kamen aus dem Lager der anti- und reformpsychiatrischen Bewegungen, den Kreisen der Sozialen Arbeit und den Disability Studies; sie nährte sich aus medialen Konjunkturen, erhielt Unterstützung von der UN-Behindertenkonvention und wurde dann in vielen Schritten politisch und verfassungsrechtlich ausgehandelt (Kap. 2 III.3.). Die allmähliche Bewegung in Richtung mehr körperliche Selbstbestimmung fand nur wenig Rückhalt in der Rechtswissenschaft. Es gab eine gewisse Unterstützung in rechtswissenschaftlichen Milieus, die den Sozialwissenschaften, der Sozialpsychiatrie sowie der Heim- und Anstaltskritik nahestanden, exemplarisch ablesbar an den Œuvres von Gisela Zenz, Rolf Marschner, Thomas Klie und Karl-Dieter Pardey. Doch handelte es sich dabei eher um eine rechtswissenschaftliche Außenseiterposition. Die Mitte der Rechtswissenschaft interessierte sich die längste Zeit ohnehin nicht für den ganzen Rechtsbereich des Vormundschaftsrechts, und wenn sie sich dafür interessierte, dann eher im Sinne des Status quo. Aber wie gesagt: Rechtswissenschaftliche Debatten entspannten sich überhaupt erst, nachdem im Jahr 1987 der erste »Diskussions-Teilentwurf« zum geplanten Betreuungsrecht veröffentlicht wurde. Bis dahin hatte sich das Vormundschaftsrecht in den Händen einer weitgehend geräuschlos arbeitenden Praxis befunden. Als dann die »Jahrhundertreform« am Horizont greifbar wurde, erwachte erstmals breiteres rechtswissenschaftliches Interesse. Aber auch diese Feuer brannten nur kurz: Zu keiner Zeit erreichten die rechtswissenschaftlichen Debatten über die Rechtsstellung betreuter Erwachsener dieselbe Hitzigkeit und Intensität wie in der Frage der körperlichen Selbstbestimmung von Patienten oder von Kindern. Umso auffälliger ist es, dass in der Sache dann wieder dieselben Einwände begegnen, die schon gegen Selbstbestimmungsrechte von Patientinnen und Kindern eingewendet wurden. Sie lauten abermals wie folgt: Körperliche Fremdbestimmung gegenüber betreuten Erwachsenen wird als Fürsorge legitimiert (Kap. 2 III.4.1.), und ihre Regelung wird als Verrechtlichung (Kap. 2 III.4.2.) und Grundrechtsanmaßung kritisiert (Kap. 2 III.4.3.).

4.1 Legitime Fremdbestimmung

Der Richtervorbehalt für Hospitalisierungen (Kap. 2 III.3.2.), die Regelung der Zwangsbehandlung (Kap. 2 III.3.3.) und die allgemeine Wunschbefolgungspflicht (Kap. 2 III.3.4.) markieren Wendepunkte in der Anerkennung von körperlicher Selbstbestimmung im Vormundschafts- bzw. Betreuungsverhältnis. Seitdem bietet die Berufung als Vormund bzw. Betreuer keine pauschale Legitimation dafür, die Grenzen zwischen Integrität und Verletzung, zwischen Selbstbestimmung und Fremdbestimmung prinzipiell anders zu ziehen als außerhalb des Vormundschafts- bzw. Betreuungskontextes. Der Rechtswissenschaft leuchtete diese Entwicklung jedoch ganz überwiegend nicht ein. Für viele Stimmen galt die vormundschaftliche bzw. betreuerseitige Bestimmung über den Körper der Mündel bzw. Betreuten nicht als problematische Fremdbestimmung: erstens weil man körperlichen Zwang und andere Formen der körperlichen Bestimmung als Fürsorge legitimierte (Kap. 2 III.4.1.1.), und zweitens weil man Bestimmungen über Bevormundete und Betreute nicht als Fremdbestimmung wahrnahm, da es sich um nicht willensfähige, unvernünftige und daher nicht selbstbestimmungsfähige Personen handele (Kap. 2 III.4.1.2.). Nur am Rande begegnete die Vorstellung, dass sich die Befugnis auf körperliche Bestimmungsmacht schon aus der Stellung als Vormund bzw. Betreuer ergebe (Kap. 2 III.4.1.3.), ein Einwand, der im Sorgeverhältnis und im Behandlungsverhältnis eine größere Rolle spielte.

4.1.1 Weil Zwang in der Natur der Sache liegt

Vor allem in der ersten Hälfte des 20. Jahrhunderts begegneten in rechtlichen Debatten Variationen des Arguments, dass körperlicher Zwang gegenüber Mündeln bzw. Betreuten »notwendig« oder »zwangsläufig« sei zu ihrer Heilung oder in der »Natur der Sache« von psychiatrischer Versorgung liege. Dieser Einwand kam mehrfach auf: erstens im Zusammenhang mit Forderungen, Hospitalisierungen bedürften einer gerichtlichen Genehmigung, und zweitens als Zweifel entstanden, ob Zwangsbehandlungen ohne gesetzliche Ermächtigung überhaupt zulässig seien. Dieser Einwand hatte in vielem die Mehrheitsmeinung der psychiatrischen Praxis hinter sich, und er wurde sowohl in Richterkreisen als auch in der rechtswissenschaftlichen Literatur übernommen.

Als das Bürgerliche Gesetzbuch von 1900 den Vormündern und Pflegern weitgehend »freie Hand« bei Unterbringungen und Zwangsbehandlungen gelassen hatte (Kap. 2 III.2.3.), entsprach dies sowohl der Praxis als auch den psychiatrischen Lehrmeinungen. Es war die Zeit der »kustodialen Psychiatrie«.[786] Hospitalisierung und Isolierung sowie Fixierungen und Zwangsbehandlungen galten überwiegend als angemessene und alternativlose Behandlungen.[787] Auch der Illenauer Anstaltsarzt Max Fischer, der in der Psychiatriegeschichte dem Lager der Reformer zugeschlagen wird, warb im Jahr 1902 dafür, den Anstaltsbetrieb möglichst wenig durch Formalien, Gerichtsbeschlüsse und überhaupt Recht zu stören. Eher sollten den behandelnden Ärzten zur »Vervollkommnung« ihrer »Fürsorgethätigkeit« rechtlich mehr Befugnisse eingeräumt werden, solange ein Kranker der Anstaltsdirektion »auch mit seiner ganzen Person vertrauensvoll übergeben ist.«[788]

Dieselbe Haltung begegnete, als in der Weimarer Zeit die Reformüberlegungen der sogenannten Irrenschutzbewegung diskutiert wurden. Der Psychiater und Anstaltsleiter Ernst Rittershaus kritisierte im Jahr 1927 den damals überlegten Richtervorbehalt für Unterbringungen – der schließlich im Jahr 1960 Gesetz werden sollte (Kap. 2 III.3.2.) – als unbegründetes Misstrauen gegen die Anstaltspsychiatrie. Das ganze Irrenschutzgesetz erschien ihm als ein »Ausnahmegesetz gegen die deutschen Irrenärzte«, mit dem »die sachlich nicht begründeten, tendenziös übertriebenen Forderungen einer kleinen Gruppe unverantwortlicher und weltfremder Phantasten in einer für die deutschen Irrenärzte ehrkränkenden Form erfüllt [würden].«[789] Völlig zu Unrecht würde dabei den Irrenanstalten und dem irrenärztlichen Tun so viel Misstrauen entgegengebracht. Schließlich sei eine Irrenanstalt »nichts als ein Krankenhaus um der Kranken willen, ein Krankenhaus wie jedes andere auch, zur Behandlung und Heilung seiner Patienten« und nicht, was sie »in der voreingenommenen Meinung weiter Kreise leider heute noch sein soll«, ein »Parallelinstitut des Zuchthauses«.[790] Weil Irrenanstalten also eigentlich »Heilanstalten« und »Krankenhäuser zur Behandlung der Kranken« seien, war auch nichts gegen Zwang einzuwenden. Genauso wie bei körperlichen Erkrankungen »unter besonderen Umständen eine Beschränkung der persönlichen Freiheit vorgenommen wird, wie etwa eine Isolierung bei ansteckenden Krankheiten o. ä., ebenso wird auch in den Heilanstalten, wenn es nötig ist, – aber auch nur dann, – eine gewisse Beschränkung der persönlichen Freiheit vorgenommen. Dass dies hier vielleicht etwas häufiger geschieht als bei körper-

786 *Schott/Tölle* (2006) 276–279.
787 *Schott/Tölle* (2006) 251 f., 273–279.
788 *M. Fischer* (1902) 33.
789 *Rittershaus* (1927) 126.
790 *Rittershaus* (1927) 122.

lichen Erkrankungen, ist nicht das Wesentliche [...]«.[791] Eine ähnliche Klage war später im Jahr 1951 in der Juristenzeitung nachzulesen. Der Psychiater Jürg Zutt beklagte dort das »verständnislose Misstrauen« gegen Ärzte und Psychiater. Wenn öffentlich von dem Aufenthalt in einer geschlossenen Abteilung gesprochen werde, »dann kaum jemals anders als in dem Sinne, man sei zu Unrecht da gewesen.« Es herrsche allgemeines Misstrauen gegen Ärzte, ungeachtet ihrer »ärztlich hilfreichen Tendenz«.[792] Aber es waren nicht nur Psychiater, die sich nachlesbar darüber empörten, dass Hospitalisierungen und psychiatrisches Tun überhaupt in die Nähe von Freiheitsberaubung und Fremdbestimmung gerückt wurden. Das darin anklingende Motiv vom unfreien Kranken, der nicht vom Recht, sondern vom traurigen Schicksal der Natur seiner Freiheit beraubt werde, wurde ähnlich von Juristen weitergetragen (unten Kap. 2 III.4.1.2.).

Das Bild vom fürsorglich-nötigen und daher legitimen Zwang begegnete dann auch wieder in den ausgehenden 1950er Jahren, als die Frage aufkam, ob untergebrachte Mündel eigentlich einem Behandlungszwang unterliegen. Der dazu angerufene Bayerische Verfassungsgerichtshof hatte dagegen im Jahr 1957 keine Bedenken und führte aus, dass sich für psychisch Kranke, die in eine Anstalt eingewiesen sind, aus der »Natur der Sache« ergebe, dass sie dort wegen des Leidens, das zur Einweisung geführt hat, ärztlich behandelt werden müssen, und dass die Betroffenen verpflichtet sein müssten, sich ihr zu unterziehen. Der Behandlungszwang folge also notwendig aus dem Zweck der Freiheitsentziehung.[793]

Das Gericht übernahm die Deutung der zeitgenössischen Psychiatrie zu den zwangsläufigen Zusammenhängen von Unterbringung und Behandlung. Ohnehin war die Nachkriegspsychiatrie wesentlich Anstaltspsychiatrie.[794] In der Praxis, aber auch in der Vorstellung von Juristen war psychiatrische Versorgung identisch mit der Unterbringung in einer Anstalt. Daher war es auch für die damalige Rechtswissenschaft plausibel, die Zulässigkeit von Zwangsbehandlungen bereits aus der Zulässigkeit der zwangsweisen Unterbringung zu folgern. Im Jahr 1954 wurde in dem dreibändigen »Handbuch der Theorie und Praxis der Grundrechte« erläutert, dass Behandlungen, die nach den Regeln der ärztlichen Kunst geboten oder zulässig sind wie z. B. Elektroschocks oder Insulinschocks, »als Ausfluss der Freiheitsentziehung zur Erreichung ihres Zwecks [...] mit der Zulässigkeit der Unterbringung schon gestattet sind.«[795] Die Praxis schloss sich dieser Sichtweise vom unerlässlichen, aus der Natur der Sache folgenden legitimen Zwang umstandslos an. Der Amtsrichter Max Barella erläuterte im Jahr 1959, dass »für

791 *Rittershaus* (1927) 168.

792 *Zutt* (1951) 434.

793 Bayerischer Verfassungsgerichtshof, Entscheidung vom 19. Dezember 1957, Vf 92 VII 55, Verwaltungs-Rechtsprechung (VerwRspr) Bd. 10 (1958), 390–400 (391).

794 *Brink* (2010) 404 und eingehend 372–409; genauso *Schott / Tölle* (2006) 302–304.

795 *E. Kern* (1954) 95.

den Behandlungszwang als solchen keine weitere besondere Rechtsgrundlage erforderlich [ist].« Vielmehr sei der Behandlungszwang Ausdruck der Verpflichtung des Staates, die mit der Einweisung verbundene Freiheitsentziehung »auf das kürzeste Maß zu beschränken«.[796] Auf derselben Linie lagen die Ausführungen des Amtsrichters Wolfgang Franke, der kurz darauf meinte, es würde dem Gesetzeszweck widersprechen, »wenn der Begriff der Zwangsunterbringung in eine Heil- und Pflegeanstalt nicht auch den Begriff des Behandlungszwangs einschlösse.«[797]

4.1.2 Unfreie und ihr trauriges Schicksal von Natur und Krankheit

Dass Vormundschaft und Pflegschaft mit Einbußen an körperlicher Selbstbestimmung einhergingen, die über lange Zeit der »freien Hand« der Vormünderinnen und Pfleger überlassen waren, erschien auch deshalb legitim, weil man die betroffenen Erwachsenen von vornherein als »unfrei« verstand, also schicksalsbedingt unfähig zu Freiheit. Daraus formulierte sich ein wiederkehrendes Argument, als im weiteren Verlauf des 20. Jahrhunderts immer wieder die Frage aufkam, ob Hospitalisierungen und Zwangsbehandlungen nicht vielleicht doch problematische Freiheitsentziehungen darstellten und stärkerer rechtlicher Kontrolle bedürften. Dieser Einwand begegnete auch schon im Zusammenhang mit den Reformüberlegungen des Irrenschutzgesetzes der Weimarer Zeit. Der bereits erwähnte Ernst Rittershaus verwahrte sich dagegen, Anstaltsunterbringungen und Zwangsbehandlungen auf eine Stufe mit Freiheitsberaubungen zu stellen. Der Denkfehler der Reformbewegung und ihrer Forderung nach einem Richterbeschluss bei zwangsweiser Unterbringung liege darin, dass sie »die Begriffe ›persönliche Freiheit‹ ganz einseitig auf[fasst], allein als die rein äußerliche, mechanische Bewegungsfreiheit«. Dabei werde vergessen, dass den Betroffenen ihre »wirkliche Freiheit«, also »die Möglichkeit auf Grund einer freien Willensbestimmung, auf Grund geordneter eigener Erwägungen sein Leben einzurichten [...] meist schon lange vorher verloren gegangen ist und nicht erst durch die Anstaltsaufnahme genommen wird.«[798]

Verblüffend gleichlautend begegnet dieses Argument wieder, als die bundesrepublikanischen Debatten nach Inkrafttreten des Grundgesetzes vor der Frage standen, ob sich der Richtervorbehalt für Zwangseinweisungen auf Veranlassung von Vormündern und Pflegern nicht schon aus Artikel 104 des Grundgesetzes ergab (oben Kap. 2 III.3.2.). Viele teilten die Auffassung, dass ein psychisch Kranker bereits aufgrund des Krankheitsbildes in dem Sinne »unfrei« sei, »dass alle recht-

796 *Barella* (1959) 2291.
797 *Franke* (1960) 1371.
798 *Rittershaus* (1927) 120.

lichen Erörterungen darüber, ob und wieweit es zulässig sein kann, seine äußere Bewegungsfreiheit einzuschränken, den Kern der Frage gar nicht berühren.«[799] Der Bundesgerichtshof hatte im Jahr 1954 genauso argumentiert, als es darum ging, ob die Anordnung einer Pflegschaft das Grundrecht auf freie Entfaltung der Persönlichkeit einschränke. Der Senat verneinte dies, weil nicht das Recht an der Entfaltung der Persönlichkeit hindere, sondern die »krankhafte Störung«, die dazu führe, dass jemand »außerstande ist, sich gegenüber seiner Umwelt, insbesondere gegenüber seinen Mitmenschen sinnvoll und vernunftgemäß zu verhalten.« Daher könnten die mit der Anordnung einer Pflegschaft verbundenen Rechtswirkungen »grundsätzlich nicht in Widerspruch« zu dem grundgesetzlichen Recht auf freie Entfaltung der Persönlichkeit stehen.[800] Dieser Rechtsstandpunkt deckte sich mit dem, was in Ärztekreisen für plausibel gehalten wurde. So wurde im Jahr 1950 auf einem Referat vor der psychiatrisch-forensischen Vereinigung Hessens formuliert, dass ein Arzt, der einem psychisch Kranken gegen seine Willensäußerung Hilfe bringt, diesen keiner Freiheit beraube: »Es ist also nicht der Freie, der seiner Freiheit beraubt wird, sondern der Unfreie, der vor Schaden bewahrt werden soll.«[801] Dieselbe psychiatrische Sicht konnte die Rechtspraxis in der einflussreichen »Neuen Juristischen Wochenschrift« nachlesen: Wenn sich ein »Geisteskranker« gegen Freiheitsbeschränkungen wehre, »so handelt es sich hier nicht um Äußerungen der persönlichen Freiheit im Sinne des Art. 2 Grundgesetz, sondern um den Ausdruck pathologischer Antriebsstörungen und Persönlichkeitsveränderungen, die außerhalb aller Rechtskategorien liegen und den Kranken schutz- und behandlungsbedürftig machen.«[802]

Nachdem das Bundesverfassungsgericht diese Sichtweise im Jahr 1960 zurückgewiesen und damit den Richtervorbehalt für Unterbringungen durchgesetzt hatte (Kap. 2 III.3.2.), wurde es stiller um die Vorstellung, psychisch Kranken und anderen Entmündigten könne keine Freiheit entzogen werden, weil sie schon konstitutionell (»von Natur aus«) unfähig zu Freiheit seien. Immer wieder fanden sich aber auch in der Folgezeit Anklänge daran, dass Zwang und Fremdbestimmung gegenüber Entmündigten bzw. Betreuten prinzipiell geboten seien, weil sich dies aus ihrer Konstitution ergebe. Als sich der Gesetzgeber mit dem neuen Betreuungsrecht des Jahres 1992 zum Verbot von Zwangssterilisierungen gegen den natürlichen Willen der Betroffenen entschloss, wurde dies von vielen zurückgewiesen, die meinten, dass die Betroffenen »gar nicht in der Lage sein werden, auch nur einen solchen ›natürlichen Willen‹ zum Ausdruck zu bringen.«[803] Ein ähnlich pauschales Bild wurde in dem Gutachten für den Deutschen Juristentag im Jahr

799 So aus Richtersicht *Roß* (1959) 2286.
800 Bundesgerichtshof, Beschluss vom 26. November 1954, IV ZB 47/54, BGHZ 15, 262–268 (265).
801 *Zutt* (1951) 433.
802 *Ehrhardt* (1954) 1752.
803 *Reis* (1988): »blanker Hohn«.

1988 gezeichnet: Man müsse davon ausgehen, dass »der Wille eines geistig oder psychisch Kranken oder Behinderten besonders labil und beeinflussbar ist.«[804]

4.2 Illegitimes Eindringen des Rechts

Über die längste Zeit des 20. Jahrhunderts gab es allerdings nur wenig Anlass, die »freie Hand« von Vormündern und Pflegern zu verteidigen. Es erschien selbstverständlich und blieb zumeist unangefochten, dass es sich um legitime Fremdbestimmung handele. Dies änderte sich in den 1980er Jahren, als sich die Reform des ganzen Rechtsbereichs durch das Betreuungsgesetz abzeichnete. In der Rechtswissenschaft formte sich ein Gegendiskurs gegen das Reformprojekt, der sich vor allem gegen die absehbare »Verrechtlichung« wandte.[805] Die prägenden Stimmen der Familienrechtswissenschaft der 1980er und 1990er Jahre, etwa Dieter Schwab, Uwe Diederichsen, Heinz Holzhauer, Wilfried Schlüter und Michael Coester, teilten diese Bedenken. Man sah in der rechtsförmigen Regelung der neuen Betreuerbefugnisse eine unnötige »Juridifizierung«, man warnte vor Verfahrenskomplikationen und sorgte sich darum, dass das Vertrauensverhältnis von Betreuerinnen und Betreuten durch die gerichtliche Überwachung gefährdet werde, und man wandte schließlich ein, dass die eigentlichen Probleme ohnehin nicht im Recht, sondern in der Praxis lägen. Es sei vordringlich, erst einmal die Bedingungen für »bessere« Fürsorge zu verwirklichen, die drängenden Mängel der psychiatrischen Anstaltsversorgung, die nach dem Lagebericht zur psychiatrischen Versorgung im Enquête-Bericht öffentlich geworden waren, und den »Heimnotstand« zu beheben, von dem in den 1980er Jahren zunehmend die Rede war. Daraus wurde der Einwand, die mit dem neuen Recht verfolgten Anliegen seien »mit rechtlichen Mitteln kaum oder gar nicht lösbar«.[806] Alles werde unnötig »komplizierter«, so der Grundton bei vielen.[807] Man war nicht gegen Selbstbestimmung und trat den großen Zielen der Reform bei. Dieter Schwab etwa erklärte, er könne den elementaren Grundlinien der Reform »vorbehaltlos« zustimmen, und zählte dazu, dass »die persönlichen Integritäts- und Entfaltungsinteressen des Betreuten« in den »Mittelpunkt des Betreuungsverhältnisses« rücken sollten.[808] Den dazu vorgeschlagenen Verfahren stand er aber höchst kritisch gegenüber: Das neue gerichtliche Genehmigungserfordernis für gefährliche medizinische Behandlun-

804 *Holzhauer* (1988) B 87.

805 Etwa bei *Bergener* (1981), u. a. in den Beiträgen zum Kapitel »Zerstörung des Vertrauensverhältnisses Patient/Arzt durch Verrechtlichung?« (31–98).

806 *Bienwald* (1987) 537.

807 Exemplarisch *Holzhauer* (1988) B 81–B 84 und B 100–B 108; *Schlüter/Liedmeier* (1990); *Dieckmann* (1988); *Diederichsen* (1989); *Bürgle* (1988); *D. Lempp* (1988).

808 *Schwab* (1988) K 9.

gen stürze Ärzte und Betreuer in »Unsicherheit«, und man müsse doch fragen, ob dieses neue Institut der »gerichtsgestützten Heilbehandlung« dem Sinn einer ärztlichen Heilbehandlung noch entspreche.[809] Andere stimmten in diesen Tenor ein: Es sei doch »praktisch unmöglich« abzugrenzen, wann eine Genehmigung erforderlich ist und wann nicht: »Die infolge dieses Vorschlags zu befürchtende Rechtsunsicherheit muss im Interesse der Betroffenen vermieden werden, um ihre ärztliche Versorgung nicht in Frage zu stellen.«[810] Gutgemeinte Sicherungen würden das Betreuerhandeln »komplizieren und formalisieren«, dies sei kontraproduktiv.[811] Auch für die Unterbringung drohe durch die Neuregelung eine »unerträgliche Verzahnung von pflegerischer und ärztlicher Tätigkeit mit juridischen Verfahren [...], deren Resultat das Wohl des Betreuten schwerlich sein kann.«[812] Viele vermissten eher noch weitergehende körperliche Bestimmungsbefugnisse der Betreuer. So meinte Werner Bienwald im einflussreichen Kommentar »Staudinger« im Jahr 1995, es sei doch verwunderlich, dass ein Betreuter, der für einwilligungsfähig gehalten wird, »ohne jede Kontrolle von Betreuer oder Gericht« eigene Entscheidungen »in Bezug auf die Durchführung oder das Unterlassen die Gesundheit betreffender Maßnahmen treffen darf.«[813] Aber vor allem hielt man die höheren Anforderungen an körperliche Bestimmungsbefugnisse der Betreuer für überflüssig, unpraktisch oder schädlich. Es sei eine »Unzahl von Genehmigungsverfahren zu erwarten, welche die situative Fürsorge für einen kranken Menschen stark erschweren.«[814]

4.3 Betreuung als Privatrechtsverhältnis

Ein dritter Kritikstrang richtete sich speziell gegen das argumentative Gewicht, das die Grundrechte an den entscheidenden Weichenstellungen zugunsten körperlicher Selbstbestimmung gewonnen hatten. Auch wenn man, wie es das Bundesverfassungsgericht im Jahr 1960 vorgegeben hatte, den Begriff der Freiheitsentziehung nicht mehr von der Geschäftsfähigkeit oder der Einwilligungsfähigkeit der Betroffenen abhängig machen konnte, blieb noch der Einwand, dass Vormünderinnen und später Betreuer doch »privatrechtlich« handelten, so dass die Grundrechte für ihr Handeln nicht gälten. An diesem Punkt kondensierte

809 So die Kritik von *Schwab* (1988) K 31 f.; genauso etwa *Diederichsen* (1989) 18: denn die Rechtsordnung müsse doch vor allem »auch der Rechtssicherheit dienen«.

810 *Schlüter/Liedmeier* (1990) 75; genauso *Winkler-Wilfurt* (1992) 141.

811 *Coester* (1991).

812 *Schwab* (1988) K 36.

813 *Bienwald* (1995) 176 (§ 1904 Rn. 12).

814 Nochmals *Schwab* (1988) K 35 gegen die Genehmigungspflicht von unterbringungsähnlichen Maßnahmen.

immer wieder tiefergehender rechtswissenschaftlicher Widerspruch gegen das sich allmählich verdichtende Recht auf körperliche Selbstbestimmung. Darin schimmert ein Einwand durch, der schon im Eltern-Kind-Verhältnis begegnete: die Betonung, dass es sich um privatrechtliche Verhältnisse handele (Kap. 2 II.5.3.). Vormünder, Pflegerinnen und nun Betreuer seien vom Privatrecht eingesetzte Privatpersonen. Sie übten keine Hoheitsgewalt aus. Daher sei das Recht auch freier bei der Ausgestaltung des Vormundschafts- bzw. Betreuungsverhältnisses. Bereits bei Inkrafttreten des Bürgerlichen Gesetzbuchs war – zunächst noch ganz abstrakt und aus rein theoretischem Interesse – die Frage nach der Rechtsnatur des Vormundschaftsverhältnisses und der dem Vormund oder Pfleger eingeräumten Bestimmungsbefugnisse gestellt worden.[815] Die Meinungen waren zunächst noch auseinander gegangen, aber es festigte sich das Bild, dass das Vormundschaftsrecht mit dem Bürgerlichen Gesetzbuch in das Privatrecht »zurückgekehrt« sei.[816] Konkreter wurde die Frage nach der Rechtsnatur der vormundschaftlichen Befugnisse dann im Umfeld einer Entscheidung des Bundesverfassungsgerichts aus dem Jahr 1960, als das Gericht den Richtervorbehalt für vormundschaftlich veranlasste Unterbringungen durchsetzte (Kap. 2 III.3.2.). Für viele Stimmen in der Rechtswissenschaft war dies wie eine Büchse der Pandora, die es alsbald wieder zu schließen galt. Der Verwaltungsrechtswissenschaftler Hartmut Maurer argumentierte in einem viel zitierten Aufsatz aus dem Jahr 1960[817] wie folgt: Das Vormundschaftsrecht sei schon nach seinem Regelungsstandort dem Privatrecht zuzuordnen. Außerdem handele der Vormund nicht als staatliches Organ. Auch ihrem Wesen nach sei die Vormundschaft nicht »öffentlich«. Denn die Vormundschaft über Volljährige sei der Vormundschaft über Minderjährige nachgebildet, die wiederum der elterlichen Gewalt nachgebildet sei, die ihrerseits eindeutig dem Privatrecht zugeordnet sei. Daher gälten die Grundrechte für vormundschaftliches Handeln nicht unmittelbar, sondern nur abgeschwächt. Für diese Abschwächung fanden sich dann wechselnde Begründungen: Erst überwog die Vorstellung, im Vormundschaftsverhältnis sei lediglich die Ausstrahlungs- oder Drittwirkung der Grundrechte berührt, später war die Rede von »Eingriffswirkungen«, die die Schutzpflichten des Gesetzgebers hervorriefen, und schließlich wurde erläutert, Betreuerhandeln bedeute keinen Grundrechtseingriff, sondern lediglich eine Grundrechtsgefährdung.[818]

Nachdem das Bundesverfassungsgericht aber für die Freiheit der Person (Artikel 104 Absatz 2 Grundgesetz) anders entschieden und für die Unterbringung

815 Siehe einerseits *Glaessing* (1901); andererseits *Dernburg* (1907) 350–352: »eigenartiger Zweig des Verwaltungsrechtes mit privatrechtlichen Funktionen«.

816 *A. Roth* (2018) 1519–1524.

817 *Maurer* (1960).

818 Exemplarisch *Maurer* (1960) 472; *Riedl* (1988) 126–130; *Olzen/Metzmacher* (2011) 237; *von Sachsen Gessaphe* (1999) 58–79; *Lipp* (2000) 132 ff. Dazu auch noch im Text.

durch einen Vormund dieselben Rechtsgarantien eingefordert hatte wie für die polizeiliche Unterbringung, wurde es an diesem Punkt zunächst still. Die Frage nach der Rechtsnatur der Vormundschaft und der Geltung der Grundrechte brach dann aber wieder auf, als im Jahr 1988 absehbar wurde, dass das neue Betreuungsrecht richterliche Genehmigungen für jede Art von freiheitsentziehenden Maßnahmen vorsehen würde, also auch im häuslichen Bereich. Der Familienrechtler Heinz Holzhauer forderte in seinem Gutachten für den Deutschen Juristentag im Jahr 1988, die Genehmigungspflicht auf die außerhäusliche Unterbringung durch familienfremde Betreuer zu beschränken. Er führte zwei Gründe an. Erstens hielt er es für unzweckmäßig und demotivierend, wenn zu Betreuern bestellte Angehörige im Rahmen ihrer häuslichen Pflege ein Gericht anrufen müssten. Zweitens fügte er an, dass eine solche Kontrolle auch nicht verfassungsrechtlich geboten sei: Das Grundgesetz »fordert derartiges nicht«. Denn die Pflege naher Angehöriger bleibe ein »Akt familialer Solidarität« und nehme auch nicht dadurch öffentlich-rechtliche Züge an, dass pflegende Angehörige zu Betreuern bestellt würden.[819] Als diese Gleichung familiale Solidarität = privatrechtlich = keine unmittelbare Grundrechtsbindung von Karl-Dieter Pardey unter dem Titel »Hilfe oder Eingriff?« in Frage gestellt wurde,[820] wandte Holzhauer ein, Pardey übersehe, »wie sehr die Verfassungsväter von der Verstaatlichung der Familie während des Nationalsozialismus abgeschreckt waren und den privaten Raum der Familie betonen wollten.«[821] Hier begegnet abermals eine Variation des Arguments von der »Abnutzung der Grundrechte« oder dem Grundgesetz als »Anti« zur nationalsozialistischen Willkürherrschaft[822], wie es auch schon gegen den Schutz körperlicher Selbstbestimmung im Sorgeverhältnis eingewendet worden war (oben Kap. 2 II.4.3.). Den Gesetzgeber hatte Holzhauer mit dieser Sicht auf das Betreuungsverhältnis zwar nicht überzeugt: Ein Privileg für familienangehörige Betreuer ist nicht Gesetz geworden. Dazu war der Blick auf die Rolle von Familienangehörigen inzwischen auch schon zu getrübt (unten Kap. 2 III.5.1.). Die Praxis behalf sich aber im Wege der Auslegung, um das Hinübergreifen der

819 *Holzhauer* (1988) B 104; genauso *Bruder* (1988) C 45 sowie *Schwab* (1988) K 36 f. Die Abteilung Vormundschaftsrecht schloss sich auf dem Deutschen Juristentag dieser Rechtsauffassung an, siehe den Beschluss III.6. (»Unterbringungsähnliche Maßnahmen bedürfen nicht der Genehmigung des Vormundschaftsgerichts, wenn sie außerhalb von Einrichtungen im Rahmen einer Familienpflege erfolgen«, angenommen mit 43 Ja-Stimmen gegen 24 Nein-Stimmen), *DJT* (1988) K 245.

820 *Pardey* (1989) 132 ff. und 140 ff.

821 *Holzhauer* (1989) 453.

822 Siehe auch Landgericht Köln, Beschluss vom 10. März 1954, 6 T 38/54, Monatsschrift für Deutsches Recht (MDR) 1954, 418 gegen das Argument, es bedürfe wegen Art. 104 Grundgesetz eines Richtervorbehalts für Unterbringungen (oben 3.2.): Das Grundgesetz sei aus dem Bestreben entstanden, »eine Wiederholung der willkürlichen Freiheitsentziehungen von Seiten der natsoz. Gewaltherrschaft zu verhindern«, es sei aber nicht darum gegangen, »das materielle Familienrecht abzuändern.«

gerichtlichen Kontrolle in die »eigene Familie« zu vermeiden.[823] Und der selbstbestimmungskritische Gegendiskurs hatte einen Hebel gefunden, um der Quelle der zunehmenden Kontrolle von körperlichem Betreuerhandeln beizukommen und den maßgeblich von den Grundrechten ausgehenden Druck zur immer weiteren Explizierung und Kontrollierung der körperlichen Bestimmungsbefugnisse der Betreuer ein Stück weit zu neutralisieren.

Zuletzt plädierte der Familienrechtler Volker Lipp in seiner viel beachteten Habilitationsschrift mit dem Titel »Freiheit und Fürsorge« aus dem Jahr 2000 dafür, die »grundrechtliche Dimension« der Betreuung anders zu fassen. Betreuung sei richtig verstanden kein hoheitlicher Eingriff, sondern eine privatrechtlich organisierte Rechtsfürsorge, denn die Betreuung setze die Betreuten in den Stand, wieder am Rechtsverkehr teilzunehmen. In erster Linie »schützt der Betreuer den Freiheitsbereich des Betreuten gegenüber dem Staat, indem er die damit verbundenen Befugnisse einschließlich der Abwehrrechte gegenüber dem Staat wahrnimmt.«[824] Ein Betreuer sei keine staatliche Behörde und daher benötige er auch keine speziellen gesetzlichen Ermächtigungen, weil seine Befugnisse »auf seiner Bestellung und der Zuweisung seines Aufgabenkreises durch das Vormundschaftsgericht beruhen« sowie auf der Berechtigung und Verpflichtung, die Befugnisse zum Wohl des Betreuten auszuüben.[825] Daher war es für Lipp folgerichtig, dass es keiner ausdrücklichen gesetzlichen Ermächtigung bedürfe, damit Betreuer Zwangsbehandlungen rechtmäßigerweise anordnen können. Zwar bestehe die Gefahr einer Grundrechtsgefährdung, doch lasse sich der verfassungsrechtlich nötige präventive Schutz aus den bestehenden Bindungen der Betreuer generieren. Auch der wissenschaftlich hoch angesehene Familienrechtler Dieter Schwab hielt es für ein »Missverständnis«, wenn angenommen werde, der Betreuer übe »wie eine beliebige staatliche Stelle« Hoheitsgewalt über den Betreuten aus, »während er ihn in Wirklichkeit repräsentiert«.[826] Dies konnte Erinnerungen wecken an die ältere Lehre von den »besonderen Gewaltverhältnissen«, wonach die Grundrechte von Beamtinnen, Soldaten, Schülerinnen und Strafgefangenen ohne gesetzliche Grundlage eingeschränkt werden konnten, wenn Zweck oder Wesen des besonderen Verhältnisses dies erforderten.[827] Die weitere Entwicklung ist indes – wie gesehen – in eine andere Richtung gegangen. Der Bundesgerichtshof wollte sich der Deutung von Lipp nach den zwischenzeit-

[823] So die »herrschende Meinung« laut *W. Zimmermann* (2000a) 544 (§ 1906 Rn. 72 Fn. 129a).
[824] *Lipp* (2000) 122–141, Zitat von 135.
[825] *Lipp* (2006) 663 f.
[826] *Schwab* (2008).
[827] Darstellung und wegweisende Kritik bei *Schüler-Springorum* (1969); im Anschluss daran die Zurückweisung durch die sogenannte Strafgefangenen-Entscheidung des Bundesverfassungsgerichts, Beschluss vom 14. März 1972, 2 BvR 41/71, BVerfGE 33, 1–18 (10). – Für eine Geltung der Grundrechte im Altenheim *Noam* (1971) 81–87.

lichen Entscheidungen des Bundesverfassungsgerichts zu Zwangsbehandlungen nicht (mehr) anschließen und hielt ausdrückliche gesetzliche Ermächtigungen für Zwangsbefugnisse für erforderlich, die der Gesetzgeber dann auch zügig im Jahr 2013 schuf (Kap. 2 III.3.3.).[828] Seither ist es still geworden um die Rechtsnatur des Betreuerhandelns, und es steht nicht mehr in Zweifel, dass die Bestimmungsbefugnisse von Betreuern unmittelbar an den Grundrechten zu messen und nur auf strikt verhältnismäßiger gesetzlicher Grundlage verfassungsmäßig sind. Von hier aus wird seither keine offene Kritik mehr formuliert.[829] Aber untergründig ist wohl noch ein Unbehagen geblieben. Wenn in »der« systematischen Darstellung zum Familienrecht im Jahr 2020 eigens betont wird: »Das Verhältnis zwischen Betreuer und Betreutem ist privatrechtlicher, nicht hoheitlicher Natur«,[830] so schimmert darin die Grundsatzfrage nach der Grundrechtsgeltung im Betreuungsverhältnis nach wie vor durch.

5. *Deutungen*

Damit ist dieser Bericht in der Gegenwart der 2020er Jahre angekommen. Betreuung bedeutet nicht mehr wie die frühere Entmündigung den pauschalen Entzug von körperlicher Selbstbestimmung. Genauso wie im Sorgeverhältnis (Kap. 2 II.3.) hat das Recht des 20. Jahrhunderts hier einen veritablen Paradigmenwechsel hinter sich. Es gibt keine Entmündigung mehr und keine pauschale Wegdefinition von rechtlicher Handlungsfähigkeit (Kap. 2 III.2.1.). Wo Vormünder und Pfleger früher »freie Hand« bei der Ausübung der Personensorge hatten (Kap. 2 III.2.3.), sind inzwischen explizite, eng gefasste und gerichtlich kontrollierte Befugnisse der Betreuer geschaffen geworden (Kap. 2 III.3.3., III.3.4.). Hatte das Vormundschaftsrecht des Jahres 1900 Personen vor Augen, die als prinzipiell willensunfähig galten, schlägt sich das heutige Betreuungsrecht mit der Schwierigkeit herum, dass Betreute legitime »Wünsche« haben können, dass sie über einen »natürli-

828 Bundesgerichtshof, Beschluss vom 20. Juni 2012, XII ZB 99/12, BGHZ 193, 337–353 (348): »Dass die Betreuung im Bürgerlichen Gesetzbuch geregelt ist, die Betreuung die mit der Menschenwürde garantierte Selbstbestimmung des Einzelnen verwirklichen soll und der Betreuer die Rechte des Betroffenen auch gegenüber dem Staat wahrzunehmen hat (*Lipp* [2006] 663) ändert nichts daran, dass jener [der Betreuer] bei fehlender Einsichtsfähigkeit des Betroffenen neben der zivilrechtlichen Vertretung auch öffentliche Fürsorge ausübt.« Daher: »Die Vorschriften des Betreuungsrechts genügen den Anforderungen nicht, die das Bundesverfassungsgericht für die gesetzliche Regelung der Zwangsbehandlung aufgestellt hat und die für die staatliche Kontrolle des darauf bezogenen Betreuerhandelns gleichermaßen gelten müssen« (a.a.O.).

829 Rückblickende Ordnung der Debatte um »Eingriffsmodell« und »Aufbaumodell« bei *Schmidt-Recla / Diener* (2013).

830 So *Gernhuber / Coester-Waltjen* (1994) 1248; gleichlautend *Gernhuber / Coester-Waltjen* (2006) 972 sowie zuletzt *Gernhuber / Coester-Waltjen* (2020) 940; außerdem etwa *Dodegge* (2021) 6: »Das Innenverhältnis zwischen Betreuer und Betreutem ist privatrechtlicher Natur.«

chen« Willen verfügen und dass nicht jeder »natürliche Wille« auch »unfrei« ist: Aus Willensunfähigen (Kap. 2 III.2.1.) sind Rechtssubjekte mit grundrechtlichem Achtungsanspruch geworden (Kap. 2 III.3.2.). Betreuten ist versprochen, dass körperlicher Zwang nur noch zu ihrem eigenen Schutz erfolgen soll (Kap. 2 III.3.3.) und dass ihre Körperwünsche zu befolgen sind (Kap. 2 III.3.5.). Dennoch liegt auch in dieser Rechtsentwicklung etwas Unvollendetes. Nach wie vor stehen Wirklichkeit und Recht der körperlichen Selbstbestimmung von Betreuten im Weg. Auch wenn Betreuten inzwischen eindeutigere Rechte versprochen sind, bleibt ihre Verwirklichung prekär und unsicher. Ähnlich wie sich die Rechtsideale körperlicher Selbstbestimmung an andauernden Asymmetrien im Behandlungsverhältnis (Kap. 2 I.5.1.) und den Kehrseiten der Elternliebe (Kap. 2 II.5.1.) ein Stück weit brechen, treffen sie auch im Betreuungsverhältnis auf untergründige Gegenkräfte: die »dunklen Seiten« von Fürsorge (Kap. 2 III.5.1.) und rechtliche Durchsetzungsdefizite. Widerstände ergeben sich auch aus den Anforderungen, die an rechtserhebliche Selbstbestimmung gestellt werden (Kap. 2 III.5.2.) sowie aus der langen Tradition von Sonderrechtsverhältnissen (Kap. 2 III.5.3.).

5.1 Dunkler Betreuungsalltag

Die große Bewegung, mit der das Recht seit der Wende zum 20. Jahrhundert den pauschalen Entrechtungen des früheren Vormundschaftsrechts ein Ende bereitet und die neuen Betreuten mit Rechten und Achtungsansprüchen dotiert hat, traf nicht nur fortwährend auf den Widerstand der Rechtswissenschaft und ihre vielfältigen Gegendiskurse (Kap. 2 III.4.). Hinzu kommen Hindernisse, die in den Realitäten der Betreuungsverhältnisse und den dunklen Seiten von Pflege und Fürsorge wurzeln. Allerdings lässt sich davon derzeit nur ein ungenaues Bild zeichnen. Denn es fehlen repräsentative Erhebungen zu den Lebenslagen von Betreuten. Die Unsicherheiten beginnen schon bei der Frage, wie viele Betreuungsverhältnisse es in Deutschland überhaupt gibt. Darüber besteht keine bundesweite Statistik. Schätzungen gehen davon aus, dass im Jahr 2010 etwa 1,3 Millionen Menschen rechtlich betreut wurden.[831] Nach Angaben aus dem Jahr 2018 wurden für etwa 1,5 bis 1,8 % der Gesamtbevölkerung Betreuungen geführt.[832] Noch weniger ist über die Betreuungsverhältnisse selbst bekannt. Betreute bilden eine wissenschaftlich weitgehend »vergessene Personengruppe«.[833] Auch die qualitative So-

[831] So die Ermittlung von *Estermann/W. Fuchs* (2016) 157. In derselben Größenordnung liegen die Schätzungen von *Deinert* (2018) für Ende 2016 (Gesamtzahl von 1.233.000 angeordneten Betreuungen). Neuere Zahlen sind derzeit nicht veröffentlicht (Stand Mai 2024).

[832] Näher *BMJ* (2018) 36.

[833] *During* (2001) 31.

ziologie hat sich bislang nicht systematisch für die Betreuung interessiert.[834] Zwar nimmt das soziologische Interesse an Pflegeverhältnissen zu. Doch hilft dies nur bedingt weiter, weil Betreuungsverhältnisse im Sinne von *rechtlicher* Betreuung nicht notwendig Pflegeverhältnisse sind, die verstanden werden als Verhältnisse, in denen *tatsächliche* Unterstützung bei den Verrichtungen zur Lebensführung geleistet wird (etwa in Gestalt von Unterstützung bei der Körperpflege, der Haushaltsführung sowie bei Wegen und Reisen). Gleiches gilt für die Alterssoziologie und die Disability Studies. Sie interessieren sich für Lebenslagen, die mit Betreuungen einhergehen können, aber nicht müssen. Betreuungsverhältnisse werden soziologisch derzeit allenfalls in Ausschnitten miterfasst, aber nicht systematisch aufgearbeitet. Auch Selbstzeugnisse zu Betreuungsverhältnissen sind spärlich. Betreuung ist – anders als Kindheit oder Krankheit – kaum Gegenstand selbstbeschreibender Literatur, weder aus der Sicht der Betreuten noch der Betreuerinnen. Die Gründe sind naheliegend: Über Zumutungen und Verletzungen während der Kindheit lässt sich später leichter berichten als über Verletzungen im späten Alter, für die es häufig weder eine eigene Stimme noch Zeugen gibt. Auch Selbstzeugnisse über psychische Erkrankungen sind noch selten. Dies lässt sich erklären mit der Schwierigkeit, eine eigene Sprache für das Erlebte zu finden, sowie mit dem Bedürfnis nach eigenem Vergessen.[835]

Wir wissen also nur wenig davon, wie sich Betreuer und Betreute zueinander verhalten, wie sich die Betreuung für die Betreuten »anfühlt«, welche Rolle Betreuer gegenüber Betreuten einnehmen und welche Funktionen sie für die Betreuten haben. Dennoch liegt es nahe, dass Betreute ihre Körperwünsche in einem asymmetrischen Machtverhältnis zur Geltung bringen müssen.[836] Das freundliche Bild von der Betreuung als »Rechtsfürsorge«[837] steht in eigentümlichem Widerspruch zum Sprachgebrauch, wenn die Rede davon ist, dass jemand »unter Betreuung« steht. Ein Betreuungsverständnis, das primär auf die Förderung und Unterstützung von Selbstbestimmung gerichtet ist, »ist vermutlich noch nicht Allgemeingut«, wurde im Jahr 2014 konstatiert.[838] Ein im Auftrag des Bundesministeriums der Justiz und für Verbraucherschutz erstellter Bericht aus dem Jahr 2018 zur »Qualität in der rechtlichen Betreuung« räumte offen ein, dass die Betreuungswirklichkeit mitunter deutlich abweicht von den gesetzlichen Vorgaben, was die Achtung der Selbstbestimmung der Betreuten angeht. Die Fallanalysen

834 Pionierarbeit bei *During* (2001), gestützt auf 14 qualitative Interviews mit Betreuten; für einzelne Aspekte waren zudem die Fallstudien im Abschlussbericht »Qualität in der rechtlichen Betreuung«, *BMJ* (2018) 387–466 aufschlussreich; außerdem die erziehungswissenschaftliche Analyse von *Tormin* (2019).

835 Gegenbeispiele aber etwa *Gauger* (2021); *Kuiper* (1995).

836 *During* (2001) 111–123: strukturelles Machtungleichgewicht zwischen Betreuern und betreuten Personen.

837 Geprägt von *Lipp* (2000) 22 ff.; *Lipp* (2005).

838 *Brosey* (2014) 214.

hätten in Bezug auf die »Umsetzung der Wünsche der Betreuten [...] sowohl pflichtgemäße als auch pflichtwidrige Verhaltensweisen seitens der Betreuer [gezeigt]«, auch dahingehend, dass betreute Menschen »daran gehindert werden, ihre Wünsche zu verwirklichen.«[839]

Auch wenn der Forschungsstand zum Betreuungsalltag noch dürftig ist, lassen sich mehrere Gründe angeben, warum die Verwirklichung des Rechts auf körperliche Selbstbestimmung im Betreuungsverhältnis auf strukturelle Schwierigkeiten und Hindernisse stößt. Als Erstes sei darauf verwiesen, dass viele Betreuungsverhältnisse zugleich familiäre Pflegeverhältnisse sind, so dass sich Überforderungen aus der Pflege und familiäre Asymmetrien aufaddieren und in das Betreuungsverhältnis hineinwirken. Dies ist häufig der Fall. Mehr als die Hälfte aller Betreuungen werden von Familienangehörigen geführt,[840] obwohl gerade die Betreuung durch Familienangehörige seit Langem als problematisch gilt. Bereits im Jahr 1976 kritisierte Joachim Gernhuber, dass die Praxis »meist unreflektiert« die Bestellung eines erwachsenen Kindes als Vormund oder Pflegerin bevorzuge, obwohl dies zu »Interessenkollisionen in Permanenz« führe.[841] Andere hielten die Bestellung von erwachsenen Kindern für problematisch wegen der »Umkehr der Rollenverteilung« und warnten davor, dass die Pflegschaft durch eigene Kinder »zur totalitären Fürsorge« werden könne, weil Kinder gegenüber ihren Eltern zu einer »Überpflege neigen und damit deren Unselbstständigkeit [...] vorantreiben.«[842] In dieselbe Richtung weisen Untersuchungen zur ambivalenten Rolle der Angehörigen bei psychiatrischen Einweisungen.[843] Im Jahr 2003 bestand auf dem 8. Vormundschaftsgerichtstag »hohe Übereinstimmung [...] in der Feststellung, dass es eines gewissen emotionalen Abstands [...] bedarf, um in der Lage zu sein, eine rechtliche Betreuung zu führen«.[844]

Das Risiko, dass eine Eltern-Kind- oder eine Paarbeziehung unter den Belastungen einer Betreuung »umschlägt« in totalitäre Überfürsorge, erhöht sich, wenn es sich bei dem betreuenden Kind oder Partner zudem um die maßgebliche Pflegeperson handelt.[845] Nicht jeder familienangehörige Betreuer – zumeist ein Elternteil für ein Kind oder ein Kind für einen Elternteil[846] – leistet auch persönliche Pflege, aber wenn eine betreuungsbedürftige Person familiär gepflegt wird, entspricht es häufig dem Wunsch der Beteiligten, dass der pflegende Familien-

839 *BMJ* (2018) 593.

840 Nach Befragungen der Betreuungsbehörden werden 52,8 % der Betreuungen ehrenamtlich geführt und davon 91,7 % durch Familienangehörige (Quelle: *BMJ* [2018] 36). Dazu *Hoffmann* (1996).

841 *Gernhuber* (1976) 191.

842 *Moser* (1984) 47; *Lehr* (1982) 1176.

843 *Coché* (2017) insbesondere 157–162.

844 *Pufhahn/Maaßen* (2003).

845 *During* (2001) 25–33.

846 Näher *BMJ* (2018) 84 f: Angehörigenbetreuer sind zu 40 % ein Elternteil für das Kind, 21 % ein Kind für ein Elternteil, 7 % ein Ehegatte/Lebenspartner und 33 % sonstige (Geschwister etc.).

angehörige auch zum Betreuer bestellt wird. Genau in dieser Konstellation des familienangehörigen Pflege-Betreuers besteht allerdings ein besonderes Risiko dafür, dass sich die ohnehin mit der (Körper-)Pflegesituation zusammenhängende Machtasymmetrie weiter verschärft. In einer Befragung von 254 pflegenden Angehörigen gaben fast 20 % der Befragten an, innerhalb der letzten zwölf Monate physische Gewalt angewandt zu haben in Form von »grobem Anfassen«, »Schubsen« und pflegerischer Vernachlässigung. Fast die Hälfte der Befragten räumte »psychische« Misshandlungen ein, etwa durch Anschreien oder Beschimpfen.[847] Hier soll es nicht weiter um die Gründe gehen, die gerade die familiäre Pflege anfällig für Verletzungen und Machtmissbrauch machen: Die Erklärungen ähneln den Erklärungen für familiäre Gewalt gegen Kinder, also im Wesentlichen Überforderung und Beziehungsdynamik.[848] Für die Pflegesoziologie ist nachweislich, dass Körperpflege Fremdbemächtigung begünstigt, asymmetrische Situationen produziert und Verletzlichkeitsgefühle erzeugt.[849] Daraus folgt: Werden pflegende Angehörige zu Betreuern bestellt, ist das Betreuungsverhältnis verstrickt mit dem für Macht und Misshandlung besonders anfälligen Pflegeverhältnis. Wenn schon die alltägliche Körperpflege leicht umschlägt in Situationen, bei denen viele Pflegende ständig in der Gefahr sind, kleinere Grenzüberschreitungen wie »grob anfassen«, »schubsen«, »schimpfen« oder »vernachlässigen« zu begehen, dann wird das Risiko eines solchen Umschlagens von Fürsorge in Fremdbestimmung bis hin zur Integritätsverletzung umso größer sein, wenn es nicht um die notwendigste Körperpflege geht, sondern »nur« um andere Körperwünsche. Gerät schon das Duschen zum Machtkampf, wer fragt dann noch danach, wie sich betreute Personen ihren Haarschnitt wünschen oder ihre sexuellen Bedürfnisse verwirklichen können? Das Recht vermutet in dieser Konstellation allerdings keinen Interessenkonflikt. Als problematischer gilt die Bestellung von Personen zu Betreuern, die erbrechtliche Vermögensinteressen haben. Gegenüber der Familie als solche hatte der Gesetzgeber derartige Bedenken nicht: Es bestehe »kein Grund, die Eltern oder andere Verwandte des Betroffenen, deren Räume er bewohnt, grundsätzlich von der Betreuung auszuschließen.«[850] Dies soll auch dann gelten, wenn Eltern zugleich Heimleiter des Heims sind, in das ihr schwer behinderter Sohn aufgenommen worden ist.[851] Das Recht sieht familiäre Betreuung insgesamt in eher günstigem Licht; sogar umgekehrt hat es sich durchgesetzt, aus dem verfassungs-

847 Dazu *Schröder* (2019a) 20.

848 *Schröder* (2019); *Zeman* (2005); *Dörner / Egetmeyer / Koenning* (1987).

849 *Uschok* (2005).

850 Siehe die amtliche Begründung zu § 1879 BGB im Entwurf eines Gesetzes zur Reform des Rechts der Vormundschaft und Pflegschaft für Volljährige (Betreuungsgesetz) vom 11. Mai 1989, BT-Drucks. 11/4528, S. 127. Familiale Pflege wird generell nicht als Ausschlussgrund für die Betreuerbestellung verstanden; statt vieler etwa *A. Roth* (2020) 5823 (§ 1897 Rn. 11a).

851 Bundesverfassungsgericht (1. Kammer des Ersten Senats), Beschluss vom 20. März 2006, 1 BvR 1702/01, Zeitschrift für das gesamte Familienrecht (FamRZ) 2006, 1509–1511.

rechtlichen Schutz der Familie eine »bevorzugte Berücksichtigung der Familienangehörigen« bei der Betreuerbestellung abzuleiten.[852] Überschneidungen von Betreuung, Familie und Pflege werden also zusehends begünstigt, obwohl genau diese Betreuungskonstellation für die Betreuten mit besonderen Risiken verbunden ist, weil in Rechnung zu stellen ist, dass strukturelle Asymmetrien des Pflegeverhältnisses auf das Betreuungsverhältnis übergreifen. Außerdem spricht einiges dafür, dass sich Angehörige in ihrer Mehrfachrolle als Familienangehörige, Pflegende und Betreuerinnen in der Frage von (Zwangs-)Behandlungen eher noch leichter einer medizinischen Indikation und ärztlichen Empfehlungen anschließen als einem natürlichen Widerwillen der Betreuten. Etwa 40 % der Angehörigenbetreuer, so das Ergebnis einer im Jahr 2018 veröffentlichten Befragung, folgen »in der Regel« einer ärztlichen »Anordnung«, ohne einen Behandlungswunsch der Betreuten auch nur in Erwägung zu ziehen oder zu ermitteln.[853] Ohnehin sind Entscheidungen gegen den Wunsch der Betreuten bei Angehörigenbetreuern häufiger anzutreffen als bei Fremdbetreuern.[854] Die Tendenz, eher der ärztlichen Empfehlung als dem Willen der Betroffenen zu folgen, besteht auch für psychiatrische Indikationen. Margrit During hat beschrieben, wie Betreuer mitunter ihre Hauptaufgabe darin sehen, psychiatrische Behandlungsstrategien abzusichern.[855] Es leuchtet ein, dass die Mehrfachrolle zu einem besonderen Bedürfnis nach Entlastung und Handlungslegitimation führt. Und wenn familienangehörige Betreuer einmal anders handeln, wird leicht ihre Eignung in Frage gezogen.[856]

Diese Wechselwirkungen zwischen Pflege und Betreuung lassen sich derzeit allerdings nur näherungsweise empirisch belegen. Und genauso wenig ist damit gesagt, dass Pflegeverhältnisse zwangsläufig mit Grenzüberschreitungen einher-

852 Bundesverfassungsgericht (2. Kammer des Ersten Senats), Beschluss vom 31. März 2021, 1 BvR 413/20, Neue Juristische Wochenschrift (NJW) 2021, 2355–2360; vorsichtiger *Brauer* (2013) 157: »besondere Stellung« und kein »Privileg« der Familienangehörigen.

853 *BMJ* (2018) 343.

854 *BMJ* (2018) 344 f., 539, darunter auch Entscheidungen über Arztbesuche, Körperhygiene, Zugang zu Zigaretten und Alkohol sowie zu Lebensmitteln.

855 *During* (2001) 127 f.; siehe genauso das Fallbeispiel, das geschildert wird in *BMJ* (2018) 428 f.

856 Amtsgericht Garmisch-Partenkirchen, Beschluss vom 2. Juni 1999, XVII 43/99, Zeitschrift für das gesamte Familienrecht (FamRZ) 2000, 319 f. – So auch der mitgeteilte Anlassfall im Beschluss des Bundesverfassungsgerichts (2. Kammer des Ersten Senats), Beschluss vom 31. März 2021, 1 BvR 413/20, Neue Juristische Wochenschrift (NJW) 2021, 2355–2360: Die an Schizophrenie erkrankte Tochter lebte im Haushalt ihrer Mutter, die auch zu ihrer Betreuerin bestellt worden war. Psychiatrische Gutachten und behandelnde Ärzte hatten einen Betreuerwechsel angeregt, u. a. weil die Mutter ihre Tochter bisher nur kurzfristig psychiatrisch untergebracht hatte, während gutachterlich eine geschlossene Unterbringung für mindestens sechs Monate empfohlen worden war. Außerdem bestehe eine kontraproduktive innerfamiliäre Dynamik. Daraufhin wurde die Mutter gegen den ausdrücklichen Wunsch ihrer Tochter als Betreuerin entlassen, und der sodann eingesetzte Berufsbetreuer bewirkte die Unterbringung der Betroffenen in der geschlossenen Abteilung eines psychiatrischen Heimes von September 2019 bis April 2020. Das Landgericht Neubrandenburg hatte keine Einwände gegen die Entlassung der Mutter (Beschluss vom 5. Dezember 2019, 2 T 134/19); das Bundesverfassungsgericht hielt den Beschluss im Hinblick auf das Elternrecht für verfassungswidrig.

gehen. Wenn man aber versucht, die tatsächlichen Bedingungen mit zu bedenken, unter denen Betreute ihre Rechte auf körperliche Selbstbestimmung wahrnehmen müssen, und nach möglichen Widerständen fragt, so sollte man nicht daran vorbeisehen, dass das Zusammentreffen von Familienpflege mit Betreuung durch die Familie die Verwirklichung der versprochenen Rechte auf körperliche Selbstbestimmung eigentümlich erschwert. Mit welcher Wucht und Gewalt Pflegekonstellationen auch über partnerschaftliche Beziehungen selbstbewusster und ichstarker Persönlichkeiten hereinbrechen können, hat Gabriele von Arnim autobiographisch literarisiert. In ihrem 2021 veröffentlichten Text »Das Leben ist ein vorübergehender Zustand« beschreibt sie, wie ein Schlaganfall das bisherige Beziehungsgefüge eines Paares auf den Kopf gestellt hat. Die Frau, die gerade noch entschlossen war, ihren Mann zu verlassen, findet sich wieder in der Rolle der Pflegerin, auf einer Seite mit Ärzten und Therapeuten, im ständigen Versuch, bei ihrem pflege- und behandlungsbedürftigen Ehemann etwas »durchzusetzen«, in einer ständigen Gratwanderung zwischen »unvermeidbarem Despotismus und couragierter Hingabe.«[857]

Allerdings ist auch die zweite typische Betreuungskonstellation – wenn Betreute in Einrichtungen leben, dort familienfremd gepflegt und familienfremd betreut werden – strukturell problematisch im Hinblick auf körperliche Selbstbestimmung. Eine bundesweite Statistik über den Anteil institutionell versorgter und betreuter Erwachsener existiert zwar nicht. Ermittlungen und Schätzungen aus den 1990er Jahren ergaben noch Quoten von mehr als 60 %. Wegen der Anstrengungen zur Förderung ambulanter Pflege wird der Anteil zwischenzeitlich gesunken sein.[858] Dennoch ist davon auszugehen, dass ein großer Teil der Betreuten institutionell gepflegt wird. Auch 50 Jahre nach der Psychiatrie-Enquête gehen mit institutioneller Pflege Veränderungen der Lebenslage der Betroffenen einher, die es ihnen erschweren, ihre Rechte auf körperliche Selbstbestimmung im Betreuungsverhältnis auch zu verwirklichen. Vieles davon ist schon häufig beschrieben und analysiert worden.[859] Psychiatrische Anstalten, Spitäler, Krankenhäuser, Pflegeheime, Behinderteneinrichtungen usw. isolieren, ob gesellschaftlich bezweckt (»Wegschließen«) oder nur als unvermeidbare Folge, zumal wenn ein bedeutsames privates und familiäres Umfeld fehlt.[860] Diese Isolation wiederum verstärkt die ohnehin gegebenen Asymmetrien zwischen Pflegerinnen und Gepflegten, zwischen Personal und Bewohnern. Die situativ (aufgrund der Pflege) und organisatorisch (durch das Leben in der Institution) mitgegebene Anfälligkeit

857 *von Arnim* (2021) 129.

858 Dies legt auch der Abschlussbericht des *BMJ* (2018) nahe. Die Fallstudien betrafen zu ¾ Betreuungskonstellationen, in denen Betreute in Privathaushalten wohnten, und nur ¼ der Fälle handelte von Betreuten, die in Einrichtungen wohnten.

859 Historisch *Foucault* (1963); *Castel* (1976); soziologisch *Goffman* (1961/1973).

860 Statt vieler *Zenz u. a.* (1987) 19–21; *Koch-Straube* (2005); *Amrhein* (2005).

für Grenzverletzungen und Gewalt (»gefährliche Pflege«)[861] begünstigt Erfahrungen von körperlicher Fremdbestimmung.[862]

Diese Ausgangslage institutioneller Pflege schlägt auf das Betreuungsverhältnis durch. Das Recht verhindert zwar, dass Personen zu Betreuern bestellt werden, die in einer »engen Beziehung« zu dem Heim oder der sonstigen Einrichtung stehen, in der die betreute Person lebt.[863] Heimleitungen und Pflegekräfte sind als Betreuer ausgeschlossen. Aber die Lebenslage von institutionell gepflegten Betreuten wirkt sich auch auf das Betreuungsverhältnis zu Betreuern aus, deren Beziehung zur Pflegeinstitution nicht als »eng« angesehen wird. Das ohnehin schon bestehende Machtungleichgewicht, das mit jedem Betreuungsverhältnis einhergeht, tendiert dazu, sich weiter zu verschärfen. Die »draußen« lebenden, zumal familienfremden professionellen Betreuerinnen treffen auf isoliert lebende, durch pflegerische Grenzüberschreitungen in ihrem Selbstwertgefühl angegriffene und also situativ und organisatorisch »geschwächte« Betreute. Die schon mehrfach herangezogene Studie von Margrit During aus dem Jahr 2001 zu den »Lebenslagen von betreuten Menschen« hat diesen Zusammenhang zwischen institutioneller Pflege und der Rolle der Betreuer mit vielen Gesprächsbeispielen belegt. Nur ausnahmsweise nahmen institutionell gepflegte Betreute ihre Betreuer als Ressource und Rückenstärkung gegenüber Pflegern und Ärztinnen wahr. Häufiger war es in Bezug auf körperliche Entscheidungen umgekehrt: Institutionell gepflegte Betreute empfanden ihre Betreuer und deren Entscheidungen als »aufgezwungen«. In keinem Interview wurden Betreuer geschildert, die Körperwünsche der Betreuten gegen ärztliche Empfehlungen oder die institutionell geübte Praxis durchsetzten.[864] Eher begegnen Betreuerinnen, die als verlängerter Arm von Pflegern, Ärzten und Psychiatern deren Behandlungsstrategie vertreten, und es begegnen Betreute, die sich infolge der Einrichtung der Betreuung und der Hospitalisierung zusehends fremd geworden sind, an Identität verloren haben und immer weniger in der Lage sind, Körperwünsche überhaupt zu entwickeln, geschweige denn zu artikulieren.[865] In der Rechtspraxis wird dann auch zuweilen offen eingeräumt, dass noch nicht einmal die gesetzlichen Bestimmungen »vollständig und konsequent angewendet werden«,[866] zumal das Betreuungsgericht von vielen Rechtsverletzungen auch gar nicht erfahren wird. Dies gilt insbesondere für die Beachtung bloßer Körperwünsche. Denn Betreuer sind zwar »im Innenverhält-

861 Berichte bei *Breitscheidel* (2005) 33 ff.

862 *Willems/Ferring* (2014); zu Gewalt im Kontext institutioneller Sorge *Domann/Oppermann/Rusack* (2019); *Amrhein* (2005).

863 Siehe den Ausschlussgrund in § 1816 Absatz 6 BGB in der Fassung seit 1. Januar 2023.

864 Genauso die Beobachtung von *Helmchen* (2005) 436: Betreuer würden »in der Regel« in ärztlich indizierte Interventionen einwilligen.

865 *During* (2001) 147–164.

866 Nachlesbar bei dem Betreuungsrichter *Dodegge* (2018).

nis« verpflichtet, Wünsche der Betreuten zu befolgen, doch ergeben sich daraus keine unmittelbaren Auswirkungen auf die Wirksamkeit des Betreuerhandelns, und entsprechend unwahrscheinlich ist es auch, dass Betreuungsrichter einmal davon erfahren und Betreuerinnen deshalb entlassen.[867]

5.2 Doppeldeutige Rechtsdogmen

Der Wunsch Betreuter nach körperlicher Selbstbestimmung wird aber nicht nur gebrochen an den schwierigen Rahmenbedingungen von typischen Betreuungskonstellationen, die es strukturell erschweren, das, was bereits an körperlicher Selbstbestimmung versprochen ist, auch tatsächlich zu verwirklichen (Kap. 2 III.5.1.). Es sind auch Widerstände durch doppeldeutige Rechtsdogmen in Rechnung zu stellen. Solche Widerstände sind bislang in unterschiedlicher Form begegnet: in gegenläufigen Verhaltenserwartungen (»Patientenvertrauen«, Kap. 2 I.5.2.3.) und Haftungsanreizen (»starke Eltern« im Haftungsinteresse, Kap. 2 II.5.3.2.), in gegenläufigen Idealen der privatrechtlichen Rechtsumwelt (»Privatheit«, »Rechtssicherheit«, Kap. 2 II.5.3.1.) und in der Art und Weise, wie Selbstbestimmung rechtlich konzipiert ist (»geistige und sittliche Reife«, Kap. 2 I.5.2.1.). Für die körperliche Selbstbestimmung von Betreuten ergibt sich hier folgendes Bild: Einerseits gibt es kein untergründiges Werben für Vertrauen in Betreuerhandeln und keine haftungsrechtliche Verantwortung der Betreuer für Betreute. Hierin unterscheidet sich die rechtliche Formung des Betreuungsverhältnisses vom Behandlungs- und vom Sorgeverhältnis. Auch die Zuordnung der Betreuung zum Privatrecht wirkt sich anders aus als im Sorgeverhältnis (dazu sogleich Kap. 2 III.5.2.1.). Andererseits begegnen abermals, wie schon im Behandlungsverhältnis, rechtsdogmatische Widerstände aus der Art und Weise, wie Selbstbestimmung rechtlich konzipiert ist (näher unten Kap. 2 III.5.2.2.).

5.2.1 Zuordnung zum Privatrecht: hier anders

Im Zusammenhang mit der körperlichen Selbstbestimmung von Kindern erwuchsen aus der Verortung des Eltern-Kind-Verhältnisses zum Privatrecht wirksame Gegenargumente: Diese Verortung begünstigte ein Ideal möglichster Staats- und Rechtsfreiheit im Innenverhältnis von Eltern und Kindern und nährte Forderungen, rechtliche Interventionen in die Familie tunlichst zu beschränken und Eltern möglichst frei zu stellen (oben Kap. 2 II.2.2.). Für die körperliche Selbstbestimmung von Betreuten wirkte sich die herkömmliche Zuordnung des Erwachsenenschutzrechts zum Privatrecht nicht so eindeutig aus. Zwar begünstigte die Zuordnung zum Privatrecht, dass sich das Recht mehr für den Schutz des Vermö-

867 Gleichsinnige Bedenken schon bei *Pardey* (1988) 332 und *Baumann* (1980) 1877.

gens als für den Schutz des Körpers interessierte. Widerstände gegen körperliche Selbstbestimmung resultierten auch aus der privatrechtstypischen Wertschätzung für Rechtssicherheit und Praktikabilität. Sie rückte die Entmündigung mit ihrer transparenten und pauschalen Entziehung von Selbstentscheidungsrechten über lange Zeit in vorteilhaftes Licht. Schließlich nährte die Zuordnung zum Privatrecht zeitweise – und letztlich erfolglos – Gegendiskurse, die bezweifelten, ob das Handeln von Betreuern an den Grundrechten zu messen ist (oben Kap. 2 III.4.3.).

Doch sollte über diesen Parallelen nicht übersehen werden, dass die Zuordnung zum Privatrecht die Anerkennung körperlicher Selbstbestimmung der Betreuten auf lange Sicht mehr begünstigte als beeinträchtigte. Denn sie trug dazu bei, dass öffentliche Interessen als Erklärung für die körperliche Fremdbestimmung zunehmend zurückgewiesen wurden. Weil es sich um privatrechtliche Rechtsinstitute handelte, sollten sie in erster Linie der Sicherung der betroffenen Person dienen und nicht dem Zugriff der Allgemeinheit auf »Gemeingefährliche«.[868] Die Zuordnung zum Privatrecht schloss körperliche Fremdbestimmung als gesellschaftliche Verhaltenssteuerung zwar nicht aus (oben Kap. 2 III.2.), aber sie prägte langfristig das Bild der legitimerweise verfolgbaren Anliegen.[869] Die Zuordnung zum Privatrecht schuf die Voraussetzungen dafür, dass Entmündigung und Vormundschaft immer deutlicher von polizeilichen und strafrechtlichen Befugnissen geschieden wurden. Dies lässt sich auch daran ablesen, dass die nationalsozialistische Ideologie gerade die »zivilistische« Konzeption der Entmündigung als Hemmnis für die ideologische Rechtserneuerung sah und nach Möglichkeiten suchte, die damit verbundene Fixierung auf den Schutz des Einzelnen zu überwinden.[870] Selbst in den 1930er Jahren errichtete die Zuordnung des Entmündigungs- und Vormundschaftsrechts zum Privatrecht noch gewisse Hürden gegen die ideologische Vereinnahmung durch gesellschaftliche Verhaltenssteuerung. Diese Unterscheidung von (primär) individualnützigen und (auch) gemeinnützigen Befugnissen findet sich bis heute in der Unterscheidung zwischen der privatrechtlichen und der öffentlich-rechtlichen Unterbringung wieder. Mit »privatrechtlich« ist gemeint, dass die Unterbringung mit dem Schutz des Betroffenen erklärlich sein muss, während »öffentlich-rechtlich« die allgemeinnützige Unterbringung im sogenannten Maßregelvollzug und zur Gefahrenabwehr meint. Auch wenn in Rechnung gestellt wird, dass nicht jede Entscheidung, die als individualnützig ausgegeben wird, einzig von den Interessen der Betroffenen motiviert ist,[871] bleibt es richtig, dass das Privatrechts-Argument im Betreuungsverhältnis

868 *Peukert* (1983).

869 *Thier* (2010) 83–87.

870 Exemplarisch *G. Hartmann* (1937).

871 Idealisierend *Lipp* (2012): »Ausschließlich um den Kranken und dessen Behandlung in seinem Interesse geht es freilich nur im Betreuungsrecht. Hier spielen Drittinteressen überhaupt keine Rolle.«

anders funktioniert als im Eltern-Kind-Verhältnis. Dies hat zugleich mit einer weiteren Weichenstellung zu tun: Es existiert keine Rechtstradition, die Betreuern eigene Rechte vergleichbar den Elternrechten einräumte. Die Vorstellung, dass Betreuer aufgrund von Eigenrechten einen Anspruch auf möglichst freie, ungebundene Befugnisse hätten, ist kaum je artikuliert worden, nicht zuletzt weil das Grundgesetz dafür – anders als für die Eltern (Artikel 6 Absatz 2 Grundgesetz) – nichts hergibt. Auch deshalb ließ sich die Zuordnung des Betreuungsrechts zum Privatrecht nicht mit derselben Wirkmacht und Selbstverständlichkeit übersetzen in Forderungen nach »starken« und »freien« Betreuern. Es lag daher jedenfalls nicht an der Zuordnung zum Privatrecht, dass körperliche Fremdbestimmung gegenüber Betreuten im Vergleich zu Kindern oder Patientinnen erst so viel später als problematisch wahrgenommen und schärfer zurückgewiesen wurde.

5.2.2 Implizite Hürden: der »freie Wille«

Dennoch räumt das Bürgerliche Gesetzbuch Betreuern bis heute die Befugnis ein, Zwangsbehandlungen zu veranlassen. Ähnlich wie das elterliche Züchtigungsrecht, solange es bestand, als Erziehung erklärt und legitimiert wurde (Kap. 2 II.2.1.), werden diese Zwangsbefugnisse mit Fürsorge erklärt und legitimiert. Was sich im Verlauf des 20. Jahrhunderts geändert hat, ist allein die Intensität der rechtlichen Rahmung. Heute ist körperlicher Zwang im Betreuungsverhältnis eingehend geregelt, aber er ist nicht verboten. Er ist Bestandteil der rechtlichen Vorstellungen von Fürsorge, genauso wie Züchtigungen über lange Zeit Bestandteil der rechtlichen Vorstellungen von Erziehung im Sorgeverhältnis waren. Es gibt kein Recht auf Gewaltfreiheit im Betreuungsverhältnis oder auch nur ein Recht auf gewaltfreie Pflege.[872] Notwendigkeit und Legitimierbarkeit von körperlichen Zwangsbefugnissen im Betreuungsverhältnis erscheinen dem derzeitigen Rechtsdiskurs weitgehend selbstverständlich; eher werden neue Befugnisse – für ambulante Zwangsbehandlungen – vermisst.[873] Daran hat sich auch nichts geändert, nachdem das Bundesverfassungsgericht die Freiheit zur Krankheit (Kap. 2 III.3.4.2.)[874] und zuletzt das Recht auf selbstbestimmtes Sterben ausgerufen hat.[875] Nach wie vor gibt es kein generelles Recht von Betreuten, nicht gegen den eigenen Widerstand mit Neuroleptika behandelt oder fixiert zu werden. Die Freiheit zur Krankheit beinhaltet nicht für jeden das Recht, sich aus Überzeugung gegen pharmakologische Überdeckungen von psychotischen Episoden zu entscheiden.

872 Siehe aber *Wellenhofer* (2019): »Klarstellung« wünschenswert; Vorüberlegungen bei *Zenz* (2000).

873 Bundesgerichtshof, Beschluss vom 11. Oktober 2000, XII ZB 69/00, BGHZ 145, 297–310 (310); Bundesgerichtshof, Beschluss vom 20. Juni 2012, XII ZB 99/12, BGHZ 193, 337–353 (353).

874 Bundesverfassungsgericht, Urteil vom 18. Juli 1967, 2 BvF 3/62, BVerfGE 22, 180–220 (192); Bundesverfassungsgericht, Beschluss vom 23. März 2011, 2 BvR 882/02, BVerfGE 128, 282–332 (304).

875 Bundesverfassungsgericht, Urteil vom 26. Februar 2020, 2 BvR 2347/15, BVerfGE 153, 182–310.

Körperlicher Zwang gegenüber betreuten Personen wird also für rechtlich legitimierbar erachtet. Zuweilen klingt es bedauernd und resignierend, und man ist sich einig darin, dass körperlicher Zwang immer mit schwierigen, traurigen Grenzfällen zu tun hat, genauso wie Körperstrafen gegen Kinder als traurige aber zuweilen notwendige Erziehungsmaßnahmen erschienen, bevor das Recht auf gewaltfreie Erziehung geschaffen wurde. Unterbringungen und Fixierungen, Zwangsbehandlungen und Zwangsmedikationen fügen sich im Rechtszusammenhang ein in die große, traurige Erzählung vom leider notwendigen fürsorglichen Zwang. Hier begegnet ein historisch allgegenwärtiges Muster zur Legitimation von Gewalt, das Niklas Luhmann als Temporalisierung beschrieben hat. Gewalt wird gerechtfertigt mit der Einschränkung des »noch«: Die Zeit ist »noch nicht reif« für den völligen Verzicht auf Zwang etc.[876]

Diese Vorstellung der Noch-Legitimierbarkeit von körperlichem Zwang gegenüber betreuten Personen speist ihre Überzeugungskraft aus bestimmten Vorstellungen von körperlicher Selbstbestimmung, die nur selten als die eigentliche Weichenstellung wahrgenommen werden: dass körperliche Selbstbestimmung ein Mindestmaß an geistigen Fähigkeiten, »Verarbeitungskapazität«, Kenntnissen etc. voraussetzt.[877] Fehlt es daran, geraten Fremdentscheidungen und Zwang gar nicht erst in rechtlichen Konflikt mit Selbstbestimmung. Nur äußerlich handele es sich dann um Fremdbestimmung; eigentlich werde ein fürsorglicher Sozialstaat wirksam, der Personen mit minderen Fähigkeiten nicht dem schicksalhaften, freien Fall ihres nicht im Rechtssinne selbstbestimmten Willens überlässt. An dieser Vorstellung hat das Bundesverfassungsgericht maßgeblich mitgewirkt, als es die Unterscheidung zwischen einem »freien« und einem »natürlichen« Willen prägte.[878] Darin lag zunächst ein Entwicklungsschritt zugunsten körperlicher Selbstbestimmung. Denn seither ist auch ein nach bisherigen Maßstäben ohne »Einsichts- und Steuerungsfähigkeit« (bzw. Einwilligungsfähigkeit) gebildeter und in diesem Sinne »natürlicher« Körperwille rechtlich überhaupt beachtlich (Kap. 2 III.3.2.). Aber im selben Atemzug wurde das rechtliche Gewicht des natürlichen Willens wieder relativiert. Es folgte die Last, an der der gesamte Rechtsbereich bis heute trägt. Denn das Bundesverfassungsgericht machte sich auch die Vorstellung zu eigen, dass ein natürlicher Wille, der krankheitsbedingt Risiken und Folgen einer körperlichen Entscheidung nicht vernünftig zu erfassen vermag, als sogenannter unfreier Wille rechtmäßig übergangen werden kann und zum Teil sogar muss (Schutzpflicht, oben Kap. 2 III.3.4.1.). Dies hatte zwar die erläuterten rechtlichen Sicherungen zur Folge. Die Anwendung körperlichen Zwangs gegen

876 *Reemtsma* (2008) 256–269 unter Hinweis auf *Luhmann* (1989).

877 Exemplarisch *Beckmann* (2013); darauf hat bereits *Schöne-Seifert* (2009) 119 aufmerksam gemacht.

878 Bundesverfassungsgericht, Beschluss vom 26. Juli 2016, 1 BvL 8/15, BVerfGE 142, 313–351.

den natürlichen, krankheitsbedingt unfreien Willen ist nur in immer bestimmteren Grenzen zulässig: Sie muss notwendig sein, um einen drohenden erheblichen gesundheitlichen Schaden abzuwenden, der nicht durch weniger belastende Maßnahmen abgewendet werden kann; außerdem muss der zu erwartende Nutzen die zu erwartenden Beeinträchtigungen deutlich überwiegen, und all dies unterliegt der Kontrolle des Betreuungsgerichts (Kap. 2 III.3.4.).[879] Aber zugleich zementierte sich die Vorstellung, dass es einen nur-natürlichen, krankheitsbedingt nicht-freien Willen gibt und dass dieser Wille legitimerweise überwunden werden kann, weil er nicht Ausdruck von Selbstbestimmung im Rechtssinne ist. Abermals wird hier vom Recht geradezu beiläufig eine weichenstellende und anspruchsvolle Vorstellung von Selbstbestimmung formuliert, die die Grenzen zur rechtlich relevanten Fremdbestimmung verschiebt. Auf diese Weise lässt sich körperlicher Zwang legitimieren, ohne dass die Rechtsordnung ihre Wertschätzung für Selbstbestimmung aufgeben müsste. Zwangsbehandlungen gegen nur-natürlichen und unfreien Widerstand erscheinen rechtlich unproblematisch, weil sich die geringere normative Verbindlichkeit des nur-natürlichen Willens bruchlos erklären lässt mit der »eingeschränkten Fähigkeit zur Selbstbestimmung«.[880] Mit etwas Abstand betrachtet stehen wir hier vor einem Phänomen, das nur selten expliziert wird: dass Selbstbestimmung mithilfe der rechtlichen Vorstellungen zur Selbstbestimmungsfähigkeit »anderen Menschen entweder zugeteilt oder abgesprochen wird«, wie es die Sozialethikerin Monika Bobbert formulierte.[881]

Gemessen an den Vorstellungen der Praxis liegen die Hürden für den freien Willen dabei durchaus hoch. Die entscheidenden Kriterien sind »die Einsichtsfähigkeit des Betroffenen und dessen Fähigkeit, nach dieser Einsicht zu handeln.«[882] Beides muss kumulativ vorliegen: »Fehlt es an einem dieser Elemente, liegt kein freier, sondern nur ein natürlicher Wille vor«.[883] Dies setzt, wie die Rechtsprechung wiederkehrend formuliert, die Fähigkeit voraus, die für und wider sprechenden Gesichtspunkte zu erkennen und gegeneinander abzuwägen. Sind Betroffene in der Lage, sich dazu ein klares Urteil zu machen, muss es ihnen zusätzlich

879 § 1906a Absatz 1 und 2 BGB in der Fassung des Gesetzes zur Änderung der materiellen Zulässigkeitsvoraussetzungen von ärztlichen Zwangsmaßnahmen und zur Stärkung des Selbstbestimmungsrechts der Betreuten vom 17. Juli 2017, BGBl. I, S. 2426; seit dem 1. Januar 2023 § 1832 Absatz 1 und 2 BGB in der Fassung des Gesetzes zur Reform des Vormundschafts- und Betreuungsrechts vom 4. Mai 2021, BGBl. I, S. 882.

880 Exemplarisch *Böse* (2011) 536.

881 *Bobbert* (2015) 91.

882 Siehe die Begründung des Entwurfs eines Gesetzes zur Änderung des Betreuungsgesetzes vom 12. Februar 2004, BT-Drucks. 15/2494, S. 28; aus der Rechtsprechung siehe nur Bundesgerichtshof, Beschluss vom 7. Dezember 2022, XII ZB 158/21, Zeitschrift für das gesamte Familienrecht (FamRZ) 2023, 467 f.

883 Siehe nur Bundesgerichtshof, Beschluss vom 31. Oktober 2018, XII ZB 552/17, NJW Rechtsprechungs-Report (NJW-RR) 2019, 65 f.; Bundesgerichtshof, Beschluss vom 7. Dezember 2022, XII ZB 158/21, Zeitschrift für das gesamte Familienrecht (FamRZ) 2023, 467 f.

möglich sein, auch nach diesem Urteil zu handeln und sich dabei von den Einflüssen Dritter abzugrenzen.[884] Dies knüpft an Vorstellungen an, die das Reichsgericht in anderem Zusammenhang entwickelt hatte.[885] Was dies im Einzelnen im Verhältnis von Betreuern und Betreuten bedeutet, erläuterte ein ehemaliger Betreuungsrichter wie folgt: Ein freier Wille setze juristisch voraus, dass »alle entscheidungserheblichen Gesichtspunkte tatsächlich bekannt sind« und dass der Betroffene »realitätsgerecht das Für und Wider abwägen kann.« Dazu müsse man um »alternative Behandlungsmöglichkeiten wissen und die dabei auftretenden Belastungen, Risiken und Erfolgschancen in seine Überlegungen einbeziehen können.« Weiter seien eine »gewisse Dauerhaftigkeit« oder »innere Festigkeit« erforderlich. Außerdem müsse der Wille »unbeeinflusst von einer akuten psychischen Störung, etwa einer Depression oder wahnhafter Störung, gebildet und umgesetzt [werden].« Und schließlich müsse jede »Beeinflussung Dritter« sowie eine »verzerrte Realitätswahrnehmung« ausgeschlossen werden können.[886] Angesichts dieser breit gefassten Anforderungen an Tatsachenkenntnis, Abwägungsvermögen, Konstanz und Authentizität kann man leicht ins Grübeln darüber geraten, ob je die eigenen Körperentscheidungen nach diesen Maßstäben eindeutig als Ausdruck freier Willensbildung angesehen werden können und daher unbedingten Achtungsanspruch genießen. Außerdem besteht die naheliegende Neigung, medizinisch unvernünftige Körperwünsche auf einen krankheitsbedingt unfreien Willen zurückzuführen, der sich dann wiederum als Ausdruck »besonderer Hilfs- und Schutzbedürftigkeit« deuten lässt und die staatliche Schutzpflicht aktiviert (Kap. 2 III.3.4.1.). Was gegenüber somatisch als krank eingestuften Personen zurückgewiesen wird – körperlicher Zwang zum Besten der Betroffenen –, kann gegenüber Personen, die als psychisch krank gelten, für zulässig erklärt werden. Die darin liegende Fremdbestimmung ist unsichtbar gemacht geworden, als das Recht Selbstbestimmung an einen bestimmten, freien Willen knüpfte und damit Fähigkeiten voraussetzte, die durch psychische Erkrankungen als typischerweise beeinträchtigt gelten.[887] Zugleich wurde suggeriert, dass sich Personen, die sich mit nur-natürlichem Willen gegen medizinisch indizierte Behandlungen wenden, in einem Zustand der Hilflosigkeit befinden, der den Staat nicht nur ermächtigt, sondern sogar verpflichtet, aus medizinischer Sicht angezeigte Behandlungen zwangsweise zu ermöglichen. Kritik daran ist vereinzelt geblieben.[888] Auch

884 Exemplarisch nochmals Bundesgerichtshof, Beschluss vom 31. Oktober 2018, XII ZB 552/17, NJW Rechtsprechungs-Report (NJW-RR) 2019, 65 f.

885 Reichsgericht, Urteil vom 19. Januar 1922, VI 585/21, RGZ 103, 399–401 (400 f.); Reichsgericht, Urteil vom 6. Oktober 1930, IV 583/29, RGZ 130, 69–73 (71); Reichsgericht, Urteil vom 15. Dezember 1930, IV 361/39, RGZ 162, 223–230 (228).

886 *Dodegge* (2022) 848; siehe auch *Neuner* (2018) 23–25.

887 Solcher »verdeckter Paternalismus« wird auch von psychiatrischer Seite eingeräumt; *Vollmann* (2008) etwa 66 ff., 114 ff.

888 Siehe aber *Augsberg* (2018) 58 f.

nimmt es das Recht nicht so richtig genau mit der vorausgesetzten Hilflosigkeit. Schließlich liegt die Schwelle für zulässige Zwangsbehandlungen eigentümlich niedrig: Es geht nicht um Lebensgefahr und notstandsähnliche Gefahrenlagen für Leib und Leben, sondern es genügt, dass eine medizinische Behandlung überwiegenden Nutzen bringt. Es muss sich, wie der Bundesgerichtshof formulierte, »um eine geeignete Behandlung nach den Regeln der ärztlichen Kunst gemäß den anerkannten medizinischen Standards handeln«.[889] Dies schließt nach weit geteiltem Verständnis weder Zwangsbehandlungen aus, die nur vorübergehend wirken, noch solche, die – wie Psychopharmaka – gar nicht dauerhafte Heilung, sondern episodische Symptomlinderung, also bloße Beeinflussung der »Symptomatik«, versprechen.[890] Es ist zwar die Rede davon, dass Zwangsbehandlungen nur als »Ultima Ratio« zulässig sein sollen. Doch wird dies weit verstanden. Eine strikte rechtliche Verpflichtung, dass Zwangsbehandlungen eine Situation akuter Hilflosigkeit und Lebensgefahr (»Notfallsituationen«) abwenden oder jedenfalls auf die »Entwicklung, Förderung oder Wiederherstellung der selbstbestimmten Lebensführung abzielen«, wie es der Deutsche Ethikrat im Jahr 2018 als Minimalbedingung ethischer Legitimität von Zwangsmaßnahmen formulierte,[891] findet sich im geltenden Recht nicht. Es muss nur ein medizinischer Konsens über die Nützlichkeit einer Zwangsmaßnahme bestehen. Als der Bundesgerichtshof im Jahr 2020 eine zwangsweise Elektrokonvulsionstherapie für unzulässig erklärte, spielte es keine Rolle, dass sich Betreuer und Ärzte weder einer akuten Notlage des an chronifizierter paranoider Schizophrenie erkrankten 26-jährigen Mannes gegenübersahen, noch sich realistische Heilungschancen ausmalen konnten. Entscheidend war vielmehr, dass es an einem »breiten medizinischen Konsens« fehlte.[892] Die Zwangsbehandlung ist also zwar verrechtlicht worden, und die rechtlichen Grenzen sind im Verlauf der Zeit enger gefasst worden, aber es ist bei der rechtlichen Legitimierbarkeit von Zwangsbehandlungen geblieben.

5.3 Selbstverständliche Sonderrechtsverhältnisse

Die prinzipielle Legitimierbarkeit von körperlichem Zwang im Betreuungsverhältnis wurzelt insbesondere darin, wie Selbstbestimmung im Rechtssinne gefasst wird (Kap. 2 III.5.2.2.). Indem rechtlich maßgebliche Selbstbestimmung daran geknüpft wird, dass ein Wille nicht krankheitsbedingt beeinflusst und in diesem Sinne »frei« ist (Kap. 2 III.5.2.2., III.3.4.1.), entsteht ein normalitätsorientier-

889 Bundesgerichtshof, Beschluss vom 15. Januar 2020, XII ZB 381/19, BGHZ 224, 224–235 (230).
890 Darauf hat eindringlich hingewiesen: *Schmidt-Recla* (2017) 95.
891 *Deutscher Ethikrat* (2018) 196 und öfter.
892 Bundesgerichtshof, Beschluss vom 15. Januar 2020, XII ZB 381/19, BGHZ 224, 224–235 (231).

tes und von medizinischer Vernunft geprägtes Bild von Selbstbestimmung. Dies ist zu einem gewissen Grad geradezu paradox: Genau dann, wenn es überhaupt auf körperliche Selbstbestimmung ankommt, also bei eigenwilligen, ungewöhnlichen, aus medizinischer Sicht unvernünftigen, von gesellschaftlichen Vorstellungen abweichenden Entscheidungen, besteht das Risiko, dass gerade aus der Ungewöhnlichkeit und Unvernünftigkeit eines Körperwunsches auf mangelnde Willensfreiheit und daraus auf mangelnde Selbstbestimmtheit geschlossen wird. Zwar erinnerte das Bundesverfassungsgericht schon mehrfach daran, dass sich die Entscheidung, »ob und inwieweit eine Person sich diagnostizieren und behandeln lässt, [...] nicht an einem Maßstab objektiver Vernünftigkeit ausrichten [muss]« und dass es keine »Vernunfthoheit« staatlicher Organe gäbe dergestalt, dass ein Wille »allein deshalb beiseitegesetzt werden dürfte, weil er von durchschnittlichen Präferenzen abweicht oder aus der Außensicht unvernünftig erscheint«.[893] Die gesetzlichen Befugnisse zu Zwangsbehandlungen und die Praxis sehen aber anders aus. Danach können ärztliche Untersuchungen und Behandlungen schon dann gegen den natürlichen Willen der Betroffenen vorgenommen werden, wenn Betreute krankheitsbedingt die »Notwendigkeit« einer Maßnahme nicht einsehen können, wie es in § 1832 Absatz 1 Satz 1 Nr. 2 des Bürgerlichen Gesetzbuchs in der Fassung vom 1. Januar 2023 heißt. Unter dem Strich ist körperliche Selbstbestimmung dann doch ein Privileg jener, »die ein Mindestmaß an Mainstream-Normalität erfüllen«, wie es die Rechtswissenschaftlerin Theresia Degener formulierte.[894]

Dieses Weg- und Herausdefinieren von bestimmten nicht-mainstream-normalen Willensäußerungen aus rechtlich relevanter Selbstbestimmung hat eine lange Tradition. Darin spiegelt sich das gesellschaftliche Unbehagen gegenüber Unvernunft und nicht-normalen Verhaltensformen wider, aus dem die Psychiatrie als Wissenschaft und ihre Institutionen hervorgegangen sind.[895] Letztlich nähren sich das ganze Rechtsinstitut der Betreuung und die darin angelegten Entscheidungsbefugnisse der Betreuer aus einer Mentalität, die sich speist aus Fremdheitsgefühlen der »Normalen«, »Gesunden« und »Vernünftigen« gegenüber abweichenden Verhaltensweisen im Hinblick auf den eigenen Körper. Dieses Unbehagen findet sich bestärkt durch die psychiatrische Medizin, die immer wieder neue Etiketten produzierte, mit denen das Recht seine Linien ziehen konnte zwischen normalen, vernünftigen, psychiatrisch gesunden Menschen und Menschen mit »defizitbedingter« Unfähigkeit zur Selbstbestimmung und daraus folgendem Betreuungs- und (Zwangs-)Behandlungsbedarf.[896]

893 Zuletzt Bundesverfassungsgericht, Beschluss vom 8. Juni 2021, 2 BvR 1866/17, Zeitschrift für das gesamte Familienrecht (FamRZ) 2021, 1564–1571.

894 *Degener* (2016) 206.

895 Exemplarisch aus der deutschen Diskussion neben Franco Basaglia oder David Cooper die Psychiatriekritik von *Dörner* (1969); *Dörner* (1973); *Dieckhöfer* (1984).

896 Vgl. *Finzen* (2018); zum konventionalen Charakter psychiatrischer Diagnosen und ihrer da-

Noch immer ist der Rechtsdiskurs weithin gefangen in diesen Grenzen des juristischen Reflexionsrahmens. Für die Rechtsstellung des Kindes ließ sich ein Teil der Verfangenheiten, Stereotypisierungen und Engführungen des geltenden Rechts und seiner defizit- und erwachsenengeprägten Grundannahmen entlang der Kritikdiskurse der jüngeren Kindheitsforschung hinterfragen (oben Kap. 2 II.5.). Aber wo wären wirkmächtige Kritikdiskurse an der Rechtsstellung betreuter Personen zu suchen? Hier begegnen mehrere Schwierigkeiten. Zum einen ist der Personenkreis »betreute Personen« weiter und in sich heterogener als der Personenkreis »Kinder«. Es gibt nicht »die« Betreuungsforschung, sondern betreute Personen bilden den Gegenstand sehr unterschiedlicher Forschungsrichtungen, von der Medizin und der Psychiatrie über die Disability Studies bis hin zu den Alters- und Pflegewissenschaften. Darin liegt ein Grund, warum sich das geltende Recht derzeit nicht einhelligen und kraftvoll vorgetragenen außerrechtlichen Bedenken an seinen leitenden Annahmen etwa zur Legitimierbarkeit von körperlichem Zwang gegenübersieht. Nur vereinzelt begegnen ethische Bedenken an den Konzepten und Haltungen der derzeitigen Praxis,[897] selten wird nach den sozialen Zusammenhängen gefragt,[898] und noch seltener sind die Stimmen, die körperlichen Zwang und Zwangsbehandlungen ganz für entbehrlich halten,[899] während zahlreich die Stimmen sind, die körperlichen Zwang gegenüber betreuten Personen in den gegenwärtigen Grenzen für ethisch legitimierbar erachten.[900] Zugleich wird eine unveränderte soziale Distanz in der öffentlichen Meinung gegenüber psychisch Kranken beobachtet.[901] Noch mehr auf der Seite des geltenden Rechts stehen schließlich Medizin und Psychiatrie. Auch hier wird körperlicher Zwang nur von als randständig wahrgenommenen Stimmen völlig abgelehnt,[902] während die einschlägigen Praxis-Leitlinien ihr Anliegen allenfalls darin sehen, dass Zwangsmaßnahmen »möglichst« vermieden werden.[903]

her geringen Aussagekraft für die rechtliche Begründung des Betreuungsbedürfnisses etwa *Crefeld* (1993). Exemplarisch die Legitimation von Zwangsbefugnissen über »defizitbedingte« mangelnde Selbstbestimmung in der Rechtspraxis *Abram* (2003).

897 Exemplarisch *Graumann* (2014) sowie *Birnbacher* (2012), der es als »Missverständnis« ansieht, dass das Recht einen Willen für unbeachtlich hält, weil er wesentlich von äußeren oder inneren Einflüssen bestimmt ist, die nicht dem Selbst zuzurechnen sind. Denn: »Das Recht auf Freiheit von Zwang gilt nicht nur für den, der über innere Freiheit und Selbständigkeit verfügt und dessen Wille ganz oder weitgehend von seinem Selbst gesteuert ist« (a.a.O. 563). Gleichsinnig *Damm* (2013).

898 Exemplarisch *Heinz* (2014) 157–171.

899 *Zinkler/Koussemou* (2015).

900 Exemplarisch *Dodegge* (2015).

901 Daraus wird eine weitere Zunahme von Zwangsmaßnahmen gefolgert, siehe *Kallert* (2014).

902 Etwa der Bundesverband Psychiatrie-Erfahrener e.V. und die Bundesarbeitsgemeinschaft Psychiatrie-Erfahrener; vgl. die Stellungnahme im Verfahren vor dem Bundesverfassungsgericht, Beschluss vom 26. Juli 2016, 1 BvL 8/15, BVerfGE 142, 313–351 (331 Rn. 51). Wörtlich heißt es in der Stellungnahme des Bundesverbands Psychiatrie-Erfahrener e.V.: »Wir finden es unverschämt, Menschen den freien Willen abzusprechen. Das juristische Konstrukt des freien Willens dient einzig und allein der Entrechtung sich anders als gewünscht verhaltender Personen.«

903 Siehe insbesondere die von der Deutschen Gesellschaft für Psychiatrie und Psychotherapie,

Wie stark der deutsche Rechtsdiskurs an diesem Punkt gefangen ist in einem Teufelskreis aus Voraussetzungen und Zuschreibungen im Zusammenhang mit körperlicher Selbstbestimmung, wird auch an den Reaktionen zur UN-Behindertenrechtskonvention deutlich. Seit dem Jahr 2014 ist in der Stellungnahme des UN-Fachausschusses für die Rechte von Menschen mit Behinderungen nachlesbar, dass die Konvention »dazu verpflichtet, stellvertretende Entscheidungen im Namen von Menschen mit Behinderungen zu untersagen«, und dass der deutsche Ansatz, Selbstbestimmung an bestimmte geistige Fähigkeiten zu knüpfen, diskriminierend und konventionswidrig ist.[904] Dennoch werden die körperlichen Bestimmungsbefugnisse der Betreuer im Rechtsdiskurs vehement verteidigt.[905] Die überlange Tradition von Sonderrechtsverhältnissen (Kap. 2. III.3.1.) macht es bis in die Gegenwart schwer, körperliche Bestimmungsbefugnisse über »besondere« Erwachsene nicht als selbstverständlich und gegeben anzusehen. Sosehr sich Anliegen und Ausmaß der Verbesonderung auch verändert haben – die Verbesonderung als solche, die Existenz eines Betreuungsverhältnisses als Element des Rechts, steht nicht ernsthaft in Zweifel. Und doch ist es das Recht, das Erwachsene zu betreuten Erwachsenen macht: Man wird nicht als Betreuter geboren.[906] Wenn aber körperliche Fremdbestimmung so tradiert eingeschrieben ist in ein Sonderrechtsverhältnis, wie es bei der Betreuung der Fall ist, und wenn dieses Sonderrechtsverhältnis im Rechtsdiskurs in erster Linie als sozialstaatliche Fürsorge und nicht als markierender Eingriff wahrgenommen wird, dann ist es wenig wahrscheinlich, dass sich die körperliche Emanzipation *innerhalb* des Sonderrechtsverhältnisses vollendet. In diese Richtung ging schon die Prophezeiung des eigentlich progressiven Familienrechtlers Joachim Gernhuber aus dem Jahr 1976: »Es hat eine Emanzipation der Jugend gegeben. Eine Emanzipation der Senioren wird nicht folgen.«[907] Sie wird jedenfalls nicht folgen, solange es die Betreuung als Sonderrechtsverhältnis über »besondere« Erwachsene gibt.

Psychosomatik und Nervenheilkunde (DGPPN) federführend herausgegebenen Leitlinien »Verhinderung von Zwang: Prävention und Therapie aggressiven Verhaltens bei Erwachsenen« (2018), »Schizophrenie« (2019) und »Notfallpsychiatrie« (2019).

904 Stellungnahme des UN-Fachausschusses für die Rechte von Menschen mit Behinderungen vom 19. Mai 2014, CRPD/C/GC/1 zu Art. 12 UN-BRK Rn. 15 sowie Rn. 41. Der »funktionale Ansatz« des deutschen Rechts wird aus zwei Gründen kritisiert: »a) weil er in diskriminierender Weise auf Menschen mit Behinderungen angewandt wird, und b) weil er vorgibt, die inneren Abläufe des menschlichen Geistes genau beurteilen zu können und ein zentrales Menschenrecht – das Recht auf gleiche Anerkennung vor dem Recht – versagt, wenn jemand den Begutachtungstest nicht besteht.« Darin liegt nach Auffassung der Monitoring-Stelle zur UN-Behindertenrechtskonvention ein Verstoß gegen das in Art. 12 UN-BRK gewährleistete Recht auf gleiche Anerkennung: »Artikel 12 lässt eine solche diskriminierende Versagung der rechtlichen Handlungsfähigkeit nicht zu, sondern verlangt vielmehr Unterstützung bei ihrer Ausübung.«

905 *Gutmann* (2021) 952 f.: die These des Fachausschusses wirke »autoaggressiv« und markiere einen »Umschlagpunkt«; siehe auch schon *Lipp* (2012a) 678; *Lipp* (2017) 7; *Marschner* (2009).

906 So *During* (2001) 57 und öfter.

907 *Gernhuber* (1976) 189.

Dieser Schluss wird inzwischen gezogen: Ohne die »Abschaffung der Sondersysteme, insbesondere auch der rechtlichen Sondersysteme«, könne das Recht nicht zu einem menschenrechtlichen Umgang mit Behinderung finden.[908] Und genauso wird man folgern können, dass körperliche Selbstbestimmung erst dann zu einem allgemeinen Recht wird, wenn es nicht genau den Menschen abgesprochen wird, die auf die Anerkennung ihres körperlichen So-Seins besonders angewiesen sind.

908 *Degener* (2016) 208.

Drittes Kapitel: Dogmen, Diskurse, Deutungen

Die drei Studien haben gezeigt, dass körperliche Selbstbestimmung im deutschen Recht seit der Wende zum 20. Jahrhundert insgesamt zu einem *allgemeineren* Recht geworden ist. Auch Kinder und psychisch Kranke haben ein Recht auf körperliche Selbstbestimmung. Eltern, Betreuerinnen oder Ärzte sind nicht kraft Sitte, Rechtsstatus oder überlegenen Wissens dazu befugt, über den Kopf von Kindern, Betreuten oder Patientinnen zu entscheiden. Für das Recht sind Patienten, Kinder und Betreute im Hinblick auf körperliche Selbstbestimmung zwar nach wie vor *besonders*. Behandlung, elterliche Sorge und Betreuung sind als *besondere* Verhältnisse im Bürgerlichen Recht geregelt. Doch sind die Abstände zwischen dem, was rechtlich allgemein (»normalerweise«) gilt, und dem, was rechtlich für Patientinnen, Kinder und Betreute im Hinblick auf körperliche Selbstbestimmung gilt, geringer geworden. Das Recht kennt noch die Kategorien der Patienten, Kinder und Betreuten. Aber diese Zuordnungen legitimieren nicht mehr mit derselben Selbstverständlichkeit wie an der Wende zum 20. Jahrhundert Bewertungsunterschiede, wenn es darum geht, Gewalt als solche zu identifizieren, Integritätsverletzungen zu sanktionieren und Fremdentscheidungen zurückzuweisen. Dass es Kinder, Patienten und Betreute für das Recht »gibt«, rechtfertigt nicht mehr aus sich heraus Abstufungen bei körperlicher Selbstbestimmung. Das Messen mit zweierlei Maß, wenn es um körperliche Integrität und Selbstbestimmung geht, ist problematischer geworden.

Diese Verallgemeinerungstendenz von körperlicher Selbstbestimmung lässt sich außerdem als Inklusions- und als Emanzipationstendenz beschreiben. Indem körperliche Selbstbestimmung allgemeiner wurde und zunehmend Patienten, Kinder und Betreute einschloss, wurde sie zugleich *inklusiver* in dem Sinne, dass Patientinnen, Kinder und Betreute, wenn es um Rechtsgarantien für körperliche Selbstbestimmung geht, heute in größerem Ausmaß mitgeschützt und mitberechtigt sind.[1] Sie sind also einbezogen in die rechtlichen Vorstellungen von körperlicher Selbstbestimmung. Diese Entwicklung lässt sich noch auf eine andere Weise erzählen: als Ausdruck von *Emanzipation*, also einem Prozess der

1 »Inklusion« wird hier verstanden als Einbeziehung in bestehende Rechtszusammenhänge. Zumeist wird »Inklusion« allerdings spezifischer verstanden als das Recht, in bestimmten sozialen Bezügen (Arbeit, Schule, Kultur) leben zu können; näher *Hericks* (2021).

Befreiung und Freisetzung aus früherer Fremdbestimmung.[2] Die Studien haben vielfältig gezeigt, wie Patienten, Kinder und Betreute Ansprüche und Rechte zur Sicherung ihrer körperlichen Selbstbestimmung erhalten haben, die zuvor in den Händen von Ärzten, Eltern und Betreuerinnen lagen. Je nach Perspektive lassen sich diese Rechtsverschiebungen also lesen als Verallgemeinerung *des* Rechts auf körperliche Selbstbestimmung, als Inklusion *von* Patienten, Kindern und Betreuten und als errungene Emanzipation *aus* ärztlicher, elterlicher und vormundschaftlicher Fremdbestimmung.

Die beobachteten Zugewinne an rechtlicher Gewähr für körperliche Selbstbestimmung zugunsten von Patienten, Kindern und Betreuten lassen sich außerdem beschreiben als *Personalisierung* und *Juridifizierung*. Mehr rechtliche Gewähr für körperliche Selbstbestimmung bedeutete mehr rechtliche Aufmerksamkeit für die physische Person, die das Bürgerliche Recht bei der Organisation von Behandlung, elterlicher Sorge und Erwachsenenschutz über lange Zeit – im Vergleich zum Vermögen – allenfalls am Rande interessiert hatte. Bei der ursprünglichen Konzeption des Eltern-Kind-Verhältnisses sowie der Vormundschaft und Pflegschaft ging es vorrangig um das Vermögen. Das Bürgerliche Recht fürchtete weniger den gewaltsamen Vater als den verschwenderischen Vormund. Die Verallgemeinerung von körperlicher Selbstbestimmung war im Bürgerlichen Recht also zugleich eine Hinwendung zur Person. Diese Personalisierung war daneben auch eine Juridifizierung und Justiziabilisierung des ärztlichen, elterlichen und vormundschaftlichen Körperhandelns. Die Zugewinne an rechtlicher Gewähr für körperliche Selbstbestimmung vollzogen sich über expliziteres, dichteres und gerichtlich in höherem Ausmaß kontrolliertes Recht (dazu noch Kap. 3 II.1.).

2 Zum Begriff *Greiffenhagen* (1973).

I. Auf getrennten Wegen

Die Rechtsentwicklung zu mehr körperlicher Selbstbestimmung teilt die Entwicklungsrichtung und gewisse Gemeinsamkeiten im Verlauf; darauf wird noch einzugehen sein (»Phasen«, Kap. 3 II.). Dennoch ergibt sich daraus nicht leicht ein einheitliches Gesamtbild. Eher im Gegenteil: Auf den ersten Blick verweigern sich die Nahaufnahmen dem suchenden Blick nach Mustern und geben nicht wenige Rätsel auf. Wie kommt es, dass sich die rechtlichen Dogmen zugunsten von Patientinnen bereits um 1900 verschoben hatten, für Betreute dagegen erst in der Zeit nach der Wiedervereinigung und für Kinder vor allem ab den 2000er Jahren? Warum sind die Ausgangspunkte und Geschwindigkeiten so unterschiedlich, warum liegen die Zeitpunkte der dogmatischen Aufbrüche so weit auseinander? In diesen Fragen bleiben die Ergebnisse der Nahaufnahmen sperrig und eigensinnig. Die Verallgemeinerung körperlicher Selbstbestimmung, die sich seit der Wende zum 20. Jahrhundert im Recht vollzogen hat, lässt sich nicht auf eine einzige gesellschaftliche Kraft, ein hervorstechendes gemeinsames historisches Ereignis oder auch nur auf einen einzigen juristischen Akteur zurückführen. Die Rechtsprechung stellte sich mal auf die eine, mal auf die andere Seite, und die Entwicklungen vollzogen sich segmentiert und zeitversetzt. Wanderungsbewegungen und Querverweise blieben die Ausnahme. In ihren Nahaufnahmen haben die Studien ein mehr verwirrendes als deutliches Bild von den Entwicklungskräften entstehen lassen, mitunter wie Spuren im Sand, die sich immer wieder verlaufen. Verallgemeinerung, Inklusion und Emanzipation, Personalisierung und Juridifizierung gingen weder allein auf das Konto sozialer Bewegungen, noch haben sich die historischen Großereignisse des 20. Jahrhunderts darin gleichmäßig und nachhaltig eingeschrieben. Die körperliche Selbstbestimmung von Patienten, Kindern oder Entmündigten tauchte zwar immer mal wieder als Thema auf und überkreuzte sich mit politischen Programmen und sozialen Bewegungen, mit der Weimarer Zeit, dem Nationalsozialismus, 1968 oder dem Beitritt. Doch lässt sich kein allgemeines Muster zeichnen. Die rechtlichen Dogmen zu körperlicher Selbstbestimmung von Patienten, Kindern und Entmündigten wurden nicht kontinuierlich, richtungsgleich politisiert und historisch erfasst, sondern mehr punktuell und ausschnitthaft.

Um nur einige Wegmarken in Erinnerung zu rufen: Die Weimarer Zeit diskutierte einerseits darüber, wie man die gerade erst gesicherte körperliche Selbstbestimmung von Patientinnen wieder korrigieren könne durch strafrechtliche Privilegien der Heilbehandlung (Kap. 2 I.4.1.2.), war andererseits aber auch erfasst von den Anliegen der Reformpädagogik und ihrer Ablehnung von Körperstrafen, wenngleich folgenlos (Kap. 2 II.2.2.2.). Gleiches galt für die körperliche Selbstbestimmung Entmündigter: Die Irrenrechtsbewegung hatte nur für kurze Zeit ein gedankliches Fenster geöffnet; an den rechtlichen Dogmen änderte sich jedoch nichts (Kap. 2 III.2.4.). Nochmals anders wirkten sich die Jahre des Nationalsozialismus auf die Dogmenentwicklung aus. In Bezug auf Patienten verteidigte das Reichsgericht sein langjähriges Eintreten für körperliche Selbstbestimmung gegen ideologische Überformungen (»An diesen Grundsätzen ist festzuhalten«, Kap. 2 I.2.3.). Für Kinder blieb es bei der patriarchalen Konzeption des Sorgeverhältnisses, auch wenn Überlegungen bestanden, die Vormundschaftsgerichte stärker zur ideologischen Kontrolle elterlichen Erziehungshandelns einzuschalten (Kap. 2 II.2.2.2.). Gezielte ideologische Vereinnahmung erfasste hingegen das Vormundschaftsrecht, das noch weniger als zuvor Sicherungen für körperliche Selbstbestimmung kannte, sondern mehr zu einem Entrechtungsbehelf wurde (Kap. 2 III.2.4.).

Wiederkehrend begegneten allerdings das Inkrafttreten des Grundgesetzes und die beginnende innerdeutsche Teilung. Beides bewirkte auf allen drei Referenzgebieten eine Zäsur; auch entwickelten sich die rechtlichen Dogmen in West und Ost zusehends auseinander, was hier allerdings nur angedeutet werden konnte (Kap. 2 I.3., II.4.3., III.3.). Bezogen auf die Bundesrepublik lag die Zäsur vor allem im Einfluss der Grundrechte und des Bundesverfassungsgerichts (Kap. 2 I.3.1., II.2.3., III.3.2.). Doch wirkten sich die Grundrechte bei näherer Betrachtung letztlich asynchron und ungleichmäßig auf die körperliche Selbstbestimmung von Patienten, Kindern und Entmündigten aus. Für Entmündigte legte das Bundesverfassungsgericht bereits im Jahr 1960 mit der Aufwertung des natürlichen Willens als rechtlich erheblicher Wille den Grundstein für die Juridifizierung des Vormundschaftsverhältnisses (Kap. 2 III.3.2.–3.4.). Aus dem Jahr 1968 stammte dann die Formel vom Kind als Grundrechtsträger und »Wesen mit eigener Würde« (Kap. 2 II.3.2.). Doch wurde erst im Jahr 1979 in einem Sondervotum zum Behandlungsverhältnis das Recht auf Entscheidung »nach ureigensten Maßstäben« entwickelt (Kap. 2 I.3.1.), das seit dem Jahr 2011 die Grundlage für die grundrechtliche »Freiheit zur Krankheit« bildet (Kap. 2 III.3.4.2.). Jenseits der unterschiedlichen Einsatzzeitpunkte fällt aber wieder eine Gemeinsamkeit auf: Auf allen Referenzgebieten ließ sich studieren, wie die Grundrechte seit den 1950er Jahren die bundesrepublikanischen juristischen Debatten veränderten. Mit ähnlicher Wirkmacht wurden die Grundrechte zu wesentlichen Bezugspunkten des Argumentationshaushalts, und zwar in beide Richtungen, sowohl für als auch gegen eine weitere Verallgemeinerung körperlicher Selbstbestimmung. In bemerkenswerter Parallelität begegnen auf allen Feldern dann auch Strategien, die Aussagekraft der Grundrechte für körperliche Selbstbestimmung zu neutralisieren: Die Grundrechte seien für die Sicherung körperlicher Selbstbestimmung von Kindern »weder gedacht noch ergiebig« (Kap. 2 II.4.3.), das Grundgesetz würde dadurch »abgenutzt« und gäbe für das Vormundschaftsverhältnis nichts her (Kap. 2 III.4.3.). Doch liegt darin keine Besonderheit der Debatten über körperliche Selbstbestimmung. Ähnliches ist nachlesbar in den Debatten der 1950er und 1960er Jahre über die Verwirklichung der Gleichberechtigung.[3]

Gemessen an den historischen Großereignissen des 20. Jahrhunderts lässt sich aus der Entwicklung des Rechts auf körperliche Selbstbestimmung also nur schwer ein gemeinsamer Stoff formen. Die betrachteten Felder teilen zwar die große Entwicklungsrichtung. Sie waren aber unterschiedlich anfällig für politische Ströme (Weimar, Nationalsozialismus), und sie haben mit beachtlichen Zeitsprüngen auf Veränderungen der Rechtsumwelt (Grundgesetz) reagiert. So gesehen gab es nicht den einen Weg zur Verallgemeinerung von körperlicher Selbstbestimmung, sondern verschiedene Wege. Darin spiegelt sich wider, dass Patientinnen, Kinder und Bevormundete politisch als verschiedene und in sich heterogene Gruppen wahrgenommen wurden. Ihre Anliegen erschienen disparat und ohne das mobilisierende »Moment der Masse« (Hedwig Richter). Es war widerspruchsfrei möglich, je nach Fallgruppe einen anderen Standpunkt einzunehmen. So konnte der Rechtswissenschaftler Dieter Giesen im Behandlungsverhältnis zugunsten der Patienten für die Körperverletzungsdoktrin werben und dennoch im Sorgeverhältnis den Fortbestand des elterlichen Züchtigungsrechts verteidigen.[4] Darin klingt schon an, dass körperliche Selbstbestimmung politisch nicht eindeutig ist und daher zu »Überkreuzungen« von politischen Positionen führt.[5] Denn körperliche Selbstbestimmung ist vordergründig eine liberale Position (Freiheitsgewinn). Allerdings rückt die damit befürchtete Kriminalisierung von Ärztinnen oder Eltern das Anliegen in die Nähe konservativer Positionen, die wiederum traditionell eher auf Abgrenzung zu Emanzipationsforderungen zielen, die ihrerseits als links wahrgenommen werden.

Auch in der Rechtsprechung formte sich keine einheitliche Haltung zu körperlicher Selbstbestimmung. Die Entwicklung vollzog sich auf den einzelnen Feldern nicht nur weitgehend unabhängig voneinander, sondern mit entgegengesetzten Vorzeichen. Es war das Reichsgericht, das sich »freihändig«, allein aus eigenen dogmatischen Erwägungen, ohne gesetzliche Grundlage oder verfassungsrechtliche Erwartung, auf die Seite der Patienten stellte und die Weichen für die Körperverletzungsdoktrin stellte (Kap. 2 I.2.1.). Dagegen ließ das Reichsgericht Eltern und Vormündern die viel zitierte »freie Hand« und hatte selbst gegen schärfste Körperstrafen nichts einzuwenden (Kap. 2 II.2.2., III.2.3.). Der Bundesgerichtshof schrieb diese Linien bruchlos fort und sah abermals keinen Widerspruch darin, in der Frage der körperlichen Selbstbestimmung je nach Feld eine andere Haltung einzunehmen (Kap. 2 I.3.2., II.2.3., III.3.1.). Auch in der Rechtsprechung formte sich körperliche Selbstbestimmung von Patientinnen, Kindern und Ent-

3 Exemplarisch *Bosch* (1952).
4 Einerseits *Giesen* (1979); andererseits *Giesen* (1990) 50–54.
5 Hier folge ich *Priester* (1999) 317.

mündigten bzw. Betreuten also nicht zu einem einheitlichen Thema, sondern blieb heterogen und offen für unterschiedliche Haltungen. Warum misstraute das Reichsgericht den Ärzten so sehr und den Eltern und Vormündern vergleichsweise so wenig? Warum wurde die Rechtsprechung auf dem Feld der ärztlichen Behandlung zum Motor für die Verallgemeinerung von körperlicher Selbstbestimmung, und warum ging es ihr gegenüber Kindern und Entmündigten eher darum, die eingeübte Praxis der überschlägigen Beurteilung zu konservieren und zu verteidigen? Die Rechtsdogmatik hält dafür keine Antwort bereit. Dies spricht dafür, andernorts zu suchen. Eine Erklärung könnte das unterschiedliche Ausmaß an Selbstbetroffenheit sein und die damit verbundenen unterschiedlichen »Vorverständnisse«.[6] Gemessen an ihren lebensweltlichen Erfahrungen und eigenen Rollen waren die beteiligten Richter – in der Mehrheit Männer in ihren 50er Jahren[7] – möglicherweise nicht ganz neutral und urteilten (auch) aus ihrer jeweils eigenen Perspektive als Eltern oder als Patienten. Nachweislicher ist der Einfluss von disziplinären Abgrenzungsreflexen. Als sich die Rechtsprechung hinter die Selbstbestimmungsanliegen von Patienten stellte und Einwilligung und Aufklärung zu »echten«, vollständig kontrollierbaren Rechtspflichten aufwertete, drängte sie zugleich den Deutungsanspruch der Medizin zurück. Die weichenstellenden Entscheidungen zur körperlichen Selbstbestimmung riefen nicht nur Rechte der Patienten aus, sondern zugleich Rechte der Gerichte in Gestalt von Letztentscheidungsansprüchen gegenüber Ärzten und Medizin, wie an den einschlägigen Urteilen explizit ablesbar ist (Kap. 2 I.3.2.).[8] Daher lässt sich die Parteinahme für Patienten auch als Resultat eines eigentümlichen disziplinären Ringens verstehen, das die Haltung der Rechtsprechung in diesem Feld (mit-)beeinflusste. Unabhängig von den unterschiedlichen gesetzlichen Ausgangspunkten liegt in der disziplinären Konstellation gegenüber der Medizin also eine Erklärung dafür, warum die Rechtsprechung sich zwar hinter Patienten, nicht aber hinter Kinder, Entmündigte und Betreute stellte.

6 Klassisch *Esser* (1970); zur Justizsoziologie *Rehbinder* (2014) 135–149.

7 Als das Reichsgericht seine Leitentscheidung zum Willensdogma (Reichsgericht, Urteil vom 31. Mai 1894, III 1406/94, RGSt 25, 375–389) fasste, setzte sich der III. Senat – soweit ersichtlich – zusammen aus sechs Richtern, von denen der jüngste im Entscheidungsjahr 55 Jahre (Max Gustav Neiße, geb. 1839) und der älteste 69 Jahre alt war (Melchior Stenglein, geb. 1825), gefolgt vom Senatspräsidenten (heute: Vorsitzender Richter) im Alter von damals 70 Jahren (Wolf von Wolff, geb. 1824). Wenig anders dürfte die Alterszusammensetzung beim Bundesgerichtshof gewesen sein, als der VI. Zivilsenat am 9. Dezember 1958 seine Grundsatzentscheidung zur ärztlichen Aufklärungspflicht traf (BGHZ 29, 46–62). Zu dieser Zeit bewegte sich das Alter aller Richter zwischen 47 und 67 Jahren, und die einzigen drei zu dieser Zeit am Bundesgerichtshof tätigen Richterinnen (Else Koffka, geb. 1901, Gerda Krüger-Wieland, geb. 1910, und Elisabeth Krumme, geb. 1897) waren nicht dem VI. Zivilsenat zugeordnet.

8 Leitentscheidung ist Bundesgerichtshof, Urteil vom 9. Dezember 1958, VI ZR 203/57, BGHZ 29, 46–62 (57).

II. Dogmen

Die rechtlichen Dogmen zur körperlichen Selbstbestimmung von Patienten, Kindern und Entmündigten gerieten zwar nicht zur selben Zeit in Bewegung (»Aufbrüche«) und reagierten unterschiedlich auf die undogmatischen Kräfte des 20. Jahrhunderts. Dennoch lassen sich *Entwicklungsgemeinsamkeiten* aufzeigen. Die in diesem Buch nachverfolgten Entwicklungen zur Verallgemeinerung körperlicher Selbstbestimmung lassen sich idealtypisch drei Phasen zuordnen: einer patriarchalen Phase (Kap. 3 II.2.), einer paternalistischen Phase (Kap. 3 II.3.) und einer partizipativen Phase (Kap. 3 II.4.). Die Charakterisierung als patriarchal, paternalistisch und partizipativ stützt sich wesentlich darauf, wie Fremdentscheidungsbefugnisse jeweils *begründet* werden. Patriarchale Begründungen knüpfen an eine *Stellung* an. Typisches Beispiel ist die Begründung des Züchtigungsrechts im Bürgerlichen Gesetzbuch von 1900 aus der »väterlichen Gewalt« (Kap. 2 I.2.1.). Paternalistische Begründungen verweisen auf das *objektive Wohl* der Betroffenen. Diese Art der Begründung begegnete auf allen Feldern im Verlauf des 20. Jahrhunderts; für Eltern, Vormünder und später Betreuerinnen wurde sie zur entscheidenden Richtschnur. Partizipative Begründungen rücken den Willen und ein *subjektives Wohl* der Betroffenen in den Vordergrund und stützen sich daher auf ihre Einbeziehung. Diese Art der Begründung von körperlichen Befugnissen spiegelt sich in subjektivierten Entscheidungsmaßstäben wider sowie in Anhörungs- und Aufklärungspflichten (Kap. 2 I.2.2.). Denkt man die Verallgemeinerungstendenz konsequent weiter, müsste der nächste Schritt darin liegen, die Verbesonderung von Patientinnen, Kindern und Betreuten als solche aufzuheben. Dies würde bedeuten, dass Patienten, Kinder und Betreute nicht mehr »als« Patienten, Kinder und Betreute rechtlich angesprochen würden, also ohne Fremd-Klassifizierung durch Kategorisierung[9], sondern anlässlich konkreter Bedürfnisse und Lagen. Diese Dogmenphase wäre als postkategorial (Kap. 3 II.5.) zu beschreiben.

1. Phasen und Rechtsstruktur

Die hier idealtypisch als patriarchal, paternalistisch und partizipativ ausgewiesenen Entwicklungsphasen stehen nicht nur für unterschiedliche dogmatische Begründungen, sondern für eine Fülle weiterer charakteristischer Unterschiede. Stichwortartig betreffen sie:

9 Hier wird Kategorie vor allem als Gegensatz zur Gruppe verwandt um zum Ausdruck zu bringen, dass es um eine Fremdzuordnung geht; ob die Zuordnung wandelbar oder beeinflussbar ist, ist dagegen unerheblich; näher *Froese* (2022) 57 ff.

- die leitenden Paradigmen (z. B. Vertrauen – Wissen – Wollen) und normativen Quellen (Sitte, Ethos – Medizin, Pädagogik, Psychiatrie – Recht),
- die impliziten Ideale (Fremdsorge – Fürsorge – Selbstsorge),
- die rechtlichen Maßstäbe für Fremdentscheidungen (Disziplinierung, Erziehung – Schutz – Assistenz, Rehabilitation),
- die Rechtmäßigkeit von Zwang (wenn angeordnet – wenn vernünftig – wenn mutmaßlich gewollt),
- die Regulierungsdichte (Generalklausel – Einzeltatbestände – explizite subjektive Rechte),
- die Kontrolldichte (Missbrauchskontrolle – objektive Inhaltskontrolle – »Selbstbestimmtheitskontrolle«),
- die Art der Bezeichnung der Betroffenen (kategorisierend – pauschalierend – individualisierend),
- die impliziten Verhaltenserwartungen an die Betroffenen (gehorsam – verständig – kooperativ),
- die vom Recht geprägten Rollen der Betroffenen (unterworfen – geschützt – einbezogen),
- die Anforderungen an die rechtliche Erheblichkeit des Willens (einwilligungsfähiger Wille – freier Wille – natürlicher Wille) sowie das rechtliche Gewicht des nur-natürlichen Willens (unbeachtlich – verfahrensmäßig beachtlich – bedeutsam),
- und schließlich das zentrale Dilemma (Vertrauen/Macht – Wissen/Irrtum – Wille/Zukunft).

Ein wesentlicher Ertrag dieses Buches ist die Einsicht in die Zusammenhänge zwischen Dogmenphasen und Rechtsstruktur. Es konnte gezeigt werden, dass patriarchale Konzeptionen von körperlicher Selbstbestimmung typischerweise verwirklicht waren durch Generalklauseln mit geringem Maßstabsanspruch, ablesbar an der Wendung von der »freien Hand« für Eltern und Vormünder (Kap. 2 II.2.2., III.2.3.) und der Forderung, Ärztinnen sollten »freier gestellt« werden (Kap. 2 I.4.1.2.). Der rechtliche Regelungsanspruch war gering (Paradigma: Vertrauen), die bewusst gelassenen Leerstellen sollten durch Sitte und Ethos gefüllt werden. Gerichtlicher Rechtsschutz war auf eine Missbrauchskontrolle beschränkt. Praktikabilität und Rechtssicherheit spielten eine entscheidende Rolle, Individualisierungen wurden vermieden. Von hier aus bedeutete die dogmatische Umorientierung auf paternalistische Konzeptionen von körperlicher Selbstbestimmung eine fundamentale Maßstabs- und Kontrollverdichtung, die sich dann bei partizipativen Konzeptionen weiter steigerte und noch weiter gesteigert werden könnte. Im Verlauf dieser Entwicklung wurden auf allen Feldern dichtere rechtliche Maßstäbe für körperliche Fremdentscheidungen ausgeprägt, und es entstand eine immer größere Zahl an speziellen Genehmigungsvorbehalten und expliziten Grenzziehungen. Eine zentrale Beobachtung ist daher, dass sich die zunehmende Anerkennung und Absicherung von körperlicher Selbstbestimmung auf allen Feldern in Gestalt einer Verrechtlichung und insbesondere einer Justiziabilisierung vollzog. Die Rechtsprechung wurde zu einem maßgeblichen Akteur. Diese Verrechtlichung und Justiziabilisierung ging – zwangsläufig – mit einer Relativierung außerrechtlicher Handlungsorientierungen einher. Zuerst wurden Ethos und Sitte abgelöst von medizinischem, psychiatrischem und pädagogischem Wissen, und an der Schwelle von paternalistischen zu partizipativen Konzeptionen relativierte sich das Gewicht außerrechtlichen Wissens durch rechtseigene Maßstäbe und vor allem die Aufwertung subjektiver Wahrheiten (»Recht zur Entscheidung nach ureigensten Maßstäben«, »Freiheit zur Krankheit«). Die insgesamt beobachtete Tendenz, dass körperliche Selbstbestimmung seit der Wende zum 20. Jahrhundert zu einem allgemeineren Recht geworden ist, folgte also einem bestimmten Muster an rechtsstrukturellen Veränderungen. Charakteristisch waren:

– die Verdichtung und Vereindeutigung[10] der rechtlichen Maßstäbe (Explizierung) und ihrer gerichtlichen Kontrolle (Justiziabilisierung),
– die Aufwertung des Einzelfalls (Individualisierung),
– die Ausprägung subjektiver Rechte (Subjektivierung),
– die zunehmende Verdrängung außerrechtlicher Handlungsorientierungen (Verrechtlichung).

Es wurde bereits angesprochen, dass sich die in den drei Studien nachgezeichnete Dogmenentwicklung für die Begründung von körperlichen Entscheidungsbefugnissen auf drei Grundtypen zurückführen lässt: auf patriarchale, paternalistische und partizipative Verständnisse. Es konnte beobachtet werden, wie sich die Rechtsdogmen zunehmend in Richtung paternalistischer und schließlich partizipativer Verständnisse entwickelten, wenngleich von unterschiedlichen Ausgangspunkten und mit verschiedenen Geschwindigkeiten. Die Zuordnung zu diesen Grundtypen ist dabei nicht trennscharf und abrupt gemeint, sondern wird im Folgenden als *Phase* bezeichnet. Das soll verdeutlichen, dass die Charakterisierungen als patriarchal, paternalistisch oder partizipativ jeweils so zu verstehen sind, dass sie stärker oder schwächer ausgeprägt sein können. Außerdem soll mit der Bezeichnung als Phase zum Ausdruck gebracht werden, dass die Übergänge fließend sind. Bevor die Phasen näher beschrieben werden (unten Kap. 3 II.2.–4.), lassen sich ihre Eigentümlichkeiten in folgender Übersicht veranschaulichen:

10 Anders: *T. Bauer* (2018).

Phase / Kriterien	patriarchal	paternalistisch	partizipativ	postkategorial
Maßstab	**Fremdsorge**	**Fürsorge**	**Selbstsorge**	**Selbstsorge**
Legitimation	Status	objektives Wohl	subjektives Wohl	
Anliegen	Behandlung, Sicherung, Disziplinierung	Heilung, Erziehung, Schutz	Rehabilitation, Assistenz, Förderung	
Haltung zu Zwang	zulässig, wenn angeordnet	zulässig, wenn vernünftig	zulässig, wenn unvermeidbar	zulässig, wenn mutmaßlich gewollt
Paradigma	Vertrauen	Wissen	»Freiheit zur Krankheit«	
Eingangsschwelle	**kategorisierend**	**pauschalierend**	**individualisierend**	**individualisiert**
Markierung	Patient, Kind, Entmündigter	krank, minderjährig. betreut	einwilligungsunfähig, betreuungsbedürftig, »krankheitsbedingt«	situative, anlassbezogene Schutzschwelle
Rechtsrahmen	**desinteressiert**	**verdichtet**	**expliziert**	**definiert**
Art der gesetzlichen Regulierung	Generalklausel	Richtervorbehalte	explizite Eingriffsschwellen	definierte Selbstbestimmungsfähigkeit
normative Quelle	Sitte, Ethos, Praxis	Medizin, Psychiatrie, Pädagogik	Rechte und Wille	Autonomie
Kontrolldichte	Missbrauchskontrolle, »Versagen«	zunehmende Inhaltskontrolle	vollständige Maßstabskontrolle	Klärungsverfahren
Betroffene	**unterworfen**	**geschützt**	**einbezogen**	**allgemein**
Verhaltenserwartungen	gehorsam	»verständig«	»aufgeklärt«	
Bedeutung des natürlichen Willens	./.	Auslöser	bedeutsam, aber nicht zwingend	
Entscheidungsfindung	frei	»therapeutisches Privileg«	Überzeugungsversuch, »shared decision making«	

Abb. 2: Überblick über Phasen der Verallgemeinerung

2. *Patriarchale Phase*

Charakteristisch für die hier idealtypisch als *patriarchal* bezeichnete Phase ist, dass körperliche Befugnisse in erster Linie auf bestimmte Stellungen der Ermächtigten zurückgeführt werden, die sich erklären mit überschlägigen Vorstellungen über die jeweils Betroffenen. Es entsteht ein hierarchisches Über-/Unterordnungsverhältnis, das auf Vorrechten (Eltern, Vormünder) und Defiziten (Kinder, Mündel) gründet. Zwang und Gewalt sind legitim, von den Betroffenen wird Gehorsam erwartet.

In wesentlichen Zügen entspricht dies dem Zuschnitt körperlicher Befugnisse von Eltern und Vormündern bei Inkrafttreten des Bürgerlichen Gesetzbuchs (Kap. 2 II.2., III.2.). Eltern und Vormündern waren *als* Eltern bzw. Vormündern weitreichende, allgemein gehaltene körperliche Befugnisse über »ihre« Kinder bzw. Mündel eingeräumt. Paradigmatisch ist die Wendung, die das Bürgerliche Gesetzbuch von 1900 in § 1627 für die väterliche Gewalt fand: »Der Vater hat *kraft der elterlichen Gewalt* das Recht und die Pflicht, für die Person und das Vermögen des Kindes zu sorgen« (Hervorhebung nicht im Original). Diesem Muster folgte das Vormundschaftsrecht in § 1800: »Das Recht und die Pflicht des Vormundes, für die Person des Mündels zu sorgen, bestimmt sich nach den für die elterliche Gewalt geltenden Vorschriften [...]«. Damit ging einher, dass auch die Befugnisse nicht auf einen einzigen Zweck und insbesondere nicht allein auf den Schutz der Betroffenen festgelegt waren. Eltern und Vormünder waren weder ausschließlich noch ausdrücklich dem Wohl der Kinder bzw. Mündel verpflichtet. Vielmehr wurden auch eigennützige und gemeinnützige Erklärungen für körperliche Befugnisse akzeptiert, vom Schutz der Familie über die Anforderungen des »Sittengesetzes« (Kap. 2 II.2.2.) bis zur »Volksgesundheit« und anderen Allgemeininteressen (Kap. 2 III.2.4., III.3.2.). Legitime Anliegen waren nicht nur Heilung und Erziehung, sondern genauso Züchtigung, Zwangsmaßregelung, vorbeugende »Sicherung« und allgemeine Sozialdisziplinierung zur »Hebung von sittlichen Mängeln« (Kap. 2 II.2.3.). Das leitende Paradigma für die Rechtsstruktur war *Vertrauen*: Eltern und Vormündern war bewusst »freie Hand« eingeräumt, wie sie ihre unbestimmten Befugnisse ausüben. Der Rechtsrahmen war »desinteressiert«. Das Privatrecht schaute mehr auf das Vermögen als auf den Körper (Kap. 2 II.2.2., III.2.3.).

Wesentliche normative Quelle war nicht das Recht, sondern eine Mischung aus gesellschaftlicher Praxis (Sitte) und Selbstverständnis (Ethos). Sorge- und Vormundschaftsverhältnis waren als privatrechtliche Innenverhältnisse konzipiert und wurden dadurch abgesetzt von der allgemeinen Rechtsgeltung (Kap. 2 II.4.2., III.4.3.). Körperliches Handeln und Entscheiden von Eltern und Vormündern war dem »sittlichen Gebiete« zugeordnet und wurde auf diese Weise als nicht-rechtlich ausgegeben. Rechtliche Maßstäbe galten als äußerlich und wurden zurückgewiesen. Entsprechend zurückgenommen und beschränkt war die rechtliche Kontrolle. Wie Eltern und Vormünder ihre körperlichen Befugnisse ausübten, war kaum justiziabel. Bis in die 1960er Jahre wurden körperliche Entscheidungen von Eltern und Vormündern mit Blick auf das »selbständige Bestimmungsrecht« (Kap. 2 III.2.3.) des Vormunds und die den Eltern »von Natur verliehene Aufgabe« (Kap. 2 II.2.3.) lediglich »überschlägig« kontrolliert (Kap. 2 II.2.2.). Gerichtskontrollen waren nur als nachgelagerte Missbrauchskontrollen vorgesehen. Außerdem waren sie an hohe individuelle Schwellen geknüpft. Die charakteristische Begründung der Befugnisse über die persönliche Stellung der Eltern bzw. des Vormunds brachte es mit sich, dass gerichtliches Einschreiten nicht nur eine offensichtliche Überschreitung der sittlichen Maßstäbe voraussetzte, sondern zusätzlich an den Nachweis eines individuellen Versagens, also Verschuldens, geknüpft war. Kennzeichnend für patriarchale Verständnisse von körperlicher Selbstbestimmung waren außerdem bestimmte Annahmen über die Betroffenen. Das Recht ging von pauschalen Defizitdiagnosen aus. Entmündigte, »Geisteskranke« und Minderjährige galten axiomatisch als nicht willensfähig (Kap. 2 III.2.1.). Sie waren Objekt und Gegenstand elterlichen bzw. vormundschaftlichen Körperhandelns. Die rechtlichen Verhaltenserwartungen richteten sich auf Gehorsam (Kap. 2 II.2.1.).

Dieses patriarchale Verständnis körperlicher Entscheidungsbefugnisse von Eltern und Vormündern konnte sich so lange halten, wie sich zwei Grundannahmen plausibel machen ließen. Die erste Grundannahme war, dass es in körperlichen Entscheidungen weniger um richtig oder falsch, also um Wissen gehe, sondern um Fragen der Sitte und um Vertrauen gegenüber Eltern und Vormündern. Und die zweite Grundannahme war, dass Kinder und Entmündigte in Körperfragen pauschal unfähig seien, einen rechtserheblichen Willen zu bilden. Diese Grundannahmen gerieten im Verlauf der bundesrepublikanischen Rechtsentwicklung unter Druck. Dies bedeutete den Übergang zu paternalistischen Verständnissen von körperlichen Entscheidungsbefugnissen.

3. Paternalistische Phase

Charakteristisch für *paternalistische* Begründungen ist, dass dichtere rechtliche Maßstäbe für die Beurteilung von körperlichen Befugnissen ausgeprägt werden. Anders als in patriarchalen Phasen genügt nicht mehr der Verweis auf eine bloße Stellung als Eltern, Vormund oder Arzt. Die wesentliche Begründung für körperliche Befugnisse wird im Wohl der Betroffenen gesehen, wobei die Ausdeutung des Wohls von einer Frage des Vertrauens in die Einschätzungen von Eltern und Vormündern zunehmend zu einer Frage von überprüfbarem Wissen wird. Am Übergang von patriarchalen zu paternalistischen Verständnissen liegen Begründungen mit einem objektiv verstandenen Wohl der Betroffenen; »objektiv« meint hier Vorstellungen vom körperlichen Wohl, die auf gesellschaftlich geteilte Güter und Präferenzen zielen wie Gesundheit, Integrität oder Autonomie. Werden dagegen subjektive Wohlvorstellungen der Betroffenen zur rechtlichen Richtschnur, markiert dies den Übergang zu partizipativen Verständnissen (Kap. 2 II.4.).

Paternalistische Verständnisse von körperlichen Befugnissen zeichnen sich auch durch eine zunehmende gerichtliche Kontrolldichte aus. Elterliches oder vormundschaftliches Handeln, das bis dahin nur »überschlägig« kontrolliert worden war (Kap. 2 II.2.2., III.2.3.), wurde auf die Verwirklichung eines objektiv gedachten Wohls festgelegt. Dies geschah insbesondere durch Richtervorbehalte (Kap. 2 III.3.2.). Sie bewirkten, dass vor bestimmten, als besonders einschneidend bewerteten Entscheidungen die Zustimmung eines Gerichts einzuholen war. Wo das Recht vorher im Wesentlichen konturenlos und korrekturfrei darauf vertraut hatte, dass Eltern und Vormünder ihre nur mit dem Begriff der Sorge positiv umschriebenen Befugnisse zum Besten der Kinder und Mündel ausüben, wurden Verfahren und infolgedessen auch konkretere inhaltliche Maßstäbe ausgeprägt. Diese Entwicklung setzte in den 1960er Jahren ein (»Aufbrüche«, Kap. 2 II.3., III.3.). Im Kindschaftsrecht und im Vormundschaftsrecht kam es zu formellen und materiellen Verdichtungen der rechtlichen Anforderungen an körperliche Fremdentscheidungen. Anfangspunkte waren der zwingende richterliche Genehmigungsvorbehalt für vormundschaftliche Unterbringungen im Jahr 1962 (Kap. 2 III.3.2.) und die Neufassung des elterlichen Sorgeauftrags im Jahr 1979 (Kap. 2 II.3.2.). Seitdem genügen die Blankette Erziehung und Fürsorge, Elternstellung und vormundschaftliches Bestimmungsrecht nicht mehr zur Begründung körperlicher Befugnisse. Zugleich wurden eigennützige und gemeinnützige Erklärungen konsequenter zurückgewiesen. Die eigenen Belange der Eltern oder Vormünderinnen sowie die Interessen der Familie oder der Allgemeinheit konnten immer weniger im Wohl des Kindes oder des Mündels untergebracht werden. Es setzte sich das Bild von der elterlichen Sorge als einem treuhänderischen, also fremdnützigen Recht durch. Auch wurde deutlicher zwischen der vormundschaftlichen Unterbringung im Interesse der Betroffenen und der öffentlich-rechtlichen Unterbringung aus Gründen des Allgemeininteresses unterschieden (Kap. 2 III.5.2.1.). Diese zunehmend konsequentere Verpflichtung der elterlichen und vormundschaftlichen Befugnisse auf objektive Fremdnützigkeit (»Wohl«) spiegelte sich in veränderten Rechtstrukturen wider: Es fanden Positivierungs- und Justizialisierungsprozesse statt. An die Stelle pauschaler Ermächtigungen (»Sorge«) traten Einzelbestimmungen. Im Vormundschaftsverhältnis setzte diese Entwicklung bereits im Jahr 1962 ein mit dem schon erwähnten Richtervorbehalt für Unterbringungen (Kap. 2 III.3.2.). Dieser Positivierungs- und Justizialisierungsprozess erreichte im Jahr 1992 mit Inkrafttreten des Betreuungsrechts eine neue Stufe, als zusätzliche Regelungen über medizinische Behandlungen und Sterilisationen getroffen wurden. Zugleich verdichteten sich die Maßstäbe für Zwangseinweisungen (Kap. 2 III.3.3.). Besonders anschaulich lässt sich dieser Prozess der Explizierung, Verdichtung und Justiziabilisierung ablesen an den immer voraussetzungsreicheren und detaillierteren Regelungen zu Unterbringung und Zwangsbehandlung. Was im Jahr 1962 mit einem Zweizeiler begann (»Eine Unterbringung des Mündels, die mit Freiheitsentziehung verbunden ist, ist nur mit Genehmigung des Vormundschaftsgerichts zulässig; das Vormundschaftsgericht soll den Mündel vor der Entscheidung hören«, Kap. 2 III.3.2.), wurde im Jahr 1992 zu einer Regelung mit vier Absätzen und zwei Unternummern (Kap. 2 III.3.3.2.). Und Zwangsbehandlungen wurden überhaupt erst mit Inkrafttreten des Betreuungsgesetzes im Jahr 1992 geregelt; im Bürgerlichen Gesetzbuch von 2023 ist daraus in § 1832 eine Vorschrift geworden, die in den üblichen Ausgaben mit fünf Absätzen und sieben kumulativen Voraussetzungen gut eine Druckseite ausmacht. Im Verlauf dieser neuen Positivierung änderte sich auch das inhaltliche Leitbild der körperlichen Bestimmungsbefugnisse. Das rechtliche Regelungsgeflecht handelt sichtbarer vom Willen und von den Wünschen der Betroffenen. Damit ist der allmähliche Übergang in die partizipative Phase markiert (Kap. 3 II.4.).

Mit derselben Grundtendenz entwickelten sich die Rechtsdogmen für die elterlichen Bestimmungsbefugnisse. Auch hier haben seit den 1960er Jahren Explizierungs- und Justizialisierungsprozesse stattgefunden, die die elterlichen Befugnisse kontrollierbar auf inhaltlich dichtere Vorstellungen vom Kindeswohl festlegten. Pädagogisches Wissen, das über lange Zeit als irrelevant galt und zurückgewiesen werden konnte (Kap. 2 II.2.1.), ging schließlich nach mehreren Konkretisierungsschritten in Gestalt des Rechts auf gewaltfreie Erziehung in den Text des Bürgerlichen Gesetzbuchs ein (Kap. 2 II.3.1.). Abermals sind die inhaltlichen Maßstäbe dichter geworden und eindeutiger verpflichtet worden auf ein als gerichtlich überprüfbar verstandenes objektives Wohl des Kindes, wenngleich nicht in demselben Ausmaß wie im Betreuungsrecht. Parallel dazu wurde das Bild vom (»sittlichen«) Innenverhältnis brüchiger und rechtliche Maßstabsbildung selbstverständlicher.

Die für die paternalistische Phase charakteristische Verdichtung der inhaltlichen Maßstäbe für körperliche Befugnisse spiegelt sich auch in der Beschreibung der Eingangsschwelle wider. Bewirkte die Entmündigung zunächst noch eine pauschale Entziehung jeder Handlungsfähigkeit (Kap. 2 III.2.1.), knüpft das geltende Betreuungsrecht konkreter und situativer an Bedürfnislagen an (»Betreuungsbedürfnis«). Es prägten sich differenziertere Willensschwellen heraus (natürlicher Wille, Wünsche, krankheitsbedingt unfreier Wille, freier Wille). Als mit dem Betreuungsrecht aus Entmündigten Betreute wurden, äußerte sich die Positivierung und Verdichtung zugleich in größerer Individualisierung. Weniger änderte sich indes für Minderjährige: Hier blieb im Recht die Vermutung leitend, dass Minderjährigkeit generell auf ein Fürsorgebedürfnis hinweist und paternalististische Bestimmungsbefugnisse zum Besten des Kindes legitimiert (»Sogwirkung der Volljährigkeit«, Kap. 2 II.5.3.3.). Gesetzliches Leitbild blieb die prinzipielle Letztentscheidungsbefugnis der Eltern; ein Recht auf körperliche Eigenzuständigkeit des selbstbestimmungsfähigen Minderjährigen ist mehr Theorie als Praxis (Kap. 2 II.5.2.).

4. Partizipative Phase

Charakteristisch für *partizipative* Verständnisse von körperlichen Bestimmungsbefugnissen ist, dass das individuelle, subjektive, nach eigenen Maßstäben selbst definierte Interesse zur inhaltlichen Richtschnur wird. Dieses Verständnis prägt die rechtlichen Beziehungen im Behandlungsverhältnis seit der Wende zum 20. Jahrhundert (Kap. 2 I.2., I.3.). Auch das gegenwärtige Betreuungsrecht trägt partizipative Züge (Kap. 2 III.3.3.–3.5).

Partizipative Verständnisse gehen damit einher, dass körperliche Fremdentscheidungen justiziabel darauf verpflichtet sind, den individuellen Maßstäben der Betroffenen zu entsprechen. Zentrale normative Quelle ist ihr Wille. Abweichungen sind begründungsbedürftig (»krankheitsbedingt unfreier Wille«) und an explizite, ausdifferenzierte und vollständig kontrollierte rechtliche Schwellen und Verfahren geknüpft. Auch ein bloß natürlicher Wille, verstanden als der unfreie, nicht selbstbestimmte Wille, ist rechtlich bedeutsam, auch wenn er unter bestimmten, immer enger gefassten Voraussetzungen rechtmäßig übergangen werden kann. Charakteristisch sind Rechtsstrukturen, die auf Einbeziehung, Befähigung und Unterstützung zielen. Aus Betroffenen werden Subjekte, die nicht nur anzuhören, sondern einzubeziehen und insbesondere zu informieren (»aufzuklären«) sind. Aufklärungs- und Anhörungspflichten stellen ihre Beteiligung (»Partizipation«) sicher und garantieren, dass körperliche Entscheidungen den individuellen Wertvorstellungen und Wünschen der Betroffenen entsprechen. Zwang ist nur in äußersten Grenzfällen zulässig (wenn »unvermeidbar«). Das rechtliche Leitbild zielt auf Selbstdefinition sowie Aktivierung, Einbeziehung und gemeinsame bzw. unterstützte Entscheidungsfindung.

Das geltende Recht der medizinischen Behandlung kommt diesem Zuschnitt von körperlichen Befugnissen zumindest in einzelnen Beziehungen nahe. Als sich das Reichsgericht im Jahr 1894 auf das »Willensdogma« festlegte, stellte es die Weichen in Richtung eines partizipativen Grundverständnisses. Seither gilt der Patientenwille als »leitender und entscheidender Gesichtspunkt« (Kap. 2 I.2.1.). Erfahrung, Ethos oder Berufsstand tragen ärztliche Befugnisse genauso wenig wie Vernunft oder Zweckmäßigkeit (»Heilung«). Im Jahr 1979 war erstmals die Rede von einem Recht auf Entscheidung »nach ureigensten Maßstäben« (Kap. 2 I.3.1.). Von hier aus entwickelte sich die »Freiheit zur Krankheit« zum prägenden Topos

(Kap. 2 III.3.4.2.). Im Verlauf des 20. Jahrhunderts wurde diese Orientierung auf das subjektive, individuell bestimmte körperliche Wohl fester und sicherer. Dogmatische Gegenvorstellungen wie insbesondere die paternalistische Denkform des »therapeutischen Privilegs« (Kap. 2 I.4.1.4.) wies man konsequenter zurück. Parallel dazu wurde die Patientenaufklärung zur gesetzlichen Zentralperspektive auf das Behandlungsverhältnis. Dabei hielt man in den Anfangsjahren eine Aufklärung, also Information, der Patienten zwar für wünschenswert, meinte aber, dass man Ärztinnen dazu nicht verpflichten könnte. Eine umfassende Belehrung galt ausdrücklich als »sachlich falsch« (Kap. 2 I.2.2.). Später zweifelte man an der gerichtlichen Kontrollierbarkeit (»in der Hauptsache eine Frage des ärztlichen Taktes«, Kap. 2 I.2.2.). Im Jahr 1958 wurde die Aufklärung dann zur justiziablen ärztlichen Rechtspflicht erhoben (Kap. 2 I.3.2.). Damit verschoben sich die Verhaltenserwartungen. Aus Kranken und Patienten wurden Personen mit individuellem rechtlichem Aufklärungs-, Einbeziehungs- und Achtungsanspruch. Dennoch wäre es vorschnell, die körperlichen Befugnisse im Behandlungsverhältnis insgesamt der partizipativen Phase zuzuordnen. Die nähere Analyse der Rechtsdogmen hat paternalistische Residuen aufgezeigt. Die Art, wie Einwilligungsfähigkeit verstanden wird (Kap. 2 I.5.2.1.), begünstigt Beurteilungen entlang des objektiven Wohls, und das Entscheidungsmuster des Informed Consent (Kap. 2 I.5.2.) legt Patientinnen auf eine Empfängerrolle fest. An diesen Punkten ist körperliche Selbstbestimmung im Behandlungsverhältnis noch nicht partizipativ geformt. Derzeit geht es nicht um Assistenz, Unterstützung und Herstellung von Entscheidungsfähigkeit, sondern »nur« um Feststellung der Einwilligungs(un)fähigkeit. Wenn hier das Behandlungsverhältnis gleichwohl der partizipativen Phase zugeschlagen wird, so verdankt sich dies der Bedeutung des Willensdogmas und der grundsätzlichen Maßgeblichkeit subjektiver Wohlvorstellungen.

Auch auf den beiden anderen Feldern sind die körperlichen Bestimmungsbefugnisse von Eltern und Betreuerinnen inzwischen zunehmend auf Mitwirkung und Einbeziehung der Betroffenen angelegt. Tendenzen zu partizipativeren Rechtsstrukturen und einer rechtlichen Aufwertung subjektiver Wohlvorstellungen prägen die rechtlichen Festlegungen des Betreuerhandelns. Subjektive Wohlvorstellungen sind auch hier prinzipiell beachtlich, selbst wenn sie, etwa nach medizinischen Maßstäben, objektiv unvernünftig erscheinen (»Freiheit zur Krankheit«). Die Rechtmäßigkeit von Zwangsbehandlungen kann nicht mehr allein damit begründet werden, dass die Behandlung dem Betroffenen nach medizinischen Maßstäben nützt (weil sie ihn heilt), sondern sie muss sich auch im Hinblick darauf rechtfertigen lassen, was die Anwendung von Zwang und das Übergehen des eigenen Willens für den Betroffenen und sein Selbstverständnis bedeutet. Darauf beruht das im Jahr 2013 Gesetz gewordene Erfordernis, dass die Rechtmäßigkeit der Einwilligung einer Betreuerin in eine Zwangsbehandlung einen vorhergehenden Überzeugungsversuch voraussetzt (Kap. 2 III.3.4.1.). In dieselbe Richtung geht es, dass Betreuern in § 1821 des Bürgerlichen Gesetzbuchs seit dem Jahr 2023 ausdrücklich aufgetragen ist, Betreute dabei zu unterstützen, ihre Angelegenheiten selbst zu besorgen; außerdem sind Betreuerinnen rechtlich verpflichtet, die Wünsche der Betreuten festzustellen und diesen zu entsprechen, wenn nicht bestimmte Gründe dagegensprechen. Zwar lässt sich noch nicht absehen, wie ernst es das Recht mit diesen Pflichten meint und ob darüber überhaupt rechtsförmiger Streit entstehen wird. Auch sind diese Pflichten inhaltlich mehrfach zurückgenommen, insbesondere weil Betreuer einwenden können, dass die Wunschbefolgung ihnen selbst nicht zuzumuten ist (Kap. 2 III.3.5.). Dennoch spiegeln sich in diesen Regeln Veränderungen des rechtlichen Leitbilds der Betreuung wider, die die Betreuerbefugnisse rechtlich stärker auf Partizipation und Assistenz festlegen.

Anders liegen die Dinge mit Blick auf die körperlichen Befugnisse der Eltern. Zwar ist den Eltern seit dem Jahr 1980 in § 1626 des Bürgerlichen Gesetzbuchs aufgetragen, die »wachsende Fähigkeit und das wachsende Bedürfnis des Kindes zu selbständigem verantwortungsbewusstem Handeln« zu berücksichtigen und in Fragen der Sorge mit dem Kind »Einvernehmen an[zustreben]« (Kap. 2 II.3.2.). Doch spiegelt sich diese Leitlinie bei Körperentscheidungen nicht in praktisch wirksamen Rechten des Kindes auf Anerkennung subjektiver Wohlvorstellungen wider. Denn dagegen stehen das Dogma vom elterlichen Co-Konsens und die Vorstellung, dass die elterliche Sorge nicht vor Erreichen der Volljährigkeit erlischt (Kap. 2 II.3.3.). Aus der Perspektive des Rechts liegt die Errungenschaft des 20. Jahrhunderts also »nur« darin, Eltern rechtsförmig auf das objektive Wohl verpflichtet zu haben: Ihre körperlichen Befugnisse sind nicht mehr patriarchal gestaltet, sondern auf eine paternalistische Grundorientierung festgelegt. Wollte man heute ein Resümee ziehen, würde man also zusammenfassen, dass das Recht das Behandlungsverhältnis am tiefgreifendsten auf ein partizipatives Verständnis körperlicher Befugnisse festgelegt hat, während die elterlichen Befugnisse vom Recht[11] eher unscharf und nur andeutungsweise partizipativen Idealen und der Wahrung subjektiver Wohlvorstellungen verpflichtet sind.

11 Das ist keine Aussage über die gegenwärtig prägenden wissenschaftlichen und gesellschaftlichen Erziehungs- und Verhaltensideale. Zu den Vorzügen und dem Bedeutungsgewinn partizipativer Erziehungsstile *Bauer/Hurrelmann* (2021) 223 ff.; siehe auch schon *D. Fuchs* (1996): partizipative Erziehung zur Förderung sozialer Kompetenz unter den besonderen Lebensbedingungen der reflexiven Moderne.

5. *Postkategoriale Phase*

Die nächste Entwicklungsstufe ließe sich als *postkategorial* beschreiben. In diesem Stadium wäre körperliche Selbstbestimmung unterschiedslos ein allgemeines Recht. Patientinnen, Kinder und Betreute wären keine hierfür maßgebliche rechtliche Kategorie. Das Recht würde nicht kategorial, durch Markierung der Betroffenen, sondern nur situativ und individuell reagieren. Im Vordergrund stünden konkrete Bedürfnislagen, denen durch rechtliche Entscheidungsassistenz oder -substitution begegnet würde.

Theoretisch sind postkategoriale Verständnisse von körperlicher Selbstbestimmung sowohl als paternalistische als auch als partizipative Verständnisse denkbar. Da die Anstöße für postkategoriales Recht aber darauf zielen, körperliche Selbstbestimmung zu verallgemeinern und dadurch zu stärken, wäre eine materielle Verknüpfung mit einem paternalistischen Wohl-Verständnis zwar theoretisch möglich, politisch allerdings unwahrscheinlich. Wenn überhaupt, dann dürften postkategoriale Verständnisse von körperlicher Selbstbestimmung dergestalt begegnen, dass sie konsequent am subjektiven, selbst definierten körperlichen Interesse orientiert sind. Im Unterschied zu den bisher betrachteten Begründungen für körperliche Bestimmungsbefugnisse würden aber kategorial definierte Eingangsschwellen vermieden. Aufgabe des Rechts wäre es nicht mehr, körperliche Selbstbestimmung (auch) von Kranken, Kindern oder Betreuten anzuerkennen oder zu garantieren. Sondern dem Recht wäre es darum zu tun, situativ erforderliche und individuell gewünschte Hilfestellungen bei der Verwirklichung körperlicher Selbstbestimmung rechtlich zu organisieren, ohne sich dabei auf kategorisierende Klassifikationen wie »Kind« oder »betreut« zu stützen. Rechtspolitische Anstöße in diese Richtung gehen von der Kindheitsforschung (Kap. 2 II.5.4.) und den Disability Studies (Kap. 2 III.5.3.) aus. Modellcharakter haben Rechtsvorstellungen, die zur UN-Behindertenrechtskonvention formuliert worden sind. Die bisherigen Abstufungen der Entscheidungszuständigkeit werden als diskriminierend zurückgewiesen und sollen durch Formen unterstützter Entscheidungsfindung (»supported decision making«) ersetzt werden (Kap. 2 III.5.4.).

Postkategoriale Konzepte von körperlicher Selbstbestimmung lassen sich sowohl als *Ziel*punkt als auch als *Kipp*punkt deuten. Einerseits wäre damit die Verallgemeinerung von körperlicher Selbstbestimmung im Recht vollendet: Wenn körperliche Selbstbestimmung in keiner Hinsicht mehr rechtlich an Kategorien geknüpft wäre, wäre körperliche Selbstbestimmung ein vollendetes allgemeines Recht. Es ginge nicht allgemeiner. Dies würde zugleich Raum eröffnen, um nun andere (allgemeine) Begrenzungen körperlicher Selbstbestimmung zu thematisieren. In der postkategorialen Phase würde es nur noch um »die« körperliche Selbstbestimmung gehen. Wo sich segmentierte Kritikdiskurse zugunsten einzelner Personengruppen derzeitig behindern durch Ab- und Ausgrenzungen, könnten sie dasselbe Feld bearbeiten und in ihren Anliegen zusammenfinden. Zugleich könnte sich der Reflexionsrahmen erweitern, indem die implizite gedankliche »Streckdecke« (Martin Greiffenhagen) durchbrochen würde: Es ginge fortan nicht mehr allein um bloße Angleichung, also »Fortschritte im herrschenden Muster«.[12]

Aber der Übergang zu einem postkategorialen Rechtsideal könnte auch einer *Steigerungslogik* (Hartmut Rosa) folgen und Forderungen nach weitergehendem Rückzug des Rechts nähren. Wenn sich körperliche Selbstbestimmung in privatrechtlichen Verhältnissen auf gesellschaftlich akzeptierte Weise ganz ohne rechtliche Kategorien wahren, verwirklichen und organisieren lässt, vielleicht lässt sich körperliche Selbstbestimmung dann in diesen Verhältnissen überhaupt ohne »zu viel« Recht organisieren? Das einmal Erreichte an körperlicher Selbstbestimmung könnte selbstverständlich werden, nicht mehr als Errungenschaft spürbar sein, bevor es allmählich zur »geborgten Landschaft« wird. Die »geborgte Landschaft« bezeichnet einen Kunstgriff der Gartengestaltung, bei der die äußere Landschaft so geschickt in den eigenen Garten einbezogen wird, dass sich auf kleinstem kultiviertem Raum noch natürliche Weite evozieren lässt. Indem Grenzen überdeckt und Blicke gezielt gelenkt werden, öffnet sich die diesseitige Szenerie in die Jenseitslandschaft, und was jenseits liegt, wird herangeholt für den Gesamteindruck: Die Jenseitslandschaft wird einbezogen und damit zugehörig gemacht, also »geborgt«.[13] Genau das könnte geschehen, wenn körperliche Selbstbestimmung so allgemein (und selbstverständlich) geworden ist, dass sie im einfachen Recht nicht mehr in Erscheinung tritt. Körperliche Selbstbestimmung könnte verschwimmen in einer mehr vorgestellten als wirklich geprüften Rechtslandschaft, der die kritische Aufmerksamkeit für die realen Grenzen von körperlicher Selbstbestimmung abhandengekommen ist. Dieser Mechanismus begegnete in Gestalt des Einwands »Sie haben doch längst Rechte« im Zusammenhang mit der rechtlichen Gleichberechtigung der Frau und im Zusammenhang mit den Debatten über Kinderrechte.[14] Und dieser Mechanismus könnte abermals wirksam werden, wenn körperliche Selbstbestimmung so selbstverständlich geworden ist, dass Abschleifungen nicht mehr sofort registriert werden. Dies könnte dazu führen, Gegenläufiges zu überblenden (»Es gibt doch längst körperliche Selbstbestimmung«). Es wären dieselben Gewöhnungseffekte und derselbe desinteressierte Bagatellisierungsmechanismus, mit denen sich Hans Joas erklärte, warum sich die Moderne gegen alle Widerlegungen als »gewaltfrei« beschreiben

12 Auf diese Engführung hat hingewiesen: *Narr* (1973) 198 f.

13 Das Prinzip der »geborgten Landschaft« (chinesisch *jiè jǐng*, japanisch *shakkei*) gilt als fundamentales Konzept der ostasiatischen Gartengestaltung; zeitgenössische Beschreibungen bei *Kuitert* (2015); *Stepanova* (2010) 162 ff. – Das lyrische Potential der »geborgten Landschaft« hat *Poschmann* (2016) entfaltet.

14 Näher *Röthel* (2020) 647 ff.

konnte – nur mit entgegengesetzten Vorzeichen.[15] Warum sollte sich die Verallgemeinerung von körperlicher Selbstbestimmung nicht genauso wie andere Ideale der Moderne schließlich in ihr Gegenteil wenden, an sich selber scheitern und einer »Dialektik der Aufklärung« zum Opfer fallen?[16] Es würde den soziologischen Zeitdiagnosen unserer Steigerungslogik entsprechen, die als unschädlich wahrgenommene Überwindbarkeit von Kategorien misszuverstehen als ungefährliche Überwindbarkeit von Recht überhaupt. Der Rückzug des Rechts würde nicht nur bedeuten, dass sich das Recht von dem Anspruch verabschiedet, sich für die Voraussetzungen von körperlicher Selbstbestimmung zu interessieren und Schutzbedürfnisse zu registrieren. Der Rückzug des Rechts könnte vor allem den Boden dafür bereiten, dass sich mit dem Aufleben von gesellschaftlicher Macht eine patriarchale Ausgangssituation wiederherstellt.[17]

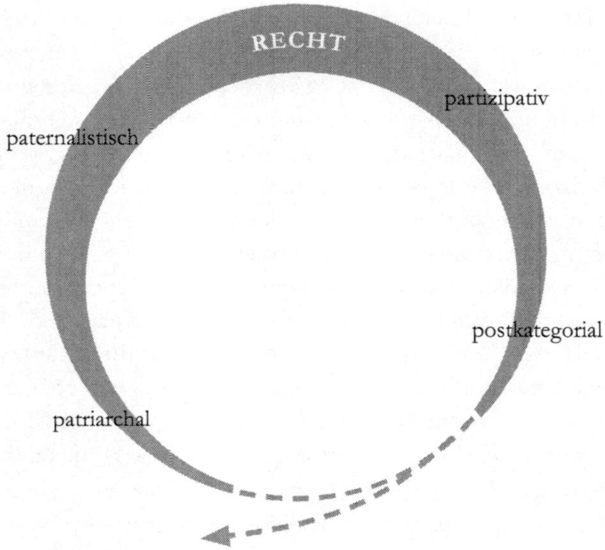

Abb. 3: Kipppunkte und Kreisläufe

[15] *Joas* (1994) 311; dazu schon oben Kap. 1 I.

[16] Klassisch *Horkheimer/Adorno* (1947); außerdem *Taylor* (1991); aus den deutschen Debatten *Beck* (1986); *Beck/Giddens/Lash* (1986); aus jüngerer Zeit *Rosa* (2019) 808–822 und schon *Rosa* (2005) 428–460.

[17] Eine andere Prognose formuliert Marietta Auer im Hinblick auf die Rechtseinrichtungen Eigentum, Erbrecht und Ehe: Sie blieben zwangsläufig in einer »halbmodernen« Balance, weil das Recht auf diese Weise verhindert, dass sich die Rechtseinrichtungen selbst entwerten und damit ihre Funktionsfähigkeit verlieren; dazu *Auer* (2014).

III. Diskurse

Der Rückblick auf die rechtliche Formung körperlicher Befugnisse von Ärztinnen, Eltern und Vormündern bzw. Betreuerinnen hat eine gemeinsame Entwicklungsrichtung und geteilte dogmatische Phasen sichtbar gemacht. Daraus ergeben sich weitere Gemeinsamkeiten und Strukturähnlichkeiten im Hinblick auf die thematischen Gegenstände (Felder) und die Art und Weise (Formate und Orte), in der auf den drei Referenzgebieten über die gemeinsame Rechtsentwicklung verhandelt wurde.

1. Felder

Die in diesem Buch unternommenen Studien haben gezeigt, dass die Rechtsentwicklung in Richtung Verallgemeinerung, Inklusion und Emanzipation im Wesentlichen zwei wiederkehrenden Einwänden ausgesetzt war. Der erste Einwand lautete, dass körperliche Fremdbestimmung durch Ärztinnen, Eltern und Vormünder bzw. Betreuerinnen legitim ist, weil es um besonderes Tun (Heilen, Erziehen, Fürsorge) von besonderen Personen (Ärzten, Eltern, Vormünder, Betreuerinnen) gegenüber besonderen Personen (Kindern und Kranken) geht. Die Verallgemeinerung körperlicher Selbstbestimmung wurde zurückgewiesen, weil sie den Eigentümlichkeiten der jeweiligen Verhältnisse nicht gerecht werde. Hier konnte im Einzelnen nachverfolgt werden, wie diese Verbesonderung im Rechtsdiskurs hergestellt und verteidigt wurde (»legitime Fremdbestimmung«, Kap. 2 I.4.1., II.4.1., III.4.1.). Der zweite Einwand richtete sich speziell gegen den Modus des Rechts und kritisierte die Ausprägung rechtlicher Maßstäbe als illegitim, etwa im Hinblick auf Vorstellungen von Privatheit, privater Selbstregulierung und Privatrechtlichkeit (»illegitimes Eindringen des Rechts«, Kap. 2 I.4.2., II.4.2., III.4.2.). Hier konnte nachverfolgt werden, wie der Rechtsdiskurs Verrechtlichung zu einem negativen Phänomen umwertete und daraus Kritik herstellte.

Mit Verbesonderung und Verrechtlichung wurden jeweils Veränderungen thematisiert, und große Teile des Rechtsdiskurses reagierten darauf im Modus der konservierenden Gegenwehr: Es ging darum, das jeweils bestehende Recht *als* Verbesonderung und *gegen* Verrechtlichung zu verteidigen. Diese negative, also von der Kritik ausgehende Bezeichnung von Diskursfeldern lässt sich mit dem Wissen um die geteilten dogmatischen Phasen (Kap. 3 II.) nun um eine thematische Beschreibung von Diskursfeldern ergänzen. Die Gesprächslandschaft lässt sich thematisch aufgliedern entlang der leitenden Paradigmen, also Vertrauen, Wissen und Autonomie (Kap. 3 II.1.). Wenn Vertrauen, Wissen und Autonomie hier zur Bezeichnung von Diskurs*feldern* verwendet werden, dann ist damit gemeint, dass Vertrauen, Wissen und Autonomie in unterschiedlichen Zusammenhängen, mit unterschiedlichen Verständnissen und auch mit unterschiedlicher Zielrichtung als Argumente und Themen begegnen. Diese Offenheit und Weite soll mit der Bezeichnung als Feld sprachlich abgebildet werden. Und diese thematischen Diskursfelder stehen zugleich in systematischem Zusammenhang mit den drei Elementen des Verbesonderungsdiskurses, also besondere Stellung (Ärzte, Eltern, Betreuerinnen), besonderer Handlungssinn (Heilung, Erziehung, Fürsorge) und besondere Betroffene (unwissend, unvernünftig, unfrei): Die Bedeutung von Vertrauen bezieht sich (auch) auf die *Stellung* von Ärztinnen, Eltern und Betreuern, die Bedeutung von Wissen zielt (auch) auf Vorstellungen über den *Handlungssinn*, und die Bedeutung von Autonomie bezieht sich (auch) auf Vorstellungen über die Fähigkeiten und Eigenschaften der *Betroffenen*.

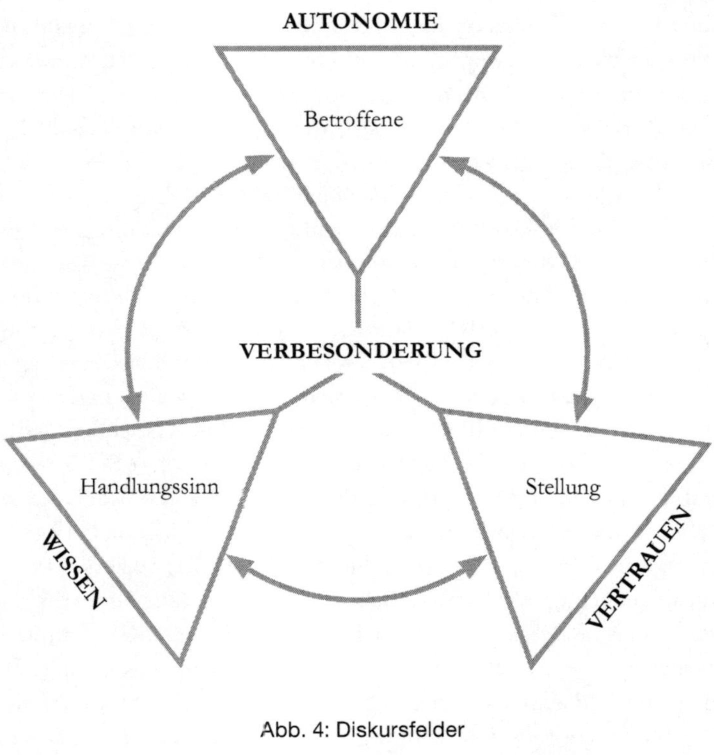

Abb. 4: Diskursfelder

Vertrauen begegnet über den gesamten Beobachtungszeitraum in verschiedensten Gesprächsfäden über die Abmessung von körperlicher Selbstbestimmung. Einerseits trifft man wiederkehrend auf die Forderung, dass das Recht den Ärztinnen, Eltern, Vormündern bzw. Betreuerinnen vertrauen solle. Hier thematisierte Vertrauen die jeweilige Stellung. In dieselbe Richtung ging es, wenn mit Vertrauen angesprochen wurde, dass das Recht außerrechtlichen Normen (Ethos) oder der Selbstregulierung (Praxis) vertrauen solle. Andererseits ging es auch darum, das Behandlungs-, Sorge- und Betreuungsverhältnis als Vertrauensverhältnis zu beschreiben. Beide Themen begegneten auch in der Betonung, dass Behandlung, elterliche Sorge und Betreuung dem Privatrecht zugehörten. Es mutet auf den ersten Blick paradox an, dass sich die systematische Verortung im Privatrecht gegen körperliche Selbstbestimmung wenden ließ, schließlich gilt die Privatautonomie und damit die »Selbstbestimmung des Einzelnen im Rechtsleben« (Werner Flume) als die regulatorische Idee des Privatrechts. Aber das Privatrechtsargument funktionierte hier über lange Zeit[18] genau in der Gegenrichtung: Es begünstigte die Höherbewertung von Vermögensinteressen (und das Desinteresse für die Person), es erklärte die Wertschätzung für Praktikabilität, und vor allem wurde es als Plädoyer für Privatheit im Sinne von Staatsfreiheit (Kap. 2 II.5.3.) und für geringere Grundrechtsbindung (Kap. 2 III.4.2.) eingesetzt. Wann immer betont wurde, dass es sich bei Behandlung, Sorge und Betreuung um private Rechtsverhältnisse handele, schwang dabei die Forderung mit, dass das Recht auch wegen der systematischen Zuordnung von Behandlung, Sorge und Betreuung zum Privatrecht und wegen der privatrechtlichen Natur der Verhältnisse Ärzten, Eltern und Betreuerinnen vertrauen solle.

Auch jenseits dieser systematischen Ebene war Vertrauen ein durchgehendes Thema in den Verhandlungen über die körperlichen Befugnisse und begegnete in vielen Spielarten. Willensdogma und Aufklärungspflicht wurden als »Misstrauen gegen die Ärzte« gedeutet, und es hieß, dass sich die »Vertrauensstellung« der Ärzte »nicht in Regulative zwängen [lasse]« (Kap. 2 I.4.2.). In langer Tradition warben viele dafür, das Arzt-Patienten-Verhältnis als »Vertrauens-Sache« zu begreifen (Kap. 2 I.4.2.). Außerdem sei zu befürchten, dass die »Berufung auf den Rechtsstandpunkt«, gemeint war die Geltendmachung von Patientenrechten, die Vertrauensbeziehung »beschädigt« (Kap. 2 I.4.2.). Die Rechtsprechung solle vielmehr »Respekt« gegenüber der ärztlichen Standesethik üben und auf das gute ärztliche Tun vertrauen (Kap. 2 I.4.3.). Auch im Eltern-Kind-Verhältnis funktionierte Vertrauen über viele Jahrzehnte als plausibles Argument, um körperliche Bestimmungsbefugnisse zu begründen oder jedenfalls zu begründen, warum ihre Ausübung nicht näher rechtlich zu kontrollieren sei (Kap. 2 II.4.1.1., II.4.2.2.). Besonders nachhaltig begegnete die Vertrauensforderung in den Debatten über die Rechtsstellung Entmündigter und Betreuter. Dies zielte zugleich auf die behandelnden Ärzte, deren »Fürsorgetätigkeit« Kranke mit ihrer ganzen Person »ver-

18 Anders allerdings im Betreuungsrecht, wo die Zuordnung zum Privatrecht die Anerkennung körperlicher Selbstbestimmung auf lange Sicht mehr begünstigte als beeinträchtigte, weil sie dazu beitrug, öffentliche Interessen als Erklärung für körperliche Fremdbestimmung zurückzuweisen; näher Kap. 2 III.5.2.1.

trauensvoll übergeben [sind]« (Kap. 2 III.4.1.1.). Auch die ersten Überlegungen zugunsten eines Richtervorbehalts für Unterbringungen wurden in den 1920er Jahren als unbegründetes »Misstrauen« gegen die Anstaltspsychiatrie kritisiert (Kap. 2 III.4.1.1.). Zugleich zielte die Rede vom Vertrauen auf das Verhältnis zu den Vormündern bzw. Betreuerinnen und prägte die Debatten um die weitere Ausgestaltung des Betreuungsrechts seit den 1990er Jahren (Kap. 2 III.4.2.).

Das zweite Diskursfeld, auf dem sich die Verhandlungen über körperliche Selbstbestimmung in allen drei Referenzgebieten immer wieder begegneten, betrifft die Bedeutung von *Wissen* für die rechtliche Ausformung von körperlichen Bestimmungsbefugnissen. Dabei ging es erstens darum, ob Wissen überhaupt bedeutend sein soll für die Bestimmung körperlicher Befugnisse. Zweitens ging es darum, welches bzw. wessen Wissen gemeint sein könnte. Dies zielte auf den Sinn ärztlichen, elterlichen oder vormundschaftlichen Handelns als Heilung, Erziehung und Fürsorge sowie auf das Verhältnis von außerrechtlichen Bewertungen zu rechtlichen Bewertungen. Im Behandlungsverhältnis lief dies offen auf einen disziplinären Konflikt zur Medizin hinaus, den die Rechtsprechung im Zusammenhang mit der ärztlichen Aufklärung im Sinne eines Letztentscheidungsrechts für sich entschied (Kap. 2 I.3.2.). Anders verhielt es sich im Sorgeverhältnis für die Bewertung von elterlichem Erziehungshandeln. Dort wurde ganz grundsätzlich bezweifelt, ob eindeutiges außerrechtliches Wissen, hier der Pädagogik, überhaupt zur Verfügung stehe. Elterliches Handeln lasse sich nicht eindeutig bewerten, sondern sei mehr eine Frage der »Einstellung« oder der »Überzeugung«, war eine häufig anzutreffende Haltung in den 1970er Jahren (Kap. 2 II.4.1.1.). Es gebe keine absolute »Vernunft« der Erziehung, sondern diese sei »immer relativ und damit wandelbar und vergänglich« (Kap. 2 II.4.1.1.). Erst später stützte man sich explizit auf die Wissensbestände von Sozialpsychologie, Gewaltforschung, Soziologie, Pädiatrie und Pädagogik (Kap. 2 II.3.1.). Doch wurde das zunehmende Gewicht pädagogischen Wissens für die Rechtsdogmen dann wiederum als »Wissenschaftsgläubigkeit« kritisiert. Und noch im Jahr 1999 war nachlesbar, man könne »nicht wissen«, ob Prügeln dem Wohl der Kinder dient oder nicht (Kap. 2 II.4.1.1.). Wiederum anders wurden die Linien zwischen außerrechtlichem (psychiatrischem) Wissen und Recht im Vormundschafts- bzw. Betreuungsverhältnis gezogen. Hier neigten viele dazu, psychiatrisches Wissen zu rezipieren. Ein disziplinäres Ringen wie gegenüber der (somatischen) Medizin war weniger spürbar. Als den Vormündern im Bürgerlichen Gesetzbuch von 1900 weitgehend »freie Hand« bei Unterbringungen und Zwangsbehandlungen gelassen war, entsprach dies den damaligen psychiatrischen Lehrmeinungen der »kustodialen Psychiatrie« (Kap. 2 III.4.1.1.). Juristinnen übernahmen das psychiatrische Motiv vom »unfreien« Kranken, der durch das traurige Schicksal seiner pathologischen Persönlichkeitsveränderungen seiner Freiheit beraubt werde (Kap. 2 III.4.1.2.). Außerdem haben die Studien gezeigt, wie sich das Recht schon dadurch, dass es Vormundschaft und Betreuung zu Sonderrechtsverhältnissen ausprägte, Grundannahmen der wissenschaftlichen Psychiatrie zu eigen machte, indem es deren wechselnde Etiketten und Grenzziehungen in das Recht transformierte (Kap. 2 III.5.3.).

Das dritte Diskursfeld, das hier mit *Autonomie* bezeichnet ist, betrifft die Überlegungen dazu, ab wann ein Wille rechtlich als Ausdruck von Selbstbestimmung anzuerkennen ist. Außerdem geht es in diesem Feld um die Vorstellungen, die man sich von den Willensfähigkeiten der Betroffenen gemacht hat, und schließlich um die Gründe, warum dem Willen der Betroffenen rechtliches Gewicht beizumessen ist. Auf allen drei Referenzgebieten ist darüber verhandelt worden, ob und ggf. unter welchen Umständen Kranke, Kinder oder Entmündigte bzw. Betreute dazu in der Lage sind, einen vom Recht anzuerkennenden Willen zu bilden. Für das Behandlungsverhältnis hieß es, Patienten stünden medizinischen Maßnahmen »unkundig« und oft »mit völlig falschen, auf einem dilettantischen Halbwissen beruhenden Auffassungen gegenüber«. Ärzte müssten in Rechnung stellen, dass die meisten Patienten »nach ihrer intellektuellen und psychischen Konstitution« die medizinische Wahrheit gar nicht ertragen könnten und auch nicht hören wollten (Kap. 2 I.4.1.4.). Auch die Auseinandersetzung über die körperlichen Bestimmungsbefugnisse der Eltern sowie der Vormünder und Betreuer wurde auf dem Feld der Autonomie geführt. Es ging einerseits darum, ob Kinder und Jugendliche eigentlich dazu neigen, sich »vorschnell« und »unüberlegt« für Behandlungen zu entscheiden oder Körperwünsche auszuprägen (Kap. 2 II.4.1.3.). Andererseits ging es um die Vorstellungen, die man sich über die Willensfähigkeit von psychisch Kranken machte. Dabei wurden zwei Fragen thematisiert. Erstens ging es um die Auswirkungen von bestimmten Krankheitsbildern auf die Fähigkeit zu selbstbestimmtem Entscheiden und zu »sinnvollem und vernunftgemäßem Verhalten« (Kap. 2 III.4.1.2.). Dies begann bei pauschalierenden und axiomatischen Vorstellungen (»Alle Geisteskranken sind willensunfähig«, Kap. 2 III.2.1.). Später war nachlesbar, die Betroffenen hätten ihre »wirkliche Freiheit« nicht durch das Recht, sondern durch ihre Krankheit verloren (Kap. 2 III.4.1.2.) oder seien generell »besonders labil und beeinflussbar« (Kap. 2 III.4.1.3.). Und zweitens ging es darum, welche Anforderungen das Recht an die Willensbildung stellen darf oder sollte, damit eine Willensäußerung als Ausdruck von Selbstbestimmung anzuerkennen ist. Hier spielte das Bundesverfassungsgericht eine zentrale Rolle. Es prägte die Begriffe und Abstufungen, mit denen bis heute im Rechtszusammenhang über den Willen verhandelt wird. Der »natürliche« Wille genauso wie der »krankheitsbedingt unfreie« Wille gehen auf das Bundesverfassungsgericht zurück (Kap. 2 III.3.2., III.3.4.). Damit ist bereits ein weiterer Gesichtspunkt angesprochen, unter dem sich die Diskurse ordnen und gliedern lassen: nach der Art und Weise, wie über körperliche Selbstbestimmung verhandelt wurde (Formate), und nach den Orten (Foren), an denen diese Verhandlungen stattfanden.

2. *Formate und Foren*

Es konnte bereits gezeigt werden, dass die Verallgemeinerung körperlicher Selbstbestimmung mit einer Justizialisierung einherging. Damit wurden Richterinnen und Gerichte zu maßgeblichen Akteuren der Rechtsentwicklung (Kap. 3 II.1.). Dieser Bedeutungsgewinn von Rechtsprechung lässt sich unter einem weiteren Gesichtspunkt analysieren: als ein bestimmtes Diskursformat. Rechtsprechung erzeugt nicht nur Entscheidungen, sondern auch Sprache und Gedächtnis. Rechtsprechung vollzieht sich in Sprache, und Rechtsprechung speichert, wie über Sachverhalte gesprochen wird. Dadurch erlaubt Rechtsprechung Rückschlüsse auf Anschauungen, Praxen und Debatten. In diesem Sinn waren beispielsweise die wenigen Entscheidungen des Reichsgerichts zum elterlichen Züchtigungsrecht nicht nur als konkrete Entscheidungen über einzelne Züchtigungssachverhalte aufschlussreich, sondern auch in ihren Seitenbemerkungen über die Anschauungen »ganzer Volkskreise« (Kap. 2 II.2.2.). Genauso lässt sich die weichenstellende Entscheidung des Reichsgerichts zum Willensdogma im Behandlungsverhältnis nicht nur als juristisches Urteil lesen, sondern auch als ein Dokument über die widerstreitenden Auffassungen zur Medizin, dem Berufsstand der Ärzte und den daraus anzuerkennenden Befugnissen (Kap. 2 I.2.1.). Ähnlich dokumentarisch können die Elektroschock-Urteile gelesen werden: nicht nur als gerichtliche Festlegung auf die ärztliche Aufklärungspflicht, sondern auch als Wiedergabe medizinischer Praxis (Kap. 2 I.3.2.). Hier begegnet Rechtsprechung als ein Format, in dem nicht nur über einen Anlassfall entschieden wird, sondern zugleich Praxen, Anschauungen und Kontroversen versprachlicht, aufgenommen und überliefert werden. Rechtsprechung ist aber nicht nur ein Wissensspeicher. Der Rückblick auf die Diskursverläufe zu körperlicher Selbstbestimmung hat auch Beispiele dafür gegeben, wie bloße Sachverhalte zu Auslösern von Debatten und Veränderungsprozessen wurden. Die Empörung, die auf die Wasserschlauch-Entscheidung des Bundesgerichtshofs aus dem Jahr 1986 folgte (Kap. 2 II.3.1.), beruhte nicht nur darauf, dass das Gericht die elterliche Praxis im Ergebnis billigte, sondern mehr noch auf dem Sachverhalt, der auf diese Weise ans Licht kam und diskutiert werden konnte. Dieses Hinübergreifen von Rechtsprechung auf Sachverhalte und ganze Lebensbereiche hat Jürgen Habermas als »Kolonialisierung« kritisiert und für eine »Entjustizialisierung« plädiert.[19] Die hier nachverfolgten Entwicklungen zeichnen ein helleres Bild von den Wirkungen von Rechtsprechung. Vor allem im Behandlungsverhältnis und im Betreuungsverhältnis vollzog sich die Verallgemeinerung körperlicher Selbstbestimmung über expliziteres Recht und damit über mehr Rechtsprechung. Rechtsprechung wurde wahrgenommen als Garantin für Sachverständigkeit und Kontrolle, als Schutz gegen Willkür. Hierauf

[19] *Habermas* (1981/1995) 522 ff., 546; Gegensichten etwa bei *Loick* (2017) 234 ff.; *Berghahn* (1997).

gründete sich Ende der 1950er Jahre der bundesrepublikanische Ruf nach stärkerer Gerichtsbeteiligung in Unterbringungsverfahren: Die »Einschaltung des kritisch prüfenden Richters« sollte das durch Psychiatrie-Skandale erschütterte Vertrauen wiederherstellen (Kap. 2 III.3.2.).

Auch die Rolle der Rechtswissenschaft lässt sich beschreiben im Hinblick darauf, wie und wo sie beteiligt war an den Diskursen um körperliche Selbstbestimmung. Es ist schon deutlich geworden, dass die Rechtswissenschaft, wenn sie sich beteiligte, vor allem durch Kritik in Erscheinung trat. Der wissenschaftliche Diskurs, der sich um die Verallgemeinerung der körperlichen Selbstbestimmung von Patientinnen, Kindern und Entmündigten bzw. Betreuten formte, war im wesentlichen Kritikdiskurs (Kap. 2 I.4., II.4., III.4.). Damit ist aber nicht gesagt, dass körperliche Selbstbestimmung auf den betrachteten Feldern ähnlich oder gleichmäßig rechtswissenschaftlich bearbeitet wurde. Solange sich das Recht nur wenig für die körperlichen Bestimmungsbefugnisse von Eltern und Vormündern interessierte, interessierte sich auch die Rechtswissenschaft nicht dafür. Die wissenschaftliche Aufmerksamkeit war abhängig vom Ausmaß der Positivierung und Justizialisierung. Das neue Betreuungsrecht des Jahres 1992 war neben den materiellen Neuerungen auch darin bedeutsam, dass es den Rechtsbereich im Verhältnis zu anderen Rechtsbereichen des Privatrechts aufwertete und dadurch rechtswissenschaftlich interessant machte. Als die Befugnisse der Betreuer näher geregelt wurden, führte dies dazu, dass sich überhaupt erstmals juristische Debatten in einem Feld entspannen, das bis dahin wissenschaftlich »relativ wenig« beachtet und bearbeitet worden war: Nun war ein regelrechter Befassungsschub beobachtbar (Kap. 2 III.3.3.). Es etablierten sich neue Foren für rechtspraktische und rechtspolitische Debatten; eigene juristische Zeitschriften wurden begründet, es entstanden Habilitationsschriften, und der ganze Rechtsbereich wird seither in besonderen Kommentaren begleitet. Die Positivierung wurde als Gradmesser für Bedeutung und Wichtigkeit wahrgenommen, und aus Bedeutung folgte Befassung auf den Foren der Rechtswissenschaft.

Dennoch ist Positivierung keine zwingende Voraussetzung dafür, dass körperliche Selbstbestimmung auf den Foren der Rechtswissenschaft verhandelt wird. Bis heute sind die Rechtsbeziehungen zwischen Ärztinnen und Patienten im Wesentlichen ein Werk der Rechtsprechung. Auch die gesetzliche Regelung des Behandlungsvertrags aus dem Jahr 2013 wurde in erster Linie als Rezeption eines schon stabilen dogmatischen Status quo wahrgenommen und nicht als eigenständige Positivierung (Kap. 2 I.3.3.). Doch war es nicht erst diese späte und mehr nachvollziehende Positivierung, die das Behandlungsverhältnis in die Foren der Rechtswissenschaft brachte. Schließlich hatte sich die Rechtswissenschaft bereits die gesamte Zeit, seitdem das Reichsgericht die Weichen in Richtung des Willensdogmas gestellt hatte (Kap. 2 I.2.1.), damit befasst und darüber verhandelt. Rechtswissenschaftliche Befassung kann also durch Positivierung begünstigt werden, ist aber nicht davon abhängig. Die rechtswissenschaftliche Attraktivität des Behandlungsverhältnisses wird auch darauf beruht haben, dass es um Strafbarkeit und Haftung ging, mithin um Gegenstände, die selbstverständlicher dem Regiebereich des Rechts und damit der Wissenschaft zugeschlagen waren als Urteile über die Rechtmäßigkeit von Zwangsbehandlungen oder Züchtigung.

IV. Deutungen

Die hier nachverfolgten Entwicklungen, die seit der Wende zum 20. Jahrhundert dazu geführt haben, dass körperliche Selbstbestimmung zu einem allgemeineren Recht geworden ist, lassen sich je nach Ausgangspunkt unterschiedlich deuten: als Errungenschaft oder als Gefährdung, als Anerkennung oder als Überforderung, als notwendig oder als unpraktikabel etc. Körperliche Selbstbestimmung ist für Gesellschaften und damit auch für das Recht eine bleibende Herausforderung und nicht mit einer einfachen Formel zu haben. Sonst wären die hier nachverfolgten Verhandlungen über körperliche Selbstbestimmung nicht so kontrovers verlaufen, und sonst hätten sich im Verlauf des letzten Jahrhunderts leichthin einheitlichere Rechtsstandpunkte herausgebildet. Darin zeigt sich, dass die Ausformung von körperlicher Selbstbestimmung auf tiefgreifende Dilemmata zuläuft. Jedes Verständnis von körperlichen Bestimmungsbefugnissen – patriarchal, paternalistisch, partizipativ oder postkategorial – mündet in ein eigenes Dilemma. Bei patriarchalen Verständnissen ist es das Dilemma von Vertrauen und Macht. Paternalistische Verständnisse stehen vor dem Dilemma von Wissen und Irrtum. Partizipative Verständnisse ringen mit dem dilemmatischen Widerstreit von Wollen und Zukunft, und postkategoriale Verständnisse stehen vor der Frage, wie sie Allgemeinheit und Sichtbarkeit miteinander in Einklang bringen.

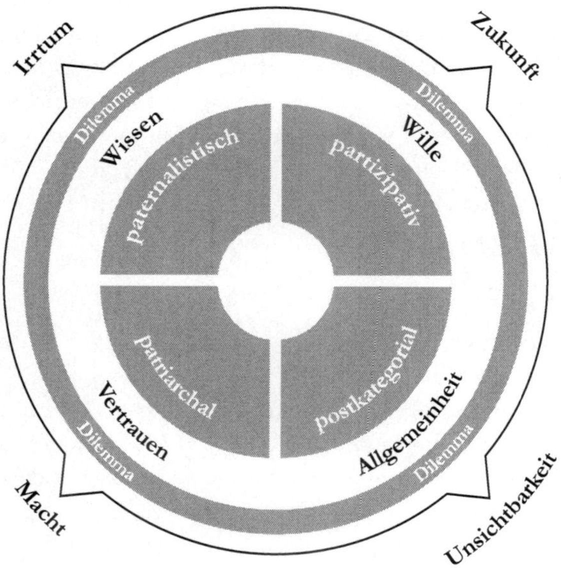

Abb. 5: Dilemmata

1. Patriarchales Dilemma: Vertrauen und Macht

Patriarchale Begründungen für körperliche Bestimmungsbefugnisse (Kap. 3 II.2.) können für sich in Anspruch nehmen, Körperentscheidungen staatsfern, unjuristisch und privat zu regeln. Behandlung, Sorge und Betreuung sind hiernach in erster Linie private Rechtsverhältnisse, und auch die daraus folgenden Befugnisse bestimmen sich selbstregulierend und nach dem Selbstverständnis von Eltern, dem Ethos von Ärztinnen und dem Ermessen von Vormündern bzw. Betreuerinnen. Das prägende Paradigma ist *Vertrauen*, die wesentlichen Vorzüge sind Privatheit und Praktikabilität; außerdem bedeutet Vertrauen Anerkennung. Dies ist die helle Deutung. Doch eröffnet Vertrauen Raum für *Macht*. Darin besteht das Dilemma patriarchaler Verständnisse von körperlicher Selbstbestimmung. Fürsorge kann umschlagen in Zwang, Erziehung in Unterdrückung, Schutz in Zwang. Dieses Risiko des Umschlagens ist umso größer, je asymmetrischer die betroffenen Beziehungen sind. Bezeichnenderweise wurden alle drei hier betrachteten Verhältnisse als ausgesprochen asymmetrisch beschrieben. Das Behandlungsverhältnis gilt der Medizinsoziologie ohnehin als asymmetrische Beziehung (Kap. 2 I.5.1.). Im Eltern-Kind-Verhältnis trifft eine »extreme Machtdifferenz« auf die »Kehrseiten der Liebe« (Kap. 2 II.5.1.). Und für Betreuungsverhältnisse ließ sich nachweisen, wie sich familiäre Asymmetrien mit pflegebedingten Asymmetrien aufaddieren und als »dunkler Betreuungsalltag« in das Betreuungsverhältnis hineinwirken (Kap. 2 III.5.1.). Diese Befunde erklären nicht nur, warum es Patienten, Kindern und Betreuten schwerfällt, ihre Körperwünsche gegenüber Ärztinnen, Eltern und Betreuerinnen zur Geltung zu bringen, selbst wenn ihnen dafür Rechte zur Seite stehen – also die Diskrepanz zwischen versprochenen und realisierten Rechten. Sie enthalten zugleich das wesentliche Argument, warum sich in der Abwägung zwischen den anerkennenswerten Vorzügen von Vertrauen gegenüber Ärztinnen, Eltern und Betreuern (Privatheit, Praktikabilität) und den dabei einzustellenden Risiken (Machtmissbrauch) die Gewichte zulasten der Risiken verschieben.

2. Paternalistisches Dilemma: Wissen und Irrtum

Als paternalistische Begründungen für körperliche Bestimmungsbefugnisse (Kap. 3 II.3.) galten hier Begründungen, die darauf zielten, ein objektiv gedachtes, wissenschaftlich substantiierbares Körperwohl von Patientinnen, Kindern und Betreuten zu garantieren. Das prägende Paradigma ist *Wissen*. Damit geht die Vorstellung einher, dass Körperentscheidungen inhaltlich bewertbar sind und auch vom Recht angemessen bewertet werden können. An das Recht richtet sich die Erwartung, gesellschaftlich geteilte und wissenschaftlich (medizinisch, pädagogisch, psychiatrisch) begründbare Vorstellungen von Fürsorge und Schutz durchzusetzen. Paternalistische Verständnisse schützen Patientinnen, Kinder und Betreute vor unvernünftigen und ungewöhnlichen Körperwünschen sowie vor Selbstschädigung. So weit die helle Seite. Das Dilemma dieser Verweisung auf Objektivität, Nachweisbarkeit und Rationalität ist das allgemeine Dilemma von Wissenschaft: Immer besteht das Risiko, dass sich Einsichten als angreifbar, subjektiv oder vorübergehend herausstellen und Folgerungen als falsch erweisen – also das Risiko des Irrtums.[20] Allerdings besteht gerade in Bezug auf Körperentscheidungen ein besonders großes Irrtumsrisiko. Die drei Studien haben gezeigt, wie veränderlich die Perspektiven von Medizin, Pädagogik und Psychiatrie auf den Körper sind, wie sich körperliche Klassifikationen immer wieder gewandelt haben und wie schwankend die wissenschaftlich artikulierten Vorstellungen über Schädlichkeit und Nützlichkeit von Körperentscheidungen sind. Wir sind zahlreichen Grundannahmen begegnet, die inzwischen als überkommen gelten und nicht mehr »sagbar« (Achim Landwehr)[21] sind: dass Aufklärung schädlich (Kap. 2 I.4.1.4.), Körperstrafen dagegen nützlich seien (Kap. 2 II.4.1.1.), und dass psychiatrischer Zwang in der Natur der Sache liege (Kap. 2 III.4.1.1.).

Zugleich ist in Rechnung zu stellen, dass gerade die Wissenschaften, die über den Körper Aufschluss geben (sollen), ihrerseits gesellschaftliche Verhältnisse (Macht) widerspiegeln und implizit daran mitwirken, hierarchische Ordnungen herzustellen oder zu stabilisieren (Kap. 2 II.5.4.). Der mit paternalistischen Verständnissen gegenüber patriarchalen Verständnissen erstrebte Vorteil von Objektivität, Neutralität und Rationalität wird bei Körperentscheidungen also in besonderem Maße durch die Gesellschaftlichkeit der den Körper bearbeitenden Wissenschaften aufgezehrt.[22] Wenn die Gesellschaftlichkeit von Medizin, Psychiatrie, Pädagogik in Rechnung gestellt wird, liegt es nahe, überhaupt auf subjektive, relative, veränderliche Vorstellungen davon, was für Körper gut und nützlich ist, zu setzen. Damit geraten Verständnisse von körperlicher Selbstbestimmung in den Blick, die hier als partizipativ zusammengefasst wurden.

20 Siehe nur *Luhmann* (1992) 15: Die moderne Gesellschaft ist gezwungen, die Relativität allen Wissens anzuerkennen; zur Zeitgebundenheit weiter 122 ff., zum Verhältnis von Wissenschaft und Gesellschaft 616 ff.

21 *Landwehr* (2001).

22 Zu den Wechselwirkungen von Gesellschaft und Wissenschaft einerseits *Foucault* (1963), andererseits, ohne die Betonung gesellschaftlicher Macht, *Luhmann* (1992) 648 ff., 666 ff.

3. *Partizipatives Dilemma: Wille und Zukunft*

Als partizipativ lassen sich Verständnisse von körperlicher Selbstbestimmung bezeichnen, die auf Einbeziehung und Ermächtigung der Betroffenen zielen (Kap. 3 II.3.). Charakteristisch ist die Aufwertung von Patientinnen, Kindern und Betreuten zu Akteuren und Subjekten. Das Rechtsideal zielt auf Befähigung, Rehabilitation und Unterstützung. Dies soll gelingen, indem Patienten, Kinder und Betreute in Entscheidungsprozesse einbezogen werden durch Aufklärung und Anhörung, durch gemeinsame Entscheidungsfindung und Überzeugungsversuche. Inhaltlich sollen Fremdentscheidungen subjektive Wohlvorstellungen widerspiegeln. Und Patientinnen, Kinder und Betreute gelten nicht pauschal als völlig unfähig zu einer rechtlich erheblichen Willensbildung. Vom Recht wird erwartet, dass es sich auch mit intuitiven oder spontanen Wünschen, die nur einem sogenannten natürlichen, nicht näher reflektierten und in diesem Sinne autonomen Willen entspringen, auseinandersetzt. Hier ist also der *Wille* das zentrale Paradigma.

Diese Willensorientierung hat viele helle Seiten. Sie erkennt an, dass sich die jeweils eigenen Körperwünsche nicht rechtfertigen lassen müssen vor gesellschaftlichen Vorstellungen oder disziplinären (medizinischen, psychiatrischen) Maßstäben. Dahinter steht die Anerkennung aller Menschen als Wesen mit Würde und Achtungsanspruch. Aber auch hier gibt es Punkte, an denen die Willensorientierung nicht mehr eindeutig positiv bewertet wird. Jemandem seinen Willen zu lassen, kann auch bedeuten, jemanden sich selbst zu *über*lassen. Spätestens dann, wenn ein aktueller natürlicher Wille die eigene Zukunft substantiell und irreversibel gefährdet, gerät die mit partizipativen Verständnissen von körperlicher Selbstbestimmung verfolgte Willensorientierung vor ein Dilemma. Es erschiene verantwortungslos, einem Vierjährigen seinen Willen zu lassen, der sich gegen ein fiebersenkendes Zäpfchen wehrt und sich damit in Lebensgefahr bringen würde.[23] Schließlich kann ein Wille auch zum Gefängnis werden und Zukunft nehmen anstatt Ausdruck von Freiheit zu sein. Dies erklärt die ethische Begründbarkeit von helfendem, freiheitsmaximierendem Zwang (Kap. 1 III.2.). Hierauf gründet sich die Billigung von Behandlungszwang gegenüber Personen unter akutem psychotischem Schub, wenn dies die Wiederherstellung der nichtpsychotischen kognitiven und affektiven Fähigkeiten verspricht.[24] Würden Recht und Gesellschaft in solchen Situationen jeden Willen absolut setzen, wäre es wie ein Wegschauen, während sich Kleinstkinder oder Personen in psychischen Ausnahmesituationen zukünftiger Lebensmöglichkeiten begeben. Dann geriete die Willensorientierung zur Ideologie. An irgendeinem Punkt müssen selbst partizipative Verständnisse, auch wenn sie dem Willen mehr Gewicht einräumen als

23 *Wapler* (2015) 485 ff.: Recht auf offene Zukunft.
24 Etwa *Deutscher Ethikrat* (2018) 118 ff.

paternalistische Verständnisse, von den Betroffenen absehen, wenn sich das Recht nicht dem Vorwurf der »Schutzlücke« aussetzen will (Kap. 2 III.3.4.1.).

Ein weiteres Dilemma von partizipativen Verständnissen liegt in der zunehmenden Komplexität der Rechtsstrukturen. Dieser Einwand begegnete immer wieder (Kap. 2 I.4.2., III.4.2.). Je mehr materielle und verfahrensmäßige Bedeutung dem wirklichen, individuellen Willen der Betroffenen eingeräumt ist, und je mehr die Betroffenen zu Wort kommen sollen, umso anspruchsvoller werden die Erwartungen an die dazu nötigen Rechtsstrukturen. Mindestens sind Anhörungen und Aufklärungen zu organisieren und zu dokumentieren. Im Weiteren hängt die Komplexität partizipativer Verständnisse davon ab, wie genau sich das Recht für die individuelle, konkrete Willensfähigkeit in der jeweiligen Entscheidungssituation interessiert. Die Schwelle für mangelnde Willensfähigkeit kann nicht nur unterschiedlich hoch angesetzt werden, sondern auch mehr oder weniger pauschal durch Alter (minderjährig), Rolle (Patientin) oder Rechtsstatus (entmündigt, betreut) bezeichnet werden. Der Willensorientierung von partizipativen Verständnissen entspricht eine prinzipielle Präferenz für konkret-individuelle Beurteilungen. Dies leitet über zu postkategorialen Verständnissen und dem damit verbundenen Dilemma von Allgemeinheit und Unsichtbarkeit.

4. *Postkategoriales Dilemma: Allgemeinheit und Unsichtbarkeit*

Die nächste denkbare Entwicklungsstufe auf dem Weg der Verallgemeinerung von körperlicher Selbstbestimmung (Kap. 3 I.) wurde hier als postkategorial beschrieben (Kap. 3 II.5.). Es ginge nicht mehr um Patientinnen, Kinder und Betreute, sondern um einzelne benannte Lagen und Bedürfnisse nach Entscheidungsassistenz oder Entscheidungssubstitution. Hierüber würde das Recht situativ und individuell entscheiden. Körperliche Selbstbestimmung würde dann im Ausgangspunkt als allgemeines und allen Menschen gleichermaßen zustehendes Recht gewährleistet. Das Paradigma dieses Verständnisses ist *Allgemeinheit*. Allgemeinheit hätte viele Vorzüge. Denn auf diese Weise ließen sich Rollenfestlegungen, Differenz- und Defizitdiagnosen (Kap. 2 II.5.4.) vermeiden. Es bedürfte keiner Definition von Eingangsschwellen mehr. Das Recht würde nicht mitwirken an der Bestätigung gesellschaftlicher Ordnungen, es müsste keine Altersgrenzen zwischen Kindsein und Erwachsensein ziehen und keine Zäsuren zwischen geistiger Normalität und Geisteskrankheit entwickeln. Untergründige »Sogwirkungen«, wie sie insbesondere von Altersgrenzen ausgehen, ließen sich vermeiden (Kap. 2 II.5.3.3.). Mit der Überwindung der Kategorien könnte das Recht auch seine diskriminierenden, markierenden Effekte hinter sich lassen. Idealerweise wäre es ein Ende des offensichtlichen »Messens mit zweierlei Maß« und der darin liegenden problematischen Ungleichbehandlung im Hinblick auf körperliche Selbstbestimmung. Und das Recht müsste sich nicht mehr dem Einwand stellen, dass die verwendeten Kategorien gar nicht wirklich, sondern vom Recht selbst hergestellt (konstruiert) seien (vgl. Kap. 1 III.2.).[25]

Doch wäre diese Allgemeinheit von körperlicher Selbstbestimmung nicht zu haben ohne Verluste an Sichtbarkeit. Darin liegt das Dilemma aller postkategorialen Regulierungsideale.[26] Der Nachteil von Kategorien ist zugleich ihr Vorzug: Indem Personen über Kategorien herausgehoben, markiert und verbesondert werden, werden sie zugleich sichtbarer. Wenn das Recht zwischen Kindern und Erwachsenen unterscheidet, kann dies auch dazu dienen, Kinder rechtlich herauszuheben, um ihnen mehr Rechte oder Ansprüche zu gewähren, sie zu schützen und zu privilegieren. Je nachdem, wie rechtliche Kategorien gefasst sind, können sie gegenüber gesellschaftlichen Kategorien auch emanzipativer, also be-rechtigender und für die Betroffenen günstiger sein. Während 18-Jährige von ihren Eltern, ihren Lehrerinnen oder von ihrem Umfeld in einem gesellschaftlichen Sinn als nicht-erwachsen wahrgenommen werden können, sind sie für das Recht längst volljährig. Außerdem kann die Verwendung von Kategorien »dienende Bedeutungen« in Gruppen haben.[27] Schließlich kann die Zugehörigkeit zu einer Gruppe über Schutz entscheiden, wie Hannah Arendt am Beispiel der Staatsangehörigkeit vor Augen geführt hat.[28] Kategorien sind also immer beides: problematisch und potentiell nützlich. Dies gilt umso mehr, als im Sinne der Steigerungslogik einzurechnen ist, dass durch die Überwindung von Kategorien wie »Kind« oder »betreut« der Boden bereitet würde für einen Rückzug des Rechts überhaupt, so dass sich mit dem Aufleben von gesellschaftlicher Macht patriarchale Ausgangssituationen wiederherstellten (Kap. 3 II.5.).

25 Zu diesem Einwand im Rechtszusammenhang zuletzt *Froese* (2022) 146 ff.

26 Vgl. *Baer* (2022).

27 *Froese* (2022) 340 ff.

28 *Arendt* (1955/2005) 448–451.

V. Ein vorläufiges Ende: körperliche Selbstbestimmung in der Moderne

Damit ist dieses Buch an sein Ende gekommen. Es hat nachverfolgt, wie körperliche Selbstbestimmung im Verlauf des 20. Jahrhunderts zu einem allgemeineren Recht geworden ist. Sowohl die heilsame Spritze als auch die elterliche Ohrfeige gelten dem Recht heute unterschiedslos als Körperverletzung. Minderjährige und Betreute werden rechtlich gehört, wenn es um ihre Körperwünsche geht. Es haben sich die Maßstäbe und vor allem die Begründungen für körperliche Fremdentscheidungen geändert. War es in den Anfangsjahren des Bürgerlichen Gesetzbuchs plausibel, Fremdentscheidungsbefugnisse auf bestimmte Stellungen zu gründen sowie aus Wissen, Sitte, Selbstverständnis und Erfahrung abzuleiten, geht die Leiterzählung inzwischen dahin, dass körperliche Fremdentscheidungen einzig deshalb eröffnet sind, weil es den Betroffenen an der Fähigkeit zur Selbstbestimmung fehlt. Daher verlagerten sich die rechtlichen Debatten auf die Fragen, was unter einem rechtlich erheblichen Willen zu verstehen ist, wann ein Wille als selbstbestimmt anzusehen ist und ob es angemessen ist, wenn das Recht diese Fragen mit Vermutungen und Pauschalierungen beantwortet. Dies führte erstens zu *Ausdifferenzierungen* (Geschäftsfähigkeit und Einwilligungsfähigkeit; natürlicher und freier Wille; Wünsche und Veto). Zweitens prägten sich *Anknüpfungen* für Willensschwellen aus, in Anlehnung an das Alter (Volljährigkeit oder Minderjährigkeit), den Rechtsstatus (elterliche Sorge, Betreuung) und an medizinische Diagnosen (»krankheitsbedingt unfreier Wille«).

Dieses Buch ist aus der Perspektive geschrieben, dass körperliche Selbstbestimmung wertvoll und ungleiche körperliche Selbstbestimmung problematisch ist (Kap. 1 III.). Die Untersuchung hat die meist übersehene rechtliche Ungleichheitsdimension von körperlicher Selbstbestimmung sichtbar gemacht und erstmals präzise ausgemessen. Zugleich konnte die übergreifende Entwicklungsrichtung zugunsten größerer Allgemeinheit von körperlicher Selbstbestimmung aufgelöst werden in Einzeleinsichten zu Akteurinnen, Antagonismen, Argumentationsfeldern und Entwicklungsphasen. Dennoch schließt dieses Buch nicht mit leichten Einsichten. Es ist nicht damit getan, die auch dem gegenwärtigen Recht vertrauten Abstufungen und Schattierungen von körperlicher Selbstbestimmung, die mit Rollen, Kategorien und Status wie Patient, Kind oder Betreuung einhergehen, schlicht aufzugeben oder für ihre Abschaffung zu plädieren. Auch postkategoriale Konzeptionen von körperlicher Selbstbestimmung laufen auf Dilemmata zu und sind nicht ohne Nachteile zu haben (Kap. 3 IV.4.). Die reale Ungleichheitsdimension, die mit Kindsein und Schizophrenie, Suchtverhalten und demenziellen Symptomen einhergeht, lässt sich nicht dadurch beseitigen, dass Kinder und Betreute aus dem Recht als Bezugspunkte verschwinden oder zu vulnerablen Personen umetikettiert werden. Die schwierigen Fragen, mit denen sich Gesellschaften und Rechtsordnungen seit jeher auseinandersetzen, würden sich dennoch stellen. Medizinische Untersuchungen und Behandlungen bleiben mit exzeptionellen Zumutungen verbunden, Erziehung kommt nicht ohne Fremdbestimmung aus, und so wie die Dinge gegenwärtig liegen, werden wir damit leben müssen, dass unsere Psyche und unser Gehirn genauso anfällig für Erkrankungen bleiben wie unser Körper. Es wird also immer wieder darum gehen, die schwierige Mitte zwischen »zu wenig« und »zu viel« auszumessen. Auch dann wird körperliche Selbstbestimmung noch in dem Sinne ungleich bleiben, als unsere Körper genauso unterschiedlich sind wie die Lebensverhältnisse und Rahmenbedingungen, unter denen wir Körperwünsche entwickeln und in denen wir uns mit unserem körperlichen Schicksal herumschlagen. Körperliche Selbstbestimmung wird einen Teil ihrer Ungleichheitsdimension niemals abschütteln, weil die Körper, um die es geht, immer ungleich bleiben werden. Das Gewicht dieser Einsicht wird nach der Lektüre dieses Buchs eher noch drückender geworden sein. Mit umso größerem Nachdruck gilt es deshalb darauf zu bestehen, welches Wissen sich im Verlauf der drei Studien über körperliche Selbstbestimmung freilegen ließ: Wissen um Zusammenhänge von Rechtsdogmen und Rechtsstrukturen (Kap. 3 II.), Wissen darum, wie körperliche Fremdbestimmung verklärt wurde (Kap. 2 I.4., II.4., III.4.), Wissen darum, welchen Kräften und Koalitionen es zu verdanken ist, dass das Recht Schattierungen und Abstufungen körperlicher Selbstbestimmung gegenwärtig sensibler registriert als an der Wende zum 20. Jahrhundert, Wissen um Akteure, Argumente und Antagonisten (Kap. 3 I.) sowie Wissen darüber, wo und wie der Rechtsdiskurs diese Fragen verhandelte (Kap. 3 III.). Die Fragen nach dem »Wer?« und »Wie?«, die sich dieses Buch vorgenommen hat (Kap. 1 I.), sind damit beantwortet. Und mit etwas Abstand betrachtet haben die Nahaufnahmen dann letztlich doch ein Bild entstehen lassen, das sich in die große Erzählung der Moderne einfügt. In dem hier studierten Ausschnitt kann sich das deutsche Recht in der Tradition der Moderne und ihrer Sehnsucht nach Selbstbestimmung sehen. Allerdings nähren die Studien zugleich die Sorge, dass die Rechtsentwicklung dann auch die Schattenseiten der Moderne teilt: die Gefahr des Umschlagens und das Wissen um die Kontingenz allen Rechts. In dieser fundamentalen Vorläufigkeit und vor allem *Verletzlichkeit* gleicht die rechtliche Gewähr für körperliche Selbstbestimmung unserer Körperlichkeit überhaupt.

Personenverzeichnis

Literaturverzeichnis

Abram, N., Zwangsweise Durchsetzbarkeit von Entscheidungen, Betreuungsrechtliche Praxis (BtPrax) 2003, S. 243–246.

Ach, J./Pollmann, A., no body is perfect. Baumaßnahmen am menschlichen Körper – Bioethische und ästhetische Aufrisse, Bielefeld 2006.

Adorno, T. W., Studien zum autoritären Charakter, Frankfurt a. M. 1973 (erstmals erschienen als The Authoritarian Personality, in: Adorno, T. W. u. a. [Hrsg.], Studies in Prejudice Series, Volume 1, New York 1950).

Alanen, L., Kindheit als generationales Konzept, in: Hengst, H./Zeiher, H. (Hrsg.), Kindheit soziologisch, Wiesbaden 2005, S. 65–82.

Albert, M./Hurrelmann, K./Quenzel, G., 18. Shell Jugendstudie. Jugend 2019. Eine Generation meldet sich zu Wort, Weinheim 2019.

Alloa, E. u. a. (Hrsg.), Leiblichkeit. Geschichte und Aktualität des Körpers, Tübingen 2012.

Amelung, K., Über die Einwilligungsfähigkeit (Teil I), Zeitschrift für die gesamte Strafrechtswissenschaft (ZStW) 104 (1992), S. 525–558; zitiert als *Amelung* (1992).

Amelung, K., Über die Einwilligungsfähigkeit (Teil II), Zeitschrift für die gesamte Strafrechtswissenschaft (ZStW) 104 (1992), S. 821–833; zitiert als *Amelung* (1992a).

Amrhein, L., Stationäre Altenpflege im Fokus von Machtbeziehungen und sozialen Konflikten, in: Schroeter, K./Rosenthal, T. (Hrsg.), Soziologie der Pflege. Grundlagen, Wissensbestände und Perspektiven, Weinheim 2005, S. 405–426.

Andresen, S., Sozialistische Kindheitskonzepte. Politische Einflüsse auf die Erziehung, München 2006.

Andresen, S./Koch, C./König, J. (Hrsg.), Vulnerable Kinder. Interdisziplinäre Annäherungen, Wiesbaden 2015.

Antomo, J., Entscheidung über die Vornahme eines Schwangerschaftsabbruchs. Plädoyer für ein Alleinentscheidungsrecht der einsichts- und urteilsfähigen Minderjährigen, Recht der Jugend und des Bildungswesens (RdJB) 2020, S. 395–420.

Arendt, H., Elemente und Ursprünge totaler Herrschaft. Antisemitismus, Imperialismus, totale Herrschaft (1955), München 2005 (The Origins of Totalitarianism, New York 1951).

Ariès, P., Geschichte der Kindheit, München 1978 (L'enfant et la vie familiale sous l'ancien régime, Paris 1960).

von Arnim, G., Das Leben ist ein vorübergehender Zustand, Hamburg 2021.

Arnold, E., Gedanken zu einer Reform der Entmündigung, Zeitschrift für das gesamte Familienrecht (FamRZ) 1971, S. 289–292.

Ásta, S., Categories We Live By. The Construction of Sex, Gender, Race, and Other Social Categories, Oxford 2018.

Atwood, M., The Handmaid's Tale, Toronto 1985 (Der Report der Magd, Düsseldorf 1987).

Auer, M., Der privatrechtliche Diskurs der Moderne, Tübingen 2014.

Augsberg, S., Grundrechtliche(r) Status der betreuten Person, in: Lindner, J. F. (Hrsg.), Selbstbestimmung durch und im Betreuungsrecht, Baden-Baden 2018, S. 43–62.

Baader, M. S., Die reflexive Kindheit, in: Baader, M. S./Eßer, F./Schröer, W. (Hrsg.), Kindheiten in der Moderne. Eine Geschichte der Sorge, Frankfurt a. M. 2014, S. 414–455; zitiert als *Baader* (2014)

Baader, M. S., Die Kindheit der sozialen Bewegungen, in: Baader, M. S./Eßer, F./Schröer, W. (Hrsg.), Kindheiten in der Moderne. Eine Geschichte der Sorge, Frankfurt a. M. 2014, S. 154–189; zitiert als *Baader* (2014a).

Baader, M. S., Vulnerable Kinder in der Moderne in erziehungs- und emotionsgeschichtlicher Perspektive, in: Andresen, S./Koch, C./König, J. (Hrsg.), Vulnerable Kinder. Interdisziplinäre Annäherungen, Wiesbaden 2015, S. 79–101.

Baader, M. S./Jacobi, J./Andresen, S. (Hrsg.), Ellen Keys reformpädagogische Vision. »Das Jahrhundert des Kindes« und seine Wirkung, Weinheim 2000.

Baberowski, J., Räume der Gewalt, Frankfurt a. M. 2018.

Baer, S., Das Kategorienproblem und die Herausbildung eines postkategorialen Antidiskriminierungsrechts, in: Mangold, A. K./Payandeh, M. (Hrsg.), Handbuch Antidiskriminierungsrecht: Strukturen, Rechtsfiguren und Konzepte, Tübingen 2022, S. 223–260.

Bánk, Z., Sterben im Sommer, Frankfurt a. M. 2020.

Barella, M., Behandlungszwang bei untergebrachten Personen?, Neue Juristische Wochenschrift (NJW) 1959, S. 2291–2293.

Bast, H. u. a. (Hrsg.), Gewalt gegen Kinder. Kindesmißhandlungen und ihre Ursachen, Reinbek bei Hamburg 1975.

Bauer, T., Die Vereindeutigung der Welt. Über den Verlust an Mehrdeutigkeit und Vielfalt, Stuttgart 2018.

Bauer, U./Hurrelmann, K., Einführung in die Sozialisationstheorie. Das Modell der produktiven Realitätsverarbeitung, 14. Auflage Weinheim 2021.

Baum, E. u. a., Erwartungen der Patienten und ärztliches Handeln in Allgemeinarztpraxen, in: Lang, E./Arnold, K. (Hrsg.), Die Arzt-Patient-Beziehung im Wandel, Stuttgart 1996, S. 137–150.

Baumann, M., Fehlende Rechtsgrundlage bei ärztlicher Zwangsbehandlung Untergebrachter, Neue Juristische Wochenschrift (NJW) 1980, S. 1873–1879.

Baumert, G., Jugend der Nachkriegszeit. Lebensverhältnisse und Reaktionsweisen, Darmstadt 1952.

Beauchamp, T./Childress, J., Principles of Biomedical Ethics, 8. Auflage Oxford 2019.

de Beauvoir, S., Pyrrhus et Cinéas (1944), Paris 2020.

de Beauvoir, S., Le deuxième sexe II. L'expérience vécue (1949), Paris 1976.

de Beauvoir, S., Une mort très douce, Paris 1964 (Ein sanfter Tod, Reinbek 1965).

Beck, U., Risikogesellschaft. Auf dem Weg in eine andere Moderne, Frankfurt a. M. 1986.

Beck, U./Giddens, A./Lash, S., Reflexive Modernisierung, Frankfurt a. M. 1986.

Becker, F., Kinderrechte in die Verfassung? Zur Aufnahme eines Kindergrundrechts in das Grundgesetz, in: Uhle, A. (Hrsg.), Kinder im Recht. Kinderrechte im Spiegel der Kindesentwicklung, Berlin 2019, S. 251–286.

Becker, G., Die Funktion des sozialistischen Zivilrechts bei der Durchsetzung des Grundrechts auf Gesundheitsschutz auf dem Gebiet der medizinischen Betreuung, Leipzig 1970.

Becker, W., Die Rechtslage bei Anstaltsunterbringungen, Neue Juristische Wochenschrift (NJW) 1952, S. 50–52.

Becker, W., Die Eigen-Entscheidung des jungen Menschen. Gedanken zur Emanzipation im Kindesrecht, in: Habscheid, W./Gaul, H. F./Mikat, P. (Hrsg.), Festschrift für Friedrich Wilhelm Bosch, Bielefeld 1976, S. 37–63.
Beck-Gernsheim, E., Alles aus Liebe zum Kind, in: Beck, U./Beck-Gernsheim, E., Das ganz normale Chaos der Liebe, Frankfurt a. M. 1990, S. 135–183.
Beckmann, R., Der »natürliche Wille« – ein unnatürliches Rechtskonstrukt, Juristenzeitung (JZ) 2013, S. 604–608.
Behler, W. (Hrsg.), Das Kind. Eine Anthropologie des Kindes, Freiburg 1971.
Beling, E., Die strafrechtliche Verantwortlichkeit des Arztes bei Vornahme und Unterlassung operativer Eingriffe, Zeitschrift für die gesamte Strafrechtswissenschaft (ZStW) 44 (1924), S. 220–244.
Belling, D., Die Entscheidungskompetenz für ärztliche Eingriffe bei Minderjährigen, Familie und Recht (FuR) 1990, S. 68–77.
Bergdolt, K., Das Gewissen der Medizin. Ärztliche Moral von der Antike bis heute, München 2004.
Bergener, M. (Hrsg.), Psychiatrie und Rechtsstaat, Neuwied 1981.
Berger, P. L./Luckmann, T., Die gesellschaftliche Konstruktion von Wirklichkeit (1969), 5. Auflage Frankfurt a. M. 1977 (The social Construction of Reality, New York 1966).
Berghahn, S., Die Verrechtlichung des Privaten – allgemeines Verhängnis oder Chance für bessere Geschlechterverhältnisse?, in: Kerchner, B./Wilde, G. (Hrsg.), Staat und Privatheit. Aktuelle Studien zu einem schwierigen Verhältnis, Opladen 1997, S. 189–222.
Bernau, F., Die Aufsichtshaftung der Eltern nach § 832 BGB – im Wandel!, Berlin 2005.
Bette, K.-H., Systemtheorie und Sport, Frankfurt a. M. 1999.
Bette, K.-H., Körperspuren. Zur Semantik und Paradoxie moderner Körperlichkeit, 2. Auflage Bielefeld 2005.
Bettin, H., Die Aufklärungspflicht in der Psychiatrie zwischen Selbstbestimmungsrecht und Fürsorgepflicht. Ethische Positionen in DDR und BRD in den 1960er- bis 1980er-Jahren, in: Kumbier, E./Steinberg, H. (Hrsg.), Psychiatrie in der DDR. Beiträge zur Geschichte, Berlin 2018, S. 37–51.
Betz, T. u. a. (Hrsg.), Gute Kindheit. Wohlbefinden, Kindeswohl und Ungleichheit, Weinheim 2018.
Beulke, W., Züchtigungsrecht – Erziehungsrecht – strafrechtliche Konsequenzen der Neufassung des § 1631 Abs. 2 BGB, in: Ebert, U. u. a. (Hrsg.), Festschrift für Ernst-Walter Hanack, Berlin 1999, S. 539–552.
Bienwald, W., Zu Notwendigkeit und Umfang einer Reform des Vormundschafts- und Pflegschaftsrechts, Zeitschrift für das gesamte Familienrecht (FamRZ) 1987, S. 533–548.
Bienwald, W., Zur Umsetzung des Betreuungsgesetzes in der Praxis, Zeitschrift für das gesamte Familienrecht (FamRZ) 1992, S. 1125–1131.
Bienwald, W., § 1904, in: J. von Staudingers Kommentar zum Bürgerlichen Gesetzbuch, Buch 4: Familienrecht (§§ 1896–1921), 12. Auflage Berlin 1995, S. 161–181.
Binding, K., Lehrbuch des Gemeinen Deutschen Strafrechts. Besonderer Teil, Band 1, 2. Auflage Leipzig 1902.
Birnbacher, D., Vulnerabilität und Patientenautonomie – Anmerkungen aus medizinethischer Sicht, Medizinrecht (MedR) 2012, S. 560–565.
Bjerg, B., Serpentinen, Berlin 2020.

Blasius, D., Der verwaltete Wahnsinn. Eine Sozialgeschichte des Irrenhauses, Frankfurt a. M. 1980.
Blasius, D., »Einfache Seelenstörung«. Geschichte der deutschen Psychiatrie 1800–1945, Frankfurt a. M. 1994.
BMJ: Bundesministerium der Justiz und für Verbraucherschutz (Hrsg.), Qualität in der rechtlichen Betreuung, Köln 2018.
Bobbert, M., Keine Autonomie ohne Kompetenz und Fürsorge. Plädoyer für die Reflexion innerer und äusserer Voraussetzungen, in: Mathwig, F. u. a. (Hrsg.), Macht der Fürsorge? Moral und Macht im Kontext von Medizin und Pflege, Zürich 2015, S. 69–91.
Bock, G., Zwangssterilisationen im Nationalsozialismus. Studien zur Rassenpolitik und Frauenpolitik, Opladen 1986.
von Bock, T., Das elterliche Recht auf körperlichen Zugriff, Frankfurt a. M. 2011.
Bockelmann, P., Das Strafrecht des Arztes, Stuttgart 1968.
Bockelmann, P., Der ärztliche Heileingriff in Beiträgen zur Zeitschrift für die gesamte Strafrechtswissenschaft im ersten Jahrhundert ihres Bestehens, Zeitschrift für die gesamte Strafrechtswissenschaft (ZStW) 93 (1981), S. 105–150.
Böckenförde, E.-W., Elternrecht – Recht des Kindes – Recht des Staates. Zur Theorie des verfassungsrechtlichen Elternrechts und seiner Auswirkung auf Erziehung und Schule, in: Krautscheidt, J. / Marré, H. (Hrsg.), Essener Gespräche zum Thema Staat und Kirche, Band 14, Münster 1980, S. 54–98.
Böhme, G., Ethik leiblicher Existenz. Über unseren moralischen Umgang mit der eigenen Natur, Frankfurt a. M. 2008.
Bohne, G., Anmerkung zu Reichsgericht, Urteil vom 29. Februar 1932, 2 StR 2 D 57/32, Juristische Wochenschrift (JW) 1933, S. 2062–2065.
Böning, W., Die Unterbringung von psychisch Kranken und Süchtigen in Schleswig-Holstein, Schleswig-Holsteinische Anzeigen (SchlHA) 1958, S. 280–284.
Böning, W., Die Unterbringung psychisch Kranker und Süchtiger. Erfahrungen und Probleme zum Unterbringungsrecht Schleswig-Holsteins seit 1958, Schleswig-Holsteinische Anzeigen (SchlHA) 1960, S. 130–133; zitiert als *Böning* (1960).
Böning, W., Zwangsunterbringung volljähriger Mündel, Neue Juristische Wochenschrift (NJW) 1960, S. 1374–1378; zitiert als *Böning* (1960a).
Bornmann, E., Die Haftpflicht des Arztes, Wiedenbrück 1928.
Bosch, F. W., Zur Gleichberechtigung von Mann und Frau, in: Bosch, F. W., Familienrechtsreform. (Eheschließung – Ehescheidung – Gleichberechtigung von Mann und Frau – Recht des unehelichen Kindes), Siegburg 1952, S. 81–119.
Bosch, F. W., Die Situation im Ehe- und Familienrecht, Der Deutsche Rechtspfleger (Rpfleger) 1953, S. 482–498.
Bosch, F. W., Volljährigkeit – Ehemündigkeit – Elterliche Sorge, Zeitschrift für das gesamte Familienrecht (FamRZ) 1973, S. 489–508.
Böse, M., Zur Rechtfertigung von Zwangsbehandlungen einwilligungsunfähiger Erwachsener, in: Heinrich, M. u. a. (Hrsg.), Strafrecht als scientia universalis. Festschrift für Claus Roxin, Band 1, Berlin 2011, S. 523–536.
von Boxberger, Pflegschaft wegen Geisteskrankheit und Geistesschwäche nach dem BGB, Zentralblatt für freiwillige Gerichtsbarkeit und Notariat sowie Zwangsversteigerung (ZBlFG) 1910, S. 269–289.

von Bracken, H., Die Prügelstrafe in der Erziehung. Soziologische, psychologische und pädagogische Untersuchungen, Dresden 1926.

Brand, E., Ärztliche Ethik im 19. Jahrhundert. Der Wandel ethischer Inhalte im medizinischen Schrifttum. Ein Beitrag zum Verständnis der Arzt-Patient-Beziehung, Freiburg 1977.

Brauer, D., Autonomie und Familie. Behandlungsentscheidungen bei geschäfts- und einwilligungsunfähigen Volljährigen, Berlin 2013.

von Braunmühl, E./Kupffer, H./Ostermeyer, H., Die Gleichberechtigung des Kindes, Frankfurt a. M. 1976.

Breitscheidel, M., Abgezockt und totgepflegt. Alltag in deutschen Pflegeheimen, 6. Auflage Berlin 2005.

Breitscheidel, M., Nicht auf den Kopf! Meine persönlichen Erfahrungen mit Gewalt in der Familie, Berlin 2016.

Brink, C., Grenzen der Anstalt, Göttingen 2010.

Brokamp, I., Die Verrechtlichung der Eltern-Kind-Beziehung in hundert Jahren BGB, Bielefeld 2002.

Brosey, D., Der General Comment No. 1 zu Art. 12 der UN-BRK und die Umsetzung im deutschen Recht, Betreuungsrechtliche Praxis (BtPrax) 2014, S. 211–215.

Bruder, J., Empfiehlt es sich, das Entmündigungsrecht, das Recht der Vormundschaft und der Pflegschaft über Erwachsene sowie das Unterbringungsrecht neu zu ordnen? Gutachten C (Medizinisches Teilgutachten) zum 57. Deutschen Juristentag Mainz 1988, in: Ständige Deputation des Deutschen Juristentages (Hrsg.), Verhandlungen des 57. Deutschen Juristentages Mainz 1988, Band I (Gutachten), Teil B/C, München 1988, S. C1–C49.

Brüggemeier, G., Deliktsrecht. Ein Hand- und Lehrbuch, Baden-Baden 1986.

Brunozzi, K., Das Vierte Alter im Recht, Frankfurt a. M. 2012.

Bruns, H.-J., Zur strafrechtlichen Diskussion über das Züchtigungsrecht des Lehrers, Juristenzeitung (JZ) 1957, S. 410–422.

Buchborn, E., Vertrauen und Mißtrauen im Spiegel des ärztlichen Heilauftrags und des rechtlichen Behandlungsvertrages, in: Kaufmann, F.-X. (Hrsg.), Ärztliches Handeln zwischen Paragraphen und Vertrauen, Düsseldorf 1984, S. 152–163.

Buchner-Fuhs, J./Fuhs, B., Gute Kindheit. Vorstellungen, Entwürfe, Lebensweisen gelingender Kindheit im historischen Wandel, Berlin 2011.

Bühler-Niederberger, D., Kindheit und die Ordnung der Verhältnisse. Von der gesellschaftlichen Macht der Unschuld und dem kreativen Individuum, Weinheim 2005.

Bühler-Niederberger, D., Lebensphase Kindheit. Theoretische Ansätze, Akteure und Handlungsräume, 2. Auflage Weinheim 2020.

Bulling, S., Die zivilrechtliche Erwachsenenfürsorge des 19. Jahrhunderts. Eine historische Untersuchung zu den Vorläufern des heutigen Betreuungsrechts, Hamburg 2013.

Bumke, O., Psychiatrische Wünsche zum BGB und zur ZPO, Zeitschrift der Akademie für Deutsches Recht (ZAkDR) 2 (1935), S. 167–168.

Burghart, A., § 1666. Gerichtliche Maßnahmen bei Gefährdung des Kindeswohls, in: Beck'scher Online Großkommentar, München (Stand: 1.5.2024).

Bürgle, H., Auf dem Weg zu einem neuen Betreuungsrecht, Neue Juristische Wochenschrift (NJW) 1988, S. 1881–1888.

Bussler, E., Die Prügelstrafe. Ansichten unserer führenden Geister darüber, Eberswalde 1906.

Bussmann, K.-D., Verbot familialer Gewalt gegen Kinder. Zur Einführung rechtlicher Regelungen sowie zum (Straf-)Recht als Kommunikationsmedium, Köln 2000.

Butler, J., Körper von Gewicht. Die diskursiven Grenzen des Geschlechts, Frankfurt a.M. 1997 (Bodies that matter. On the discursive limits of »sex«, New York 1993).

Castel, R., L'ordre psychiatrique. L'âge d'or de l'aliénisme, Paris 1976 (Die psychiatrische Ordnung. Das goldene Zeitalter des Irrenwesens, Frankfurt a.M. 1979).

Christ, M., Gewalt in der Moderne. Holocaust und Nationalsozialismus in der soziologischen Gewaltforschung, in: Christ, M./Suderland, M. (Hrsg.), Soziologie und Nationalsozialismus. Positionen, Debatten, Perspektiven, Frankfurt a.M. 2014, S. 332–364.

Clemens, V. u.a., 20 Jahre gewaltfreie Erziehung im BGB. »Aktuelle Einstellungen zu Körperstrafen und elterliches Erziehungsverhalten in Deutschland«. Ein Blick auf Veränderungen seit der parlamentarischen Entscheidung von 2000, Ulm 2020.

Coché, S., Psychiatrie und Gesellschaft. Psychiatrische Einweisungspraxis im »Dritten Reich«, in der DDR und der Bundesrepublik 1941–1963, Göttingen 2017.

Coché, S., Psychiatrische Einweisungspraxis in der frühen DDR und Bundesrepublik. Zwangseinweisungen vor dem Hintergrund unterschiedlicher rechtlicher Rahmenbedingungen, in: Kumbier, E./Steinberg, H. (Hrsg.), Psychiatrie in der DDR. Beiträge zur Geschichte, Berlin 2018, S. 143–158.

Coester, M., Das Kindeswohl als Rechtsbegriff, Frankfurt a.M. 1983.

Coester, M., Von anonymer Verwaltung zu persönlicher Betreuung, Juristische Ausbildung (JURA) 1991, S. 1–9.

Coester, M., Die Rechtsposition des Kindes im Verfassungsrecht, in: Heilmann, S./Lack, K. (Hrsg.), Die Rechte des Kindes. Festschrift für Ludwig Salgo, Köln 2016, S. 13–21.

Coester, M., § 1666. Gerichtliche Maßnahmen bei Gefährdung des Kindeswohls, in: J. von Staudingers Kommentar zum BGB, Buch 4: Familienrecht, §§ 1638–1684 (Vermögenssorge, Kindesschutz, Sorgerechtswechsel), Berlin 2020, S. 110–283.

Coester-Waltjen, D. u.a. (Hrsg.), Neues elterliches Sorgerecht. Alternativ-Entwurf eines Gesetzes zur Neuregelung des Rechts der elterlichen Sorge mit Begründung und Stellungnahmen, Bielefeld 1977.

Coester-Waltjen, D., Die rechtliche Stellung des Kindes im Jahr 1900 und im Jahr 2000, in: J. von Staudingers Kommentar zum Bürgerlichen Gesetzbuch. 100 Jahre BGB – 100 Jahre Staudinger, Berlin 1999, S. 143–153.

Coester-Waltjen, D., Reichweite und Grenzen der Patientenautonomie von Jungen und Alten – Ein Vergleich, Medizinrecht (MedR) 2012, S. 553–560.

Cohn, T., Die praktische Anwendung der vorläufigen Vormundschaft, Archiv für die civilistische Praxis (AcP) 124 (1925), S. 361–369.

Coing, H., Europäisches Privatrecht. Band I. Älteres gemeines Recht, München 1985.

Coing, H., Europäisches Privatrecht. Band II. 19. Jahrhundert, München 1989.

Cosack, K., Lehrbuch des Deutschen bürgerlichen Rechts auf der Grundlage des bürgerlichen Gesetzbuchs für das Deutsche Reich, Zweiter Band, 2. Auflage Jena 1913.

Crefeld, W., Was müssen Sozialarbeit und Medizin zu einer besseren Anwendungspraxis des Betreuungsrechts beitragen?, Betreuungsrechtliche Praxis (BtPrax) 1993, S. 3–8.

Croon-Gestefeld, J., Gemeininteressen im Privatrecht, Tübingen 2022.

Damm, R., Vulnerabilität als Rechtskonzept?, Medizinrecht (MedR) 2013, S. 201–214.
Damm, R., Einwilligungs- und Entscheidungsfähigkeit in der Entwicklung von Medizin und Medizinrecht, Medizinrecht (MedR) 2015, S. 775–785.
Daude, P., Das Entmündigungsverfahren gegen Geisteskranke und Geistesschwache, Verschwender und Trunksüchtige nach der Reichs-Civilprozeßordnung und dem Bürgerlichen Gesetzbuch für das Deutsche Reich, 2. Auflage Berlin 1899.
Deegener, G., Formen und Häufigkeiten der Kindesmisshandlung, in: Deegener, G./Körner, W. (Hrsg.), Kindesmisshandlung und Vernachlässigung. Ein Handbuch, Göttingen 2005, S. 37–58.
Degener, T., Erwachsenenschutz, Vormundschaft und Betreuung aus menschenrechtlicher Behinderungsperspektive, Betreuungsrechtliche Praxis (BtPrax) 2016, S. 205–208.
Deinert, H., Betreuungszahlen 2016, Betreuungsrechtliche Praxis (BtPrax) 2018, S. 14–16.
Demling, L., Ärztliches Handeln im Zugriff der Verrechtlichung, in: Kaufmann, F.-X. (Hrsg.), Ärztliches Handeln zwischen Paragraphen und Vertrauen, Düsseldorf 1984, S. 101–110.
Dernburg, H., Das bürgerliche Recht des Deutschen Reichs und Preußens. Band IV: Deutsches Familienrecht, 3. Auflage Halle/Saale 1907; 4. Auflage Halle/Saale 1908.
Deutsch, E., Schutzbereich und Tatbestand des unerlaubten Heileingriffs im Zivilrecht, Neue Juristische Wochenschrift (NJW) 1965, S. 1985–1989.
Deutsch, E., Das therapeutische Privileg des Arztes, Neue Juristische Wochenschrift (NJW) 1980, S. 1305–1309; zitiert als *Deutsch* (1980).
Deutsch, E., Vertrauen und Recht im Arzt-Patienten-Verhältnis, Der Chirurg 51 (1980), S. 407–410; zitiert als *Deutsch* (1980a).
Deutsch, E./Ahrens, H.-J., Deliktsrecht, 6. Auflage München 2014.
Deutsch, E./Geiger, M., Medizinischer Behandlungsvertrag. Empfiehlt sich eine besondere Regelung der zivilrechtlichen Beziehung zwischen dem Patienten und dem Arzt im BGB?, in: Bundesminister der Justiz (Hrsg.), Gutachten und Vorschläge zur Überarbeitung des Schuldrechts, Band II, Köln 1981, S. 1049–1114.
Deutscher Ethikrat (Hrsg.), Hilfe durch Zwang. Professionelle Sorgebeziehungen im Spannungsfeld von Wohl und Selbstbestimmung. Stellungnahme, Berlin 2018.
Diamand, W., Vorläufige Vormundschaft und Gebrechlichkeitspflegschaft als Ersatzformen der Entmündigung, Tübingen 1931.
Dichgans, J., Der Arzt und die Wahrheit am Krankenbett. Zur Aufklärung von Kranken und Sterbenden, in: Honnefelder, L./Rager, G. (Hrsg.), Ärztliches Urteilen und Handeln. Zur Grundlegung einer medizinischen Ethik, Frankfurt a. M. 1994, S. 193–213.
Dieckhöfer, K., Frühe Formen der Antipsychiatrie und die Reaktion der Psychiatrie, Medizinhistorisches Journal 19 (1984), S. 100–111.
Dieckmann, A., Empfiehlt es sich, das Entmündigungsrecht, das Recht der Vormundschaft und der Pflegschaft über Erwachsene sowie das Unterbringungsrecht neu zu ordnen?, Juristenzeitung (JZ) 1988, S. 789–800.
Diederichsen, U., Zur Reform des Eltern-Kind-Verhältnisses, Zeitschrift für das gesamte Familienrecht (FamRZ) 1978, S. 461–474.
Diederichsen, U., Die Neuregelung des Rechts der elterlichen Sorge, Neue Juristische Wochenschrift (NJW) 1980, S. 1–11.

Diederichsen, U., § 1626. Elterliche Sorge. Berücksichtigung der wachsenden Selbstständigkeit des Kindes, in: Palandt, O., Bürgerliches Gesetzbuch. Beck'scher Kurzkommentar, 40. Auflage München 1981, S. 1559–1562.

Diederichsen, U., Zur Reform des Vormundschafts- und Entmündigungswesens in der Bundesrepublik Deutschland, in: Forstmoser, P. u. a. (Hrsg.), Festschrift für Max Keller. Beiträge zum Familien- und Vormundschaftsrecht, Schuldrecht, internationalen Privatrecht, Verfahrens-, Banken-, Gesellschafts-, und Unternehmensrecht, zur Rechtsgeschichte und zum Steuerrecht, Zürich 1989, S. 3–18.

Diederichsen, U., Die Reform des Kindschafts- und Beistandschaftsrechts, Neue Juristische Wochenschrift (NJW) 1998, S. 1977–1991.

Diederichsen, U., § 1906. Genehmigung des Vormundschaftsgerichts bei der Unterbringung, in: Palandt, O., Bürgerliches Gesetzbuch. Beck'scher Kurzkommentar, 65. Auflage München 2006, S. 2102–2106.

Diehl, S., Gewalt unter der Geburt – Bietet ein Arzthaftungsprozess Schutz?, STREIT. Feministische Rechtszeitschrift (STREIT) 2022, S. 99–101.

Diepgen, P., Geschichte der Medizin, Band II/2, Berlin 1955.

Dinslage, K.-H., Neue Rechtsgrundlagen für den Straßenverkehr mit Fahrrädern?, 17. Deutscher Verkehrsgerichtstag 1979, Hamburg 1979, S. 186–193.

DJT: Ständige Deputation des Deutschen Juristentages (Hrsg.), Verhandlungen des 52. Deutschen Juristentages 1978, Band II (Sitzungsberichte), München 1978.

DJT: Ständige Deputation des Deutschen Juristentages (Hrsg.), Verhandlungen des 57. Deutschen Juristentages 1988, Band II (Sitzungsberichte), München 1988.

Dodegge, G., Ärztliche Zwangsmaßnahmen und Betreuungsrecht, Neue Juristische Wochenschrift (NJW) 2013, S. 1265–1270.

Dodegge, G., Zwangsbehandlung im Betreuungsrecht und in den PsychKGen, in: Diekmann, A./Oeschger, G. (Hrsg.), Wunsch und Wille der Betroffenen. Berichte vom 14. Betreuungsgerichtstag, Bochum 2015, S. 76–89.

Dodegge, G., Aktuelle Probleme der Zwangsbehandlung – Zwangsbehandlung von Erwachsenen bei Selbstgefährdung, in: Coester-Waltjen, D. u. a. (Hrsg.), Zwangsbehandlung bei Selbstgefährdung. 14. Göttinger Workshop zum Familienrecht 2015, Göttingen 2016, S. 11–32.

Dodegge, G., Anmerkung zu Bundesgerichtshof, Beschluss vom 17. Januar 2018, XII ZB 398/17, Zeitschrift für das gesamte Familienrecht (FamRZ) 2018, S. 528–529.

Dodegge, G., Suizid und rechtliche Betreuung, Zeitschrift für das gesamte Familienrecht (FamRZ) 2021, S. 5–11.

Dodegge, G., Vom Wohl des Betroffenen zu dessen Wünschen und Willen – neue Maßstäbe für die Betreuertätigkeit, Zeitschrift für das gesamte Familienrecht (FamRZ) 2022, S. 844–852.

Döhner, O., Soziologische Aspekte der ärztlichen Berufsideologie in Westdeutschland, in: Döhner, O. (Hrsg.), Arzt und Patient in der Industriegesellschaft, Frankfurt a. M. 1973, S. 49–67.

Dölle, H., Familienrecht, Band II, Karlsruhe 1965.

Domann, J./Oppermann, C./Rusack, T., Institutionelle Schutzkonzepte, in: Schröder, J. (Hrsg.), Gewalt in Pflege, Betreuung und Erziehung. Verschränkungen, Zusammenhänge, Ambivalenzen, Weinheim 2019, S. 52–73.

Dörner, K., Bürger und Irre. Zur Sozialgeschichte und Wissenschaftssoziologie der Psychiatrie, Frankfurt a. M. 1969.

Dörner, K., Der psychisch Kranke in der Industriegesellschaft, in: Döhner, O. (Hrsg.), Arzt und Patient in der Industriegesellschaft, Frankfurt a. M. 1973, S. 82–96.

Dörner, K./Egetmeyer, A./Koenning, K. (Hrsg.), Freispruch der Familie. Wie Angehörige psychiatrischer Patienten sich in Gruppen von Not und Einsamkeit, von Schuld und Last freisprechen, Bonn 1987.

Dräbing, R., Der Traum vom »Jahrhundert des Kindes«. Geistige Grundlagen, soziale Implikationen und reformpädagogische Relevanz der Erziehungslehre Ellen Keys, Frankfurt a. M. 1990.

Dudek, P., »Liebevolle Züchtigung«. Ein Mißbrauch der Autorität im Namen der Reformpädagogik, Bad Heilbrunn 2012.

Dunz, W., Grundrecht und Bevormundung, Juristenzeitung (JZ) 1960, S. 475–479.

Dürig, G., Das Recht auf körperliche Unversehrtheit. Art. 2 Abs. 2 GG, in: Maunz, T./Dürig, G., Grundgesetz. Kommentar (Bearbeitung 1985, Wiederabdruck als »Grundgesetz Sonderdruck. Kommentierung der Artikel 1 und 2 Grundgesetz, Rechtsstand: 1958«, München 2003), Loseblatt S. 77–114.

During, M., Lebenslagen von betreuten Menschen. Eine rechtssoziologische Untersuchung, Opladen 2001.

Duttge, G., Patientenautonomie und Einwilligungsfähigkeit, in: Wiesemann, C./Simon, A. (Hrsg.), Patientenautonomie. Theoretische Grundlagen. Praktische Anwendungen, Münster 2013, S. 77–90.

Ebermayer, L., Der Arzt im Recht. Rechtliches Handbuch für Ärzte, Leipzig 1930.

Eck, C., Die elterliche Gewalt im BGB, in: Archiv für bürgerliches Recht 41 (1915), S. 1–159.

Ehlers, A., Die ärztliche Aufklärung vor medizinischen Eingriffen, Köln 1987.

Ehrhardt, H., Zur Problematik der Freiheitsentziehung bei Psychischkranken, Neue Juristische Wochenschrift (NJW) 1954, S. 1751–1754.

Ehrlich, H., Das Wesen der Pflegschaft im Gegensatz zur Vormundschaft und elterlichen Gewalt, Erlangen 1929.

von Eicken, B./Ernst, E./Zenz, G., Fürsorglicher Zwang. Eine Untersuchung zur Legitimation von Freiheitsbeschränkung und Heilbehandlung in Einrichtungen für psychisch kranke, für geistig behinderte und alte Menschen, Köln 1990.

Eidenmüller, H., Effizienz als Rechtsprinzip. Möglichkeiten und Grenzen der ökonomischen Analyse des Rechts (1995), 4. Auflage Tübingen 2015.

Eisenstadt, S., From Generation to Generation. Age Groups and Social Structure, New York 1956 (Altersgruppen und Sozialstruktur, in: von Friedeburg, L. [Hrsg.], Jugend in der modernen Gesellschaft, Köln 1965).

Eiserhardt, H., Ziele eines Bewahrungsgesetzes, Frankfurt a. M. 1929.

Eißer, G., Die Entmündigungsgründe nach deutschem Recht. Mit rechtsvergleichenden Anmerkungen. Zugleich ein Vorschlag zur Rechtserneuerung, Archiv für die civilistische Praxis. Neue Folge (AcP NF) 26 (1941), S. 219–300.

Elias, N., Über den Prozeß der Zivilisation. Soziogenetische und psychogenetische Untersuchungen, Band I: Wandlungen des Verhaltens in den weltlichen Oberschichten des Abendlandes (1939), 6. Auflage Frankfurt a. M. 1997; zitiert als *Elias* (1939/1997).

Elias, N., Über den Prozeß der Zivilisation. Soziogenetische und psychogenetische Untersuchungen, Band II: Wandlungen der Gesellschaft, Entwurf zu einer Theorie der Zivilisation (1939), 6. Auflage Frankfurt a. M. 1997; zitiert als *Elias* (1939/1997a).

Emmerling, P., Ärztliche Kommunikation. Hintergründe und Tipps für erfolgreiche Gespräche in Studium, Klinik und Praxis, 2. Auflage Stuttgart 2019.

Endemann, F., Lehrbuch des Bürgerlichen Rechts. Zweiter Band. Zweite Abteilung: Familienrecht, 8./9. Auflage Berlin 1908.

Enderlein, W., Rechtspaternalismus und Vertragsrecht, München 1996.

Engelmann, T., § 1631, in: J. von Staudingers Kommentar zum Bürgerlichen Gesetzbuch und dem Einführungsgesetze, IV. Band: Familienrecht, II. Teil (§§ 1589–1921), 5./6. Auflage München und Berlin 1910, S. 865–870.

Engelmann, T., § 1631, in: J. von Staudingers Kommentar zum Bürgerlichen Gesetzbuch und dem Einführungsgesetze, IV. Band: Familienrecht, II. Teil (§§ 1589–1921), 9. Auflage München 1926, S. 998–1008; zitiert als *Engelmann* (1926).

Engelmann, T., § 1910, in: J. von Staudingers Kommentar zum Bürgerlichen Gesetzbuch und dem Einführungsgesetze, IV. Band: Familienrecht, II. Teil (§§ 1589–1921), 9. Auflage München 1926, S. 1647–1651; zitiert als *Engelmann* (1926a).

Engelmann, T., § 1915, in: J. von Staudingers Kommentar zum Bürgerlichen Gesetzbuch und dem Einführungsgesetze, IV. Band: Familienrecht, II. Teil (§§ 1589–1921), 9. Auflage München 1926, S. 1668–1671; zitiert als *Engelmann* (1926b).

Engisch, K., Ärztlicher Eingriff zu Heilzwecken und Einwilligung, Zeitschrift für die gesamte Strafrechtswissenschaft (ZStW) 58 (1939), S. 1–52.

Engler, H., § 1800, in: J. von Staudingers Kommentar zum Bürgerlichen Gesetzbuch, IV. Band: Familienrecht, Teil 3b (§§ 1705–1921), 10./11. Auflage Berlin 1969, S. 729–740; zitiert als *Engler* (1969).

Engler, H., § 1837, in: J. von Staudingers Kommentar zum Bürgerlichen Gesetzbuch, IV. Band: Familienrecht, Teil 3b (§§ 1705–1921), 10./11. Auflage Berlin 1969, S. 872–878; zitiert als *Engler* (1969a).

Erichsen, H.-U., Elternrecht – Kindeswohl – Staatsgewalt. Zur Verfassungsmäßigkeit staatlicher Einwirkungsmöglichkeiten auf die Kindeserziehung durch und aufgrund von Normen des elterlichen Sorgerechts und des Jugendhilferechts, Berlin 1985.

Erikson, E., Der junge Mann Luther. Eine psychoanalytische und historische Studie, München 1958.

Eser, A., Die Rolle des Rechts im Verhältnis von Arzt und Patient, in: Kaufmann, F.-X. (Hrsg.), Ärztliches Handeln zwischen Paragraphen und Vertrauen, Düsseldorf 1984, S. 111–129.

Esser, J., Vorverständnis und Methodenwahl in der Rechtsfindung, Frankfurt a. M. 1970.

Estermann, J./Fuchs, W., Zu Häufigkeit und Determinanten rechtlicher Betreuung, Zeitschrift für Rechtssoziologie (ZfRSoz) 36 (2016), S. 154–186.

Fandrey, W., Krüppel, Idioten, Irre. Zur Sozialgeschichte behinderter Menschen, Stuttgart 1990.

Faulstich, H., Die Anstaltspsychiatrie unter den Bedingungen der »Zusammenbruchsgesellschaft«, in: Kersting, F.-W. (Hrsg.), Psychiatriereform als Gesellschaftsreform. Die Hypothek des Nationalsozialismus und der Aufbruch der sechziger Jahre, Paderborn 2003, S. 21–30.

Fengler, H., Die strafrechtlichen Auswirkungen der Neufassung des § 1631 II BGB durch das »Gesetz zur Ächtung der Gewalt in der Erziehung«, Hamburg 2013.

Feuerstein, G./Kuhlmann, E. (Hrsg.), Neopaternalistische Medizin. Der Mythos der Selbstbestimmung im Arzt-Patient-Verhältnis, Bern 1999.

Finzen, A., Normalität. Die ungezähmte Kategorie in Psychiatrie und Gesellschaft, Köln 2018.

Finzen, A./Schädle-Deininger, H., »Unter elenden menschenunwürdigen Umständen«. Die Psychiatrie-Enquête, Rehburg-Loccum 1979.

Fischer, F., Irrenhäuser. Kranke klagen an, München 1969.

Fischer, M., Der Schutz der Geisteskranken in Person und Eigentum, Leipzig 1902.

Flume, W., Rechtsgeschäft und Privatautonomie, in: von Caemmerer, E. u. a. (Hrsg.), Hundert Jahre Deutsches Rechtsleben. Festschrift zum hundertjährigen Bestehen des Deutschen Juristentages 1860–1960, Band 1, Karlsruhe 1960, S. 135–238.

Foblets, M.-C., The Body as Identity Marker. Circumcision of Boys Caught between Contrasting Views on the Best Interests of the Child, in: Jänterä-Jareborg, M. (Hrsg.), The Child's Interests in Conflict. The Intersections between Society, Family, Faith and Culture, Cambridge 2016, S. 125–162.

Foucault, M., Historie de la folie à l'âge classique, Paris 1961 (Wahnsinn und Gesellschaft, Frankfurt a. M. 1969).

Foucault, M., Naissance de la clinique, Paris 1963 (Die Geburt der Klinik. Eine Archäologie des ärztlichen Blicks, München 1973).

Frank, R., 100 Jahre BGB. Familienrecht zwischen Rechtspolitik, Verfassung und Dogmatik, Archiv für die civilistische Praxis (AcP) 200 (2000), S. 401–425.

Franke, W., Grundlagen der Anstaltsunterbringung Psychischkranker in verfassungs-, privat- und verwaltungsrechtlicher Sicht, Neue Juristische Wochenschrift (NJW) 1960, S. 1369–1374.

Franke, W., Richter und Arzt im Unterbringungsrecht, Neue Juristische Wochenschrift (NJW) 1961, S. 955–961.

Friebe, G., Die strafrechtliche Verantwortlichkeit des Lehrers bei Überschreitung des Züchtigungsrechts, Zeitschrift für Beamtenrecht (ZBR) 1956, S. 174–178.

Friedeberg, E./Polligkeit, W., Das Reichsgesetz für die Jugendwohlfahrt vom 9. Juli 1922. Kommentar, Berlin 1923.

Froese, J., Der Mensch in der Wirklichkeit des Rechts. Zur normativen Erfassung des Individuums durch Kategorien und Gruppen, Tübingen 2022.

Fromm, E., Theoretische Entwürfe über Autorität und Familie, in: Simitis, S./Zenz, G. (Hrsg.), Seminar: Familie und Familienrecht, Band 2, Frankfurt a. M. 1975, S. 57–65 (Erstabdruck in: Studien über Autorität und Familie. Forschungsberichte aus dem Institut für Sozialforschung, Paris 1936, S. 77–135).

Fromm, E., Arbeiter und Angestellte am Vorabend des Dritten Reiches. Eine sozialpsychologische Untersuchung, München 1980.

Frost, A., Arztrechtliche Probleme des neuen Betreuungsrechtes. Eine Betrachtung der §§ 1901, 1904 und 1905 BGB unter besonderer Berücksichtigung der Einwilligung in ärztliche Maßnahmen, Heidelberg 1994.

Fuchs, A., Studien zur elterlichen Aufsichtspflicht. Grundlagen und Dogmatik des § 832 BGB, Bielefeld 1995.

Fuchs, D., Partizipative Erziehung. Theorie und Praxis. Mit Beispielen zur Förderung sozialer Kompetenz in pädagogischen Einrichtungen, Würzburg 1996.
Fuchs, T., Verteidigung des Menschen. Grundfragen einer verkörperten Anthropologie, Berlin 2020.
Gauger, K., Meine Schizophrenie, Freiburg 2021.
Gebhard, A., Entwurf eines bürgerlichen Gesetzbuches für das Deutsche Reich. Allgemeiner Theil, Berlin 1881 (Wiederabdruck in: Schubert, W. [Hrsg.], Die Vorlagen der Redaktoren für die erste Kommission zur Ausarbeitung des Entwurfs eines Bürgerlichen Gesetzbuches. Allgemeiner Teil. Teil 2, Berlin 1981).
Geilen, G., Einwilligung und ärztliche Aufklärungspflicht, Bielefeld 1963.
Gerhardt, U., Gesellschaft und Gesundheit. Begründung der Medizinsoziologie, Frankfurt a. M. 1991.
Germer, W., § 1800. Personensorge, in: Soergel, T. (Begr.), Bürgerliches Gesetzbuch mit Einführungsgesetz und Nebengesetzen, Band V: Familienrecht, 10. Auflage Stuttgart 1971, S. 713–716.
Gernhuber, J., Elterliche Gewalt heute. Eine grundsätzliche Betrachtung, Zeitschrift für das gesamte Familienrecht (FamRZ) 1962, S. 89–96.
Gernhuber, J., Lehrbuch des Familienrechts, München 1964.
Gernhuber, J., Der Senior und sein Zwangsvermögenspfleger, Zeitschrift für das gesamte Familienrecht (FamRZ) 1976, S. 189–197.
Gernhuber, J./Coester-Waltjen, D., Lehrbuch des Familienrechts, 4. Auflage München 1994.
Gernhuber, J./Coester-Waltjen, D., Familienrecht, 5. Auflage München 2006; 7. Auflage München 2020.
Gierke, O., Der Entwurf eines bürgerlichen Gesetzbuches und das deutsche Recht, Leipzig 1889.
Giesen, D., Familienrechtsreform zum Wohl des Kindes? Zeitschrift für das gesamte Familienrecht (FamRZ) 1977, S. 594–600.
Giesen, D., Kindesmißhandlung? Zur Kinder- und Familienfeindlichkeit in der Bundesrepublik Deutschland, Paderborn 1979.
Giesen, D., Arzthaftungsrecht. Die zivilrechtliche Haftung aus medizinischer Behandlung in der Bundesrepublik Deutschland, in Österreich und der Schweiz, Tübingen 1990.
Giesen, D., Familienrecht, 2. Auflage Tübingen 1994.
Gimm, T., Die Entwicklung der zivilrechtlichen Unterbringung volljähriger psychisch Kranker, Berlin 2019.
Gimmerthal, M., Zur väterlichen Gewalt des bürgerlichen Gesetzbuchs, Archiv für die civilistische Praxis (AcP) 104 (1909), S. 388–426.
Gitter, W., § 6. Natürliche Personen, in: Münchener Kommentar zum Bürgerlichen Gesetzbuch, Band 1: Allgemeiner Teil, 2. Auflage München 1984, S. 79–287.
Glaessing, W., Die öffentlich-rechtliche Natur des neuen deutschen Vormundschaftsrechtes, Archiv für öffentliches Recht (AöR) 16 (1901), S. 161–191.
Gleixner, K., Die Gebrechlichkeitspflegschaft, ihre Voraussetzungen und Wirkungen, sowie die Konkurrenz der Rechtsgeschäfte des Pflegers und des Pflegebefohlenen, München 1951.
Göbel, A., Vom elterlichen Züchtigungsrecht zum Gewaltverbot. Verfassungs-, straf- und familienrechtliche Untersuchung zum § 1631 Abs. 2 BGB, Hamburg 2005.

Göckenjan, G., Kurieren und Staatmachen. Gesundheit und Medizin in der bürgerlichen Welt, Frankfurt a. M. 1985.
Goffman, E., Asyle. Über die soziale Situation psychiatrischer Patienten und anderer Insassen, Frankfurt a. M. 1973 (Asylums. Essays on the Social Situation of Mental Patients and Other Inmates, New York 1961).
Goldstein, J./Freud, A./Solnit, A., Jenseits des Kindeswohls, Frankfurt a. M. 1974.
Göppinger, H., Die Übertragung der elterlichen Gewalt auf die uneheliche Mutter, Zeitschrift für das gesamte Familienrecht (FamRZ) 1961, S. 516–518.
Götz, I., Zwangsbehandlungen von Minderjährigen bei Selbstgefährdung, in: Coester-Waltjen, D. u. a. (Hrsg.), Zwangsbehandlung bei Selbstgefährdung. Göttinger Workshop zum Familienrecht 2015, Göttingen 2016, S. 65–86.
Grandke, A., Familienrecht. Lehrbuch, 2. Auflage Berlin 1976.
Graumann, S., Kann Zwang gerechtfertigt sein? Ethische Überlegungen zu unfreiwilligen psychiatrischen Behandlungen, in: Henking, T./Vollmann, J. (Hrsg.), Gewalt und Psyche. Die Zwangsbehandlung auf dem Prüfstand, Baden-Baden 2014, S. 123–151.
Greiffenhagen, M. (Hrsg.), Emanzipation, Hamburg 1973; zitiert als *Greiffenhagen* (1973).
Greiffenhagen, M., Einleitung, in: Greiffenhagen, M. (Hrsg.), Emanzipation, Hamburg 1973, S. 7–48; zitiert als *Greiffenhagen* (1973a).
Großfeld, B./Mund, B., Die Haftung der Eltern nach § 832 I BGB, Zeitschrift für das gesamte Familienrecht (FamRZ) 1994, S. 1504–1509.
Grüner, S., Gewalt als Erziehungsmittel, Kindesrechte und Kinderschutz. Historische Grundlinien seit der Aufklärung, in: Grüner, S./Raasch, M. (Hrsg.), Zucht und Ordnung. Gewalt gegen Kinder in historischer Perspektive, Berlin 2019, S. 31–82.
Grüner, S./Raasch, M. (Hrsg.), Zucht und Ordnung. Gewalt gegen Kinder in historischer Perspektive, Berlin 2019.
Grünewald, A., § 223. Körperverletzung, in: Laufhütte, H. W./Rissing-van Saan, R./Tiedemann, K. (Hrsg.), Strafgesetzbuch. Leipziger Kommentar, Band 7/1, §§ 211–231, 12. Auflage Berlin 2019, S. 485–573.
Grünwald, G., Die Aufklärungspflicht des Arztes, Zeitschrift für die gesamte Strafrechtswissenschaft (ZStW) 73 (1961), S. 5–44.
Guardini, R., Der Arzt und das Heilen, in: Guardini, R., Ethik. Vorlesungen an der Universität München, Band 2, 2. Auflage Mainz 1994, S. 957–975.
Gugutzer, R., Leib, Körper und Identität. Eine phänomenologisch-soziologische Untersuchung zur personalen Identität, Wiesbaden 2001.
Günther, H.-L., Strafrechtswidrigkeit und Strafunrechtsausschluss. Studien zur Rechtswidrigkeit als Straftatmerkmal und zur Funktion der Rechtfertigungsgründe im Strafrecht, Köln 1983.
Günther, H.-L., Die Auswirkungen familienrechtlicher Verbote auf das Strafrecht, in: Medicus, D. u. a. (Hrsg.), Festschrift für Hermann Lange, Stuttgart 1992, S. 877–901.
Günther, K./Volkmann, U. (Hrsg.), Freiheit oder Leben? Das Abwägungsproblem der Zukunft, Berlin 2022.
Gusy, C., 100 Jahre Weimarer Verfassung, Tübingen 2018.
Gutmann, T., Zur philosophischen Kritik des Rechtspaternalismus, in: Schroth, U. u. a. (Hrsg.), Patientenautonomie am Beispiel der Lebendorganspende, Göttingen 2006, S. 189–278.

Gutmann, T., Die Dogmatik des »natürlichen Willens« im Medizinrecht, Medizinrecht (MedR) 2021, S. 949–957.

Haarer, J., Die deutsche Mutter und ihr erstes Kind (1934), München 1940.

Haarer, J., Unsere kleinen Kinder (1936), 9. Auflage München 1943.

Habermas, J., Theorie des kommunikativen Handelns, Band 2: Zur Kritik der funktionalistischen Vernunft, Frankfurt a. M. 1981 (Nachdruck Frankfurt a. M. 1995).

Habermas, J., Die Zukunft der menschlichen Natur. Auf dem Weg zu einer liberalen Eugenik?, 4. Auflage Frankfurt a. M. 2002.

Haberstroh, D., Haftungsrisiko Kind – Eigenhaftung des Kindes und elterliche Aufsichtspflicht, Versicherungsrecht (VersR) 2000, S. 806–815.

Hagedorn, M., Die Entbehrlichkeit der Einwilligung und Aufklärung bei Heilbehandlungen nach dem Strafgesetzbuch-Entwurf 1962, Heidelberg 1965.

Hager, J., § 823 I. Arzthaftungsrecht, in: J. von Staudingers Kommentar zum Bürgerlichen Gesetzbuch, Buch 2: Recht der Schuldverhältnisse: §§ 823 E–I, 824, 825 (Verkehrspflichten, deliktische Produkthaftung, Verletzung eines Schutzgesetzes, Arzthaftungsrecht), Berlin 2021, S. 422–592.

Hahn, U., Das verborgene Wort (2001), Stuttgart 2003.

Hahn, U., Der Aufbruch (2009), München 2011.

Hanrath, S., Zwischen ›Euthanasie‹ und Psychiatriereform. Anstaltspsychiatrie in Westfalen und Brandenburg: Ein deutsch-deutscher Vergleich (1945–1964), Paderborn 2002.

Hanrath, S., Strukturkrise und Reformbeginn: Die Anstaltspsychiatrie in der DDR und der Bundesrepublik bis zu den 60er Jahren, in: Kersting, F.-W. (Hrsg.), Psychiatriereform als Gesellschaftsreform. Die Hypothek des Nationalsozialismus und der Aufbruch der sechziger Jahre, Paderborn 2003, S. 31–61.

Harnier, A., Geisteskranke und Pflegschaft, Deutsche Juristen-Zeitung (DJZ) 1900, S. 336–338.

Hart, D., Autonomiesicherung im Arzthaftungsrecht – Ein Beitrag zur Entkoppelung von ärztlicher Aufklärungspflicht und Körperverletzung, in: Heldrich, A./Schlechtriem, P./Schmidt, E. (Hrsg.), Recht im Spannungsfeld von Theorie und Praxis. Festschrift für Helmut Heinrichs, München 1998, S. 291–318.

Hart, D., Ein Patientenrechtegesetz ohne Eigenschaften – Über den Mangel an legislativer Eigenständigkeit, GesundheitsRecht (GesR) 2012, S. 385–388.

Hartmann, F., Ärztliche Anthropologie. Das Problem des Menschen in der Medizin der Neuzeit, Bremen 1973.

Hartmann, G., Die Entmündigung als Mittel der Verbrechensverhütung unter besonderer Berücksichtigung ihres Verhältnisses zu den übrigen Sicherungsmaßregeln des neuen Staates, Bonn 1937.

Haslanger, S., Der Wirklichkeit widerstehen. Soziale Konstruktion und Sozialkritik, Frankfurt a. M. 2021.

Hävernick, W., »Schläge« als Strafe. Ein Bestandteil der heutigen Familiensitte in volkskundlicher Sicht, Hamburg 1964.

Heide, J., Medizinische Zwangsbehandlung. Rechtsgrundlagen und verfassungsrechtliche Grenzen der Heilbehandlung gegen den Willen des Betroffenen, Berlin 2001.

Heiderhoff, B., Kinderrechte – ein Überblick, in: Röthel, A./Heiderhoff, B. (Hrsg.), Mehr Kinderrechte? Nutzen und Nachteil, Frankfurt a. M. 2018, S. 9–27.

Heilmann, S., § 1664. Beschränkte Haftung der Eltern, in: J. von Staudingers Kommentar zum Bürgerlichen Gesetzbuch, Buch 4: Familienrecht, §§ 1638–1683 (Vermögenssorge, Kindesschutz, Sorgerechtswechsel), Berlin 2020, S. 93–109.

Heinsohn, G./Knieper, R., Theorie des Familienrechts. Geschlechtsrollenaufhebung, Kindesvernachlässigung, Geburtenrückgang, Frankfurt a. M. 1974.

Heinz, A., Der Begriff der psychischen Krankheit, Frankfurt a. M. 2014.

Helfer, R. E./Kempe, C. H. (Hrsg.), The battered child, Chicago 1968 (Das geschlagene Kind, Frankfurt a. M. 1978).

Helle, J., Zwangsbefugnisse des Vormundes Erwachsener, Zeitschrift für das gesamte Familienrecht (FamRZ) 1984, S. 639–643.

Helmchen, H., Einwilligungsfähige Patienten in der Psychiatrie, in: Schumpelick, V./Vogel, B. (Hrsg.), Arzt und Patient. Eine Beziehung im Wandel, Freiburg 2005, S. 433–440.

Hengst, H., Tendenzen der Liquidierung von Kindheit, in: Hengst, H. u. a., Kindheit als Fiktion, Frankfurt a. M. 1981, S. 11–72.

Hennes, V.-B., Das elterliche Züchtigungsrecht – Ein derogierter Rechtfertigungsgrund?, Hamburg 2010.

Hericks, N. (Hrsg.), Inklusion, Diversität und Heterogenität. Begriffsverwendung und Praxisbeispiele aus multidisziplinärer Perspektive, Wiesbaden 2021.

Hermes, G., Das Grundrecht auf Schutz von Leben und Gesundheit: Schutzpflicht und Schutzanspruch aus Art. 2 Abs. 2 S. 1 GG, Heidelberg 1987.

Herrmann, S./Stavorinus, H., Anleitung von Pfleger und Vormund – Bestandteil der Fürsorgetätigkeit der Staatlichen Notariate, Neue Justiz (NJ) 1981, S. 492–494.

Hertz, W., Die Anwendung des § 1666 BGB zur Abwendung schwerer gesundheitlicher Nachteile, Zentralblatt für Jugendrecht und Jugendwohlfahrt (ZfJ) 1927, S. 113–114.

Hillgruber, C., Der Schutz des Menschen vor sich selbst, München 1992.

Höffe, O., Medizin ohne Ethik?, Frankfurt a. M. 2002.

Höffe, O., Wirtschaftlichkeit und Ethik in der universitären Krankenversorgung, in: Katzenmeier, C./Bergdolt, K. (Hrsg.), Das Bild des Arztes im 21. Jahrhundert, Berlin 2009, S. 61–73.

Hoffmann, P., Familienangehörige als vormundschaftsgerichtlich bestellte Betreuer. Der Einfluß primärer Netzwerke und sozialer Unterstützung im Betreuungswesen, Köln 1996.

Hofmann, B., Die Berufung des Arztes und das Reichsgericht, Deutsches Recht (DR) 1936, S. 502–504.

Hogrefe, T., Kann ein Geisteskranker, bei dem die Voraussetzungen der Entmündigung vorliegen, einen Pfleger erhalten?, Zentralblatt für freiwillige Gerichtsbarkeit und Notariat (ZBlFG) 1902, S. 596–599.

Holthöfer, E., Die Geschlechtsvormundschaft. Ein Überblick von der Antike bis ins 19. Jahrhundert, in: Gerhard, U. (Hrsg.), Frauen in der Geschichte des Rechts, München 1997, S. 390–451.

Holzhauer, H., Empfiehlt es sich, das Entmündigungsrecht, das Recht der Vormundschaft und der Pflegschaft über Erwachsene sowie das Unterbringungsrecht neu zu ordnen? Gutachten B (Juristisches Teilgutachten) zum 57. Deutschen Juristentag Mainz 1988, in: Ständige Deputation des Deutschen Juristentages (Hrsg.), Verhandlungen des

57. Deutschen Juristentages Mainz 1988, Band I (Gutachten), Teil B/C, München 1988, S. B 1–B 117.
Holzhauer, H., Verfassungsrechtliche Beurteilung des Entwurfs eines Betreuungsgesetzes, Zeitschrift für Rechtspolitik (ZRP) 1989, S. 451–457.
Honig, M.-S., Verhäuslichte Gewalt. Sozialer Konflikt, wissenschaftliche Konstrukte, Alltagswissen, Handlungssituationen. Eine Explorativstudie über Gewalthandeln von Familien, Frankfurt a. M. 1986.
Honig, M.-S., Entwurf einer Theorie der Kindheit. Wie wird die Unterscheidung von Kindern und Erwachsenen sozial organisiert?, Frankfurt a. M. 1999.
Honig, M.-S. (Hrsg.), Ordnungen der Kindheit. Problemstellungen und Perspektiven der Kindheitsforschung, Weinheim 2009.
Honig, M.-S./Ostner, I., Die »familialisierte« Kindheit, in: Baader, M. S./Eßer, F./Schröer, W. (Hrsg.), Kindheiten in der Moderne. Eine Geschichte der Sorge, Frankfurt a. M. 2014, S. 360–390.
Honneth, A., Der Kampf um Anerkennung. Zur moralischen Grammatik sozialer Konflikte, Frankfurt a. M. 1992.
Hoppe, J.-D., Die Patient-Arzt-Beziehung im 21. Jahrhundert, in: Katzenmeier, C./Bergdolt, K. (Hrsg.), Das Bild des Arztes im 21. Jahrhundert, Berlin 2009, S. 1–9.
Horkheimer, M./Adorno, T. W., Dialektik der Aufklärung. Philosophische Fragmente (1947), Frankfurt a. M. 1988.
Horn, K., Dressur oder Erziehung. Schlagrituale und ihre gesellschaftliche Funktion, Frankfurt a. M. 1967.
Hoyer, A., Im Strafrecht nichts Neues? – Zur strafrechtlichen Bedeutung der Neufassung des § 1631 II BGB, Zeitschrift für das gesamte Familienrecht (FamRZ) 2001, S. 521–525.
Huber, P., § 1664. Beschränkte Haftung der Eltern, in: Münchener Kommentar zum Bürgerlichen Gesetzbuch, Band 10: Familienrecht II, §§ 1589–1921, SGB VIII, 8. Auflage München 2020, S. 861–865.
Huerkamp, C., Der Aufstieg der Ärzte im 19. Jahrhundert. Vom gelehrten Stand zum professionellen Experten: Das Beispiel Preußens, Göttingen 1985.
Hülst, D., Das wissenschaftliche Verstehen von Kindern, in: Heinzel, F. (Hrsg.), Methoden der Kindheitsforschung. Ein Überblick über Forschungszugänge zur kindlichen Perspektive, 2. Auflage Weinheim 2012, S. 52–77.
Hurrelmann, K., Gesundheitssoziologie. Eine Einführung in sozialwissenschaftliche Theorien von Krankheitsprävention und Gesundheitsförderung, 6. Auflage Weinheim 2006.
Hurrelmann, K./Albrecht, E., Generation Greta. Was sie denkt, wie sie fühlt und warum das Klima erst der Anfang ist, Weinheim 2020.
Hurrelmann, K./Bründel, H., Einführung in die Kindheitsforschung, 2. Auflage Weinheim 2003.
Jayme, E., Die Familie im Recht der unerlaubten Handlungen, Frankfurt a. M. 1971.
Jestaedt, M., Kindesrecht zwischen Elternverantwortung und Staatsverantwortung, in: Deutscher Familiengerichtstag e.V. (Hrsg.), 21. Deutscher Familiengerichtstag, Bielefeld 2016, S. 65–99.
Jestaedt, M./Reimer, P., Artikel 6 Abs. 2 und 3, in: Bonner Kommentar zum Grundgesetz, 195. Aktualisierung, Stand: Dezember 2018, S. 1–354.
Joas, H., Der Traum von der gewaltfreien Moderne, SINN UND FORM 1994, S. 309–318.

Jünger, J., Ärztliche Kommunikation. Praxisbuch zum Masterplan Medizinstudium 2020, Stuttgart 2018.

Kahl, W., Der Arzt im Strafrecht, Zeitschrift für die gesamte Strafrechtswissenschaft (ZStW) 29 (1909), S. 351–371.

Kallert, T., Pro und Contra Minimierung von Zwangsmaßnahmen – die empirische Datenlage, in: Henking, T./Vollmann, J. (Hrsg.), Gewalt und Psyche. Die Zwangsbehandlung auf dem Prüfstand, Baden-Baden 2014, S. 187–205.

Kallfelz, W., Anmerkung zu Reichsgericht, Urteil vom 19. Juni 1936, III 298/35, Juristische Wochenschrift (JW) 1936, S. 3114–3116.

Kargl, W., Das Strafunrecht der elterlichen Züchtigung (§ 223 StGB), Neue Justiz (NJ) 2003, S. 57–64.

Kaser, M./Knütel, R./Lohsse, S., Römisches Privatrecht, 22. Auflage München 2021.

Katzenmeier, C., Ein Sonderstraftatbestand der eigenmächtigen Heilbehandlung, Zeitschrift für Rechtspolitik (ZRP) 1997, S. 156–161.

Katzenmeier, C., Arzthaftung, Tübingen 2002.

Katzenmeier, C., Verrechtlichung der Medizin, in: Katzenmeier, C./Bergdolt, K. (Hrsg.), Das Bild des Arztes im 21. Jahrhundert, Berlin 2009, S. 45–60.

Katzenmeier, C./Bergdolt, K. (Hrsg.), Das Bild des Arztes im 21. Jahrhundert, Berlin 2009.

Kaufmann, A., Die eigenmächtige Heilbehandlung, Zeitschrift für die gesamte Strafrechtswissenschaft (ZStW) 73 (1961), S. 341–384.

Kaufmann, F.-X. (Hrsg.), Ärztliches Handeln zwischen Paragraphen und Vertrauen, Düsseldorf 1984.

Kaufmann, J., Das Züchtigungsrecht der Eltern und Erzieher, Stuttgart 1910.

Kaupen-Haas, H., Stabilität und Wandel ärztlicher Autorität. Eine Anwendung soziologischer Theorie auf Aspekte der Arzt-Patient-Beziehung, Stuttgart 1969.

Kern, B.-R., Arzt und Betreuungsrecht, Medizinrecht (MedR) 1993, S. 245–251.

Kern, B.-R., Fremdbestimmung bei der Einwilligung in ärztliche Eingriffe, Neue Juristische Wochenschrift (NJW) 1994, S. 753–759.

Kern, B.-R., Idee und Aufgabe des Arztes, in: Laufs, A./Kern, B.-R./Rehborn, M. (Hrsg.), Handbuch des Arztrechts, 5. Auflage München 2019, S. 1–12; zitiert als *Kern* (2019).

Kern, B.-R., Die Elemente der Rechtfertigung ärztlichen Handelns, in: Laufs, A./Kern, B.-R./Rehborn, M. (Hrsg.), Handbuch des Arztrechts, 5. Auflage München 2019, S. 82–98; zitiert als *Kern* (2019a).

Kern, B.-R., Einwilligung, in: Laufs, A./Kern, B.-R./Rehborn, M. (Hrsg.), Handbuch des Arztrechts, 5. Auflage München 2019, S. 948–950; zitiert als *Kern* (2019b).

Kern, B.-R./Laufs, A., Die ärztliche Aufklärungspflicht. Unter besonderer Berücksichtigung der richterlichen Spruchpraxis, Berlin 1983.

Kern, E., Schutz des Lebens, der Freiheit und des Heims, in: Neumann, F./Nipperdey, H. C./Scheuner, U. (Hrsg.), Die Grundrechte. Handbuch der Theorie und Praxis der Grundrechte, Band 2, Berlin 1954, S. 51–100.

Kersten, J., Das Klonen von Menschen. Eine verfassungs-, europa- und völkerrechtliche Kritik, Tübingen 2004.

Kersting, F.-W. (Hrsg.), Psychiatriereform als Gesellschaftsreform. Die Hypothek des Nationalsozialismus und der Aufbruch der sechziger Jahre, Paderborn 2003; zitiert als *Kersting* (2003).

Kersting, F.-W., Vor Ernst Klee. Die Hypothek der NS-Medizinverbrechen als Reformimpuls, in: Kersting, F.-W. (Hrsg.), Psychiatriereform als Gesellschaftsreform. Die Hypothek des Nationalsozialismus und der Aufbruch der sechziger Jahre, Paderborn 2003, S. 63–80; zitiert als *Kersting* (2003a).

Key, E., Das Jahrhundert des Kindes. Studien (1902), Weinheim 1992.

Kiefer, O., Die körperliche Züchtigung bei der Kindererziehung in Geschichte und Beurteilung: ein Buch für Eltern und Erzieher, Berlin 1904.

Kienapfel, D., Körperliche Züchtigung und soziale Adäquanz im Strafrecht, Karlsruhe 1961.

Kipp, T./Wolff, M., Lehrbuch des Bürgerlichen Rechts. Band 2. Zweite Abteilung: Das Familienrecht, 1. und 2. Auflage Marburg 1912; 3. Auflage Marburg 1920.

Kirsch, P., Rechtsgrundlagen der stationären und ambulanten psychiatrischen Zwangsbehandlung im Betreuungsrecht, Tübingen 2010.

Kirsch, S., Anmerkung zu Oberlandesgericht Hamburg, Beschluss vom 17. November 2020, 12 UF 101/20, Zeitschrift für das gesamte Familienrecht (FamRZ) 2021, S. 682–684.

Klie, T., Zur Verrechtlichung sozialer Pflege- und Betreuungsverhältnisse in Heimen für Volljährige, Blätter der Wohlfahrtspflege (BdW) 1985, S. 86–88.

Klie, T., Rechtsschutz für »Verwirrte«, Altenpflege 1988, S. 665–672.

Klimpel, P., Bevormundung oder Freiheitsschutz? Kritik und Rechtfertigung paternalistischer Vorschriften über das Leben, den Körper und die Sexualität im deutschen Recht, Frankfurt a. M. 2003.

Knitschky, W., Das Rechtsverhältnis zwischen Eltern und Kindern nach dem Bürgerlichen Gesetzbuche, Berlin 1899.

Knodel, J./Krone, R., Wahrung der Rechte der Bürger – Aufgabe des notariellen Fürsorgeverfahrens, Neue Justiz (NJ) 1979, S. 303–304.

Koch, E., Elterliche Sorge. §§ 1626–1698b, in: Schmoeckel, M. u. a. (Hrsg.), Historisch-kritischer Kommentar zum BGB. Band IV: Familienrecht, Tübingen 2018, S. 1208–1248.

Koch-Straube, U., Lebenswelt Pflegeheim, in: Schroeter, K./Rosenthal, T. (Hrsg.), Soziologie der Pflege. Grundlagen, Wissensbestände und Perspektiven, Weinheim 2005, S. 211–226.

Kohl, H., 40 Jahre Familienpolitik, in: Bundesministerium für Familie und Senioren (Hrsg.), 40 Jahre Familienpolitik in der Bundesrepublik Deutschland. Rückblick, Ausblick, Neuwied 1993, S. 7–14.

Kohler, J., Lehrbuch des Bürgerlichen Rechts, Dritter Band, Erster Teil: Familienrecht, Berlin 1915.

Kohlhaas, M., Das Recht zur körperlichen Züchtigung, Unsere Jugend (UJ) 1958, S. 401–411.

Kohlrausch, G./Schmidt, H., Litteraturbericht, Zeitschrift für die gesamte Strafrechtswissenschaft (ZStW) 23 (1903), S. 597–642.

Köhne, P., Elterliche Gewalt und Vormundschaft im Entwurf eines Bürgerlichen Gesetzbuchs, Beiträge zur Erläuterung des Deutschen Rechts, in besonderer Beziehung auf das Preußische Recht mit Einschluß des Handels- und Wechselrechts, Fünfte Folge (1896), S. 597–619.

Kohte, W., Die rechtfertigende Einwilligung, Archiv für die civilistische Praxis (AcP) 185 (1985), S. 105–161.

Kollbrunner, A., Die rechtliche Stellung des Arztes, Zürich 1903.

Kollmer, N., Selbstbestimmung im Betreuungsrecht, München 1992.

Kössler, T., Die faschistische Kindheit, in: Baader, M./Eßer, F./Schröer, W. (Hrsg.), Kindheiten in der Moderne. Eine Geschichte der Sorge, Frankfurt a. M. 2014, S. 284–318.

Kötz, H./Wagner, G., Deliktsrecht, 13. Auflage München 2016.

Kowarowsky, G., Der schwierige Patient. Kommunikation und Patienteninteraktion im Praxisalltag, 3. Auflage Stuttgart 2019.

Kraut, W.-T., Die Vormundschaft nach den Grundsätzen des deutschen Rechts, Band I, Göttingen 1835.

Krones, T./Richter, G., Die Arzt-Patient-Beziehung, in: Schulz, S. u. a. (Hrsg.), Geschichte, Theorie und Ethik der Medizin. Eine Einführung, Frankfurt a. M. 2006, S. 94–116.

Krüger, H., Grundrechtsausübung durch Jugendliche (Grundrechtsmündigkeit) und elterliche Gewalt, Zeitschrift für das gesamte Familienrecht (FamRZ) 1956, S. 329–335.

Kuban, S., Das Recht der Verwahrung und Unterbringung am Beispiel der »Irrengesetzgebung« zwischen 1794 und 1945, Frankfurt a. M. 1997.

Kubella, K., Patientenrechtegesetz, Berlin 2011.

Kübler, F. (Hrsg.), Verrechtlichung von Wirtschaft, Arbeit und sozialer Solidarität. Vergleichende Analysen, Frankfurt a. M. 1985.

Kuhlmann, E., Aufklärung im Dienste der Ressourcenallokation? Eine empirische Studie zur ärztlichen Informationspolitik, in: Feuerstein, G./Kuhlmann, E. (Hrsg.), Neopaternalistische Medizin. Der Mythos der Selbstbestimmung im Arzt-Patient-Verhältnis, Bern 1999, S. 37–93.

Kuhlmann, J.-M., Einwilligung in die Heilbehandlung alter Menschen, Frankfurt a. M. 1996.

Kühner, A., Die Kunstfehler der Aerzte vor dem Forum der Juristen. Für Aerzte und Juristen gemeinverständlich dargestellt, Frankfurt a. M. 1886.

Kuhnke, Pflicht zur Operation, Juristische Wochenschrift (JW) 1934, S. 524–529.

Kuiper, P., Seelenfinsternis. Die Depression eines Psychiaters, Frankfurt a. M. 1995.

Kuitert, W., Borrowing scenery and the landscape that lends – the final chapter of Yuanye, Journal of Landscape Architecture 10 (2015), S. 32–43.

Kumbier, E./Steinberg, H. (Hrsg.), Psychiatrie in der DDR. Beiträge zur Geschichte, Berlin 2018.

von Landenberg-Roberg, M., Elternverantwortung im Verfassungsstaat. Rekonstruktion der Grundrechtsdogmatik des Art. 6 Abs. 2 GG, Tübingen 2021.

Landwehr, A., Die Geschichte des Sagbaren. Einführung in die Historische Diskursanalyse, Tübingen 2001.

Lang, E./Arnold, K. (Hrsg.), Die Arzt-Patient-Beziehung im Wandel, Stuttgart 1996.

Lanzerath, D., Der geklonte Mensch: Eine neue Form des Verfügens?, in: Düwell, M./Steigleder, K. (Hrsg.), Bioethik. Eine Einführung, Frankfurt a. M. 2003, S. 258–266.

Larenz, K./Canaris, C.-W., Lehrbuch des Schuldrechts, Band II, Halbband 2: Besonderer Teil, 13. Auflage München 1994.

Larenz, K./Wolf, M., Allgemeiner Teil des Bürgerlichen Rechts, 8. Auflage München 1997.

Lauber, K./Narzi, H./Rathgeber, R., Mit achtzehn schon erwachsen? Auswirkungen der Herabsetzung des Volljährigkeitsalters, München 1980.

Laufs, A., Zur deliktsrechtlichen Problematik ärztlicher Eigenmacht, Neue Juristische Wochenschrift (NJW) 1969, S. 529–533.

Laufs, A., Arztrecht, 1. Auflage München 1977; 2. Auflage München 1978; 3. Auflage München 1984; 5. Auflage München 1993.

Laufs, A., Der Arzt im Recht – historische Perspektiven und Zukunftsfragen: eine Skizze, in: Medicus, D. (Hrsg.), Festschrift für Hermann Lange, Stuttgart 1992, S. 163–184.

Laufs, A., Zur Entwicklung des Arztberufes im Spiegel des Rechts, in: Mansel, H.-P. u. a. (Hrsg.), Festschrift für Erik Jayme, Band 2, München 2004, S. 1500–1512.

Laufs, A., Die jüngere Entwicklung des Arztberufs im Spiegel des Rechts, in: Katzenmeier, C./Bergdolt, K. (Hrsg.), Das Bild des Arztes im 21. Jahrhundert, Berlin 2009, S. 9–20.

Lauterbach, W., § 1631. Personensorge, in: Palandt, O., Bürgerliches Gesetzbuch. Beck'scher Kurzkommentar, 17. Auflage München 1958, S. 1240–1241.

Leckschas, J., Ärztliches Handeln und Recht – juristisch betrachtet, in: Kraatz, H./Szewczyk, H. (Hrsg.), Ärztliche Aufklärungspflicht und Schweigepflicht. Bericht über ein Symposium der Klasse für Medizin der deutschen Akademie der Wissenschaften, Jena 1967, S. 27–35.

Lehmann, H., Handbuch des Deutschen Privatrechts, Vierter Band: Familienrecht, 3. Auflage Berlin 1900.

Lehmann, H., Familienrecht des Bürgerlichen Gesetzbuches einschließlich Jugendfürsorgerecht. Grundrisse der Rechtswissenschaft, Band IV, Berlin 1926.

Lehr, U., Gebrechlichkeitspflegschaft – ein Diskussionsbeitrag aus alternspsychologischer Sicht, Zeitschrift für das gesamte Familienrecht (FamRZ) 1982, S. 1169–1177.

Lempp, D., Diskussionsentwurf eines Gesetzes über die Betreuung Volljähriger, Der Amtsvormund (DAVorm) 1988, S. 574–576.

Lempp, R., Das neue Familienrecht aus kinder- und jugendpsychiatrischer Sicht, in: Remschmidt, H. (Hrsg.), Kinderpsychiatrie und Familienrecht, Stuttgart 1984, S. 8–17.

Lenzen, D., Mythologie der Kindheit. Die Verewigung des Kindlichen in der Erwachsenenkultur. Versteckte Bilder und vergessene Geschichten, Reinbek 1985.

Lepa, M., Die Einwirkung der Grundrechte auf die Anwendung des Deliktsrechts in der Rechtsprechung des Bundesgerichtshofs, in: Deutsch, E. u. a. (Hrsg.), Festschrift für Erich Steffen, Berlin 1995, S. 261–272.

Leske, F., Vergleichende Darstellung des Bürgerlichen Gesetzbuches für das Deutsche Reich und der Landesrechte. III. Band: Das Bürgerliche Gesetzbuch und das Preußische Allgemeine Landrecht. Zweite Hälfte: Familienrecht, Erbrecht, Berlin 1903.

Lettmaier, S., § 1626. Elterliche Sorge, in: J. von Staudingers Kommentar zum BGB, Buch 4: Familienrecht, §§ 1626–1633, RKEG (Elterliche Sorge – Inhalt und Inhaberschaft), Berlin 2020, S. 1–188.

Levis, O., Die Entmündigung Geisteskranker. Das Entmündigungs-Beschlussverfahren gegen Geisteskranke und Geistesschwache. Nach dem Bürgerlichen Gesetzbuche und der Zivilprozessordnung, Leipzig 1901.

Levsen, S., Autorität und Demokratie. Eine Kulturgeschichte des Erziehungswandels in Westdeutschland und Frankreich 1945–1975, Göttingen 2019.

Liebscher, D., Rasse im Recht – Recht gegen Rassismus. Genealogie einer ambivalenten rechtlichen Kategorie, Berlin 2021.

von Lilienthal, K., Die pflichtmäßige ärztliche Handlung und das Strafrecht, in: Mitglieder der juristischen Fakultät der Universität Heidelberg, Heidelberger Festgabe für Ernst Immanuel Bekker, Berlin 1899, S. 1–58.

Lindenberger, T./Lüdtke, A., Physische Gewalt. Studien zur Geschichte der Neuzeit, Frankfurt a. M. 1995.

Lipp, V., Freiheit und Fürsorge: Der Mensch als Rechtsperson. Zu Funktion und Stellung der rechtlichen Betreuung im Privatrecht, Tübingen 2000.

Lipp, V., Rechtsfürsorge im Sozialstaat aus betreuungsrechtlicher Perspektive, Betreuungsrechtliche Praxis (BtPrax) 2005, S. 6–10.

Lipp, V., Betreuung und Zwangsbehandlung, Juristenzeitung (JZ) 2006, S. 661–665.

Lipp, V., Anmerkung zu Bundesgerichtshof, Urteil vom 10. Oktober 2006, IV ZR 74/05, Medizinrecht (MedR) 2008, S. 293–294.

Lipp, V., Anmerkung zu Bundesgerichtshof, Beschluss vom 20. Juni 2012, XII ZB 99/12, Juristenzeitung (JZ) 2012, S. 1186; zitiert als *Lipp* (2012).

Lipp, V., Betreuungsrecht und UN-Behindertenrechtskonvention, Zeitschrift für das gesamte Familienrecht (FamRZ) 2012, S. 669–679; zitiert als *Lipp* (2012a).

Lipp, V., Assistenzprinzip und Erwachsenenschutz. Zur Kritik des Fachausschusses zur UN-Behindertenrechtskonvention am Betreuungsrecht, Zeitschrift für das gesamte Familienrecht (FamRZ) 2017, S. 4–11.

Lipp, V., Anmerkung zu Oberlandesgericht Frankfurt a. M. vom 17. August 2021, 6 UF 120/21, Zeitschrift für das gesamte Familienrecht (FamRZ) 2021, S. 1536–1537.

Lohmann, K., Arzt und Patient, Deutsche Juristen-Zeitung (DJZ) 1936, S. 1481–1483.

Loick, D., Juridismus. Konturen einer kritischen Theorie des Rechts, Frankfurt a. M. 2017.

van de Loo, M.-J./Reinhart, M. (Hrsg.), Kinder. Ethnologische Forschungen in fünf Kontinenten, München 1993.

Lorenz, A., Das Selbstbestimmungsrecht des einsichtsfähigen Minderjährigen bei Eingriffen in die körperliche Integrität, Neue Zeitschrift für Familienrecht (NZFam) 2017, S. 782–788.

Lorenz, M., Leibhaftige Vergangenheit. Einführung in die Körpergeschichte, Tübingen 2000.

Lorenz, S., Der Schutz vor dem unerwünschten Vertrag. Eine Untersuchung von Möglichkeiten und Grenzen der Abschlusskontrolle im geltenden Recht, München 1997.

Lüderitz, A., Elterliche Sorge als privates Recht, Archiv für die civilistische Praxis (AcP) 178 (1978), S. 263–297.

Lugani, K., § 1666. Gerichtliche Maßnahmen bei Gefährdung des Kindeswohls, in: Münchener Kommentar zum Bürgerlichen Gesetzbuch, Band 10: Familienrecht II, §§ 1589–1921, SGB VIII, 8. Auflage München 2020, S. 865–935.

Luhmann, N., Am Anfang war kein Unrecht, in: Luhmann, N., Gesellschaftsstruktur und Semantik. Studien zur Wissenssoziologie der modernen Gesellschaft, Band 3, Frankfurt a. M. 1989, S. 11–64.

Luhmann, N., Die Wissenschaft der Gesellschaft, Frankfurt a. M. 1992.

Luhmann, N., Das Kind als Medium der Erziehung (1991), in: Lenzen, D. (Hrsg.), Schriften zur Pädagogik, Frankfurt a. M. 2004, S. 159–186.

Lüth, P., Sprechende und stumme Medizin. Über das Patienten-Arzt-Verhältnis, Frankfurt a. M. 1974.

Lutz, P. u. a. (Hrsg.), Der (im-)perfekte Mensch. Metamorphosen von Normalität und Abweichung, Köln 2003.

von Mangoldt, H., Artikel 104, in: von Mangoldt, H., Das Bonner Grundgesetz, Berlin 1953, S. 547–551.

Marschner, R., Plädoyer für die Abschaffung der zivilrechtlichen Unterbringung, Recht & Psychiatrie 1986, S. 47–52.

Marschner, R., Gesetz über die Einweisung in stationäre Einrichtungen für psychisch Kranke vom 11.6.68, Recht & Psychiatrie 1991, S. 85–90.

Marschner, R., UN-Konvention über die Rechte von Menschen mit Behinderungen – Auswirkungen auf das Betreuungs- und Unterbringungsrecht, Recht & Psychiatrie 27 (2009), S. 135–137.

Martenstein, H., Wut, Berlin 2021.

Marthaler, T., Erziehungsrecht und Familie. Der Wandel familialer Leitbilder im privaten und öffentlichen Recht seit 1900, Weinheim 2009.

Marthaler, T., Kinderrechte – eine historische Rekonstruktion, Diskurs Kindheits- und Jugendforschung 3 (2010), S. 295–306.

Mäsch, G., Demokratisches Schamanentum in Wahlkampfzeiten. Risiken und Nebenwirkungen des Patientenrechtegesetzes, Neue Juristische Wochenschrift (NJW) 2013, S. 1354–1356.

Matthiass, B., Lehrbuch des Bürgerlichen Rechtes, 5. Auflage Berlin 1910.

Maurer, H., Das privatrechtliche Unterbringungsrecht und Art. 104 des Grundgesetzes. Insbesondere zur Rechtsnatur der elterlichen und vormundschaftlichen Gewalt sowie der Pflegschaft, Zeitschrift für das gesamte Familienrecht (FamRZ) 1960, S. 468–474.

deMause, L., Evolution der Kindheit, in: deMause, L. (Hrsg.), Hört ihr die Kinder weinen. Eine psychogenetische Geschichte der Kindheit, Frankfurt a. M. 1977, S. 12–111 (The history of childhood, New York 1974).

Mauss, M., Les techniques du corps, in: Mauss, M., Sociologie et antropologie (1936), Paris 1950, S. 363–386.

Mayer, K.-G., Medizinische Maßnahmen an Betreuten. §§ 1904, 1905 BGB. Eine Untersuchung aus zivilrechtlicher Sicht, Würzburg 1995.

McEwan, I., The Children Act, London 2014.

Mead, M., Coming of Age in Samoa. A Psychological Study of Primitive Youth for Western Civilization, New York 1928 (Jugend und Sexualität in primitiven Gesellschaften. Band I: Kindheit und Jugend in Samoa, München 1965).

Menger, A., Das bürgerliche Recht und die besitzlosen Volksklassen. Eine Kritik des Entwurfs eines bürgerlichen Gesetzbuches für das deutsche Reich, Tübingen 1890.

Mertens, B./Pankofer, S., Kindesmisshandlung. Körperliche Gewalt in der Familie, Paderborn 2011.

Meyer, J.-E./Schüler-Springorum, H., Zur Vormundschaft über psychisch Kranke, Zeitschrift für das gesamte Familienrecht (FamRZ) 1968, S. 575–577.

Michalski, L., § 1631. Elterliche Sorge für eheliche Kinder, in: Erman, W., Handkommentar zum Bürgerlichen Gesetzbuch, Band 2, 8. Auflage Münster 1989, S. 1442–1450.

Milhoffer, P., Die Ächtung von Gewalt als Erziehungsmittel im deutschen Familienrecht – unendliche Geschichte oder Erfolgsstory, in: Bub, W.-R. u. a. (Hrsg.), Zivilrecht im Sozialstaat. Festschrift für Peter Derleder, Baden-Baden 2005, S. 545–563.

Mill, J. S., On Liberty, London 1859 (Über die Freiheit, Stuttgart 1974).

Milzer, L., Die Neuregelung ärztlicher Zwangsbehandlung, Deutsche Notar-Zeitschrift (DNotZ) 2014, S. 95–103.

Mitgutsch, A., Die Züchtigung (1985). München 2020.

Mitscherlich, A., Zur Soziologie des ärztlichen Berufes, in: Eschenburg, T. u.a. (Hrsg.), Festgabe für Carlo Schmid, Tübingen 1962, S. 129–139.

Mitscherlich, A., Auf dem Weg in die vaterlose Gesellschaft. Ideen zur Sozialpsychologie (1963), München 1973.

Mitscherlich, A./Mielke, F. (Hrsg.), Medizin ohne Menschlichkeit. Dokumente des Nürnberger Ärzteprozesses (Wissenschaft ohne Menschlichkeit, 1948), 20. Auflage Frankfurt a.M. 2019.

Mitteis, H., Bürgerliches Recht. Familienrecht, zugleich Band X der Enzyklopädie der Rechts- und Staatswissenschaft. Abteilung Rechtswissenschaft, 3. Auflage Berlin 1931.

Mnookin, R., Was stimmt nicht mit der Formel »Kindeswohl«?, Zeitschrift für das gesamte Familienrecht (FamRZ) 1975, S. 1–6.

Moeli, C., Die Fürsorge für Geisteskranke und geistig Abnorme nach den gesetzlichen Vorschriften, Ministerialerlassen, behördlichen Verordnungen und der Rechtsprechung. Ein Handbuch für Ärzte und Verwaltungsbeamte, Halle/Saale 1915.

Mohan, R., Die Ökonomisierung des Krankenhauses. Eine Studie über den Wandel pflegerischer Arbeit, Bielefeld 2019.

Moritz, H. P., Die (zivil-)rechtliche Stellung der Minderjährigen und Heranwachsenden innerhalb und außerhalb der Familie, Berlin 1989.

Moser, H., Humane Gebrechlichkeitspflegschaft, Der Deutsche Rechtspfleger (Rpfleger) 1984, S. 45–48.

Mück, H., Die rechtliche Entwicklung des Arzt-Patienten-Verhältnisses in der DDR: vom Dienstvertrag zum medizinischen Betreuungsverhältnis, Kölner medizinhistorische Beiträge Bd. 24, Köln 1982.

Mugdan, B., Die gesammten Materialien zum Bürgerlichen Gesetzbuch für das Deutsche Reich, Band I: Einführungsgesetz und Allgemeiner Theil, Berlin 1899; zitiert als *Mugdan* (1899).

Mugdan, B., Die gesammten Materialien zum Bürgerlichen Gesetzbuch für das Deutsche Reich, Band II: Recht der Schuldverhältnisse, Berlin 1899; zitiert als *Mugdan* (1899a).

Mugdan, B. (Hrsg.), Die gesammten Materialien zum Bürgerlichen Gesetzbuch für das Deutsche Reich, Band IV: Familienrecht, Berlin 1899; zitiert als *Mugdan* (1899b).

Müller, H., Elterliche Gewalt und Vormundschaft. Schriften der Akademie für Deutsches Recht, Stuttgart 1938.

Müller-Freienfels, W., Zur Diskussion um die systematische Einordnung des Familienrechts (2 Teile), Rabels Zeitschrift für ausländisches und internationales Privatrecht (RabelsZ) 37 (1973), S. 609–659; 38 (1974), S. 533–570.

Müller-Münch, I., Die geprügelte Generation. Kochlöffel, Rohrstock und die Folgen, Stuttgart 2012.

Münder, J., Die Kindererziehung in der Familie nach dem Modell des Bürgerlichen Rechts und ihre gesellschaftliche Bedeutung, Regensburg 1972.

Mundlos, C., Gewalt unter der Geburt: Der alltägliche Skandal, Marburg 2015.

Muscheler, K., Familienrecht, 4. Auflage München 2017.

Narr, W.-D., Ist Emanzipation strukturell möglich?, in: Greiffenhagen, M. (Hrsg.), Emanzipation, Hamburg 1973, S. 193–215.

Nebendahl, M., Selbstbestimmungsrecht und rechtfertigende Einwilligung des Minderjährigen, Medizinrecht (MedR) 2009, S. 197–205.

Neidhardt, F., Strukturbedingungen und Probleme familialer Sozialisation, in: Simitis, S./Zenz, G. (Hrsg.), Seminar: Familie und Familienrecht, Band 2, Frankfurt a. M. 1975, S. 40–56.

Neuner, J., Natürlicher und freier Wille, Archiv für die civilistische Praxis (AcP) 218 (2018), S. 1–31.

Noack, T., Eingriffe in das Selbstbestimmungsrecht des Patienten. Juristische Entscheidungen, Politik und ärztliche Positionen 1890–1960, Frankfurt a. M. 2004.

Noack, T., Über Kaninchen und Giftschlangen – Psychiatrie und Öffentlichkeit in der frühen Bundesrepublik Deutschland, in: Fangerau, H./Nolte, K. (Hrsg.), »Moderne« Anstaltspsychiatrie im 19. und 20. Jahrhundert – Legitimation und Kritik, Stuttgart 2006, S. 311–340.

Noack, T./Fangerau, H., Zur Geschichte des Verhältnisses von Arzt und Patient in Deutschland, in: Schulz, S. u. a. (Hrsg.), Geschichte, Theorie und Ethik der Medizin. Eine Einführung, Frankfurt a. M. 2006, S. 77–93.

Noak, T., Zur »Abschaffung« des elterlichen Züchtigungsrechts aus strafrechtlicher Sicht, Juristische Rundschau (JR) 2002, S. 402–408.

Noam, E., Im Altenheim leben. Ein Beitrag zur Gestaltung der sozialen Beziehungen, Frankfurt 1971.

Nohl, H., Die pädagogische Bewegung in Deutschland und ihre Theorie, Frankfurt a. M. 1933.

Oelkers, J., Reformpädagogik. Eine kritische Dogmengeschichte, Weinheim 1989.

Ohly, A., »Volenti non fit iniuria«. Die Einwilligung im Privatrecht, Tübingen 2002.

Olzen, D./Metzmacher, A., Zulässigkeit der Zwangsbehandlung untergebrachter Personen, Betreuungsrechtliche Praxis (BtPrax) 2011, S. 233–239.

Opet, O./von Blume, W., Das Familienrecht des Bürgerlichen Gesetzbuchs, Abschnitt 3: Vormundschaft, Berlin 1904.

Opet, O./von Blume, W., Das Familienrecht des Bürgerlichen Gesetzbuchs, Abschnitt 1 und 2: Bürgerliche Ehe, Verwandtschaft, Berlin 1906.

Oppenheim, L., Das ärztliche Recht zu körperlichen Eingriffen an Kranken und Gesunden, Basel 1892.

Orwell, G., Nineteen Eighty-Four, London 1949 (1984, Stuttgart 1950).

Ossenbühl, F., Das elterliche Erziehungsrecht im Sinne des Grundgesetzes, Berlin 1981.

Ostermeyer, H., Das Kind im Recht, in: von Braunmühl, E./Kupffer, H./Ostermeyer, H. (Hrsg.), Die Gleichberechtigung des Kindes, Frankfurt a. M. 1976, S. 57–110.

Pardey, K.-D., Betreuung für Volljährige, Zeitschrift für Rechtspolitik (ZRP) 1988, S. 330–334.

Pardey, K.-D., Betreuung Volljähriger: Hilfe oder Eingriff. Anspruch und Leistungsfähigkeit des Betreuungsrechts im Lichte des Grundgesetzes, Sarstedt 1989.

Parsons, T., Struktur und Funktion der modernen Medizin, eine soziologische Analyse (Social Structure and Dynamic Process. The Case of Modern Medical Practice, in: The Social System, Glencoe 1951), in: König, R./Tönnesmann, M. (Hrsg.), Probleme der Medizin-Soziologie. Kölner Zeitschrift für Soziologie und Sozialpsychologie. Sonderheft 3, Wiesbaden 1958, S. 10–57.

Parsons, T., Grundzüge des Sozialsystems, in: Parsons, T./Jensen, S., Zur Theorie sozialer Systeme, Opladen 1976, S. 161–263 (An Outline of the Social System, in: Parsons, T. u. a. [Hrsg.], Theories of Society, New York 1961, S. 30–79).

Paulick, H., Das Eltern-Kind-Verhältnis gemäß den Bestimmungen des Gleichberechtigungsgesetzes vom 18. Juni 1957, Zeitschrift für das gesamte Familienrecht (FamRZ) 1958, S. 1–7.

Perret, W., Arzthaftpflicht. Ärztliche Beurteilung häufiger Komplikationen bei Diagnostik und Therapie unter Berücksichtigung der bisherigen Rechtsprechung, München 1956.

Peschel-Gutzeit, L., Ausgewählte Probleme der Neuregelung der elterlichen Sorge, in: Coester-Waltjen, D. u. a. (Hrsg.), Neues elterliches Sorgerecht. Alternativ-Entwurf eines Gesetzes zur Neuregelung des Rechts der elterlichen Sorge mit Begründung und Stellungnahmen, Bielefeld 1977, S. 89–119.

Peschel-Gutzeit, L., Kinderrechte ins deutsche Grundgesetz? Chancen und Herausforderungen – Bestandsaufnahme und offene Fragen, in: Müller-Magdeburg, C. (Hrsg.), Verändertes Denken – zum Wohle der Kinder. Festschrift für Jürgen Rudolph, Baden-Baden 2009, S. 25–37.

Peschel-Gutzeit, L., § 1626. Elterliche Sorge, in: J. von Staudingers Kommentar zum Bürgerlichen Gesetzbuch, Buch 4: Familienrecht, §§ 1626–1633, RKEG (Elterliche Sorge 1 – Inhaberschaft und Inhalt), Berlin 2015, S. 96–161.

Petri, H./Lauterbach, M., Gewalt in der Erziehung. Plädoyer zur Abschaffung der Prügelstrafe, Frankfurt a. M. 1975.

Peukert, D., Der sozialgeschichtliche Sinn und Sinnwandel der Entmündigung, in: Dörner, K. (Hrsg.), Die Unheilbaren. Was machen Langzeitpatienten mit uns – und was machen wir mit ihnen?, Rehburg-Loccum 1983, S. 69–81.

Peukert, D., Grenzen der Sozialdisziplinierung. Aufstieg und Krise der deutschen Jugendfürsorge von 1878 bis 1932, Köln 1986.

von der Pfordten, D., Normative Ethik, Berlin 2010.

Planck, G., Entwurf eines Familienrechts für das Deutsche Reich. Vorlage des Redaktors, Berlin 1880.

Polligkeit, W., Recht des Kindes auf Erziehung, Jahrbuch der Fürsorge 2 (1907), S. 1–86.

Pollmann, A., Integrität. Aufnahme einer sozialphilosophischen Personalie, Bielefeld 2018.

Poschmann, M., Geliehene Landschaften. Lehrgedichte und Elegien, Berlin 2016.

Postman, N., Das Verschwinden der Kindheit, Frankfurt a. M. 1983 (The Disappearance of Childhood, New York 1982).

Prange, K., Liebe als Passion und Liebe als Aufgabe – mit Anmerkungen zum platonisch-pädagogischen Eros, in: Strobel-Eisele, G./Roth, G. (Hrsg.), Grenzen beim Erziehen. Nähe und Distanz in pädagogischen Beziehungen, Stuttgart 2013, S. 25–36.

Preis, U./Schneider, A., Das Patientenrechtegesetz – eine gelungene Kodifikation?, Neue Zeitschrift für Sozialrecht (NZS) 2013, S. 281–288.

Priester, J.-M., Das Ende des Züchtigungsrechts. Eine historische, dogmatische und straftheoretische Untersuchung, Baden-Baden 1999.

Prokop, O., Die ärztliche Aufklärungspflicht, in: Kraatz, H./Szewczyk, H. (Hrsg.), Ärztliche Aufklärungspflicht und Schweigepflicht. Symposium der Klasse für Medizin der deutschen Akademie der Wissenschaften, Jena 1967, S. 39–52.

Pufhahn, B./Maaßen, A., Angehörige als Betreuer: Kompetenzen und Grenzen, in: Brill, K.-E. (Hrsg.), »Zum Wohl des Betreuten«. Zehn Jahre nach einer Jahrhundertreform: Schutzgarantien und Qualität im Betreuungswesen, Recklinghausen 2003, S. 167–169.

Quambusch, E., Die Persönlichkeit des Kindes als Grenze der elterlichen Gewalt, Freiburg 1973; zitiert als *Quambusch* (1973).

Quambusch, E., Die Persönlichkeit des Kindes, Freiburg 1973; zitiert als *Quambusch* (1973a).

Quambusch, E., Überlegungen zu einer Neuregelung der elterlichen Gewalt, Recht der Jugend und des Bildungswesens (RdJB) 1973, S. 205–210; zitiert als *Quambusch* (1973b).

Quambusch, E., Für ein Personensorgerecht mit neuen Konturen, Zentralblatt für Jugendrecht und Jugendwohlfahrt (ZfJ) 1974, S. 138–154.

Quante, M., Personales Leben und menschlicher Tod. Personale Identität als Prinzip der biomedizinischen Ethik, Frankfurt a. M. 2002.

Qvortrup, J., Die soziale Definition von Kindheit, in: Markefka, M./Nauck, B. (Hrsg.), Handbuch der Kindheitsforschung, Neuwied 1993, S. 109–124.

Rabel, E., Die Haftpflicht des Arztes, Leipzig 1904.

Rager, G., Medizin als Wissenschaft und ärztliches Handeln, in: Honnefelder, L./Rager, G. (Hrsg.), Ärztliches Urteilen und Handeln. Zur Grundlegung einer medizinischen Ethik, Frankfurt a. M. 1994, S. 15–52.

Ramm, R., Ärztliche Rechts- und Standeskunde. Der Arzt als Gesundheitserzieher, Berlin 1942.

Ramm, T./Grandke, A. (Hrsg.), Deutsche Wiedervereinigung. Zur Familienrechtspolitik nach der Wiedervereinigung, Köln 1995.

Reemtsma, J.-P., Vertrauen und Gewalt. Versuch über eine besondere Konstellation der Moderne, Hamburg 2008.

Rehbein, J./Löning, P., Sprachliche Verständigungsprozesse in der Arzt-Patienten-Kommunikation. Linguistische Untersuchung von Gesprächen in der Facharzt-Praxis, Hamburg 1995.

Rehbinder, M., Rechtssoziologie, 8. Auflage München 2014.

Reiche, E., Anmerkung zu Oberlandesgericht Naumburg, Urteil vom 18. Februar 1932, 5 U 233/31, Juristische Wochenschrift (JW) 1932, S. 3369–3371.

Reis, H., Sterilisation bei mangelnder Einwilligungsfähigkeit, Zeitschrift für Rechtspolitik (ZRP) 1988, S. 318–322.

Renner, E. (Hrsg.), Kinderwelten. Pädagogische, ethnologische und literaturwissenschaftliche Annäherungen, Weinheim 1995.

Reuter, D., Kindesgrundrechte und elterliche Gewalt, Berlin 1968.

RGRK: Mitglieder des Bundesgerichtshofs (Hrsg.), Das Bürgerliche Gesetzbuch mit besonderer Berücksichtigung der Rechtsprechung des Reichsgerichts (Reichsgerichtsrätekommentar), Band II: Familienrecht. Erbrecht, Nürnberg 1910.

RGRK: Mitglieder des Bundesgerichtshofs (Hrsg.), Das Bürgerliche Gesetzbuch mit besonderer Berücksichtigung der Rechtsprechung des Reichsgerichts (Reichsgerichtsrätekommentar), Band III: Familienrecht, 3. Auflage Berlin 1921.

RGRK: Mitglieder des Bundesgerichtshofs (Hrsg.), Das Bürgerliche Gesetzbuch mit besonderer Berücksichtigung der Rechtsprechung des Reichsgerichts (Reichsgerichtsrätekommentar), Band IV: Familienrecht, 6./7. Auflage Berlin 1928.

RGRK: Mitglieder des Bundesgerichtshofs (Hrsg.), Das Bürgerliche Gesetzbuch mit besonderer Berücksichtigung der Rechtsprechung des Reichsgerichts (Reichsgerichtsrätekommentar), Band IV: Familienrecht, 8. Auflage Berlin 1935.

RGRK: Mitglieder des Bundesgerichtshofs (Hrsg.), Das Bürgerliche Gesetzbuch mit besonderer Berücksichtigung der Rechtsprechung des Reichsgerichts (Reichsgerichtsrätekommentar), Band IV: Familienrecht, 9. Auflage Berlin 1940.

Richter, H., Aufbruch in die Moderne. Reform und Massenpolitisierung im Kaiserreich, Berlin 2021.

Riedl, G., Die Vormundschaft zwischen Privatrecht und öffentlicher Fürsorge unter besonderer Berücksichtigung der Berufsvormundschaften, München 1988.

Riedmüller, B., Hilfe, Schutz und Kontrolle. Zur Verrechtlichung der Kindheit, in: Hengst, H. u. a., Kindheit als Fiktion, Frankfurt a. M. 1981, S. 132–190.

Riegger, T., Die historische Entwicklung der Arzthaftung, Regensburg 2007.

Riemer, M., Mutter ohrfeigt Tochter – 75 Euro Geldstrafe, Zeitschrift für Jugendkriminalität und Jugendhilfe (ZJJ) 2005, S. 403–408.

Rink, J., Kritische Anmerkungen zum Verfahren in Betreuungs- und Unterbringungssachen, Recht & Psychiatrie 1991, S. 148–162.

Rittershaus, E., Die Irrengesetzgebung in Deutschland nebst einer vergleichenden Darstellung des Irrenwesens in Europa. (Für Ärzte, Juristen und gebildete Laien), Berlin 1927.

Rive, F., Geschichte der deutschen Vormundschaft, Band II/1: Die Vormundschaft im deutschen Recht des Mittelalters, Braunschweig 1866.

Röcke, A., Soziologie der Selbstoptimierung, Berlin 2021.

Roellecke, G., Keine Hiebe – und die Liebe? Zur Gewalt als Erziehungsmittel, Neue Juristische Wochenschrift (NJW) 1999, S. 337–339.

Roemer, H./Kolb, G./Faltlhauser, V. (Hrsg.), Die offene Fürsorge in der Psychiatrie und ihren Grenzgebieten. Ein Ratgeber für Ärzte, Sozialhygieniker, Nationalökonomen, Verwaltungsbeamte sowie Organe der Öffentlichen und Privaten Fürsorge, Berlin 1927.

Rohde, Die Sorge für die Person volljähriger Mündel nach dem Bürgerlichen Gesetzbuche, Zentralblatt für freiwillige Gerichtsbarkeit, Notariat und Zwangsversteigerung (ZBlFG) 1912, S. 253–278.

Rohde, J. J., Strukturelle Momente der Inhumanität einer humanen Institution, in: Döhner, O. (Hrsg.), Arzt und Patient in der Industriegesellschaft, Frankfurt a. M. 1973, S. 13–35.

Rosa, H., Beschleunigung. Die Veränderung der Zeitstrukturen in der Moderne, Frankfurt a. M. 2005.

Rosa, H., Autonomieerwartungen und Authentizitätsanspruch, in: Breidbach, O./Rosa, H. (Hrsg.), Laboratorium Aufklärung, München 2010, S. 199–232.

Rosa, H., Resonanz. Eine Soziologie der Weltbeziehung, Frankfurt a. M. 2019.

Rosenbaum, H., Formen der Familie. Untersuchungen zum Zusammenhang von Familienverhältnissen, Sozialstruktur und sozialem Wandel in der deutschen Gesellschaft des 19. Jahrhunderts, Frankfurt a. M. 1982.

Roß, H., Hindert Art. 104 GG eine ausreichende Fürsorge für Psychischkranke?, Neue Juristische Wochenschrift (NJW) 1959, S. 2283–2287.

Rossa, E., Kinderrechte. Das Übereinkommen über die Rechte des Kindes im internationalen und nationalen Kontext, Frankfurt a. M. 2014.

Rössler, B., Autonomie. Ein Versuch über das gelungene Leben, Berlin 2017.

Rössler, D., Akzeptierte Abhängigkeit. Gesammelte Aufsätze zur Ethik, Tübingen 2011; zitiert als *D. Rössler* (2011).

Rössler, D., Ärztliche Ethik in anthropologischer Sicht, in: Rössler, D., Akzeptierte Abhängigkeit. Gesammelte Aufsätze zur Ethik, Tübingen 2011, S. 107–118 (Erstveröffentlichung in: Gross, R. u.a. [Hrsg.], Ärztliche Ethik, Stuttgart 1978, S. 17–24); zitiert als *D. Rössler* (1978/2011a).

Rössler, D., Zwischen Krankheit und Gesundheit. Über die Beziehungen zwischen Arzt und Patient, in: Rössler, D., Akzeptierte Abhängigkeit. Gesammelte Aufsätze zur Ethik, Tübingen 2011, S. 119–135 (Erstveröffentlichung in: Bierich, J. R. [Hrsg.], Arzt und Kranker. Ethische und humanitäre Fragen in der Medizin, Tübingen 1992, S. 11–22); zitiert als *D. Rössler* (1992/2011b).

Roth, A., Zu den Anfängen der Vormundschaft über Erwachsene im Mittelalter und in der Frühen Neuzeit, in: Chiusi, T. u.a. (Hrsg.), Das Recht und seine historischen Grundlagen. Festschrift für Elmar Wadle, Berlin 2008, S. 945–961.

Roth, A., Vormundschaft über Erwachsene, Pflegschaft, Betreuung. §§ 1896–1921, in: Schmoeckel, M. u.a. (Hrsg.), Historisch-kritischer Kommentar zum BGB, Band IV: Familienrecht, Tübingen 2018, S. 1506–1562.

Roth, A., § 1897. Bestellung einer natürlichen Person, in: Erman, W., Handkommentar zum Bürgerlichen Gesetzbuch, Band 2, 16. Auflage Köln 2020, S. 5820–5825.

Roth, K.-H. (Hrsg.), Erfassung zur Vernichtung. Von der Sozialhygiene zum »Gesetz über Sterbehilfe«, Berlin 1984.

Rothärmel, S., Einwilligung, Veto, Mitbestimmung. Die Geltung der Patientenrechte für Minderjährige, Baden-Baden 2004.

Rothärmel, S./Wolfslast, G./Fegert, J. M., Informed Consent, ein kinderfeindliches Konzept? Von der Benachteiligung minderjähriger Patienten durch das Informed Consent-Konzept am Beispiel der Kinder- und Jugendpsychiatrie, Medizinrecht (MedR) 1999, S. 293–298.

Röthel, A., Normkonkretisierung im Privatrecht, Tübingen 2004.

Röthel, A., Familienrechtswissenschaft im wiedervereinigten Deutschland. Debatten, Arbeitsweisen, Wahrnehmungen, Archiv für die civilistische Praxis (AcP) 214 (2014), S. 609–663.

Röthel, A., Privatautonomie im Spiegel der Privatrechtsentwicklung: ein mystifizierendes Leuchtfeuer, in: Bumke, C./Röthel, A. (Hrsg.), Autonomie im Recht, Tübingen 2017, S. 91–116.

Röthel, A., Das Recht des Kindes auf Eigenzuständigkeit, in: Röthel, A./Heiderhoff, B. (Hrsg.), Mehr Kinderrechte? Nutzen und Nachteil, Frankfurt a.M. 2018, S. 89–119.

Röthel, A., Leibsein als deliktisches Schutzgut, Archiv für die civilistische Praxis (AcP) 219 (2019), S. 420–456; zitiert als *Röthel* (2019).

Röthel, A., Warum wir nicht nach einem einfachen Familienrecht rufen sollten, Recht der Jugend und des Bildungswesens (RdJB) 2019, S. 5–15; zitiert als *Röthel* (2019a).

Röthel, A., Emanzipationsdebatten, Juristenzeitung (JZ) 2020, S. 645–652.

Rothmann, R., Stier, Frankfurt a.M. 1993.

Rothmann, R., Junges Licht (2006), 6. Auflage Frankfurt a.M. 2016.

Rümelin, M., Die Geisteskranken im Rechtsgeschäftsverkehr. Rede gehalten am 28. November 1912, Tübingen 1912.

Rüthers, B., Die unbegrenzte Auslegung. Zum Wandel der Privatrechtsordnung im Nationalsozialismus, 5. Auflage Heidelberg 1997.

Saage, E., Freiheitsentziehungsverfahren, München 1958.

von Sachsen Gessaphe, K.-A., Der Betreuer als gesetzlicher Vertreter für eingeschränkt Selbstbestimmungsfähige, Tübingen 1999.

Salgo, L., Vom langsamen Sterben des elterlichen Züchtigungsrechts, Recht der Jugend und des Bildungswesens (RdJB) 2001, S. 283–294.

Sarrazin, P., Reizbare Maschinen. Eine Geschichte des Körpers 1765–1914, Frankfurt a. M. 2001.

von Savigny, F. C., System des heutigen römischen Rechts, Band I, Berlin 1840; zitiert als *von Savigny* (1840).

von Savigny, F. C., System des heutigen römischen Rechts, Band III, Berlin 1840; zitiert als *von Savigny* (1840a).

Scheibe, W., Die Strafe als Problem der Erziehung. Eine historische und systematische pädagogische Untersuchung, Weinheim 1967.

Scheibler, F./Pfaff, H. (Hrsg.), Shared Decision-Making. Der Patient als Partner im Entscheidungsprozess, Weinheim 2003.

Scherer, I., Schwangerschaftsabbruch bei Minderjährigen und elterliche Zustimmung, Zeitschrift für das gesamte Familienrecht (FamRZ) 1997, S. 589–595.

von Schirach, F., Gott, München 2020.

Schlich, T./Wiesemann, C. (Hrsg.), Hirntod. Zur Kulturgeschichte der Todesfeststellung, Frankfurt a. M. 2001.

Schlüter, W., Familienrecht, Karlsruhe/Heidelberg 1979.

Schlüter, W., Elterliches Sorgerecht im Wandel verschiedener geistesgeschichtlicher Strömungen und Verfassungsepochen, Münster 1985.

Schlüter, W./Liedmeier, N., Die Reform des Vormundschafts- und Pflegschaftsrechts, Zeitschrift für Gerontologie 23 (1990), S. 68–78.

Schmidt, E., Der Arzt im Strafrecht, Leipzig 1939.

Schmidt, E., Der Arzt im Strafrecht, in: Ponsold, A., Lehrbuch der gerichtlichen Medizin. Einschließlich der ärztlichen Rechtskunde und der Versicherungsmedizin, 2. Auflage Stuttgart 1957, S. 1–79.

Schmidt, E., Empfiehlt es sich, daß der Gesetzgeber die Fragen der ärztlichen Aufklärungspflicht regelt?, Gutachten für den 44. Deutschen Juristentag, in: Ständige Deputation des Deutschen Juristentages (Hrsg.), Verhandlungen des 44. Deutschen Juristentages, Band I (Gutachten), Tübingen 1962.

Schmidt, R., Die strafrechtliche Verantwortlichkeit des Arztes für verletzende Eingriffe. Ein Beitrag zur Lehre der Straf- und Schuldausschließungsgründe, Jena 1900.

Schmidt, T., Die Entmündigung von den Anfängen des BGB bis zu ihrer Ablösung durch das Institut der Betreuung, Frankfurt a. M. 1998.

Schmidt-Recla, A., Karlsruhe »On Liberty«: Über die Freiheitsrechte einwilligungsunfähiger Personen, Medizinrecht (MedR) 2017, S. 92–96.

Schmidt-Recla, A./Diener, J., Betreuungsrechtliche Denkfiguren auf dem Prüfstand der Zwangsbehandlung, Medizinrecht (MedR) 2013, S. 6–11.

Schmitt Glaeser, W., Das elterliche Erziehungsrecht in staatlicher Reglementierung. Ein verfassungsrechtliches Essay zum »Gesetz zur Neuregelung der elterlichen Sorge« vom 18. Juli 1979, Bielefeld 1980.

Schmitz, H., Der unerschöpfliche Gegenstand. Grundzüge der Philosophie, Bonn 1990.

Schmitz, H., System der Philosophie, 2. Band, 1. Teil: Der Leib, Bonn 1965.
Schneider, U., Körperliche Gewaltanwendung in der Familie. Notwendigkeit, Probleme und Möglichkeiten eines strafrechtlichen und strafverfahrensrechtlichen Schutzes, Berlin 1987.
Schoene, W., Einige kulturanthropologische Betrachtungen über die Medizin, in: König, R./Tönnesmann, M. (Hrsg.), Probleme der Medizin-Soziologie. Kölner Zeitschrift für Soziologie und Sozialpsychologie. Sonderheft 3, Wiesbaden 1958, S. 80–114.
Schöne-Seifert, B., Grundlagen der Medizinethik, Stuttgart 2007.
Schöne-Seifert, B., Paternalismus. Zu seiner ethischen Rechtfertigung in Medizin und Psychiatrie, Jahrbuch für Wissenschaft und Ethik 14 (2009), S. 107–127.
Schoof, T., Die Aufsichtspflicht der Eltern über ihre Kinder i. S. d. § 832 Abs. 1 BGB, Frankfurt a. M. 1999.
Schott, H./Tölle, R., Geschichte der Psychiatrie. Krankheitslehren, Irrwege, Behandlungsformen, München 2006.
Schramme, T., Ist Altern eine Krankheit?, in: Knell, S./Weber, M. (Hrsg.), Länger leben?, Philosophische und biowissenschaftliche Perspektiven, Frankfurt a. M. 2009, S. 235–263.
Schreiber, H.-L., Notwendigkeit und Grenzen rechtlicher Kontrolle der Medizin, Göttingen 1984.
Schreiber, H.-L., Strafrecht der Medizin, in: Roxin, C./Widmaier, G. (Hrsg.), 50 Jahre Bundesgerichtshof. Festgabe aus der Wissenschaft, Band IV: Straf- und Strafprozessrecht, München 2000, S. 503–526.
Schröder, J. (Hrsg.), Gewalt in Pflege, Betreuung und Erziehung. Verschränkungen, Zusammenhänge, Ambivalenzen, Weinheim 2019; zitiert als *Schröder* (2019).
Schröder, J., Gewalt in Sorgekonstellationen, in: Schröder, J. (Hrsg.), Gewalt in Pflege, Betreuung und Erziehung. Verschränkungen, Zusammenhänge, Ambivalenzen, Weinheim 2019, S. 18–34; zitiert als *Schröder* (2019a).
Schroeder, E. A., Das Recht im Irrenwesen, Zürich 1890.
Schroer, M. (Hrsg.), Soziologie des Körpers, Frankfurt a. M. 2005.
Schubert, V., Das elterliche Erziehungsrecht nach dem Bürgerlichen Gesetzbuch, Berlin 1903.
Schüler-Springorum, H., Strafvollzug im Übergang. Studien zum Stand der Vollzugsrechtslehre, Göttingen 1969.
Schulz, J., Die Rodewischer Thesen von 1963 – ein Versuch zur Reform der DDR-Psychiatrie, in: Kersting, F.-W. (Hrsg.), Psychiatriereform als Gesellschaftsreform. Die Hypothek des Nationalsozialismus und der Aufbruch der sechziger Jahre, Paderborn 2003, S. 87–100.
Schumacher, C., Liebe ist gewaltig, München 2022.
Schumacher, U., Vom Umgang der Justiz mit Alten und Gebrechlichen, Recht & Psychiatrie 1986, S. 53–54.
Schumacher, U., Rechtsstaatliche Defizite im neuen Unterbringungsrecht, Zeitschrift für das gesamte Familienrecht (FamRZ) 1991, S. 280–284.
Schumacher, U./Jürgens, A., Anmerkungen zum Betreuungsgesetzentwurf, in: Schumacher, U./Jürgens, H.-E./Mahnkopf, U. (Hrsg.), 1. Vormundschaftsgerichtstag 1988. Materialien und Ergebnisse, München 1989, S. 203–228.

Schumacher, U./Jürgens, H.-E./Mahnkopf, U. (Hrsg.), 1. Vormundschaftsgerichtstag 1988. Materialien und Ergebnisse, München 1989.

Schumann, D., Gewalt als Grenzüberschreitung. Überlegungen zur Sozialgeschichte der Gewalt im 19. und 20. Jahrhundert, Archiv für Sozialgeschichte (AfS) 37 (1997), S. 366–386.

Schumann, D., Schläge als Strafe? Erziehungsmethoden nach 1945 und ihr Einfluss auf die »Friedenskultur« in beiden Deutschlands, in: Kühne, T. (Hrsg.), Von der Kriegskultur zur Friedenskultur? Zum Mentalitätswandel in Deutschland seit 1945, Münster 2000, S. 34–48.

Schumann, F., Die Selbstbestimmung einwilligungsfähiger Minderjähriger in der medizinischen Behandlung, Rechtswissenschaft (RW) 2018, S. 67–90.

Schwab, D., Die rechtliche Stellung des Kindes in Geschichte und Gegenwart, in: Behler, W. (Hrsg.), Das Kind. Eine Anthropologie des Kindes, Freiburg 1971, S. 379–403.

Schwab, D., Mündigkeit und Minderjährigenschutz, Archiv für die civilistische Praxis (AcP) 172 (1972), S. 266–290.

Schwab, D., Referat, in: Ständige Deputation des Deutschen Juristentages (Hrsg.), Verhandlungen des 57. Deutschen Juristentags 1988, Band II (Sitzungsberichte), München 1988, S. K8–K46.

Schwab, D. (Hrsg.), Familienrecht und deutsche Einigung. Dokumente und Erläuterungen, Bielefeld 1991.

Schwab, D., Vor § 1896. Vorbemerkungen vor §§ 1896 bis 1908i, in: Münchener Kommentar zum Bürgerlichen Gesetzbuch, Band 8: Familienrecht II, 3. Auflage München 1992, S. 1359–1366; zitiert als *Schwab* (1992).

Schwab, D., § 1904. Heilbehandlung, in: Münchener Kommentar zum Bürgerlichen Gesetzbuch, Band 10: Familienrecht II, 3. Auflage München 1992, S. 1459–1467; zitiert als *Schwab* (1992a).

Schwab, D., Sittlichkeit. Zum Aufstieg und Niedergang einer rechtlichen Kategorie, in: Dorn, F./Schröder, J. (Hrsg.), Festschrift für Gerd Kleinheyer, Heidelberg 2001, S. 493–522.

Schwab, D., Betreuung, Vollmacht und Freiheitsbeschränkung, in: Helms, T./Zeppernick, J. M. (Hrsg.), Lebendiges Familienrecht. Festschrift für Rainer Frank, Frankfurt a. M. 2008, S. 491–509.

Schwab, D., Familienrecht in den 60er und 70er Jahren des 20. Jahrhunderts, in: Löhnig, M./Preisner, M./Schlemmer, T. (Hrsg.), Reform und Revolte. Eine Rechtsgeschichte der 1960er und 1970er Jahre, Tübingen 2012, S. 119–135.

Schwab, D., Die große Paragraphenwanderung und mehr – Zum Referentenentwurf einer Reform des Vormundschafts- und Betreuungsrechts, Zeitschrift für das gesamte Familienrecht (FamRZ) 2020, S. 1321–1326.

Schwarte, L./Wulf, C. (Hrsg.), Körper und Recht. Anthropologische Dimensionen der Rechtsphilosophie, München 2003.

Schwarz, H., Aufklärungspflicht in der Psychiatrie, in: Kraatz, H./Szewczyk, H. (Hrsg.), Ärztliche Aufklärungspflicht und Schweigepflicht. Bericht über ein Symposium der Klasse für Medizin der deutschen Akademie der Wissenschaften, Jena 1967, S. 87–92.

Schweickardt, C., Zur Geschichte des Gesundheitswesens im 19. und 20. Jahrhundert, in: Schulz, S. u. a. (Hrsg.), Geschichte, Theorie und Ethik der Medizin. Eine Einführung, Frankfurt a. M. 2006, S. 155–164.

Schwerdtner, E., Kindeswohl oder Elternrecht? Zum Problem des Verhältnisses von Grundrechtsmündigkeit und Elternrecht, Archiv für die civilistische Praxis (AcP) 173 (1973), S. 227–249.

Seibert, C., § 1631. Ausflüsse der Personensorge, in: Palandt, O., Bürgerliches Gesetzbuch. Beck'scher Kurzkommentar, 2. Auflage München 1939, S. 1521–1522; zitiert als *Seibert* (1939).

Seibert, C., § 1666. Gefährdung des Kindes, in: Palandt, O., Bürgerliches Gesetzbuch. Beck'scher Kurzkommentar, 2. Auflage München 1939, S. 1538–1540; zitiert als *Seibert* (1939a).

Seidenbiedel, M., Selbstbestimmung über das eigene Geschlecht. Rechtliche Aspekte des Behandlungswunsches transsexueller Minderjähriger, Baden-Baden 2016.

Seifert, U., Gesundheit staatlich verordnet. Das Arzt-Patienten-Verhältnis im Spiegel sozialistischen Zivilrechtsdenkens in der DDR, Berlin 2009.

Selge, E., Hast Du uns endlich gefunden, Hamburg 2021.

Shorter, E., Das Arzt-Patient-Verhältnis in der Geschichte und heute, Wien 1991.

Siegrist, J., Arbeit und Interaktion im Krankenhaus. Vergleichende medizinsoziologische Untersuchungen in Akutkrankenhäusern, Stuttgart 1978.

Siegrist, J., Medizinische Soziologie, 6. Auflage München 2005.

Siemen, H.-L., Menschen blieben auf der Strecke … Psychiatrie zwischen Reform und Nationalsozialismus, Gütersloh 1987.

Simitis, S., Das Kindeswohl – neu betrachtet, in: Goldstein, J./Freud, A./Solnit, A., Jenseits des Kindeswohls, Frankfurt a. M. 1974, S. 95–124.

Simitis, S., Familienstruktur und Familienverfassung, in: Simitis, S./Zenz, G. (Hrsg.), Seminar: Familie und Familienrecht, Band 1, Frankfurt a. M. 1975, S. 120–125; zitiert als *Simitis* (1975).

Simitis, S., Zur Situation des Familienrechts – Einige Prämissen, in: Simitis, S./Zenz, G. (Hrsg.), Seminar: Familie und Familienrecht, Band 1, Frankfurt a. M. 1975, S. 15–61; zitiert als *Simitis* (1975a).

Simitis, S., Zur Situation der elterlichen Gewalt, in: Simitis, S./Zenz, G. (Hrsg.), Seminar: Familie und Familienrecht, Band 2, Frankfurt a. M. 1975, S. 66–73; zitiert als *Simitis* (1975b).

Simitis, S., Kindschaftsrecht – Elemente einer Theorie des Familienrechts, in: Dieckmann, A. u. a. (Hrsg.), Festschrift für Wolfram Müller-Freienfels, Baden-Baden 1986, S. 579–616.

Simitis, S., Familienrecht, in: Simon, D. (Hrsg.), Rechtswissenschaft in der Bonner Republik, Frankfurt a. M. 1994, S. 390–448.

Simon, D., Neuere Entwicklungstendenzen im Familienrecht aus juristischer Sicht, in: Remschmidt, H. (Hrsg.), Kinderpsychiatrie und Familienrecht, Stuttgart 1984, S. 1–8.

Soergel, T. (Hrsg.), Bürgerliches Gesetzbuch nebst Einführungsgesetz. Unter Verwertung der gesamten Rechtsprechung und Rechtslehre, Band II: Sachenrecht, Familien- und Erbrecht, 4. Auflage Stuttgart 1929:
– § 1631. Sorge für die Person, S. 457–460; zitiert als *Soergel* (1929),
– § 1666. Gefährdung der Person des Kindes, S. 474–477; zitiert als *Soergel* (1929a).

Soergel, T. (Hrsg.), Bürgerliches Gesetzbuch nebst Einführungsgesetz. Unter Verwertung der gesamten Rechtsprechung und Rechtslehre, Band III: Sachenrecht, Familien- und Erbrecht, 7. Auflage Stuttgart 1939:

– § 1631. Sorge für die Person, S. 553–556; zitiert als *Soergel* (1939),
– § 1666. Gefährdung der Person des Kindes, S. 572–575; zitiert als *Soergel* (1939a).
Spahn, P., Verwandtschaft und Vormundschaft nach dem Bürgerlichen Gesetzbuche für das Deutsche Reich, Berlin 1901.
Spickhoff, A., Autonomie und Heteronomie im Alter, Archiv für die civilistische Praxis (AcP) 208 (2008), S. 345–414.
Spickhoff, A., Patientenrechte und Gesetzgebung. Rechtspolitische Anmerkungen zum geplanten Patientenrechtegesetz, Zeitschrift für Rechtspolitik (ZRP) 2012, S. 65–69.
Spickhoff, A., Anmerkung zu Bundesgerichtshof, Beschluss vom 1. Juli 2015, XII ZB 89/15, Zeitschrift für das gesamte Familienrecht (FamRZ) 2015, S. 1490–1491.
Spickhoff, A., Nach der Reform ist vor der Reform: Zur Neuregelung der Zwangsbehandlung im Zivilrecht, Zeitschrift für das gesamte Familienrecht (FamRZ) 2017, S. 1633–1639.
Spickhoff, A., Einwilligungsfähigkeit und Geschäftsfähigkeit von Minderjährigen im Kontext medizinischer Behandlungen, Zeitschrift für das gesamte Familienrecht (FamRZ) 2018, S. 412–425.
Spickhoff, A., § 630d BGB. Einwilligung, in: Spickhoff, A. (Hrsg.), Medizinrecht, 4. Auflage München 2022, S. 445–449.
Statistisches Bundesamt (Hrsg.), Statistiken der Kinder- und Jugendhilfe. Vorläufige Schutzmaßnahmen 2019, 17. September 2020.
Steele, B. F./Pollock, C. B., Eine psychiatrische Untersuchung von Eltern, die Säuglinge und Kleinkinder mißhandelt haben, in: Helfer, R. E./Kempe, C. H. (Hrsg.), Das geschlagene Kind, Frankfurt a. M. 1978, S. 161–243 (The Battered Child, Chicago 1968).
Steigerthal, G., Zwangsfürsorgerische Maßnahmen gegenüber erwachsenen Personen. Ein Beitrag zur Geschichte des Arbeitshauses und zum Problem der Bewahrung, Berlin 1926.
Stepanova, J., Landscape Parks and Chinese Gardens. Chinese influence in European Gardening in 18th century, in: Kraushaar, F. (Hrsg.), Eastwards. Western Views on East Asian Culture, 2010, S. 155–164.
Sternberg, M., Entmündigungsrecht, Wien 1909.
Stöcker, H., Empfiehlt es sich, das Rechtsinstitut der Entmündigung ersatzlos abzuschaffen?, Der Amtsvormund (DAVorm) 1982, S. 720–734.
Stooß, C., Chirurgische Operation und ärztliche Behandlung. Eine strafrechtliche Studie, Berlin 1898.
Stutte, H., Probleme der körperlichen und seelischen Kindesmisshandlung, in: Stutte, H. (Hrsg.), Jahrbuch für Jugendpsychiatrie und ihre Grenzgebiete, Band VIII, Bern 1971, S. 122–133.
Süssmuth, R., Zur Anthropologie des Kindes. Untersuchungen und Interpretationen, München 1968.
Taupitz, J., Empfehlen sich zivilrechtliche Regelungen zur Absicherung der Patientenautonomie am Ende des Lebens? Gutachten A zum 63. Deutschen Juristentag 2000, in: Ständige Deputation des Deutschen Juristentages (Hrsg.), Verhandlungen des 63. Deutschen Juristentages Leipzig 2000, Band I (Gutachten), München 2000, S. A 9–A 122.
Taylor, C., Das Unbehagen an der Moderne, Frankfurt a. M. 1995 (The Malaise of Modernity, Toronto 1991).

Tenorth, H.-E., Pädagogik der Gewalt. Zur Logik der Erziehung im Nationalsozialismus, Jahrbuch für Historische Bildungsforschung (JHB) 9 (2003), S. 7–36.

Tenorth, H.-E., Geschichte der Erziehung. Einführung in die Grundzüge ihrer neuzeitlichen Entwicklung, 5. Auflage Weinheim 2010.

Théry, I., Neue Rechte des Kindes – das Wundermittel?, in: Steindorff, C. (Hrsg.), Vom Kindeswohl zu den Kindesrechten, Neuwied 1994, S. 76–101.

Thier, A., Geschäftsfähigkeit. §§ 104–115, in: Schmoeckel, M. u. a. (Hrsg.), Historisch-kritischer Kommentar zum BGB, Band I: Allgemeiner Teil, Tübingen 2003, S. 365–400.

Thier, A., Entmündigung, Betreuung und Handlungsfähigkeit: Rechtshistorische Perspektiven, in: Schmoeckel, M. (Hrsg.), Demenz und Recht. Bestimmung der Geschäfts- und Testierfähigkeit, Baden-Baden 2010, S. 75–87.

Thurn, G., Das Patientenrechtegesetz – Sicht der Rechtsprechung, Medizinrecht (MedR) 2013, S. 153–157.

Tietze, A., Ambulante Zwangsbehandlungen im Betreuungsrecht, Bielefeld 2005.

Toellner, R., Der Patient als Entscheidungssubjekt, in: Koslowski, L. (Hrsg.), Maximen der Medizin, Stuttgart 1992, S. 141–145.

Tormin, F., Macht und Pädagogik in der rechtlichen Betreuung, Bad Heilbrunn 2019.

Trockel, H., Die Einwilligung Minderjähriger in den ärztlichen Heileingriff, Neue Juristische Wochenschrift (NJW) 1972, S. 1493–1497.

Trompetter, J., Die Entmündigung wegen Verschwendungssucht in geschichtlicher Entwicklung, Frankfurt a. M. 1996.

Tröndle, H., Selbstbestimmungsrecht des Patienten – Wohltat und Plage?, Monatsschrift für Deutsches Recht (MDR) 1983, S. 881–887.

Trube-Becker, E., Gewalt gegen das Kind. Vernachlässigung, Mißhandlung, sexueller Mißbrauch und Tötung von Kindern, Heidelberg 1982.

Ulsenheimer, K., Ausgreifende Arzthaftpflichtjudikatur und Defensivmedizin. Ein Verhältnis von Ursache und Wirkung, Dortmund 1997.

Uschok, A., Körper und Pflege, in: Schroeter, K./Rosenthal, T. (Hrsg.), Soziologie der Pflege. Grundlagen, Wissensbestände und Perspektiven, Weinheim 2005, S. 323–335.

Villa, P.-I. (Hrsg.), schön normal. Manipulationen am Körper als Technologien des Selbst, Bielefeld 2008.

Vilmar, O., Zur Freiheitsentziehung durch einen gesetzlichen Vertreter im Rahmen des Art. 104 GG, Schleswig-Holsteinische Anzeigen (SchlHA) 1957, S. 6–7.

Vogel, B./Schumpelick, V., Einleitung, in: Vogel, B./Schumpelick, V. (Hrsg.), Arzt und Patient. Eine Beziehung im Wandel. Beiträge des Symposiums in Cadenabbia, Freiburg 2006, S. 11–17.

Voigt, R. (Hrsg.), Verrechtlichung. Analysen zu Funktion und Wirkung von Parlamentarisierung, Bürokratisierung und Justizialisierung sozialer, politischer und ökonomischer Prozesse, Königstein 1980.

Voigt, R. (Hrsg.), Gegentendenzen der Verrechtlichung, Opladen 1983.

Vollmann, J., Patientenselbstbestimmung und Selbstbestimmungsfähigkeit. Beiträge zur klinischen Ethik, Stuttgart 2008.

Voltz, K.-A., Die Züchtigung fremder Kinder und die Versuche ihrer Rechtfertigung, Zeitschrift für die gesamte Strafrechtswissenschaft (ZStW) 50 (1930), S. 339–375.

Vormbaum, T., Zur Züchtigungsbefugnis von Lehrern und Eltern, Juristische Rundschau (JR) 1977, S. 492–498.

Voß, A., Die Notwehrsituation innerhalb sozialer Näheverhältnisse. Eine kritische Auseinandersetzung mit den Grundsätzen der beziehungsbedingten Notwehrbeschränkung, Berlin 2013.

Wagner, G., Kodifikation des Arzthaftungsrechts? Zum Entwurf eines Patientenrechtegesetzes, Versicherungsrecht (VersR) 2012, S. 789–802.

Wagner, G., § 630d. Einwilligung, in: Münchener Kommentar zum Bürgerlichen Gesetzbuch, Band 5: Schuldrecht – Besonderer Teil II, §§ 535–630h, BetrKV, HeizkostenV, WärmeLV, EFZG, TzBfG, KSchG, MiLoG, 8. Auflage München 2020, S. 2756–2772; zitiert als *Wagner* (2020).

Wagner, G., § 823. Schadensersatzpflicht, in: Münchener Kommentar zum Bürgerlichen Gesetzbuch, Band 7: Schuldrecht – Besonderer Teil IV, §§ 705–853, Partnerschaftsgesellschaftsgesetz, Produkthaftungsgesetz, 8. Auflage München 2020, S. 1677–2139; zitiert als *Wagner* (2020a).

Waldschmidt, A. (Hrsg.), Handbuch Disability Studies, Wiesbaden 2022.

van der Walt, S./Menke, C. (Hrsg.), Die Unversehrtheit des Körpers. Geschichte und Theorie eines elementaren Menschenrechts, Frankfurt a. M. 2007.

Walter, B., Psychiatrie und Gesellschaft in der Moderne. Geisteskrankenfürsorge in der Provinz Westfalen zwischen Kaiserreich und NS-Regime, Paderborn 1996.

Wambach, M., Kinder als Gefahr und Risiko. Zur Psychiatrisierung und Therapeutisierung von Kindheit, in: Hengst, H. u. a., Kindheit als Fiktion, Frankfurt a. M. 1981, S. 191–241.

Wapler, F., Kinderrechte und Kindeswohl. Eine Untersuchung zum Status des Kindes im Öffentlichen Recht, Tübingen 2015.

Wapler, F., Kinderrechte in der Rechtsordnung – eine Aufgabe für den Gesetzgeber?, in: Röthel, A./Heiderhoff, B. (Hrsg.), Mehr Kinderrechte? Nutzen und Nachteil, Frankfurt a. M. 2018, S. 45–74.

Warneyer, O. (Hrsg.), Die Rechtsprechung des Reichsgerichts auf dem Gebiete des Zivilrechts, 3. Jahrgang, Leipzig 1910.

Warneyer, O. (Hrsg.), Die Rechtsprechung des Reichsgerichts auf dem Gebiete des Zivilrechts, 11. Jahrgang, Leipzig 1918.

Warneyer, O. (Hrsg.), Die Rechtsprechung des Reichsgerichts auf dem Gebiete des Zivilrechts, 13. Jahrgang, Leipzig 1920.

Warneyer, O. (Hrsg.), Die Rechtsprechung des Reichsgerichts auf dem Gebiete des Zivilrechts, 23. Jahrgang, Leipzig 1931.

Wedel, D./Kraemer, J., Überprüfung des Schutzkonzepts der Zwangsbehandlung nach § 1906a, Zeitschrift für das gesamte Familienrecht (FamRZ) 2020, S. 1525–1528.

Wedemeyer, W., Pflegschaft über entmündigungsreife Geisteskranke, in: Jahrmärker, M./Wedemeyer, W., Zur Praxis der Entmündigung wegen Geisteskrankheit und Geistesschwäche, Marburg 1908, S. 21–76.

Wedermann, K., Das deutsche Vormundschaftsrecht, Ansbach 1929.

Weinriefer, G., Die Entmündigung wegen Geisteskrankheit und Geistesschwäche. Bestandsaufnahme und Versuch einer begrifflichen Klärung, Berlin 1987.

Weißauer, W., Grenzen der Eingriffsaufklärung, in: Laufs, A. u. a. (Hrsg.), Die Entwicklung der Arzthaftung, Berlin 1997, S. 17–25.

von Weizsäcker, V., Kranker und Arzt (1928), in: von Weizsäcker, V., Arzt und Kranker, Leipzig 1941, S. 149–179.

Wellenhofer, M., Gewaltschutz für alte Menschen, in: Kanzleiter, R./Schwab, D. (Hrsg.), Familienrecht zwischen Tradition und Innovation. Festschrift für Elisabeth Koch, Bielefeld 2019, S. 567–579.

Wiebe, A., Familienrechtliche Unterbringung – Eine Alternative zu den Psychisch-Kranken-Gesetzen, in: Bergener, M. (Hrsg.), Psychiatrie und Rechtsstaat, Neuwied 1981, S. 116–129.

Wieland, W., Strukturwandel der Medizin und ärztliche Ethik. Philosophische Überlegungen zu Grundfragen einer praktischen Wissenschaft, Heidelberg 1986.

Wiethölter, R., Arzt und Patient als Rechtsgenossen, in: Stiftung zur Förderung der wissenschaftlichen Forschung über Wesen und Bedeutung der freien Berufe (Hrsg.), Die Aufklärungspflicht des Arztes, Köln 1962, S. 71–111.

Wilhelm, T., Ist die körperliche Züchtigung ein Erziehungsfaktor?, Warendorf 1911.

Willems, H./Ferring, D. (Hrsg.), Macht und Missbrauch in Institutionen. Interdisziplinäre Perspektiven auf institutionelle Kontexte und Strategien der Prävention, Wiesbaden 2014.

Winkler-Wilfurt, A., Betreuung und Heilbehandlung, Herzogenaurach 1992.

Wirsing, U. (Hrsg.), Ethik in der Medizin. Ein Studienbuch, 5. Auflage Stuttgart 2020.

Wolf, A., Das Familienrecht der DDR und der Einigungsvertrag, Deutsch-Deutsche Rechts-Zeitschrift (DtZ) 1995, S. 386–390.

Wolf, M., Rechtsgeschäftliche Entscheidungsfreiheit und vertraglicher Interessenausgleich, Tübingen 1970.

Wolff, H., Das Verfahren bei Freiheitsentziehungen, Die Öffentliche Verwaltung (DÖV) 1951, S. 313–317.

Wunder, M., Betreuungsgesetz verabschiedet – Sterilisation ohne Einwilligung legalisiert, Recht & Psychiatrie 1990, S. 197–199.

Zagst, G., § 1800. Vormundschaft, in: Münchener Kommentar zum Bürgerlichen Gesetzbuch, Band 5: Familienrecht, §§ 1297–1921, München 1978, S. 1729–2013.

Zeman, P., Pflege in familialer Lebenswelt, in: Schroeter, K./Rosenthal, T. (Hrsg.), Soziologie der Pflege. Grundlagen, Wissensbestände und Perspektiven, Weinheim 2005, S. 247–262.

Zenz, G., Zur Reform der Elterlichen Gewalt, Archiv für die civilistische Praxis (AcP) 173 (1973), S. 527–546.

Zenz, G., Einleitung zur deutschen Ausgabe, in: Helfer, R. E./Kempe, C. H. (Hrsg.), Das geschlagene Kind, Frankfurt a. M. 1978, S. 17–34.

Zenz, G., Kindesmißhandlung und Kindesrechte. Erfahrungswissen, Normstruktur, Entscheidungsrationalität, Frankfurt a. M. 1979.

Zenz, G. u. a., Vormundschaft und Pflegschaft für Volljährige. Eine Untersuchung zur Praxis und Kritik des geltenden Rechts, Köln 1987.

Zenz, G., Autonomie und Familie im Alter – (k)ein Thema für die Familienrechtswissenschaft?, in: Simon, D./Weise, M. (Hrsg.), Zur Autonomie des Individuums. Liber amicorum Spiros Simitis, Baden-Baden 2000, S. 483–508.

Zenz, G., Von der Vormundschaft zur Betreuung: Erwartungen an das Betreuungsrecht, in: Brill, K.-E. (Hrsg.), »Zum Wohl des Betreuten«. Zehn Jahre nach einer Jahrhundertreform: Schutzgarantien und Qualität im Betreuungswesen, Recklinghausen 2003, S. 31–39.

Zimmermann, F., Ueber das Rechtsverhältnis zwischen dem Arzte und dem Patienten, Archiv für die civilistische Praxis (AcP) 56 (1873), S. 222–239.

Zimmermann, W., § 1904. Untersuchung des Gesundheitszustandes, Heilbehandlung und ärztlicher Eingriff, in: Soergel, T. (Begr.), Bürgerliches Gesetzbuch, Band 20: Familienrecht 4 (§§ 1741–1921), 13. Auflage Stuttgart 2000, S. 511–522; zitiert als *W. Zimmermann* (2000).

Zimmermann, W., § 1906. Unterbringung und freiheitsbeschränkende Maßnahmen, in: Soergel, T. (Begr.), Bürgerliches Gesetzbuch, Band 20: Familienrecht 4 (§§ 1741–1921), 13. Auflage Stuttgart 2000, S. 531–550; zitiert als *W. Zimmermann* (2000a).

Zimmermann, W., Praxisprobleme der ärztlichen Zwangsbehandlung bei Betreuten, Neue Juristische Wochenschrift (NJW) 2014, S. 2479–2481.

Zinkler, M./Koussemou, J., Menschenrechte in der Psychiatrie – Wege und Hindernisse zu einem umfassenden Gewaltverzicht, in: Diekmann, A./Oeschger, G. (Hrsg.), Wunsch und Wille der Betroffenen. Berichte vom 14. Betreuungsgerichtstag, Bochum 2015, S. 90–100.

Zitelmann, M., Das »Wohl des Kindes« – Zur Entwicklung des Kindschaftsrechts im zwanzigsten Jahrhundert, in: Baader, M. S./Jacobi, J./Andresen, S. (Hrsg.), Ellen Keys reformpädagogische Vision. »Das Jahrhundert des Kindes« und seine Wirkung, Weinheim 2000, S. 234–250.

Zitelmann, M., Kindeswohl und Kindeswille im Spannungsfeld von Pädagogik und Recht, Münster 2001.

Zutt, J., Zur gesetzlichen Neuregelung der Einweisung psychisch Kranker in geschlossene Krankenanstalten, Juristenzeitung (JZ) 1951, S. 432–434.

Zutt, J., Freiheitsverlust und Freiheitsentziehung. Schicksale sogenannter Geisteskranker, Berlin 1970.